Beck-Wirtschaftsberater

Lokales Denken, globales Handeln

Beck-Wirtschaftsberater

Lokales Denken, globales Handeln

Interkulturelle Zusammenarbeit
und globales Management

Von Geert Hofstede
und Gert Jan Hofstede

aus dem Englischen übersetzt von
Petra Mayer und Martina Sondermann

Wissenschaftliche Leitung: Anthony Lee,
Zentrum für Wirtschaftssprachen an der
European Business School

3., vollständig überarbeitete Auflage

Deutscher Taschenbuch Verlag

Im Internet:

dtv.de

beck.de

Originalausgabe
Deutscher Taschenbuch Verlag GmbH & Co. KG,
Friedrichstraße 1a, 80801 München
© 2006. Redaktionelle Verantwortung: Verlag C.H. Beck oHG
Druck und Bindung: Druckerei C.H. Beck, Nördlingen
(Adresse der Druckerei: Wilhelmstraße 9, 80801 München)
Satz: Hoffmann's Text Office, München
Umschlaggestaltung: Agentur 42 (Fuhr & Partner), Mainz
ISBN-10 3-423-50807-8 (dtv)
ISBN-10 3-406-53322-1 (C.H. Beck)
ISBN-13 978-423-50807-0 (dtv)
ISBN-13 978-3-406-53322-8 (C.H. Beck)

Vorwort

Ende der 1960er Jahre wurde durch einen Zufall Geert Hofstedes Interesse an nationalen kulturellen Unterschieden geweckt, und er erhielt Zugriff auf umfangreiche Daten, um diese Unterschiede untersuchen zu können. Als ergebnis seiner Forschungsarbeit veröffentlichte er 1980 ein Buch mit dem Titel *Culture's Consequences*. Es warfür eine wissenschaftliche Leserschaft geschrieben, und das aus gutem Grund, denn es meldete Zweifel an an der Allgemeingültigkeit wissenschaftlicher Theorien im Bereich der Psychologie, Organisationssoziologie und der Führungstheorie. Daher musste es die theoretische Argumentation, Basisdaten und statistische Bearbeitungsmethoden offenlegen, die erklärten, wie man zu den Schlussfolgerungen gelangt war. Eine Taschenbuchausgabe aus dem Jahr 1984 klammerte Basisdaten und Statistik aus, war aber ansonsten identisch mit der gebundenen Ausgabe von 1980.

Culture's Consequences erschien zu einer Zeit, als das Interesse an kulturellen Unterschieden sowohl zwischen den Nationen als auch zwischen Organisationen stark anstieg, und es nur wenig empirisch gestützte Information zu diesem Thema gab. Das Buch lieferte diese Information, aber vielleicht zu viel auf einmal. Viele Leser lasen offensichtlich nur Teile der Botschaft. Beispielsweise verlor Geert Hofstede irgendwann den Überblick über die Anzahl der Leute, die behaupteten, dass er die Werte von IBM- (bzw. „Hermes") *Führungskräften* untersucht habe. Die verwendeten Daten stammten nämlich von IBM-*Mitarbeitern*, und das macht – wie im Buch selbst nachzulesen – schon einen Unterschied.

Nachdem Geert Hofstede dieses Thema vielen unterschiedlichen Zuhörern zu Gehör gebracht und seinen Text an verschiedenen hilfreichen Lesern ausprobiert hatte, veröffentlichte er 1991 ein weiteres Buch für den intelligenten Laien: die erste Ausgabe von *Cultures and Organizations: Software of the Mind* (deutscher Buchtitel damals: Interkulturelle Zusammenarbeit: Kulturen – Organisationen – Management). Das Thema „kulturelle Unterschiede" ist sicher nicht nur für Sozialwissenschaftler oder BWL-Studenten im internationalen Austausch von Interesse. Es betrifft jeden, der auf Menschen außerhalb seines eigenen engen Kreises trifft, und in unserer modernen Welt ist das praktisch jeder. Das neue Buch richtete sich an jeden interessierten Leser. Wo möglich, wurde die Verwendung sozialwissenschaftlicher Fachsprache vermieden, wo nötig, wurde sie erklärt. Aus diesem Grund wurde ein Glossar hinzugefügt. Leicht aktualisierte Taschenbuchausgaben erschienen 1997 und 2001 unter dem Titel „Lokales Denken, Globales Handeln".

Politik, Geschäfts- und Gedankenwelt ändern sich seit 1991 in rascher Folge. Auf akademischer Ebene folgte auf Geert Hofstedes Buch aus dem Jahre 1980 eine Unmenge an Forschungsarbeit von anderen. Im Jahre 2001 veröffentlichte er eine überarbeitete und aktualisierte Version von *Culture's Consequences*. Jeden, der mit Forschung oder wissenschaftlichen Untersuchungen zu tun hat, verweisen wir auf diese Quelle.

Im vorliegenden Buch wird Geert Hofstedes Botschaft für den intelligenten Laien aktualisiert. Es ist ebenfalls komplett überarbeitet. Geert Hofstedes Sohn Gert Jan war dabei als Co-Autor tätig. Gert Jan Hofstede hat praktische Erfahrung mit dem Thema und unterrichtet Studenten und Menschen, die bereits einen Beruf ausüben. Im Jahre 2002 veröffentlichte er zusammen mit Paul B. Pedersen und Geert Hofstede ein Buch mit dem Titel: *Exploring Culture: Exercises, Stories and Synthetic Cultures*.

Auf einer Reise um die Welt, die schon einige Jahre zurückliegt, kaufte Geert Hofstede drei Weltkarten. Alle drei sind flach und projizieren die Oberfläche des Globus auf eine Ebene. Die erste zeigt Europa und Afrika in der Mitte, Nord– und Südamerika im Westen und Asien im Osten. Die Begriffe „der Westen" und „der Osten" sind Produkte einer eurozentrischen Weltsicht. Die zweite, auf Hawaii gekaufte Karte zeigt den Pazifischen Ozean in der Mitte, Asien und Afrika links (und Europa, winzig klein, weit weg, links in der oberen Ecke) und Nord- und Südamerika rechts. Von Hawaii aus gesehen liegt der Osten im Westen und der Westen im Osten! Die dritte Karte aus Neuseeland war wie die zweite, nur auf den Kopf gestellt: der Süden oben und der Norden unten. Jetzt war Europa weit entfernt, rechts in der unteren Ecke. Welche dieser Karten ist nun richtig? Natürlich alle drei; die Erde ist rund, und jeder Ort auf der Oberfläche der Weltkugel ist ebenso gut die Mitte wie ein anderer. Alle Völker haben von jeher ihr Land als den Mittelpunkt der Welt betrachtet; die Chinesen nennen China „das Reich der Mitte" (zhongguo) und die alten Skandinavier gaben ihrem Land einen ähnlichen Namen (midgaard). Wir glauben, dass selbst heute noch die meisten Bürger, Politiker und Akademiker in ihrem Innersten davon ausgehen, dass ihr Land „die Mitte" *ist*, und sie handeln entsprechend.

Diese Überzeugung ist so stark, dass es fast immer möglich ist, beim Lesen eines Buches die Nationalität des Autors zu ermitteln, selbst wenn diese nicht erwähnt wird. Das gilt natürlich auch für unser Werk. Wir sind Holländer, und selbst wenn wir in Englisch schreiben, wird dem aufmerksamen Leser die niederländische Software unseres Geistes nicht verborgen bleiben. Deshalb entsteht aus dem Lesen des Buches an sich, wenn es von anderen Personen als unseren Landsleuten gelesen wird, schon eine kulturübergreifende Erfahrung, u. U. mag es sich gar um einen Kulturschock handeln. Das ist in Ordnung; Kultur zu untersuchen, ohne einen Kulturschock zu erleiden, ist wie Schwimmen üben ohne Wasser. In Asterix, dem berühmten französischen Cartoon, drückt der Dorfälteste seine Abneigung gegen fremde Besucher folgendermaßen aus: „Ich habe nichts gegen Fremde. Einige meiner besten Freunde sind Fremde. Aber diese Fremden da sind nicht von hier!"

Der Markt für kulturübergreifendes Training floriert, und es gibt Kurse und Bücher, die nur die Sonnenseite präsentieren: kulturelle Synergie, aber keinen kulturellen Konflikt. Vielleicht ist das die Botschaft, die Menschen hören wollen, die nur das Geschäft im Kopf haben, aber sie ist falsch. Kultur zu untersuchen ohne die Erfahrung eines Kulturschocks ist das Gleiche wie nur den Fremden Gehör zu schenken, die von hier sind.

Bei Geerts Untersuchungen schnitt Holland klar individualistisch ab. In individualistischen Gesellschaften ist es weniger wahrscheinlich, dass ein Sohn in die Fußstapfen seines Vaters tritt als in kollektivistischen Gesellschaften. Menschen aus kollektivistischen Gesellschaften neigen dazu, Gert Jan Hofstede dafür zu loben, dass er das Werk seines Vaters fortführt. Menschen aus individualistischen Gesellschaften sprechen manchmal ziemlich abfällig vom „Sohn von" und deuten damit an, dass der Sohn vielleicht gar keine eigenen Ideen hat. Gert Jan Hofstede macht das nichts aus, denn er war schon ein unabhängiger Wissenschaftler von 40, als er die Zusammenarbeit mit seinem Vater begann, und das zu einem Zeitpunkt, als sein Spezialgebiet „Informatik" durch den Aufstieg des World Wide Web in die interkulturelle Kommunikation getrieben wurde. Dennoch stimmt es, dass Gert Jan Hofstede zu diesem Buch nur einen bescheidenen Beitrag geleistet hat. „Wenn etwas nicht kaputt ist, muss es auch nicht repariert werden." Gert Jan Hofstedes Beiträge waren eine evolutionsgeschichtliche Perspektive zu Kapitel 1, einige Grafiken, viele Diskussionen und zahlreiche kleinere Änderungen.

Geert Hofstede widmete die erste Ausgabe aus dem Jahr 1991 seinen ersten Enkelkindern, der Generation, der die Zukunft gehört. Inzwischen sind sie groß geworden, und wir danken Liesbeth Hofstede, Gert Jans ältester Tochter, dass sie uns für diese neue Ausgabe als Dokumentationsassistentin zur Verfügung stand und u. a. die Bibliographie getippt hat.

Die erste Ausgabe ist in 17 Sprachen erschienen (Englisch mit Übersetzungen in die folgenden Sprachen: Bulgarisch, Chinesisch, Tschechisch, Dänisch, Holländisch, Finnisch, Französisch, Deutsch, Japanisch, Koreanisch, Norwegisch, Polnisch, Portugiesisch, Rumänisch, Spanisch und Schwedisch). Wir hoffen, dass die Botschaft dieser neuen Ausgabe ebenso weite Verbreitung findet.

Maastricht/Velp, Niederlande, im November 2005

Geert Hofstede
Gert Jan Hofstede

Inhaltsübersicht

Inhaltsverzeichnis

Teil III: Organisationskulturen

Teil I: Einführung

1. Kapitel: Die Regeln des sozialen Spiels

11. Geschworener: (erhebt sich) „Verzeihung, in der Diskussion ...“
10. Geschworener: (unterbricht und imitiert ihn) „Verzeihung. Was sind Sie denn so verdammt höflich?“
11. Geschworener: (sieht den 10. Geschworenen direkt an) „Aus dem gleichen Grund, aus dem Sie es nicht sind. Ich bin so erzogen.“

Aus: Reginald Rose, *Die zwölf Geschworenen*

Die zwölf Geschworenen ist ein amerikanisches Theaterstück, das in einer Verfilmung mit Henry Fonda in der Hauptrolle berühmt wurde. Das Stück wurde im Jahr 1955 veröffentlicht. Es spielt im Geschworenenzimmer eines Gerichts in New York. Zwölf Geschworene, die einander nie zuvor gesehen haben, müssen ein einstimmiges Urteil über Schuld oder Unschuld eines des Mordes angeklagten Jungen aus einem Slumgebiet abgeben. Obiges Zitat stammt aus dem zweiten und letzten Akt, als die Emotionen den Siedepunkt erreichen. Es handelt sich um eine Auseinandersetzung zwischen dem zehnten Geschworenen, dem Besitzer einer Autowerkstatt, und dem elften Geschworenen, einem gebürtigen Europäer, wahrscheinlich Österreicher, einem Uhrmacher. Der zehnte Geschworene ist verärgert über die in seinen Augen übertrieben höfliche Art des anderen. Doch der Uhrmacher kann sich nicht anders verhalten. Nach vielen Jahren in seinem neuen Heimatland verhält er sich noch immer seiner Erziehung entsprechend. Er trägt in seinem Innern ein unauslöschliches Verhaltensmuster.

Verschiedene Denkweisen, gemeinsame Probleme

Die Welt steckt voller Konfrontationen zwischen Menschen, Gruppen und Völkern, die unterschiedlich denken, fühlen und handeln. Gleichzeitig stehen diese Menschen, Gruppen und Völker, genau wie unsere zwölf zornigen Männer, gemeinsamen Problemen gegenüber, deren Lösung eine Zusammenarbeit erfordert. Ökologische, wirtschaftliche, politische, militärische, hygienische und meteorologische Entwicklungen machen nicht an nationalen oder regionalen Grenzen Halt. Der Umgang mit Bedrohungen wie Atomkrieg, Erwärmung der Erdatmosphäre, organisiertes Verbrechen, Armut, Terrorismus, Meeresverschmutzung, Ausrottung von Tierarten, Aids oder eine weltweite Rezession erfordert die Zusammenarbeit maßgebender Persönlichkeiten aus vielen Ländern. Diese wiederum brauchen die Unterstützung einer breiten Anhängerschaft, um die getroffenen Entscheidungen umzusetzen.

Diese Unterschiede im Denken, Fühlen und Handeln führender Persönlichkeiten und deren Anhängern zu begreifen, ist eine Voraussetzung dafür, dass weltweite und praktikable Lösungen gefunden werden. Fragen einer Zusammenarbeit in den Bereichen Wirtschaft, Technik, Medizin oder Biologie wurden nur zu oft unter dem rein fachlichen Aspekt betrachtet. Einer der Gründe, weshalb so viele Lösungen nicht funktionieren oder nicht umgesetzt werden können, besteht darin, dass Unterschiede in der Denkweise bei den Partnern nicht berücksichtigt wurden.

Ziel dieses Buches ist es, eine Hilfe im Umgang mit den Unterschieden im Denken, Fühlen und Handeln von Menschen auf der ganzen Welt zu bieten. Es soll zeigen, dass trotz der enormen Vielfalt von Denkweisen eine Struktur in dieser Vielfalt existiert, die als eine Grundlage gegenseitigen Verstehens dienen kann.

Kultur als mentale Programmierung

Jeder Mensch trägt in seinem Innern Muster des Denkens, Fühlens und potentiellen Handelns, die er ein Leben lang erlernt hat. Ein Großteil davon wurde in der frühen Kindheit erworben, denn in dieser Zeit ist der Mensch am empfänglichsten für Lern- und Assimilationsprozesse. Sobald sich bestimmte Denk-, Fühl- und Handlungsmuster im Kopf eines Menschen gefestigt haben, muss er diese erst ablegen, bevor er in der Lage ist, etwas anderes zu lernen; und etwas abzulegen ist schwieriger, als es zum ersten Mal zu lernen.

Unter Verwendung einer Analogie zur Art und Weise, wie Computer programmiert sind, nennt dieses Buch solche Denk-, Fühl- und Handlungsmuster *mentale Programme* oder – wie der Untertitel lautet: *Software of the mind* (mentale Software). Das bedeutet natürlich nicht, dass Menschen wie Computer programmiert sind. Das Verhalten eines Menschen ist nur zum Teil durch seine mentalen Programme vorbestimmt: er hat grundsätzlich die Möglichkeit, von ihnen abzuweichen und auf eine neue, kreative, destruktive oder unerwartete Weise zu reagieren. Die *mentale Software*, von der in diesem Buch die Rede ist, gibt lediglich an, welche Reaktionen angesichts der persönlichen Vergangenheit wahrscheinlich und verständlich sind.

Die Quellen unserer mentalen Programme liegen im sozialen Umfeld, in dem wir aufgewachsen sind und unsere Lebenserfahrungen gesammelt haben. Die Programmierung beginnt in der Familie und setzt sich fort in der Nachbarschaft, in der Schule, in Jugendgruppen, am Arbeitsplatz, in der Partnerschaft. Der europäische Uhrmacher aus dem Zitat am Anfang dieses Kapitels stammte aus einem Land und einer sozialen Klasse, wo höfliches Verhalten noch heute hoch im Kurs steht. Die meisten Menschen in diesem Umfeld würden genauso reagieren wie er. Der amerikanische Autowerkstattbesitzer, der sich aus den Slums hochgearbeitet hat, hat ganz andere mentale Programme erworben. Mentale Programme unterscheiden sich genauso stark voneinander wie das jeweilige soziale Umfeld, in dem sie erworben wurden.

Ein gängiger Begriff für eine solche mentale Software ist *Kultur*. Dieses Wort hat mehrere Bedeutungen; sie sind alle aus seinem lateinischen Ursprung abgeleitet, der das Bestellen des Bodens bezeichnet. In den meisten westlichen Sprachen bedeutet „Kultur" gemeinhin „Zivilisation" oder „Verfeinerung des Geistes" und insbesondere die Ergebnisse dieser Verfeinerung, wie Bildung, Kunst und Literatur. Das ist Kultur im engeren Sinne. Kultur als mentale Software bezieht sich jedoch auf eine viel weiter gefasste, unter Soziologen und – im Besonderen – unter Anthropologen[1] übliche Bedeutung des Wortes: das ist die Bedeutung, die in diesem Buch ausschließlich Verwendung findet.

Sozial- (oder Kultur-)Anthropologie ist die Wissenschaft von den menschlichen Gesellschaften, insbesondere (aber nicht ausschließlich) den traditionellen oder „primitiven". In der Sozialanthropologie umfasst der Begriff „Kultur" all die in den vorherigen Absätzen genannten Denk-, Fühl- und Handlungsmuster. Nicht nur Tätigkeiten, die den Geist verfeinern sollen, sind hier gemeint, sondern auch gewöhnliche und niedrige Dinge des Lebens: Grüßen, Essen, das Zeigen oder Nichtzeigen von Gefühlen, das Wahren einer gewissen physischen Distanz zu anderen, Geschlechtsverkehr oder Körperpflege.

Kultur ist immer ein kollektives Phänomen, da man sie zumindest teilweise mit Menschen teilt, die im selben sozialen Umfeld leben oder lebten, d.h. dort, wo diese Kultur erlernt wurde. Kultur besteht aus den ungeschriebenen Regeln des sozialen Spiels. Sie ist die *kollektive Programmierung des Geistes, die die Mitglieder einer Gruppe oder Kategorie*[2] *von Menschen von einer anderen unterscheidet.*[3]

Abb. 1.1: Drei Ebenen der Einzigartigkeit in der mentalen Programmierung des Menschen

Kultur ist erlernt, und nicht angeboren. Sie leitet sich aus unserem sozialen Umfeld ab, nicht aus unseren Genen. Man sollte die Kultur unterscheiden von der menschlichen Natur einerseits und von der Persönlichkeit eines Individuums andererseits (siehe Abbildung 1.1), doch wo genau die Grenzen zwischen Kultur und Persönlichkeit liegen, ist unter Sozialwissenschaftlern umstritten.[4]

Die *menschliche Natur* ist das, was allen Menschen gemeinsam ist, vom russischen Professor bis zum australischen Eingeborenen: sie stellt die universelle Ebene in unserer mentalen Software dar. Wir haben sie mit unseren Genen geerbt; in Analogie zum Computer entspricht sie dem „Betriebssystem", das unsere physische – und in den Grundzügen – auch unsere psychische Funktionsweise festlegt. Die menschliche Fähigkeit, Angst, Zorn, Liebe, Freude, Traurigkeit oder Scham zu empfinden, das Verlangen nach Gemeinschaft mit anderen, nach Spiel und Bewegung, die Fähigkeit, die Umgebung zu beobachten und mit anderen Menschen darüber zu sprechen, all das gehört zu dieser Ebene mentaler Programmierung. Was man allerdings mit diesen Gefühlen macht, wie man Angst, Freude Beobachtungen, etc. ausdrückt, wird durch die Kultur beeinflusst.

Demgegenüber ist die *Persönlichkeit* eines Individuums dessen einzigartige persönliche Kombination mentaler Programme, die es mit keinem anderen Menschen teilt. Sie gründet sich auf Charakterzüge, die teilweise durch die einmalige Kombination von Genen dieses Individuums ererbt und teilweise erlernt sind. „Erlernt" bedeutet: gestaltet durch den Einfluss kollektiver Programmierung (Kultur) *und* einzigartiger persönlicher Erfahrungen.

Kulturelle Charakterzüge wurden häufig der Vererbung zugeschrieben, da Philosophen und andere Gelehrte in der Vergangenheit nicht wussten, wie sie die bemerkenswerte Konstanz in den Unterschieden bei kulturellen Mustern zwischen Gruppen von Menschen anders hätten erklären können. Sie unterschätzten den Einfluss des Lernens von früheren Generationen und des Weitergebens von selbst Erlerntem an eine folgende Generation. Eine übermäßige Bedeutung wird der Vererbung in Pseudotheorien der *Rasse* beigemessen, die unter anderem für den Holocaust der Nazis im 2. Weltkrieg verantwortlich waren. Rassen- und ethnische Konflikte werden häufig mit nicht haltbaren Argumenten kultureller Über- und Unterlegenheit gerechtfertigt.

In den USA hat es immer wieder wissenschaftliche Diskussionen darüber gegeben, ob bestimmte ethnische Gruppen, insbesondere Schwarze, genetisch bedingt möglicherweise weniger intelligent sind als andere Gruppen, insbesondere Weiße.[5] In der Diskussion um genetisch bedingte Unterschiede wird, nebenbei bemerkt, in den USA lebenden Asiaten durchschnittlich eine *höhere* Intelligenz nachgesagt als Weißen. Es ist jedoch äußerst schwierig, wenn nicht sogar unmöglich, kulturunabhängige Intelligenztests zu finden. Solche Tests dürften nur angeborene Fähigkeiten widerspiegeln und sollten nicht auf Unterschiede im sozialen Umfeld eingehen. In den USA sind wesentlich mehr Schwarze als Weiße in sozial benachteiligten Verhältnissen aufgewachsen, ein kultureller Einfluss, den kein uns bekannter Test umgehen kann. Das gleiche gilt für Intelligenzunterschiede zwischen ethnischen Gruppen in anderen Ländern.

Kultureller Relativismus

In täglichen Gesprächen, im politischen Diskurs und in den Medien, aus denen diese ihre Themen beziehen, werden fremde Kulturen oft als besser oder schlechter im moralischen Sinne dargestellt. Dennoch gibt es keine wissenschaftlichen Normen zur Einordnung der Denk-, Empfindungs- und Handlungsweisen einer Gruppe als an sich höher- oder minderwertig gegenüber einer anderen. Die Untersuchung kultureller Unterschiede zwischen Gruppen und Gesellschaften setzt eine neutrale Sicht der Dinge voraus, eine auf dem Kulturrelativismus beruhende Einstellung. Claude Lévi-Strauss (geb. 1908), der große Meister der französischen Anthropologie, drückt dies folgendermaßen aus:

> „Der Kulturrelativismus begnügt sich mit der Behauptung, dass keine Kultur über irgendein absolutes Kriterium verfügt, das sie ermächtigte, diese Unterscheidung auf die Hervorbringungen einer anderen Kultur anzuwenden. Umgekehrt kann und muss das jede Kultur, insoweit es sich um sie selbst handelt, denn ihre Mitglieder sind sowohl Beobachter als auch Agierende."[6]

Kulturrelativismus bedeutet weder das Fehlen von Normen für einen selbst, noch für die eigene Gesellschaft. Es fordert jedoch den Verzicht auf vorschnelle Urteile, wenn man mit Gruppen oder Gesellschaften zu tun hat, die sich von der eigenen unterscheiden. Man darf nicht so ohne weiteres die Normen einer Person, Gruppe oder Gesellschaft auf eine andere übertragen. Vor jeder Beurteilung oder Handlung sollte man sich über die Art der kulturellen Unterschiede zwischen Gesellschaften sowie über ihre Ursprünge und Folgen informieren.

Wenn sich der außen stehende Beobachter informiert hat, wird er vermutlich noch immer bestimmte Eigenarten der anderen Gesellschaft missbilligen. Hat er beruflich mit dieser anderen Gesellschaft zu tun, z. B. als Delegierter einer Firma im Ausland oder als Experte für Entwicklung und Zusammenarbeit, so kann es durchaus sein, dass er Änderungen herbeiführen will. Zu Kolonialzeiten hatten Ausländer häufig absolute Macht in anderen Gesellschaften, und sie konnten ihnen ihre Regeln aufzwingen. In unserer heutigen postkolonialen Zeit müssen Ausländer, die in einer anderen Gesellschaft etwas ändern wollen, über ein Eingreifen verhandeln. Verhandlungen wiederum sind dann Erfolg versprechender, wenn die Beteiligten die Gründe für die Unterschiede in den jeweiligen Standpunkten verstehen.

Symbole, Helden, Rituale und Werte

Kulturelle Unterschiede manifestieren sich auf verschiedene Weise. Unter den vielen Begriffen, mit denen man Manifestationen der Kultur beschreibt decken die vier folgenden zusammen genommen den Gesamtzusammenhang recht gut ab: Symbole, Helden, Rituale und Werte. In Abbildung 1.2 werden diese als Schalen einer Zwiebel dargestellt, womit angedeutet werden soll, dass Symbole die oberflächlichsten und Werte die am tiefsten gehenden Manifestationen von Kultur sind und Helden sowie Rituale dazwischen liegen.

Symbole sind Worte, Gesten, Bilder oder Objekte, die eine bestimmte Bedeutung haben, welche nur von denjenigen als solche erkannt wird, die der gleichen Kultur angehören. Die Worte einer Sprache oder Fachsprache gehören zu dieser Kategorie, ebenso wie Kleidung, Haartracht, Flaggen und Statussymbole. Neue

Symbole entwickeln sich rasch, und alte verschwinden; Symbole einer kulturellen Gruppe werden regelmäßig von anderen nachgeahmt. Deshalb wurden die Symbole in der äußeren, oberflächlichsten Schicht in Abbildung 1.2 platziert.

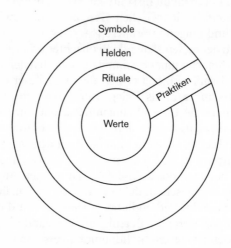

Abb. 1.2: Das „Zwiebeldiagramm": Manifestation von Kultur auf verschiedenen Tiefenebenen

Helden sind Personen, tot oder lebend, echt oder fiktiv, die Eigenschaften besitzen, welche in einer Kultur hoch angesehen sind; sie dienen daher als Verhaltensvorbilder. Selbst Fantasie- oder Comicfiguren wie Barbie, Batman oder als Kontrast Snoopy in den USA, Asterix in Frankreich oder Ollie B. Bommel (Mr. Bumble) in den Niederlanden, dienen als kulturelle Heldenfiguren. Im Zeitalter des Fernsehens hat das äußere Erscheinungsbild bei der Wahl von Helden heute eine größere Bedeutung als früher.

Rituale sind kollektive Tätigkeiten, die für das Erreichen der angestrebten Ziele eigentlich überflüssig sind, innerhalb einer Kultur aber als sozial notwendig gelten: sie werden daher um ihrer selbst willen ausgeübt. Formen des Grüßens und der Ehrerbietung anderen gegenüber, soziale und religiöse Zeremonien sind Beispiele hierfür. Geschäftliche und politische Zusammenkünfte, die aus scheinbar rationalen Gründen organisiert werden, dienen häufig vor allem rituellen Zwecken, beispielsweise um den Gruppenzusammenhalt zu stärken oder um den führenden Persönlichkeiten Gelegenheit zur Selbstbehauptung zu geben. Rituale beinhalten *Diskurs*, d. h. die Art und Weise, wie Sprache in Text und Gespräch eingesetzt wird, im täglichen Miteinander und bei der Weitergabe von Überzeugungen.[7]

In Abbildung 1.2 wurden Symbole, Helden und Rituale unter dem Begriff *Praktiken* zusammengefasst. Als solche sind sie für einen außen stehenden Beobachter sichtbar, aber ihre kulturelle Bedeutung ist nicht sichtbar; sie liegt genau und ausschließlich in der Art und Weise, wie diese Praktiken von Insidern interpretiert werden.

Den Kern der Kultur nach Abbildung 1.2 bilden die *Werte*. Als Werte bezeichnet man die allgemeine Neigung, bestimmte Umstände anderen vorzuziehen. Werte sind Gefühle mit einer Orientierung zum Plus- oder zum Minuspol hin. Sie betreffen:

böse	– gut
schmutzig	– sauber
gefährlich	– sicher
verboten	– erlaubt
anständig	– unanständig
moralisch	– unmoralisch
hässlich	– schön
unnatürlich	– natürlich
anomal	– normal
paradox	– logisch
irrational	– rational

Werte werden sehr früh im Leben erworben. Im Gegensatz zu den meisten Tieren ist der Mensch bei seiner Geburt nur sehr unvollständig für das Leben gerüstet. Glücklicherweise sieht die Physiologie für uns Menschen einen Absorptionszeitraum von ca. 10–12 Jahren vor, in dem wir äußerst schnell und größtenteils unbewusst alle notwendigen Informationen aus unserer Umgebung aufnehmen. Dazu gehören Symbole wie die Sprache, Helden wie unsere Eltern und Rituale wie das Toilettentraining und – was am wichtigsten ist – unsere Grundwerte. Am Ende dieses Zeitraums gehen wir allmählich zu einer anderen, bewussten Lernweise über, die sich hauptsächlich auf neue Praktiken konzentriert. Dieser Prozess wird in Abbildung 1.3 dargestellt.

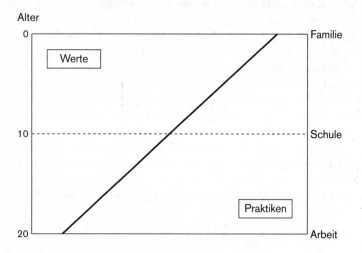

Abb. 1.3: Erlernen von Werten und Praktiken

Kultur reproduziert sich selbst

Erinnern Sie sich an die Zeit, als Sie ein Kleinkind waren. Wie haben Sie Ihre Werte erworben? Die Erinnerung an die ersten Jahre ist weg, aber sie haben dennoch Einfluss auf Sie: hat Ihre Mutter Sie den ganzen Tag auf dem Arm gehabt oder auf dem Rücken getragen, haben Sie bei ihr im Bett geschlafen oder mit Ihren Geschwistern? Oder wurden Sie in Ihr Kinderbett oder den Kinderwagen gelegt? Haben sich beide Elternteile um Sie gekümmert oder nur Ihre Mutter, oder andere Personen? War es laut bei Ihnen oder leise? Haben Sie schweigsame Menschen zu Gesicht bekommen, lachende, spielende, arbeitende, zärtliche oder gewalttätige? Was ist passiert, wenn Sie geweint haben?

Dann kommen die Erinnerungen. Wer waren Ihre Vorbilder, und was wollten Sie im Leben erreichen? Wahrscheinlich waren

Ihre Eltern oder älteren Geschwister Ihre Helden, und Sie haben versucht sie nachzuahmen. Sie haben gelernt, was schmutzig und böse ist, und wie man sauber ist und gut. Sie haben zum Beispiel Regeln gelernt, was sauber und was schmutzig ist in Bezug auf die Körperfunktionen einschließlich spucken, mit der linken Hand essen, Nase putzen, „Geschäfte" verrichten oder rülpsen in der Öffentlichkeit oder in Bezug auf Gesten wie das Berühren verschiedener Körperteile bzw. sie im Sitzen oder Stehen zur Schau zu stellen. Sie haben gelernt, wie schlimm es ist, gegen diese Regeln zu verstoßen. Sie haben gelernt, wie viel Initiative man von Ihnen erwartet, wie nah Sie Menschen sein sollen, und ob Sie Junge oder Mädchen sind, wer sonst noch Junge oder Mädchen ist und was es damit auf sich hat.

Dann, im Alter von 6 bis 12 Jahren sind Lehrer, Klassenkameraden, Sport- und Fernsehidole, Volks- oder religiöse Helden in Ihr Leben getreten und damit neue Vorbilder. Bald haben sie den/die eine(n) nachgeahmt, bald eine(n) andere(n). Eltern, Lehrer und andere haben Sie für Ihr Verhalten belohnt oder bestraft. Sie haben gelernt, ob es gut oder schlecht ist, Fragen zu stellen, seine Meinung zu sagen, zu kämpfen, zu weinen, hart zu arbeiten, zu lügen, unhöflich zu sein. Sie haben gelernt, wann Sie stolz sein können oder wann Sie sich schämen müssen. Sie haben sich auch, insbesondere mit Ihren Alterskameraden, in Sachen Politik geübt: Wie gewinnt man Freunde? Ist es möglich, in der Hierarchie aufzusteigen? Wie? Wer verdankt wem was?

Als Teenager hat sich Ihre Aufmerksamkeit auf Gleichaltrige verlagert. Sie waren intensiv damit beschäftigt, Ihre geschlechtliche Identität zu finden und Beziehungen zu Ihresgleichen aufzubauen. Je nachdem, in welcher Gesellschaft Sie lebten, haben Sie Ihre Zeit hauptsächlich in gleichgeschlechtlicher oder gemischtgeschlechtlicher Umgebung verbracht. Vielleicht haben Sie einige Ihrer Kameraden aufrichtig bewundert.

Später haben Sie wahrscheinlich unter ähnlichen Gesichtspunkten wie andere junge Leute Ihres Landes einen Partner/eine Partnerin gewählt. Vielleicht haben Sie Kinder, und dann beginnt alles wieder von vorne.

In diesem Kreislauf steckt eine enorm stabilisierende Kraft, die von Biologen als Homöostase bezeichnet wird. Bei Eltern besteht – gewollt oder ungewollt – die Neigung zur Reproduktion ihrer eigenen Erziehung. Der Technik fällt dabei nur eine bescheidene Rolle zu. Den herausragenden Anteil am Lernprozess im zarten Kindesalter haben der Körper und die Beziehungen zu den Mitmenschen. Dass gerade in diesen Bereichen intensive Tabus begründet sind, ist kein Zufall.

Viele der eigenen Werte sind dem betreffenden Menschen nicht bewusst, weil er sie so früh im Leben erworben hat. Man kann daher nicht über sie diskutieren, und für Außenstehende sind sie nicht direkt wahrnehmbar. Man kann lediglich aus der Art und Weise, wie Menschen unter verschiedenen Umständen handeln, auf sie schließen. Wenn man fragt, warum sie gerade so handeln, könnten sie zur Antwort geben, dass sie eben „wissen" oder „fühlen", was das Richtige ist. Ihr Herz oder das Gewissen sagt es ihnen.

Kulturebenen

Jede Gruppe oder Kategorie von Menschen besitzt einen Satz gemeinsamer mentaler Programme, die ihre Kultur begründen. Da fast jede(r) gleichzeitig einer ganzen Reihe von verschiedenen Gruppen und Kategorien angehört, trägt er/sie zwangsläufig mehrere Schichten mentaler Programmierung in sich, die unterschiedlichen Kulturebenen entsprechen, insbesondere:

- Eine nationale Ebene, entsprechend dem jeweiligen Land (oder *Ländern* im Falle von Menschen, die im Laufe ihres Lebens ein- oder ausgewandert sind)
- Eine Ebene regionaler und/oder ethnischer und/oder religiöser und/oder sprachlicher Zugehörigkeit, da in den meisten Ländern kulturell unterschiedliche Regionen und/oder ethnische und/oder religiöse und/oder sprachliche Gruppen existieren.
- Eine Ebene des Geschlechts, je nachdem ob eine Person als Mädchen oder als Junge geboren wurde.
- Eine Ebene der Generation, die Großeltern von Eltern und diese von Kindern trennt.
- Eine Ebene der sozialen Klasse in Verbindung mit Bildungsmöglichkeiten sowie mit der Arbeit oder dem Beruf einer Person.

- Im Falle von Beschäftigten eine Ebene der Organisation, Abteilung und/oder Firma, nach der Art, wie die Beschäftigten durch ihre Arbeitsorganisation sozialisiert wurden.

Die diesen verschiedenen Ebenen entsprechenden mentalen Programme stehen nicht unbedingt miteinander in Einklang. In unserer modernen Gesellschaft stehen sie häufig teilweise in Gegensatz zueinander: so können beispielsweise religiöse Werte gegen Generationswerte stehen oder Werte des Geschlechts gegen Praktiken der Organisation. Aufgrund widersprüchlicher mentaler Programme im Innern eines Menschen ist es schwierig, dessen Verhalten in einer neuen Situation vorherzusehen.

Kulturwandel: wechselnde Praktiken, beständige Werte

Wenn Sie mit einer Zeitmaschine 50 Jahre zurück in die Zeit Ihrer Eltern oder Großeltern reisen könnten, würden Sie eine sehr veränderte Welt vorfinden. Es gäbe weder Computer noch Fernseher. Die Städte würden klein und provinziell erscheinen ohne die großen Einzelhandelsketten, und nur hin und wieder käme ein Auto vorbei. Gehen Sie noch einmal 50 Jahre zurück, und die Autos verschwinden ebenfalls von den Straßen, Telefone, Waschmaschinen und Staubsauger aus unseren Häusern und Flugzeuge aus der Luft.

Unsere Welt verändert sich. Wir sind umgeben von Technologien, die Menschen sich ausgedacht haben. Das Internet lässt unsere Welt kleiner erscheinen, so dass der Begriff vom „globalen Dorf" durchaus angebracht ist. Wirtschaftsunternehmen operieren weltweit. Rasch setzen sie Innovationen um; viele wissen heute noch nicht, welche Produkte sie im nächsten Jahr herstellen und verkaufen oder welche neuen Stellen in fünf Jahren eingerichtet werden müssen. Fusionen und Schwankungen auf dem Aktienmarkt erschüttern die Geschäftswelt. So ist Veränderung – oberflächlich gesehen – allmächtig. Aber wie tief greifend sind diese Veränderungen? Lassen sich menschliche Gesellschaften mit Schiffen vergleichen, die auf den stürmischen Meeren der Veränderung ziellos umhergetrieben werden? Oder mit Ufern, die von jeder neuen Welle bedeckt und dann wieder freigelegt

13

werden und die sich im Wechsel der Gezeiten nur ganz langsam verändert haben?

Das Buch eines Franzosen über seinen Besuch in den USA enthält folgenden Text:

> „Die amerikanischen Pfarrer versuchen nicht, alle Gedanken des Menschen auf das Leben nach dem Tod auszurichten oder zu fixieren. Sie sind bereit, einen Teil seines Herzens der Sorge um die Gegenwart zu opfern. Wenn sie schon nicht selbst am produktiven Arbeitsprozess beteiligt sind, so sind sie aber doch an seinem Fortschritt interessiert und begrüßen seine Ergebnisse."

Der Autor, könnte man meinen, spricht von amerikanischen Fernsehpredigern. Tatsächlich handelt es sich aber um Alexis de Tocqueville, und sein Buch erschien im Jahre 1835.[8]

Aufgezeichnete Kommentare von Besuchern eines Landes über ein anderes Land sind eine ergiebige Informationsquelle, wie nationale Kulturunterschiede in der Vergangenheit wahrgenommen wurden, und sie erscheinen oft auffallend modern, selbst wenn sie schon Jahrhunderte alt sind.

Viele Dinge in einer Gesellschaft lassen sich durch die moderne Technik und deren Produkte nicht ändern. Wenn junge Türken Coca-Cola trinken, wirkt sich das nicht zwangsläufig auf ihre Ansichten über Autorität aus. In gewisser Hinsicht unterscheiden sich junge Türken von alten Türken, ebenso wie sich junge Amerikaner von alten Amerikanern unterscheiden. Im Zwiebelmodell von Abbildung 1.2 betreffen diese Unterschiede hauptsächlich die relativ oberflächlichen Bereiche der Symbole und Helden, der Mode und des Konsums. Im Bereich der Werte, d. h. der grundlegenden Empfindungen bezüglich des Lebens und Gefühle zu anderen Menschen unterscheiden sich junge Türken von jungen Amerikanern ebenso sehr wie alte Türken von alten Amerikanern. Es gibt also keinen Beweis für eine Annäherung der Werte heutiger Generationen aus verschiedenen Ländern.

Kulturwandel kann sich schnell vollziehen in den äußeren Schichten des „Zwiebeldiagramms", die als *Praktiken* bezeichnet werden. Praktiken sind der sichtbare Teil einer Kultur. Neue Praktiken können wir ein Leben lang erlernen; Menschen über 70 haben Freude daran, wenn sie lernen, wie man auf dem ersten eigenen Computer durchs Internet surft; sie erwerben dabei neue Symbole, treffen auf neue Helden und kommunizieren durch neue Rituale. Kulturwandel vollzieht sich langsam im Bereich des Kerns der Zwiebel mit der Bezeichnung *Werte*. Wie schon früher ausgeführt, wurden diese erlernt, als wir Kinder waren, von Eltern, die sie ihrerseits als Kinder erwarben. Das führt zu einer beachtlichen Beständigkeit in den Grundwerten einer Gesellschaft trotz radikaler Änderungen in den Praktiken.

Diese Grundwerte wirken sich in erster Linie auf das Geschlecht, auf die nationale und eventuell auf die regionale Ebene der Kultur aus. Glauben Sie nie Behauptungen von Politikern, religiösen Führern oder Wirtschaftsbossen, nationale Werte ändern zu wollen. Diese sollten als gegeben hingenommen werden, so unverrückbar wie die geographische Lage eines Landes, so vorherbestimmt wie sein Wetter. Zu einem späteren Zeitpunkt im Leben erworbene Kulturebenen neigen zu größerer Veränderbarkeit. Das ist insbesondere der Fall bei Organisationskulturen, in denen man als Erwachsener Mitglied wird. Das bedeutet aber nicht, dass es einfach wäre, die Organisationskulturen zu verändern – siehe dazu auch Kapitel 8 – aber zumindest ist es machbar.

Zweifellos sind zur Zeit großartige technologische Veränderungen im Gange, die alle Menschen erreichen bis auf die Ärmsten und die an den entlegensten Enden der Welt. Aber die Menschen führen diese neuen Technologien familiären Zwecken zu. Viele werden dazu benutzt, um nahezu die gleichen Dinge zu tun wie unsere Großeltern: Geld zu verdienen, andere Menschen zu beeindrucken, das Leben leichter zu machen, Zwang auszuüben auf andere, mögliche PartnerInnen zu verführen. All diese Aktivitäten sind Teil des „sozialen Spiels". Wir schauen uns sehr genau an, wie andere Menschen Techniken anwenden, welche Kleidung sie tragen, welche Scherze sie machen, welche Nahrung sie zu sich nehmen, wie sie ihre Ferien verbringen. Und wir haben ein feines Gespür dafür, welche Wahl zu treffen ist, wenn wir zu einem bestimmten sozialen Kreis gehören wollen.

Das soziale Spiel an sich erfährt keine tief greifenden Änderungen durch den Wandel in der heutigen Gesellschaft. Es gelten ähnliche ungeschriebene Spielregeln für Erfolg, Misserfolg,

Zugehörigkeit und andere wesentliche Aspekte unseres Lebens. Wir müssen uns einfügen und für die Gruppe, zu der wir gehören, akzeptable Verhaltensweisen an den Tag legen. Die meisten Veränderungen betreffen die Spielzeuge, mit denen wir das Spiel spielen.

Die Vorgeschichte der Kultur

Wie alt ist eigentlich das soziale Spiel? Millionen Jahre alt. Der moderne Mensch *(Homo Sapiens)* existiert seit über 100.000 Jahren. Schätzungsweise gab es am Ende der letzten und einzigen Eiszeit, 130.000 v. Chr., ca. 10.000–50.000 Menschen weltweit, d.h. in Afrika.

Rund fünf Millionen Jahre vorher erfolgte die Trennung zwischen deren Vorfahren und den heutigen Schimpansen und Bonobos, unseren nächsten Verwandten. Studenten, die das Verhalten von Tieren erforschen, haben überzeugend nachgewiesen, dass diese Affen alle wichtigen Eigenschaften einer Kultur besitzen, insbesondere verfügen sie über Vorstellungen von „gutem" und „schlechtem" Benehmen, also etwas, das wir als „Werte"[9] bezeichnen. Jede soziale Gruppe hat ihre eigene Version wichtiger sozialer Rituale wie z.B. die Fellpflege oder das Teilen der Nahrung. Sie verbringen erstaunlich viel Zeit mit diesen Ritualen, und eingehende Untersuchungen enthüllen, dass dauerhafte Beziehungen zwischen Einzelwesen bestehen. Jede Gruppe verfügt über eigene Formen technischer Sachkenntnis: so werden z.B. für die Öffnung von Palmnüssen Steine benutzt oder Stöckchen, um Termiten zu sammeln. Die Weitergabe dieser Rituale und Fähigkeiten erfolgt durch soziales Lernen oder, wenn Sie so wollen, durch „Nachäffen". Wenn es um das Teilen der Nahrung geht, haben Schimpansen außerdem auch ausgeklügelte mentale Modelle, wer wem was schuldet.

Es gibt bemerkenswerte Unterschiede zwischen den Gesellschaften von Schimpansen und Bonobos. Die beiden Spezies haben gemeinsame Vorfahren. Sie sehen sich so ähnlich, dass Bonobos lange Zeit für eine Unterart der Schimpansen gehalten wurden. Während jedoch Schimpansen eine Gesellschaft von Jägern und Sammlern bilden, die von einer politischen Koalition aus ziemlich gewaltbereiten Männchen beherrscht wird, schließen sich die Bonobos zu Gruppen von Vegetariern mit emotionaler Bindung an die weiblichen Tiere zusammen, in der die männlichen Anführer weit weniger dominant sind; soziale Spannungen werden hier nicht mit Gewalt, sondern durch erotische Betätigung gelöst. Schimpansen sind vom Mars beeinflusst, Bonobos von der Venus.

Die uns geistig weit unterlegenen Primaten verfügen über soziale Einheiten mit unverwechselbaren Kulturen. Wieso? Populationsaustausch findet ständig statt. Bei den Schimpansen wechseln erwachsene Weibchen die Gruppe und gewährleisten damit, dass die genetische Vielfalt beibehalten wird. In der Regel nehmen diese „Migranten" ihre Praktiken nicht mit. Stattdessen nehmen sie die Kultur der sie aufnehmenden Gruppe an, um sich einzufügen. Während also der Wechsel der Weibchen das genetische Cross-over gewährleistet, gilt das nicht gleichzeitig auch für den kulturellen Austausch. Die Rituale und Praktiken jeder Gruppe dienen praktisch zur Aufrechterhaltung der Gruppenidentität. Gleichzeitig verändern sich aber Schimpansen- und Bonobokulturen tatsächlich – wie sonst hätten sich die beiden Spezies so weit auseinander entwickeln können, oder wie sonst wäre es möglich, dass jede Schimpansenkolonie ihre eigenen Praktiken hat? Der Kulturwandel zwischen den Gruppen ist aber nur langsam von statten gegangen. Es gibt nämlich soziale Kräfte, die den Kulturwandel zugunsten des Status quo verhindern. Gruppenkulturen können sich selbst aufrecht erhalten.

Analog zu Schimpansen und Bonobos lebten auch die frühen Menschen als Jäger-Sammler. Nur war ihr Verstand viel schneller. Sie waren Herr über das Feuer und hatten ausgefeilte Jagdwerkzeuge entwickelt. Sie hatten außerdem eine komplizierte Informationsgesellschaft aufgebaut mit komplexer symbolischer Sprache. Diese ermöglichte es ihnen, sich über Bewegungen von Tierherden und Eigenschaften von Pflanzen auszutauschen und Jagdlisten zu erörtern. Um 100.000 v. Chr. begannen sie, sich über den Erdball zu verstreuen. Durch die moderne DNA Forschung ist es den Genetikern gelungen, die Spuren der verschiedenen Bewegungen zurückzuverfolgen: von Afrika nach Zentralasien und von dort nach Europa, Australien und schließlich nach Nord- und Südamerika[10]. Am Ende der letzten Eiszeit, um 10.000 v. Chr., gab es Menschen auf allen Erdteilen. Seit dieser Zeit erhalten wir durch archäologische Funde ein weitaus klareres Bild unserer Vorgeschichte. Grabstätten von Jägern und Sammlern sowie Höhlenzeichnungen zeigen eine bemerkenswerte Vielfalt an Stilrichtungen und Anordnungen. Offensichtlich gab es viele unterschiedliche Kulturen im Eiszeitalter.

In der Zeit von 10.000–5.000 v. Chr. stiegen – bei milderem Klima – die Bevölkerungszahlen an, was zu einer Verringerung der natürlichen Ressourcen führte. Als Reaktion darauf begannen Menschen in verschiedenen Teilen der Erde mit der Manipulation ihrer Umgebung durch Aussaat von wilden Samen (z. B. Weizen und Gerste in Kleinasien, Reis an den Ufern des Yangtze) und Herdenhaltung wilder Tiere (z. B. Schafe und Ziegen im Mittelmeerraum, Rinder in Europa, Pferde in Zentralasien). So wurde die Landwirtschaft entdeckt. Sie führte zu einer sozialen Revolution. Soziale Einheiten waren nicht länger auf kleine Gruppen von Jäger-Sammlern mit begrenzter Hierarchie und flexibler Arbeitsteilung beschränkt. Viel größere Ansammlungen von Menschen konnten nun zusammenleben. Nahrungsmittelvorräte konnten angelegt werden. Arbeitsspezialisierung und Konzentration von Wissen und Macht wurden möglich sowie groß angelegte Kriege. Alle Haupteigenschaften der heutigen menschlichen Gesellschaften waren bereits in dieser Zeit vorhanden.[11]

Um ca. 3.000 v. Chr. beginnt mit der Überlieferung schriftlicher Berichte der Wechsel von der Vorgeschichte zur Geschichte. In fruchtbaren Gebieten der Erde entstanden große Reiche, weil gewöhnlich die Herrscher eines Teils bei der Eroberung anderer Teile erfolgreich waren. Das älteste Reich, das heute noch existiert, ist China. Obwohl es nicht immer geeint war, hat es eine durchgängige fast 4.000-jährige Geschichte. Andere Reiche fielen auseinander: im östlichen Mittelmeerraum und dem südwestlichen Teil Asiens wuchsen Reiche, hatten eine kurze Blütezeit und zerfielen wieder, worauf weitere folgten: das sumerische, babylonische, assyrische, ägyptische, persische, griechische, römische und türkische Reich, um nur einige zu nennen. Der südasiatische Subkontinent und der indonesische Archipel hatten ihre Reiche, z. B. die Maurya, die Gupta und später die Mogule in Indien und die Majapahit auf Java. In Mittel- und Südamerika zeugen Monumente von den Reichen der Azteken, Maja und Inka. In Afrika sind Äthiopien und Benin Beispiele für historische Staatsformen.

Neben und oft sogar innerhalb des Hoheitsgebiets dieser großen Reiche konnten sich kleinere Einheiten als unabhängige kleine „Königreiche" oder Stämme halten. Auch heute noch lebt in Neu-Guinea der größte Teil der Bevölkerung in kleinen, relativ isolierten Stämmen, jeder mit seiner eigenen Sprache und nur selten in die größere Gesellschaft integriert.

Im sozialen Leben – wirtschaftliche Prozesse eingeschlossen – wird nur wenig aus dem Nichts aufgebaut. Multinationale Unternehmen gab es schon im Jahre 2.000 v. Chr.; Assyrer, Phönizier, Griechen und Römer hatten alle ihre eigene Vorstellung von weltweiter geschäftlicher Tätigkeit. [12]

Die unter unseren Vorfahren herrschende kulturelle Vielfalt ist von der heutigen Generation ererbt worden. Nationale und regionale Kulturunterschiede spiegeln auch heute noch zum Teil die Grenzen der früheren Weltreiche wider. In den folgenden Kapiteln wird demonstriert, wieso lateinamerikanische Kulturen immer noch gemeinsame, aus dem römischen Reich hervorgegangene Eigenschaften aufweisen und wie chinesische Kulturen das Erbe des chinesischen Kaiserreichs widerspiegeln.

Dieser sehr kurze Streifzug durch die Geschichte lässt den Schluss zu, dass das komplizierte soziale Spiel, das uns zu kulturellen Wesen macht, in der Tat schon sehr, sehr alt ist.

Quellen kultureller Vielfalt und Veränderung

In der heutigen Welt gibt es erstaunlich viele verschiedenartige Kulturen, sowohl im Hinblick auf Werte als auch auf Praktiken. Wenn die gesamte Menschheit von gemeinsamen Vorfahren abstammt und wenn Kulturen nach Fortbestand streben, welche Kräfte haben dann zu einer derartigen Verzweigung der Kulturen unserer Vorfahren geführt? Wenn wir diese erkennen, werden wir auch zukünftige Veränderungen besser vorhersagen können.

Veränderungen der Kultur wurden von jeher durch den Einfluss von Naturgewalten und die Kräfte des Menschen verursacht, und das wird auch in Zukunft so sein.

Der Hauptgrund für die kulturelle Vielfalt liegt in der Anpassung an neue natürliche Umgebungen. Als die Menschheit nach und nach fast die ganze Erde bevölkerte, führte allein der Überlebensdrang zu verschiedenen kulturellen Lösungen. In Kapitel 2 wird z. B. gezeigt, dass Gesellschaften in kühleren Klimazonen gern eine größere Gleichheit unter ihren Mitgliedern entwickelten als Gesellschaften in tropischen Klimazonen.

Abwanderungen ganzer Völkergruppen in unterschiedliche Umgebungen wurden oft durch Hungersnöte ausgelöst, die wiederum zurückgingen auf klimatische Veränderungen wie die Entstehung von Wüsten, Überbevölkerung oder politische Fehlentscheidungen (wie durch die britischen Herrscher im Irland des 19. Jahrhunderts). Naturkatastrophen wie Erdbeben und Überflutung löschten manchmal ganze Gesellschaften aus und schufen dadurch neue Möglichkeiten für andere.

Archäologische Funde belegen, dass Handel zwischen verschiedenen Kulturen so alt ist wie die Kulturen selbst; Händler gaben nicht nur fremdländische Waren weiter sondern auch neue Gewohnheiten und Techniken.

Drastische Veränderungen haben Kulturen durch militärische Eroberungen erfahren: Bevölkerungsgruppen wurden getötet, verschleppt und durchmischt; man zwang ihnen neue Herrscher und Gesetze auf. Kapitel 2 bis 6 zeigen wiederholt auf, welche langen Schatten das Römische und das Chinesische Reich auf die Kulturen geworfen haben.

Missionarischer Eifer, der Menschen zu einer anderen Religion bekehrt, hat ebenfalls Kulturen verändert. Wenn wir jedoch die religiöse Geschichte eines Landes zurückverfolgen, d. h. welche Religion und welche Spielart dieser Religion eine bestimmte Bevölkerung annahm, so scheint dies ebenso ein *Ergebnis* bereits zuvor bestehender kultureller Wertemuster zu sein, wie auch ein *Grund* oder noch mehr für kulturelle Unterschiede.

Alle großen Weltreligionen haben irgendwann in ihrer Geschichte tiefgehende Spaltungen erfahren: zwischen der römisch-katholischen, der östlich-orthodoxen und verschiedenen protestantischen Richtungen im Christentum, zwischen Sunna und Schia im Islam, zwischen liberalen und verschiedenen fundamentalistischen Gruppen im Judentum, zwischen Hinajana und Mahajana im Buddhismus. Bereits im Vorfeld bestehende kulturelle Unterschiede zwischen Religionsgruppen spielten bei diesen Spaltungen immer eine entscheidende Rolle. So erfasste beispielsweise die Reformationsbewegung innerhalb der römisch-katholischen Kirche im 16. Jahrhundert anfangs ganz Europa. In Ländern, die über 1.000 Jahre zuvor zum Römischen Reich gehört hatten, stellte jedoch eine Gegenreformation die Autorität der Römischen Kirche wieder her. Schließlich hatte die Reformation lediglich in Ländern ohne römische Tradition Erfolg. Heute ist zwar der größte Teil Nordeuropas protestantisch und Südeuropa größtenteils römisch-katholisch, doch haben die kulturellen Unterschiede nicht in dieser religiösen Spaltung ihren Ursprung, sondern im Erbe des Römischen Reiches. Religiöse Zugehörigkeit an sich ist daher kulturell weniger relevant als häufig angenommen.[13] Das schließt allerdings nicht aus, dass sich eine Religion, die sich einmal fest etabliert hat, tatsächlich die Kulturmuster, auf deren Grundlage sie angenommen wurde, verstärkt, indem sie diese zu Kernstücken ihrer Lehre macht.

Wie schon weiter vorn ausgeführt, beeinflussen wissenschaftliche Entdeckungen und Neuerungen, ob aus den eigenen Reihen oder von außen importiert, die Praktiken gewöhnlich stärker als das soziale Spiel. Manche, wie die Erfindung der Landwirtschaft, waren von so grundlegender Bedeutung, dass sie ganze Kulturen einschließlich ihrer Werte veränderten.

Fast alle diese Veränderungen wirken sich auf mehrere Gesellschaften aus; manche erfolgen weltweit. Wenn Kulturen sich aufgrund einer gemeinsamen Ursache zusammen verändern, bleiben die Unterschiedene zwischen ihnen allerdings oft bestehen. Deshalb erscheinen uns die Beobachtungen von de Tocqueville und anderen Reisenden vergangener Jahrhunderte häufig so modern.

Unterschiede in der nationalen Kultur

Ein junges Phänomen in der Menschheitsgeschichte stellt die Erfindung von „Nationen" dar, also politischen Einheiten, in die die gesamte Welt aufgeteilt ist und zu einer von denen theoretisch jeder Mensch gehört – was durch seinen Pass zum Ausdruck kommt. Vorher gab es zwar Staaten, aber nicht jeder Mensch gehörte einem an oder identifizierte sich mit einem. Das System der Nationalstaaten wurde erst Mitte des zwanzigsten Jahrhunderts weltweit eingeführt. Es folgte auf das Kolonialsystem, das sich im Laufe der vorangegangenen drei Jahrhunderte entwickelt hatte. In dieser Kolonialperiode teilten die technologisch hoch entwickelten Länder Westeuropas praktische alle Gebiete der Welt untereinander auf, die nicht unter dem Einfluss einer anderen starken politischen Macht standen. Die Grenzen zwischen den Staaten, die früher Kolonien waren, spiegeln noch immer das koloniale Erbe wider. Besonders in Afrika entsprechen die meisten Staatsgrenzen eher der Logik der Kolonialmächte als den kulturellen Trennlinien der jeweiligen Bevölkerung.

(National-)Staaten sollten daher nicht mit *Gesellschaften* gleichgesetzt werden. Gesellschaften haben sich als historische und organische Formen einer sozialen Organisation entwickelt. Genau genommen gilt das Konzept einer gemeinsamen Kultur für Gesellschaften und nicht für Staaten. Dennoch bilden viele Staaten ein historisch entwickeltes Ganzes , selbst wenn sie aus sehr unterschiedlichen Gruppen bestehen, und auch wenn sie weniger integrierte Minderheiten umfassen.

Innerhalb von Staaten oder Ländern, die seit einiger Zeit bestehen, gibt es starke Kräfte hin zu einer weiteren Integration: (normalerweise) eine dominante Landessprache, gemeinsame Massenmedien, ein nationales Bildungssystem, nationale Streitkräfte, ein nationales politisches System, eine nationale Vertretung bei Sportveranstaltungen mit starkem symbolischen und emotionalen Charakter, einen nationalen Markt für bestimmte Fertigkeiten, Produkte und Leistungen. Die Staaten von heute erreichen nicht den Grad an innerer Homogenität der isolierten Gesellschaften, in denen es meist keine Schrift gibt und die Gegenstand der Untersuchung von Feldanthropologen sind, doch bilden sie die Quelle für ein beträchtliches Maß an gemeinsamer mentaler Programmierung ihrer Bürger. [14]

Andererseits besteht bei ethnischen, sprachlichen und religiösen Gruppen weiterhin eine Tendenz, um Anerkennung ihrer eigenen Identität zu kämpfen, wenn nicht gar um nationale Unabhängigkeit; diese Neigung hat in der zweiten Hälfte des Zwanzigsten Jahrhundert eher zu- als abgenommen. Beispiele hierfür sind die römisch-katholische Bevölkerung in Ulster, die flämische in Belgien, die baskische in Spanien und Frankreich, die kurdische in Iran, Irak, Syrien und der Türkei, die ethnischen Gruppen des früheren Jugoslawien, die Stämme der Hutu und Tutsi in Ruanda, die Tschetschenen in Russland.

Bei der Untersuchung kultureller Unterschiede ist deshalb die Staatsangehörigkeit – der jeweilige Pass – mit Vorsicht zu verwenden. Häufig ist sie aber das einzige brauchbare Kriterium für eine Klassifizierung. Zu Recht oder zu Unrecht werden den Bürgern bestimmter Länder kollektive Eigenschaften zugeschrieben: man spricht von „typisch amerikanischem", „typisch deutschem", typisch japanischem" Verhalten. Die Verwendung der Staatsangehörigkeit als Kriterium ist eine Sache der Zweckmäßigkeit, denn es ist bedeutend einfacher, Daten für Staaten zu erhalten als für organische, homogene Gesellschaften. Staaten als politische Gebilde stellen Statistiken verschiedenster Art über ihre Bevölkerung zur Verfügung. Daten aus Erhebungen, d.h. die von den Menschen auf schriftlichen Fragebögen zu ihrer Kultur gegebenen Antworten, werden ebenfalls meist durch nationale Organisationen gesammelt. Wo es aber doch möglich *ist*, Ergebnisse nach Region, ethnischer oder sprachlicher Gruppe zu unterscheiden, sollte man dies auch tun.

Ein gewichtiger Grund für die Sammlung von Daten auf der Ebene von Ländern (Nationalstaaten) besteht darin, dass eines der Ziele der Kultur vergleichenden Forschung die Förderung der Zusammenarbeit zwischen den Ländern ist. Wie schon zu Beginn dieses Kapitels festgestellt, leben die (über 200) heute existierenden Länder in einer einzigen Welt, und entweder überleben wir zusammen, oder wir gehen zusammen unter. Es hat also einen ganz praktischen Sinn, auf solche kulturellen Faktoren abzuzielen, die Länder trennen oder vereinen.

Nationale Kulturen oder nationale Institutionen

Ganz offensichtlich haben verschiedene Länder verschiedene Institutionen: Regierungen, Gesetze und Rechtssysteme, Verbände, Unternehmen, religiöse Gemeinschaften, Schulsysteme, Familienstrukturen. Manche Menschen einschließlich einiger weniger Soziologen und Wirtschaftswissenschaftler vertreten die Ansicht, dass hier die eigentlichen Gründe für unterschiedliches Denken, Fühlen und Handeln in den verschiedenen Ländern liegen. Wenn wir diese Unterschiede durch deutlich sichtbare Institutionen erklären können, müssen wir dann wirklich über „Kulturen" als unsichtbare mentale Programme nachdenken?

Diese Frage wurde vor mehr als 200 Jahren von einem französischen Adeligen, Charles Louis de Montesquieu (1689–1755) in seinem berühmten Buch „*De l'esprit des lois*" (Vom Geist der Gesetze) beantwortet. Montesquieu behauptete, dass es so etwas wie „den allgemeinen Geist einer Nation" gebe (was wir heute als Kultur bezeichnen würden), und dass der Gesetzgeber dem Geist der Nation folgen solle ..., denn wir tun das am besten, was wir freiwillig und aus unserer natürlichen Begabung heraus tun."[15]

Daher folgen Institutionen mentalen Programmen und passen sich in ihrer Funktionsweise der Kultur vor Ort an. Ähnliche Gesetze funktionieren unterschiedlich in den verschiedenen Ländern, wie die Europäische Union schon bei vielen Gelegenheiten erfahren hat. Institutionen, die innerhalb einer Kultur gewachsen sind, sorgen ihrerseits für die Fortführung der mentalen Programmierung, auf der sie basieren. Institutionen können nur mit Blick auf die Kultur verstanden werden, und das Verständnis von Kultur setzt Einblick in deren Institutionen voraus. Erklärungen auf das eine oder andere reduzieren zu wollen, führt zu keinem Ergebnis.

Als wichtige Konsequenz daraus ergibt sich, dass sich Denk-, Fühl- und Handlungsweisen von Menschen eines Landes nicht durch bloßes Importieren fremder Institutionen verändern lassen.

Nach dem Ende des Kommunismus in der früheren Sowjetunion und anderen Teilen Osteuropas vertraten einige Wirtschaftswissenschaftler die Ansicht, dass für die ehemals kommunistischen Länder einzig und allein kapitalistische Institutionen im amerikanischen Stil nötig seien, um auf den Weg zum Wohlstand zu gelangen. Das hat leider nicht funktioniert. Jedes Land muss sich durch seine eigenen Reformprozesse kämpfen, und zwar im Einklang mit der mentalen Software seiner Menschen. Globalisierung durch multinationale Konzerne und supranationale Institutionen wie die Weltbank stößt auf heftigen lokalen Widerstand, da es keine kulturunabhängigen Wirtschaftssysteme gibt.

Wie sieht es mit den nationalen Managementkulturen aus?

Die Wirtschaft selbst wie auch die entsprechende Literatur für Wirtschaftsschulen spricht oft von nationalen „Management"- oder „Führungskulturen". Management und Führung können jedoch nicht losgelöst von anderen Teilen der Gesellschaft betrachtet werden. Der US-Anthropologe Marvin Harris warnt: „Etwas, worauf Anthropologen schon von jeher hingewiesen haben, ist die Tatsache, dass Aspekte sozialen Lebens, die keinen Bezug zueinander zu haben scheinen, durchaus in Beziehung miteinander stehen.[16]

Manager und Führungskräfte wie auch die Menschen, mit denen sie arbeiten, sind Teil nationaler Gesellschaften. Wenn wir ihr Verhalten verstehen wollen, müssen wir zuerst einmal ihre Gesellschaften verstehen. Auf welche Persönlichkeitstypen treffen wir beispielsweise in ihrem Land; wie leben die Familien miteinander, und was bedeutet das für die Erziehung ihrer Kinder; wie funktioniert das Schulsystem, und wer besucht welche Schule; wie wirken sich Regierung und politisches System auf das Leben der Bürger aus; welche historischen Ereignisse hat ihre Generation erlebt. Vielleicht müssen wir auch etwas über ihr Verbraucherverhalten wissen; über ihre Ansichten über Gesundheit und Krankheit, Verbrechen und Bestrafung, und über religiöse Themen. Wir können unter Umständen eine Menge lernen von der

Literatur, den schönen Künsten und Wissenschaften ihres Landes. Die folgenden Kapitel werden an einigen Stellen auf all diese Bereiche Bezug nehmen, und die meisten werden sich auch für das Verständnis des *Managements* in einem Land als relevant erweisen. In der Kultur gibt es keine Abkürzung zur Geschäftswelt.

Das Messen von Werten

Da Werte mehr als Praktiken das beständige Element einer Kultur darstellen, geht die vergleichende Kulturforschung davon aus, dass sie sich messen lassen. Allein aus den Handlungen von Menschen auf deren Werte zu schließen, ist mühselig und führt nicht zu eindeutigen Ergebnissen. Man hat verschiedene schriftliche Fragebögen entwickelt, anhand derer man Personen fragt, welcher der angebotenen Alternativen sie den Vorzug geben. Die Antworten sollte man nicht allzu wörtlich nehmen: Menschen handeln in der Praxis nicht immer so, wie sie es auf dem Fragebogen angegeben haben. Dennoch liefern Fragebogen wertvolle Informationen, da sie bei der Beantwortung Unterschiede zwischen Gruppen oder Kategorien von Befragten aufzeigen. Nehmen wir an, es wird gefragt, ob man kürzerer Arbeitszeit oder höherer Bezahlung den Vorzug geben würde. Ein einzelner Mitarbeiter, der angibt, er würde mehr Freizeit bevorzugen, entscheidet sich in Wirklichkeit vielleicht für die Bezahlung, wenn er tatsächlich die Wahl hat; aber wenn in Gruppe A mehr Personen als in Gruppe B angeben, sie würden mehr Freizeit vorziehen, deutet dies auf einen kulturellen Unterschied zwischen diesen Gruppen hinsichtlich des relativen Wertes von Freizeit gegenüber Geld hin.

Bei der Interpretation der Aussagen von Menschen über deren Werte ist es wichtig, zwischen dem Wünschenswerten und dem Erwünschten zu unterscheiden: die Vorstellungen der Leute von einer idealen Welt und ihre konkreten Wünsche für sich selbst. Fragen nach dem Wünschenswerte beziehen sich auf Menschen im Allgemeinen und sind nach Kriterien wie richtig/falsch, Zustimmung/Ablehnung, wichtig/unwichtig und Ähnlichem formuliert. Theoretisch ist jeder für die Tugend und gegen die Sünde, und Antworten über das Wünschenswerte drücken die Ansichten der Menschen darüber aus, was eine Tugend darstellt und was einer Sünde entspricht. Demgegenüber wird das Erwünschte durch „Du" und „Ich" ausgedrückt und was wir für uns selbst wünschen, einschließlich unserer weniger tugendhaften Wünsche. Das Wünschenswerte hat nur eine entfernte Ähnlichkeit mit dem tatsächlichen Verhalten; doch selbst Aussagen über das Erwünschte kommen zwar dem tatsächlichen Verhalten näher, müssen aber nicht unbedingt der Art und Weise entsprechen, wie Menschen sich wirklich verhalten, wenn sie vor die Wahl gestellt werden.

Das Wünschenswerte unterscheidet sich vom Erwünschten durch die Art der jeweiligen Normen. Normen sind Normalformen von Verhalten, die in einer Gruppe oder Kategorie von Menschen existieren.[17] Im Falle des Wünschenswerten ist die Norm absolut und betrifft das, was ethisch richtig ist. Im Falle des Erwünschten ist die Norm statistisch: sie gibt die von der Mehrheit getroffenen Entscheidungen an. Das Wünschenswerte bezieht sich eher auf die Ideologie, das Erwünschte eher auf die Praxis.

Auswertungen von Wertestudien, die nicht den Unterschied zwischen Wünschenswertem und Erwünschtem berücksichtigen, können zu paradoxen Ergebnissen führen. Ein Fall, in dem die beiden zu diametral entgegen gesetzten Ergebnissen führten, ergab sich bei den IBM-Studien und wird an anderer Stelle in diesem Kapitel beschrieben. Mitarbeiter in verschiedenen Ländern wurden nach ihrer Zustimmung zu oder Ablehnung folgender Aussage gefragt: „Beschäftigte in der Industrie sollten stärker an den Entscheidungen der Geschäftsleitung teilhaben." Das ist eine Aussage über das Wünschenswerte. In einer anderen Frage wurden die Leute gefragt, ob sie persönlich einen Vorgesetzten vorzögen, der „sich vor einer Entscheidung normalerweise mit seinen Mitarbeitern berät." Das ist eine Aussage über das Erwünschte. Ein Vergleich zwischen den Antworten auf diese beiden Fragen ergab, dass in Ländern, in denen der sich mit seinen Mitarbeitern beratende Vorgesetzte weniger beliebt war, die Leute mehr der allgemeinen Aussage zustimmten, dass Beschäftigte an Entscheidungen teilhaben sollten, und umgekehrt; die Ideologie war das Spiegelbild der täglichen Beziehung zum Chef.[18]

Dimensionen nationaler Kulturen

In der ersten Hälfte des zwanzigsten Jahrhunderts entwickelte man in der Sozialanthropologie die These, dass alle Gesellschaften, gleich ob modern oder traditionell, mit den gleichen Grundproblemen konfrontiert sind; lediglich die Antworten sind unterschiedlich. Amerikanische Anthropologen, insbesondere Ruth Benedict (1887–1948) und Margaret Mead (1901–1978) spielten eine bedeutende Rolle in dem Bemühen, diese Aussage einem breiten Publikum nahe zu bringen.

Als logischerweise nächsten Schritt versuchten Sozialwissenschaftler herauszufinden, *welche* Probleme allen Gesellschaften gemeinsam waren, und zwar durch konzeptionelle Überlegungen und Auswertung von Felderfahrungen sowie durch statistische Untersuchungen. Im Jahr 1954 veröffentlichten zwei Amerikaner, der Soziologe Alex Inkeles und der Psychologe Daniel Levinson, eine ausführliche Untersuchung über die englischsprachige Literatur zum Thema „Nationale Kultur". Sie waren der Ansicht, dass die folgenden Punkte als weltweit gemeinsame Grundprobleme in Frage kommen; Probleme, die Folgen für das Funktionieren von Gesellschaften, von Gruppen innerhalb dieser Gesellschaften und von Individuen innerhalb der Gruppen haben:

(1) Verhältnis zur Autorität
(2) Selbstverständnis, insbesondere:
   - die Beziehung zwischen Individuum und Gesellschaft, und
   - die Vorstellung des Individuums von Maskulinität und Femininität
(3) Die Art und Weise, mit Konflikten umzugehen, einschließlich der Kontrolle von Aggression und des Ausdrückens von Gefühlen [19]

Zwanzig Jahre später hatte Geert Hofstede Gelegenheit, eine aus Erhebungen gewonnene umfangreiche Datenmenge über die Werte von Menschen in über fünfzig Ländern auf der ganzen Welt zu untersuchen. Diese Menschen arbeiteten in den jeweiligen Niederlassungen eines großen multinationalen Konzerns: IBM. Auf den ersten Blick mag es überraschen, dass Mitarbeiter eines multinationalen Konzerns – eine ganz besondere Art von Leuten – dazu dienen könnten, Unterschiede zwischen *nationalen* Wertesystemen herauszufinden. Aber diese Mitarbeiter stellten fast perfekt zusammengesetzte Stichproben in dem jeweiligen Land dar: sie ähnelten einander in jeder Hinsicht außer der Staatsangehörigkeit; und dies führte dazu, dass sich die durch die Staatsangehörigkeit bedingten Unterschiede bei ihren Antworten ungewöhnlich deutlich bemerkbar machten.

Eine statistische Auswertung der im Durchschnitt erteilten Antworten aus den Ländern auf Fragen zu den Werten vergleichbarer IBM-Mitarbeiter in verschiedenen Ländern[20] brachte gemeinsame Probleme zutage, aber von Land zu Land unterschiedliche Lösungen, und zwar in den folgenden Bereichen:

(1) Soziale Ungleichheit einschließlich des Verhältnisses zur Autorität

(2) Die Beziehung zwischen dem Individuum und der Gruppe

(3) Vorstellungen von Maskulinität und Femininität: die sozialen und emotionalen Auswirkungen, als Junge oder Mädchen geboren zu sein

(4) Die Art und Weise, mit Unsicherheit und Mehrdeutigkeit umzugehen, die sich als Bezugspunkt für die Kontrolle von Aggression und das Ausdrücken von Emotionen ergaben.

Diese empirischen Ergebnisse deckten sich erstaunlich genau mit den Bereichen, die Inkeles und Levinson zwanzig Jahre zuvor vorausgesagt hatten. Die Entdeckung ihrer Vorhersage stellte eine große Stütze für die theoretische Bedeutung der empirischen Erkenntnisse dar. Probleme, die für alle menschlichen Gesellschaften grundlegend sind, müssten sich in verschiedenen Untersuchungen widerspiegeln, und zwar unabhängig von den jeweils verwendeten Ansätzen. Die Studie von Inkeles und Levinson ist nicht die einzige, deren Folgerungen sich mit den unsrigen überschneiden, aber sie nahm Geert Hofstedes Ergebnisse am deutlichsten vorweg.

Die vier Grundproblembereiche, die von Inkeles und Levinson definiert und aus den IBM-Daten empirische erschlossen wurden, stellen *Dimensionen* von Kulturen dar. Eine Dimension ist ein Aspekt einer Kultur, der sich im Verhältnis zu anderen Kulturen messen lässt. Die Grundproblembereiche entsprechen vier Dimensionen, die in Kapitel 2 bis 5 dieses Buches beschrieben werden. Sie werden folgendermaßen benannt: *Machtdistanz* (von gering bis groß), *Kollektivismus* gegenüber *Individualismus*, *Femininität* gegenüber *Maskulinität* und *Unsicherheitsvermeidung* (von schwach bis stark). All diese Begriffe existierten bereits jeweils in Teilbereichen der Sozialwissenschaften, und sie schienen recht gut auf den Grundproblembereich zu passen, für den jeweils eine der Dimensionen steht. Zusammen bilden sie ein vierdimensionales (4-D) Modell von Unterschieden zwischen nationalen Kulturen. Jedes Land in diesem Modell ist mit einer für jede der vier Dimensionen erreichten Punktzahl gekennzeichnet.

Eine Dimension vereinigt eine Reihe von Phänomenen in einer Gesellschaft, die empirischen Untersuchungen zufolge in Kombination auftreten, unabhängig davon, ob eine logische Notwendigkeit für ihre Verknüpfung zu bestehen scheint. Die Logik von Gesellschaften entspricht nicht der Logik der die Gesellschaften betrachtenden Individuen. Die Zusammenfassung der verschiedenen Aspekte einer Dimension basiert immer auf statistischen Beziehungen, d. h. auf *Trends*, dass diese Phänomene in Kombination auftreten, und nicht auf untrennbaren Verbindungen. Einige Aspekte in manchen Gesellschaften können gegen den allgemeinen Trend stehen, der sich in den meisten anderen Gesellschaften ergibt. Da man Dimensionen mit Hilfe von statistischen Methoden ermittelt, lassen sie sich nur auf der Grundlage vergleichender Informationen aus einer Reihe von Ländern nachweisen – möglichst nicht weniger als zehn. Bei der IBM-Studie hatte Geert Hofstede glücklicherweise Zugang zu vergleichbaren Daten über kulturell bestimmte Werte aus fünfzig Ländern und drei Länderregionen, so dass die Dimensionen innerhalb der Unterschiede zwischen ihnen recht deutlich zutage traten.

Die Punktwerte eines jeden Landes für eine Dimension lassen sich als Punkte auf einer Linie darstellen. Für jeweils zwei Dimensionen werden sie zu Punkten in einem Diagramm. Bei drei Dimensionen kann man sie sich mit etwas Phantasie als Punkte im Raum vorstellen. Bei vier oder mehr Dimensionen wird die Vorstellung etwas schwierig; das ist der Nachteil dimensionaler Modelle. Eine andere Möglichkeit der Darstellung von Unterschieden zwischen Ländern (oder anderen sozialen Systemen) bieten Typologien. Eine Typologie beschreibt eine Reihe von Idealtypen, die alle leicht vorstellbar sind. In der zweiten Hälfte des 20. Jahrhunderts war eine allgemein übliche Typologie die Einteilung von Ländern in eine Erste, Zweite und Dritte Welt (kapitalistischer, kommunistischer und ehemals kolonialer Block).

Typologien lassen sich zwar einfacher fassen als Dimensionen, doch bereiten sie bei empirischen Untersuchungen Probleme. Nur selten entsprechen reale Fälle voll einem einzigen Idealtypus. Bei den meisten Fällen handelt es sich um Mischformen, die sich nur mit willkürlichen Regeln dem einen oder anderen Typ zuordnen lassen. Bei einem Dimensionenmodell lassen sich die Fälle immer eindeutig bewerten. Auf der Basis ihrer Punktwerte für die Dimensionen kann man die Fälle *danach* empirisch in Ländergruppen (Klumpen) mit ähnlichen Punktzahlen einteilen. Diese Gruppen bilden dann eine empirische Typologie. Die über 50 Länder der IBM-Studie konnten nach ihren Punktzahlen für die vier Dimensionen in zwölf derartige Ländergruppen eingeteilt werden. [21]

In der Praxis sind Typologien und dimensionale Modelle zueinander komplementär. Für die Forschung sind dimensionale Modelle vorzuziehen, während Typologien für Lehrzwecke nützlich sind. In diesem Buch wird eine Art typologischer Ansatz gewählt, um jede der Dimensionen zu erklären. Er beschreibt für jede einzelne Dimension die beiden einander entgegen gesetzten Extreme als reine Typen. Anschließend werden die vier Dimensionen paarweise im Schaubild dargestellt, wobei sich wiederum vier Typen ergeben. Die Punktwerte der Länder für die Dimensionen werden zeigen, dass ein Land praktisch immer irgendwo zwischen den dargestellten Extremen liegt.

Wiederholungen der IBM-Studie

Während immer noch Daten aus der IBM-Studie eingingen, ließ Geert Hofstede einige derselben Fragen von internationalen Managergruppen beantworten, die nicht aus dem IBM-Bereich kamen. Diese Leute, aus unterschiedlichen Unternehmen in 15 verschiedenen Ländern, besuchten Kurse an einer Schweizer Wirtschaftshochschule, wo Geert Hofstede als Gastdozent Vorlesungen hielt.[22] Zu diesem Zeitpunkt hatte er noch keine klare Vorstellung von den in den eingegangenen Daten enthaltenen Dimensionen, aber die Wiederholungsstudie ergab, dass bei einer Schlüsselfrage bezüglich Macht (später Teil der Dimension Machtdistanz) die Länder fast genau die gleiche Position einnahmen wie in der IBM-Studie. Andere Fragen zeigten Länderunterschiede im Bereich Individualismus gegenüber Kollektivismus auf, und wieder waren diese Ergebnisse denen der IBM-Studie sehr ähnlich. Dies war der erste Beweis dafür, dass die Länderunterschiede, auf die man innerhalb des Unternehmens IBM gestoßen war, auch anderswo existierten.

In späteren Jahren ließen viele Leute den IBM-Fragebogen in seiner Gesamtheit, Teile davon oder auch spätere und verbesserte Versionen mit dem Titel „Values Survey Modules" (VSMs) von anderen Gruppen von Befragten bearbeiten. Der Wert von Wiederholungsstudien steigt mit der Anzahl der beteiligten Länder. Je mehr Länder daran teilnehmen, desto einfacher wird es, mit Hilfe statistischer Tests den Grad der Ähnlichkeit in den Ergebnissen nachzuweisen. Bis Ende 2002 gab es neben vielen kleineren Untersuchungen sechs große Wiederholungsstudien, wovon jede 14 oder mehr Länder aus der IBM-Datenbank erfasste. Sie werden in Tabelle 1.1 aufgeführt.

In vier der sechs Wiederholungsstudien in Tabelle 1.1 werden nur drei der vier Dimensionen bestätigt, und jedes Mal fehlt eine andere. So wurde z. B. in Daten, die man von Verbrauchern erhalten hatte, die Dimension Machtdistanz nicht wiederholt. Als Grund vermuten wir, dass zu den Befragten Menschen mit unterschiedlichen Berufen und unterschiedlichen Beziehungen zur Macht gehörten oder auch Menschen, die für ihre Tätigkeit überhaupt nicht bezahlt werden, wie z. B. Studenten und Hausfrauen.

Die meisten kleineren Untersuchungen stellten Vergleiche zwischen zwei oder drei Ländern gleichzeitig an. In allen diesen Fäl-

Autor	Jahr der Veröf- fentli- chung	Stichprobe	Anzahl Länder	Replizierte Dimensionen			
				Machtdistanz	Individualis- mus	Maskulinität	Unsicherheits- vermeidung
Hoppe	1990	Eliten[1]	18	×	×	×	×
Shane	1995	Angestellte[2]	28	×	×		×
Merritt	1998	Piloten[3]	19	×	×	×	×
de Mooij	2001	Verbraucher[4]	15		×	×	×
Mouritzen	2002	Städtische An- gestellte[5]	14	×		×	×
van Nimwegen	2002	Bankangestell- te[6]	19	×	×	×	

1 Mitglieder der Regierung, Parlamentarier, Vorsitzende von Gewerkschaften und Arbeit- geberverbänden, Akademiker und Künstler. Diese Personen wurden im Jahre 1984 vom Salzburg Seminar in American Studies (Salzburger Seminar für amerikanische Studi- en) befragt. Basierend auf den Formeln aus den VSM 82 wurden in ihren Antworten Machtdistanz, Unsicherheitsvermeidung und Individualismus (Hoppe, 1990) bestätigt; bei Verwendung der VSM 94 wurde auch Maskulinität bestätigt (Hoppe, 1998).

2 Angestellte aus sechs internationalen Unternehmen (jedoch nicht IBM) aus 28 bis 32 Ländern: Shane (1995); Shane & Venkataraman (1996). In dieser Studie wurden Machtdistanz, Unsicherheitsvermeidung und Individualismus bestätigt. Die Studie ent- hielt keine Fragen zur Maskulinität, was als politisch nicht korrekt (!) gewertet wurde.

3 Piloten von Handelsfluglinien aus 19 Ländern: Helmreich & Merritt (1998). Bei Verwen- dung der VSM 82 wurden Machtdistanz und Individualismus in dieser Studie bestätigt; bezog man andere Fragen aus der IBM-Studie mit ein, die als eher relevant für die Si- tuation eines Piloten erachtet wurden, fanden alle vier Dimensionen Bestätigung.

4 Verbraucher aus 15 europäischen Ländern: de Mooij (2004); Culture's Consequences (2001), S. 187, 262, 336. Bei Verwendung der VSM 94 wurden Unsicherheitsvermei- dung, Individualismus und Maskulinität in dieser Studie bestätigt; Machtdistanz wurde nicht bestätigt, wahrscheinlich weil man die Verbraucher nicht aufgrund der Tätigkeit, die sie ausübten, ausgesucht hatte (u. U. hatten sie gar keine bezahlte Arbeit).

5 Hohe städtische Beamte aus 14 Ländern: Søndergaard (2003); Mouritzen & Svara (2002). Bei Verwendung der VSM 94 wurden Machtdistanz, Unsicherheitsvermeidung und Maskulinität bestätigt und eine Beziehung der beiden ersten zu der jeweiligen ein- heimischen Regierungsform in den verschiedenen Ländern hergestellt.

6 Angestellte einer internationalen Bank in 19 Ländern: van Nimwegen (2002). In dieser Studie wurden Machtdistanz und Individualismus bestätigt, zu einem gewissen Grad auch Maskulinität und Langzeitorientierung, jedoch keine Unsicherheitsvermeidung.

Tab. 1.1: Sechs größere Wiederholungsstudien aus der IBM-Forschung

len mit einer Bestätigung der IBM-Ergebnisse zu rechnen, wäre zu viel des Guten gewesen, aber ein Überblick über 19 kleine Wiederholungsstudien des dänischen Forschers Mikael Søndergaard ergab, dass sie zusammengenommen alle vier Dimensionen statistisch bestätigten.[23] Am stärksten bestätigt wurde Individualismus. Die meisten kleinen Wiederholungsstudien gehen von den USA aus, die in der IBM-Studie die höchsten Punktwerte für Individualismus erzielten, und es ist wahrscheinlich, dass bei einem Vergleich mit den USA deutliche Unterschiede beim Individualismus zu finden sind.

In Tabelle 1.2 werden in alphabetischer Reihenfolge 74 Länder und Regionen aufgelistet, für die die IBM-Studie und die entsprechenden Wiederholungsstudien brauchbare Punktwerte für die Dimensionen geliefert haben. Die jeweiligen Punktwerte werden in Kapitel 2 bis 6 angesprochen.

Der Erfolg der Wiederholungsstudien bedeutet nicht zwangsläufig, dass die Kulturen der Länder sich seit Beginn der IBM-Studie nicht verändert hätten; wenn sie sich aber verändert haben, haben sie das gemeinsam getan, so dass ihre relative Position gleich geblieben ist.

Der Einsatz von Korrelationen

Beim Vergleich zwischen den Wiederholungsstudien und den ursprünglich ermittelten IBM-Punktwerten kam eine statistische Methode zum Einsatz, die Korrelation.

Für die Leser, die mit dem statistischen Begriff der Korrelation und mit der Bedeutung von Korrelationskoeffizienten nicht vertraut sind, folgt hier eine kurze Erläuterung. Zwei Maße gelten als in Korrelation zueinander stehend, wenn sie gemeinsam variieren. Wenn wir beispielsweise Größe und Gewicht von hundert zufällig auf der Straße ausgewählten Personen messen sollten, so würde sich eine Korrelation zwischen den Größen- und Gewichtsmaßen ergeben; größere Personen wären normalerweise auch schwerer, während kleinere tendenziell leichter wären. Da manche Menschen groß und schlank sind und andere klein und dick, wäre die Korrelation nicht perfekt.

Arabisch sprechende Länder (Ägypten, Irak, Kuwait, Libanon, Libyen, Saudi-Arabien, Vereinigte Arabische Emirate)	Marokko
	Mexiko
	Neuseeland
	Niederlande
Argentinien	Norwegen
Australien	Österreich
Bangladesh	Ostafrika
Belgien Flämisch (Niederl. spr.)	(Äthiopien, Kenia, Tansania,
Belgien Wallonisch (Franz. spr.)	Sambia)
Brasilien	Pakistan
Bulgarien	Panama
Chile	Peru
China	Philippinen
Costa Rica	Polen
Dänemark	Portugal
Deutschland	Rumänien
Ecuador	Russland
Estland	Salvador
Finnland	Schweden
Frankreich	Schweiz Deutsch
Griechenland	Schweiz Französisch
Großbritannien	Serbien
Guatemala	Singapur
Hongkong (China)	Slowakei
Indien	Slowenien
Indonesien	Spanien
Iran	Südafrika*
Irland	Surinam
Israel	Taiwan
Italien	Thailand
Jamaika	Trinidad
Japan	Tschechien
Kanada Quebec	Türkei
Kanada Gesamt	Ungarn
Kolumbien	Uruguay
Korea (Süd-)	USA
Kroatien	Venezuela
Luxemburg	Vietnam
Malaysia	Westafrika
Malta	(Ghana, Nigeria, Sierra Leone)

*Die Daten stammen ausschließlich von Weißen

Tab. 1.2: Länder und Regionen, für die Punktwerte für die Dimensionen vorliegen

Der Korrelationskoeffizient[24] drückt die Stärke des Zusammenhangs aus. Wenn die Korrelation perfekt ist, so dass ein Maß vollständig aus dem anderen folgt, so hat der Koeffizient den Wert 1,00. Ist die Korrelation nicht existent – die beiden Maße stehen in keinerlei Beziehung zueinander – so beträgt der Koeffizient 0,00. Der Koeffizient kann auch negativ werden, wenn die beiden Maße ihr jeweiliges Gegenteil darstellen: z. B. die Größe einer Person und die Anzahl der Fälle, in denen sie einer noch größeren Person begegnet.

Hier ist der niedrigste mögliche Wert –1,00: in diesem Fall stehen die beiden Maße wieder in einer perfekten Korrelation zueinander, nur dass der eine Wert positiv ist, wenn der andere negativ ist und umgekehrt. Beim Beispiel der Größe und des Gewichts von Personen wäre ein Koeffizient von ca. 0,80 zu erwarten, wenn nur Erwachsene in die Stichprobe einbezogen würden und ein noch höherer Koeffizient, wenn sowohl Kinder als auch Erwachsene einbezogen würden, da Kinder im Vergleich zu Erwachsenen extrem klein und extrem leicht sind.

Einen Korrelationskoeffizienten bezeichnet man als (statistisch) signifikant, wenn er sich ausreichend stark von 0 unterscheidet (als positiver oder negativer Wert), um die Möglichkeit auszuschließen, dass die Ähnlichkeit zwischen den beiden Maßen rein zufälliger Art sein könnte. Die *Signifikanzstufe* – meist 0,05, 0,01 oder 0,001 – ist das verbleibende Risiko, dass die Ähnlichkeit doch zufällig sein könnte. Beträgt die Signifikanzstufe 0,05, so stehen die Chancen gegen einen zufälligen Zusammenhang 19 zu 1, beträgt sie 0,001, so sind es 999 zu 1.[25]

Wenn der Korrelationskoeffizient zwischen zwei Maßen 1,00 oder –1,00 beträgt, können wir offenbar das eine genau vorhersagen, wenn wir das andere kennen. Wenn der Korrelationskoeffizient + oder –0,90 beträgt, können wir 81 % der Unterschiede bei dem einen voraussagen, wenn wir das andere kennen; liegt er bei + oder –0,80, können wir 64 % voraussagen usw.; die Vorhersagegenauigkeit nimmt ab mit dem Quadrat des Korrelationskoeffizienten. Wenn wir eine Menge Angaben haben, kann ein Korrelationskoeffizient von 0,40 immer noch signifikant sein, obwohl das erste Maß nur 0,40 × 0,40 = 16 % des zweiten voraussagt. Der

Grund für unser Interesse an solch relativ schwachen Korrelationen ist, dass die im sozialen Leben vorkommenden Phänomene häufig das Ergebnis des gleichzeitigen Zusammenwirkens vieler Faktoren sind: sie sind multikausal. Die Korrelationsanalyse hilft uns, mögliche Ursachen nacheinander herauszufinden.

Eine fünfte Dimension kommt hinzu

Im Spätjahr 1980, unmittelbar nach Veröffentlichung von *Culture's Consequences,* traf Geert Hofstede mit Michael Harris Bond von der chinesischen Universität in Hongkong zusammen. Bond und einige seiner Kollegen aus dem asiatisch-pazifischen Raum hatten soeben eine vergleichende Studie abgeschlossen über die Werte von weiblichen und männlichen Psychologiestudenten aus jeweils 10 nationalen oder ethnischen Gruppen ihrer Region. [26] Sie hatten dazu eine adaptierte Version der Rokeach Value Survey (RVS) (Rokeach Wertestudie) benutzt, die von dem amerikanischen Psychologen Milton Rokeach auf der Grundlage einer Werteermittlung in der amerikanischen Gesellschaft um 1970 entwickelt worden war. Nachdem Bond die RVS-Daten in gleicher Weise analysiert hatte wie Geert Hofstede die IBM-Daten, stieß er ebenfalls auf vier bedeutungsvolle Dimensionen. In den sechs Ländern, die an beiden Studien teilgenommen hatten, wies jede RVS-Dimension eine signifikante Korrelation mit einer der IBM-Dimensionen auf. [27]

Die Entdeckung ähnlicher Dimensionen in völlig unterschiedlichem Datenmaterial stellte eine starke Stütze für die wesentliche Erkenntnis dar. Mit Hilfe eines anderen Fragebogens, anderer Befragter (Studenten statt IBM-Mitarbeiter), zu einem anderen Zeitpunkt (die Daten wurden 1979 anstatt 1970 ermittelt) und einer begrenzten Anzahl von Ländern kamen vier ähnliche Dimensionen zum Vorschein. Aber sowohl Michael als auch Geert Hofstede waren nicht nur erfreut darüber, sondern auch verblüfft. Die Untersuchungsergebnisse zeigten nämlich, dass die Denkweisen der Menschen von ihrer Kultur eingegrenzt werden. Da es sich auch bei den Forschern um menschliche Wesen handelte, waren sie natürlich auch Kinder ihrer Kultur. Sowohl der

IBM- als auch der Rokeach-Fragebogen waren Produkte westlicher Gehirne. Beide Male hatten Befragte in nicht-westlichen Ländern westliche Fragen beantwortet. Inwieweit war diese Tatsache verantwortlich für die Korrelation zwischen den Ergebnissen der beiden Studien? Inwieweit waren irrelevante Fragen gestellt und relevante Fragen weggelassen worden?

Die Lösung , die in der Regel zur Vermeidung einer einseitigen kulturellen Betrachtung in der Forschung vorgeschlagen wird, ist die *Dezentralisierung*, d. h. die Einbindung von Forschern aus unterschiedlichen Kulturen. In dieser Hinsicht war der IBM-Fragebogen besser als der von Rokeach, da er von einem Team von fünf Nationalitäten entwickelt und in zehn Ländern vorgetestet worden war. Der Rokeach-Fragebogen war ein rein amerikanisches Produkt, obwohl das asiatisch-pazifische Forscherteam eine grobe Anpassung vorgenommen hatte, indem es vier seiner Meinung nach für den asiatisch-pazifischen Lebensraum relevanten Werte hinzufügte, die auf der Rokeach-Liste fehlten. [28]

Es gibt jedoch ein Problem bei der dezentralisierten Forschung, und das ist die Dynamik im Forscherteam. Alle Teammitglieder sind gleich, aber einige sind „gleicher" als andere. Gewöhnlich gibt es einen leitenden Forscher: das ist derjenige, der den Anstoß für die Forschungsarbeit gegeben hat. In der Regel ist sein (selten ihr) Hintergrund westlich geprägt. Forscher aus Ländern, in denen Respekt für den leitenden „Guru" und ein Harmoniebedürfnis innerhalb des Teams vorherrschend sind, werden sich nur allzu bereitwillig vom angesehenen Teamchef verzaubern lassen. Das bedeutet, dass das Projektteam seine auf die westliche Kultur ausgerichtete Einseitigkeit behält, auch wenn der überwiegende Teil des Teams aus nicht-westlichen Mitgliedern besteht. Kommt der Chefforscher aus einem nicht-westlichen Land, hat er/sie aber häufig im Westen studiert und übernimmt westliche Wertvorstellungen im Übermaß und wird damit „päpstlicher als der Papst".

Michael Bond, gebürtiger Kanadier, aber seit 1971 im Fernen Osten ansässig und berufstätig, fand eine kreative Lösung für das Problem der einseitigen Ausrichtung auf die westliche Kultur. Er ließ einen neuen Fragebogen mit bewusst nicht-westlicher Ausrichtung entwickeln, und zwar in diesem Fall mit Ausrichtung auf die chinesische Kultur, und setzte diesen auf die gleiche Art und Weise ein wie westliche Fragebogen, so dass ein Vergleich der Ergebnisse möglich war. Bond bat eine Reihe chinesischer Sozialwissenschaftler aus Hongkong und Taiwan um Erstellung einer Liste in Chinesisch mit mindestens zehn Grundwerten für Chinesen. Durch Beseitigung von Überschneidungen einerseits und Hinzufügen von Werten andererseits, die ihm aufgrund seiner Lektüre chinesischer Philosophen und Sozialwissenschaftler ähnlich wichtig erschienen, erhielt er einen Fragebogen mit vierzig Punkten – die gleiche Anzahl wie im zuvor verwendeten Rokeach-Fragebogen. Der neue Fragebogen erhielt den Namen Chinese Value Survey (CVS).

Später wurde der CVS an je 100 Studenten zur Beantwortung verteilt – 50 Männer, 50 Frauen wie in der RVS-Studie – in 23 Ländern weltweit. Die Studenten benutzten die chinesische Version, englische Version oder eine der acht weiteren Sprachversionen, wenn möglich direkt aus dem Chinesischen übersetzt Eine statistische Analyse der CVS-Ergebnisse brachte erneut vier Dimensionen zum Vorschein. In 20 sich überlappenden Ländern, replizierten drei Dimensionen aus der CVS Dimensionen aus der früheren IBM-Studie; die vierte CVS-Dimension stand allerdings nicht in Korrelation zu der vierten IBM-Dimension: Unsicherheitsvermeidung hatte keine Entsprechung in der CVS. Die vierte CVS-Dimension verband Werte, die eine Zukunftsorientierung einer Gegenwarts- und Vergangenheitsorientierung gegenüberstellten.[29] Geert Hofstede nannte diese Gegenüberstellung „langfristige gegenüber kurzfristiger Orientierung", und wir sehen darin eine fünfte allgemein gültige Dimension. In Kapitel 6 wird sie eingehend analysiert.

Validierung der Kulturpunktwerte der Länder im Verhältnis zu anderen Maßen

Der nächste Schritt bestand darin, die praktischen Auswirkungen der Punktwerte, die die beteiligten Länder für die Dimensionen erzielt hatten, aufzuzeigen. Dabei wurde quantitativ verfahren, und zwar durch Herstellen einer Korrelation der Punktwerte für die Dimensionen mit anderen Maßen, von denen man aufgrund logischer Überlegungen erwarten durfte, dass sie die gleichen Kulturunterschiede widerspiegelten. Diese quantitativen Überprüfungen wurden ergänzt durch qualitative, d. h. beschreibende Information über die Länder. Den gesamten Prozess bezeichnet man als *Validierung*.

Beispielsweise wurde – und darauf wird in Kapitel 2–6 noch näher eingegangen – Machtdistanz in Korrelation gesetzt zur Anwendung von Gewalt im innenpolitischen Bereich und zu den Einkommensunterschieden eines Landes. Individualismus wurde in Korrelation gesetzt zu nationalem Wohlstand (Bruttosozialprodukt (BSP), das seit 1999 als Bruttonationaleinkommen (BNE) bezeichnet wird, pro Kopf) und zur Mobilität zwischen den sozialen Schichten von einer Generation zur nächsten. Maskulinität wurde in negative Korrelation gesetzt zum Prozentsatz des BSP, den Regierungen reicher Länder ausgeben für Entwicklungshilfe in die Länder der Dritten Welt. Unsicherheitsvermeidung wurde mit dem römisch-katholischen Glauben in Beziehung gesetzt und mit der gesetzlichen Verpflichtung für die Bürger fortschrittlicher Länder, einen Ausweis bei sich zu tragen. Langfristige Orientierung wurde in Korrelation gesetzt zu nationalen Sparraten.

In der Ausgabe von *Culture's Consequences* aus dem Jahre 2001 gibt es eine Liste mit insgesamt 400 wichtigen Korrelationen der Punktwerte für die Dimensionen aus der IBM-Studie mit anderen Maßen.[30] Was bei den unterschiedlichen Validierungen ins Auge fällt, ist die Tatsache, dass Korrelationen in der Regel nicht mit der Zeit schwächer werden. Die Länderpunktwerte für die Dimensionen aus der IBM-Studie (oder zumindest die relativen Positionen dieser Länder) sind im Jahr 2000 noch genau so gültig wie um 1970 und lassen damit erkennen, dass sie relativ beständige Aspekte der Gesellschaften dieser Länder darstellen.

Andere Klassifizierungsmöglichkeiten nationaler Kulturen

Als *Culture's Consequences* im Jahre 1980 erschien, bestand seine grundlegende Neuerung darin, nationale Kulturen anhand einer Reihe von Dimensionen zu klassifizieren. In der Kulturforschung stellte dies ein neues *Paradigma* dar, d.h. einen komplett neuen Ansatz. Ein Paradigma ist keine neue Theorie, sondern die Stufe davor: Gedankenschritte, die zur Entwicklung von Theorien führen. Neue Paradigmen führen unweigerlich zu Meinungsverschiedenheiten, da sie Wahrheiten, an denen das Herz hängt, auf den Kopf stellen, aber auch neue Perspektiven eröffnen.[31] Seit dem Erscheinen von *Culture's Consquences* haben verschiedene Theorien über nationale Kulturen das gleiche Paradigma benutzt, wobei jede einzelne Theorie ihre eigene Klassifizierungsmethode hatte.

Die Klassifizierung mit der größten Genauigkeit und den besten Forschungsergebnissen stammt von Shalom H. Schwartz, einem israelischen Psychologen. Aus Nachforschungen über die Literatur stellte er eine Liste mit 56 Werten zusammen. Über ein Netz von Kollegen sammelte er Punktwerte aus Stichproben von Studenten aus 54 Ländern und Grundschullehrern aus 56 Ländern.[32] Diese vergaben Punkte für die Bedeutung jedes einzelnen Wertes als „Leitmotiv in meinem Leben". Schwartz schaute sich zuerst die Unterschiede zwischen den Einzelpersonen an, doch sein nächster Schritt war ein Ländervergleich. Auf der Grundlage seiner ermittelten Daten unterschied er zwischen sieben Dimensionen: Konservatismus, Hierarchie, Beherrschbarkeit, affektive Autonomie, intellektuelle Autonomie, egalitaristisches Engagement und Harmonie. Von Schwartz im Jahre 1994 veröffentlichte Länderdaten zeigen bedeutsame Korrelationen zwischen den Schwartz'schen Länderpunktwerten und den IBM-Punktwerten.[33] Schwartz hat nur eine andere Methode, den Kuchen zu schneiden.

Eine in der Geschäftswelt allseits bekannte Klassifizierung wird in den Publikationen des holländischen Unternehmensberaters Fons Trompenaars verwandt. Er unterscheidet zwischen Universalismus gegenüber Partikularismus, Individualismus gegenüber Kollektivismus, affektiv gegenüber neutral, spezifisch gegenüber diffus, leistungsorientiert gegenüber Zuschreibung, Umgang mit der Zeit und Bezug zur Natur.[34] Diese Dimensionen gehen zurück auf soziologische Theorien aus den 50er und 60er Jahren,[35] die Trompenaars auf Länder bezog. Er ließ einen 79-Punkte-Fragebogen von stichprobenartig ausgesuchten Angestellten und Managern verschiedener Organisationen in verschiedenen Ländern bearbeiten. In seinem Buch aus dem Jahre 1993 veröffentlichte Trompenaars Punktwerte für die Antworten auf 17 Fragen des Fragebogens für 39 Länder; sie waren allerdings nicht mit den Länderpunktwerten für seine Dimensionen verbunden. Das Buch präsentiert keine Validierung für Trompenaars sieben Dimensionen, was ohne Länderpunktwerte ohnehin nicht möglich gewesen wäre. Trompenaars Datenbank wurde dann von Peter Smith, einem britischen Psychologen, und dessen Kollegen analysiert, die auf nur zwei unabhängige Dimensionen in den Daten stießen, wobei die eine mit unserer Dimension Individualismus-Kollektivismus korrelierte, die andere hauptsächlich mit unserer Dimension Machtdistanz jedoch mit erneuter Tendenz zu Individualismus-Kollektivismus.[36] Andere Aspekte nationaler Kulturen fanden in Trompenaars Fragebogen keine Berücksichtigung. Individualismus-Kollektivismus ist die unstrittigste der fünf Dimensionen, was eine Erklärung sein dürfte für die Beliebtheit von Trompenaars Botschaft bei Managern, die Konflikte scheuen.

Angewendet wurde das Kultur-Dimensionen-Paradigma auch beim GLOBE Research Project (GLOBE Forschungsprojekt), das ursprünglich von Robert J. House, amerikanischer Professor für Unternehmensführung, im Jahre 1991 konzipiert wurde; allerdings lagen die wesentlichen Ergebnisse bei Erstellung des vorliegenden Buches noch nicht vor. Das Projekt befasst sich im Wesentlichen mit den Beziehungen zwischen Gesellschafts- und Organisationskulturen und Führungsstil. House hat ein weit verzweigtes Netz von etwa 150 Datenermittlern aufgebaut, die für ihn Daten von ca. 9.000 Managern aus 500 verschiedenen Organisationen in 61 Ländern zusammentrugen. Ziel des Projekts ist die Messung von neun Dimensionen aus der Fachliteratur einschließlich *Culture's Consequences*: Machtdistanz, Unsicherheitsvermeidung, sozialer Kollektivismus, Wir-Gruppen-Kollektivismus, Gleichberechtigung der Geschlechter, Bestimmtheit, Zukunftsorientierung, Leistungsorientierung und humane Orientierung.[37] Das alles sind hypothetische Dimensionen; die Untersuchungsergebnisse sollen Aufschluss geben, inwieweit sich die durch empirische Erhebungen ermittelten Dimensionen in den Daten mit den Theorien decken.[38]

Die vom amerikanischen Politikwissenschaftler Ronald Inglehart durchgeführte World Values Survey (Welt-Werte-Studie) basiert ursprünglich nicht auf dem Kultur-Dimensionen-Paradigma, wirkt sich aber direkt auf die Klassifizierung nationaler Kulturen aus. Anfang der 80er Jahre begann man mit einer Studie über Werte, die über öffentliche Meinungsumfragen ermittelt wurden, die so genannte European Values Survey (Europäische-Werte-Studie). Im Jahre 1990 startete die zweite Runde, die in World Values Survey (WVS) umbenannt wurde. Sie erfasste schließlich ca. 60.000 Umfrageteilnehmer aus 43 Gesellschaften und stand für 70 % der Weltbevölkerung; Ausgangspunkt war ein Fragebogen mit mehr als 360 forced-choice Fragen, der folgende Bereiche abdeckte: Ökologie, Wirtschaft, Erziehung und Bildung, Emotionen, Familie, Geschlecht und Sexualität, Regierung und Politik, Gesundheit, Glück, Freizeit und Freunde, Moral, Religion, Gesellschaft und Staat sowie Arbeit.[39] In der im Großen und Ganzen statistischen Analyse fand Inglehart zwei entscheidende kulturelle Dimensionen heraus , die er als „Wohlergehen gegenüber Überleben" und „weltlich-rational gegenüber traditioneller Autorität"[40] bezeichnete. Diese korrelierten bezeichnenderweise mit den IBM-Dimensionen. Wohlergehen gegenüber Überleben korrelierte mit Individualismus und Maskulinität; weltlich-rational gegenüber traditioneller Autorität korrelierte negativ mit Machtdistanz: und es war wieder eine andere Methode, den Kuchen zu schneiden. Wir gehen davon aus, dass eine weitere Analyse der riesigen WVS-Datenbank zusätzliche Dimensionen ergibt. Zwischenzeitlich hat eine dritte WVS-Runde begonnen.[41]

Kulturelle Unterschiede hinsichtlich Region, Religion, Geschlecht, Generation und Klasse

Regionale, ethnische und religiöse Kulturen machen Unterschiede innerhalb von Ländern aus; ethnische und religiöse Gruppen existieren häufig über politische Staatsgrenzen hinweg. Derartige

Gruppen bilden Minderheiten an den Schnittpunkten zwischen der dominanten Kultur des Landes und ihrer eigenen traditionellen Gruppenkultur. Manche passen sich der Hauptrichtung an, obwohl dies eine Generation oder länger dauern kann, während andere weiterhin an ihren Eigenarten festhalten. Die USA als das weltweit bekannteste Beispiel eines aus Einwanderern bestehenden Volkes bietet Beispiele sowohl für Assimilation (der Schmelztiegel) als auch für die Beibehaltung der Gruppenidentität über Generationen hinweg (ein Beispiel hierfür sind die „Pennsylvania Dutch"). Diskriminierung aufgrund ethnischer Herkunft verzögert die Assimilation und stellt in vielen Ländern ein Problem dar. Soweit von Geburt an erlernt, lassen sich regionale, ethnische und religiöse Kulturen mit denselben Begriffen beschreiben wie nationale Kulturen: im Wesentlichen gelten die für eine Differenzierung zwischen nationalen Kulturen gefundenen Dimensionen ebenso für diese Unterschiede innerhalb von Ländern.

Geschlechtsunterschiede werden zwar üblicherweise nicht kulturell umschrieben, doch kann eine solche Umschreibung auf aufschlussreich sein. Wenn man anerkennt, dass es innerhalb einer jeden Gesellschaft eine Kultur des Mannes gibt, die sich von einer Kultur der Frau unterscheidet, so erklärt dies z. T., weshalb es so schwierig ist, traditionelle Geschlechtsrollen zu ändern. Frauen hält man nicht deshalb für ungeeignet, traditionelle Männerberufe zu ergreifen, weil sie fachlich nicht in der Lage wären, solche Berufe auszuüben, sondern weil Frauen nicht die Symbole tragen, nicht den Heldenvorstellungen entsprechen, nicht an den Ritualen teilnehmen und angeblich nicht die Werte hegen, die in der Kultur des Mannes vorherrschen – und umgekehrt. Gefühle und Ängste bezüglich der Verhaltensweisen des anderen Geschlechts können eine ähnliche Intensität haben wie Reaktionen von Menschen, die fremden Kulturen ausgesetzt sind. Das Thema Geschlechterkulturen wird in Kapitel 4 wieder aufgegriffen.

Generationsunterschiede bei Symbolen, Helden, Ritualen und Werten sind den meisten Menschen geläufig. Sie werden häufig überschätzt. Klagen über die Jugend, die den Respekt vor den Werten der älteren Generation verloren haben, finden sich bereits auf ägyptischen Papyrusrollen aus der Zeit um 2.000 v. Chr.

und in den Schriften von Hesiod, einem griechischen Autor aus dem Ende des. 8. Jahrhunderts v. Chr. Viele Unterschiede zwischen den Praktiken und Werten von Generationen sind einfach normale Begleiterscheinungen des Alters, die sich bei jedem aufeinander folgenden Paar von Generationen wiederholen. Historische Ereignisse allerdings beeinflussen manche Generationen tatsächlich in besonderer Weise. Chinesen, die zur Zeit der Kulturrevolution (1966–1976) im Studentenalter waren, können dies bezeugen. Chinesen, die in diesem Zeitraum normalerweise ihr Studium aufgenommen hätten, wurden als Arbeiter aufs Land geschickt und bekamen keine Ausbildung mit. Die Chinesen sprechen von „der verlorenen Generation". Auch der technische Fortschritt kann zu einem Unterschied zwischen Generationen führen. Ein Beispiel dafür ist die Verbreitung des Fernsehens, das Menschen das Leben in anderen Teilen der Welt zeigte, die sie vorher nie zu Gesicht bekommen hatten.

Soziale Klassen tragen unterschiedliche Klassenkulturen. Die soziale Klasse hat mit Bildungschancen und mit der Arbeit oder dem Beruf eines Menschen zu tun. Bildung und Beruf an sich sind mächtige Quellen kulturellen Lernens. Es gibt keine Standarddefinition der sozialen Klasse, die für alle Ländern gelten würde, und Menschen in verschiedenen Ländern unterscheiden zwischen verschiedenen Arten und Anzahlen von Klassen. Die Kriterien für die Zuordnung eines Menschen zu einer Klasse sind häufig kultureller Art: Symbole spielen dabei eine wichtige Rolle ebenso wie Umgangsformen, Akzente in der Landessprache und das Verwenden oder Nichtverwenden bestimmter Wörter. Die Auseinandersetzung zwischen den beiden Geschworenen in *Die zwölf Geschworenen* beinhaltet eindeutig auch eine Klassenkomponente.

Geschlechts-, Generations- und Klassenkulturen lassen sich nur zum Teil mit den für nationale Kulturen ermittelten Dimensionen klassifizieren, weil es sich dabei um Kategorien von Menschen innerhalb sozialer Systeme, und nicht integrierter sozialer Systeme wie Länder oder ethnische Gruppen handelt. Geschlechts-, Generations- und Klassenkulturen sollte man mit deren spezifischen Begriffen beschreiben, die auf der Grundlage besonderer Untersuchungen derartiger Kulturen festgelegt werden müssten.

Organisationskulturen

Organisations- oder Unternehmenskulturen sind seit Anfang der 80er Jahre ein Modethema in der Management-Literatur. Autoren machten damals die These populär, die „Qualität" eines Unternehmens liege in der Art und Weise, wie dessen Mitarbeiter zu denken, fühlen und handeln gelernt haben. „Unternehmenskultur" ist ein weiches, ganzheitliches Konzept, von dem man allerdings harte Auswirkungen erwartet.

Seit über einem halben Jahrhundert hatten Organisationssoziologen auf die Bedeutung des weichen Faktors in Unternehmen hingewiesen. Durch die Verwendung des Begriffs „Kultur" für die gemeinsame mentale Software der Menschen in einem Unternehmen lassen sich diese soziologischen Ansichten ohne weiteres wieder populär machen. Aber Unternehmens-„Kulturen" sind ein Phänomen ganz eigener Art, sie unterscheiden sich in vielerlei Hinsicht von nationalen Kulturen. Ein Unternehmen stellt ein soziales System anderer Art dar als ein Land – und wenn der Unterschied nur darin besteht, dass die Mitglieder eines Unternehmens normalerweise nicht darin aufgewachsen sind. Ganz im Gegenteil: sie hatten einen gewissen Einfluss auf ihre Entscheidung, sich ihm anzuschließen, sie haben nur während der Arbeitszeiten mit ihm zu tun und werden es eines Tages wieder verlassen.

Forschungsergebnisse über nationale Kulturen und deren Dimensionen erweisen sich nur teilweise als nützlich für das Verständnis von Unternehmenskulturen. Der Teil dieses Buches, der sich mit Unterschieden in der Unternehmenskultur befasst (Kapitel 8), stützt sich nicht auf die IBM-Studien, sondern auf ein spezielles Forschungsprojekt, das in den 80er Jahren in 20 Unternehmenseinheiten in Dänemark und den Niederlanden durchgeführt wurde.

Zusammenfassung: Kultur als Phönix

Im Leben eines Menschen kommt es zu einer ständigen Erneuerung von Körperzellen. Ein 20-Jähriger hat nicht mehr eine einzige Zelle des Neugeborenen. In einem engen physischen Sinn könnte man deshalb sagen, wir hätten keine Identität und seien nur eine Reihe sich regenerierender Zellhaufen. Und doch hat jeder Mensch seine eigene Identität, wie wir alle aus erster Hand wissen. Der Grund dafür ist, dass alle Zellen die gleichen Gene haben.

Auf der Ebene von Gesellschaften tritt ein analoges Phänomen auf. Unsere Gesellschaften besitzen die bemerkenswerte Fähigkeit, ihre Identität über Generationen von aufeinander folgenden Mitgliedern zu bewahren trotz verschiedenartiger und zahlreicher Kräfte, die einen Wandel herbeiführen könnten. Während es an der Oberfläche zu Veränderungen kommt, bleiben die tieferen Schichten nahezu unberührt, und die Kultur steigt wie Phönix aus der Asche.

Aber woraus bestehen diese tieferen Schichten? Kulturtragende Gene gibt es nicht. Kultur ist das Buch der Regeln für das soziale Spiel, die allerdings niemals niedergeschrieben wurden, sondern die von den Teilnehmern weitergegeben werden an neue Spieler, die sie in ihrem Bewusstsein verankern. Im vorliegenden Buch beschreiben wir die Hauptthemen, die diese ungeschriebenen Regeln betreffen. Sie befassen sich mit den grundlegenden Fragen des sozialen Lebens des Menschen.

Anmerkungen

1 Der britische Soziologe Anthony Giddens (geb. 1938) definiert Soziologie als „das Studium menschlicher Lebensformen, Gruppen und Gesellschaften" (Giddens, 2001, S. 2), eine Formulierung, die auch die Sozialanthropologie mit einschließt. Die praktische Arbeitsteilung zwischen Soziologen und Anthropologen lässt die Ersteren soziale Prozesse innerhalb von Gesellschaften in den Mittelpunkt stellen, wohingegen die Letzteren ihr Hauptaugenmerk auf die Gesellschaften als Gesamtgebilde richten.

2. Eine *Gruppe* bezeichnet eine Reihe von Menschen, die in Kontakt miteinander stehen. Eine *Kategorie* besteht aus Menschen, die, ohne zwingend Kontakt miteinander zu haben, eine Gemeinsamkeit aufweisen, z.B. alle weiblichen Manager, oder alle Menschen, die vor 1940 geboren sind.

3 Der Begriff „kollektive Programmierung des Geistes" ähnelt dem Begriff des „Habitus" des französischen Soziologen Pierre Bourdieu (1930 – 2002): „Unter bestimmten Existenzbedingungen entsteht ein *Habitus*, ein System dauerhafter und übertragbarer Veranlagungen. Ein Habitus ... dient als Grundlage für Praktiken und Bilder ..., die gemeinsam in Sze-

ne gesetzt werden können, ohne dass dafür ein Regisseur notwendig wäre (Bourdieu, 1980, S. 88 f., englische Übersetzung: Geert Hofstede).

4 Ergebnisse aus demselben Persönlichkeitstest (NEO-PI-R, mit dem die „Großen Fünf" Persönlichkeitsdimensionen gemessen werden) in verschiedenen Ländern belegen, dass die „Durchschnitts"- bzw. „normale" Persönlichkeit sich nach der Kultur richtet (Hofstede & McCrae, 2004). Die jeweiligen Unterschiede werden in Kapitel 3, 4 und 5 erörtert.

5 Eine kritische Diskussion dieser genetischen Minderwertigkeitsthese ist zu finden bei Gould, 1996.

6 Lévi-Strauss & Eribon, 1988, S. 229; englische Übersetzung: Geert Hofstede.

7 Diskurs ist ein Forschungsgebiet, das sowohl Sprachwissenschaftler als auch Psychologen und andere Sozialwissenschaftler zusammenführt. Eine ausführliche Einführung ist zu finden bei van Dijk, 1997a, 1997 b.

8 de Tocqueville, 1956 [1835], S. 155.

9 De Waal, 2001. Bei höher entwickelten, sozialen Tieren wie Walen und Delfinen wurden ebenfalls unterscheidbare Gruppenkulturen nachgewiesen (Rendell & Whitehead, 2001).

10 Cavalli-Sforza, 2000.

11 Mithen, 2003.

12 Moore & Lewis, 1999; siehe auch Kapitel 9.

13 Z. B. in einem amerikanischen Bestseller von Samuel Huntington aus dem Jahre 1998 „The Clash of Civilizations and the Remaking of the World Order".

14 Einige Nationen sind kulturell weniger integriert als andere. Beispiele dafür sind einige der früheren Kolonien und mehrsprachige Länder sowie Länder mit vielen ethnischen Volksgruppen wie z. B. Belgien, Malaysia oder das frühere Jugoslawien. Aber auch in diesen Fällen, in denen sich ethnische und/oder linguistische Gruppen als sehr verschieden voneinander betrachten, können sie im Vergleich zu den Bevölkerungsgruppen anderer Länder durchaus gemeinsame Eigenschaften aufweisen. Der Nachweis, dass dies auf Belgien und das frühere Jugoslawien zutrifft, ist zu finden in *Culture's Consequences*, 2001, S. 501.

15 Montesquieu, 1989 [1742], S. 310.

16 Harris, 1981, S. 8.

17 Im populären Sprachgebrauch werden die Wörter „Norm" und „Wert" häufig wahllos benutzt; das „Zwillingspaar" „Normen und Werte" wird als untrennbar angesehen so wie der Ausdruck Laurel und Hardy. Im letztgenannten Fall ist eines der beiden Wörter überflüssig.

18 *Culture's Consequences*, 2001, S. 91

19 Inkeles & Levinson, 1969 [1954], S. 447 ff.

20 Diese Analyse wird ausführlich beschrieben in *Culture's Consequences*, 2001, Kapitel 2.

21 *Culture's Consequences*, 2001, S. 64.

22 IMEDE (jetzt IMD), Lausanne, siehe auch *Culture's Consequences*, 2001, S. 91 und S. 219.

23 Søndergaard, 1994.

24 In *Culture's Consequences* findet man beides: Produkt-Moment-Korrelationskoeffizienten (Pearson) und Rang-Korrelationskoeffizienten (Spearman); die erstgenannten basieren auf den absoluten Werten durchgeführter Messungen, die letztgenannten auf den jeweils erzielten Rängen.

25 Damit sich dieses Buch leichter lesen lässt, werden generell keine Korrelationskoeffizienten angegeben – außer in den Anmerkungen am Ende eines Kapitels; der Text selbst enthält nur die aus den Korrelationskoeffizienten gezogenen Schlussfolgerungen. Sollten Leser am statistischen Nachweis interessiert sein, wird hier auf *Culture's Consequences*, 2001, verwiesen.

26 Ng et al., 1982.

27 Hofstede & Bond, 1984.

28 Außerdem wurde das Bewertungssystem folgendermaßen geändert: vom Einstufungssystem sich aufeinander beziehender Werte zum Evaluationssystem jedes einzelnen Wertes.

29 Erschienen in einem Artikel der „Chinese Culture Conncection", 1987; so nannte Michael Bond sein aus 24 Personen bestehendes Forscherteam. Siehe auch Kapitel 2, 3, 4 und 6 sowie Hofstede & Bond, 1988.

30 *Culture's Consequences*, 2001, S. 503–520.

31 Die Rolle der Paradigmen in der Wissenschaft wurde erstmals von Thomas S. Kuhn, amerikanischer Philosoph (1922–1996) in seinem bekannten Buch *The Structure of Scientific Revolutions* (Kuhn, 1970), beschrieben.

32 Die Anzahl der teilnehmenden Länder ist aber noch größer. Die genannten Zahlen – Studentengruppen in 54 Ländern und Lehrer in 56 Ländern – erschienen bei Schwartz & Bardi, 2001. In ihrem Artikel ist von 63 Ländern die Rede.

33 Ermittelte Daten von Lehrern in 23 Ländern ergaben folgendes Bild: Individualismus korrelierte stark mit Hierarchie und mit gleichberechtigter Verpflichtung. Maskulinität korrelierte stark mit Beherrschbarkeit. Unsicherheitsvermeidung korrelierte stark mit Harmonie. Intellektuelle Autonomie, affektive Autonomie und Konservatismus korrelierten (negativ) stärker mit Wohlstand (1990 BSP pro Kopf) als mit einem der IBM-Indizes; siehe Schwartz, 1994; Sabiv & Schwartz, 2000; *Culture's Consequences*, 2001, S. 265. Smith, Peterson & Schwartz, 2002, zeigen Korrelationen unserer Indizes mit drei zusammenfassenden Dimensionen, die aus den Schwartz'schen Daten rechnerisch ermittelt wurden; alle drei korrelierten sehr stark mit Individualismus – Kollektivismus.

34 Trompenaars, 1993.

35 Die ersten beiden von Parsons & Shils, 1951, die letzten beiden von Kluck-hohn & Strodtbeck, 1961.

36 Smith, Trompenaars & Dugan, 1995; Smith, Dugan & Trompenaars, 1995; Smith, Peterson & Schwartz, 2002. Soweit uns bekannt, sind dies die einzigen wissenschaftlichen Veröffentlichungen über Trompennars Datenbank. Die Zahl und Kategorien der dort angegebenen Befragten stimmen nicht mit den in Trompenaars Buch gemachten Angaben überein. Siehe auch *Culture's Consequences*, 2001, S. 274, Anmerkung 26 und 27.

37 Javidan & House, 2001, 2002; House, Javidan, Hanges & Dorfman, 2002.

38 Smith, 2003, hat in einem Vergleich von typischen Reaktionen von Befragten (Zustimmungstendenz) in sechs größeren länderübergreifenden Studien auch GLOBE-Daten in die Untersuchungen mit einbezogen. Die Ergebnisse werden in Kapitel 3 und 5 beschrieben.

39 Eine Zusammenfassung der WVS-Daten ist erschienen bei Inglehart, Basañez & Moreno, 1998.

40 Inglehart, 1997, S. 81–98.

41 Halman, 2001. Van Haaf, Vonk & van de Vijver, 2002, analysierten die soziale Normenskala (Teil aus dem WVS-Fragebogen) bezüglich der Frage, ob es eine Rechtfertigung gäbe für 24 genannte Vergehen (wie z. B. „Schwarzfahren" in öffentlichen Verkehrsmitteln). Sie konzentrierten sich auf die statistischen Eigenschaften der Skala und fanden heraus, dass deren Bedeutung für die Befragten unterschiedlich war, je nachdem, ob sie aus Ländern der europäischen Union oder aus lateinamerikanischen Ländern kamen. Bei Letzteren stießen sie auf eine Voreingenommenheit bei den Antworten, die zu unserer Dimension der Unsicherheitsvermeidung in Korrelation stand.

Teil II: Nationale Kulturen

2. Kapitel: Gleicher als andere

Während einer friedlichen Revolution – der letzten in der Geschichte Schwedens – entthronten die schwedischen Adligen im Jahre 1809 König Gustav IV. Sie hielten ihn für unfähig und boten überraschend den Thron Jean Baptiste Bernadotte an, einem französischen General, der unter ihrem Feind Napoleon diente. Bernadotte nahm die Krone an und wurde König Karl XIV. von Schweden. Seine Nachkommen sind bis heute auf dem schwedischen Thron. Während der Krönungszeremonie wandte sich der neue König in schwedischer Sprache an das Parlament. Sein gebrochenes Schwedisch amüsierte die Schweden so sehr, dass sie in schallendes Gelächter ausbrachen. Der Franzose, der nun ihr König war, war so irritiert, dass er niemals wieder versuchte, schwedisch zu sprechen.

Bernadotte wurde bei dieser Begebenheit Opfer eines Kulturschocks. Während seiner Zeit in Frankreich, wo er aufgewachsen war und seine militärische Karriere machte, hatte er es nie erlebt, dass Untergebene lachten, wenn der Vorgesetzte einen Fehler machte. Von Historikern wissen wir, dass es ihm noch einige Probleme bereiten sollte, sich der schwedischen und norwegischen Mentalität (er wurde später auch noch König von Norwegen) anzupassen, in der das Prinzip der Gleichheit sowie der Wahrung der konstitutionelle Rechte einen hohen Stellenwert haben. Er war jedoch sehr lernfähig, sieht man einmal von seinem Sprachvermögen ab, und regierte das Land bis 1844. Er genoss als konstitutioneller Monarch hohes Ansehen.

Ungleichheit in der Gesellschaft

Einer der Aspekte, in denen sich Schweden von Frankreich unterscheidet, ist die Art und Weise, wie die Gesellschaft mit Ungleichheit umgeht. In jeder Gesellschaft stößt man auf Ungleichheit. Sogar in der ganz primitiven Jäger-Sammler-Kultur gibt es solche, die größer, stärker oder tüchtiger sind als andere. Die Folge davon ist, dass einige Menschen mehr Macht haben als andere. Sie sind eher in der Lage, das Verhalten von anderen zu bestimmen, als dies umgekehrt der Fall wäre. Einige Menschen sind wohlhabender als andere; einige genießen einen höheren Status und mehr Respekt als andere.

Physische und intellektuelle Fähigkeiten, Macht, Wohlstand und gesellschaftliches Ansehen sind manchmal miteinander gekoppelt, manchmal aber auch nicht. Normalerweise genießen erfolgreiche Sportler, Künstler oder Wissenschaftler gesellschaftliches Ansehen, aber sie kommen nur in einigen Gesellschaftssystemen zu Wohlstand und noch seltener haben sie politischen Einfluss. Politiker können in einigen Ländern gesellschaftliches Ansehen und Macht haben, ohne es zu Wohlstand gebracht zu haben; Geschäftsleute können reich und mächtig sein, ohne gesellschaftliches Ansehen zu genießen. Solche Widersprüche innerhalb der verschiedenen Bereiche von Ungleichheit werden oft als problematisch empfunden. In einigen Gesellschaftssystemen versucht man, diese Probleme dadurch aus der Welt zu schaffen, dass man dieses Ungleichgewicht auszugleichen versucht. So werden Amateursportler Profis, um zu Geld zu kommen; Politiker benutzen ihre Macht, um das Gleiche zu erlangen. Der erfolgreiche Geschäftsmann wird ein öffentliches Amt bekleiden, um angesehen zu werden. Diese Tendenz vergrößert natürlich die allgemeine Ungleichheit in diesen Gesellschaften.

In anderen Gesellschaften dagegen herrscht die Meinung vor, dass es eher gut als schlecht ist, wenn der Mensch auf einem Gebiet eine hohe Position einnimmt, in einem anderen dagegen nicht. Eine hohe Position auf dem einen Gebiet sollte teilweise kompensiert werden durch eine schwächere Position auf einem anderen Gebiet. Das hat zur Folge, dass eine breite Mittelschicht entsteht. Am oberen Ende findet man die Menschen, die in jeder Hinsicht Erfolg haben, am unteren solche, denen die Gesellschaft kaum Chancen einräumt. In vielen Ländern ist die Gesetzgebung so ausgelegt, dass die Idealvorstellung von Gleichheit gewahrt wird: jeder sollte gleich behandelt werden, ungeachtet seines gesellschaftlichen Standes, materiellen Wohlstandes oder Macht. Aber nur in sehr wenigen Gesellschaften stimmt dieser Idealzustand mit der Realität überein. Die Tatsache, dass schon in der Bibel die Armut gerühmt wird, kann als Zeichen für ein Verlangen nach Gleichheit angesehen werden. Auch für Karl Marx ist die Armut ein hohes Ideal, wenn er für die „Diktatur des Proletariats" eintritt.

Machtdistanzindex: Ein Gradmesser für Ungleichheit in der Gesellschaft

Nicht nur Schweden und Frankreich, sondern auch andere Länder lassen sich in der Weise, wie sie gewöhnlich mit Ungleichheit umgehen, unterscheiden. Mit Hilfe des Forschungsprojektes, das unter Angestellten der Firma IBM in vergleichbaren beruflichen Positionen, aber aus unterschiedlichen Ländern durchgeführt wurde, war es möglich, jedem Land eine bestimmte Position zuzuweisen, die Auskunft über den Grad der *Machtdistanz* dieses Landes gibt. Machtdistanz ist eine der „Dimensionen", die die Kultur eines Landes prägen. Diese Dimensionen wurden bereits in Kapitel 1 vorgestellt. Machtdistanz spiegelt das Spektrum der möglichen Antworten wider, die in den verschiedenen Ländern auf die grundsätzliche Frage, wie man mit der Tatsache umgehen soll, dass die Menschen ungleich sind, gegeben wurden. Den Begriff prägte der niederländische Sozialpsychologe Mauk Multer. Machtdistanz drückt die emotionale Distanz aus, die zwischen Mitarbeitern und Vorgesetzten herrscht.[1]

Die Punktwerte zur Machtdistanz für fünfzig Länder und drei Länderregionen wurden aus den von IBM-Mitarbeitern in vergleichbaren Positionen auf die gleichen Erhebungsfragen gegebenen Antworten berechnet. Bei allen Fragen standen vorgegebene Antworten zur Auswahl, so dass sich die Antworten mit einem Punktwert darstellen ließen, normalerweise mit 1, 2, 3, 4 oder 5. Es wurde entweder ein mittlerer Punktwert für die Antworten einer jeweils gleich zusammengesetzten Stichprobe von Personen aus jedem Land berechnet (z. B. 2,53 als Mittelwert für die Stichprobe aus Land X, und 3,43 für Land Y), oder es wurde der prozentuale Anteil von Personen berechnet, die bestimmte Antworten wählten (z. B. in Land X 45 % der Personen aus der Stichprobe, die Antwort 1 oder 2 wählten, und 33 % in Land Y.) Daraus wurde eine Tabelle aus mittleren Punktwerten oder Prozentzahlen für jede Frage und jedes Land zusammengestellt.

Mit Hilfe eines statistischen Verfahrens (Faktoranalyse) wurden die Erhebungsfragen in als *Faktoren* oder *Klumpen* bezeichnete Gruppen eingeteilt, für die die mittleren Punktwerte oder Prozentzahlen jeweils gemeinsam variierten.[2] Das heißt, wenn ein Land bei einer der Fragen des Klumpens einen hohen Punktwert erreichte, so konnte man davon ausgehen, dass es auch bei den anderen Fragen einen hohen Wert erreichte, bzw. bei Fragen mit gegenteiliger Bedeutung nicht einen hohen, sondern einen *niedrigen* Wert. Wenn dagegen ein Land bei einer Frage aus dem Klumpen eine niedrige Punktzahl erreichte, so kam es mit großer Wahrscheinlichkeit bei den anderen Fragen auf einen niedrigen Wert, bzw. auf einen *hohen* Wert bei umgekehrt formulierten Fragen. Wenn ein Land bei einer Frage aus dem Klumpen einen durchschnittlichen Punktwert erreichte, so bekam es wahrscheinlich bei allen Fragen einen Durchschnittswert.

Einer der ermittelten Klumpen setzte sich aus Fragen zusammen, die offenbar alle mit Macht und (Un-)Gleichheit zu tun hatten. Aus den Fragen dieses Klumpens wählten wir die drei aus, die am stärksten miteinander zusammenhingen.[3] Aus den Mittelwerten der Standardstichprobe von IBM-Mitarbeitern eines Landes zu diesen drei Fragen wurde ein *Machtdistanzindex* (MDI) für dieses Land berechnet. Die für diesen Zweck entwickelte Formel kommt mit einfachen mathematischen Operationen aus (Addition oder Subtraktion der drei Punktwerte nach Multiplikation eines jeden mit einer festen Zahl, und schließlich Addition einer weiteren festen Zahl). Der Zweck der Formel war folgender: (1) sicherzustellen, dass jede der drei Fragen bei der Ermittlung des endgültigen Index das gleiche Gewicht hatte, und (2) Indexwerte zu erhalten, die von etwa 0 für ein Land mit geringer Machtdistanz bis etwa 100 für ein Land mit großer Machtdistanz reichen. Zwei Länder, die erst später hinzugenommen wurden, erreichen sogar einen Wert über 100.

Der Machtdistanzindex wurde mit Hilfe der folgenden Fragen ermittelt:

(1) Antworten von nicht leitenden Angestellten auf die Frage: „Wie häufig taucht Ihrer Erfahrung nach folgendes Problem auf: Die Mitarbeiter haben Angst, dem Vorgesetzten zu zeigen, dass sie nicht seiner Meinung sind?" (mittlerer Punktwert auf einer Punkteskala von 1–5, d. h. von „sehr oft" bis „sehr selten".)

(2) Wahrnehmung des Mitarbeiters, wie der Vorgesetzte *tatsächlich* Entscheidungen trifft (Prozent von Mitarbeitern, die entweder den autokratischen oder patriarchalischen Stil von vier möglichen wählen oder die Alternative „keiner von diesen".

(3) *Bevorzugung* des Stiles, wie der Vorgesetzte aus der Sicht des Mitarbeiters Entscheidungen fällen sollte (Prozent von Mitarbeitern, die einen autokratischen oder patriarchalischen Stil bevorzugten, oder, im Gegensatz dazu, einen Stil, der sich auf Mehrheitsentscheidung begründet, aber bei dem die Mitarbeiter nicht mitberaten.

Die Punktwerte für den Machtdistanz-Index (MDI) der verschiedenen Länder sind Tabelle 2.1 (s. Seite 56) zu entnehmen. Die Punktwerte für 57 der Länder/Regionen (in Fettdruck) wurden direkt aus den Angaben der IBM-Datenbank ermittelt, die übrigen errechneten sich aus Wiederholungsstudien bzw. basierten auf Schätzungen von Sachkundigen.[4] Die Punktwerte geben *relative*, nicht absolute Positionen der Länder wider: an den Punktwerten kann man ablesen, inwieweit die Länder voneinander abweichen. Die Punktwerte, denen Antworten der IBM-Angestellten zugrunde liegen, geben paradoxerweise keinerlei Auskunft über die Unternehmenskultur von IBM: Sie machen lediglich deutlich, wie unterschiedlich die Antwort von Mitarbeitern einer IBM-Tochtergesellschaft in Land X mit ähnlichem Hintergrund und einer anderen in Land Y auf die gleiche Frage lauten kann. Die Tatsache, dass wir mehr oder weniger die gleichen Unterschiede in Populationen außerhalb von IBM feststellten, beweist, dass diese die unterschiedlichen nationalen Kulturen widerspiegeln, in denen Menschen aufwachsen.

Für die mehrsprachigen Länder Belgien und Schweiz sind in Tabelle 2.1 jeweils die Punktwerte für die beiden größten Sprach-

Land/Region	Punkt-wert	Posi-tion	Land/Region	Punkt-wert	Posi-tion
Malaysia	104	1/2	Portugal	63	37/38
Slowakei	104	1/2	Belgien Flämisch	61	39/40
Guatemala	95	3/4	Uruguay	61	39/40
Panama	95	3/4	Griechenland	60	41/42
Philippinen	94	5	Südkorea	60	41/42
Russland	93	6	Iran	58	43/44
Rumänien	90	7	Taiwan	58	43/44
Serbien	86	8	Tschechien	57	45/46
Surinam	85	9	Spanien	57	45/46
Mexiko	81	10/11	Malta	56	47
Venezuela	81	10/11	Pakistan	55	48
Arabische Länder	80	12/14	Kanada Quebec	54	49/50
Bangladesh	80	12/14	Japan	54	49/50
China	80	12/14	Italien	50	51
Ecuador	78	15/16	Argentinien	49	52/53
Indonesien	78	15/16	Südafrika	49	52/53
Indien	77	17/18	Trinidad	47	54
Westafrika	77	17/18	Ungarn	46	55
Singapur	74	19	Jamaika	45	56
Kroatien	73	20	Estland	40	57/59
Slowenien	71	21	Luxemburg	40	57/59
Bulgarien	70	22/25	USA	40	57/59
Marokko	70	22/25	Kanada gesamt	39	60
Schweiz Französisch	70	22/25	Niederlande	38	61
Vietnam	70	22/25	Australien	36	62
Brasilien	69	26	Costa Rica	35	63/65
Frankreich	68	27/29	Deutschland	35	63/65
Hongkong	68	27/29	Großbritannien	35	63/65
Polen	68	27/29	Finnland	33	66
Belgien Franz.	67	30/31	Norwegen	31	67/68
Kolumbien	67	30/31	Schweden	31	67/68
Salvador	66	32/33	Irland	28	69
Türkei	66	32/33	Schweiz Deutsch	26	70
Ostafrika	64	34/36	Neuseeland	22	71
Peru	64	34/36	Dänemark	18	72
Thailand	64	34/36	Israel	13	73
Chile	63	37/38	Österreich	11	74

Die *kursiv gedruckten* Punktwerte für die Länder/Regionen wurden aus der IBM Daten-bank ermittelt. Die Punktwerte für die restlichen Länder basieren auf Wiederholungsstu-dien oder Schätzungen.

Tab. 2.1: Machtdistanz-Indexwerte (MDI) von 74 Ländern und Regionen

räume angegeben. Für Kanada gibt es einen IBM-Punktwert für das ganze Land und einen auf einer Wiederholungsstudie basierenden Punktwert für den französisch sprechenden Teil des Landes. Die IBM-Stichprobe für das frühere Jugoslawien wurde aufgeteilt in Kroatien, Serbien und Slowenien. Alle anderen Länder in Tabelle 2.1 haben nur einen einzigen Punktwert. Das bedeutet aber nicht, dass sie zwangsläufig eine kulturelle Homogenität aufweisen, sondern nur, dass die zur Verfügung stehenden Daten eine Aufteilung in verschiedene Subkulturen nicht ohne weiteres zuließen.

In Tabelle 2.1 sehen wir hohe Machtdistanzwerte bei den meisten asiatischen Länder (wie beispielsweise Malaysia und die Philippinen), bei den osteuropäischen Ländern (wie der Slowakei und Russland), bei lateinischen Ländern (bei lateinamerikanischen Ländern wie Panama und Mexiko und – in etwas geringerem Maße – bei den lateineuropäischen Ländern wie Frankreich und dem wallonischen, das heißt dem französisch sprechenden Teil Belgiens), bei den arabisch sprechenden sowie auch den afrikanischen Ländern. Niedrige Machtdistanzwerte finden sich für die deutsch sprechenden Länder wie Österreich, die deutschsprachige Schweiz und Deutschland selbst; ebenfalls für Israel, die nordischen Länder (Dänemark, Finnland, Norwegen und Schweden); für die USA, Großbritannien und die von Weißen bevölkerten Teile seines früheren Reiches (Neuseeland, Irland, Australien, Kanada) und für die Niederlande (allerdings nicht für Flandern, den holländisch sprechenden Teil Belgiens; hier wurden ähnliche Punktwerte wie für den französisch sprechenden Teil des Landes erzielt). In der Punkteskala erzielte Schweden 31, Frankreich 68 Punkte.

Sollte es schon vor 200 Jahren solche Unterschiede gegeben haben – wofür es wie nachfolgend dargestellt auch gute Gründe gibt – so ist dies eine Erklärung für Bernadottes Kulturschock. Die dritte Spalte der Tabelle 2.1 listet die Positionen der Länder auf (1 für das Land mit dem höchsten MDI, 74 für den niedrigsten MDI): in diesem Fall nimmt Frankreich Rang 27 bis 29 und Schweden Rang 67/68 ein, was den Unterschied noch deutlicher macht.

Definition von Machtdistanz

Bei genauerem Betrachten der drei Fragen, die dazu dienten, den Machtdistanzindex zu ermitteln, fällt einem etwas auf: Bei den Fragen (a) (ängstliche Arbeitnehmer) und (b) (Vorgesetzter autokratisch oder patriarchalisch) erfährt man etwas darüber, wie die Befragten ihr tägliches Arbeitsumfeld sehen. Bei Frage (c) drücken die Befragten aus, wie sie sich ihr Arbeitsumfeld wünschen.

Die Tatsache, dass die drei Fragen Teil desselben Fragenkomplexes sind, zeigt, dass es einen engen Zusammenhang zwischen dem einen und dem anderen Land gibt in der Art und Weise, wie der einzelne die Realität wahrnimmt und wie er sie sich im Idealfall vorstellt.[5] In Ländern, in denen die Arbeitnehmer als selbstbewusst gelten und die Vorgesetzten weder als autokratisch noch patriarchalisch, wurde ein *konsultativer* Stil der Entscheidungsfindung bevorzugt: mit anderen Worten ein Vorgesetzter, der, wie im Frageboten formuliert, „die Mitarbeiter normalerweise zu Rate zieht, bevor er zu einer Entscheidung kommt."

In Ländern am anderen Ende der Machtdistanzskala, wo die Arbeitnehmer nur sehr ungern ihrem Vorgesetzten widersprechen und wo dem Vorgesetzten ein autokratischer bzw. ein patriarchalischer Führungsstil unterstellt wird, sind die Arbeitnehmer in vergleichbaren Positionen weniger gewillt, einen konsultativen Stil beim ihrem Vorgesetzten zu akzeptieren. Ganz im Gegenteil bevorzugen die meisten von ihnen den autokratischen oder patriarchalischen Führungsstil; einige allerdings gehen zum anderen Extrem über, d.h. sie bevorzugen einen Vorgesetzten, der sich nach der Mehrheit richtet, was bedeutet, dass er/sie nicht alles alleine entscheidet. In der Praxis erweist sich dies bei den meisten Organisationen als sehr schwierig, und nur sehr wenige Arbeitnehmer geben an, dass ihr Vorgesetzter diesen Stil praktiziert (und den Vorgesetzten, die angeben, dies zu tun, wirft man of Manipulation vor).

Zusammenfassend kann man sagen, dass die Position des MDI uns Auskunft über die *Abhängigkeit* von Beziehungen in einem Land gibt. In Ländern mit geringer Machtdistanz ist die Abhängigkeit des Mitarbeiters von seinem Vorgesetzten begrenzt, und ein konsultativer Stil wird bevorzugt, d. h. es gibt eine *Interdependenz* zwischen Mitarbeiter und Vorgesetztem. Die emotionale Distanz zwischen ihnen ist gering; für den Mitarbeiter ist der Vorgesetzte immer ansprechbar, und er traut sich auch, ihm zu widersprechen. In Ländern mit großer Machtdistanz stellt man eine große Abhängigkeit des Mitarbeiters von seinem Vorgesetzten fest. Die Mitarbeiter reagieren, indem sie diese Abhängigkeit *vorziehen* (autokratischer oder patriarchalischer Vorgesetzter) oder völlig ablehnen. In der Psychologie wird dieses Verhalten *Kontradependenz* genannt: das heißt Abhängigkeit, aber mit negativen Vorzeichen. Bei Ländern mit starker Machtdistanz stößt man auf eine Polarisierung zwischen Abhängigkeit und Kontradependenz. In diesem Fall ist die emotionale Distanz zwischen Mitarbeitern und Vorgesetzten sehr groß: die Mitarbeiter sprechen nur sehr selten ihren Vorgesetzten direkt an bzw. widersprechen ihm.

Machtdistanz kann also definiert werden als „das Ausmaß, bis zu welchem die weniger mächtigen Mitglieder von Institutionen bzw. Organisationen eines Landes erwarten und akzeptieren, dass Macht ungleich verteilt ist." Institutionen wie Familie, Schule und die Gemeinschaft bilden die Hauptelemente einer Gesellschaft, unter Organisation ist der Ort zu verstehen, wo Leute arbeiten.

Der Beschreibung von Machtdistanz liegt also das Wertesystem der weniger mächtigen Mitglieder zugrunde. Die Art und Weise, wie Macht verteilt ist, wird normalerweise aus dem Verhalten der mächtigeren Mitglieder heraus erklärt, also aus der Sicht derer, die führen und nicht aus der Sicht derer, die geführt werden. In der populären Managementliteratur zum Thema „Führung" wird oft vergessen, dass Führung nur in Ergänzung mit „Gefolgschaft" existieren kann. Autorität kann nur dort bestehen, wo sie auf Gehorsam trifft. Bei Bernadotte lag das Problem also nicht darin, dass er nicht fähig war zu führen, sondern darin, dass die Schweden eine andere Auffassung vertraten, wie man einem Herrscher Respekt entgegenbringt als es die Franzosen tun – und Bernadotte war eben Franzose.

Vergleichende Forschungsprojekte über die Werte von Machtstrukturen in dem einen und dem anderen Land beweisen, dass die beobachteten Unterschiede sowohl bei denen, die führen *als auch* bei denen die geführt werden, auftauchen. Man stellt allerdings bei den Aussagen der Mitarbeiter fest, dass sie über die Unterschiede differenzierter nachgedacht haben als die Vorgesetzten. Das liegt daran, dass wir alle besser den Führungsstil unseres Vorgesetzten beobachten als wir uns selbst beobachten. Außer Frage b und c über beobachtete und gewünschte Führungsstile wurden im Zusammenhang mit der IBM-Umfrage auch Vorgesetzte aufgefordert, ihren *eigenen* Stil einzuschätzen. Dabei zeigte sich, dass diese Selbsteinschätzung des eigenen Stils mit dem Stil übereinstimmte, den die Führungskräfte bei ihrem eigenen Chef bevorzugten; es gab aber überhaupt keine Übereinstimmung mit dem Stil, den die Mitarbeiter bei ihrem Vorgesetzten feststellten. Die Mitarbeiter sahen ihren Chef genau so wie dieser seinen eigenen Chef sah. Die Moral von der Geschicht': Willst du wissen, mit welchen Augen dich deine Mitarbeiter sehen, schau nicht in den Spiegel. Das würde nur zu Wunschdenken führen. Dreh dich um 180 Grad und sieh dir deinen Chef genau an.[6]

Machtdistanz in Wiederholungsstudien

In Kapitel 1, Tabelle 1.1, sind sechs zwischen 1990 und 2002 veröffentlichte Studien aufgelistet, die Fragen aus der IBM-Studie bzw. deren spätere Versionen bei anderen länderübergreifenden Populationen eingesetzt haben. Fünf dieser Wiederholungsstudien, die zwischen 14 und 28 Ländern aus der IBM-Länderreihe abdecken, erzielten MDI-Punktwerte, die sehr stark mit den ursprünglichen IMB-Punktwerten[7] korrelierten. Die sechste Wiederholungsstudie bezog ihre Daten von Verbrauchern, die nicht aufgrund ihres Verhältnisses zur Macht ausgewählt wurden, die außerdem sehr unterschiedliche Berufe hatten oder – wie z.B. Studenten und Hausfrauen – überhaupt keiner bezahlten Tätigkeit nachgingen. Bei der Untersuchung, ob aufgrund der neuen Punktwerte eine Korrektur der ursprünglichen IBM-Punktwerte gerechtfertigt sei, stellte sich heraus, dass die neu ermittelten Punktwerte dafür nicht beständig genug waren.[8] Keine der neuen Populationen bezog so viele Länder mit ein und verwendete so gut aufeinander abgestimmte Stichproben wie die ursprüngliche IBM-Studie. Außerdem sind Korrelationen der ursprünglichen IBM-Punktwerte mit anderen Daten wie z. B. Verbrauchereinkäufe zwischenzeitlich nicht schwächer geworden.[9] Man sollte nicht vergessen, dass die Punktwerte ein Maß für die *Unterschiede zwischen* nationalen Kulturen sind und nicht für Kulturen im absoluten Sinn. Möglicherweise haben sich die Kulturen geändert, aber solange dies gemeinsam unter dem Einfluss derselben globalen Kräfte geschieht, behalten die Punktwerte ihre Gültigkeit.

Bei der in Kapitel 1 beschriebenen chinesischen Wertestudie (CVS) von Michael Bond, die bei Studenten in 23 Ländern durchgeführt wurde, ergab sich die Dimension „moralische Disziplin", wobei die Länder hier größtenteils die gleichen Positionen erzielten wie in der IBM-Studie für Machtdistanz (um es statistisch auszudrücken: Moralische Disziplin korrelierte stark mit dem MDI).[10] Folgende Punkte bezeichneten Studenten in Ländern mit hohen Punktwerten für Machtdistanz in ihren Antworten als besonders wichtig:

- Wenige Wünsche haben
- Mäßigung, dem Mittelweg folgen
- Sich unparteiisch verhalten und ehrlich sein

In ungleichen Gesellschaften waren sowohl normale Leute wie auch Studenten der Meinung, sie sollten nicht nach Höherem streben.

Studenten in Ländern mit niedrigen Punktwerten für Machtdistanz dagegen hielten in ihren Antworten folgende Punkte für besonders wichtig:

- Anpassungsfähigkeit
- Umsicht (Sorgfalt)

In Gesellschaften mit mehr Gleichberechtigung, wo Probleme nicht dadurch gelöst werden können, dass jemand seine Macht demonstriert, unterstrichen die Studenten die Bedeutung von Flexibilität, um ein Ziel zu erreichen.

Machtdistanzunterschiede innerhalb eines Landes: soziale Schicht, Bildungsniveau und Beruf

Ungleichheit im Zusammenleben wird sichtbar durch das Bestehen von verschiedenen sozialen Schichten: Ober-, Mittel- und Unterschicht, wie auch immer man sie unterteilt – das ist von Land zu Land verschieden. Die einzelnen Schichten unterscheiden sich darin, inwieweit ihre Mitglieder Zugang zu bestimmten Errungenschaften dieser Gesellschaft haben bzw. wie ihre Chancen sind. Ein Beispiel hier ist das Bildungswesen. Eine höhere Bildung hat automatisch zur Folge, dass es so etwas wie eine Mittelschicht gibt. Die Bildung bzw. Ausbildung, die jemand erworben hat, ist entscheidend für seine Chancen auf dem Arbeitsmarkt. In der Praxis sieht es so aus, dass in den meisten Gesellschaftsformen soziale Schicht, Bildungsniveau und Beruf eng miteinander verknüpft sind. In Kapitel 1 werden diese drei Begriffe als Quelle der mentalen Software angeführt: Alle drei Faktoren bilden verschiedene Ebenen von Kultur und sind voneinander abhängig.

Das Datenmaterial, auf dessen Grundlage der Machtdistanzindex (fett gedruckte Zeilen) von Tabelle 2.1 ermittelt wurde, stammt von IBM-Angestellten in unterschiedlichen Positionen und infolgedessen auch mit unterschiedlichem Bildungsstand und aus unterschiedlichen sozialen Schichten. Allerdings war die Bandbreite der untersuchten Positionen in jedem Land die gleiche. Ein länderübergreifender Vergleich sollte immer unter Personen mit vergleichbaren Tätigkeiten erfolgen. Man sollte also nicht spanische Arbeiter mit schwedischen Sekretärinnen vergleichen. Die Auswahl der miteinander zu vergleichenden Tätigkeiten über alle Niederlassungen hinweg war lediglich für die Abteilungen Verkauf und den Service identisch. Allein diese kamen in allen Ländern vor. Den Bereich Produktentwicklung gibt es bei IBM nur in 10 Ländern mit größeren Niederlassungen, Produktionsstätten gibt es nur in 13 Ländern.

In den IBM-Bereichen Verkauf und Service haben alle Mitarbeiter eine gehobene oder höhere Schulbildung und gehören alle der Mittelschicht an. Das gleiche gilt für die an den Wiederholungsstudien beteiligten Personen. Der Machtdistanzindex in Tabelle 2.1 sagt also nur etwas über die Unterschiede innerhalb von Leuten aus der Mittelschicht aus diesen Ländern aus. Die Werte der Mittelschicht haben eine größere Auswirkung auf die Institutionen eines Landes, wie z. B. die Regierung und das Bildungssystem, als die Werte der unteren Schichten. Das ist deshalb so, weil diejenigen, die diesen Institutionen vorstehen, normalerweise aus der Mittelschicht kommen. Sogar die Repräsentanten von Gruppen der Unterschicht, wie Gewerkschaftsführer, verfügen im Allgemeinen über eine gute Bildung oder haben an ihrer Bildung gearbeitet und auf diesem Wege auch Werte der Mittelschicht angenommen. Eltern der Unterschicht wollen ihren Kindern oft eine Bildung ermöglichen, die mittelschichtspezifisch ist.

In den drei großen Ländern (Frankreich, Deutschland und Großbritannien), wo in der jeweiligen IBM-Tochtergesellschaft das größtmögliche Spektrum an Geschäftsbereichen vertreten war, wurden die Machtdistanzindexwerte für alle bei IBM ausgeübten beruflichen Tätigkeiten ermittelt; also auch für solche Tätigkeiten, für die keine große Ausbildung erforderlich ist und die oft von Leuten aus der „Unter- oder Arbeiterschicht" ausgeübt werden.[11] Insgesamt wurden 38 verschiedene Berufe in diesen drei Ländern miteinander verglichen.

Es war möglich, Machtdistanzindexwerte nach Berufen zu berechnen, da die Antworten auf die drei für die Berechnung des MDI in den 53 Ländern und Regionen eingesetzten Fragen je nach Beruf auch gemeinsam variierten. Die Art der Klumpenbildung der Erhebungsfragen hängt von der Art ab, wie die Befragten gruppiert sind. Fragen, die bei Ländern einen Klumpen bilden, müssen nicht unbedingt auch bei Berufen einen Klumpen bilden. Es stellte sich überraschenderweise heraus, dass die drei MDI-Fragen sowohl auf der Berufsebene als auch auf der Länderebene einen Index bilden konnten. Das liegt daran, dass der MDI ein Maß für die soziale Ungleichheit in allen Ländern ist. Unterschiede im sozialen Status, die zu Ungleichheit führen, sind auch das Hauptkriterium, wonach sich Berufe klassifizieren lassen. Von den anderen drei aus den IBM-Daten abgeleiteten Dimensionen konnte nur für Maskulinität – Femininität der Länderindex auch für Berufe verwendet werden.

Berufsgruppen	Anzahl der Berufe in dieser Gruppe	MDI-Spektrum		
		von	bis	mittlerer Wert
Ungelernte und angelernte Arbeiter	3	85	97	90
Bürokräfte und Außendienstmitarbeiter ohne Fachausbildung	8	57	84	71
Facharbeiter und Techniker	6	33	90	65
Vorgesetzte von Mitarbeitern der genannten Kategorien	8	22	62	42
Mitarbeiter in gehobenen Berufen	8	− 22*	36	22
Vorgesetzte von Mitarbeitern in gehobenen Berufen	5	− 19*	21	8
Gesamt	38	− 22*	97	47
*Die negativen Werte gehen über das für die Länder festgelegte Spektrum von 0 bis 100 hinaus.				

Tab. 2.2: Punktwerte des Machtdistanzindex für sechs Berufsgruppen (basierend auf IBM-Datenmaterial aus Großbritannien, Frankreich und Deutschland)

In Tabelle 2.2 wird das Ergebnis des Vergleichs unter 38 Berufen zusammengefasst. Es zeigt, dass in Berufen mit niedrigem gesellschaftlichen Status und Bildungsniveau (der ungelernte oder angelernte Arbeiter) die höchsten Machtdistanzindexwerte festgestellt wurden, und dass bei Beschäftigten mit hohem gesellschaftlichen Status und Bildungsniveau (Vorgesetzte von Akademikern wie Ingenieuren und Wissenschaftlern) die kleinsten Machtdistanzindexwerte zu finden waren. Zwischen den Extremwerten nach Berufen betrug die Spanne der MDI-Werte etwa 100 Punkte, d. h. sie lag in der gleichen Größenordnung wie bei 74 Ländern und Regionen (siehe Tabelle 2.1; aber die Unterschiede zwischen den Ländern gründeten sich auf Stichproben von Personen mit gleichen Tätigkeiten und gleichem Bildungsniveau!).

Die nächste Frage lautete, ob die Unterschiede bei Machtdistanz in den verschiedenen Berufen in allen Ländern gleich stark seien. Um dies zu untersuchen, wurde ein Vergleich in elf Ländern für vier Berufe mit sehr unterschiedlichem Status durchgeführt. In jedem dieser elf Länder hat die Firma IBM Niederlassungen, und in jedem Land ist der Machtdistanzwert sehr verschieden. In einer Tabelle, in der die vier Berufe den elf Ländern gegenübergestellt werden, erhält man so 44 (4 × 11) MDI-Werte, und man sieht, dass die Unterschiede in den Berufen am größten in Ländern mit kleinem MDI-Punktwert demgegenüber jedoch relativ gering in Ländern mit großem MDI-Punktwert sind.[12] Mit anderen Worten ausgedrückt: Wenn das betreffende Land insgesamt einen hohen Machtdistanzwert in Tabelle 2.1 (s. Seite 56) hat, so findet man diesen Wert ebenfalls unter allen Angestellten sowohl bei solchen in hohen Positionen als auch bei solchen in niedrigeren Positionen. Wurde jedoch bei dem Land ein niedriger Machtdistanzwert festgestellt, so ist dieser mehr bei Beschäftigten in mittleren und hohen Positionen zu finden. Unter denjenigen in niedrigeren Positionen und mit geringerem Bildungsniveau wurden vergleichbare Werte festgestellt wie unter den entsprechenden Kollegen in Ländern mit großer Machtdistanz. Die Werte der Angestellten in hohen Positionen hinsichtlich Ungleichheit scheinen stark von deren Nationalität abhängig zu sein; bei den Angestellten in den niedrigeren Positionen ist dies weniger der Fall.[13]

Die Tatsache, dass Beschäftigte mit weniger Bildung und niedrigerem gesellschaftlichen Status in verschiedenen westlichen Ländern eine größere „autoritäre" Werthaltung haben als deren Landsleute mit höherem gesellschaftlichen Status, wurde bereits von einigen Soziologen beschrieben. Diese autoritäre Werthaltung zeigt sich nicht nur am Arbeitsplatz, sondern findet ihren Ausdruck auch im Privatleben. Im Rahmen einer Studie in den Vereinigten Staaten und Italien in den 60er Jahren wurde deutlich, dass Eltern aus der Arbeiterklasse wesentlich mehr Gehorsam von ihren Kindern verlangten als Eltern der Mittelklasse, wobei dieser Unterschied in den USA größer war als in Italien.[14]

Maße im Zusammenhang mit Machtdistanz: Struktur in diesem und den folgenden Kapiteln

Im nächsten Teil dieses Kapitels werden die unterschiedlichen Machtdistanzwerte eines Landes in Verbindung gebracht mit der vorherrschenden Einstellung zu Familie, Schule, Arbeitsplatz, Staat und Gedankenwelt. In den Kapiteln 3 bis 6, die die anderen IBM-Dimensionen behandeln, ist die Vorgehensweise genauso. Die beschriebenen Assoziationen basieren größtenteils auf dem Ergebnis der statistischen Analysen, in denen die IBM-Dimensionen mit den Ergebnissen anderer quantitativer Studien korrelieren, wie schon in Kapitel 1 beschrieben. Außerdem hat man auf entsprechendes Datenmaterial zu Themen wie Familie, Schule, Arbeitsplatz etc. in verschiedenen Ländern zurückgegriffen. In diesem Buch wird auf den statistischen Beweis verzichtet; sollte ein Leser sich dafür interessieren, so wird auf das Buch *Culture's Consequences* verwiesen.

Machtdistanzunterschiede zwischen Ländern: Wurzeln in der Familie

Die meisten Menschen auf der Welt werden in eine Familie hineingeboren. Und alle Menschen fangen mit dem Zeitpunkt ihrer Geburt an, ihre mentale Software zu entwickeln. Dabei spielen die Bezugspersonen eine große Rolle, da sie Vorbild sind und sich die Kinder in ihrer Entwicklung stark an ihnen orientieren.

In Gesellschaften mit großer Machtdistanz erwarten Eltern von Kindern Gehorsam. Oft sind auch Geschwister Autoritätspersonen: von jüngeren Geschwistern erwartet man, dass sie sich nach älteren Geschwistern richten. Die Entwicklung von Unabhängigkeit wird beim Kind nicht gefördert. *Respekt* vor Eltern und Erwachsenen wird als wichtige Tugend angesehen. Das Kind sieht dieses respektvolle Verhalten und nimmt dieses schnell an. Man beobachtet of ein beträchtliches Maß an Wärme und Fürsorge im Verhalten von Eltern und älteren Kindern jüngeren gegenüber, besonders wenn sie ganz klein sind. Aber man bevormundet sie; man erwartet nicht von ihnen, selbst die Welt zu erkunden. Kinder respektieren ihre Eltern und ältere Verwandte auch später

im Erwachsenenalter: man betrachtet die Eltern als Autoritätspersonen, solange sie leben. Eltern und Großeltern werden besonders respektvoll behandelt, auch dann noch, wenn die Kinder
ihr Leben selbst in die Hand genommen haben. Man spricht von
einem Abhängigkeitsmuster zwischen Älteren und Jüngeren, das
es in allen menschlichen Beziehungen gibt, und in der mentalen
Software, die der Mensch mit sich trägt, ist ein starkes Bedürfnis nach dieser Abhängigkeit verankert. Wenn Eltern alt und ge-
brechlich werden, erwartet man von ihren Kindern, dass sie sie
finanziell und auch in allen praktischen Belangen unterstützen.
Großeltern leben oft in der Familie ihrer Kinder.

In Kulturen mit geringer Machtdistanz werden Kinder mehr
oder weniger gleichberechtigt behandelt, sobald sie anfangen, aktiv zu reagieren. Man beobachtet das schon, wenn ein Baby geba-
det wird.[15] Das Ziel der elterlichen Erziehung ist, dass die Kinder ihr Leben so bald wie möglich selbst in die Hand nehmen.
Das Kind wird ermutigt, seine Welt zu erobern. Es darf auch seinen Eltern widersprechen, „nein" zu sagen, lernt es sehr schnell.
Wie es sich gegenüber seinen Mitmenschen verhält, hängt nicht
von deren Alter oder gesellschaftlichem Status ab. Respektvolles
Verhalten Eltern gegenüber wird sehr selten demonstriert. Die familiäre Bindung in solchen Gesellschaften wird von Leuten aus
anderen Kulturen oft als nicht sehr intensiv empfunden. Wird das
Kind erwachsen, so beginnt es, eine freundschaftliche oder zumindest gleichberechtigte Beziehung zu seinen Eltern aufzubauen,
und es ist ganz normal, dass das nun erwachsene Kind bei einer
wichtigen Entscheidung seine Eltern nicht mehr um Erlaubnis
oder gar Rat fragen muss. In der idealen Familie bestehen unter
den erwachsenen Mitgliedern keine gegenseitigen Abhängigkei-
ten. Das Bedürfnis nach Unabhängigkeit gilt als sehr wichtig in
der mentalen Software von Erwachsenen. Eltern sollten eigene
Vorkehrungen treffen für Alter und Krankheit; sie können nicht
auf die Unterstützung ihrer Kinder zählen oder erwarten, dass
sie bei ihnen leben können.

Die beiden in den vorangehenden Abschnitten beschriebenen
Fälle sind absichtlich so extrem konstruiert. Die Realität liegt irgendwo in der Mitte. Jedes Land wird seine Position irgendwo

zwischen beiden Extremen haben. Soziale Schicht und Bildungsniveau der Eltern spielen also besonders in Ländern mit geringer Machtdistanz eine wichtige Rolle. Jede Familie entwickelt aber ihre eigene Kultur, die nicht unbedingt mit den Normen der Gesellschaft, in der sie leben, übereinstimmt, und die Persönlichkeit einzelner Eltern und Kinder kann zu nicht-typischem Verhalten führen. Trotzdem stehen die beiden Beispiele für Extremfälle. Die Möglichkeiten, das menschliche Dilemma der Ungleichheit in der Familie zu bewältigen, liegen irgendwo in der Mitte.

Da in der Familie der Ursprung unserer allerersten sozialen mentalen Software liegt, ist ihr Einfluss gewaltig, und es ist sehr schwierig, einmal bestehende Denkmuster zu ändern. Psychiatern und Psychoanalytikern ist die Bedeutung der familiären Historie bekannt, aber sie sind sich nicht immer des kulturellen Kontextes bewusst. Die Psychiatrie versucht Menschen zu helfen, deren Verhalten von den gesellschaftlichen Normen abweicht. Das vorliegende Buch beschreibt, wie unterschiedlich Normen von einer zur anderen Gesellschaft aussehen können. Wenn die Normen verschieden sind, bedeutet das aber, dass die psychiatrische Behandlung eines Menschen, der aus einer anderen Gesellschaft oder einer anderen Gesellschaftsschicht kommt, eine riskante Sache ist. Es setzt voraus, dass derjenige, der Hilfe leistet, sich der kulturellen Unterschiede und der Voreingenommenheit gegenüber seinem Patienten bewusst ist.[16]

Machtdistanz in der Schule

In den meisten Gesellschaften gehen die Kinder heutzutage mindestens einige Jahre zur Schule. In den hoch entwickelten Ländern dauert diese Schulzeit manchmal mehr als zwanzig Jahre im Leben des jungen Menschen. In der Schule entwickelt das Kind seine Denkmuster weiter. Lehrer und Mitschüler impfen ihm zusätzliche ein, die Teil der Kultur sind, in der diese Werte einen hohen Stellenwert haben. Bis jetzt gibt es keine Antwort auf die Frage, inwieweit ein Bildungssystem dazu beitragen kann, eine Gesellschaft zu verändern. Kann die Schule Werte neu schaffen, die es bisher nicht gab, oder kann sie nur die bestehenden Werte, die in der Gesellschaft existieren, verstärken. Vergleicht man Schulen in den verschiedenen Gesellschaften, so stößt man auf die gleichen Unterschiede, die man schon innerhalb der Familien festgestellt hat. Das Rollenpaar Eltern-Kind wir ersetzt durch das Rollenpaar Lehrer-Schüler, aber grundlegende Werte und Verhaltensweisen werden von einem Bereich in den anderen übertragen. Außerdem verbringen die meisten Schulkinder weiterhin den größten Teil ihrer Zeit in ihrer Familie.

In Kulturen mit großer Machtdistanz wird das ungleiche Verhältnis zwischen Eltern und Kind fortgesetzt durch ein ungleiches Verhältnis zwischen Lehrer und Schüler, welches mit dem Bedürfnis nach Abhängigkeit seitens der Schüler übereinstimmt. Lehrer werden mit Respekt behandelt (und ältere noch mehr als jüngere); von den Schülern wird erwartet, dass sie sich erheben, wenn der Lehrer in die Klasse kommt. Alles konzentriert sich auf den Lehrer. Ergibt die intellektuelle Richtung an. Im Klassenzimmer gibt es ein ungeschriebenes Gesetz, dass der Lehrer immer als erster das Wort ergreift. Die Schüler sagen nur etwas, wenn sie dazu aufgefordert werden; in der Öffentlichkeit wird dem Lehrer nie widersprochen, und er wird auch nicht kritisiert. Auch außerhalb der Schule begegnet man ihm mit Respekt. Benimmt sich ein Schüler schlecht, so werden sofort seine Eltern herbeizitiert, und man erwartet von ihnen, dass sie ihr Kind zur Ordnung rufen. Der Erziehungs- und Bildungsprozess ist sehr personenorientiert: sogar später auf der Universität wird der Lehrinhalt nicht als von der Person des Lehrers losgelöste „Wahrheit" betrachtet, sondern als seine persönliche Weisheit angesehen. Man könnte den Lehrer als eine Art *„Guru"* bezeichnen. Dieser Begriff kommt aus dem Sanskrit und bedeutet „gewichtig" oder „ehrwürdig", Adjektive, die genau das beschreiben, was einen Lehrer in Indien und Indonesien ausmacht. Der französische Ausdruck dafür lautet *maître à penser*, „jemand, der das Denken lehrt". In einem solchen Bildungssystem hängt die Qualität dessen, was der einzelne lernt, in hohem Maße davon ab, wie gut sein Lehrer ist.

In Kulturen mit geringer Machtdistanz wird vom Lehrer erwartet, dass er die Schüler wie seinesgleichen behandelt und betrachtet. Die Schüler sehen jüngere Lehrer eher als ihresgleichen an und mögen sie lieber als ältere Lehrer. Der Lern- und Erziehungsprozess ist schülerorientiert. Man legt Wert auf die Initiative des Schülers. Die Schüler sollen ihre eigenen intellektuellen Weichen stellen. Schüler greifen unaufgefordert in das Klassengeschehen ein, man erwartet, dass sie Fragen stellen, wenn sie etwas nicht verstehen. Sie diskutieren mit den Lehrern, äußern ihre Meinung auch, wenn diese nicht mir der des Lehrers übereinstimmt, kritisieren den Lehrer und behandeln ihn auch außerhalb der Schule nicht anders als im Klassenraum. Benimmt sich ein Kind schlecht, so ergreifen die Eltern oft die Partei ihres Kindes. Der Lern- und Erziehungsprozess ist eher unpersönlich; was vermittelt wird, sind „Wahrheiten" oder „Tatsachen", die losgelöst von der Person des Lehrers existieren. Effektives Lernen in einem solchen Bildungssystem hängt sehr stark davon ab, ob die angeblich zweigleisige Kommunikation Schüler-Lehrer, Lehrer-Schüler auch wirklich hergestellt wird. Das ganze System basiert auf einem starken Bedürfnis nach Unabhängigkeit; die Qualität des Lernprozesses wird in beträchtlichem Maße davon bestimmt, wie gut die Schüler sind.

Wie bereits in diesem Kapitel erwähnt, sind die Werte der Machtdistanz niedriger bei Berufen, für die eine höhere Bildung Voraussetzung ist, zumindest in den Ländern, deren Wert in der Machtdistanz relativ gering ist. Das bedeutet, dass in letzt genannten Ländern Schüler im Laufe ihrer Schulzeit von ihrem Lehrer unabhängig werden. Ihr Bedürfnis nach Abhängigkeit nimmt ab. In Ländern mit großer Machtdistanz besteht eine große Abhängigkeit zwischen Lehrern und Schülern, selbst dann, wenn sie ein hohes Ausbildungsniveau erreicht haben.

In Ländern mit geringer Machtdistanz wird ein relativ großer Teil des Bildungsbudgets in eine mittlere und höhere Schulbildung für jedermann investiert, was zu einer Weiterentwicklung der Mittelschicht in der Gesellschaft beiträgt. Länder mit großer Machtdistanz investieren mehr in die Bildung auf Universitätsebene und weniger in die Bildung an höheren Schulen und erhalten damit die Polarisierung zwischen Eliten und Ungebildeten aufrecht.

Körperliche Züchtigung in der Schule, zumindest bei Schülern im vorpubertären Alter, wird in den Ländern mit großer Macht-

geringe Machtdistanz	große Machtdistanz
• Ungleichheit unter den Menschen sollte so gering wie möglich sein.	• Ungleichheit zwischen den Menschen wird erwartet und ist erwünscht.
• Mit sozialen Beziehungen soll man sorgsam umgehen.	• Sozialer Status soll nur beschränkt ausgeglichen werden.
• Zwischen den weniger mächtigen und den mächtigen Menschen besteht eine Interdependenz bis zu einem gewissen Grad, und die sollte es auch geben.	• Weniger mächtige Menschen sollten abhängig sein; sie befinden sich zwischen den beiden Extremen Abhängigkeit und Kontra-Dependenz.
• Eltern behandeln ihre Kinder wie ihresgleichen.	• Eltern erziehen ihre Kinder zu Gehorsam.
• Kinder behandeln ihre Eltern und ältere Verwandte wie ihresgleichen.	• Respekt gegenüber den Eltern und älteren Verwandten ist eine grundlegende Tugend, die ein Leben lang geübt wird.
• Bei der Altersversorgung ihrer Eltern spielen Kinder keine Rolle.	• Kinder sind eine Quelle für die Altersversorgung ihrer Eltern.
• Schüler behandeln ihre Lehrer wie ihresgleichen.	• Schüler behandeln ihre Lehrer auch außerhalb des Unterrichts mit Respekt.
• Lehrer erwarten von ihren Schülern Eigeninitiative.	• Jede Initiative im Unterricht sollte von den Lehrern ausgehen.
• Lehrer sind Experten, die losgelöstes Wissen vermitteln.	• Lehrer sind Gurus, die ihr eigenes Wissen vermitteln.
• Die Qualität des Lernprozesses ist abhängig vom Austausch zwischen Lehrer und Schüler und der Qualität der Schüler.	• Die Qualität des Lernprozesses ist von der Professionalität des Lehrers abhängig.
• Menschen mit weniger Bildung neigen zu mehr Autorität als Menschen mit höherer Bildung.	• Sowohl Menschen mit mehr als auch solche mit weniger Bildung haben die gleiche Einstellung zur Autorität.
• Die Bildungspolitik konzentriert sich auf weiterführende Schulen.	• Die Bildungspolitik konzentriert sich auf Universitäten.

Tab. 2.3: Hauptunterschiede zwischen Gesellschaften mit geringer und großer Machtdistanz – I: Allgemeine Norm, Familie und Schule

distanz viel eher hingenommen als in einem Land mit niedriger Machtdistanz. Dadurch wird die Kluft zwischen Lehrern und den Schülern klar deutlich gemacht. Es wird sogar als förderlich für die Entwicklung des kindlichen Charakters angesehen. In Ländern mit geringer Machtdistanz gilt körperliche Züchtigung als Kindesmisshandlung, und die Eltern haben das Recht, Anzeige zu erstatten. Es gibt hier einige Ausnahmen, die mit der Dimension „Maskulinität" (gegenüber Femininität) zusammenhängen und auf die in Kapitel 4 näher eingegangen wird. In einigen maskulinen Kulturen mit geringer Machtdistanz, wie z. B. Großbritannien, wird körperliche Züchtigung in der Schule nicht von allen abgelehnt.

Die Realität liegt, ähnlich wie im Abschnitt über die Familie, irgendwo zwischen den beiden Extremen. Ein wichtiger Faktor ist hierbei die Begabung des Schülers. Weniger begabte oder behinderte Kinder können auch in Kulturen mit geringer Machtdistanz nicht die zu erwartende Unabhängigkeit entwickeln und werden so behandelt, wie es bei einer großen Machtdistanz der Fall wäre. Begabte Kinder aus Arbeiterfamilien sind in einer Gesellschaft mit geringer Machtdistanz benachteiligt in ihrem Zugang zu Bildungsstätten wie der Universität, die ihrerseits eine geringe Machtdistanznorm unterstellt. Wie bereits erwähnt, stellt man in Familien der Arbeiterklasse of eine so genannte Subkultur mit großer Machtdistanz fest. In Tabelle 2.3 (s. Seite 71) werden die bisher erörterten wichtigsten Unterschiede zwischen Gesellschaften mit geringer und großer Machtdistanz zusammengefasst.

Machtdistanz am Arbeitsplatz

Die meisten Menschen haben ihren Einstieg ins Berufsleben als junge Erwachsene. In der Familie und in der Schule haben sie viel gelernt und viele Erfahrungen gemacht. Zu den Rollenpaaren Eltern-Kind, Lehrer-Schüler kommt jetzt das Rollenpaar Vorgesetzter-Mitarbeiter hinzu. Und es wird niemanden überraschen, dass das Verhalten gegenüber den Eltern, besonders dem Vater und gegenüber dem Lehrer, das bereits Teil unserer mentalen Software geworden ist, auf die Vorgesetzten übertragen wird.

In Ländern mit großer Machtdistanz betrachten Vorgesetzte und Mitarbeiter sich selbst als von Natur aus mit ungleichen Rechten ausgestattet, und auf dieser Einstellung basiert auch jedes hierarchische System. Die Macht konzentriert sich auf wenige Köpfe in einer Organisation. Den Mitarbeitern wird gesagt, was sie zu tun haben. Die Zahl derer, die diese Mitarbeiter führen, ist sehr groß und stark hierarchisch geordnet. Jede Hierarchiestufe muss an die übergeordnete berichten. Die Spanne der Gehälter ist sehr groß. Das Bildungsniveau der Arbeiter ist niedrig, und ihre Arbeit ist weniger angesehen als die Arbeit am Schreibtisch. Vorgesetzte genießen bestimmte Privilegien („Privatrechte" und das ist wörtlich gemeint). Der Vorgesetzte geht auf seinen Mitarbeiter zu und nicht umgekehrt. Das Idealbild eines Chefs – einer, bei dem man sich sehr wohl fühlt und dem man große Achtung entgegen bringt – ist in den Augen der Mitarbeiter ein wohlwollender Autokrat oder ein „guter Vater". Macht der Mitarbeiter mit dieser Vaterfigur schlechte Erfahrungen, so wird er die Autorität seines Vorgesetzten innerlich völlig ablehnen, ihn aber nach außen hin akzeptieren.

Die Beziehung zwischen Vorgesetzten und Mitarbeitern ist in Organisationen mit großer Machtdistanz sehr oft stark emotional geprägt. Philippe d'Iribane ist Leiter eines staatlichen französischen Forschungsunternehmens, das sich mit internationalem Management beschäftigt. Er und sein Team führten umfangreiche Befragungen in Produktionsstätten eines französischen Multikonzerns durch, und zwar in Frankreich (MDI 68), den USA (MDI 40) und den Niederlanden (MDI 38). In seinem Buch über dieses Projekt schreibt er Folgendes:

> „Die Beziehungen innerhalb der hierarchischen Struktur sind in Frankreich sehr stark emotional geprägt. Die Art der Gefühle, mit denen man dem Vorgesetzten begegnet, ist sehr unterschiedlich und schwankt zwischen Bewunderung und Ablehnung. Diese Situation kann keinesfalls verallgemeinert werden. Weder in den Niederlanden noch in den USA haben wir ein ähnliches Verhältnis festgestellt."[17]

Dieses Zitat der Polarisierung in Frankreich zwischen Abhängigkeit und Kontra-Abhängigkeit gegenüber Autoritätspersonen ist unserer Meinung nach typisch für Länder mit großer Machtdistanz.

Nach außen hin sichtbare Statussymbole stärken in solchen Ländern die Autorität des Vorgesetzten; so kann es z. B. vorkommen, dass ein Mitarbeiter mit Stolz seinem Nachbarn erzählt, dass sein Chef ein größeres Auto als der Chef des Nachbarn fährt. Ältere Vorgesetzte werden normalerweise mehr respektiert als jüngere. Wird man Opfer eines Machtmissbrauchs des Vorgesetzten, so hat man einfach Pech gehabt. Es gibt keine Mittel und Wege, dagegen vorzugehen. In extremen Fällen von Machtmissbrauch besteht daher die Gefahr, dass sich die Opfer zusammentun und massiv revoltieren. Führungsstrategien, die in den USA entwickelt wurden, wie z. B. „Management by Objectives" (MBO),[18] greifen hier nicht, da diese Methode eine Form des Verhandelns zwischen Mitarbeiter und Vorgesetztem voraussetzt. Weder der eine noch der andere Beteiligte würde sich dabei aber wohl fühlen.

In Ländern mit geringer Machtdistanz betrachten sich Mitarbeiter und Vorgesetzter als von Natur aus gleichberechtigt. Die vorhandene Hierarchie ist lediglich eine ungleiche Verteilung von Rollen, die aus praktischen Überlegungen vorgenommen wurde. Und Rollen sind austauschbar. So kann jemand, der heute mein Mitarbeiter ist, schon morgen mein Chef sein. Organisationen sind eher dezentral mit flachen hierarchischen Pyramiden. Die Anzahl der vorgeordneten Hierarchiestufen ist klein und somit auch die Zahl der Vorgesetzten. Die Gehaltsspanne ist ebenfalls gering. Die Arbeiter sind hoch qualifiziert. Hochwertige handwerkliche Arbeit wird höher bewertet als eine einfache Bürotätigkeit. Privilegien für die Höhergestellten werden grundsätzlich nicht als wünschenswert angesehen. Für alle sollten der gleiche Parkplatz, die gleiche Kantine und die gleichen Toiletten zur Verfügung stehen. Der Vorgesetzte sollte für den Mitarbeiter jederzeit ansprechbar sein. Der ideale Chef ist ein einfallsreicher Demokrat. Der Mitarbeiter erwartet, dass er bei Entscheidungen, die seine Arbeit betreffen, vorher um seine Meinung gefragt wird. Er akzeptiert, dass der Chef derjenige ist, der letztendlich die Entscheidung fällt.

Statussymbolen begegnet man mit Misstrauen. Der Mitarbeiter würde eher missbilligend davon erzählen, dass sein Chef auf

Firmenkosten ein großes Auto fährt. Jüngere Chefs werden im Allgemeinen mehr geschätzt als ältere. Man geht davon aus, dass die Organisationen Möglichkeiten entwickelt haben, wie man mit Beschwerden von Mitarbeitern über angeblichen Machtmissbrauch umgeht. Moderne Führungsstrategien wie „Management by Objectives" funktionieren dann, wenn die Führungskräfte diesen Weg einschlagen.

Peter Smith von der Universität in Sussex/UK trug in den 90er Jahren mit Hilfe von Kollegen aus diversen Ländern Aussagen von über 7.000 Abteilungsleitern in 47 Ländern zusammen bezüglich der Frage, wie sie mit acht verschiedenen *Situationen* am Arbeitsplatz umgehen würden; Situationen, die sich normalerweise in jedem Arbeitsumfeld abspielen (Beispiel: „wenn einige der Ausrüstungteile oder Maschinen in Ihrer Abteilung ersetzt werden müssen"). Für jede Situation wurden acht Möglichkeiten angegeben, wonach Manager ihren Führungsstil ausrichten, und die Abteilungsleiter mussten mitteilen, in welchem Maße sie sich auf jede einzelne der genannten Möglichkeiten verlassen würden (Beispiel: formale Vorschriften und Verfahrensweisen). Für alle 47 Länder errechnete Smith einen Vertikalitätsindex, in dem es ein Zusammenspiel von Vertrauen in den Vorgesetzten und Vertrauen auf formale Vorschriften gab; Vertrauen auf die eigene Erfahrung und in die unterstellten Mitarbeiter waren *nicht* kombiniert. Die Punktwerte für den Vertikalitätsindex korrelierten stark mit dem MDI: in Ländern mit großer Machtdistanz gaben die Abteilungsleiter aus der Stichprobe an, dass sie mehr auf ihre Vorgesetzten und formale Vorschriften vertrauten und weniger auf ihre eigene Erfahrung und die ihnen unterstellten Mitarbeiter. [19]

Die Forschung liefert keinen Beweis für einen systematischen Unterschied in der effektiven Arbeitsleistung zwischen Organisationen in Ländern mit großer Machtdistanz gegenüber Ländern mit geringer Machtdistanz. Die einen bewältigen diese Aufgabe besser, die anderen jene. Länder mit geringer Machtdistanz sind besser geeignet für Aufgaben, die die Initiative der Mitarbeiter verlangt, Länder mit großer Machtdistanz für Aufgaben, die Disziplin erfordern. Für das Management ist dabei wichtig, dass es die Stärken der lokalen Kultur nutzt.

Auch hier werden wieder Extremfälle beschrieben. Der normale Arbeitsalltag liegt irgendwo dazwischen und wird charakteristische Merkmale von beiden Extremen aufweisen, große und geringe Machtdistanz. In den Theorien über Management lässt sich kaum etwas finden über das Vorhandensein dieser Modelle bzw. darüber, dass ihr Vorhandensein kulturell bedingt ist. In Kapitel 7 wird auf diesen Punkt näher eingegangen und aufgezeigt, inwieweit sich in den verschiedenen Theorien über Management und Organisation die Nationalität des jeweiligen Autors widerspiegelt.

geringe Machtdistanz	große Machtdistanz
• Hierarchische Struktur in einer Organisation bedeutet ungleiche Rollenverteilung aus praktischen Gründen.	• Hierarchische Strukturen in Organisationen sind Spiegelbild einer Ungleichheit von Natur aus zwischen oberer und unterer Schicht.
• Tendenz zu Dezentralisation.	• Tendenz zu Zentralisation.
• Weniger Aufsichtspersonal.	• Mehr Aufsichtspersonal.
• Geringe Gehaltsunterschiede zwischen oberen und unteren Hierarchiestufen.	• Große Unterschiede im Gehalt innerhalb der Hierarchie.
• Führungskräfte verlassen sich auf die eigene Erfahrung und auf ihre Mitarbeiter.	• Führungskräfte verlassen sich auf ihre Vorgesetzten und auf formale Vorschriften.
• Mitarbeiter erwarten, in Entscheidungen mit einbezogen zu werden.	• Mitarbeiter erwarten, Anweisungen zu erhalten.
• Der ideale Vorgesetzte ist der einfallsreiche Demokrat.	• Der ideale Vorgesetzte ist der wohlwollende Autokrat oder der gütige Vater.
• Beziehungen zwischen Mitarbeitern und Vorgesetzten sind pragmatisch.	• Beziehungen zwischen Mitarbeitern und Vorgesetzten sind emotional.
• Privilegien und Statussymbole stoßen auf Missbilligung.	• Privilegien und Statussymbole sind üblich und populär.
• Manuelle Tätigkeiten haben denselben Status wie Büroarbeit.	• Schreibtischarbeit zählt mehr als die Arbeit „im Blaumann".

Tab. 2.4: Hauptunterschiede zwischen Gesellschaften mit geringer und großer Machtdistanz – II: Der Arbeitsplatz

In Tabelle 2.4 werden die wichtigsten Unterschiede am Arbeitsplatz zwischen Gesellschaften mit geringer und großer Machtdistanz zusammengefasst.

Machtdistanz und der Staat

In den vorigen Abschnitten wurden die Folgen von Machtdistanz für die Rollenpaare Eltern-Kind, Lehrer-Schüler und Vorgesetzter-Mitarbeiter aufgezeigt. Ein weiteres Rollenpaar, das gleichermaßen betroffen ist, ist Staat-Bürger. Wenn man die Nachrichten verfolgt, müsste jedem augenblicklich klar werden, dass in einigen Ländern auf ganz andere Art und Weise mit Machtunterschieden zwischen den Behörden und dem Bürger umgegangen wird als in anderen. Was nicht gleich deutlich wird, aber wesentlich zum Verständnis beiträgt, ist die Tatsache, dass die Art und Weise, wie man in einem Land mit Macht umgeht, häufig darin begründet ist, wie sich große Teile der Bevölkerung das korrekte Verhalten von Machthabern vorstellen.

In seiner Analyse von Daten aus 43 Ländern, die im Rahmen der World Values Survey (Welt-Wertestudie) (siehe Kapitel 1) zusammengetragen worden waren, fand der amerikanische Politikwissenschaftler Ronald Inglehart heraus, dass sich Länder nach einer Dimension, die er als „weltlich-rational gegenüber traditioneller Autorität" bezeichnete, einordnen ließen. Die Korrelationsanalyse ergab eine weitgehende Übereinstimmung mit dem, was wir als Machtdistanz bezeichnen.[20] In einer Gesellschaft mit Bereichen großer Machtdistanz ist die Staatsgewalt eher traditionell; manchmal liegen ihre Wurzeln gar in der Religion. Macht wird als eine fundamentale gesellschaftliche Gegebenheit gesehen, die der Wahl zwischen gut und böse vorangeht. Die Frage, ob Macht legitim ist, ist hier nicht relevant. Macht geht vor Recht. Dies ist eine schwerwiegende Behauptung, die selten in dieser Form aufgestellt wurde, die sich aber im Verhalten derjenigen, die an der Macht sind, *und* in dem des gewöhnlichen Menschen widerspiegelt. Es besteht eine unausgesprochene Übereinkunft darüber, dass es eine bestimmte Ordnung der Ungleichheit auf dieser Welt geben sollte, in der jeder seinen Platz hat. So wird das Bedürfnis des Menschen nach Abhängigkeit befriedigt, und es gibt denjenigen ein Gefühl von Sicherheit, die an der Macht sind, sowie denjenigen ohne Macht.

Zu Beginn dieses Kapitels wurde bereits erwähnt, dass in einigen Gesellschaften die Tendenz besteht, Macht, Wohlstand und gesellschaftlichen Status aufrechtzuerhalten. Diese Tendenz ist typische für Länder mit großer Machtdistanz. In solchen Kulturen genießen die Mächtigen auch Privilegien, und man erwartet von ihnen, dass sie ihre Macht einsetzen, um ihren Reichtum zu vergrößern. Sie zeigen ein Verhalten, dass ihren Status heraushebt und sie noch mächtiger erscheinen lässt. Sie schöpfen ihre Macht aus der Familie oder dem Freundeskreis oder verdanken sie ihrer charismatischen Ausstrahlung und/oder dem Einsatz eines Machtpotentials. Letzteres erklärt, dass es in Ländern mit großer Machtdistanz häufig Militärdiktaturen gibt. Skandale unter den Machtträgern sind an der Tagesordnung und werden unter den Tisch gekehrt. Läuft etwas schief, so sind die in den unteren Hierarchiestufen dafür verantwortlich. Wird die Politik unhaltbar, so besteht die Lösung darin, das ganze System radikal durch eine Revolution zu ändern. Die Köpfe an der Spitze werden abgesetzt und durch andere ersetzt. Die meisten solcher Revolutionen schlagen fehl, auch wenn sie zunächst erfolgreich waren, da die neuen Machtträger die Fehler der alten übernehmen. Sie haben eben die gleiche Werthaltung hinsichtlich Ungleichheit.

In Ländern mit großer Machtdistanz lesen die Menschen relativ wenig Zeitung (aber auf die, die sie lesen, vertrauen sie), und über Politik wird nur selten diskutiert: politische Meinungsverschiedenheiten arten schnell in Gewalt aus. Das Regierungssystem lässt oft nur eine politische Partei zu; sind mehrere zugelassen, gewinnt in der Regel immer die gleiche. Das politische Spektrum der Parteien – wenn es denn überhaupt nach außen sichtbar wird – reicht von stark rechts bis stark links. Parteien der Mitte sind kaum vertreten. Hier finden wir die zwei Extreme wieder, auf die wir im Zusammenhang mit Abhängigkeit und Kontra-Abhängigkeit bereits gestoßen sind. Das Einkommen ist sehr ungleich verteilt. Wenige sind sehr reich und sehr viele sind sehr arm. Und die

Reichen werden zusätzlich noch durch Steuergesetze bevorteilt, so dass die Einkommensverteilung nach Steuerabzug noch extremer ausfallen kann. Gewerkschaften sind meist staatlich kontrolliert oder, wenn sie unabhängig sind, sind sie ideologisch ausgerichtet und in die politischen Parteien eingebunden.

Autorität in Gesellschaften mit geringer Machtdistanz wird von Inglehart als weltlich-rational bezeichnet und gründet sich mehr auf praktische Überlegungen als auf Tradition. In diesen Gesellschaften herrscht das Gefühlt vor, dass Politik und Religion zu trennen sind. Der Gebrauch von Macht sollte Gesetzen unterliegen und dem Urteil, was gut und was böse ist. Ungleichheit ist grundsätzlich kein wünschenswertes Ziel. Lässt sie sich manchmal nicht vermeiden, so sollte sie mit Hilfe von politischen Mitteln möglichst gering gehalten werden. Das Gesetz muss garantieren, dass jeder, ungeachtet seines Status, die gleichen Rechte hat. Macht, Wohlstand und Status gehören nicht unbedingt zusammen. Es wird sogar begrüßt, wenn dies nicht der Fall ist. Statussymbolen der Mächtigeren begegnet man mit Misstrauen, und die Machtträger können ihren informalen Status besonders dadurch vergrößern, dass sie auf diese Symbole verzichten; ein Beispiel ist der Minister, der mit der Straßenbahn zur Arbeit fährt. Die meisten Länder, die in diese Kategorie gehören, sind verhältnismäßig reich, mit einer ausgeprägten Mittelschicht. Der Mächtige schöpft seine Macht aus seiner formalen Position, seinem Fachwissen und seiner Fähigkeit, andere zu belohnen. Ein Skandal bedeutet normalerweise das Ende der politischen Karriere. Revolutionen sind nicht populär; das System wird schrittweise durch Reformen verändert, was nicht bedeutet, dass die, die an der Spitze stehen, notgedrungen abgesetzt werden. Es wird viel Zeitung gelesen, aber das Vertrauen in die Presse ist nicht groß. Über Politik wird häufig diskutiert; Gewalt in innenpolitischen Angelegenheiten kommt selten vor. Die Regierung ist pluralistisch. Die Parteien oder Koalitionen lösen sich auf der Grundlage von Wahlen in der Regierung ab. Das politische Spektrum in solchen Ländern hat gewöhnlich eine starke Mitte und schwächere Links- und Rechtsflügel. Die Einkommen sind gerechter verteilt. Die Steuergesetze dienen dazu, das Einkommen umzuverteilen, so dass die Einkommensverteilung nach Steuerabzug weniger ungerecht ist als vorher. Die Gewerkschaften sind unabhängig und weniger an Ideologien oder der Politik orientiert, sondern zeichnen sich durch pragmatisches Handeln im Namen ihrer Mitglieder aus.

Der Leser wird nun feststellen, dass einige Elemente der geschilderten Extreme in allen Ländern zu finden sind. So hat zum Beispiel ein Land wie Spanien, das bis 1970 von einer Diktatur regiert wurde, es ganz allmählich zu einer pluralistischen Regierung gebracht. Die Länder der früheren Sowjetunion kämpfen sich durch eine ähnliche Übergangsphase, mit wechselndem Erfolg. Machthaber in Ländern mit langer demokratischer Tradition legen zuweilen ein diktatorisches Verhalten an den Tag, wenn es beispielsweise darum geht, die Veröffentlichung unerwünschter Enthüllungen durch Personen zu verhindern, die in einer Affäre „auspacken" wollen.

Institutionen aus Ländern mit geringer Machtdistanz werden oft von den Ländern mit großer Machtdistanz kopiert, weil die politischen Ideen Grenzen überschreiten können. Politische Führer, die in einem anderen Land studiert haben, können z. B. versuchen, die politischen Systeme auf ihr Land zuzuschneiden. In Ländern mit geringer Machtdistanz sind die Politiker sehr bemüht, im Rahmen von Entwicklungshilfe, ihre Errungenschaften in andere Länder zu exportieren. Jedoch mit Wahlen allein kann man die Politik eines Landes nicht verändern, denn diese ist fest verankert in der mentalen Software großer Teile der Bevölkerung. Ein Land, in dem die Bevölkerung unterernährt und schlecht ausgebildet ist, bringt keine großen Demokraten hervor, und eine Regierung aus einem hoch entwickelten Land würde in einem armen Land nicht funktionieren können. Das Einmischen fremder Regierungen mit dem Ziel, anderen Ländern mehr Demokratie und Respekt vor den Menschenrechten beizubringen, wird von der eigenen Gedankenwelt beeinflusst, und solche Aktionen wirken meist stärker auf die Meinung der eigenen Wählerschaft, als dass sie die Probleme der hilfebedürftigen Länder lösen. In Kapitel 9 kommen wir auf diesen Punkt zurück und auf mögliche Auswege aus diesem Dilemma.

Machtdistanz und Korruption

Korruption ist ein Phänomen, das Auswirkungen hat auf die Funktionsfähigkeit eines Staates und manchmal auch auf diejenige privater Organisationen. Offizielle und inoffizielle Geldzuwendungen gibt es überall auf der Welt und bei vielen Gelegenheiten. Der Begriff „Korruption" ist zum Teil Definitionssache. Von Korruption sprechen wir, wenn Menschen die Macht, die ihnen ihre Stellung bietet, dazu nutzen, sich illegal zu bereichern, oder wenn Bürger sich die Unterstützung behördlicher Stellen für private Zwecke erkaufen. Aber wie bezeichnet man die übertrieben hohen Aufwandsentschädigungen für Generaldirektoren in manchen Firmen, oder die großen Summen, die in einigen Ländern für das Lobbying (Beeinflussung von Abgeordneten) ausgegeben werden? Beide sind durchaus rechtlich zulässig, aber liegen ihnen nicht ähnliche Motive zugrunde? In Japan, China und vielen anderen Kulturen ist das Schenken ein wichtiges Ritual, und die Grenze zwischen Schenken und Bestechen ist fließend. Für jemanden, der die Sache ganz genau nimmt, kann schon ein Trinkgeld eine Form von Bestechung sein.

Seit 1995 veröffentlicht Transparency International, eine nicht-staatliche Organisation mit Sitz in Berlin, Deutschland, jedes Jahr im Internet einen Korruptionswahrnehmungsindex (CPI – Corruption Perception Index) für eine große Anzahl von Ländern; hier laufen Informationen aus bis zu 12 verschiedenen Quellen aus Wirtschaft, Presse und Auslandsdiensten zusammen. Der Index reicht von 10 für ein vollkommen „sauberes" Land bis 1 für ein extrem bestechliches Land. Unsere Analyse der CPI-Punktwerte aus dem Jahr 2002 zeigte, dass diese weltweit in erster Linie vom Wohlstand eines Landes abhängen: für die 67 Länder, von denen uns die erforderlichen Daten vorlagen, war eine Vorhersage von 74 % der Unterschiede bei der Korruptionswahrnehmung möglich, und zwar auf der Basis, wie reich (BNE – Bruttonationaleinkommen pro Kopf, früher bezeichnet als BSP – Bruttosozialprodukt) oder besser gesagt, wie arm das jeweilige Land war; weitere 5 % konnten auf Basis der Machtdistanz (MDI) vorhergesagt werden. Wenn man in armen Verhältnissen lebt, hat die Absicht, sich auf nicht offiziellem Wege Geld zu beschaffen, nicht zwangsläufig etwas mit Geldgier zu tun; es dürfte eher ums Überleben gehen. Beamte, Polizisten und Lehrer werden in armen Ländern häufig so schlecht bezahlt, dass sie ohne Geldzuwendungen ihre Familien nicht ernähren können, und die Gewohnheit, solche zusätzlichen Gelder zu sammeln, durchzieht das ganze System. Zur Armut kommt noch der Einfluss der Machtdistanz hinzu und trägt zum vermehrten Auftreten von Korruption bei, da größere Machtdistanz weniger Kontrolle gegen Machtmissbrauch bedeutet.

Will man Korruption durch das Vorhandensein von Armut erklären, so kann dies nicht auf reiche Länder zutreffen. Bei der Erklärung von Unterschieden bei der Korruptionswahrnehmung von Ländern mit größerem Wohlstand spielte das BNE pro Kopf keine Rolle, dafür aber Machtdistanz umso mehr. Die stärksten Korrelationen gab es bei den selbst vergebenen MDI-Werten von Ländereliten, die von Michael Hoppe, einem deutsch-amerikanischen Forscher im Jahre 1984 untersucht worden waren. Hoppe sammelte, ähnlich wie bei der IBM-Studie, Punktwerte von Parlamentariern, Regierungsmitgliedern, Gewerkschaftsführern und Vorstände von Arbeitgeberverbänden, Akademikern und Künstlern in 18 Industrieländern (siehe Kap. 1, Tabelle 1.1). 76% der Unterschiede bei der Korruptionswahrnehmung aus dem Jahr 2002 konnten anhand der Machtdistanzindizes der Eliten dieser Länder aus dem Jahre 1984 vorhergesagt werden. Die Eliten hatten ihre eigenen Werthaltungen beschrieben; am CPI dagegen konnte man ablesen, wie die Werthaltungen des jeweiligen Landes von anderen wahrgenommen wurden. So war es anhand dieser auf Macht bezogenen Werthaltungen der Eliten aus dem Jahre 1984 also 18 Jahre später möglich, die im jeweiligen Land wahrgenommene Korruption mit erstaunlicher Genauigkeit vorauszusagen.

Wo es Bestechung gibt, muss es natürlich auch solche geben, die bestechen. Dies sind manchmal internationale Handelspartner. Neben dem Korruptionswahrnehmungsindex veröffentlicht Transparency International in regelmäßigen Abständen noch einen Korruptionsindex exportierender Länder (CIEC – Corruption Index of Exporting Countries). Auch die Punktwerte dieses

geringe Machtdistanz	große Machtdistanz
• Der Einsatz von Macht muss legitimiert sein und soll den Kriterien von gut und böse folgen.	• Macht geht vor Recht; wer die Macht hat, ist legitimiert dazu und ist gut.
• Fähigkeiten, Wohlstand und Macht gehören nicht unbedingt zusammen.	• Fähigkeiten, Wohlstand und Macht lassen sich nicht voneinander trennen.
• Meist reichere Länder mit einer breiten Mittelschicht.	• Meist ärmere Länder mit einer kleinen Mittelschicht.
• Alle haben die gleichen Rechte.	• Die Mächtigen sollen Privilegien genießen.
• Macht beruht auf der Position, dem Fachwissen und der Gabe, andere zu belohnen.	• Macht stützt sich auf Tradition oder Familie, Charisma und den Einsatz eines Machtpotentials.
• Ein politisches System lässt sich dadurch ändern, dass man die Regeln ändert (Evolution).	• Ein politisches System kann man dadurch ändern, dass die Köpfe an der Spitze ausgewechselt werden (Revolution).
• Innenpolitisch mehr Dialog, weniger Gewalt.	• Innenpolitisch weniger Dialog, mehr Gewalt.
• Regierung pluralistisch, Mehrheitswahlsystem.	• Regierung autokratisch oder oligarchisch. Man wird in die Regierung berufen.
• Ausgeprägte Parteienlandschaft. Parteien der Mitte sind stark, extreme Links- und Rechtsparteien schwach.	• Wird ein Parteienspektrum geduldet, so hat es ein schwaches Zentrum und starke Links- und Rechtsparteien.
• Geringe Unterschiede im Einkommen, die durch die Steuergesetzgebung begünstigt werden.	• Große Unterschiede im Einkommen, die durch die Steuergesetzgebung noch vergrößert werden.
• Weniger wahrgenommene Korruption; ein Skandal beendet die politische Karriere.	• Mehr wahrgenommene Korruption; Skandale werden gewöhnlich vertuscht.

Tab. 2.5: Hauptunterschiede zwischen Gesellschaften mit geringer und großer Machtdistanz – III: Der Staat

Indexes wiesen im Jahre 2002 in 21 Ländern signifikante Korrelationen mit dem MDI auf. Fünfundvierzig Prozent der im CIEC dargestellten Unterschiede konnten anhand der in Tabelle 2.1 angegebenen MDI-Werte der Exportländer vorhergesagt werden. In Exportländern mit einer Kultur, in der größere Machtdistanz vorherrscht, ist die Wahrscheinlichkeit von Schmiergeldern, die an Kunden im Ausland gezahlt werden, größer als in Exportländern mit geringerer Machtdistanz im Land.[21]

Lord Acton, einem britischen Politiker und späteren Professor in Cambridge aus dem 19. Jahrhundert, verdanken wir folgenden Aphorismus: „Macht macht korrupt, und absolute Macht macht absolut korrupt."

In Tabelle 2.5 werden die wesentlichen Unterschiede zwischen Gesellschaften mit geringer und großer Machtdistanz, so wie in den letzten beiden Abschnitten beschrieben, zusammengefasst; nimmt man Tabelle 2.3 und 2.4 hinzu, so erhält man einen Überblick darüber, was das Wesentliche an den Machtdistanzunterschieden ist und wie sie sich auf die in diesem Kapitel beschriebenen Lebensbereiche auswirken.

Machtdistanz und Gedankenwelt

Eltern, Lehrer, Vorgesetzte und Herrscher sind alle Kinder ihrer eigenen Kultur; in einer gewissen Art und Weise sind sie Gefolgsleute von ihren Gefolgsleuten. Um ihr Verhalten zu verstehen, muss man auch die mentale Software ihrer Kinder, Schüler, Mitarbeiter und Untergebenen verstehen. Aber nicht nur die Macher der Gegenwart sind Kinder der jeweiligen Kultur, auch die Denker sind es. Die Verfasser von Büchern über Management und die Begründer politischer Ideologien bringen ihre Gedanken auf dem Hintergrund dessen hervor, was sie von Kind an gelernt und erfahren haben. Die aufgezeigten Unterschiede unter den Ländern im Zusammenhang mit der Dimension Machtdistanz erklären nicht nur die Unterschiede im Denken, Fühlen und Verhalten von denen, die führen und von denen, die geführt werden. Auch die Unterschiede in den Theorien, die in diesen Ländern entwickelt oder übernommen wurden, um Denken, Fühlen und Verhalten zu erklären oder vorzuschreiben, können besser eingeschätzt werden.

In der Geschichte haben sich Philosophen und Begründer von Religionen schon ausgiebig mit Macht und Ungleichheit beschäftigt. Bereits im Jahre 500 v. Chr. hat in China Kong Ze, der zwei Jahrtausende später von jesuitischen Missionaren in lateinisch Konfuzius (vom älteren Namen Kong Fu Ze) umbenannt werden sollte, die Behauptung aufgestellt, dass die Stabilität einer Gesellschaft auf ungleichen Beziehungen der Menschen untereinander beruht: Er spricht von wu lun, den fünf fundamentalen Beziehungen. Herrscher-Untergebener, Vater-Sohn, älterer Bruder-jüngerer Bruder, Ehemann-Ehefrau, älterer Freund-jüngerer Freund. In diesen Beziehungen gibt es für beide Partner gegenseitig ergänzende Verpflichtungen. Der Jüngere schuldet dem Älteren Respekt und Gehorsam, der Ältere dem Jüngeren Schutz und Aufmerksamkeit. Für die Chinesen gilt noch heute die Lehre von Konfuzius als Richtschnur für das eigene Verhalten. In der Volksrepublik China von Mao Tsetung wurde der Konfuzianismus zunächst unterdrückt, doch im Laufe der Zeit näherte sich Mao immer mehr dem Konfuzianismus an.[22] Die Länder in der IBM-Studie, deren Bevölkerung in der Mehrheit Chinesen sind oder Länder, die von China zeitweise kulturell beeinflusst wurden, sind China, Singapur, Hongkong, Südkorea, Taiwan und Japan (in der Reihenfolge von Tabelle 2.1). Ihre Positionen in der Machtindexskala sind in der oberen Mitte und in der Mitte zu finden. Die Menschen in diesen Ländern akzeptieren Ungleichheit und schätzen sie sogar, finden aber, dass der Einsatz von Macht durch ein Gespür für Verpflichtungen gemäßigt werden muss.

Im antiken Griechenland stellte Plato ungefähr um die Zeit 350 v. Chr. ein grundsätzliches Bedürfnis nach Gleichheit unter den Menschen fest. Gleichzeitig verteidigte er eine Gesellschaft, in der eine Elite als „Wächter" an der Spitze steht. Diesen Gegensatz versuchte er dadurch zu erklären, dass der Begriff Gleichheit zwei Bedeutungen hat, und zwar eine quantitative und eine qualitative. Dies erinnert an das berühmte Zitat aus *Animal Farm* von George Orwell: „Alle Tiere sind gleich, aber einige sind gleicher als andere." Das heutige Griechenland hat in Tabelle 2.1

eine mittlere Position auf der Machtdistanzskala (Position 41/42, Punktwert 60).

Das neue Testament der christlichen Religion, das in den ersten Jahrhunderten nach Christi Geburt verfasst wurde, predigt Armut als eine Tugend.[23] Das Streben nach dieser Tugend führt zu Gleichheit in der Gesellschaft, doch die Ausübung dieser Tugend war immer schon Ordensleuten vorbehalten. Weder bei christlichen Staatsmännern oder Konzernchefs noch bei den Kirchenfürsten selber war diese Tugend populär. Die römisch-katholische Kirche hat die hierarchische Ordnung des römischen Reiches beibehalten; das gleiche gilt auch für die orthodoxen Kirchen des Ostens. Protestantische Konfessionsrichtungen neigen dazu, weniger hierarchisch zu sein. Punktwerte für Machtdistanz in Ländern, die schon eine längere protestantische Tradition haben, sind daher eher niedriger als die in katholischen oder orthodoxen Ländern.

Niccolò Machiavelli aus Italien (1469–1527) ist wohl einer der berühmtesten Autoritäten in der Welt der Literatur über politische Machttheorien. Er unterscheidet zwei Modelle: das des Fuchses und das des Löwen. Ein umsichtiger Herrscher sollte sich beider bedienen, aber zur rechten Zeit. Die Schläue des Fuchses wird alle Fallen aufspüren, und die Stärke des Löwen wird die Wölfe vertreiben.[24] Überträgt man Machiavellis Gedanken auf die länderspezifischen Unterschiede der Machtdistanz, so kann man auf die Länder mit geringer Machtdistanz das Modell Fuchs und auf die Länder mit großer Machtdistanz das Modell Löwe übertragen. Das Italien des 20. Jahrhunderts hat Position 51 (Punktwert 50) und liegt somit im mittleren Bereich unserer Machtdistanzskala. Bei differenziertem Betrachten wird man feststellen, dass Norditalien eher mit dem Fuchs, Süditalien mehr mit dem Löwen verglichen werden kann. Welches Tier der Herrscher spielt, hängt davon ab, welches Tier seine Gefolgsleute sind. Das hat Machiavelli zwar nicht geschrieben, aber es liegt nahe, wenn man das politische System mit der mentalen Software des Bürgers assoziiert.

Karl Marx (1818–1883) beschäftigte sich auch mit Macht, aber er wollte sie den Machtlosen geben. Er hat sich nie mit der Frage auseinandergesetzt, ob die Revolution, die er predigte, nicht eine neue machtlose Klasse schaffen würde. Er ging davon aus, dass die Ausübung von Macht von Personen auf ein System übertragen werden kann. Eine Philosophie, die zu einem Land mit geringer Machtdistanz passt, wozu Marx' Mutterland, Deutschland, heute zählt. Man kann von einer Tragödie für die moderne Welt sprechen, dass Marx' Ideen nur in Ländern mit großer Machtdistanz Einlass gefunden haben, in denen der Gedanke, dass, wie bereits weiter vorn schon dargelegt, Macht mit dem Gesetz einhergehen soll, vollkommen fremd ist. Dadurch konnten sich in diesen Ländern politische Systeme entwickeln und unter Berufung auf Marx' geerbtes Gedankengut überleben, auch wenn Marx sich dabei im Grabe umgedreht hätte. In seiner These von der „Diktatur des Proletariats" haben sich die Herrschenden immer auf den Begriff „Diktatur" berufen, aber das „Proletariat" geriet in Vergessenheit. Die These ist in der Tat sehr naiv: angesichts dessen, was wir über die Neigung des Menschen hin zu Ungleichheit wissen, ist eine „Diktatur des Proletariats" ein logischer Widerspruch.

Der Export von Ideen in andere Länder ohne Rücksicht auf den Werte-Zusammenhang, in dem diese Ideen entstanden – und die Übernahme dieser Ideen durch gutgläubige Menschen in diesen anderen Ländern – findet nicht nur in der Politik statt, sondern kann auch auf den Gebieten Erziehung und besonders Management und Organisation beobachtet werden. Der wirtschaftliche Aufschwung in den USA vor und nach dem zweiten Weltkrieg ließ Menschen in anderen Ländern glauben, dass die amerikanischen Theorien über Management die besten seien und deshalb übernommen werden müssten. Man ließ dabei die Art der Gesellschaft außer Acht, in der diese überhaupt entstehen konnten – wenn sie wirklich angewandt worden sind, wie in Büchern behauptet wird. Seit den späten 60er Jahren stellt man das gleiche bei den japanischen Theorien fest.

Die USA nehmen eine niedrige, aber nicht extrem niedrige Position auf der Machtdistanzskala ein (Position 57/59 von 74). In den amerikanischen Theorien über „Führung" geht man von einem mittleren Abhängigkeitsbedürfnis des Mitarbeiters aus. Die zentrale Idee ist die eines demokratischen Führungsstils, d.h. die Mitarbeiter werden bei Entscheidungen von ihren Vorgesetzten mit einbezogen, und zwar nach Ermessen und auf Initiative des Vorgesetzten. Vergleicht man die amerikanischen Theorien über „Führung" mit einigen demokratischen Experimenten, wie sie in Ländern wie Schweden oder Dänemark (untere Positionen bei MDI) durchgeführt wurden, stellt man fest, dass es in den skandinavischen Ländern oft die Mitarbeiter sind, die die Initiative ergreifen. Amerikanische Führungskräfte können schlecht damit umgehen, weil dadurch in ihren Augen ihre „Vorrechte" angetastet werden. Diese „Vorrechte" gelten in Skandinavien jedoch nicht als unantastbar. Auf der anderen Seite ist es auch sehr unwahrscheinlich, dass die amerikanischen Theorien eines „demokratischen" Führungsstils in Ländern mit größerer Machtdistanz funktionieren. In einer Studie wird von einem griechischen Mitarbeiter berichtet, der sehr irritiert war, als sein amerikanische Vorgesetzter ihn fragte, wie lange er für seine Arbeit brauche. „Er ist der Boss. Warum sagt er es mir nicht?"[25]

Ursprünge von Machtdistanzunterschieden

Europäische Länder, in denen die Muttersprache eine romanische Sprache ist (französisch, italienisch, portugiesisch, rumänisch, spanisch), haben mittlere bis hohe Positionen in der Machtdistanzskala von Tabelle 2.1 (Italien Position 50, Rumänien Position 90). Europäische Länder, in denen die Muttersprache eine germanische Sprache ist (dänisch, deutsch, englisch, holländisch, norwegisch, schwedisch) stehen auf den unteren Positionen (Position 11 für Österreich bis Position 40 für Luxemburg). Hinsichtlich der Machtdistanz besteht offensichtlich ein Zusammenhang zwischen dem Verbreitungsgebiet der Sprache und heutiger mentaler Software. Die Tatsache, dass ein Land einem bestimmten Verbreitungsgebiet einer Sprache zuzuordnen ist, ist historisch begründet: Alle romanischen Sprachen sind aus dem Vulgärlatein entstanden und haben sich in den Ländern verbreitet, die einst zum Römischen Reich gehörten oder, wie im Fall von Lateinamerika, in Ländern, die von Spanien und Portugal aus erobert wurden, also von Ländern, die auch einmal Teil des Römischen Reiches waren. Germanische Sprachen werden in den Ländern gesprochen, die auch zu Zeiten der Römer „barbarisch" geblieben sind, oder in den Gebieten, die zeitweise unter römischer Herrschaft standen, aber dann von barbarischen Völkern zurückerobert wurden (wie z. B. England), oder in früheren Kolonien dieser Länder. Man kann also sagen, dass einige Wurzeln der mentalen Software, wie z. B. hier Machtdistanz, zumindest auf die Zeit der Römer zurückgehen, und das war vor zweitausend Jahren. Im Falle des chinesischen Kulturerbes (Konfuzius) muss man von mindestens viertausend Jahren sprechen. Diese Länder haben mittlere bis hohe Positionen auf der Machtdistanzskala.

Niemand von uns ist dabei gewesen, als die kulturellen Denk- und Verhaltensmuster anfingen, sich in verschiedene Richtungen zu entwickeln. Sucht man dafür Ursachen, so sind das bloße Vermutungen auf der Grundlage von historischen und prähistorischen Quellen. Sowohl das römische wie auch das chinesische Volk wurden von einer Zentralgewalt regiert, was unterstellt, dass die Bevölkerung bereitwillig Befehle von dieser Zentrale entgegennahm. Die Gebiete in Europa mit einer germanischen Sprache waren unterteilt in kleine Stammesgebiete, an deren Spitze ein Landesfürst stand. Das Volk war es nicht gewohnt, von einer anderen Stelle Anweisungen entgegenzunehmen. Die Vermutung liegt sehr nahe, dass Menschen, die auf eine eigenstaatliche Erfahrung zurückblicken können, viel eher in ihren mentalen Programmen übereinstimmen, was wiederum notwendig für das Überleben ihres politischen und sozialen Systems war.

Es bleibt die Frage, weshalb diese frühen Staatsformen mit eigenstaatlicher Erfahrung voneinander abweichen. Eine Möglichkeit, die vermuteten Gründe zu untermauern, besteht darin, nach quantitativen Daten über Länder zu suchen, die mit den Machtdistanzwerten in Korrelation stehen könnten. Es standen eine Reihe derartiger quantitativer Variablen zur Verfügung. Mit Hilfe der statistischen Methode *Stepwise Multiple Regression* (schrittweise multiple Regression) war es möglich, aus diesen Variablen diejenigen auszuwählen, die anschließend am stärksten zur Erklärung der Unterschiede bei den Machtdistanzwerten in Tabelle 2.1 beitrugen. Ergebnis davon war, dass sich der MDI-Wert eines Landes recht genau voraussagen ließ aus:

(1) Der geographischen Breite des Landes (größere Breite in Verbindung mit niedrigerem MDI)

(2) Der Größe seiner Bevölkerung (größere Bevölkerung in Verbindung mit höherem MDI, und

(3) Dem Wohlstand des Landes (reichere Länder in Verbindung mit niedrigerem MDI) [26]

Durch die geographische Breite (d. h. die Entfernung der Hauptstadt eines Landes vom Äquator) allein lassen sich 43 % der Unterschiede (Abweichung) bei den Machtdistanzindexwerten voraussagen (von den 50 Ländern aus der ursprünglichen IBM-Studie). Durch geographische Breite und Bevölkerungsgröße zusammen werden 51 % der Abweichung vorausgesagt, und durch geographische Breite, Bevölkerungsgröße und nationalen Wohlstand (Bruttosozialprodukt/Kopf von 1970, dem mittleren Jahr des Umfragezeitraums) 58 %. Auch wenn man nur diese drei festen bzw. relativ festen Größen als Information über die Länder zur Verfügung hätte, wäre man in der Lage, eine Liste mit MDI-Werten zu erstellen, die den Werten in Tabelle 2.1 schon sehr nahe käme. Die vorhergesagten Werte weichen im Durchschnitt um 11 Punkte von den Werten ab, die in den IBM-Studien ermittelt wurden. Die am wenigsten zutreffende Übereinstimmung gibt es für Israel, wo der vorhergesagte Wert bei 47 liegt und der ermittelte bei 13, ein Unterschied von immerhin 34 Punkten.

Die geographische Breite ist ein außerordentlich interessanter Maßstab im Zusammenhang mit Machtdistanz. Er gibt Aufschluss über das Klima des Landes. Ist der Breitengrad klein, so ist das Klima tropisch, beim mittleren Breitengrad ist das Klima subtropisch bis gemäßigt und bei hohen Breitengraden ist es entsprechend kalt. Seit Jahrhunderten schon sahen Philosophen und die Volksweisheit im Klima die Erklärung für die unterschiedlichen Charaktere der Bewohner des jeweiligen Landes. In warmen Gefilden werden die Menschen träge. In kalten dagegen werden sie sehr rege. Solche Vermutungen sind schwer zu beweisen, und es ist einfach, Beispiele anzuführen, die nicht zutreffen. Ein Beispiel ist Singapur. Dort sind die Leute sehr fleißig, das Land befindet sich in unmittelbarer Nähe des Äquators. Trotzdem kann man sagen, dass ein Zusammenhang zwischen MDI und Klima auf jeden Fall besteht und statistisch von großer Bedeutung ist. Für den Leser, der keine Erfahrung in der Wahrscheinlichkeitsrechnung hat, sei gesagt, dass der festgestellte Zusammenhang nicht bedeutet, dass die geographische Breite die Machtdistanz *bestimmt*, aber dass ein größerer Breitengrad, neben anderen Faktoren, zu einer geringeren Machtdistanz eines Landes *beiträgt*.

Statistische Zusammenhänge geben keinen Aufschluss über die Richtung der Kausalität: sie sagen nichts über Ursache und Wirkung aus, oder darüber, ob die in Beziehung zueinander stehenden Elemente eventuell Auswirkungen einer gemeinsamen dritten Ursache darstellen. Aber im einzigartigen Fall der geographischen Lage eines Landes kann man darin eigentlich nur die Ursache sehen – oder sogar eine Hauptursache, es sei denn, man nähme an, die Menschen seien in prähistorischen Zeiten in Klimagebiete abgewandert, die ihren Vorstellungen von Machtdistanz besser entsprachen, was jedoch recht weit hergeholt ist.

Die Logik, die dahinter steckt und die von mehreren Studien[27] bestätigt wird, könnte etwa folgendermaßen lauten: Zunächst einmal haben alle betroffenen Länder eine sesshafte Landwirtschaft sowie städtische Industrie entwickelt. Ausgenommen sind hier die primitiveren Jäger-Sammler Kulturen, auf die diese logische Folgerung nicht zutrifft. In kleinen Breiten findet die Agrargesellschaft eine Natur vor, in der es alles im Überfluss gibt. Um in diesen Klimazonen überleben und sich vermehren zu können, muss der Mensch nur verhältnismäßig wenig in die Natur eingreifen: alles ist im Wachsen begriffen. Die größte Bedrohung für eine solche Gesellschaft kommt von außen, wenn auswärtige Interessen Ansprüche auf Territorien oder Bodenschätze erheben. Die beste Überlebenschance hat das Land dann, wenn es eine starke hierarchische Ordnung und eine Zentralgewalt hat, die für Ordnung und Gleichgewicht sorgt.

In höheren Breiten, d. h. in Gebieten mit gemäßigtem und kaltem Klima, finden wir eine weniger üppige Natur vor. Der Mensch muss mehr in die Natur eingreifen, um seine Existenz zu sichern.

Diese Ausgangsbedingungen fördern die Ansiedlung von Industrien neben der Landwirtschaft. Die Natur ist der Hauptfeind, den man besiegen muss. Eine Gesellschaft, in der die Menschen gelernt haben, für sich selbst zu sorgen und sich möglichst unabhängig von den Menschen an der Macht zu machen, hat bessere Überlebenschancen unter diesen Bedingungen als eine Gesellschaft, in der die Kinder zum Gehorsam erzogen werden.

Die Bevölkerungsgröße, der zweite Faktor, der bei der Machtdistanz eine Rolle spielt, fördert die Abhängigkeit von einer Autorität, da den Menschen in bevölkerungsreichen Ländern nichts anderes übrig bleibt, als eine politische Macht zu akzeptieren, die weiter von ihnen entfernt und so gut wie nicht erreichbar ist. Man kann nun auch den umgekehrten Schluss ziehen, dass Menschen, die sehr auf Ihre Unabhängigkeit bedacht sind, hart kämpfen, um nicht von einem größeren Staat geschluckt zu werden.

Der dritte Faktor, der materielle Wohlstand eines Landes, steht für eine Fülle von anderen Faktoren, von denen jeder einzelne sowohl Ursache als auch Wirkung für eine geringere Machtdistanz sein kann. Es handelt sich hierbei um Phänomene, bei denen man nur schwer feststellen kann, was Ursache und was Wirkung ist. Es verhält sich hier so ähnlich wie bei der Frage von der Henne und dem Ei: Was war zuerst da? Faktoren im Zusammenhang mit nationalem Wohlstand *und* weniger Abhängigkeit von den Mächtigen sind:

(1) Landwirtschaft weniger traditionell,
(2) Vorhandensein von moderner Technologie,
(3) Bevölkerung lebt mehr in den Städten,
(4) soziale Mobilität vorhanden,
(5) besseres Bildungssystem,
(6) breitere Mittelschicht

In den ehemaligen Kolonien ist die Machtdistanz größer als in den Ländern, die Kolonien besaßen. Die Tatsache, ob ein Land während der letzten zweihundert Jahre Kolonie war oder selbst Kolonien hatte, hat Auswirkungen darauf, wie der Wohlstand dieses Landes ist. Anhand des Datenmaterials ist es nicht möglich, eine direkte kausale Verbindung zwischen den drei Faktoren Armut, Kolonialisierung und Machtdistanzunterschied zu ziehen. Vermutungen bezüglich Ursachen hängen immer davon ab, was man beweisen will.

Die Zukunft von Machtdistanzunterschieden

Bisher hat sich an dem geschilderten Bild von den Unterschieden bei Machtdistanz in den verschiedenen Ländern nicht viel bewegt. Im vorhergehenden Abschnitt wurde behauptet, dass einige der Unterschiede ihre Wurzeln in einer über 4.000-jährigen Geschichte haben. Soviel zur Vergangenheit – doch was ist mit der Zukunft? Wir leben in einer Zeit, in der die internationale Kommunikation in bisher nie gekannter Weise zunimmt. Führt dies vielleicht dazu, dass die Unterschiede immer mehr verschwinden und wir uns so immer ähnlicher werden? Wird dies dann eine Welt mit großer oder geringer Machtdistanz sein, oder wird sie sich irgendwo in der Mitte einpendeln?

Man hat zumindest den Eindruck, dass die Abhängigkeit von der Macht anderer in einem großen Teil der Welt über die letzten Generationen hinweg kleiner geworden ist. Viele von uns fühlen sich heute weniger abhängig als dies bei unseren Eltern und Großeltern der Fall gewesen sein muss. Unabhängigkeit ist ein politisches Modethema. Freiheitsdrang und Emanzipation nehmen immer mehr zu. Die Bildungsmöglichkeiten sind in vielen Ländern verbessert worden. Wir haben gesehen, dass mit steigendem Bildungsniveau die Machtdistanz in einem Land kleiner wird. Das heißt aber nicht, dass die in diesem Kapitel beschriebenen *Unterschiede* der Länder untereinander sich automatisch geändert haben. Machtdistanz kann in jedem Land kleiner werden, ohne dass dies notgedrungen Verschiebungen in der Reihenfolge auf der Machtdistanzskala von Tabelle 2.1 zur Folge hätte.

Das IBM-Forschungsprojekt ermöglichte einen Vergleich zwischen dort ermittelten Daten von 1968 und 1972.[28] In diesen vier Jahren verstärkte sich der *Wunsch nach Unabhängigkeit* der IBM-Angestellten weltweit, zweifelsohne bedingt durch den Einfluss des internationalen Gedankenaustauschs. Diesem Wunsch wurde allerdings nur entsprochen durch eine Verschiebung in

93

Richtung mehr Gleichheit bei der Verteilung von *wahrgenomme-
ner* Macht in Ländern, in denen die Machtdistanz ohnehin schon
gering war. Länder am anderen Ende der Skala entfernten sich
sogar noch weiter von der Mitte.

In der European und der World Values Survey (europäische
und weltweite Untersuchungen zu Wertesystemen), die auf repräsentativen Stichproben aus nationalen Populationen basierten, suchten wir nach möglichen Fragen im Zusammenhang mit
Machtdistanz, die bei Befragungen in den Jahren 1980, 1990 und
im Jahre 2000 gestellt worden waren. Wir stießen auf eine Reihe zusammenhängender Fragen über „Eigenschaften, zu deren
Aneignung man Kinder im Elternhaus anhalten kann", die bei
allen drei Befragungen in zehn fortschrittlichen europäischen
Ländern zum Einsatz gekommen waren. Auf Grundlage der ak-
tuellsten Erhebungen aus dem Jahr 2000 ergab sich eine Korrelation von vier dieser „Eigenschaften" mit Machtdistanz: Menschen aus Ländern mit höheren Werten für Machtdistanz trafen
unter den angegeben Eigenschaften, die sie ihren Kindern mit-
geben wollten, häufiger die Wahl „Fleiß" und „Sparsamkeit" und
weniger „Unabhängigkeit" und „Fantasie" als Menschen aus Ländern mit niedrigeren Werten für diese Dimension. Über den gesamten Zeitraum gesehen, also von 1980 bis 2000, ging in allen
Ländern die Bedeutung von Fleiß und Sparsamkeit zurück, wohingegen Fantasie an Bedeutung gewann. Die Bedeutung von
Unabhängigkeit blieb gleich. Drei dieser vier Eigenschaften hatten also ihre Bedeutung im Hinblick auf geringere Machtdistanz
verändert, was auf eine leichte Verringerung der Machtdistanz
insgesamt schließen lässt.[29]

Wir können nun versuchen, langfristige Veränderungen bei
Machtdistanz vorhersagen zu wollen, indem wir uns die zugrunde
liegenden Faktoren, die im vorhergehenden Abschnitt beschrieben wurden, einmal genauer ansehen. Von den genannten Faktoren, die sehr eng mit Machtdistanz in Zusammenhang stehen
(Breitengrad, Größe und Wohlstand) ist der erste unveränderlich,
also eine feste Größe. Zum zweiten Faktor, Größe der Bevölkerung, könnte man sagen, dass in einer Welt, die immer näher zu-
sammenrückt, kleine und sogar größere Länder immer weniger

in der Lage sein werden, Entscheidungen maßgeschneidert für ihr Land treffen zu können, und dass alle in steigendem Maße von Entscheidungen abhängig werden, die auf internationaler Ebene getroffen werden. Dies würde dazu führen, dass Machtdistanz weltweit gesehen *zunimmt.*

Der dritte Faktor, der materielle Wohlstand, wird in einigen Ländern größer werden, in anderen dagegen nicht. Dort wo der Wohlstand zunimmt, nimmt die Machtdistanz möglicherweise ab, aber nur dort, wo und nur dann, wenn die gesamte Bevölkerung davon profitiert. In der letzten Dekade des 20. Jahrhunderts ist die Ungleichheit bei der Einkommensverteilung in einigen reichen Ländern mit den USA an der Spitze noch größer geworden: vom Wohlstandswachstum haben nur diejenigen unverhältnismäßig viel profitiert, die ohnehin schon sehr reich waren. Damit erzielt man den gegenteiligen Effekt: die Ungleichheit in der Gesellschaft wird noch größer, nicht nur im wirtschaftlichen sondern auch im rechtlichen Sinn, da die Superreichen Einfluss auf die Gesetzgeber nehmen können und in der Lage sind, Anwälte zu bezahlen, deren Gehälter die der Richter um ein Vielfaches übersteigen. Daher wird durch diese Art des Wohlstandswachstums auch die Machtdistanz *größer.* In Ländern, in denen die wirtschaftliche Entwicklung stagniert oder gänzlich zum Erliegen kommt, was oft in armen Ländern der Fall ist, ist weder mit einer Verringerung noch mit einem weiteren Anwachsen von Machtdistanz zu rechnen.

Niemand hat, soweit wir wissen, bisher einen Nachweis für eine Konvergenz der Länder hinsichtlich geringerer Machtdistanzunterschiede führen können. Wir sind der Überzeugung, dass die im Rahmen dieses Kapitels aufgezeigten nationalen *Unterschiede* zu Machtdistanz, die eine tiefe Verwurzelung in der Geschichte haben, sehr wahrscheinlich noch sehr lange bestehen werden, zumindest noch einige Hundert Jahre. Von einer weltweiten Annäherung der Gedanken- und Verhaltensmuster im Zusammenhang mit Macht und Abhängigkeit, Unabhängigkeit und Interdependenz unter dem Einfluss eines kulturellen Zusammenschmelzens sind wir noch weit entfernt, wenn sie denn überhaupt jemals stattfinden sollte.

Im Dezember 1988 erschien folgende Kurzmeldung in der Zeitung:

> Stockholm, 23. Dezember: Dem schwedischen König Karl Gustav ist diese Woche beim Besorgen von Weihnachtsgeschenken für seine Kinder Folgendes passiert: Er musste längere Zeit an der Kasse warten, weil er mit Scheck bezahlen wollte, aber seine Scheckkarte nicht vorlegen konnte. Der Verkäufer an der Kasse weigerte sich, den Scheck ohne Ausweiskarte anzunehmen. Erst als ein paar Leute ringsherum ihr Portemonnaie zückten und nach einer Ein-Kronen-Münze suchten, auf der der Kopf des Königs abgebildet ist, akzeptierte der Verkäufer dies schließlich als Ausweis-Ersatz; trotzdem prüfte er aber vorher den Scheck genau auf dessen Echtheit und auf vollständige Angabe von Namen und Adresse des Ausstellers. [30]

Dieser Nachfahre der Familie Bernadotte (der in direkter Linie von dem französischen General abstammt) stieß auch jetzt noch auf den gleichen Maßstab für Gleichheit wie damals sein Vorfahre. Wie viel Zeit muss noch vergehen, bis die Bürger der Vereinigten Staaten, Russlands oder Zimbabwes ihre Präsidenten auf die gleiche Weise behandeln? Oder bis die Schweden beginnen, ihren König so zu verehren, wie es die Thailänder tun?

Anmerkungen

1 Mulder (1976, 1977).

2 Die Matrix, auf der die Faktoranalyse durchgeführt wurde, bestand aus 32 Fragen (Merkmale) und 40 Ländern (Fälle). Handbücher zur Faktoranalyse raten davon ab, für eine Matrix mit nur wenigen Fällen dieses Verfahren zu wählen, da die Faktoren instabil werden: ein einziger abweichender Fall kann sie zu stark beeinflussen. Diese Einschränkung gilt allerdings nicht für *ökologische* Faktoranalysen, bei denen der Punktwert für jeden Fall der Mittelwert einer großen Anzahl von einander unabhängigen Beobachtungen ist. Hier wird die Stabilität der Faktorenstruktur durch die Anzahl von Individuen bestimmt, deren Antworten in die Mittelwerte eingingen. Ökologische Faktoranalysen führen daher zu stabilen Ergebnissen, selbst wenn die Anzahl der Fälle geringer ist als die Anzahl der Merkmale.

3 Statistisch ausgedrückt: Punkte mit hoher Faktorbewertung.

4 Weitere Einzelheiten siehe *Culture's Consequences*, 2001, S. 501–502, und Kolman, Noorderhaven Hofstede & Dienes, 2003.

5 Pierre Bourdieu (siehe Kapitel 1, Anmerkung 3) sieht dies als eins der Hauptcharakteristika für einen *Habitus* an. Es steht für Notwendigkeit,

aus der eine Tugend geworden ist (*nécessité faite vertu*). Siehe Bourdieu, 1980, S. 90.

6 Sadler und Hofstede, 1976

7 Die Korrelationskoeffizienten bezüglich Machtdistanz , die für die in Tabelle 2.1 aufgelisteten Populationen gemessen wurden, betrugen 0,67 für die Eliten (0,80 auf Basis der mit den aktuelleren VSM-Formularen durchgeführten Untersuchungen), 0,59 für die Angestellten aus sechs anderen Organisationen, 0,76 für die Piloten von Fluggesellschaften, 0,71 für die Leiter städtischer Organisationen, 0,59 für die Bankangestellten. Bei allen genannten Gruppen ist die Signifikanzstufe 0,01 oder besser.

8 Die Korrelationen zwischen den verschiedenen Wiederholungsstudien waren schwächer als die Korrelationen jeder einzelnen der Wiederholungsstudien mit der ursprünglichen IBM-Reihe (z. B. in van Nimwegen, 2002, S. 153).

9 De Mooij, 2004

10 *Chinese Culture Connection*, 1987. In den 20 Ländern, die man für beide Studien herangezogen hatte, betrug der Korrelationskoeffizient der moralischen Disziplin mit Machtdistanz 0,55 und mit Individualismus -0,54; bei beiden ist die Signifikanzstufe 0,01.

11 Der Begriff „Arbeiterklasse" ist natürlich veraltet. Wenn überhaupt, so bezeichnet er in vielen Ländern eher Menschen, die *keine* Arbeit haben, als die Mittelschicht.

12 *Culture's Consequences*, 2001, S. 89.

13 Die Stichproben von IBM-Beschäftigten, auf deren Basis der länderübergreifende Vergleich erstellt wurde, umfassten alle Kategorien von Tabelle 2.1, ausgenommen die ungelernten Arbeiter. Der mittlere Punktwert der länderübergreifenden Stichproben für Großbritannien, Frankreich und Deutschland betrug 46.

14 Kohn, 1969.

15 Ein klassischer Film ist *Four Families*, hergestellt von National Film Board of Canada, im Jahre 1959. Er wurde unter fachmännischer Anleitung der Anthropologin Margaret Mead gedreht und schildert die familiären Beziehungen zwischen Eltern und Kleinkindern in mehr oder weniger vergleichbaren Bauernfamilien in Indien, Frankreich, Japan und Kanada. Zuschauer, denen wir den Film zeigten, waren ohne vorherige Information über die MDI-Punktwerte in der Lage, allein aufgrund der im Film dargestellten Eltern-Kind-Beziehungen die vier Länder nach der Dimension Machtdistanz richtig einzuordnen.

16 Bei *transkultureller Psychiatrie* handelt es sich um ein spezielles Fachgebiet der Psychiatrie für Fachleute, die sich mit der geistigen und seelischen Gesundheit von Einwanderern beschäftigen.

17 D'Iribarne, 1989, S. 77, Übersetzung: Geert Hofstede

18 Unter „Management by Objectives" versteht man ein System von in regel-

mäßigen Abständen stattfindenden Besprechungen zwischen Vorgesetztem und Mitarbeiter, in denen sich der Mitarbeiter dazu verpflichtet, bestimmte Ziele zu erreichen. In der nächsten Besprechung wird die Leistung beurteilt, und neue Zielvorgaben für den nächsten Beurteilungszeitraum werden festgelegt.

19 Smith, Peterson & Schwartz, 2002. Der Korrelationskoeffizient des Vertikalitätsindexes mit dem MDI in 40 überlappenden Ländern, betrug 0,60, Signifikanzstufe 0,001. Hier handelt es sich um die stärkste Korrelation mit Daten von außen, die im Rahmen des Forschungsprojekts mit Abteilungsleitern bezüglich ihres Umgangs mit Alltagssituationen ermittelt wurden.

20 *Culture's Consequences*, 2001, S. 93. Der Korrelationskoeffizient zwischen traditioneller Autorität und dem MDI in 27 überlappenden Ländern betrug 0,56, Signifikanzstufe 0,01.

21 Die Korrelation mit MDI ist bei den Exporteuren schwächer als bei deren Kunden. Einige Exportländer mit niedrigerem MDI schnitten landesintern klarer ab als in der Rolle als Exportland. Am deutlichsten zeigte sich das bei den USA, die intern mit 7,7 von 10 abschnitten, aber als Exportland nur mit 5,3 von 10. Für Handelsabkommen der Regierung gibt es in den USA strenge Vorschriften, die aber den Privatgesellschaften in diesem Land nur ungern auferlegt werden.

22 Mehr über den Konfuzianismus wird in Kapitel 6 zu lesen sein.

23 „Sammelt euch nicht Schätze hier auf der Erde, wo Motte und Rost sie zerstören, wo Diebe einbrechen und sie stehlen: Sammelt euch Schätze im Himmel, wo weder Motte noch Rost sie zerstören, und keine Diebe einbrechen und sie stehlen. Denn wo dein Schatz ist, da ist auch dein Herz." (Matthäus 6, 19-21 – Moffatt-Übersetzung).

24 Machiavelli, 1955, S. 91

25 Triandis, 1973, S. 55–68.

26 *Culture's Consequences*, 2001, S. 115–117.

27 *Culture's Consequences*, 2001, S. 118

28 *Culture's Consequences*, 2001, S. 136

29 Die Daten stammen von Harding & Phillips, 1986; Inglehart, Basañez & Moreno, 1998; Halman, 2001. Die beteiligten Länder waren Belgien, Dänemark, Deutschland, Frankreich, Großbritannien, Irland, Italien, Niederlande, Nordirland und Spanien.

30 Übersetzt aus dem Holländischen von Geert Hofstede, NRC/Handelsblad, 23.12.1988.

3. Kapitel: Ich, Wir und Sie

Eine mittelgroße schwedische High-Tech-Firma wurde von einem Landsmann angesprochen, der als Geschäftsmann gute Beziehungen zu Saudi-Arabien hatte. Die Firma sandte einen ihrer Ingenieure – nennen wir ihn Johannesson – nach Riad. Dort stellte man ihm eine kleine saudische Ingenieurfirma vor, die von zwei Brüdern geführt wurde, beide Mitte dreißig und mit britischem Hochschulabschluss. Man bat ihn um Unterstützung bei einem Entwicklungsprojekt im Auftrag der saudischen Regierung. Nach sechs Besuchen innerhalb von zwei Jahren war jedoch noch immer kein Fortschritt erkennbar. Die Besprechungen Johannessons mit den beiden Brüdern fanden immer in Gegenwart des schwedischen Geschäftsmannes statt, der den ersten Kontakt hergestellt hatte. Das missfiel ihm und seinen Vorgesetzten, denn sie waren keineswegs sicher, dass dieser Geschäftsmann nicht auch Kontakt zur Konkurrenz hatte – aber die Saudis wollten den Vermittler dabei haben. Die Gespräche drehten sich häufig um Dinge, die wenig mit dem Geschäft zu tun hatten – so sprach man z. B. über Shakespeare, für den beide Brüder eine große Bewunderung zu hegen schienen.

Johannessons Vorgesetzten kamen schon Zweifel am Sinn dieser teuren Geschäftsreisen, als ein Telex aus Riad eintraf, in dem Johannesson dringend um einen Besuch gebeten wurde. Ein Vertrag im Wert von mehreren Millionen Dollar war unterschriftsreif. Von einem Tag auf den anderen änderte sich die Haltung der Saudis: die Gegenwart des Geschäftsmannes als Vermittler war nicht mehr erforderlich, und Johannesson sah zum ersten Mal die Saudis lächeln und sogar Witze machen.

So weit, so gut; aber die Geschichte geht weiter. Der Abschluss dieses beträchtlichen Auftrags trug dazu bei, dass Johannesson befördert wurde und eine Managementaufgabe in einer anderen Abteilung übernahm. Somit war er nicht mehr für das Geschäft mit den Saudis zuständig. Es wurde ein Nachfolger bestimmt, ein anderer Ingenieur mit langjähriger internationaler

Erfahrung, den Johannesson persönlich den Saudi-Brüdern vorstellte. Einige Wochen später traf ein Telex aus Riad ein, in dem die Saudis drohten, den Vertrag wegen eines Details in den Lieferbedingungen zu stornieren. Man bat Johannesson um Hilfe. Als dieser in Riad eintraf, stellte sich heraus, dass es sich bei dem Konflikt um eine Kleinigkeit handelte, die leicht zu beheben war – nach Meinung der Saudis allerdings nur mit Johannesson als Beauftragten der Firma. Das Unternehmen strukturierte um, damit Johannesson das Geschäft mit den Saudis betreuen konnte, obwohl seine eigentlichen Zuständigkeiten jetzt in einem ganz anderen Bereich lagen.

Individuum und Kollektiv in der Gesellschaft

Die Schweden und Saudis in dieser wahren Begebenheit haben unterschiedliche Vorstellungen von der Rolle persönlicher Beziehungen bei Geschäften. Für die Schweden werden Geschäfte mit einer Firma gemacht; für die Saudis mit einer Person, die man kennen gelernt und zu der man Vertrauen gefasst hat. Solange man die andere Person noch nicht gut genug kennt, finden Gespräche am besten in Anwesenheit eines Vermittlers oder eines Mittelsmanns statt, der beide Parteien kennt und das Vertrauen beider genießt. Dieser Unterschied zwischen den beiden Kulturen entspringt einer fundamentalen Frage menschlicher Gesellschaften; die Rolle des Individuums gegenüber der Rolle der Gruppe.

Die überwiegende Mehrheit der Menschen in unserer Welt lebt in Gesellschaften, in denen das Interesse der Gruppe dem Interesse des Individuums übergeordnet ist. Wir werden diese Gesellschaften als *kollektivistisch* bezeichnen und damit einen Begriff verwenden, der für manche Leser sicher mit politischen Assoziationen verbunden ist; hier hat dieser Begriff jedoch keinerlei politische Bedeutung. Er bezieht sich nicht auf die Macht des Staates gegenüber dem Individuum, sondern auf die *Macht der Gruppe*. Die erste Gruppe in unserem Leben ist immer die Familie, in die wir hineingeboren werden. Allerdings sind die Familienstrukturen von Gesellschaft zu Gesellschaft verschieden. In den meisten kollektivistischen Gesellschaften besteht die „Familie", in der das Kind aufwächst, aus einer Reihe von Menschen, die eng zusammenleben: sie umfasst nicht nur die Eltern und weitere Kinder, sondern beispielsweise Großeltern, Onkeln, Tanten, Dienstboten oder andere Mitbewohner. In der Kulturanthropologie bezeichnet man dies als *Großfamilie*. Wenn Kinder heranwachsen, lernen sie, sich selbst als Teil einer „Wir"-Gruppe zu begreifen, eine Beziehung, die nicht freiwillig eingegangen wurde, sondern von der Natur vorgegeben ist. Die „Wir"-Gruppe unterscheidet sich von anderen Menschen in der Gesellschaft; diese gehören „Sie"-Gruppen an, von denen es viele gibt. Die „Wir"-Gruppe bildet die Hauptquelle der Identität des Menschen und dessen einzigen sicheren Schutz gegen die Gefahren des Lebens. Deshalb schuldet man seiner Wir-Gruppe lebenslange Loyalität; ein Bruch dieser Loyalität gehört zu den schlimmsten Vergehen eines Menschen. Zwischen dem Einzelnen und der Wir-Gruppe entwickelt sich ein Verhältnis gegenseitiger Abhängigkeit, das sowohl praktischen als auch psychologischen Charakter hat.

Eine Minderheit der Menschen in unserer Welt lebt in Gesellschaften, in denen das Interesse des Individuums Vorrang vor den Interessen der Gruppe genießt; diese Gesellschaften werden wir als *individualistisch* bezeichnen. Hier werden die meisten Kinder in Familien hineingeboren, die aus zwei Elternteilen und eventuell weiteren Kindern bestehen; manche Gesellschaften weisen einen wachsenden Anteil von Familien mit einem Elternteil auf. Andere Verwandte wohnen anderswo, und man sieht sie nur selten. Man bezeichnet diesen Typ als Kleinfamilie oder *Kernfamilie*. Wenn Kinder in solchen Familien heranwachsen, lernen sie sehr schnell, sich selbst als „Ich" zu begreifen. Dieses „Ich", ihre persönliche Identität, unterscheidet sich vom „Ich" anderer Menschen, und diese anderen werden nicht nach ihrer Gruppenzugehörigkeit klassifiziert, sondern nach individuellen Merkmalen. Spielgefährten beispielsweise werden nach persönlicher Vorliebe ausgewählt. Ziel der Erziehung ist es, das Kind in die Lage zu versetzen, auf eigenen Beinen zu stehen. Man erwartet vom Kind, dass es das Elternhaus verlässt, sobald dieses Ziel erreicht ist. Nicht selten geschieht es, dass Kinder nach Verlassen des Elternhauses die Beziehungen zu ihren Eltern auf ein Minimum reduzieren oder ganz abbrechen. Bei diesem Gesellschaftstyp erwartet man von einem gesunden Menschen weder in praktischer noch in psychologischer Hinsicht, dass er auf eine Gruppe angewiesen ist.

Messung des Grades an Individualismus in der Gesellschaft

Extremer Kollektivismus und extremer Individualismus können als die einander entgegen gesetzten Pole einer – nach der in Kapitel 2 vorgestellten „Machtdistanz" – zweiten globalen Dimension nationaler Kulturen gelten. Es war möglich, allen Ländern der IBM-Studie einen Punktwert für den Individualismusindex zuzuordnen, der in kollektivistischen Gesellschaften niedrig und in individualistischen hoch war.

Die neue Dimension ist folgendermaßen definiert: *Individualismus beschreibt Gesellschaften, in denen die Bindungen zwischen den Individuen locker sind; man erwartet von jedem, dass er für sich selbst und für seine unmittelbare Familie sorgt. Sein Gegenstück, der Kollektivismus, beschreibt Gesellschaften, in denen der Mensch von Geburt an in starke, geschlossene Wir-Gruppen integriert ist, die ihn ein Leben lang schützen und dafür bedingungslose Loyalität verlangen.*

Der Grad an Individualismus schwankt offensichtlich sowohl innerhalb der Länder als auch zwischen den Ländern; es ist daher wiederum äußerst wichtig, die Punktwerte der Länder auf der Grundlage vergleichbarer Stichproben aus den jeweiligen Ländern zu vergeben. Bei den IBM-Stichproben war diese Vergleichbarkeit gegeben.

Die Erhebungsfragen, die dem Individualismusindex zugrunde liegen, gehören zu einer Gruppe von 14 „Arbeitszielen". Die Personen wurden folgendermaßen befragt: „Versuchen Sie, die Faktoren zu benennen, die für Sie bei einer idealen Arbeit wichtig wären; vernachlässigen Sie dabei, inwieweit diese bei Ihrer derzeitigen Arbeit gegeben sind. Wie wichtig ist es für Sie, ...; nun folgten 14 Kriterien, von denen jedes mit einer Punktzahl von 1 („für mich höchst wichtig") bis 5 („kaum oder gar nicht wichtig") bewertet wurde. Die Auswertung der Antwortmuster für die Befragten aus vierzig Ländern hinsichtlich der 14 Kriterien ergab, dass sie *zwei* zugrunde liegende Dimensionen widerspiegelten. Die eine war Individualismus gegenüber Kollektivismus, und die andere wurde als Maskulinität gegenüber Femininität bezeichnet; auf letztere Dimension wird in Kapitel 4 näher eingegangen.

Die als Individualismus gegenüber Kollektivismus bezeichnete Dimension stand am stärksten zur relativen Bedeutung in Beziehung, die die Befragten folgenden „Arbeitsziel"-Kriterien beimaßen:

Für den individualistischen Pol:

(1) *Persönliche Zeit*: eine Arbeit zu haben, die genügend Zeit für Privat- und Familienleben lässt.

(2) *Freiheit*: große Freiheit zu haben, um die Arbeit nach eigenen Vorstellungen anzugehen.

(3) *Herausforderung*: herausfordernde Aufgaben zu haben – Aufgaben, die das Gefühl vermitteln können, etwas erreicht zu haben.

Für den entgegengesetzten, den kollektivistischen Pol:

(4) *Fortbildung*: Fortbildungsmöglichkeiten zu haben (seine Fertigkeiten auszubauen oder eventuell neue Fertigkeiten zu erlernen).

(5) *Physische Bedingungen*: ein gutes Arbeitsumfeld zu haben (gute Lüftung und Beleuchtung, angemessenen Arbeitsraum etc.).

(6) *Anwendung der Fertigkeiten*: Ihre Fertigkeiten und Fähigkeiten bei der Arbeit voll einsetzen zu können.

Wenn die IBM-Mitarbeiter in einem Land Arbeitsziel (1) als relativ wichtig bezeichneten, hielten sie meist auch (2) und (3) für wichtig, aber (4), (5) und (6) für unwichtig. Ein solches Land wurde als individualistisch eingestuft. Wenn (1) als relativ unwichtig bezeichnet wurde, so galt das meist auch für (2) und (3), während (4), (5) und (6) für relativ wichtiger gehalten wurden. Ein solches Land wurde als kollektivistisch eingestuft.

Ganz offensichtlich decken diese Kriterien aus dem IBM-Fragebogen nicht alles ab, was eine Unterscheidung zwischen Individualismus und Kollektivismus in einer Gesellschaft ausmacht. Sie stellen lediglich die Punkte in der IBM-Untersuchung dar, die sich auf diese Unterscheidung beziehen. Die Korrelationen zwischen den IBM-Länderpunktwerten zum Individualismus und IBM-unabhängigen Daten zu anderen Merkmalen von Gesellschaften bestätigen („validieren") die These, dass diese Dimension aus den IBM-Daten tatsächlich ein Maß für Individualismus darstellt.

Es ist nicht schwierig, die Bedeutung von persönlicher Zeit, Freiheit und (persönlicher) Herausforderung mit Individualismus gleichzusetzen: all diese Punkte unterstreichen die Unabhängigkeit des Mitarbeiters von der Firma. Die Arbeitsziele des entgegengesetzten Pols, also Fortbildung, Arbeitsumfeld und der Einsatz von Fertigkeiten bei der Arbeit, beziehen sich auf Dinge die das Unternehmen für den Mitarbeiter leistet, und unterstreichen so die Abhängigkeit des Mitarbeiters von der Firma, was dem Kollektivismus entspricht.

Ein weiterer Punkt in dieser Beziehung besteht darin, dass – wie später gezeigt wird – individualistische Länder tendenziell reich, wohingegen kollektivistische Länder eher arm sind. In reichen Ländern können Fortbildung, physische Bedingungen und der Einsatz von Fertigkeiten als selbstverständlich gelten, wodurch sie als Arbeitsziele relativ unbedeutend werden. In armen Ländern sind diese Dinge jedoch keineswegs selbstverständlich: sie stellen wesentliche Kriterien für die Unterscheidung zwischen einer guten und einer schlechten Arbeit dar und werden daher bei den persönlichen Arbeitszielen als recht bedeutend eingestuft.

Die eigentliche Berechnung des Individualismusindex basiert nicht – wie im Falle der Machtdistanz – auf einfacher Addition oder Subtraktion von Fragepunktwerten nach deren Multiplikation mit einer festen Zahl. Das statistische Verfahren zur Ermittlung der Dimension Individualismus – bzw. Maskulinität in Kapitel 4 – („Faktoranalyse" der von den Ländern erzielten Punktwerte für die 14 Arbeitsziele) ergab einen „Faktorpunktwert" der jeweiligen Dimension für jedes Land. Diese Faktorpunktwerte

Land/Region	Punkt-wert	Posi-tion	Land/Region	Punkt-wert	Posi-tion
USA	*91*	*1*	Russland	39	37/38
Australien	*90*	*2*	*Arabische Länder*	*38*	*39/40*
Großbritannien	*89*	*3*	*Brasilien*	*38*	*39/40*
Kanada gesamt	*80*	*4/6*	*Türkei*	*37*	*41*
Ungarn	80	4/6	*Uruguay*	*36*	*42*
Niederlande	*80*	*4/6*	*Griechenland*	*35*	*43*
Neuseeland	*79*	*7*	*Kroatien*	*33*	*44*
Belgien Flämisch	*78*	*8*	*Philippinen*	*32*	*45*
Italien	*76*	*9*	*Bulgarien*	*30*	*46/48*
Dänemark	*74*	*10*	*Mexiko*	*30*	*46/48*
Kanada Französisch	73	11	Rumänien	30	46/48
Belgien Französisch	*72*	*12*	*Ostafrika*	*27*	*49/51*
Frankreich	*71*	*13/14*	*Portugal*	*27*	*49/51*
Schweden	*71*	*13/14*	*Slowenien*	*27*	*49/51*
Irland	*70*	*15*	*Malaysia*	*26*	*52*
Norwegen	*69*	*16/17*	*Hongkong*	*25*	*53/54*
Schweiz Deutsch	*69*	*16/17*	*Serbien*	*25*	*53/54*
Deutschland	*67*	*18*	*Chile*	*23*	*55*
Südafrika	*65*	*19*	Bangladesh	20	56/61
Schweiz Französisch	*64*	*20*	China	20	56/61
Finnland	*63*	*21*	*Singapur*	*20*	*56/61*
Estland	60	22/24	*Thailand*	*20*	*56/61*
Luxemburg	60	22/24	Vietnam	20	56/61
Polen	60	22/24	*Westafrika*	*20*	*56/61*
Malta	59	25	*Salvador*	*19*	*62*
Tschechien	58	26	*Südkorea*	*18*	*63*
Österreich	55	27	*Taiwan*	*17*	*64*
Israel	*54*	*28*	*Peru*	*16*	*65/66*
Slowakei	52	29	Trinidad	16	65/66
Spanien	51	30	*Costa Rica*	*15*	*67*
Indien	48	31	*Indonesien*	*14*	*68/69*
Surinam	47	32	Pakistan	14	68/69
Argentinien	46	33/35	Kolumbien	13	70
Japan	46	33/35	*Venezuela*	*12*	*71*
Marokko	46	33/35	*Panama*	*11*	*72*
Iran	*41*	*36*	*Ecuador*	*8*	*73*
Jamaika	*39*	*37/38*	*Guatemala*	*6*	*74*

Die *kursiv gedruckten* Punktwerte wurden aus der IBM Datenbank ermittelt. Die Punktwerte für die restlichen Länder/Regionen basieren auf Wiederholungsstudien oder Schätzungen.

Tab. 3.1: Individualismus-Indexwerte (IDV) für 74 Länder und Regionen

stellen ein genaueres Maß für die Position eines Landes hinsichtlich der Dimension dar, als es durch Addition oder Subtraktion von Fragepunktwerten zu erhalten wäre. Die Faktorpunktwerte für die Individualismusdimension wurden mit 25 multipliziert, sodann wurde eine konstante Zahl von 50 Punkten addiert. So erscheinen alle Punktwerte auf einer Skala von fast 0 für das am stärksten kollektivistische Land bis nahe 100 für das am stärksten individualistische. Diese Rechenmethode wurde bei den Ländern aus der IBM-Datenbank angewandt. Bei den diversen Ergänzungsstudien wurden Approximationsformeln benutzt, mit deren Hilfe sich der Individualismusindexwert durch einfache mathematische Operationen direkt aus vier der Arbeitsziel-Mittelwerte berechnen ließ.[1]

Die Punkte des Individualismusindex (IDV) sind in Tabelle 3.1 dargestellt. Wie bereits im Falle des Machtdistanzindex in Kapitel 2 repräsentieren die Punktwerte die relative Position des jeweiligen Landes. In Tabelle 3.1 wird bestätigt, dass beinahe alle wohlhabenden Länder hohe IDV-Punktwerte erreichen, während fast alle armen Länder niedrige Punktwerte haben. Es herrscht eine enge Beziehung zwischen dem nationalen Reichtum eines Landes und dem Grad an Individualismus in dessen Kultur; darauf kommen wir an anderer Stelle in diesem Kapitel noch einmal zurück.

Schweden erreichte einen IDV-Punktwert von 71, während die Gruppe der arabischsprachigen Länder, zu denen Saudi-Arabien gehört, durchschnittlich 38 Punkte erzielte; dies zeigt die kulturellen Ursprünge von Johannessons Dilemma. Natürlich gibt es auch zwischen den einzelnen arabischen Ländern Unterschiede, und bemerkenswerterweise sind die Saudis in dieser Region noch stärker kollektivistisch als einige andere Araber, wie z. B. Libanesen oder Ägypter. Letztere waren in der IBM-Stichprobe stärker vertreten als die Saudis. Schweden belegt unter 74 Ländern und Regionen Platz 13/14, während die arabischen Länder auf Platz 39/40 rangieren; es gibt also noch eine ganze Reihe von Ländern, die stärker kollektivistisch abschneiden als der arabische Durchschnitt. Wie bereits erwähnt, ist Kollektivismus in unserer Welt die Regel und Individualismus eher die Ausnahme.

Individualismus und Kollektivismus in anderen länder-übergreifenden Studien

In Tabelle 1.1 findet man sechs größere Wiederholungsstudien des IBM-Forschungsprojekts, die zwischen 1990 und 2002 veröffentlicht wurden. Fünf davon schließen 15 bis 28 Länder aus der IBM-Reihe mit ein und erzielen IDV-Punktwerte, die signifikant mit den Punktwerten aus der ursprünglichen IBM-Studie korrelieren.[2] Wie im Falle von Machtdistanz (Kapitel 2) lag auch bei den verschiedenen Wiederholungsstudien keine ausreichende Übereinstimmung vor, die eine Änderung der Punktwerte in einem der Länder gerechtfertigt hätte. Die ursprüngliche IBM-Reihe gilt nach wie vor als der am besten geeignete gemeinsame Nenner für die verschiedenen Studien.

Die in Kapitel 1 beschriebene Chinese Value Survey (Chinesische Wertestudie) von Bond, die bei Studenten in 23 Ländern durchgeführt wurde, brachte die Dimension „Integration" hervor, wobei die Länder hier größtenteils die gleiche Position einnahmen wie in den IBM-Studien für Individualismus – Kollektivismus (statistisch ausgedrückt: Integration stand in signifikanter Korrelation zu IDV).[3] Studenten aus Ländern, die individualistisch abschnitten, gaben an, dass folgende Werte für sie besonders wichtig seien:

- Toleranz gegenüber anderen
- Harmonie mit anderen
- Fehlen von Konkurrenzdenken
- Ein guter vertrauter Freund
- Vertrauenswürdigkeit
- Zufriedenheit mit der eigenen Stellung im Leben
- Solidarität mit anderen
- Konservativ sein

Das war die größte Wertegruppe (Cluster) aus der CVS (Chinese Value Survey), die mit den einzelnen Polen der IBM-Dimension verknüpft wurde. In einer individualistisch geprägten Gesellschaft sind Beziehungen mit anderen nicht selbstverständlich und im Voraus festgelegt; man geht sie freiwillig ein und muss sie hegen und pflegen. Die Werte, die sich am individualistischen

Pol der Dimension „Integration" befinden, beschreiben die Voraussetzungen für eine ideale und aus freien Stücken eingegangene Beziehung.

Studenten aus kollektivistisch geprägten Gesellschaften dagegen gaben an, dass für sie folgende Werte besonders wichtig seien:

• Respekt gegenüber den Eltern (Gehorsam und Achtung gegenüber den Eltern, Ehrerbietung gegenüber den Vorfahren, finanzielle Unterstützung der Eltern

• Keuschheit bei Frauen

• Patriotismus

In der kollektivistisch geprägten Gesellschaft hat man es nicht nötig, spezielle Freundschaften zu schließen. Welche Freunde man hat, bestimmt die Familie im Voraus oder ist durch die Gruppenzugehörigkeit festgelegt. Die Bindung innerhalb der Familie wird aufrechterhalten durch den Respekt, den Kinder ihren Eltern entgegen bringen und die Keuschheit der Frauen; sie ist mit dem Patriotismus verknüpft. In einigen Versionen des IBM-Fragebogens war ein Arbeitsziel enthalten, das sich „seinem Land dienen" nannte. Auch bei diesem stellte sich eine enge Verknüpfung mit dem Kollektivismus heraus.

In Kapitel 1 wurden noch vier weitere Datenbanken mit Werten aus länderübergreifenden Studien erwähnt, und zwar die von Schwartz und Trompenaars, GLOBE und die World Values Survey (Welt-Wertestudie). Alle vier brachten Dimensionen bzw. Kategorien hervor, die stark mit IDV korrelierten. Schwartz bestimmte sieben Wertekategorien, von denen mindestens fünf in signifikanter Korrelation zu IDV standen.[4]

Smiths Analyse der Trompenaars'schen Datenbank ergab zwei wesentliche Dimensionen, wovon die eine hauptsächlich mit IDV, die andere mit MDI korrelierte.[5]

Das GLOBE Projekt bestimmte zwei Kategorien für den Kollektivismus: sozialer und Wir-Gruppen Kollektivismus. Bei Erstellung des vorliegenden Buches waren die Korrelationen mit IDV noch nicht veröffentlicht, wir gehen aber jeweils von einer signifikanten Korrelation aus.

Bei Ingleharts Gesamtanalyse der riesigen Datenbank der World Values Survey ergaben sich zwei statistische Faktoren; einer davon „weltlich – rational gegenüber traditioneller Autorität" war verknüpft mit niedriger gegenüber hoher Machtdistanz, mit der wir uns bereits im vorangegangenen Kapitel befasst haben. Der andere Faktor „Wohlergehen gegenüber Überleben" stand in starker Korrelation zu Individualismus gegenüber Kollektivismus.[6]

In einer raffinierten Studie verglich Peter Smith nicht die Ergebnisse der diversen internationalen Studien, sondern den Grad der *Zustimmung* in den Antworten. Bei allen Umfragen mit handschriftlich auszufüllenden Fragebogen besteht bei den Befragten die Tendenz, Fragen – gleich welchen Inhalts – positiv zu beantworten. Smith verglich sechs Studien, an denen jeweils 34 oder mehr Länder beteiligt waren, einschließlich der Studien von Geert Hofstede und Schwartz und des GLOBE-Projektes. Diejenigen Abschnitte der Fragebogen, die sich mit Werten beschäftigten, wiesen in allen sechs Studien sehr ähnliche Zustimmungsmuster auf. Smith wies nach, dass in den sechs Studien die allgemeine Tendenz, positive Antworten zu geben, in den Ländern stärker war, die unseren Messungen zufolge kollektivistisch geprägt waren und hohe Machtdistanzwerte hatten. Mit seiner Studie hat uns Smith etwas an die Hand gegeben, womit sich unauffällig messen lässt, inwieweit Befragte aus einer Kultur formelle Harmonie und Respekt gegenüber den Forschern wahren wollen.[7]

Sind Individualismus und Kollektivismus eine Dimension oder zwei?

Häufig wird die Frage gestellt, ob es richtig ist, Individualismus und Kollektivismus als entgegen gesetzte Pole derselben Dimension zu behandeln. Sollte man sie nicht als zwei separate Dimensionen betrachten? Die Antwort lautet, dass es davon abhängt, ob wir ganze Gesellschaften vergleichen (worum es im vorliegenden Buch geht) oder Individuen innerhalb von Gesellschaften. Das bezeichnet man auch als *Analyseebene*-Problematik.

Gesellschaften setzen sich aus vielen verschiedenen Einzelwesen zusammen, die wiederum eine Vielzahl persönlicher Werte hegen. Tests belegen, dass ein Mensch hohe Punktwerte sowohl für individualistische als auch kollektivistische Werte erzielen kann; er kann aber auch hoch auf der einen und niedrig auf der anderen Seite abschneiden oder niedrige Punktwerte für beide (individualistische und kollektivistische Werte) erzielen. Deshalb sollten – wenn es um einen Vergleich der Werte von Individuen geht – Individualismus und Kollektivismus als zwei separate Dimensionen behandelt werden.[8]

Bei der Untersuchung von Gesellschaften vergleicht man zwei Arten von Daten: mittlere Punktwerte für die Werthaltungen der Individuen in diesen Gesellschaften sowie charakteristische Merkmale der Gesellschaften als Ganzes einschließlich ihrer Institutionen. Anhand der von uns und anderen geleisteten Forschungsarbeit zeigt sich, dass in Gesellschaften, in denen Menschen im Durchschnitt eher individualistische Werte innehaben, kollektivistische Werte im Durchschnitt weniger gehegt werden. Einzelne Menschen weichen vielleicht von diesem Muster ab, aber die Zahl derer, die abweichen, ist geringer als die Zahl derer, die dem Muster entsprechen.

Die Institutionen solcher Gesellschaften spiegeln die Tatsache wieder, dass sie sich in erster Linie deshalb herausgebildet haben bzw. konzipiert wurden, um Individualisten gerecht zu werden. In Gesellschaften, in denen Menschen im Durchschnitt eher kollektivistische Werte innehaben, werden individualistische Werte im Durchschnitt weniger gehegt. Die Institutionen solcher Gesellschaften gehen davon aus, dass Menschen im Wesentlichen kollektivistisch geprägt sind. Daher erscheinen Individualismus und Kollektivismus auf der Ebene der Gesellschaft (bzw. auf Länderebene) als entgegen gesetzte Pole einer Dimension. Die Position, die ein Land bezüglich dieser Dimension einnimmt, macht deutlich, welchen Weg aus einem allgemeinen Dilemma heraus seine Gesellschaft eingeschlagen hat: wie stark oder wie schwach die Beziehungen eines erwachsenen Menschen zu der Gruppe oder den Gruppen sind, mit denen er oder sie sich identifiziert.

Kollektivismus und Machtdistanz

Viele Länder, die beim Machtdistanzindex einen hohen Punktwert erreichen (Tabelle 2.1), haben einen niedrigen Punktwert beim Individualismusindex (Tabelle 3.1) und umgekehrt. Mit anderen Worten: diese beiden Dimensionen stehen tendenziell in negativer Korrelation zueinander: Länder mit großer Machtdistanz sind mit hoher Wahrscheinlichkeit auch stärker kollektivistisch und Länder mit geringer Machtdistanz mehr individualistisch. Die Beziehung zwischen den beiden Indizes ist in Abbildung 3.1 dargestellt (s. Seite 112).

In der Darstellung in Abbildung 3.1 sind die Länder um eine von links unten nach rechts oben verlaufende Diagonale gruppiert, die die Korrelation zwischen Machtdistanz und Kollektivismus widerspiegelt.[9] In Kulturen, in denen die Menschen von Wir-Gruppen abhängen, sind sie *normalerweise* auch von Machtfiguren abhängig. Die meisten Großfamilien haben patriarchalische Strukturen, wobei das Familienoberhaupt eine starke moralische Autorität ausübt. In Kulturen, in denen die Menschen relativ unabhängig von Wir-Gruppen sind, hängen sie *normalerweise* auch weniger stark von mächtigen anderen Personen ab.

Es gibt allerdings auch Ausnahmen. Bei den romanischen Ländern Europas, insbesondere Frankreich und Belgien, stößt man auf eine Kombination aus mittlerer Machtdistanz und starkem Individualismus. Der französische Soziologe Michel Crozier beschreibt die Kultur seines Landes wie folgt:

> „Abhängige persönliche Beziehungen gelten ... im kulturellen Umfeld Frankreichs als schwer zu ertragen. Dennoch ist die vorherrschende Sicht der Autorität noch immer diejenige ... des Absolutismus. Diese beiden Haltungen sind widersprüchlich. Sie lassen sich jedoch in einem bürokratischen System miteinander vereinbaren, da unpersönliche Regeln und die Zentralisation es ermöglichen, eine absolutistische Vorstellung von der Autorität mit der Beseitigung der deutlichsten Abhängigkeitsbeziehungen zu vereinbaren."[10]

In seiner vergleichenden Studie eines französischen, eines amerikanischen und eines niederländischen Unternehmens bezeichnet Croziers Landsmann Philippe d'Iribane das französische Or-

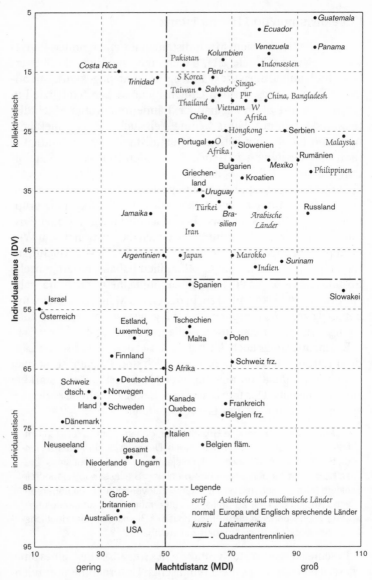

Abb. 3.1: Machtdistanz gegenüber Individualismus

ganisationsprinzip als „Logik der Ehre" *(la logique de l'honneur)*. Dieses Prinzip, das er bereits im französischen Königreich des 18. Jahrhunderts, also noch vor Napoleon, entdeckt, besagt, dass zwar jedermann einen Rang hat (große Machtdistanz), die Rechte und Pflichten, die zu jemandes Rang gehören, allerdings weniger von der eigenen Gruppe festgelegt als vielmehr durch die Tradition bestimmt sind. Es ist „nicht so sehr das, was man anderen schuldet, sondern das, was man sicht selbst schuldet."[11] Man könnte dies als eine hierarchische Form des Individualismus bezeichnen.

Das umgekehrte Muster, d.h. geringe Machtdistanz in Verbindung mit mittlerem Kollektivismus, findet sich in Österreich und Israel, während sich in Costa Rica eine recht geringe Machtdistanz mit starkem Kollektivismus verbindet. Costa Rica, eine der sechs mittelamerikanischen Republiken, wird allgemein als Ausnahme zu der lateinamerikanischen Regel der Abhängigkeit von mächtigen Führungspersonen angesehen, die man im Spanischen *personalismo* nennt. Es unterhält keine offiziellen Streitkräfte. Es wird als Lateinamerikas „am festesten verwurzelte Demokratie" bezeichnet, trotz seiner relativen Armut im Vergleich zu den industriellen, marktwirtschaftlichen Ländern der Welt. In einem Vergleich zwischen Costa Rica und dessen größerem, aber viel ärmeren Nachbarn Nicaragua, schreibt der amerikanische Entwicklungshilfeexperte Lawrence E. Harrison:

> „… Es gibt genügend Belege dafür, dass Costaricaner eine engere Bindung zu ihren Landsleuten empfinden als Nicaraguaner. Diese Bindung spiegelt sich in der Bedeutung wider, die in Costa Rica seit langem dem Bildungs- und Gesundheitswesen zugemessen wird; seinem stärker ausgeprägten Kooperativenwesen; einem Justizsystem, das für lateinamerikanische Verhältnisse wegen seiner Unparteilichkeit und seiner Orientierung an dem fundamentalen Gedanken eines fairen Prozesses berühmt ist; und vor allem der Standhaftigkeit seiner Politik, der Fähigkeit, friedliche Lösungen zu finden, der Würdigung der Notwendigkeit, Kompromisse zu schließen."[12]

Durch Fälle wie Frankreich und Costa Rica ist es gerechtfertigt, Machtdistanz und Kollektivismus als zwei separate Dimensionen zu betrachten, obwohl sie in den meisten Ländern gemeinsam auftreten. Ein Grund für die Korrelation zwischen ihnen besteht darin, dass beide mit einem dritten Faktor zusammenhängen: der wirtschaftlichen Entwicklung. Hält man den Grad der wirtschaftlichen Entwicklung konstant, d. h. werden reiche Länder nur mit reichen und arme mit armen verglichen, so verschwindet die Beziehung fast ganz. [13]

Vergleiche zwischen den Ergebnissen der IBM-Studie und anderen Untersuchungen stützen die Unterscheidung zwischen Machtdistanz und Kollektivismus. Untersuchungen zur Ungleichheit führen zu Ergebnissen, die stärker mit Machtdistanz korrelieren als mit Individualismus-Kollektivismus, während Studien zur Integration von Einzelwesen in Gruppen Ergebnisse zeigen, die stärker mit Kollektivismus korrelieren als mit Machtdistanz. [14]

Individualismus und Kollektivismus nach Berufen

Ein weiteres Argument für eine Unterscheidung zwischen Machtdistanz und Kollektivismus besteht darin, dass sich zwar – wie Kapitel 2 zeigte – Machtdistanzindizes nicht nur für Länder, sondern auch für Berufe berechnen lassen, Individualismusindizes aber nur für Länder und nicht für Berufe ermittelt werden können. Bei einem Vergleich zwischen den Antworten von Personen in verschiedenen *Berufen* auf die 14 Fragen zu den Arbeitszielen, aus denen der IDV-Index berechnet wurde, ließen sich die Antworten nicht nach „individualistisch" und „kollektivistisch" gliedern. Bei der Unterscheidung von Berufen gehören beispielsweise die Bedeutung von „Herausforderung" und „Einsatz von Fertigkeiten" zusammen, während sie bei der Unterscheidung von Ländern Gegensätze bilden. Wenn bei Berufen die „persönliche Zeit" als recht wichtig eingestuft wurde, schneidet die „Herausforderung" tendenziell als weniger wichtig ab; bei Ländern hingegen ergänzen die beiden einander. [15]

Ein Begriffspaar, das sich zur Unterscheidung zwischen Berufen heranziehen lässt, ist *intrinsisch* gegenüber *extrinsisch*. Diese Begriffe definieren, was Menschen bei einer Arbeit motiviert: die Tätigkeit an sich (intrinsisch motivierende Arbeit) oder die gebotenen Bedingungen und materiellen Leistungen (extrinsisch motivierende Arbeit). Diese Unterscheidung wurde Ende der 50er Jahre durch die Forschung des amerikanischen Psychologen Frederick Herzberg und dessen Team über Arbeitsmotivation populär. Herzberg vertrat den Standpunkt, dass die intrinsischen Faktoren die eigentlichen „Motivatoren" seien, während die extrinsischen das psychologische Arbeitsumfeld darstellten.[16] Menschen in Berufen, die eine höhere Bildung erfordern, neigen dazu, intrinsische Elemente als wichtiger einzustufen, während Menschen in Berufen mit niedrigerem Status und geringerem Bildungsniveau extrinsische Elemente vorziehen. Die Unterscheidung intrinsisch – extrinsisch ist zwar nützlich zur Unterscheidung zwischen beruflichen Kulturen, doch ist sie wiederum ungeeignet für einen Vergleich zwischen Ländern.

Individualismus und Kollektivismus in der Familie

Zu Beginn dieses Kapitels wurde Individualismus mit einer Kernfamilienstruktur in Verbindung gebracht und Kollektivismus mit einer Großfamilienstruktur, wobei letztere zur Unterscheidung zwischen der Wir-Gruppe und der Fremdgruppe führt. Die Beziehung zwischen dem Individuum und der Gruppe, wie auch andere Grundelemente der menschlichen Kultur, wird zuerst im Familienkreis erlernt. Die Tatsache, dass Japan in Tabelle 3.1 einen Mittelplatz belegt (Rang 33 / 35, IDV = 46), lässt sich zumindest teilweise dadurch erklären, dass in der traditionellen japanischen Familie nur der älteste Sohn weiterhin bei den Eltern wohnt und so eine Struktur „direkter Abstammung" schafft, die irgendwo zwischen Kern- und Großfamilie liegt.

Das Kind, das im Kreise von Älteren, Gleichaltrigen und Jüngeren aufwächst, lernt ganz natürlich, sich selbst als Teil eines „Wir" zu begreifen; beim Kind einer Kernfamilie ist dies weniger stark ausgeprägt. Das Kind einer Großfamilie ist sehr selten alleine, weder tagsüber noch nachts. Eine afrikanische Studentin, die zum Studium nach Belgien kam, erzählte uns, dass dies das erste Mal in ihrem Leben sei, dass sie sich längere Zeit alleine in einem Raum aufgehalten habe. Umgekehrt, beklagten sich Studenten aus Nordeuropa, die Praktika in Peru oder Malaysia absolviert hatten, dass ihre Gastfamilien sie niemals alleine gelassen hatten.

In einer Situation intensiven und ständigen sozialen Kontakts wird das Bewahren von *Harmonie* in der eigenen sozialen Umgebung zu einer höchst bedeutenden Fähigkeit, die sich auch auf andere Bereiche außerhalb der Familie ausdehnt. In den meisten kollektivistischen Kulturen gilt direkte Konfrontation mit einer anderen Person als unhöflich und unerwünscht. Das Wort „nein" wird selten ausgesprochen, denn „nein" zu sagen bedeutet bereits eine Konfrontation. „Vielleicht haben Sie Recht" oder „Wir werden es uns überlegen" sind Beispiele für eine höfliche Art, eine Bitte abzulehnen. Entsprechend ist das Wort „ja" nicht unbedingt als Zustimmung zu verstehen, sondern als Aufrechterhalten der Kommunikation: „Ja, ich habe verstanden" ist seine Bedeutung in Japan.

Demgegenüber gilt es in individualistischen Kulturen als eine Tugend, seine Meinung auszudrücken. Offen zu sagen, was man denkt, ist das Kennzeichen eines aufrichtigen und ehrlichen Menschen. Konfrontation kann nützlich sein; das Aufeinanderprallen von Meinungen soll demnach zu mehr Wahrheit führen. Die Wirkung der Kommunikation auf andere Menschen sollte man berücksichtigen, doch rechtfertigt sie in der Regel keine Verdrehung von Tatsachen. Erwachsenen sollten in der Lage sein, direktes Feedback konstruktiv aufzunehmen. In der Familie bringt man Kindern bei, immer die Wahrheit zu sagen, auch wenn sie schmerzt. Konfliktbewältigung ist ein normaler Bestandteil familiären Zusammenlebens.

Ein ehemaliger holländischer Missionar in Indonesien (ein Land mit IDV 14, Rang 68/69) erzählte von der überraschenden Auslegung folgender Parabel aus der Bibel durch seine Gemeindemitglieder: „Ein Mann hatte zwei Söhne. Er ging zu dem ersten und sprach: Kind, geh und arbeite heute im Weinberg! Der antwortete: Ich gehe, Herr. Aber er ging nicht. Da ging er zum anderen und sprach ebenso. Der antwortete: Ich mag nicht; doch nachher überlegte er es sich anders, und er ging. Welcher von beiden hat den Willen des Vaters getan?"[17] Die Antwort der Bibel lautet „der zweite", aber die indonesischen Gemeindemitglieder des Missionars sagten, es müsse der erste sein; denn dieser Sohn beachtete die formale Harmonie und widersprach seinem Vater nicht. Ob er tatsächlich ging, war von sekundärer Bedeutung.

In der kollektivistischen Familie lernen Kinder, sich an anderen zu orientieren, wenn es um Meinungen geht. „Persönliche Meinungen" gibt es nicht: sie werden von der Gruppe bestimmt. Wenn ein neues Thema auftaucht, zu dem es keine feste Gruppenmeinung gibt, muss eine Art Familienrat einberufen werden, bevor eine Meinung formuliert werden kann. Von einem Kind, das wiederholt Meinungen äußert, die von der allgemeinen Ansicht abweichen, sagt man, es habe einen schlechten Charakter. Demgegenüber *erwartet* man in der individualistischen Familie von Kindern, dass sie sich eine eigene Meinung bilden, und man ermutigt sie dazu; und wenn ein Kind immer nur die Meinung anderer wiedergibt, sagt man, es habe einen schwachen Charakter. Welches Verhalten als erwünscht und positiv gilt, hängt von der kulturellen Umgebung ab.

Die Loyalität zur Gruppe, die ein wesentliches Element der kollektivistischen Familie ist, bedeutet auch, dass Mittel geteilt werden. Wenn ein Mitglied einer zwanzigköpfigen Großfamilie eine bezahlte Arbeit hat, die anderen aber nicht, so wird vom verdienenden Mitglied erwartet, dass es sein Einkommen mit den anderen teilt, um zur Ernährung der gesamten Familie beizutragen. Auf der Basis dieses Prinzips kann eine Familie gemeinsam die Kosten für die Weiterbildung eines einzigen Familienmitglieds tragen, in der Hoffnung, dass dieses später eine gut bezahlte Arbeit bekommt und das Einkommen dann ebenfalls geteilt wird.

In individualistischen Kulturen werden Eltern stolz darauf sein, wenn Kinder bereits in einem frühen Alter kleine Arbeiten ausführen, um ihr eigenes Taschengeld zu verdienen, über dessen Verwendung sie allein entscheiden können. In den Niederlanden, wie auch in vielen anderen individualistischen westeuropäischen Ländern, leistet der Staat einen beträchtlichen Beitrag zum Lebensunterhalt von Studenten. In den 80er Jahren wurde das System dahingehend geändert, dass nicht mehr die Eltern eine finanzielle Unterstützung erhalten, sondern die Studenten selbst, was deren Unabhängigkeit unterstreicht. Jungen und Mädchen über

18 Jahre werden seitdem als selbständig wirtschaftende Personen betrachtet. In den USA ist es ganz normal, dass Studenten durch Jobs und Kredite ihr Studium selbst finanzieren; ohne staatliche Unterstützung sind sie auch weniger stark von ihren Eltern abhängig und überhaupt nicht von entfernteren Verwandten.

Verpflichtungen gegenüber der Familie sind in einer kollektivistischen Gesellschaft nicht nur finanzieller sondern auch ritueller Art. Familienfeiern wie Taufen, Hochzeiten und insbesondere Beerdigungen sind von größter Bedeutung, und man darf dabei nicht fehlen. Ins Ausland entsandte Manager aus individualistischen Gesellschaften sind häufig überrascht über die familiären Gründe, die Mitarbeiter aus einer kollektivistischen Gastgesellschaft anführen, um Sonderurlaub zu beantragen; diese Manager im Ausland glauben dann, hereingelegt zu werden, doch höchstwahrscheinlich sind die Gründe wahr.

Wenn Menschen in einer individualistischen Kultur einander begegnen, haben sie das Bedürfnis, verbal zu kommunizieren. Schweigen gilt als unnormal. Eine Unterhaltung kann noch so banal sein, aber sie ist obligatorisch. In einer kollektivistischen Kultur ist die Tatsache des Zusammenseins emotional ausreichend; es gibt keinen Zwang zu sprechen, sofern keine Informationen übermittelt werden sollen. Raden Mas Hadjiwibowo, ein indonesischer Geschäftsmann aus einer adligen Familie aus Java, erinnert sich an Familienbesuche aus seiner Jugend in den 30er Jahren wie folgt:

> „Besuche zwischen javanischen Familienmitgliedern mussten nicht vorher verabredet werden. Eigentlich war das leicht zu arrangieren; das Telefon war zwar noch nicht allgemein verbreitet, aber man konnte jederzeit einen Boten mit einem Brief losschicken, in dem man um eine Verabredung bat. Aber man machte es einfach nicht; es kam überhaupt niemandem in den Sinn, dass ein Besuch der anderen Seite möglicherweise nicht gelegen kam. Man war immer willkommen. Unerwartete Besucher gab es nicht. Die Tür war (und ist noch immer) jederzeit offen.
>
> Die Besucher wurden mit Freude und Höflichkeit empfangen, und man bat sie, Platz zu nehmen. Gastgeber und Gastgeberin zogen sich eilig zurück, um etwas Passenderes als ihre Alltagskleidung anzuziehen. Ein Diener brachte ohne zu fragen Kaffee oder Tee. Es wurden

Kekse angeboten, während die Gastgeber inzwischen wieder hinzugekommen waren.

So saßen wir da, ohne dass jemand sprach. Dieses Schweigen machte uns nicht verlegen; niemand wurde dadurch aus der Ruhe gebracht. Hin und wieder wurden Gedanken und Neuigkeiten ausgetauscht, aber eigentlich war das gar nicht nötig. Wir freuten uns, zusammen zu sein und uns wiederzusehen. Nach dem ersten Austausch von Neuigkeiten war jede weitere Kommunikation völlig überflüssig. Wenn man nichts zu sagen hatte, brauchte man auch keine Plattitüden von sich zu geben. Nach vielleicht einer Stunde baten die Gäste um Erlaubnis zu gehen. Beide Seiten waren zufrieden über den Besuch, und wir brachen auf. In kleineren Ortschaften auf der Insel Java ist das Leben noch heute so."[18]

Der amerikanische Anthropologe und bekannte Autor Edward T. Hall unterscheidet Kulturen auf der Grundlage ihrer Art zu kommunizieren, und zwar anhand einer Dimension „Kontext" von „high context" bis „low context".[19] Bei high-context-Kommunikation muss nur sehr wenig gesagt oder geschrieben werden, da ein Großteil der Information entweder in der physischen Umgebung enthalten ist oder als bei den beteiligten Personen bekannt vorausgesetzt wird, während nur sehr wenig im verschlüsselten, expliziten Teil der Mitteilung enthalten ist. Diese Art der Kommunikation ist häufig in kollektivistischen Kulturen anzutreffen; Hadjiwibowos Familienbesuch ist ein Fallbeispiel hierfür. Bei low-context-Kommunikation wird das Meiste der Informationen im expliziten Code übermittelt, was typisch für individualistische Kulturen ist. Vieles, was in kollektivistischen Kulturen selbstverständlich ist, muss in individualistischen Kulturen explizit ausgedrückt werden. Amerikanische Geschäftsverträge sind wesentlich länger als japanische.

Ein weiterer bedeutender Begriff in Zusammenhang mit der kollektivistischen Familie ist, neben der Harmonie, die *Scham*. Individualistische Gesellschaften hat man als *Schuld*kulturen bezeichnet: Menschen, die gegen die Regeln der Gesellschaft verstoßen, haben häufig Schuldgefühle und werden von einem individuell entwickelten Gewissen geplagt, das als persönlicher innerer Lotse arbeitet. Demgegenüber handelt es sich bei kollektivistischen Gesellschaften um Schamkulturen: Menschen, die einer

Gruppe angehören, von der ein Mitglied gegen die Regeln der Gesellschaft verstoßen hat, sind beschämt, was auf einen Sinn für kollektive Pflicht zurückzuführen ist. Scham ist ihrem Wesen nach gesellschaftlich, Schuld ist individuell; ob man Scham empfindet, hängt davon ab, ob der Regelverstoß anderen bekannt geworden ist. Dieses Bekanntwerden ist mehr als der Regelverstoß selbst eine Quelle der Scham. Die ist bei Schuld nicht der Fall; man verspürt sie unabhängig davon, ob andere von dem Fehltritt wissen oder nicht.

Eine weitere, in der kollektivistischen Familie geförderte Vorstellung ist das *Gesicht*. „Das Gesicht verlieren", im Sinne von gedemütigt werden, ist ein Ausdruck, der aus dem Chinesischen in die deutsche wie auch in die englische Sprache vorgedrungen ist; in diesen Sprachen gab es kein Äquivalent dafür. David Yau-Fai Ho, ein Sozialwissenschaftler aus Hongkong, definiert ihn folgendermaßen: „Das Gesicht verliert man, wenn das Individuum, entweder durch eigenes Handeln oder durch das von ihm nahe stehenden Menschen wesentlichen Anforderungen nicht gerecht wird, die ihm aufgrund der sozialen Stellung, die es innehat, auferlegt sind."[20] Chinesen sprechen auch von „jemandem Gesicht geben" im Sinne von Ehre oder Prestige. Im Grunde beschreibt „Gesicht" die angemessene Beziehung zur sozialen Umgebung, die für eine Person (und deren Familie) ebenso wesentlich ist wie die Vorderseite ihres Kopfes. Die Bedeutung von Gesicht ergibt sich aus der Tatsache, in einer Gesellschaft zu leben, die sich in hohem Maße sozialer Zusammenhänge bewusst ist.

Die Sprachen anderer kollektivistischer Kulturen haben jeweils ein Wort mit mehr oder minder gleicher Bedeutung. So gibt es z. B. im Griechischen das Wort *philotimos*; Harry Triandis, ein griechisch-amerikanischer Psychologe, schreibt:

> Eine Person ist in dem Maße *philotimos*, wie sie sich nach den Normen und Werten ihrer Wir-Gruppe richtet. Diese umfassen auch eine Reihe von Opfern, die für Mitglieder ihrer Familie, Freunde und andere „um ihr Wohlergehen besorgte" Personen angemessen sind; z. B. gehört es zu den normativen Erwartungen traditioneller, ländlich geprägter Griechen und auch Inder (sowie vieler dazwischen ansässiger Völker), dass ein Mann seine Hochzeit solange aufschiebt, bis

seine Schwestern verheiratet sind und eine angemessene Mitgift erhalten haben."[21]

Das entgegengesetzte Merkmal in individualistischen Gesellschaften ist die „Selbstachtung", allerdings ist auch diese wieder vom Gesichtspunkt des Individuums her definiert, während „Gesicht" und „philotimo" aus der sozialen Umgebung heraus definiert sind.

In kollektivistischen Gesellschaften besteht meist die Möglichkeit, familienähnliche Bande zu Personen zu knüpfen, die zwar nicht blutsverwandt, aber sozial in die jeweilige Wir-Gruppe integriert sind. So ist dies in Lateinamerika durch die Institution von *compadres* und *comadres* möglich, die als Verwandte behandelt werden, selbst wenn sie keine sind. In Japan wurden früher manchmal jüngere Söhne durch eine Art Adoption Lehrlinge bei Handwerksmeistern. Ähnliche Bräuche existierten im Mittelalter in Mitteleuropa.

Da die Familie in kollektivistischen Gesellschaften eine so wichtige Rolle spielt, ist die Wahl des Ehepartners ein entscheidendes Ereignis, nicht nur für die Ehepartner selbst, sondern auch für deren Familien. Der Amerikaner David Buss koordinierte eine Studie, bei der durch Befragung Kriterien ermittelt wurden, die bei der Wahl eines potentiellen Ehepartners eine Rolle spielen.[22] Fast 10.000 junge Frauen und Männer aus 37 Ländern und mit einem Durchschnittsalter von 23 Jahren beteiligten sich an der Befragung. Zu den Eigenschaften, die sich die angehenden Ehefrauen und Ehemänner im Allgemeinen wünschten, gehörten: gegenseitige Liebe, Freundlichkeit, emotionale Stabilität, Intelligenz und Gesundheit. Andere Eigenschaften waren bei Frauen und Männern in den jeweiligen Ländern verschieden. Länderunterschiede gab es vor allem in Bezug auf Individualismus. In kollektivistisch geprägten Ländern gaben Männer jüngeren Ehefrauen den Vorzug und legten größeren Wert auf Gesundheit, Fleiß und die Unschuld ihrer zukünftigen Frau. Angehende Ehefrauen in kollektivistisch geprägten Ländern wünschten sich ältere, wohlhabendere Ehemänner, doch der Fleiß ihres zukünftigen Ehemannes spielte keine so große Rolle für sie, und schon gar nicht seine Keuschheit.

Der Wunsch der zukünftigen Ehemänner nach einer keuschen Ehefrau war jedoch in größerem Maße von der Armut des jeweiligen Landes abhängig als von dessen Kollektivismus. Das lässt sich folgendermaßen erklären: wachsender Wohlstand gibt den Frauen mehr Möglichkeiten zur Aus- und Weiterbildung an die Hand (in jeder Gesellschaft, in der erstmalig ein Bildungssystem zur Verfügung steht, geben Eltern ihren Söhnen den Vorrang, da diese für Tätigkeiten in und um das Haus nicht gebraucht werden). Wächst der Wohlstand in einer Gesellschaft, beginnen Mädchen, sich freier zu bewegen und erhalten häufiger Gelegenheit, Jungen zu treffen. Auch der Wohnraum der Menschen wächst, und ihre Privatsphäre wird größer. Medizinische Versorgung und Aufklärung werden besser, einschließlich der Sachkenntnis über Empfängnisverhütung. Junge Leute erhalten häufiger Gelegenheit zu sexuellen Erkundungen, und die entsprechenden Normen passen sich dieser Situation an.

Dass man Fleiß, Wohlstand und Keuschheit der zukünftigen Ehefrau in kollektivistisch geprägten Ländern großen Wert beimisst, folgt aus der Tatsache, dass es sich bei einer Eheschließung in einer solchen Gesellschaft eher um einen Vertrag zwischen zwei Familien als zwischen zwei Individuen handelt. Fleiß, Wohlstand und Keuschheit sind Aspekte, über die die Familien Kontrolle haben. In vielen kollektivistischen Gesellschaften werden Ehen von einem Ehevermittler arrangiert, und Braut und Bräutigam haben u. U. nur wenig Mitspracherecht bei der Wahl ihres Partners; häufig sollen sie sich nicht einmal vor dem Hochzeitstag sehen. Eine solche Ehe muss aber deshalb nicht weniger glücklich sein.

Die Forschung hat ergeben, dass in Indien die Zufriedenheit in einer Ehe, die durch einen Mittler zustande kam, größer ist als bei einer Liebesheirat und in einer aus Liebe geschlossenen Ehe in Indien wiederum größere Zufriedenheit herrscht als in einer amerikanischen Ehe. Wenn sich auch die romantische Liebe in individualistisch geprägten Kulturen größerer Wertschätzung erfreut, so sorgen doch bestimmte Aspekte dieses Individualismus bei fortschreitender Intimität für Probleme auf psychologischer Ebene.[23] Eine Umfrage über die Rolle der Liebe in einer Ehe, an der Studentinnen und Studenten aus elf Ländern teilnahmen, enthielt folgende Frage: „Wenn ein Mann (eine Frau) alle Eigenschaften hätte, die Sie sich wünschen, würden Sie diese Person heiraten, auch wenn Sie nicht verliebt in sie wären?" Die Antworten waren je nach dem Grad des Individualismus in den elf Ländern verschieden und reichten von 4 % Ja-Stimmen und 86 % Nein-Stimmen in den USA bis 50 % Ja-Stimmen und 39 % Nein-Stimmen in Pakistan.[24] In kollektivistisch geprägten Gesellschaften fallen also andere Faktoren als Liebe ins Gewicht.

In Tabelle 3.2 werden die bisher beschriebenen Hauptunterschiede zwischen kollektivistisch und individualistisch geprägten Gesellschaften zusammengefasst.

kollektivistisch	individualistisch
• Menschen werden in Großfamilien oder andere Wir-Gruppen hineingeboren, die sie auch später noch beschützen und die im Gegenzug Treue erhalten.	• Jeder wächst in dem Bewusstsein auf, sich nur um sich und seine unmittelbare (Kern-)Familie kümmern zu müssen.
• Kinder lernen in der „Wir"-Form zu denken.	• Kinder lernen in der „Ich"-Form zu denken.
• Die Harmonie sollte stets gewahrt und direkte Auseinandersetzungen vermieden werden.	• Zu sagen, was man denkt, ist ein charakteristisches Merkmal eines ehrlichen Menschen.
• Freundschaften sind vorherbestimmt.	• Freundschaften werden freiwillig eingegangen und sollten gepflegt werden.
• Finanzielle und andere Mittel sollten mit Verwandten geteilt werden.	• Individueller Besitz von Ressourcen, selbst bei Kindern.
• High-context-Kommunikation	• Low-context-Kommunikation
• Verfehlungen führen zu Schamgefühlen und Gesichtsverlust für den, der sie begeht, und für die Gruppe.	• Verfehlungen führen zu Schuldgefühlen und zum Verlust der Selbstachtung.
• Zukünftige Ehefrauen sollen jung, fleißig und keusch sein; zukünftige Ehemänner sollen älter sein.	• Die Kriterien zur Wahl eines Ehepartners sind nicht vorherbestimmt.

Tabelle 3.2: Hauptunterschiede zwischen kollektivistischen und individualistischen Gesellschaften – I: Allgemeine Norm und Familie

Sprache, Persönlichkeit und Verhalten in individualistischen und kollektivistischen Kulturen

Yoshi und Emiko Kashima, ein japanisch-australisches Ehepaar – er Psychologe, sie Sprachwissenschaftlerin – untersuchten die Beziehung zwischen Kultur und Sprache. Neben anderen Sprachbesonderheiten untersuchten sie den *Wegfall des Pronomens*, d. h., dass man in einem Satz das Pronomen in der ersten Person Singular (ich) weglässt; so findet man im Spanischen eher *te quiero* (ich liebe dich) als *yo te quiero*. Neununddreißig Sprachen, die in einundsiebzig verschiedenen Ländern gesprochen werden, wurden in die Untersuchung mit einbezogen und auf Korrelationen mit einer Reihe von anderen Variablen untersucht. Am stärksten war die Korrelation mit IDV.[25] Bei Sprachen, die in individualistischen Kulturen gesprochen werden, wird vom Sprecher gewöhnlich die Benutzung des Pronomens „ich" verlangt, wenn er von sich selber spricht; bei Sprachen, die in kollektivistischen Kulturen gesprochen werden, ist das Weglassen des Pronomens erlaubt bzw. sogar vorgeschrieben. Die englische Sprache, die in den meisten der in Tabelle 3.1 genannten Länder gesprochen wird, ist die einzige uns bekannte Sprache, in der das Pronomen für die erste Person Singular „I" (ich) groß geschrieben wird.

Sprachen verändern sich mit der Zeit, aber nur langsam. Das Pronomen für die erste Person Singular wurde in der mittelalterlichen Dichtung in den westeuropäischen Sprachen benutzt. Eine arabische Redensart aus der gleichen Zeit lautet: „Das satanische ‚Ich' sei verdammt!".[26] Die Verbindung zwischen Kulturpunktwerten und Sprachbesonderheiten veranschaulicht, wie alt die Wurzeln kultureller Unterschiede schon sind. Es ist daher äußerst naiv zu glauben, dass die Unterschiede unserer heutigen Zeit im Laufe eines Lebens verschwinden könnten.

Der chinesisch-amerikanische Anthropologe Francis Hsu behauptet, dass es in der chinesischen Sprache keine Entsprechung für „Persönlichkeit" im westlichen Sinne gibt. Im Westen versteht man unter Persönlichkeit ein eigenständiges Gebilde, das sich von der Gesellschaft und der Kultur abhebt, also etwas, das zum

Individuum gehört. Die Übersetzung ins Chinesische, die diesen Sinn am ehesten trifft, ist *ren*, wobei dieser Begriff nicht nur das Individuum meint, sondern auch sein enges gesellschaftliches und kulturelles Umfeld, das seiner Existenz erst den Sinn gibt.[27]

Den gleichen Standpunkt vertreten auch zwei amerikanische Psychologen, Hazel Rose Markus und Shinobu Kitayama, letzterer japanischer Abstammung. Sie behaupten, dass es in vielen asiatischen Kulturen eine Vorstellung von Individualität gibt, die aufbaut auf der fundamentalen Zusammengehörigkeit von Individuen zueinander, während sich in Amerika die Individuen um den Erhalt ihrer Unabhängigkeit von anderen bemühen, indem sie sich ganz auf sich selbst konzentrieren und dabei einzigartige Eigenschaften in ihrem Inneren entdecken und diese auch zum Ausdruck bringen. Die Art und Weise, wie Menschen sich „selbst" erfahren, richtet sich nach ihrer Kultur.[28] Unsere Sicht der Dinge ist die, dass individualistische Kulturen eine unabhängige Persönlichkeitsstruktur fördern, kollektivistische Kulturen hingegen eine Persönlichkeitsstruktur, die von wechselseitiger Abhängigkeit geprägt ist.

Der amerikanische Psychologe Solomon E. Asch (1907–1996) entwickelte ein ziemlich gemeines Experiment, um herauszufinden, inwieweit amerikanische Individuen gegen eine Mehrheit an ihrem eigenen Urteil festhalten würden. Die Testperson war der Meinung, sie sei Mitglied einer Gruppe von Leuten, die darüber zu befinden hatten, welche von zwei Linien länger sei. Was der Testperson nicht bekannt war, war die Tatsache, dass alle anderen Mitglieder der Gruppe Komplizen der Person waren, die das Experiment durchführte; diese gaben absichtlich eine falsche Antwort. Ein ziemlich hoher Prozentsatz der Testpersonen schloss sich in dieser Situation gegen die eigene Überzeugung der Meinung der Gruppe an. Seit den 50er Jahren wurde dieses Experiment in einer Reihe von Ländern wiederholt. Der Prozentsatz der Testpersonen, die sich dem falschen Urteil anschlossen, stand in negativer Korrelation mit den IDV-Punktwerten der jeweiligen Länder.[29]

Persönlichkeitserforschung ist ein Kernthema der Psychologie. Früher gab es – was oft zu Verwirrung führte – eine breite

Angebotspalette an Persönlichkeitstests, doch in den 90er Jahren hat sich ein Konsens herausgebildet, dass der gemeinsame Nenner all dieser Tests aus einem Satz von fünf dominanten, voneinander getrennten und nützlichen Dimensionen besteht, die relevante Persönlichkeitsunterschiede anzeigen (die so genannten „Big Five"):

O: Offenheit für Erfahrungen gegenüber Starrheit

C: Conscientiousness = Gewissenhaftigkeit gegenüber Unzuverlässigkeit

E: Extraversion gegenüber Introvertiertheit

A: Agreeableness = Verträglichkeit gegenüber Missmutigkeit

N: Neurotizismus gegenüber emotionaler Stabilität

Die amerikanischen Psychologen Paul T. Costa und Robert R. McCrae entwickelten einen auf den „Big Five" aufbauenden selbst zu bewertenden Persönlichkeitstest, den Revised NEO Personality Inventory (revidiertes NEO Persönlichkeitsinventar – NEO-PI-R). Er wurde aus dem amerikanischen Englisch in eine Reihe anderer Sprachen übersetzt. Mittlere Punktwerte für die fünf NEO-PI-R-Dimensionen aus Vergleichsstichproben von 33 Ländern wiesen signifikante Korrelationen mit allen vier IBM-Kulturdimensionen auf. Die stärkste Korrelation bestand zwischen Extraversion und IDV.[30]

In der Extraversion (als Gegensatz zur Introvertiertheit) vereinigen sich folgende Persönlichkeitsmerkmale, die tendenziell gemeinsam vorkommen: Wärme, Gesell014keit, Bestimmtheit, Bewegungsdrang, Abenteuerlust und positive Emotionen. Was die Korrelation zum Ausdruck bringt, ist die Tatsache, dass Menschen in mehr individualistisch geprägten Kulturen sich bezüglich dieser Aspekte höher einschätzen als Menschen in mehr kollektivistisch geprägten Kulturen. Möglicherweise mag es überraschen, dass Menschen aus Kulturen, in denen das Streben nach Unabhängigkeit gefördert wird, sich mehr Punkte für Geselligkeit geben, doch genau dann, wenn zwischenmenschliche Beziehungen *nicht* von der Kultur vorgegeben sind, gewinnt die bewusste Entscheidung für das Zusammensein mit anderen an Bedeutung.

Der amerikanische Psychologe David Matsumoto analysierte eine große Anzahl von Untersuchungen über die Erkennbarkeit von Gefühlsregungen am Gesichtsausdruck. Anhand von Fotos, auf denen Gesichter zu sehen waren, ordneten Studenten Gefühlsregungen folgendermaßen ein: Glück, Überraschung, Traurigkeit, Angst, Ekel und Wut. In 15 Ländern, aus der IBM-Reihe ergab sich für die Prozentzahl der Beobachter, die „Glück" richtig erkannt hatten, eine positive Korrelation zu IDV, und eine negative bei denen, die „Traurigkeit" richtig erkannt hatten. Unsere Interpretation geht dahin, dass individualistische Kulturen dazu ermutigen, Glück nach außen zu zeigen und zu teilen, nicht aber Traurigkeit, in kollektivistischen Kulturen ist das Gegenteil der Fall.[31] Dies stimmt überein mit der Korrelation zwischen IDV und den selbst bewerteten positiven Emotionen, wie im vorangegangenen Abschnitt beschrieben.

Der amerikanische Professor Robert Levine bat seine Studenten, die von überall herkamen, in ihren Heimatorten Daten über den Lebensrhythmus zu sammeln. Dazu gehörte auch die Gehgeschwindigkeit, definiert als die mit der Stoppuhr gemessene Zeit, die 70 gesunde Erwachsene (beiderlei Geschlechts, 50/50) benötigen, um eine Strecke von 60 Fuß (18,29 m/knapp 20 m) an einem von zwei relativ ruhigen Orten in der jeweiligen Stadt zurückzulegen, und zwar allein, an einem hellen Sommertag, während der Hauptgeschäftszeit. Von 31 Ländern, die mitmachten, hatten 23 auch an der IBM-Studie teilgenommen. Es stellte sich heraus, dass die Gehgeschwindigkeit stark mit IDV korrelierte. Menschen aus individualistischen Kulturen gingen dabei tendenziell schneller.[32] Wir interpretieren dies als körperlichen Ausdruck des eigenen Selbstverständnisses: Menschen in stärker individualistisch geprägten Kulturen sind aktiver, wenn sie etwas erreichen wollen.

Aussagekräftige Informationen über Verhaltensunterschiede in verschiedenen Ländern lassen sich aus Verbraucherumfragen zusammenstellen. Die holländische Professorin für Marketing und Unternehmensberaterin, Marieke de Mooij, stieß bei einem Vergleich von 15 europäischen Ländern auf viele bedeutsame Korrelationen zwischen Daten, die sich aus dem Verbraucherverhalten ergaben, und IDV.[33] Menschen aus stark individualistisch geprägten Ländern lebten wahrscheinlich eher in frei stehenden Häusern als solche aus schwach individualistisch geprägten Ländern; dass sie in Appartements oder Wohnungen lebten, kam seltener vor. Die Wahrscheinlichkeit war größer, dass sie einen eigenen Garten oder einen Caravan (Wohnwagen, in dem man seine Freizeit verbringen kann) besaßen.

Sie hielten häufiger Hunde und besonders Katzen, denen sie Hunde- und Katzenfutter gaben. Katzen sind individualistischere Tiere als Hunde!

Was Versicherungen betraf, hatten sie aller Wahrscheinlichkeit nach eine Hausrat-/Gebäude- und eine Lebensversicherung. Im handwerklichen Bereich führten sie häufiger Tätigkeiten selbst aus: Streichen von Wänden und Holzteilen, Tapezieren, Zimmermannsarbeiten, elektrische Leitungen verlegen, Reparaturen und Installationsarbeiten. In all diesen Fällen lassen sich die Länderunterschiede besser durch IDV als durch den nationalen Wohlstand erklären, da sie auf einen Lebensstil hinweisen, in dem der Mensch sich um finanzielle und persönliche Unabhängigkeit bemüht.

Was die Frage der Information betrifft, so lasen Menschen in stark individualistisch geprägten Ländern mehr Bücher, hatten mit größerer Wahrscheinlichkeit einen Heimcomputer oder ein Voice-Mail Telefon. Einwohner stark individualistisch geprägter Länder fanden die Fernsehwerbung häufiger nützlich, um über neue Produkte informiert zu werden. Sie verließen sich dabei mehr auf die Medien und weniger auf ihr soziales Netz.

Es gibt keinen Hinweis darauf, dass Menschen in individualistisch geprägten Kulturen gesünder leben oder weniger gesund sind als in kollektivistischen, aber die Tatsache, dass Menschen aus stark individualistisch geprägten Kulturen sich mehr auf sich selbst konzentrieren, wird ebenfalls dadurch deutlich, dass sie sich mehr um ihre Gesundheit sorgen, als das in schwach individualistisch geprägten Kulturen der Fall ist. Beschränken wir unsere Untersuchungen auf die Länder mit höheren Einkommen, in denen die gesamte Palette medizinischer Versorgung als verfügbar vorausgesetzt werden kann, stellen wir fest, dass Menschen aus einem Land mit einer stärker individualistisch geprägten Kultur einen größeren Teil ihres Einkommens für die Gesundheit ausgeben. Die Regierung eines solchen Landes verwendet ebenfalls einen größeren Teil der öffentlichen Mittel für die Gesundheitsfürsorge.[34]

Mit Behinderungen geht man in individualistischen und kollektivistischen Kulturen unterschiedlich um. Eine Umfrage bei australischem Pflegepersonal zeigte, wie unterschiedlich man in Arabisch sprechenden, chinesischen, Deutsch sprechenden, englischen, griechischen und italienischen Einwanderergemeinden auf Behinderungen reagiert. In den individualistisch geprägten Gemeinden (Englisch und Deutsch) blieben die Behinderten gewöhnlich heiter und optimistisch, ärgerten sich, wenn sie sich abhängig und hilfsbedürftig fühlten und planten ihre Zukunft so normal wie möglich. In den kollektivistischen Gemeinden (Griechisch, Chinesisch, Arabisch) kamen gewöhnlich Kummer, Scham und Pessimismus stärker zum Ausdruck. In der Regel bat man Familienmitglieder um Rat und Hilfe, und diese trafen auch die wichtigen Entscheidungen für die Zukunft des Behinderten. Die Italiener tendierten zur Mitte; Norditalien ist stärker individualistisch geprägt, aber ein Großteil der italienischen Einwanderer in Australien kommt aus dem kollektivistisch geprägten Süden. Eine andere Studie befasste sich mit den Antworten der gleichen Pflegepersonal-Testgruppe auf die Frage, wie die verschiedenen Gruppen mit behinderten Kindern umgingen. In den individualistisch geprägten Gemeinden war wiederum die vorherrschende Philosophie, die behinderten Kinder so weit wie möglich wie normale Kinder zu behandeln und sie an allen Aktivitäten teilhaben zu lassen, wo immer das machbar war. In den kollektivistisch geprägten Gemeinden wurde die Behinderung in der Regel als Schande für die Familie betrachtet und als Stigma für die Familienmitglieder, besonders wenn es sich bei dem Kind um einen Jungen handelte; das Kind wurde dann häufiger verborgen gehalten.[35]

In Tabelle 3.3 werden die in diesem Abschnitt beschriebenen Hauptunterschiede zwischen kollektivistisch und individualistisch geprägten Gesellschaften zusammengefasst.

kollektivistisch	individualistisch
• Der Gebrauch des Wortes „ich" wird vermieden.	• Der Gebrauch des Wortes „ich" wird gefördert.
• Persönlichkeitsstruktur, die von wechselseitiger Abhängigkeit geprägt ist.	• Unabhängige Persönlichkeitsstruktur
• Bei Persönlichkeitstests erzielen die Teilnehmer höhere Punktwerte für Introvertiertheit.	• Bei Persönlichkeitstests erzielen die Teilnehmer höhere Punktwerte für Extrovertiertheit.
• Man wird ermutigt, Trauer zu zeigen, nicht aber Glücksgefühle.	• Man wird ermutigt, Glücksgefühle zu zeigen, nicht aber Trauer.
• Niedrigere Schrittgeschwindigkeit	• Höhere Schrittgeschwindigkeit
• Verhaltensmuster beim Konsum bestätigen die Abhängigkeit von anderen.	• Verhaltensmuster beim Konsum zeigen, dass man finanziell unabhängig ist.
• Das soziale Netz ist die erste Quelle, aus der man sich seine Informationen holt.	• Die Medien sind die erste Quelle, aus der man sich seine Informationen holt.
• Geringerer Anteil des privaten Einkommens wie auch der öffentlichen Mittel wird in die Gesundheitsfürsorge investiert.	• Größerer Anteil des privaten Einkommens wie auch der öffentlichen Mittel wird in die Gesundheitsfürsorge investiert.
• Behinderte Menschen sind eine Schmach für die Familie und sollten versteckt gehalten werden.	• Behinderte sollten so weit wie möglich am normalen Leben teilhaben.

Tab. 3.3: Hauptunterschiede zwischen kollektivistischen und individualistischen Gesellschaften – II: Sprache, Persönlichkeit und Verhalten

Individualismus und Kollektivismus in der Schule

Die Beziehung zwischen dem Individuum und der Gruppe, die im Bewusstsein eines Kindes in den ersten Lebensjahren in der Familie aufgebaut wurde, wird in der Schule weiter entwickelt und gefestigt. Dies wird im Klassenverhalten besonders deutlich. Im Rahmen der Entwicklungshilfe geschieht es häufig, dass Lehrer aus einer eher individualistischen Kultur in eine stärker kollektivistische Umgebung wechseln. Eine typische Klage dieser

Lehrer lautet, dass die Schüler sich nicht zu Wort melden, auch wenn der Lehrer der Klasse eine Frage stellt. Für einen Schüler, der sich selbst als Teil einer Gruppe sieht, ist es unlogisch zu sprechen, wenn die Gruppe nicht ihre Zustimmung dazu gegeben hat. Wenn der Lehrer möchte, dass die Schüler sprechen, so sollte er sich direkt an einen bestimmten Schüler wenden.

Schüler aus einer kollektivistischen Kultur werden auch zögern, sich in größeren Gruppen zu Wort zu melden, wenn kein Lehrer anwesend ist, insbesondere dann, wenn sich die Gruppe aus relativ fremden Personen zusammensetzt: Mitglieder der Fremdgruppe. Dieses Zögern ist in kleineren Gruppen weniger stark. In einer großen kollektivistischen oder kulturell gemischten Klasse lässt sich durch die Bildung kleiner Gruppen die Beteiligung der Schüler am Unterricht erhöhen. Beispielsweise kann man die Schüler bitten, sich zum Hintermann umzudrehen und in Dreier- oder Vierergruppen fünf Minuten lang eine Frage zu diskutieren. Jede Gruppe soll einen Sprecher benennen. Auf diese Weise werden die Antworten der einzelnen Personen zu Gruppenantworten und diejenigen, die die Antworten schließlich vortragen, tun das im Namen ihrer Gruppe. Oft wechseln sich die Schüler in nachfolgenden Übungen spontan in der Rolle des Sprechers ab.

In der kollektivistischen Gesellschaft bestehen aus dem Familienbereich stammende Unterscheidungen zwischen Mitgliedern der Wir-Gruppe und Angehörigen der Fremdgruppe in der Schule weiter, so dass Schüler mit verschiedener ethnischer oder familiärer Herkunft häufig Untergruppen in der Klasse bilden. In individualistischen Gesellschaften führt die Zuteilung gemeinsamer Aufgaben leichter zur Bildung neuer Gruppen als in kollektivistischen Gesellschaften. In diesen erwarten die Schüler mit der gleichen ethnischen oder familiären Herkunft wie der Lehrer oder andere Schulangestellte eine Vorzugsbehandlung auf dieser Basis. In einer individualistischen Gesellschaft würde dies als Vetternwirtschaft betrachtet und als höchst unmoralisch gelten, aber in einer kollektivistischen Umgebung ist es unmoralisch, die Angehörigen seiner Wir-Gruppe *nicht* besser zu behandeln als andere.

In der kollektivistischen Klasse rangieren die Tugenden Harmonie und „Gesicht"-Wahren an erster Stelle. Konfrontationen und Auseinandersetzungen sollte man vermeiden oder zumindest so formulieren, dass man niemanden verletzt; Schüler sollten nicht das Gesicht verlieren, wenn es sich vermeiden lässt. Eine wirksame Möglichkeit, Fehlverhalten zu korrigieren, besteht darin, den betreffenden Schüler zu beschämen, d.h. an die Gruppenehre zu appellieren: er wird dann von den Mitgliedern seiner Wir-Gruppe zurechtgewiesen. Der Lehrer hat es nie mit einem isolierten Individuum zu tun, sondern immer mit einem Teil einer Wir-Gruppe.

In der individualistischen Klasse erwarten Schüler natürlich, als Individuen und unparteiisch behandelt zu werden, ohne Berücksichtigung ihrer Herkunft. Die Gruppenbildung unter Schülern erfolgt *spontaner*, je nach Aufgabe oder besonderen Freundschaften und Fertigkeiten. Konfrontationen und offene Diskussionen über Konflikte gelten häufig als nützlich, das Gesichts-Bewusstsein ist nur schwach ausgeprägt oder gar nicht vorhanden.

Zwischen individualistischen und kollektivistischen Gesellschaften gibt es eine unterschiedliche Auffassung vom *Zweck* der Erziehung. In ersterer ist sie darauf hin ausgerichtet, das *Individuum* auf einen Platz in einer Gesellschaft von anderen Individuen vorzubereiten. Das bedeutet, man muss lernen, mit neuen, unbekannten, unerwarteten Situationen fertig zu werden. Es gibt eine im Wesentlichen positive Einstellung dem Neuen gegenüber. Zweck des Lernens ist es weniger, zu wissen, wie man etwas macht, sondern zu wissen, *wie man lernt*. Ausgangspunkt hierbei ist, dass man im Leben niemals auslernt; selbst nach Schule und Universität geht das Lernen weiter, z.B. in Auffrischungskursen. Die individualistische Gesellschaft versucht, in ihren Schulen die für den „modernen Menschen" notwendigen Kompetenzen zu vermitteln.

In der kollektivistischen Gesellschaft liegt der Schwerpunkt in der Anpassung an die Fertigkeiten und Tugenden, die erforderlich sind, um ein akzeptables Gruppenmitglied zu sein. Dies führt zu einem hohen Stellenwert für das aus der *Tradition* Hervorgegangene. Lernen wird häufiger als einmaliger Vorgang begriffen, der dem jungen Menschen vorbehalten bleibt; dieser muss lernen, *wie* man etwas *macht*, um der Gesellschaft anzugehören.

Auch die Rolle von Diplomen oder Zeugnissen als Ergebnis eines erfolgreichen Studienabschlusses ist zwischen den beiden Polen der Individualismus-Kollektivismus-Dimension verschieden. In der individualistischen Gesellschaft erhöht das Diplom den wirtschaftlichen Wert des Inhabers sowie dessen Selbstachtung: es verhilft zu einem Gefühl, gute Arbeit geleistet zu haben. In der kollektivistischen Gesellschaft bedeutet ein Diplom eine Ehre für den Inhaber und dessen Wir-Gruppe, die es dem Inhaber erlaubt, mit Angehörigen von Gruppen mit höherem Status zu verkehren – beispielsweise um einen attraktiveren Ehepartner zu finden. In gewissem Maße ist es ein „Sesam-öffne-dich". Die mit dem Diplom verbundene soziale Akzeptanz ist wichtiger als die Selbstachtung als Ergebnis der Beherrschung eines Fachs. Dies hat zur Folge, dass die Versuchung, sich Diplome auf unerlaubte Weise zu beschaffen (beispielsweise auf dem Schwarzmarkt), in kollektivistischen Gesellschaften größer ist.

Individualismus und Kollektivismus am Arbeitsplatz

In kollektivistischen Gesellschaften ist es eher wahrscheinlich, dass Söhne beruflich in die Fußstapfen ihrer Väter treten, als in individualistischen.[36] Wir haben festgestellt, dass unsere Arbeit als Vater-und-Sohn- Autorenteam in kollektivistischen Kulturen gerne bewundert, in individualistischen Gesellschaften jedoch verächtlich abgetan wird. In stärker individualistisch geprägten Gesellschaften werden Söhne von Vätern, die einen Handwerksberuf ausüben, häufiger in einen Beruf außerhalb dieser Sparte wechseln und umgekehrt. In stärker kollektivistisch geprägten Gesellschaften ist die berufliche Mobilität geringer.

In einer individualistischen Kultur erwartet man von Arbeitnehmern, dass sie nach ihren eigenen Interessen handeln; und die Arbeit sollte so organisiert sein, dass dieses Eigeninteresse und das Interesse des Arbeitgebers in Einklang miteinander stehen. Arbeitnehmer sollen als „wirtschaftliche Menschen" handeln, oder als Menschen mit einer Kombination aus wirtschaftlichen und psychologischen Bedürfnissen, in jedem Fall aber als Individuen mit eigenen Bedürfnissen. In einer kollektivistischen Kultur stellt ein Arbeitgeber niemals einfach ein Individuum ein, sondern eine Person, die einer Wir-Gruppe angehört. Der Mitarbeiter wird sich nach den Interessen dieser Wir-Gruppe verhalten, die möglicherweise nicht immer mit seinen individuellen Interessen übereinstimmen: Zurückhaltung im Interesse der Wir-Gruppe gehört zu den normalen Erwartungen in einer solchen Gesellschaft. Einkommen muss häufig mit Verwandten geteilt werden.

Die Art und Weise, wie in einer kollektivistischen Gesellschaft Stellen besetzt werden, berücksichtigt immer die Wir-Gruppe. Normalerweise werden vorzugsweise Verwandte eingestellt, vor allem Verwandte des Arbeitgebers, aber auch Verwandte anderer Personen, die bereits in dem Unternehmen arbeiten. Die Einstellung von Personen aus einer Familie, die man kennt, ist mit geringerem Risiko verbunden. Auch sind Verwandte um den Ruf der Familie besorgt und werden dazu beitragen, Fehlverhalten eines Familienangehörigen zu korrigieren. In der individualistischen Gesellschaft gelten familiäre Beziehungen bei der Arbeit häufig als unerwünscht, da sie zu Vetternwirtschaft und Interessenkonflikt führen könnten. In manchen Unternehmen gibt es eine Regelung, nach der im Falle einer Heirat zweier Mitarbeiter einer der beiden die Firma verlassen muss.

In einer kollektivistischen Gesellschaft kann der Arbeitsplatz selbst zu einer Wir-Gruppe im emotionalen Sinne des Wortes werden. Das ist zwar von Land zu Land unterschiedlich stark ausgeprägt, aber die Auffassung, dass es wünschenswert ist, ist überall vorhanden. Die Beziehung zwischen Arbeitgeber und Arbeitnehmer wird als eine moralische angesehen. Sie ähnelt einer familiären Beziehung mit beiderseitigen Verpflichtungen, d.h. Schutz bzw. Loyalität. Eine schwache Leistung des Mitarbeiters stellt keinen Kündigungsgrund dar: seinem Kind kündigt man nicht. Leistung und Fertigkeiten entscheiden allerdings darüber, welche Aufgaben man einem Mitarbeiter überträgt. Dieses Beziehungsmuster ist uns am besten von japanischen Unternehmen her bekannt. Streng genommen trifft es in Japan nur auf die Gruppe der permanent Beschäftigten zu, die vielleicht weniger als die Hälfte der gesamten Beschäftigtenzahl ausmacht. Japan steht etwa in der Mitte der IDV-Skala. In individualistischen Gesellschaften begreift man die Beziehung zwischen Arbeitgeber und Arbeitnehmer vor allem als einen geschäftlichen Vorgang, eine berechenbare Beziehung zwischen Teilnehmern auf dem „Arbeitsmarkt". Schlechte Leistung des Arbeitnehmers oder ein besseres Gehaltsangebot eines anderen Arbeitgebers stellen legitime und sozial akzeptierte Gründe für die Beendigung eines Arbeitsverhältnisses dar.

Christopher Earley, ein Unternehmensforscher aus den USA, hat den Unterschied im Arbeitsethos zwischen einer individualistischen und einer kollektivistischen Gesellschaft sehr schön in einem Experiment verdeutlicht. Bei dem Experiment wurde 48 Managementtrainees aus Südchina und 48 vergleichbaren Managementtrainees aus den USA eine „in-basket" Aufgabe gestellt. Sie bestand aus 40 Einzelpunkten, für die jeweils zwei bis fünf Minuten angesetzt waren, z.B. das Schreiben von Notizen, die Auswertung von Plänen oder die Bewertung der Bewerbungsbogen von Stellenbewerbern. Der Hälfte der Teilnehmer eines jeden Landes wurde ein Gruppenziel von 200 dieser Punkte vorgegeben, die innerhalb einer Stunde von zehn Personen bearbeitet werden sollten; in der anderen Hälfte der Probanden erhielt jede Person ein persönliches Ziel von 20 Punkten. Außerdem bat man die Hälfte der Teilnehmer in jedem Land, und zwar sowohl aus der Untergruppe mit dem Gruppenziel als auch aus der Untergruppe mit dem individuellen Ziel, jeden bearbeiteten Punkt mit ihrem Namen zu kennzeichnen, während die andere Hälfte die Lösungen anonym abgab.

Die – kollektivistischen – Teilnehmer aus China schnitten am besten ab, wenn sie mit einem Gruppenziel und anonym arbeiteten. Das schlechteste Ergebnis erreichten sie, wenn sie individuell arbeiteten und bei jedem Punkt ihren Namen angeben mussten. Die – individualistischen – Teilnehmer aus den USA schnitten am besten ab, wenn sie individuell und mit Namensangabe arbeiteten und hatten miserable Ergebnisse, wenn sie als Gruppe und anonym arbeiteten. Außerdem unterzogen sich alle Teilnehmer einem Wertetest, um ihren persönlichen Individualismus oder Kollektivismus ermitteln zu lassen: eine Minderheit der Chinesen wurde als individualistisch eingestuft, und deren Leistung entsprach dem US-Muster; eine Minderheit der Amerikaner schnitt kollektivistisch ab, und deren Leistung entsprach derjenigen der Chinesen.[37]

In der Praxis gibt es eine breite Spanne von Varianten in Arbeitgeber-Arbeitnehmer-Beziehungen innerhalb von kollektivistischen und individualistischen Gesellschaften. Es gibt Arbeitgeber in kollektivistischen Ländern, die die gesellschaftliche Norm nicht respektieren, dass man seine Mitarbeiter als Mitglieder einer Wir-Gruppe behandeln sollte, aber in diesem Falle revanchieren sich die Mitarbeiter ihrerseits auch nicht durch Loyalität. In solchen Fällen können Gewerkschaften die Arbeitsorganisation als emotionale Wir-Gruppe ersetzen, und es kann zu heftigen Auseinandersetzungen zwischen Gewerkschaften und Arbeitgebern kommen, wie in Teilen Indiens. Es gibt aber auch Arbeitgeber in individualistischen Gesellschaften, die einen starken Gruppenzusammenhalt mit ihren Mitarbeitern geschaffen haben, was zum selben Gleichgewicht von Schutz und Loyalität führt, das in der kollektivistischen Gesellschaft die Regel ist. Unternehmenskulturen können bis zu einem gewissen Grad von Mehrheitsnormen abweichen und aus ihrer Originalität einen Wettbewerbsvorteil ableiten. In Kapitel 8 wird näher auf diese Punkte eingegangen.

Management in einer individualistischen Gesellschaft bedeutet Management von Individuen. Mitarbeiter können normalerweise individuell eingesetzt werden; werden Anreize oder Boni gewährt, so sollten diese an die Leistung des Einzelnen geknüpft sein. Management in einer kollektivistischen Gesellschaft bedeutet Management von Gruppen. Zu welchem Grad sich Personen tatsächlich emotional in eine Arbeitsgruppe integriert fühlen, kann je nach Situation unterschiedlich sein. Ethnische und andere Wir-Gruppen-Unterschiede innerhalb der Arbeitsgruppe spielen beim Integrationsprozess eine Rolle, und Manager in einer kollektivistischen Kultur werden solchen Faktoren höchste Aufmerksamkeit schenken.

Es ist häufig sinnvoll, Personen mit derselben ethnischen Herkunft in einem Team zusammenzufassen, obwohl individualistisch programmierte Manager das meist für bedenklich halten und gerne gegenteilig handeln würden. Wenn die Arbeitsgruppe als emotionale Wir-Gruppe funktioniert, sollten Anreize und Bonusse der Gruppe gewährt werden, und nicht dem Einzelnen.

Innerhalb von Ländern mit einer dominierenden individualistischen Kultur der Mittelklasse haben sich regionale ländliche Subkulturen manchmal stark kollektivistische Elemente bewahrt. Das gleiche gilt für Minderheiten von Gastarbeitern, die unter den Beschäftigten einiger Branchen in manchen individualistischen Ländern eine Mehrheit bilden. In solchen Fällen ist ein Kulturkonflikt zwischen Führungskräften und Beschäftigten aus der Region bzw. Gastarbeitern wahrscheinlich. Dieser Konflikt drückt sich unter anderem darin aus, dass sich die Geschäftsleitung bei der Gewährung von Gruppenanreizen stark zurückhält, und zwar in Fällen, wo diese der Kultur der Belegschaft entsprechen würden.

Managementmethoden und Fortbildungsprogramme sind fast ausschließlich in individualistischen Ländern entwickelt worden und gründen sich auf kulturelle Voraussetzungen, die in kollektivistischen Kulturen möglicherweise nicht gegeben sind. Ein Hauptelement bei der Ausbildung von Top-Führungskräften ist das Training in der Gesprächsführung von „Beurteilungsgesprächen", regelmäßige Diskussionen, in denen die Leistung der Mitarbeiter überprüft wird. Sie können Teil von Management by Objectives[38] sein, aber auch wo MBO nicht eingesetzt wird, gelten die Durchführung von Leistungsbeurteilungen und die Fähigkeit, die „schlechte Nachricht" mitzuteilen, als wesentliche Fertigkeiten einer erfolgreichen Führungskraft. In einer kollektivistischen Gesellschaft würde ein offenes Gespräch über die Leistung einer Person wahrscheinlich frontal mit der Harmonienorm dieser Gesellschaft kollidieren und könnte vom Mitarbeiter als inakzeptabler Gesichtsverlust empfunden werden. Diese Gesellschaften verfügen über subtilere, indirektere Möglichkeiten des Feedbacks, beispielsweise durch den Entzug einer ganz normalen Vergünstigung oder mündlich über einen Mittelsmann. Uns ist ein Fall bekannt, in dem für einen Mitarbeiter mit schlechter Leistung dessen älterer und im Dienste des gleichen Arbeitgebers stehender

Verwandter diese Mittlerrolle spielte. Er überbrachte die schlechte Nachricht seinem Neffen und vermied so den Gesichtsverlust, den ein formelles Beurteilungsgespräch verursacht hätte.

Aus dem gleichen Grund sind Schulungsprogramme mit Titeln wie Sensitivitätstraining, Encountergruppen oder Transaktionsanalyse, wie sie in den USA immer wieder beliebt sind und in denen man lernt, anderen Menschen seine Gefühle offen und ehrlich mitzuteilen, nicht geeignet für die Anwendung in kollektivistischen Kulturen.

Die Unterscheidung zwischen der Wir-Gruppe und der Fremdgruppe, die im kollektivistischen Kulturmuster einen so hohen Stellenwert besitzt, hat weit reichende Folgen für Geschäftsbeziehungen, und zwar nicht nur zwischen Arbeitgebern und Arbeitnehmern. Sie ist der Grund für die zu Beginn dieses Kapitels stehende kulturelle Verlegenheit des Herrn Johannesson und dessen Vorgesetzten in Saudi-Arabien.

In individualistischen Gesellschaften gilt die Norm, dass man jeden gleich behandeln soll. In der soziologischen Fachsprache ist das unter dem Begriff *Universalismus* bekannt. Vorzugsbehandlung für einen Kunden im Vergleich zu anderen gilt als schlechtes Geschäftsgebaren und als unmoralisch. In kollektivistischen Gesellschaften gilt das Gegenteil. Da die Unterscheidung zwischen „unserer Gruppe" und „anderen Gruppen" fest im Bewusstsein des Menschen verankert ist, ist es natürlich und moralisch und gilt es als gesundes Geschäftsgebaren, seine Freunde besser zu behandeln als andere. Soziologen bezeichnen diese Handlungsweise als *Partikularismus*.

Aus der partikularistischen Denkweise folgt unter anderem, dass man in einer kollektivistischen Gesellschaft ein Vertrauensverhältnis zu einem anderen Menschen aufbauen sollte, bevor man Geschäftsbeziehungen eingeht. Durch dieses Verhältnis wird die betreffende Person in die Wir-Gruppe aufgenommen und hat von diesem Augenblick an Anspruch auf eine Vorzugsbehandlung. In Johannessons Fall dauerte dieser Prozess zwei Jahre. Während dieser Zeit war die Anwesenheit des schwedischen Geschäftsmannes als Mittelsmann unbedingt erforderlich; danach wurde sie überflüssig. Das Verhältnis bestand allerdings

kollektivistisch	individualistisch
• Schüler melden sich im Unterricht nur, wenn die Gruppe ihre Zustimmung gibt.	• Schüler sollen sich einzeln im Unterricht zu Wort melden.
• Ziel der Erziehung und Bildung ist zu lernen, wie man etwas macht.	• Ziel der Erziehung und Bildung ist zu lernen, wie man lernt.
• Diplome verschaffen Zugang zu Gruppen mit einem höheren Status.	• Diplome steigern den wirtschaftlichen Wert und/oder erhöhen das Selbstwertgefühl.
• Geringere berufsbedingte Mobilität	• Größere berufsbedingte Mobilität
• Arbeitnehmer sind Mitglieder von Wir-Gruppen, die die Interessen ihrer Wir-Gruppe verfolgen.	• Arbeitnehmer sind „Wirtschaftsmenschen", die die Interessen des Arbeitgebers verfolgen, wenn sie mir ihren eigenen Interessen übereinstimmen.
• Bei Entscheidungen über Einstellungen und Beförderungen wird die Wir-Gruppe der Mitarbeiter berücksichtigt.	• Bei Entscheidungen über Einstellungen und Beförderungen sollen nur Fähigkeiten und Regeln zählen.
• Die Beziehung Arbeitgeber – Arbeitnehmer ist grundsätzlich moralischer Art, wie auch eine familiäre Bindung.	• Die Beziehung Arbeitgeber – Arbeitnehmer besteht aus einem Vertrag zwischen Parteien auf einem Arbeitsmarkt.
• Management bedeutet Management von Gruppen.	• Management bedeutet Management von Individuen.
• Direkte Beurteilung von Untergebenen trübt die Harmonie.	• Beim Management Training lernt man, wie man Gefühle ehrlich mitteilt.
• Kunden derselben Wir-Gruppe erfahren eine bevorzugte Behandlung: Partikularismus	• Jeder Kunde sollte dieselbe Behandlung erfahren: Universalismus.
• Die Beziehung genießt Priorität gegenüber der Aufgabe.	• Die Aufgabe genießt Priorität gegenüber der Beziehung.

Tab. 3.4: Hauptunterschiede zwischen kollektivistischen und individualistischen Gesellschaften – III: Schule und Arbeitsplatz

zu Johannesson persönlich, und nicht zu dessen Firma. Für die kollektivistische Denkweise sind nur natürliche Personen vertrauenswürdig, und über diese Personen auch deren Freunde und Kollegen, aber nicht unpersönliche Rechtskörperschaften wie ein Unternehmen. Zusammenfassend kann man also sagen: In der kollektivistischen Gesellschaft hat das *persönliche Verhältnis Vorrang vor der Aufgabe* und sollte als erstes aufgebaut werden; in der individualistischen Gesellschaft hingegen *gilt die Aufgabe als vorrangig vor jeglicher persönlichen Beziehung.* Der naive westliche Geschäftsmann, der versucht, in einer kollektivistischen Kultur schnelle Geschäfte zu machen, manövriert sich selbst in die Position eines Mitglieds der Fremdgruppe und setzt sich somit negativer Diskriminierung aus.

In Tabelle 3.4 werden die Hauptunterschiede zwischen kollektivistischen und individualistischen Gesellschaften in Bezug auf Schule und Arbeitsplatz zusammengefasst.

Individualismus, Kollektivismus und der Staat

Alfred Kraemer, ein amerikanischer Wissenschaftler auf dem Gebiet interkultureller Kommunikation, zitierte folgenden Kommentar des russischen Dichters Vladimir Korotich in einer sowjetischen Literaturzeitschrift nach dessen zweimonatiger Reise durch die USA, bei der er an amerikanischen Universitäten Vorlesungen hielt:

> „… Versuche, einem amerikanischen Publikum zu gefallen, sind von vorneherein zum Scheitern verurteilt, denn unter zwanzig Zuhörern haben vielleicht fünf eine Meinung, sieben eine andere und acht gar keine."[39]

Was den westlichen Leser bei diesem Kommentar überrascht, ist nicht die beschriebene Einstellung amerikanischer Studenten, sondern die Tatsache, dass Korotich etwas anderes erwartete. Offenbar war er ein Publikum gewohnt, das jeweils eine gemeinsame Meinung hatte, ein Merkmal einer kollektivistischen Kultur. In Tabelle 3.1 wird deutlich, dass Russland erheblich stärker kollektivistisch abschneidet als westliche Länder.

Naive Beobachter der weltpolitischen Szene sehen oft nur die unterschiedlichen politischen Systeme, sind sich aber der unterschiedlichen Mentalitäten der in den jeweiligen Ländern lebenden Menschen nicht bewusst, die zu diesen unterschiedlichen Systemen geführt haben und durch die sie aufrecht erhalten werden. Wenn das gemeinsame Wertesystem vorsieht, dass kollektivistische Interessen Vorrang haben vor individualistischen Interessen, führt das zu einer anderen Staatsform als wenn die Meinung vorherrscht, individualistische Interessen müssten sich gegenüber kollektivistischen durchsetzen.

Im amerikanischen Sprachgebrauch wird der Begriff „kollektivistisch" manchmal dazu benutzt, um ein kommunistisches politisches System zu beschreiben. Länder in Tabelle 3.1, die eine kommunistische bzw. staatskapitalistische Regierung hatten oder immer noch haben, sind auf der Seite der mittleren bis niedrigen IDV-Punktwerte, d.h. auf der kollektivistischen Seite zu finden. Je schwächer der Individualismus in der mentalen Software der Bürger ausgeprägt ist, desto größer ist die Wahrscheinlichkeit, dass der Staat eine dominierende Rolle im Wirtschaftssystem spielt.

Zunehmender Individualismus hat unter anderem seit den 90er Jahren zu einer Liberalisierung und zu einer Verringerung der öffentlichen Ausgaben in westlichen Ländern geführt. Selbst staatliche Monopole wie die Energieversorgung und das Transportwesen wurden manchmal sogar auf Kosten der Leistungsfähigkeit und Zuverlässigkeit privatisiert, und zwar eher aus ideologischen als aus pragmatischen Gründen, was wiederum ein Zeichen für die Macht kultureller Werte ist.

Die kapitalistische Erfindung der Aktiengesellschaft – ein Unternehmen im Besitz von Aktionären, die von verschiedenen Orten aus ihre Aktien an einer Börse handeln können – stammt aus dem individualistischen Großbritannien und setzt bei den Betreibern der Gesellschaft eine individualistische Mentalität voraus, um richtig funktionieren zu können.[40] In der Praxis wird sie regelmäßig von partikularistischen Interessen bedroht, und ihr angeblich freier Markt bedarf einer starken staatlichen Regulierung, was wiederum ein Widerspruch in sich selbst ist.

Andererseits basiert das Wirtschaftsleben in kollektivistischen Gesellschaften, wenn es nicht vom Staat beherrscht wird, in jedem Fall auf kollektivistischen Interessen. Familienbetriebe sind sehr zahlreich; nach der wirtschaftlichen Liberalisierung der 80er Jahre eröffneten in der Volksrepublik China ganze Dörfer, das Militär und städtische Polizeikorps ihre eigenen Unternehmen.

Individualistisch geprägte Länder neigen zu größerem Wohlstand und niedrigerer Machtdistanz als kollektivistisch geprägte Länder. Hierbei handelt es sich um eine statistische Beziehung, die nicht auf alle Länder zutrifft, doch aufgrund dieser Beziehung ist es manchmal schwierig zu unterscheiden, wie sich Wohlstand, Individualismus und geringere Machtdistanz auf eine Regierung auswirken. Beispielsweise haben Politikwissenschaftler für eine große Anzahl von Ländern einen Index für Pressefreiheit entwickelt. Dieser Index steht in signifikanter Korrelation zu hoher Individualität und niedriger Machtdistanz, korreliert aber am stärksten mit nationalem Wohlstand. Größere Pressefreiheit in Ländern mit größerem Wohlstand ist nicht nur eine Frage von Individualismus und Gleichheit, sondern auch eine Frage der verfügbaren Mittel wie z. B. einer größeren Auswahl an Zeitungen und Fernsehkanälen und auch von Interessengruppen, die über die finanziellen Mittel verfügen, um ihre Ansichten zu verbreiten.[41]

In vielen individualistischen Gesellschaften ist das Recht auf Privatsphäre ein zentrales Thema, das in kollektivistischen Gesellschaften aber nicht den gleichen Anklang findet, denn dort wird es als völlig normal betrachtet, dass die Wir-Gruppe eines Menschen jederzeit in seine Privatsphäre eindringen kann.

Der Unterschied zwischen einem universalistischen und einem partikularistischen Umgang mit Kunden, wie im Falle Johannesson dargestellt, trifft auch auf die Funktionsweise des Staates als Ganzes zu. In der individualistischen Gesellschaft geht man davon aus, dass gleiches Recht und Gesetz für alle Mitglieder gelten und auch auf alle gleich angewandt werden (ob dieser Richtlinie immer entsprochen wird, ist eine andere Frage). In der kollektivistischen Gesellschaft sind Recht und Gesetz möglicherweise verschieden, je nachdem welche Kategorie von Menschen betroffen ist; wenn dies auch theoretisch nicht vorkommt, so doch in jedem Fall in der Vollstreckung der Gesetze, und das empfindet man hier nicht als falsch.

Wenn die Unterschiede in den politischen Systemen der Länder in der mentalen Software der jeweiligen Bürger verwurzelt sind, so besteht nur begrenzt die Möglichkeit, dass sich diese Systeme durch Propaganda, Geld oder Waffen von einem anderen Land beeinflussen lassen. Wenn der Geist der Menschen nicht bereit ist für die Botschaft, sind Propaganda und Geld meist vergeblicher Aufwand. Nicht einmal der mächtigste fremdländische Staat kann ganze Bevölkerungsgruppen derart beeinflussen, dass sie ihre innig gehegten Werte aufgeben würden.

Ein Hauptthema internationaler Politik ist die Achtung von Menschenrechten auf nationaler Ebene. Eine „Allgemeine Menschenrechtserklärung" wurde im Jahre 1948 von den Vereinten Nationen aufgenommen. Charles Humana, früher Forscher bei Amnesty International, ermittelte anhand von 40 Fragen, die aus Kriterien der Vereinten Nationen hergeleitet waren, für eine große Anzahl von Ländern eine Einstufungsskala für Menschenrechte. Bei 52 Ländern aus der IBM-Reihe korrelierten Humanas ermittelte Werte bezüglich der Einstufung von Menschenrechten hauptsächlich mit dem Bruttosozialprodukt (BSP) pro Kopf, das 50 % der Unterschiede erklärte; durch Hinzufügen der Punktwerte für die Kultur änderte sich nichts an dem Ergebnis. Das geschah erst, als wir uns die 25 reicheren Länder separat betrachteten: nun wurde IDV zur einzigen Variablen, die 53 % der Unterschiede bei der Einstufung der Menschenrechte erklärte. Für die verbleibenden 27 ärmeren Länder blieb das BSP/Kopf die einzige Erklärungsgröße, wobei sie aber jetzt nur für 14 % der Unterschiede verantwortlich war.[42]

Aufgrund dieser Beziehungen kommen wir zu dem Schluss, dass die Achtung von Menschenrechten, wie sie von den Vereinten Nationen gefordert wird, ein Luxus ist, den sich reiche Länder eher leisten können als arme; inwieweit diese reichen Länder allerdings mit den von den Vereinten Nationen vorgegeben Kriterien konform gehen, ist abhängig vom Grad des Individualismus in ihrer Kultur. Die Allgemeine Menschenrechtserklärung (1948) und andere Abkommen der Vereinten Nationen waren inspiriert vom Geist der zur Zeit ihrer Entstehung bei den Mächtigen vorherrschenden Werte, und diese waren nun mal individualistisch.

Individualismus, Kollektivismus und Gedankenwelt

Individualistische Gesellschaften praktizieren den Individualismus nicht nur, sondern sind auch der Ansicht, er sei anderem Formen mentaler Software überlegen. Die meisten Amerikaner halten Individualismus für gut und glauben, er sei die Wurzel der Größe ihres Landes. Andererseits sah der frühere chinesische Staatsvorsitzende Mao Tsetung im Individualismus ein Übel. Er machte Individualismus und Liberalismus verantwortlich für Egoismus und eine Aversion gegen Disziplin; sie verleiteten den Menschen dazu, persönliche Interessen über die Interessen der Gruppe zu stellen, oder einfach persönlichen Dingen zu viel Aufmerksamkeit zu widmen. In Tabelle 3.1 erreichen Länder mit überwiegend chinesischer Bevölkerung alle einen sehr niedrigen Punktwert beim Individualismusindex (Hong Kong 25, Festland China und Singapur 20, Taiwan 17).

In der European Value Systems-Studie (Europäische Wertestudie), die der World Values Survey (Welt-Werte-Studie) voranging, wurde im Jahre 1981 in repräsentativen Stichproben bei der Bevölkerung in neun europäischen Ländern die Frage nach Freiheit und Gleichheit folgendermaßen beantwortet:

A: Ich finde, dass sowohl Freiheit als auch Gleichheit wichtig sind. Wenn ich mich aber zwischen den beiden entscheiden müsste, würde ich persönliche Freiheit für wichtiger halten, d. h. dass jeder in Freiheit leben und sich ungehindert entfalten kann.

B: Natürlich ist sowohl Freiheit wie auch Gleichheit wichtig. Aber wenn ich mich für eines der beiden entscheiden müsste, würde ich die Gleichheit für wichtiger halten, d. h. dass niemand benachteiligt ist und die sozialen Klassenunterschiede nicht so stark sind.[43]

Das ist sicherlich eine Frage der Ideologie. In den meisten der neun europäischen Länder gaben die Befragten im Durchschnitt der Freiheit gegenüber der Gleichheit den Vorrang. Der französische Soziologe Jean Stoetzel, der eine hervorragende Analyse der Daten veröffentlichte, berechnete für jedes Land eine Verhältniszahl: Vorzug für Freiheit geteilt durch Vorzug für Gleichheit. Diese Verhältniszahl reicht von etwa 1 in Spanien (Vorzug jeweils gleich häufig genannt) bis zu etwa 3 in Großbritannien

(Freiheit dreimal so häufig genannt wie Gleichheit). Die Werte für die Freiheit/Gleichheit-Verhältniszahl in den neun Ländern stehen in signifikanter Korrelation mit dem Individualismusindex der IBM-Untersuchungen, d. h. je individualistischer ein Land ist, desto mehr geben seine Bürger der Freiheit den Vorzug vor der Gleichheit.[44] Freiheit ist ein individualistisches Ideal, Gleichheit ein kollektivistisches.

Ob eine Gesellschaft einen individualistischen oder kollektivistischen Weg geht, wirkt sich erheblich auf ihre wirtschaftlichen Theorien aus. Die Wirtschaftslehre als Fachrichtung wurde in Großbritannien im 18. Jahrhundert begründet; herausragender Mitbegründer war Adam Smith (1723–1790). Smith nahm an, dass das Verfolgen eigener Interessen durch Individuen mit Hilfe einer „unsichtbaren Hand" zu größerem Wohlstand der Länder führen würde. Das ist eine individualistische Vorstellung aus einem Land, das noch heute zu den stark individualistisch abschneidenden Ländern zählt. Die Wirtschaftslehre ist eine individualistische Wissenschaft geblieben, und die meisten ihrer führenden Persönlichkeiten kommen aus stark individualistischen Ländern wie Großbritannien und den USA. Da die im Westen entwickelten Wirtschaftstheorien aber auf individualistischen Annahmen beruhen, ist es recht unwahrscheinlich, dass sie auch in Gesellschaften Gültigkeit haben, in denen nicht individualistische, sondern Gruppeninteressen vorherrschen. Das hat tief greifende Folgen für die Entwicklungshilfe in armen Ländern und für die wirtschaftliche Globalisierung. Alternative wirtschaftliche Theorien, die kulturelle Unterschiede im Hinblick auf eben diese Dimension berücksichtigen, sind dringend notwendig.

Der Grad an Individualismus und Kollektivismus in einer Gesellschaft beeinflusst die in dieser Gesellschaft hervorgegangenen Vorstellungen von der Natur des Menschen. In den USA waren (und sind noch immer) die Gedanken von Abraham Maslow (1908–1970) zur menschlichen Motivation recht einflussreich, insbesondere bei der Ausbildung von Studenten und Praktikern der Unternehmensführung. In seiner berühmten „Hierarchie menschlicher Bedürfnisse" erklärt Maslow, dass sich menschliche Bedürfnisse in Form einer aufsteigenden Hierarchie folgendermaßen einordnen lassen: physiologische Bedürfnisse, Sicherheitsbedürfnisse, soziale Bedürfnisse, Wertschätzung und Selbstverwirklichung.[45] Bevor ein höheres Bedürfnis auftreten kann, müssen die niedrigeren Werte bis zu einem gewissen Grad befriedigt sein. Ein hungernder Mensch, einer, dessen physiologische Bedürfnisse absolut nicht befriedigt sind, ist sicher durch nichts anderes motiviert als durch das Verlangen nach Nahrung, etc. An der Spitze von Maslows Hierarchie, die oft als Pyramide dargestellt wird, steht das Motiv der „Selbstverwirklichung", die weitestgehende Verwirklichung des im Individuum vorhandenen kreativen Potentials. Das heißt „doing one's own thing" (etwa: sein eigenes Leben führen). Es ist wohl selbstverständlich, dass dies nur in einer individualistischen Gesellschaft die höchste Motivation sein kann. Was in einer kollektivistischen Gesellschaft verwirklicht wird, ist das Interesse und die Ehre der Wir-Gruppe, die durchaus auch den Selbstverzicht vieler ihrer Gruppenmitglieder verlangen kann. Der Dolmetscher einer Gruppe junger Amerikaner, die in den späten 70er Jahren China besuchten, musste feststellen, dass sich die Vorstellung von „doing your own thing" nicht ins Chinesische übersetzen ließ. Harmonie und Einigkeit sind für solche Gesellschaften attraktivere Endziele als die Selbstverwirklichung des Einzelnen.

Seit der ersten Veröffentlichung von *Culture's Consequences* im Jahre 1980 gewinnt die Dimension Individualismus – Kollektivismus zunehmend an Popularität bei Psychologen, besonders wenn sie aus den wirtschaftlich aufstrebenden asiatischen Staaten kommen. Die Dimension impliziert, dass traditionelle Psychologie ebenso wenig eine allgemein gültige Wissenschaft ist wie die traditionellen Wirtschaftswissenschaften, sondern ein Produkt westlichen Denkens, das sich in individualistischen Vorstellungen verfangen hat. Ersetzt man diese durch stärker kollektivistisch geprägte Vorstellungen, so entsteht eine andere Form von Psychologie, die sich in wesentlichen Punkten von der ersten unterscheidet. So ist z. B. die individualistisch geprägte Psychologie eindeutigr universalistisch und stellt das „Ich" (Ego) einem „anderen" gegenüber. In der kollektivistisch geprägten Psychologie lässt sich das „Ich" nicht aus seinem sozialen Kontext herauslö-

kollektivistisch	individualistisch
• Meinungen sind durch die Zugehörigkeit zu einer Gruppe vorherbestimmt.	• Jeder soll eine eigene Meinung haben.
• Gemeinsame Interessen haben Vorrang gegenüber den Interessen des Einzelnen.	• Die Interessen des Einzelnen haben Vorrang gegenüber gemeinsamen Interessen.
• Dominierende Rolle des Staates im wirtschaftlichen System.	• Eingeschränkte Rolle des Staates im wirtschaftlichen System.
• Niedriges pro-Kopf-Bruttosozialprodukt	• Hohes pro-Kopf-Bruttosozialprodukt
• Unternehmen befinden sich im Familienbesitz oder sind Genossenschaftsbetriebe.	• Aktiengesellschaften sind im Besitz einzelner Investoren.
• Das Privatleben wird von der Gruppe beherrscht.	• Jeder hat das Recht auf eine Privatsphäre.
• Gesetze und Rechte sind je nach Gruppe verschieden.	• Gesetze und Rechte sollen für alle gleich sein.
• Menschenrechte werden niedriger eingeschätzt.	• Menschenrechte werden höher eingeschätzt.
• Gleichheitsideologien dominieren vor Ideologien individueller Freiheit.	• Ideologien individueller Freiheit dominieren vor Gleichheitsideologien.
• Importierte Wirtschaftstheorien sind ungeeignet für den Umgang mit kollektiven und partikularistischen Interessen.	• In der eigenen Gesellschaft entwickelte Wirtschaftstheorien gründen sich auf die Verfolgung individueller Eigeninteressen.
• Harmonie und Einigkeit in der Gesellschaft sind angestrebte Endziele.	• Individuelle Selbstverwirklichung ist ein angestrebtes Endziel.
• Patriotismus-Ideal	• Autonomie-Ideal
• Die Ergebnisse psychologischer Experimente sind abhängig von der Unterscheidung Wir-Gruppe – Fremdgruppe.	• Die Ergebnisse psychologischer Experimente sind abhängig von der Unterscheidung ich – anderer.

Tab. 3.5: Hauptunterschiede zwischen kollektivistischen und individualistischen Gesellschaften – IV: Politik und Gedankenwelt

sen. Menschen in kollektivistischen Gesellschaften machen einen partikularistischen Unterschied: die Wir-Gruppe, die das „Ich" mit einschließt, steht im Gegensatz zu allen Fremdgruppen. Das bedeutet, dass die Ergebnisse psychologischer Experimente in einer kollektivistischen Gesellschaft davon abhängig sind, ob die Teilnehmer zur gleichen Wir-Gruppe gehören oder nicht.

Tabelle 3.5 ist eine Fortsetzung der Tabellen 3.2, 3.3 und 3.4: hier werden die Hauptunterschiede zwischen kollektivistischen und individualistischen Gesellschaften aus den beiden letzten Abschnitten zusammengefasst.

Ursprünge von Unterschieden zwischen Individualismus und Kollektivismus

Wie schon im Falle der Machtdistanz kann man auch über die Ursprünge der Unterschiede bei der Dimension Individualismus-Kollektivismus nur Vermutungen anstellen. Allerdings lassen sich die Mutmaßungen durch statistische Beziehungen zwischen geographischen, wirtschaftlichen und historischen Variablen untermauern.

Wie in Kapitel 1 erwähnt, ist unter Archäologen die Annahme verbreitet, dass die Entwicklung menschlicher Gesellschaften in Gruppen von nomadischen Jägern und Sammlern ihren Anfang nahm, Menschen danach als Bauern sesshaft wurden. Diese Bauerngemeinschaften entwickelten sich dann zu größeren Siedlungen, die später zu Städten, Großstädten und schließlich zu modernen Ballungszentren wurden. Kulturanthropologen haben Vergleiche zwischen heutigen Jäger- und Sammlerstämmen, landwirtschaftlich geprägten Gesellschaften und städtischen Gesellschaften angestellt. Dabei fand man heraus, dass bei allen Gesellschaften, von den primitivsten bis zu den modernsten, die Größe der Familie zunächst zu- und dann wieder abnahm. Jäger und Sammler neigen zu Kernfamilien oder kleinen Gruppierungen. Sesshafte bäuerliche Gemeinschaften leben meist in komplexen Großfamilien oder in Wir-Gruppen der Dorfgemeinschaft. Wenn Bauern in Städte ziehen, verringert sich der Umfang der Großfamilien, und die typische Stadtfamilie hat wieder den Charakter einer Kernfamilie. Heute findet man in den meisten Ländern lediglich bäuerliche und städtische Subkulturen. Für diese beiden Typen entspricht die Modernisierung einer Individualisierung.

Informationen über eine Jäger-Sammler Gesellschaft findet man bei Ray Simonsen, einem australischen Forscher. Er ließ den VSM94 (die verbesserte Version des IBM-Fragebogens aus dem Jahre 1994) von Unternehmern in Darwin, Nordterritorium, die von australischen Ureinwohnern abstammten, und einer vergleichbaren Gruppe weißer Australier beantworten. Die Grundpfeiler der auf die australischen Ureinwohner zurückgehenden Gesellschaft sind auch heute noch größtenteils Jagen und Sammeln.

Anders als die weißen Australier erzielten die Ureinwohner hohe Punktwerte für Machtdistanz, niedrige Werte für Maskulinität und wiederum hohe Werte für Unsicherheitsvermeidung; für Individualismus hingegen erzielten sie ebenso hohe Punktwerte wie ihre weißen Landsleute.[46]

In Tabelle 3.1 findet man Gesellschaften mit ausgeprägter ländlicher Tradition meist auf der kollektivistischen Seite und moderne Industriegesellschaften auf der individualistischen Seite. Ausnahmen, besonders in Ostasien, sind Japan, Südkorea, Taiwan, Hongkong und Singapur, die sich trotz Industrialisierung ein erhebliches Maß an Kollektivismus bewahrt haben.

Wie im Falle von Machtdistanz in Kapitel 2 haben wir auch hier das statistische Werkzeug schrittweiser multipler Regression benutzt, um festzulegen, durch welche zahlenmäßigen Angaben aus unseren Ländern sich die Unterschiede bei den IDV-Punktwerten am besten erklären lassen. Wir stellten fest, dass sich die IDV-Punktwerte eines Landes durch folgende Größen ziemlich genau vorhersagen lassen:

(1) Der Wohlstand des jeweiligen Landes (wobei reichere Länder mit einem höheren Individualismusindex assoziiert werden)

(2) Seine geographische Breite (Länder, die sich näher am Äquator befinden, weisen einen niedrigeren Individualismusindex auf)

Durch den Wohlstand (Bruttosozialprodukt (BSP) pro Kopf zur Zeit der IBM-Umfragen) ließen sich immerhin 71% der Unterschiede bei den IDV-Punktwerten in den 50 Ländern der ursprünglichen IBM-Studie erklären. Das ist erstaunlich, wenn man bedenkt, dass die beiden Größen aus völlig unterschiedlichen Quellen stammen, und dass beide – aufgrund von möglichen Messfehlern – eher ungenau sind.

Eine Korrelation zeigt nicht, welches der beiden zusammenhängenden Phänomene Ursache und welches Wirkung ist, oder ob nicht beide durch einen dritten, im Diagramm nicht dargestellten Faktor verursacht worden sein könnten. Wenn Individualismus die Ursache des Wohlstands wäre, so müsste sich zeigen, dass die IDV-Punktwerte nicht nur in Beziehung zum nationalen Wohlstand *an sich* stehen, sondern auch zu dem daraus folgenden *Wirtschaftswachstum*. Letzteres wird von der Weltbank über einen Zeitraum von 25 Jahren als die durchschnittliche jährliche Steigerung des Pro-Kopf-BSP in Prozent gemessen. Wenn Individualismus zu Wohlstand führt, so müsste der IDV im Zeitraum nach der Sammlung der IDV-Daten in positiver Korrelation mit dem sich ergebenden Wirtschaftswachstum stehen. Das Verhältnis zwischen den IDV-Punktwerten (aus der Zeit um 1970) und folgendem Wirtschaftswachstum war jedoch – wenn überhaupt – negativ: die stärker individualistisch geprägten Länder hatten nicht etwa ein stärkeres, sondern ein geringeres Wirtschaftswachstum zu verzeichnen als die weniger individualistischen Länder.

Zu der gleichen Schlussfolgerung gelangt man, wenn man sich die Korrelationen von IDV aus dem Jahre 1970 mit dem Wohlstand eines Landes in späteren Jahren ansieht. Mit Daten über den Wohlstand aus dem Jahre 1970 ließen sich 71 Prozent der Unterschiede beim Individualismusindex erklären, mit Daten aus dem Jahr 1980 62 Prozent, 1990 waren es noch 55 Prozent und im Jahr 2000 52 Prozent. [47]

Wenn es wirklich einen kausalen Zusammenhang zwischen IDV und folgendem steigendem BSP/Wirtschaftswachstum gäbe, so hätte die Korrelation mit der Zeit stärker werden müssen.

Das umgekehrte Verhältnis, d. h. nationaler Wohlstand als Ursache für Individualismus, ist plausibler. Mit Hilfe der IBM-Datenbank war es möglich, Verschiebungen beim Individualismus über einen Zeitraum von vier Jahren, von 1968 bis 1972, zu messen. Von den 20 Ländern, bei denen sowohl 1968 als auch 1972 Messungen vorgenommen worden waren, waren 19 reicher geworden, und alle neunzehn hatten sich in Richtung eines größer werdenden Individualismus bewegt. Pakistan war als einziges Land aus dieser Reihe ärmer geworden und bewegte sich leicht in Richtung Kollektivismus.

In Abbildung 3.2 (s. Seite 152) sind die IDV-Punktwerte im Verhältnis zum BSP/Kopf für das Jahr 2000 eingezeichnet. Es besteht nach wie vor ein auffallender Gesamtzusammenhang, doch das Schaubild gibt auch Aufschluss darüber, welche Länder wohlhabender bzw. ärmer sind, als es sich anhand ihrer IDV-Punktwerte voraussagen ließe: so sind z. B. Singapur und Japan wohlhabender, Indien und Neuseeland sind ärmer.

Wenn der Wohlstand eines Landes steigt, erhalten die Bürger Zugang zu Ressourcen, die es ihnen ermöglichen, „to do their own thing". Der Erzähler auf dem Marktplatz im Dorf wird durch das Fernsehgerät ersetzt; zunächst gibt es nur einen pro Dorf, bald aber schon mehr. In wohlhabenden westlichen Familien hat z. T. jedes Familienmitglied einen eigenen Fernseher. Die Wüstenkarawane wird durch eine Reihe von Bussen ersetzt, diese wiederum durch eine größere Zahl von Pkws, bis schließlich jedes erwachsene Familienmitglied ein eigenes Auto besitzt. Die Dorfhütte, in der die gesamte Familie zusammen wohnt und schläft, wird durch ein Haus mit mehreren persönlichen Zimmern abgelöst. An die Stelle des kollektiven Lebens rückt ein individuelles Leben. Allerdings legt die negative Beziehung zwischen Individualismus und Wirtschaftswachstum in den sehr reichen Ländern den Schluss nahe, dass diese Entwicklung ihr eigenes Ende bewirkt. Wenn der Wohlstand ein Niveau erreicht hat, auf dem es sich die meisten Bürger leisten können, „to do their own thing", kommt es als Folge zu Reibungsverlusten, und die nationale Wirtschaft wächst weniger stark als in Ländern, in denen es die Menschen noch gewohnt sind, zumindest einige Dinge zusammen zu machen – wie in Japan. Gründe für das rasche Wirt-

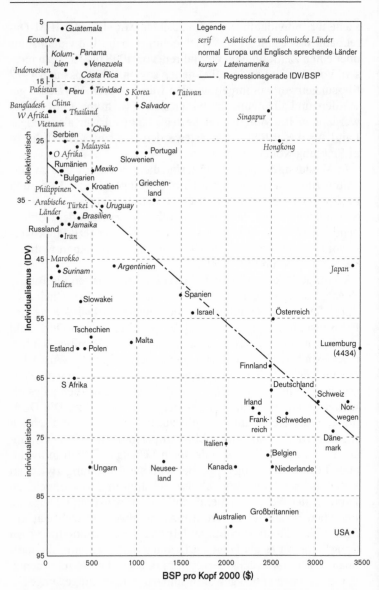

Abb. 3.2: BSP pro Kopf 2000 im Vergleich mit Individualismus

schaftswachstum in den Ländern Ostasiens werden in Kapitel 6 genauer erörtert.

Die nächste Größe, die neben dem nationalen Wohlstand als einzige in statistischer Beziehung zum Individualismusindex stand, war die geographische Breite, d. h. die Entfernung der Hauptstadt eines Landes vom Äquator. Durch diese Größe ließen sich weitere 7 Prozent der Unterschiede beim Individualismusindex erklären. In Kapitel 2 bildete die geographische Breite den *ersten* Vorhersagefaktor für Machtdistanzwerte. Wie dort bereits gesagt, ist das Überleben von Menschen in Ländern mit gemäßigtem oder kaltem Klima stärker abhängig von der Fähigkeit, für sich selbst zu sorgen. Dies fördert die Erziehung von Kindern zur Unabhängigkeit von mächtigeren anderen Individuen (geringerer Machtdistanzindex). Auch ein gewisses Maß an Individualismus scheint hierdurch begünstigt zu werden.

Die Größe der Bevölkerung eines Landes leistete zwar einen beachtlichen Beitrag zur Voraussage von Machtdistanz, stand aber in keiner Beziehung zum Kollektivismus. Das Bevölkerungs*wachstum* (durchschnittlicher Prozentsatz pro Jahr über einen Zeitraum von zehn Jahren) hingegen war tatsächlich mit dem Kollektivismus verknüpft, korrelierte aber in erster Linie mit dem Wohlstand eines Landes – in armen Ländern haben Familien gewöhnlich mehr Kinder. Dafür gibt es eine Reihe von Gründen: am deutlichsten erkennbar sind hierbei die mangelnde Ausbildung von Frauen und die Erwartung, dass Kinder ihre Eltern im Alter unterstützen. Es ist offensichtlich, dass Kinder aus größeren Familien wahrscheinlich eher kollektivistische als individualistische Werte erwerben.

Neben den wirtschaftlichen können auch historische Faktoren der Grund für einen Teil der Unterschiede in dieser Dimension zwischen den Ländern sein – allerdings nicht so deutliche wie im Falles des Einflusses, den das Römische Reich auf die Machtdistanz ausübte. Der Einfluss der Lehren des Konfuzius in den Ländern Ostasiens (ein Teil von Kapitel 6 wird diesem Thema gewidmet sein) stützt den Erhalt eines kollektivistischen Wertesystems. Andererseits ließen sich in Teilen Westeuropas, insbesondere in England, Schottland und den Niederlanden, individualistische

Werte bereits vor Jahrhunderten erkennen, als der Durchschnitts-
bürger in diesen Ländern noch recht arm und die Wirtschaft ganz
überwiegend ländlich geprägt war. Die aus Europa stammenden
Einwanderer in Nordamerika, Australien und Neuseeland waren
offensichtlich individualistisch genug, um ihre alte Umgebung zu
verlassen, und sie kamen in ein Land, in dem, getreu dem Pio-
niergeist, jedermann für sich selbst zu sorgen hatte.

Die Zukunft von Individualismus und Kollektivismus

Aufgrund der tiefen Verwurzelung nationaler Kulturen ist es
wahrscheinlich, dass individualistisch-kollektivistische Unterschiede, wie auch Unterschiede in der Machtdistanz, noch sehr
lange bestehen bleiben werden. Falls aber eine Annäherung zwischen nationalen Kulturen eintritt, so wird das in dieser Dimension der Fall sein. Die enge Beziehung zwischen nationalem Wohlstand und Individualismus lässt sich nicht leugnen, und die Kau-
salitätsrichtung verläuft, wie oben gezeigt, von Wohlstand zu
Individualismus. In Ländern mit schnellem Wirtschaftswachstum kam es zu einer Verschiebung in Richtung Individualismus.
Beispiel Japan: in der japanischen Presse erscheinen regelmäßig
Meldungen über eine Verletzung der traditionellen Familienso-
lidarität. Früher galt die Sorge für Ältere als eine Aufgabe der japanischen Familie, aber inzwischen muss der Staat in denjenigen
Fällen Leistungen erbringen, in denen die Familie ihre traditionellen Pflichten nicht mehr erfüllt.

Dennoch hat sich die japanische Gesellschaft, selbst bei einem
Pro-Kopf-Einkommen auf gleichem oder höherem Niveau als in
westlichen Ländern, deutliche kollektivistische Elemente im Fa-
milien-, Schul- und Arbeitsbereich bewahrt. Trotz spürbarer Annäherung hin zum Individualismus unter dem Einfluss einer gemeinsamen wirtschaftlichen Weiterentwicklung wird die Beziehung zwischen Individuum und Gruppe in westlichen Ländern
wie z. B. Großbritannien, Schweden und Deutschland auch weiterhin unterschiedlich sein. Die Kulturen erfahren eine Verschiebung, doch erfolgt diese Verschiebung gemeinsam, so dass sie ihre
jeweiligen Positionen beibehalten, und es gibt keinen Grund, warum die Unterschiede zwischen ihnen verschwinden sollten.

Was die armen Länder der Welt betrifft, so kann man nicht erwarten, dass sie sich stärker individualistisch entwickeln, solange sie arm bleiben. Wie bereits erwähnt, hatte Pakistan, das als einziges IBM-Land im Zeitraum von 1968 bis 1972 ärmer geworden war, sich gleichzeitig auch stärker kollektivistisch entwickelt. Und wenn die Unterschiede bezüglich des Wohlstands zwischen reichen und armen Ländern weiterhin größer werden, wie es häufig geschieht, so wird auch die Kluft zwischen Individualismus und Kollektivismus immer tiefer.

Wertunterschiede im Zusammenhang mit der Dimension Individualismus–Kollektivismus werden weiterhin bestehen und eine bedeutende Rolle bei internationalen Beziehungen spielen. Individualismus gegenüber Kollektivismus als eine Dimension nationaler Kulturen ist verantwortlich für viele Missverständnisse bei interkulturellen Begegnungen. In Kapitel 9 wird dargestellt, wie viele Probleme, die bei derartigen Begegnungen entstehen, sich durch Unterschiede bezüglich dieser Dimension erklären lassen.

Anmerkungen

1 Siehe auch Anleitungen zum Punktwertesystem für die Values Survey Modules aus den Jahren 1982 und 19943, herausgegeben vom Institute for Research on Intercultural Cooperation (IRIC) (Institut zur Erforschung interkultureller Zusammenarbeit).

2 Die Korrelationskoeffizienten bezüglich IDV, die für die in Tabelle 1.1 aufgelisteten Populationen gemessen wurden, betrugen 0,69 für die Eliten, 0,63 für die Angestellten aus sechs anderen Organisationen, 0,60 für die Verbraucher, 0,70 für die Piloten von Fluggesellschaften und 0,61 für die Bankangestellten. Bei allen genannten Gruppen ist die Signifikanzstufe 0,01 oder besser.

3 *Chinese Culture Connection*, 1987. In den 20 Ländern, die man für beide Studien herangezogen hatte, betrug der Korrelationskoeffizient der Integration mit Individualismus 0,65, Signifikanzstufe 0,001 und −0,58 mit Machtdistanz, Signifikanzstufe 0,01.

4 Als Basis dienten Daten, die von Lehrkräften aus 23 Ländern ermittelt wurden: Schwartz, 1994, S. 112–115 und *Culture's Consequences*, 2001, S. 220 f. und S. 265. Drei der Schwartz'schen Kategorien, die mit IDV korrelierten, hatten eine noch stärkere Korrelation mit dem BSP/Kopf. Die ver-

bleibenden zwei waren „Hierarchie" mit einer negativen Korrelation und „egalitaristische Verpflichtung" mit einer positiven Korrelation zu IDV. Als die 7 Kategorien von Schwartz zur Vereinfachung in 3 Gruppen (Cluster) zusammengefasst wurden, korrelierten zwei von ihnen außerordentlich stark mit IDV (Smith, Peterson & Schwartz, 2002).

5 Smith, Peterson & Schwartz, 2002. Eine von ihnen benannte Dimension lautet: „egalitaristische Verpflichtung gegenüber Konservatismus". Sie korrelierte mit IDV bei 0,61, Signifikanzstufe 0,001. Eine zweite von ihnen benannte Dimension lautet „Engagement aufgrund von Treue gegenüber auf Nutzen ausgerichtetes Engagement"; sie korrelierte mit MDI bei 0,74, Signifikanzstufe 0,001 und mit IDV bei −0,59, Signifikanzstufe 0,01.

6 Beide Faktoren standen ebenfalls in starker Korrelation mit dem BSP/Kopf. „Wohlergehen gegenüber Überleben" korrelierte bei 0,74 mit BSP/Kopf und auch mit IDV (Signifikanzstufe 0,001). In einer Regressionsanalyse der vier IBM-Dimensionen ergab sich ein Verhältnis von „Wohlergehen gegenüber Überleben" zu 1. IDV, 2. Maskulinität (negativ) und 3. MDI (ebenfalls negativ). Siehe auch Kapitel 4 und Inglehart, 1997, S. 93 und *Culture's Consequences*, 2001, S. 222 f. und S. 266.

7 Die Tendenz zu positiven Antworten bei Fragen, die sich nicht mit Werten beschäftigten, sondern bei denen es um die Beschreibung der aktuellen Lebenssituation ging, stand in Korrelation mit Unsicherheitsvermeidung, siehe auch Kapitel 5.

8 Ein umfassender Überblick über Messungen von Individualismus und Kollektivismus bei Individuen findet sich bei Oyermann, Coon & Kemmelmeier, 2002.

9 Die Korrelation zwischen MDI und IDV in den 74 Ländern aus Tabelle 2.1 und 3.1 liegt bei −0,55. In den 53 Ländern aus der IBM-Datenbank liegt sie bei −0,68.

10 Crozier, 1964, S. 222.

11 d'Iribarne, 1989, S. 59, Übersetzung: Geert Hofstede

12 Harrison, 1985, S. 55f.

13 Bei konstantem nationalem Wohlstand (BSP/Kopf) lag die Korrelation zwischen MDI und IDV in 69 Ländern aus Tabelle 2.1 und 3.1 bei −0,36; in 50 Ländern aus der IBM-Datenbank lag sie bei −0,32.

14 Triandis (1995, S. 44–52) machte als erster einen Unterschied zwischen horizontalem und vertikalem Individualismus und Kollektivismus. Er wendet diese Unterscheidung meist bei Individuen an. Bei Gesellschaften ist der Unterschied „horizontal gegenüber vertikal" gleichbedeutend mit geringer und großer Machtdistanz.

15 Eine Unterscheidung nach Berufen, von denen einige eher die Initiative des Einzelnen und andere stärker die Loyalität zur Gruppe fordern, ist durchaus vorstellbar; die Fragen, anhand derer die IBM-Daten ermittelt wurden, waren für eine derartige Messung jedoch nicht geeignet.

16 Herzberg, Mausner & Snyderman, 1959.
17 Matthäus 21, 28–31; Moffatt-Übersetzung.
18 Aus einer Rede von R. M. Hadjiwibowo vor dem Semafor Senior Management College, Niederlande, September 1983. Übersetzung aus dem Holländischen von Geert Hofstede mit Vorschlägen des Autors.
19 Hall, 1976.
20 Ho, 1976, S. 867.
21 Triandis, 1972, S. 38.
22 Buss, 1989; Buss et al., 1990; *Culture's Consequences*, 2001, S. 230f.
23 Yelsma & Athappilly, 1988 ; Dion & Dion, 1993; *Culture's Consequences*, 2001, S. 230.
24 Levine, Sato, Hashimoto & Verma, 1995 ; *Culture's Consequences*, 2001, S. 230.
25 Die Korrelationen lagen bei −0,75 in 60 Ländern und bei −0,64 bei 30 Sprachen, beide Male weit jenseits der Signifikanzgrenze 0,001. Aus Kashima & Kashima, 1998; *Culture's Consequences*, 2001, S. 233. In einer Folgestudie, Kashima & Kashima, 2003, wurde dargelegt, dass in Ländern, in denen das Personalpronomen wegfällt, das Verhältnis von IDV zu Wohlstand schwächer war; das Verhältnis von IDV zur geographischen Breite (Klima) war dagegen stärker.
26 Habib, 1995, S. 102.
27 Hsu, 1971, S. 23–44. In der Überschrift seines Artikels lautete der Begriff jen, eine ältere Umschrift des gleichen chinesischen Lautes.
28 Markus & Kitayama, 1991.
29 R. Bond & Smith, 1996; *Culture's Consequences*, 2001, S. 232. R. Bond & Smith führten auch eine Längsanalyse der US-Daten durch, die ein Nachlassen der Anpassung seit den 50er Jahren erkennen ließ.
30 Die Korrelation lag bei 0,64 (Signifikanzstufe 0,001). Das Verhältnis von Persönlichkeitspunktwerten und Kulturdimensionen wird analysiert in Hofstede & McCrae, 2004.
31 Matsumoto, 1989; *Culture's Consequences*, 2001, S. 232.
32 Levine & Norenzayan, 1999; *Culture's Consequences*, 2001, S. 233.
33 de Mooij, 2004 ; *Culture's Consequences*, 2001, S. 241 f.
34 Humana, 1992; OECD, 1992; *Culture's Consequences*, 2001, S. 242f.
35 Westbrook & Legge, 1993 ; Westbrook, Legge & Pennay, 1993
36 *Culture's Conequences*, 2001, S. 240.
37 Earley, 1989, S. 565–581.
38 Siehe Kapitel 2, Anmerkung 18.
39 Aus einem Referat von Alfred J. Kraemer „Cultural Aspects of Intercultural Training", vorgetragen beim Internationalen Kongress für Angewandte Psychologie, München, August 1978.
40 Belegt durch empirische Erhebungen von Pedersen & Thomsen, 1997.
41 *Culture's Consequences*, 2001, S. 247.

42 Humana, 1992 ; *Culture's Consequences*, 2001, S. 247 f.

43 Englische Version des Textes von Harding & Phillips, 1986, S. 86.

44 Stoetzel, 1983, S. 78; *Culture's Consequences*, 2001, S. 275, Anmerkung 31. Der Rangkorrelationskoeffizient zwischen dem Verhältnis von Freiheit/Gleichheit und IDV betrug 0,84 (Signifikanzstufe 0,01); zwischen dem Verhältnis von Freiheit/Gleichheit und MDI betrug er um Null.

45 Maslow, 1970.

46 Ausgehend vom Niveau der IBM-Punktwerte für die weiße australische Bevölkerung erreichten die australischen Ureinwohner folgende Punktwerte : MDI = 80, IDV = 89, MAS (Maskulinität) = 22, UVI (Unsicherheitsvermeidungsindex) = 128 und LFO (Langfristige Orientierung) = − 10. Siehe *Culture's Consequences*, 2001, S. 501. Informationen über die Punktwerte bei der LFO von Ureinwohnern finden sich auch in Kapitel 6.

47 Für die Länder der IBM-Stichprobe betrug der Korrelationskoeffizient von IDV mit BSP/Kopf 0,85 im Jahre 1970, 0,79 im Jahre 1980, 0,74 im Jahre 1990 und 0,72 im Jahr 2000, alle weit jenseits der Signifikanzgrenze 0,001. Für die vollständige Länderreihe in Tabelle 3.1 betrug er im Jahr 2000 0,64.

4. Kapitel: Er, Sie und M(F)

Als junger holländischer Ingenieur bewarb sich Geert Hofstede einmal bei einer amerikanischen Maschinenbaufirma, die sich kurze Zeit zuvor in Flandern, dem flämisch sprechenden Teil von Belgien, niedergelassen hatte. Er fühlte sich für die ausgeschriebene Stelle qualifiziert.

Er hatte ein gutes Diplom einer holländischen technischen Hochschule, war in mehreren Studentenorganisationen aktiv gewesen und hatte während der letzten drei Jahre erste Berufserfahrungen in einer renommierten, wenn auch etwas verschlafenen, holländischen Firma gesammelt.

Er hatte ein kurzes Bewerbungsschreiben abgefasst, in dem er sein Interesse bekundet und die notwendigen Angaben zu seiner Person gemacht hatte. Er wurde zu einem Vorstellungsgespräch eingeladen und saß nach einer längeren Bahnfahrt dem Betriebsleiter der Firma, einem Amerikaner, gegenüber. Geert Hofstede trat sehr höflich und bescheiden auf, so wie man es seiner Meinung nach als Bewerber tun sollte und überließ es seinem Gegenüber, die üblichen Fragen zu stellen, so dass dieser sich ein Bild von seiner Qualifikation machen konnte.

Zu seiner Überraschung stellte der Betriebsleiter ihm kaum Fragen zu Dingen, die seiner Ansicht nach hätten besprochen werden müssen. Stattdessen interessierte er sich sehr eingehend für Geert Hofstedes Kenntnisse in der Werkzeuglehre und gebrauchte englische Fachbegriffe, die diesem fremd waren und deren Bedeutung ihm in diesem Zusammenhang nicht relevant erschien.

Er hätte sich diese Kenntnisse in den ersten Wochen der Einarbeitungszeit aneignen können. Nach einer halben Stunde voller peinlicher Missverständnisse beendete der Betriebsleiter das Vorstellungsgespräch mit der Bemerkung: Es tut mir leid – wir brauchen einen erstklassigen Mann. Schon wenig später war Geert Hofstede bereits draußen auf der Straße.

Bestimmtheit gegenüber Bescheidenheit

Einige Jahre später war Geert Hofstede derjenige, der die Fragen stellte, und ihm gegenüber saßen sowohl holländische als auch amerikanische Bewerber. Dar wurde ihm klar, was er damals falsch gemacht hatte. Amerikaner verkaufen sich aus der Sicht eines Holländers zu gut. Ihre Lebensläufe quellen über von Superlativen, jeder Abschluss, jede Note, Auszeichnung und Mitgliedschaft in einer Organisation wird aufgeführt, um die herausragenden Eigenschaften ins rechte Licht zu rücken. Im Bewerbungsgespräch treten sie sehr bestimmt auf und machen Versprechungen, die sie aller Wahrscheinlichkeit nach nicht halten können, wie z. B. das Erlernen der Landessprache innerhalb weniger Monate.

In den Augen eines Amerikaners verkaufen sich holländische Bewerber zu schlecht. Ihre Lebensläufe sind knapp gefasst und enthalten nur die wichtigsten Daten. Sie gehen davon aus, dass es sich erst im Bewerbungsgespräch herausstellen wird, wie gut man für die Position geeignet ist. Sie rechnen damit, dass der Gesprächspartner sich auch dafür interessiert, womit sie sich neben dem Studium noch beschäftigt haben. Sie geben sich die größte Mühe, nicht als Angeber angesehen zu werden und machen keine Versprechungen, die sie nicht mit Sicherheit auch halten können.

Die Amerikaner wissen natürlich, wie sie die Lebensläufe von Amerikanern lesen müssen und neigen dazu, die gemachten Angaben herunterzustufen. Die Holländer dagegen, die es gewohnt sind, mit holländischen Bewerbern umzugehen, sind geneigt, diese Angaben aufzuwerten. Die multikulturellen Missverständnisse sind also vorprogrammiert. In den Augen eines nicht eingeweihten Amerikaners muss der holländische Bewerber wie ein Trottel erscheinen und einem nicht eingeweihten Holländer erscheint der amerikanische Bewerber wie ein Angeber.

Bei den Dimensionen Machtdistanz und Individualismus, die in den zwei vorangegangenen Kapiteln behandelt wurden, stellt man bei Holländern und Amerikanern ähnliche Einstellungen fest, aber bei der dritten Dimension weichen sie sehr stark voneinander ab. Hier geht es u. a. darum, ob Bestimmtheit oder Bescheidenheit im Verhalten wünschenswert ist. Wir werden diese Dimension Maskulinität gegenüber Feminität nennen.

Geschlecht und Geschlechtsrollen

Jede Gesellschaft besteht aus Männern und Frauen. Das zahlenmäßige Verhältnis ist meistens ausgewogen. Sie sind biologisch verschieden, und ihre Rollen sind bei der biologischen Fortpflanzung absolut festgelegt. Andere körperliche Unterschiede sind, soweit sie nicht mit dem Zeugen und Gebären von Kindern zusammenhängen, nicht absoluter sondern eher relativer Natur. *Im Durchschnitt* sind Männer größer und stärker, obwohl es auch viele Frauen gibt, die größer und stärker sind als einige Männer. Umgekehrt haben Frauen *im Durchschnitt* mehr Fingerfertigkeit und ihr Stoffwechsel arbeitet z. B. schneller. Sie erholen sich schneller von anstrengender Arbeit. Aber auch in diesem Punkt gibt es Männer, auf die diese Eigenschaften ebenfalls zutreffen.

Die absoluten und relativen biologischen Unterschiede zwischen Männern und Frauen sind auf der ganzen Welt gleich, aber ihre sozialen Rollen in der Gesellschaft sind nur zu einem sehr kleinen Teil biologisch bedingt. Viele Verhaltensweisen, die nicht unmittelbar mit der Fortpflanzung zusammenhängen, gelten in einer Gesellschaft als eher typisch weiblich oder eher typisch männlich. Doch welche Verhaltensweise nun dem einen oder anderen Geschlecht zugeordnet wird, ist von Gesellschaft zu Gesellschaft verschieden. Einige Anthropologen, die sich näher mit Gesellschaften beschäftigt haben, die nicht über eine Schrift verfügen und von der Außenwelt abgeschnitten leben, weisen auf die offensichtliche Vielzahl möglicher Geschlechtsrollen hin.[1] Folgende Begriffe werden in diesem Kapitel verwendet: mit *männlich* und *weiblich* ist der biologische Unterschied gemeint, *maskulin* und *feminin* bezeichnen die sozialen, kulturell vorherbestimmten Rollen. Letztere Begriffe sind relativ und nicht absolut. Ein Mann kann eher „feminine" und eine Frau eher „maskuline" Verhaltensweisen aufweisen, und das bedeutet dann lediglich, dass dieses Verhalten von den gesellschaftlichen Konventionen abweicht.

Was nun als „feminin" und was als „maskulin" angesehen wird, ist sowohl in den traditionellen als auch in den modernen Gesellschaften verschieden. Am stärksten treten diese Unterschiede in den verschiedenen Berufszweigen hervor. So sind in Russland die meisten Ärzte Frauen, in Belgien sind die meisten Zahnärzte Frauen, und in Teilen Westafrikas findet man unter den Ladeninhabern eine große Anzahl von Frauen. In Pakistan überwiegen die männlichen Schreibkräfte, und in den Niederlanden gibt es eine beträchtliche Anzahl männlicher Krankenpfleger. In Japan sitzt so gut wie keine Frau auf einem Managerposten, auf den Philippinen und in Thailand sind Frauen in Führungspositionen dagegen keine Seltenheit.

Trotz dieser hier beschriebenen großen Unterschiede lässt sich in vielen, sowohl traditionellen wie modernen Gesellschaften ein gemeinsamer Trend der Rollenverteilung von Mann und Frau feststellen. Im weiteren Verlauf verwenden wir den politisch korrekten Begriff *Geschlechtsrollen*. Männer gelten nach außen hin, d.h. außerhalb ihres häuslichen Umfeldes, als stark leistungsorientiert. In der traditionellen Gesellschaft bestanden diese Aktivitäten im Jagen und Kämpfen. Daran hat sich auch heute im Grunde nicht viel geändert – man drückt es nur etwas anders aus. Kurz gesagt: Männer treten bestimmt auf, sind wettbewerbsorientiert und hart. Frauen gelten als häuslich, familienorientiert, sozial eingestellt, sie übernehmen die weichen, d.h. die gefühlsbezogenen Rollen. Es ist nicht schwer sich vorzustellen, wie sich dieses Rollenmuster wahrscheinlich entwickelt hat. Die Frauen brachten von alters her die Kinder zur Welt, stillten sie dann normalerweise und mussten während dieser Zeit ständig bei ihrem Kind bleiben. Männer waren in ihrer Mobilität frei, bis zu dem Grad, wo sie Frauen und Kinder vor Angriffen anderer Menschen und Tiere beschützen mussten.

Die Leistung des Mannes stärkt die maskuline Bestimmtheit und sein Wettbewerbsdenken. Weibliche Fürsorge stärkt das feminine Umsorgen, d.h. die zwischenmenschlichen Beziehungen und das häusliche Umfeld stehen im Vordergrund.[2] Der Mann, der größer und stärker und uneingeschränkt in seiner Mobilität ist, neigt dazu, im gesellschaftlichen Leben außerhalb seines Heims zu dominieren. Innerhalb der häuslichen Gemeinschaft können die Rollen von Mann und Frau ganz unterschiedlich verteilt sein. Das Rollenverhalten, das Vater und Mutter und möglicherweise noch andere Familienmitglieder zeigen, hat sehr große Auswirkungen auf die mentale Software des kleinen Kindes, und es wird sein Leben lang davon geprägt sein. Daher ist es nicht überraschend, dass eine der Dimensionen des Wertesystems eines Volkes mit dem geschlechtsspezifischen Rollenverhalten der Eltern in Zusammenhang steht.

Die Sozialisation in Bezug auf die Geschlechtsrolle, die in der Familie beginnt, setzt sich in Gleichrangigengruppen und in der Schule fort. Das Geschlechtsrollenmuster einer Gesellschaft spiegelt sich täglich in seinen Medien, d. h. in Fernsehprogrammen, Filmen und Kinderbüchern, Zeitungen und Frauenzeitschriften. Geschlechtsrollenspezifisches Verhalten ist ein Kriterium bei der psychischen Gesundheit.[3] Geschlechtsrollen sind fester Bestandteil einer jeden Gesellschaft.

Maskulinität – Femininität als Kulturdimensionen

In Kapitel 3 wurde Bezug genommen auf einen Satz von vierzehn Arbeitszielen im IBM-Fragebogen: „Versuchen Sie, die Faktoren zu nennen, die für Sie bei einer idealen Arbeit wichtig wären. Lassen Sie dabei außer Acht, inwieweit sie bei Ihrer jetzigen Arbeit gegeben sind." Aus der Auswertung dieser vierzehn Arbeitsziele geht hervor, dass zwei Dimensionen zugrunde liegen. Eine davon ist „Individualismus gegenüber Kollektivismus": Die Bedeutung von „freier Zeit", „Freiheit" und das Gefühl, „gefordert" zu werden, ist mit Individualität gleichzusetzen, die Bedeutung von „Weiterbildung", „Arbeitsumfeld" und die Möglichkeit, „seine Fähigkeiten einsetzen zu können", ist mit Kollektivismus gleichzusetzen.

Die zweite Dimension wurde „Maskulinität gegenüber Femininität" genannt. Sie stand am stärksten in Zusammenhang mit der Bedeutung, die folgenden Punkten beigemessen wurde:

- **„Maskulin"**
  (1) *Einkommen*: die Möglichkeit, viel zu verdienen.
  (2) *Anerkennung*: die Anerkennung zu bekommen, die man verdient, wenn man gute Arbeit geleistet hat.
  (3) *Beförderung*: die Möglichkeit zu haben, in höhere Positionen aufzusteigen.
  (4) *Herausforderung*: bei der Arbeit gefordert zu werden – eine Arbeit zu haben, die einen zufrieden stellt.
- **„Feminin"**
  (5) *Vorgesetzter*: zum direkten Vorgesetzten ein gutes Arbeitsverhältnis zu haben.
  (6) *Zusammenarbeiten*: mit Kollegen gut zusammenarbeiten.
  (7) *Umgebung*: in einer für sich selbst und die Familie angenehmen und freundlichen Umgebung zu leben.
  (8) *Sicherheit des Arbeitsplatzes*: das sichere Gefühl zu haben, solange beim Arbeitgeber bleiben zu können, wie man will.

„Herausforderung" wird auch assoziiert mit der Dimension Individualismus (Kapitel 3). Alle anderen sieben Ziele werden nur mit der Dimension Maskulinität/Femininität in Zusammenhang gebracht.

Entscheidend dafür, diese zweite Dimension der Arbeitsziele „Maskulinität gegenüber Femininität" zu nennen, ist, dass diese Dimension die einzige ist, bei der die männlichen und die weiblichen Angestellten von IBM durchweg verschiedene Punktwerte erzielten (Ausnahmen bilden nur die Länder, die am äußersten femininen Ende liegen). Weder Machtdistanz noch Individualismus oder Unsicherheitsvermeidung wiesen bei den Antworten von Männern und Frauen einen systematischen Unterschied auf.

Nur bei der Dimension, von der hier die Rede ist, wurde ein solcher Unterschied unter den Geschlechtern festgestellt. Für Männer sind die Ziele (1) und (3) von größerer Bedeutung, für Frauen die Ziele (5) und (6). Einkommen und Beförderung passen zu der maskulinen Rolle des Mannes, bestimmt und wettbewerbsorientiert zu sein. Zu der femininen Rolle, fürsorglich und um das Wohl der Mitmenschen bemüht zu sein, passt die Tatsache, dass man Wert auf ein gutes Verhältnis zum Vorgesetzten und zu Kollegen legt.

Wie im Falle der Dimension Individualismus gegenüber Kollektivismus decken die acht Themenbereiche des IBM-Fragebogens nicht alles ab, was eine maskuline Kultur von einer femininen unterscheidet. Sie geben nur die Aspekte der Dimension wieder, die in der IBM-Studie durch die Fragen abgedeckt wurden. Auch hier ist es anhand der Korrelationen zwischen den IBM-Länderpunktwerten und nicht IBM-spezifischen Daten über andere typische Merkmale von Gesellschaften möglich, die ganze Reichweite dieser Dimension zu erfassen.

Die Unterschiede in der mentalen Programmierung von Gesellschaften sind – in Bezug auf diese neue Dimension – einmal sozialer, mehr aber noch emotionaler Art. Durch äußere Faktoren können Menschen in eine soziale Rolle hineingezwungen werden, was sie aber empfinden, wenn sie die Rolle spielen, kommt von innen. Das bringt uns zu folgender Definition:

> Eine Gesellschaft bezeichnet man als *maskulin*, wenn die Rollen der Geschlechter emotional klar gegeneinander abgegrenzt sind: Männer haben bestimmt, hart und materiell orientiert zu sein, Frauen dagegen müssen bescheidener, sensibler sein und Wert auf Lebensqualität legen. Als feminin bezeichnet man eine Gesellschaft, wenn sich die Rollen der Geschlechter emotional überschneiden: sowohl Frauen als auch Männer sollen bescheiden und feinfühlig sein und Wert auf Lebensqualität legen.

Für die Länder der IBM-Datenbank wurde der Maskulinitätsindexwert (MAS) auf ähnliche Weise ermittelt wie der Individualismusindexwert (Kapitel 3). In einer Faktorenanalyse der vierzehn Arbeitsziele wurde der Faktorpunktwert für jedes Land ermittelt, der dem MAS zugrunde liegt. Die Punktwerte wurden auf eine Skala von 0 für das am stärksten feminine Land bis etwa 100 für das am stärksten maskuline Land umgerechnet, und zwar durch Multiplikation der Faktorpunktwerte mit 20 und anschließender Addition von 50. Bei Anschlussstudien wurde eine Approximationsformel benutzt, mit der MAS direkt aus den mittleren Punktwerten von vier „Arbeitszielen" ermittelt wurde.

Land/Region	Punkt-wert	Posi-tion	Land/Region	Punkt-wert	Posi-tion
Slowakei	110	1	Singapur	48	38
Japan	95	2	Israel	47	39/40
Ungarn	88	3	Malta	47	39/40
Österreich	79	4	Indonesien	46	41/42
Venezuela	73	5	Westafrika	46	41/42
Schweiz Deutsch	72	6	Kanada Quebec	45	43/45
Italien	70	7	Taiwan	45	43/45
Mexiko	69	8	Türkei	45	43/45
Irland	68	9/10	Panama	44	46
Jamaika	68	9/10	Belgien Flämisch	43	47/50
China	66	11/13	Frankreich	43	47/50
Deutschland	66	11/13	Iran	43	47/50
Großbritannien	66	11/13	Serbien	43	47/50
Kolumbien	64	14/16	Peru	42	51/53
Philippinen	64	14/16	Rumänien	42	51/53
Polen	64	14/16	Spanien	42	51/53
Südafrika	63	17/18	Ostafrika	41	54
Ecuador	63	17/18	Bulgarien	40	55/58
USA	62	19	Kroatien	40	55/58
Australien	61	20	Salvador	40	55/58
Belgien Französisch	60	21	Vietnam	40	55/58
Neuseeland	58	22/24	Südkorea	39	59
Schweiz Französisch	58	22/24	Uruguay	38	60
Trinidad	58	22/24	Guatemala	37	61/62
Tschechien	57	25/27	Surinam	37	61/62
Griechenland	57	25/27	Russland	36	63
Hongkong	57	25/27	Thailand	34	64
Argentinien	56	28/29	Portugal	31	65
Indien	56	28/29	Estland	30	66
Bangladesh	55	30	Chile	28	67
Arabische Länder	53	31/32	Finnland	26	68
Marokko	53	31/32	Costa Rica	21	69
Kanada gesamt	52	33	Slowenien	19	70
Luxemburg	50	34/36	Dänemark	16	71
Malaysia	50	34/36	Niederlande	14	72
Pakistan	50	34/36	Norwegen	8	73
Brasilien	49	37	Schweden	5	74

Die *kursiv gedruckten* Punktwerte wurden aus der IBM Datenbank ermittelt, die Punktwerte für die restlichen Länder/Regionen basieren auf Wiederholungsstudien oder Schätzungen.

Tab. 4.1: Maskulinitätsindexwerte (MAS) für 74 Länder und Regionen

Die Länderpunktwerte für MAS können Tabelle 4.1 (s. Seite 166) entnommen werden. Wie bereits die Punktwerte für Machtdistanz und Individualismus geben auch die Punktwerte für Maskulinität die *relative* und nicht die absolute Position der Länder wieder. Anders als beim Individualismus steht Maskulinität in keinerlei Beziehung zu der wirtschaftlichen Entwicklung eines Landes: es gibt sowohl reiche und arme maskuline wie auch reiche und arme feminine Länder.

Die am stärksten feminin abschneidenden Länder (Rang 74 bis 71) waren Schweden, Norwegen, Niederlande und Dänemark, dicht gefolgt von Finnland auf Platz 68. Das untere Drittel der Tabelle 4.1 enthält auch einige lateinamerikanische bzw. romanische Länder: Costa Rica, Chile, Portugal, Guatemala, Uruguay, Salvador, Peru, Spanien und Frankreich sowie einige osteuropäische Länder: Slowenien, Estland, Russland, Kroatien, Bulgarien, Rumänien und Serbien. Aus dem asiatischen Raum sind Thailand, Südkorea, Vietnam und Iran vertreten. Weitere feminin abschneidende Kulturen waren die frühere holländische Kolonie Surinam in Südamerika, die Flamen (holländisch sprechende Belgier) und Länder aus dem Osten Afrikas.

Im oberen Drittel von Tabelle 4.1 befinden sich alle englischsprachigen Länder: Irland, Jamaika, Großbritannien, Südafrika, USA, Australien, Neuseeland und Trinidad. Aus Europa weiterhin die Slowakei (auf Rang 1), Ungarn, Österreich, die deutschsprachige Schweiz, Italien, Deutschland, Polen sowie die französischsprachigen Belgier und Schweizer. Aus Asien sind Japan (Rang 2), China und die Philippinen vertreten, aus Lateinamerika die größeren Länder um das Karibische Meer: Venezuela, Mexiko, Kolumbien und Ecuador.

Die USA erzielten einen MAS-Punktwert von 62 (Rang 19) and die Niederlande einen Punktwert von 14 (Rang 72), d.h. die beiden Länder, von denen zu Beginn dieses Kapitels die Rede ist, weichen in diesem Punkt sehr weit voneinander ab.

Maskulinität und Femininität in anderen länderübergreifenden Studien

Maskulinität – Femininität ist schon von jeher die umstrittenste der fünf Dimensionen nationaler Kulturen. Das hängt nicht nur mit der Bezeichnung zusammen (es steht den Benutzern frei, die Bezeichnung entsprechend abzuändern), sondern auch mit der Erkenntnis, dass nationale Kulturen tatsächlich enorm voneinander abweichen, wenn es um Wertefragen im Zusammenhang mit dieser Dimension geht. Gleichzeitig werden Zahl und Umfang der Validierungen seit Geert Hofstedes erster Veröffentlichung über dieses Thema in den 70er Jahren kontinuierlich größer.[4]

Ein Grund dafür, warum die Dimension Mas-Fem nicht erkannt wird, ist dass es hier überhaupt keine Verbindung zu nationalem Wohlstand gibt. Was die anderen drei IBM-Dimensionen betrifft, so findet man reiche Länder häufiger an einem Pol (geringere Machtdistanz, individualistisch und etwas schwächere Unsicherheitsvermeidung) und die armen Länder am anderen Pol. Die Verbindung mit Wohlstand dient indirekt als Rechtfertigung dafür, dass ein Pol besser sein muss als der andere. Für Mas-Fem trifft das allerdings nicht zu. Es gibt ebenso viele arme wie reiche maskuline bzw. feminine Länder. Wohlstand ist also nicht das Fundament, auf das man seine Werte stellt, und das verunsichert die Menschen. In mehreren Forschungsprojekten wurde der Einfluss von MAS erst sichtbar, nachdem man den Einfluss des Wohlstands ausgeglichen hatte.

In fünf der sechs größeren Wiederholungsstudien, die auf Basis der in Kapitel 1, Tabelle 1.1 beschriebenen IBM-Studie durchgeführt wurden, fand man eine der Mas-Fem ähnliche Dimension. In der sechsten, einer Studie von Shane bei Angestellten von sechs weiteren international tätigen Unternehmen, wurden die auf MAS bezogenen Fragen ausgelassen, da man sie für politisch nicht korrekt hielt. Fragen, die man nicht stellt, können nicht beantwortet werden. In Søndergaards nochmaliger Prüfung von 19 kleineren Wiederholungsstudien – ebenfalls in Kapitel 1 erwähnt – wurden in 14 die MAS-Unterschiede bestätigt. Das allein ist schon ein statistisch signifikantes Ergebnis.[5]

Die von Schwartz durchgeführte Wertestudie bei Grundschullehrern brachte auf Länderebene die Dimension „Beherrschung" hervor, die eine signifikante Korrelation mit MAS aufwies.[6] Mit „Beherrschung" verbinden sich folgende Werte, die alle am positiven Pol wiederzufinden sind: ehrgeizig, fähig, eigene Ziele wählen, wagemutig, unabhängig und erfolgreich. Sie alle bestätigen eine maskuline Gesinnung.[7]

Maskulinität gegenüber Individualismus

In der Fachliteratur wird der Unterschied zwischen Maskulinität und Femininität auf Länderebene leicht verwechselt mit dem Unterschied zwischen Individualismus und Kollektivismus. Autoren aus den USA klassifizieren feminine Ziele gerne als kollektivistisch; eine Studentin aus Korea dagegen bezeichnete in ihrer Master-Dissertation maskuline Ziele überwiegend als kollektivistisch.

Tatsächlich handelt es sich bei Individualismus – Kollektivismus und Maskulinität – Femininität um zwei unabhängige Dimensionen, was durch eine Kreuzung in Abbildung 4.1 deutlich wird. Alle Kombinationen treten mit etwa gleich großer Häufigkeit auf.

Der Unterschied zwischen den beiden besteht darin, dass es bei Individualismus-Kollektivismus um das „Ich" gegenüber dem „Wir" geht, d.h. Unabhängigkeit gegenüber Abhängigkeit von Wir-Gruppen. Bei Maskulinität – Femininität geht es um eine Gegenüberstellung des „Ego" und der Beziehung zu anderen, wobei der Einzelne hier stärker gewichtet wird und Gruppenbindungen unberücksichtigt bleiben. Beziehungen in kollektivistischen Kulturen sind grundsätzlich durch die Gruppenbindung vorgegeben: „Groupiness" ist kollektivistisch und nicht feminin. In der biblischen Geschichte vom Guten Samariter, der einem Juden in Not hilft, d.h. jemandem, der einer anderen ethnischen Gruppe angehört, werden feminine und nicht kollektivistische Werte bildlich dargestellt.

Aus Ingleharts Analyse der World Values Survey (Welt-Werte-Studie) ergab sich eine wichtige Dimension: „Wohlergehen gegen-

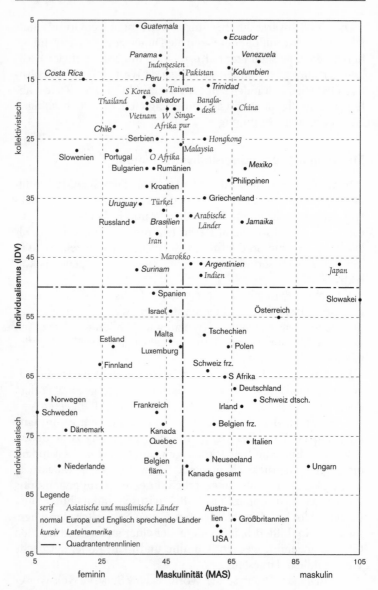

Abb. 4.1: Maskulinität gegenüber Individualismus

über Überleben", die mit der Kombination aus hohem IDV und schwachem MAS in Verbindung gebracht wurde.[8] In individualistischen, femininen Gesellschaften (wie Dänemark) wurde „Wohlergehen" größte Bedeutung beigemessen; dagegen legte man in kollektivistischen, maskulinen Gesellschaften (wie Mexiko) das Hauptgewicht auf „Überleben". In diesen Gesellschaften wird das „Gruppenego" besonders betont, was auch durch intensive Bemühungen um den Erfolg der Gruppe zum Ausdruck kommt, sowie durch die Identifikation mit Wettkampfsportarten.

Sind Maskulinität und Femininität eine oder zwei Dimensionen?

Wie im Falle von Individualismus und Kollektivismus wird auch hier manchmal der Einwand erhoben, dass Maskulinität und Femininität als zwei separate Dimensionen betrachtet werden sollten. Und wiederum ist die Antwort, dass es darauf ankommt, auf welcher Ebene die Analyse durchgeführt wird. Versuchen wir (wie es in diesem Buch geschieht) die Kulturen ganzer Gesellschaften zu vergleichen, oder vergleichen wir Individuen innerhalb von Gesellschaften miteinander? Bei einem Individuum ist beides möglich: es kann gleichzeitig maskulin als auch feminin sein,[9] die Kultur eines Landes dagegen ist entweder überwiegend das eine oder überwiegend das andere. Laut unseren Untersuchungsergebnissen gibt es in einem Land weniger Menschen mit femininen Werten, wenn mehr Menschen maskuline Werte hegen.

Maskulinitätspunktwerte länderweise nach Geschlecht und Geschlechterpunktwerte nach Alter

Die Maskulinitätspunktwerte in den Ländern wurden auch für Männer und Frauen getrennt ermittelt.[10] In Abbildung 4.2 wird die Beziehung zwischen Maskulinität nach Geschlecht und Maskulinität nach Land vereinfacht wiedergegeben. Hier erkennt man, dass von den am stärksten „femininen" (weichen) bis hin zu den am stärksten „maskulinen" (harten) Ländern die Werte von Frauen als auch von Männern härter werden, dass aber die Länderunterschiede bei den Männern größer sind als bei den Frauen.

171

In den am stärksten femininen Ländern (Schweden und Norwegen) gab es keinen Unterschied bei den Punktwerten von Männern und Frauen; beide ließen gleichermaßen weiche und umsorgende Werte erkennen. In den am stärksten maskulinen Ländern der IBM-Datenbank, Japan und Österreich, schnitten die Männer als sehr hart ab, die Frauen aber ebenfalls als ziemlich hart. Die Kluft zwischen den Geschlechtern war hier am größten. Von dem am meisten femininen zu dem am meisten maskulinen Land war die Zunahme der Maskulinitätsindexwerte für die Männer ungefähr anderthalbmal so groß wie für die Frauen.

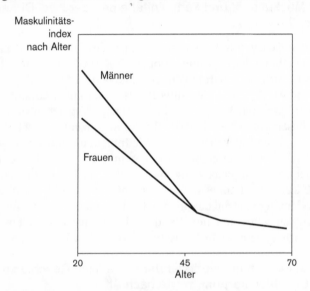

Abb. 4.2: MAS-Punktwerte der Länder nach Geschlecht

Die Werte von Frauen differieren von Land zu Land weniger als die von Männern, und die Femininität eines Landes spiegelt sich deutlicher in den Werten seiner Männer wider als in den Werten seiner Frauen. Man kann davon ausgehen, dass Frauen in allen Ländern eher bereit sind, sich zu einigen, wenn egobezogene Werte auf dem Spiel stehen. Es gibt einen amerikanischen Bestseller mit dem Titel *„Men are from Mars, women are from*

Venus" (Männer sind vom Mars, Frauen von der Venus – deutscher Buchtitel: *Männer sind anders, Frauen auch*, Anmerkung d. Übers.), in femininen Kulturen allerdings sind sowohl Frauen als auch Männer von der Venus. [11]

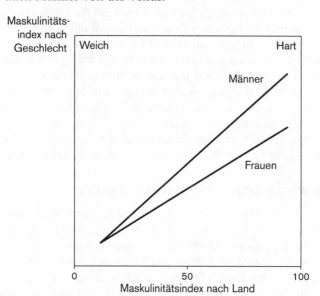

Abb. 4.3: MAS-Punktwerte nach Geschlecht und Alter

Richard Lynn aus Nordirland sammelte von Studentinnen und Studenten aus 42 Ländern Daten über deren Einstellung zu Konkurrenzgeist und Geld. Insgesamt erreichten die Männer höhere Punktewerte für Konkurrenzgeist als die Frauen. In einer erneuten Analyse von Evert van de Vliert aus den Niederlanden zeigte sich, dass es eine signifikante Korrelation zwischen dem Verhältnis der Punktwerte von Männern und Frauen und MAS gab. Am schwächsten war sie in Norwegen, wo die Frauen ihren Konkurrenzgeist höher einstuften als die Männer, am stärksten war sie in Deutschland. [12]

Abbildung 4.3 stellt schematisch die Auswirkung des Alters auf die Maskulinitätswerte dar. [13] Mit zunehmendem Alter neigen Menschen zu einer sozialeren Einstellung und sind weniger ich-orientiert (schwächere MAS). Gleichzeitig wird die Kluft zwischen den MAS-Werten von Männern und Frauen kleiner, bis sie sich im Alter von ca. 45 Jahren endgültig geschlossen hat. In diesem Alter endet die Rolle der Frau als potentielle Gebärerin, und es gibt keinen biologischen Grund mehr, weshalb sich ihre Werte von denen des Mannes unterscheiden sollten.

Diese Entwicklung stimmt mit der Beobachtung überein, dass junge Männer und Frauen technische Interessen stärker pflegen (die man als maskulin bezeichnen könnte), und ältere Männer und Frauen sich mehr auf soziale Interessen konzentrieren. So sind – was die Werthaltung (aber nicht zwangsläufig Energie und Vitalität) betrifft – ältere Menschen eher als Personalleiter geeignet, jüngere Leute dagegen eignen sich eher als technische Leiter.

Maskulinität und Femininität nach Berufen

In der IBM-Studie konnten Berufe auf Basis der Werte, die die sie ausübenden Personen hegten, den Dimensionsattributen hart oder weich zugeordnet werden. Es ergab durchaus Sinn, wenn man einige Berufe als stärker „maskulin" und andere als stärker „feminin" bezeichnete. Es war auch keineswegs überraschend, dass die maskulinen Berufe meist mit Männern, und die femininen Berufe meist mit Frauen besetzt waren. Allerdings lagen die Unterschiede in der Werthaltung nicht im Geschlecht der sie ausübenden Personen begründet. So hegten Männer in femininen Berufen mehr feminine Werte als Frauen in maskulinen Berufen.

Die Einteilung bei IBM von den am meisten maskulinen bis zu den am meisten femininen Berufen ergab folgende Reihenfolge:
(1) Vertreter
(2) Ingenieure und Wissenschaftler
(3) Techniker und Facharbeiter
(4) Vorgesetzte der ersten drei Gruppen
(5) Angelernte und ungelernte Arbeiter
(6) Verwaltungsangestellte

Die Vertreter arbeiteten auf Provisionsbasis, und es herrschte ein starker Wettbewerb untereinander. Die Wissenschaftler, Ingenieure, Techniker und Facharbeiter waren sehr stark auf technische Leistung ausgerichtet. Vorgesetzte hatten *sowohl* mit technischen *als auch* mit menschlichen Problemen zu tun, sie hatten also Rollen, in denen es auf Bestimmtheit *und* die Fürsorge ankam. Ungelernte und angelernte Arbeiter konnten nicht mit tollen Leistungen prahlen, arbeiteten aber gewöhnlich als Team zusammen. Die Arbeit von Verwaltungsangestellten ist ebenfalls weniger auf Leistung angelegt, sondern hat mehr mit menschlichen Kontakten zu tun, sowohl mit Menschen im als auch außerhalb des Unternehmens.

Maskulinität und Femininität in der Familie

Da nur ein kleiner Teil der Geschlechtsrollendifferenzierung biologisch bedingt ist, ist die Stabilität der Geschlechtsrollenmuster fast ausschließlich eine Frage der *Sozialisation*. Sozialisation bedeutet, dass sowohl Mädchen als auch Jungen lernen, welchen Platz sie in der Gesellschaft einnehmen; wenn sie es erst einmal gelernt haben, *wollen* die meisten *es so, wie es ist*. In Gesellschaften mit einer Männerdominanz wollen die meisten Frauen, dass die Männer dominant sind.

Die Familie ist der Ort, an dem die meisten Menschen ihre erste Sozialisation erleben. Die Familie besteht aus zwei ungleichen, aber einander ergänzenden Rollenpaaren: Eltern-Kind und Mann-Frau. Die unterschiedlichen Stufen der Ungleichheit in der Eltern-Kind-Beziehung und ihre Folgen wurden in Kapitel 2 mit der Dimension Machtdistanz in Zusammenhang gebracht. Die vorherrschende Rollenverteilung zwischen Mann und Frau wird in der Position widergespiegelt, die eine Gesellschaft auf der Maskulinitäts – Femininitätsskala einnimmt.

In Abbildung 4.4 (s. Seite 176) werden MDI und MAS gekreuzt. In der rechten Hälfte des Diagramms, in der die MDI-Werte hoch sind, ist Ungleichheit zwischen Eltern und Kindern eine gesellschaftliche Norm. Das Betragen der Kinder wird stark von Gehorsam gegenüber den Eltern geprägt. In der linken Hälfte wird das Betragen der Kinder mehr durch die Vorbilder beeinflusst, die die Eltern ihnen geben. In der unteren Hälfte des Diagramms, in der die MAS-Werte hoch sind, ist Ungleichheit zwischen den Rollen von Vater und Mutter (Vater hart, Mutter weniger hart) eine gesellschaftliche Norm. Von Männern wird erwartet, sich Fakten zu stellen, von Frauen, für Gefühle zuständig zu sein. In der oberen Hälfte können sowohl Männer als auch Frauen sich den Fakten stellen und mit den eher gefühlsmäßigen Dingen im Leben umgehen.

Der untere rechte Quadrant (ungleich und hart) steht für eine Norm mit einem dominanten und harten Vater und einer sich unterordnenden Mutter, die zwar ebenfalls ziemlich hart ist, bei der man aber auch Zuflucht sucht, wenn man Trost und Zärtlichkeit braucht. In diesem Quadranten sind die lateinamerikanischen Länder vertreten, in denen man die Männer für „Machos" hält. Das Gegenstück zu *Machismo* bei den Männern ist *Marianismo* (sein wie die Jungfrau Maria) oder *Hembrismo* (von spanisch hembra = Weibchen, weibliches Tier) bei den Frauen, eine Kombination von Beinahe-Heiligkeit, Unterwürfigkeit und sexueller Frigidität.[14]

Der obere rechte Quadrant (ungleich und weich) steht für eine gesellschaftliche Norm, in der beide Elternteile dominant sind und sich gleichermaßen für Lebensqualität und zwischenmenschliche Beziehungen verantwortlich fühlen. Beide können autoritär *und* zärtlich sein – das eine schließt das andere nicht aus.

In den Ländern im unteren linken Quadranten (gleich und hart) gilt für die nicht-dominanten Eltern die Norm, ein Beispiel zu geben, in dem der Vater hart ist und sich um die Fakten kümmert, die Mutter etwas weniger hart und für die Gefühle zuständig ist. Das daraus folgende Rollenmodell ist, dass die Jungen sich behaupten und die Mädchen gefällig und zufrieden sein sollten. Jungen weinen nicht und schlagen zurück, wenn sie angegriffen werden; Mädchen dürfen weinen und kämpfen nicht.

Im oberen linken Quadranten (gleich und weich) ist die Norm schließlich für Mütter und Väter, nicht zu dominieren. Beide kümmern sich um zwischenmenschliche Beziehungen, Lebensqualität, um Fakten *und* Gefühle und geben ein Beispiel für eine ausgewogene Rollenverteilung von Mann und Frau in der Familie.

Für eine Studie über Schulkinder in den USA wurden Jungen

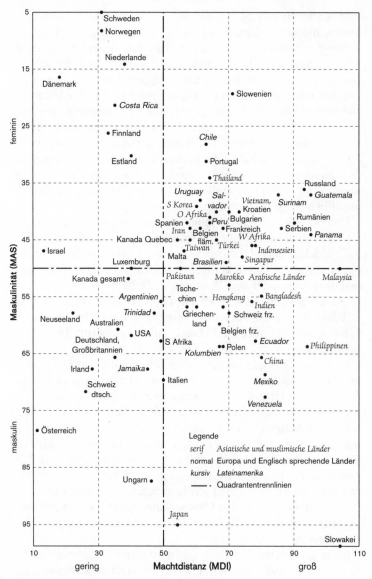

Abb. 4.4: Machtdistanz gegenüber Maskulinität

und Mädchen gefragt, warum sie gerade die Spiele ausgesucht hatten, die sie spielten. Jungen wählten Spiele aus, bei denen sie sich mit anderen messen und sich hervortun konnten, Mädchen wählten Spiele aus, weil es ihnen Spaß machte, mit anderen zusammen zu sein und weil sie nicht ausgeschlossen werden wollten. Bei einer Wiederholung dieser Studie in den Niederlanden stellte der holländische Forscher Jacques van Rossum keine wesentlichen Unterschiede bei den Zielen von Jungen und Mädchen fest, die diese mit ihren Spielen verfolgten; da er glaubte, einen Fehler gemacht zu haben, versuchte er es noch einmal, doch mit dem gleichen negativen Ergebnis. Bei der Sozialisation von Kindern in der femininen holländischen Gesellschaft sind die Unterschiede zwischen den Geschlechtern geringer.[15]

Das familiäre Umfeld in Abbildung 4.4 hängt auch vom Verhältnis Individualismus-Kollektivismus in dieser Gesellschaft ab. In individualistischen Gesellschaften findet man Familien mit nur einem Elternteil vor, in der Rollenmodelle nicht vollständig ausgefüllt werden oder von Personen außerhalb der Familie übernommen werden. In kollektivistischen Gesellschaften wird die Großfamilie gepflegt, und es ist sehr gut möglich, dass der Großvater, so lange er noch am Leben ist, die meiste Autorität genießt und der Vater eher als Vorbild für Gehorsam dient.

In Kapitel 3 wurde eine umfangreiche Studie von David Buss und seinen Kollegen über die Wahl von Ehepartnern in 37 Ländern angesprochen. Die dort geäußerten Vorlieben standen in enger Beziehung zu Individualismus und Kollektivismus, die weitere Analyse zeigte jedoch, dass gewisse Unterschiede bei den Vorlieben der zukünftigen Ehefrauen und -männer mit MAS in Zusammenhang stehen. Maskuline Kulturen neigen zu einer doppelten Moral; hier werden *Keuschheit* und *Fleiß* des Ehepartners nur von den Männern als wichtig angesehen. In femininen Kulturen werden diese beiden Eigenschaften sowohl von weiblichen als auch männlichen Ehekandidaten als gleichermaßen wichtig oder unwichtig angesehen.[16]

Junge berufstätige Frauen in acht asiatischen Hauptstädten wurden im Jahre 1993 von der japanischen Marktforschungsgesellschaft Wacoal befragt, welche Eigenschaften sie bei Ehemännern bzw. bei festen Freunden bevorzugten. In den maskulinen Kulturen sollten die Ehemänner *gesund, wohlhabend* und *verständnisvoll* sein, wohingegen man von festen Freunden *Persönlichkeit, Zuneigung, Intelligenz* und einen *Sinn für Humor* erwartete.

feminin	maskulin
• Zwischenmenschliche Beziehungen und Lebensqualität sind wichtig.	• Herausforderungen, Einkommen, Erkenntnis und Fortschritt sind wichtig.
• Sowohl Frauen als auch Männer sollen bescheiden sein.	• Männer sollen durchsetzungsfähig, ehrgeizig und hart sein.
• Sowohl Frauen als auch Männer können sensibel sein und sich auf Beziehungen konzentrieren.	• Von Frauen erwartet man Sensibilität und Pflege von zwischenmenschlichen Beziehungen.
• In der Familie sind sowohl Vater als auch Mutter für Fakten und Gefühle zuständig.	• In der Familie ist der Vater für die Fakten, die Mutter für Gefühle zuständig.
• Jungen und Mädchen dürfen weinen, sollen aber nicht kämpfen.	• Mädchen weinen, Jungen nicht; Jungen sollen zurückschlagen, Mädchen sollen überhaupt nicht kämpfen.
• Jungen und Mädchen spielen aus denselben Gründen.	• Jungen spielen, um sich mit anderen zu messen, Mädchen, weil sie zusammen sein möchten.
• Gleiche Maßstäbe für angehende Ehemänner und Ehefrauen.	• Angehende Ehefrauen müssen keusch und fleißig sein, zukünftige Ehemänner nicht.
• Ehemänner sollen wie feste Freunde sein.	• Ehemänner sollen gesund, reich und verständnisvoll sein, mit festen Freunden will man Spaß haben.

Tabelle 4.2: Hauptunterschiede zwischen femininen und maskulinen Gesellschaften – I. Allgemeine Norm und Familie

In den stärker femininen Kulturen gab es kaum einen Unterschied zwischen den Eigenschaften, die man bei einem Ehemann bzw. einem festen Freund bevorzugte. Betrachtet man den festen

Freund als Symbol für die Liebe und den Ehemann als Symbol für das Familienleben, bedeutet dies, dass Liebe und Familienleben in maskulinen Ländern häufiger als voneinander getrennt verstanden werden, während man in femininen Ländern davon ausgeht, dass sie zusammen gehören. In den femininen Ländern war der Ehemann auch gleichzeitig der feste Freund. Das Einzigartige an dieser Analyse war, dass der Vergleich mit den IBM-Daten ausschließlich in asiatischen Ländern vorgenommen wurde und damit zeigte, dass sich die Dimension MAS-FEM auch ohne Berücksichtigung europäischer Länder validieren ließ. [17]

Die amerikanische Anthropologin, Margaret Mead stellte früher schon einmal fest, dass die Attraktivität als Sexualpartner von Jungen in den USA nachlässt, wenn sie beruflich versagen; Mädchen sind als Sexualpartner weniger gefragt, wenn sie beruflich erfolgreich sind. [18] In Japan sinken die Heiratschancen einer Frau, wenn sie Karriere macht.

In Tabelle 4.2 erfolgt eine Zusammenfassung der bisher beschriebenen Hauptpunkte, in denen sich maskuline und feminine Gesellschaften in der Regel unterscheiden.

Maskulinität und Femininität in Geschlechtsrollen und in der Sexualität

In der Wacoal-Studie wurden junge berufstätige Frauen in acht asiatischen Großstädten auch darüber befragt, ob es ihrer Meinung nach bestimmte Eigenschaften gäbe, die speziell auf Männer und solche, die auf Frauen zutreffen. Die Antworten zwischen maskulinen und femininen Ländern waren verschieden. In den stärker maskulinen Ländern wurden *Verantwortungsbewusstsein*, *Entschlossenheit*, *Dynamik* und *Ehrgeiz* als nur auf den Mann zutreffende Eigenschaften bezeichnet; *Fürsorge* und *Sanftmut* wurden dagegen als nur auf Frauen zutreffende Eigenschaften genannt. In den stärker femininen Kulturen wurden alle Begriffe als auf beide Geschlechter zutreffende Eigenschaften bezeichnet. [19]

Wenn auch die Geschlechtsrollen in der Familie starken Einfluss auf die Vorstellung haben, wie man sich als Junge bzw.

Mädchen zu verhalten hat, so haben sie keine direkten Auswirkungen darauf, wie die Geschlechtsrollen in der Gesellschaft an sich verteilt werden. Wie bereits an früherer Stelle in diesem Kapitel festgestellt wurde, haben Männer, die im Durchschnitt größer und stärker sind und sich freier bewegen können, von alters her in fast allen Gesellschaften das soziale Leben außerhalb der Familie bestimmt. Lediglich außergewöhnliche Frauen, in den meisten Fällen aus der Oberschicht, hatten die Mittel und Möglichkeiten, die Erziehung der Kinder auf jemand anderen zu übertragen und im öffentlichen Leben eine Rolle zu spielen. Wenn eine Frau eine führende Position in der Gesellschaft einnahm, so war sie meistens über 45 Jahre alt, in einem Alter also, in dem sich die Rolle der Mutter langsam in die der Großmutter wandelt. Unverheiratete Frauen waren und sind in der traditionellen Gesellschaft immer noch selten und werden häufig diskriminiert.

Die um ein Vielfaches größere Freiheit, die Frauen in den modernen Industrieländern bei der Wahl unter mehreren Rollen in der Gesellschaft genießen, abgesehen von der der Ehefrau, Mutter und Hausfrau, ist ein Phänomen der heutigen Zeit. Die Auswirkungen hiervon auf die Aufteilung der Geschlechtsrollen *außerhalb* der Familie sind noch nicht in ihrem ganzen Ausmaß spürbar. Deshalb muss die Position, die ein Land auf der Maskulinitäts-Femininitäts-Skala einnimmt, nicht mit dem Maß, in dem eine Frau außerhalb der Familie und des häuslichen Umfelds aktiv ist, in Einklang stehen. Die wirtschaftlichen Möglichkeiten und Notwendigkeiten spielen hier eine größere Rolle als die Werte.

Ein maskulines Geschlechtsrollenmodell wird in einem beliebten amerikanischen Film folgendermaßen dargestellt:

> „Lucas, ein 14-jähriger Junge, ist anders als andere Jungs. Er ist schmal, wissbegierig und hat etwas von einem Einzelgänger, dessen Interesse an Wissenschaft und klassischer Musik größer ist als an Fußball und Partys. Das ändert sich jedoch, als er Maggie begegnet, einem süßen 16-jährigen Mädchen, das gerade neu zugezogen ist. Sie werden Freunde, doch für Lucas ist es mehr als Freundschaft. Den Sommer hindurch sieht es so aus, als hätten sie dieselbe Mei-

nung, nämlich, dass Football-Spieler und Cheerleader oberflächlich sind; doch als die Schule beginnt, interessiert sich Maggie immer mehr gerade für diese Seite des schulischen Lebens und lässt Lucas links liegen. Vom Spielfeldrand aus beobachtet er, wie Maggie Cheerleader wird und sich mit Cappie Roew, dem Kapitän der Football-Mannschaft trifft. Plötzlich will Lucas auch „dazu gehören" und riskiert bei seinem Versuch Maggie zurück zu gewinnen Kopf und Kragen beim Football-Spiel ..."[20]

Mainstream-Filme sind moderne Märchen – sie schaffen Heldenmodelle, die der vorherrschenden Kultur der Gesellschaft entsprechen, in der sie gemacht werden. Sowohl Lucas als auch Maggie werden einem *rite de passage* (Übergangsritus) unterzogen, der sie die ihnen zustehenden Rollen in der Gesellschaft einnehmen lässt; hier kämpfen die Männer beim Football-Spiel gegeneinander, und Mädchen – hinreißend anzuschauen – sehen ihnen dabei voller Bewunderung als Cheerleader vom Spielfeldrand aus zu.

Femininität darf nicht mit Feminismus verwechselt werden. Feminismus ist eine Ideologie, die – ob in organisierter oder freier Form – darauf abzielt, die Rolle der Frau in der Gesellschaft zu ändern. Die Dimension Maskulinität – Femininität ist insofern relevant für diese Ideologie, als man in den verschiedenen Ländern entweder eine stärker maskuline oder eine stärker feminine Form des Feminismus vorfindet. Die maskuline Form fordert, dass Frauen die gleichen Chancen haben sollten wie die Männer. Das würde bedeuten, dass sich in Abbildung 4.2 die Linie „Frauen" nach oben in Richtung der Linie „Männer" bewegen müsste; man könnte es ebenfalls dadurch erreichen, dass man die komplette Gesellschaft nach rechts verschiebt. Die feminine Form möchte die Gesellschaft einschließlich der Männer ändern. Hier geht es nicht nur um die Befreiung der Frauen, sondern auch der Männer. In Abbildung 4.2 könnte dies geschehen durch Verschiebung der Linie „Männer" nach unten in Richtung der Linie „Frauen" oder durch Verschieben der kompletten Gesellschaft nach links.

Es ist klar, dass die Position, die ein Land auf der Maskulinitäts-Femininitäts-Skala einnimmt, natürlich auch seine Normen über sexuelles Verhalten beeinflusst.[21] Ansichten über Sexualität und die Art und Weise, wie Sexualität praktiziert und erfahren wird, stehen unter dem Einfluss der Kultur. Obwohl auch Individuen und Gruppen innerhalb eines Landes sich unterscheiden, werden Frauen und Männer von den niedergeschriebenen und ungeschriebenen Regeln beeinflusst, die die Kultur ihres Landes ihnen vorgibt.

Der grundlegende Unterschied in den Sexualnormen von maskulinen und femininen Kulturen folgt dem Muster von Abbildung 4.2. Maskuline Länder legen gern unterschiedliche Maßstäbe für Männer und Frauen an: Männer sind die Subjekte, Frauen die Objekte. Im Abschnitt über die „Familie" wurde diese doppelte Moral in maskulinen Kulturen bereits festgestellt, und zwar in Bezug auf die Keuschheit der zukünftigen Ehefrauen: Frauen sollen unberührt in eine Ehe gehen, Männer nicht. Diese doppelte Moral gilt auch für Normen über Nacktheit auf Fotos und in Filmen: es ist eher tabu, einen nackten Mann zu zeigen als eine nackte Frau. Feminine Kulturen legen für Männer und Frauen gern den gleichen Maßstab an – gleichermaßen streng bzw. gleichermaßen locker – und es gibt vom Gefühl her keine direkte Verbindung zwischen Nacktheit und Sexualität.

In maskulinen Kulturen ist Sex ein größeres Tabuthema als in femininen Kulturen. Das wird deutlich in Informationskampagnen über die Verhütung von AIDS, die in femininen Ländern in der Regel mit großer Offenheit durchgeführt werden; in maskulinen Ländern dagegen bleiben sie beschränkt auf das, was zu diesem Thema geäußert werden darf und was nicht. Paradoxerweise wird ein Thema, das mit einem Tabu belegt ist, nur noch interessanter; daher gibt es in maskulinen Ländern viel mehr versteckte Erotik in TV-Programmen und in der Werbung als in femininen Ländern.

Wo unterschiedliche Maßstäbe gelten, wird ein sexuelles Leistungsdenken gefördert, das die Männer zu einem „Punkten" um Frauen veranlasst und Frauen das Gefühl vermittelt, ausgebeutet zu werden. In femininen Ländern, wo nur ein einziger Maßstab gilt, geht es sowohl bei Männern als auch bei Frauen in erster Linie um die Beziehung zwischen zwei Menschen.

feminin	maskulin
• Verantwortungsbewusstsein, Entschlossenheit, Ehrgeiz, Sensibilität und Sanftmut sind Eigenschaften, die für Männer und Frauen gleichermaßen gelten.	• Verantwortungsbewusstsein, Entschlossenheit und Ehrgeiz sind männliche, Sensibilität und Sanftmut weibliche Eigenschaften.
• Mädchen feuern Jungen nicht an.	• Der Ehrgeiz der Frauen wird in Bahnen geleitet und am Erfolg der Männer ausgerichtet.
• Die Befreiung der Frau heißt, dass die Arbeit am Arbeitsplatz und zu Hause zu gleichen Anteilen auf Frau und Mann verteilt ist.	• Die Befreiung der Frau heißt, dass Frauen Zugang zu Positionen bekommen, die bisher von Männern eingenommen wurden.
• Nur ein Maßstab: beide Geschlechter sind Subjekte.	• Zweierlei Maß: Männer sind Subjekte, Frauen Objekte.
• Es gelten dieselben Normen für die Zurschaustellung männlicher und weiblicher Nacktheit.	• Stärkeres Tabu bei der Zurschaustellung männlicher im Vergleich zu weiblicher Nacktheit.
• Es wird offen über Sex gesprochen; weniger versteckte Erotik.	• Offen über Sex zu sprechen, ist ein Tabu; Erotik versteckt sich hinter Symbolen.
• Sex ist eine Möglichkeit für zwei Menschen, sich zu verbinden.	• Sexuelles Leistungsdenken beim Mann kann Ausbeutung bedeuten für die Frau.
• Sexuelle Belästigung ist ein geringfügiges Problem.	• Sexuelle Belästigung ist eine große Sache.
• Homosexualität wird als etwas betrachtet, das zum Leben gehört.	• Homosexualität wird als Bedrohung für die Gesellschaft empfunden.

Tab. 4.3: Hauptunterschiede zwischen femininen und maskulinen Gesellschaften – II: Geschlecht und Sex

In den 80er Jahren war Geert Hofstede an einer großen Umfragestudie über Organisationskulturen in Dänemark und den Niederlanden beteiligt.[22] Unter anderem enthielt der Fragebogen eine Liste mit möglichen Entlassungsgründen. In einer Feedback-Besprechung in Dänemark mit Teilnehmern der Studie fragte Geert Hofstede diese, warum niemand aus der Firma es als triftigen Entlassungsgrund für einen Mann angesehen habe, „wenn dieser verheiratet ist und eine sexuelle Beziehung mit einer ihm unterstellten Mitarbeiterin hat". Eine Frau stand auf und sagte: „Entweder mag sie es, dann ist es kein Problem. Oder sie mag es nicht, dann wird sie ihm sagen, dass er sich zum Teufel scheren soll." Diese Antwort enthält zwei Annahmen: die (meisten) dänischen Mitarbeiter werden ihrem Chef ohne Zögern die Meinung sagen (geringe Machtdistanz), und die meisten dänischen Chefs werden „sich zum Teufel scheren", wenn man es ihnen sagt (Femininität).

In einer Studie über „sexuelle Belästigung" in vier Ländern in den 90er Jahren äußerten brasilianische Studentinnen und Studenten eine andere Meinung als ihre Kommilitonen in Australien, Deutschland und den USA. Für sie war sexuelle Belästigung weniger ein Missbrauch von Macht oder in Verbindung mit der Diskriminierung des anderen Geschlechts zu sehen, sondern vielmehr ein relativ harmloser Zeitvertreib.[23] Brasilien erzielte in der IBM-Studie weniger Punktwerte für Maskulinität als die anderen drei Länder (49 im Gegensatz zu 61, 62 und 66).

Die Einstellung zur Homosexualität wird ebenfalls von der in der Kultur eines Landes vorkommenden Maskulinität beeinflusst. Vergleicht man Australien, Finnland, Irland und Schweden stellt sich heraus, dass junge Homosexuelle in Irland und Australien größere Probleme hatten, ihre sexuelle Neigung zu akzeptieren als in Finnland; die wenigsten Probleme gab es in Schweden, was der Reihenfolge der Länder bei den Punktwerten für Maskulinität entspricht. Homosexualität wird gern als Bedrohung für maskuline Normen empfunden und wird deshalb in maskulinen Ländern abgelehnt; gleichzeitig wird die Häufigkeit ihres Auftretens überschätzt. In Ländern mit einer femininen Kultur wird Homosexualität häufig als etwas betrachtet, das zum Leben dazugehört.[24]

Kultur ist voll von Werten, und Werte haben immer mit Werturteilen zu tun. Die Aussagen in diesem Abschnitt sind stark wertelastig. Es geht um moralisches und unmoralisches, anständiges und unanständiges Verhalten. Die angestellten Vergleiche sollen uns in Erinnerung rufen, dass Moral mit dem Auge des Betrachters und nicht aus sich selbst heraus zu sehen ist. Den einzigen und besten Weg gibt es nicht, weder im sozialen Leben noch bei sexuellen Beziehungen; eine Lösung ist immer dann die beste, wenn sie mit den ihr zugrunde liegenden Normen im Einklang ist.

Tabelle 4.3 folgt auf Tabelle 4.2 und fasst die Hauptunterschiede zwischen maskulinen und femininen Gesellschaften aus den letzten beiden Abschnitten zusammen.

Maskulinität und Femininität in Erziehung und Bildung

In Indonesien gab ein niederländischer Unternehmensberater einmal einen Lehrgang für Leute aus dem mittleren Management einer staatlichen Organisation, die überall auf der Inselgruppe ihre Vertretungen hatte. Im Anschluss an seine Ausführungen im Unterricht machte ein Teilnehmer aus Java eine sehr intelligente Bemerkung und der Lehrer lobte ihn vor der ganzen Klasse. Daraufhin sagte der Javanese: „Sie bringen mich in Verlegenheit. Bei uns loben Eltern ihre Kinder nie in deren Anwesenheit."[25]

Diese kleine Anekdote macht zwei Dinge anschaulich: Erstens, wie stark, zumindest in Indonesien, das Modell der Familie auf die Situation „Schule" übertragen wird, wobei der Lehrer mit dem Vater identifiziert wird. Zweitens drückt sie die Bescheidenheit in der javanesischen Kultur aus, von der selbst der Niederländer verblüfft ist. Indonesien kann als multi-ethnisches Land bezeichnet werden, eines der Länder, dessen Punktwert bei der nationalen Kultur irreführend sein kann.

Die Indonesier stimmen darin überein, dass, besonders was die Dimension hart – weich betrifft, große Unterschiede zwischen den verschiedenen ethnischen Gruppen bestehen, wobei die Javanesen eine extreme Position auf der „weichen" Seite einnehmen. Der Berater aus den Niederlanden sagte noch, dass sogar einige der anderen Indonesier über die Gefühle des Javanesen überrascht waren. Ein Batak von der Insel Sumatra sagte, dass er nun begreife, warum sein javanesischer Chef ihn nie loben würde, wenn er selbst das Gefühl habe, ein Lob zu verdienen. In Ländern mit einer femininen Kultur loben Lehrer eher die schwächeren Schüler, um diese anzuspornen; gute Schüler werden nicht vor der ganzen Klasse gelobt. Auszeichnungen für hervorragende Leistungen – ob für Schüler oder Lehrer – sind nicht populär; und tatsächlich ist der Begriff „hervorragende Leistungen" ein maskuliner Ausdruck.[26]

Einige Jahre lang unterrichtete Geert Hofstede in einem einsemestrigen „Program of European Studies" amerikanische Studenten an einer holländischen Universität. Einigen amerikanischen Studenten gab er den Auftrag, holländische Studenten zu befragen, welches ihre Ziele im Leben seien. Die Amerikaner waren davon beeindruckt, dass die Niederländer sich offenbar weniger aus Examensnoten machten als sie selbst. Durchzukommen reichte vollkommen aus. Der Beste sein zu wollen war kein Ziel, das man offen aussprach. Gert Jan Hofstede hat ähnliche Erfahrungen mit Studenten aus aller Welt gemacht. Studenten aus maskulinen Ländern bitten unter Umständen um eine Wiederholung der Prüfung, wenn sie nur mit einer mittelmäßigen Note bestanden haben; bei holländischen Studenten wird so etwas nie vorkommen.

Die Erfahrungen, die wir beim Unterrichten zu Hause und im Ausland gemacht haben, und Gespräche mit Lehrern aus verschiedenen Ländern ließen uns zu der Schlussfolgerung kommen, dass in den mehr femininen Kulturen der *durchschnittliche* Schüler die Norm darstellt, wohingegen in den eher maskulinen Ländern der *beste* Schüler die Norm ist. Die Eltern in letztgenannten Ländern erwarten von ihren Kindern, dass sie versuchen, die Besten zu sein. In den Niederlanden dagegen ist der „beste Junge in der Klasse" eher eine etwas belächelte Figur.[27]

Diesen Unterschied kann man deutlich im Verhalten der Schüler in der Klasse wahrnehmen. In maskulinen Kulturen setzt der Schüler alles daran, in der Klasse nicht übersehen zu werden. Es herrscht offener Wettbewerb untereinander (es sei denn, kollektivistische Normen unterbinden dies – siehe Kapitel 3).

In femininen Ländern macht man sich gerne lustig über ein zu selbstbewusstes Auftreten und den Versuch, besser sein zu wollen als andere. Die Fähigkeit, der Beste zu sein, ist etwas, was man besser für sich behält, denn sie führt schnell zur Eifersucht. Gert Jan Hofstede erinnert sich, wie er mit 14 Jahren von einem Klassenkameraden gesagt bekam: „Wir wissen, dass du schlau bist, aber du musst es uns nicht ständig zeigen."

In den femininen skandinavischen Ländern nennt man dies „The Law of Jante" *(Janteloven)*. Das Gesetz von „Jante", Name eines dänischen Städtchens, wurde in den 30er Jahren vom dänisch-norwegischen Autor Aksel Sandemose kodifiziert und lautet in seiner deutschen Übersetzung etwa folgendermaßen:

Du sollst nicht glauben, dass
- du etwas bist
- du genauso viel bist wie wir
- du klüger bist als wir
- du besser bist als wir
- du mehr weißt als wir
- du mehr bist als wir
- oder dass du zu etwas taugst

Du sollst nicht über uns lachen
Du sollst nicht glauben, dass sich irgendjemand um dich kümmert
Oder dass du uns etwas beibringen kannst.[28]

Ein Versagen in der Schule kommt in einem Land mit einer maskulinen Kultur einer Katastrophe gleich. In stark maskulinen Ländern wie Japan und Deutschland liest man jedes Jahr immer wieder in der Zeitung, dass Schüler sich das Leben nehmen, nachdem sie bei einer Prüfung durchgefallen sind. In einer Insiderstory aus dem Jahre 1973 berichtet ein Absolvent der Harvard Business School von vier Selbstmorden – ein Lehrer und drei Studenten. Alle passierten während seiner Zeit an dieser amerikanischen Elitehochschule.[29] In einem Land mit einer femininen Kultur wird Versagen in der Schule eher als weniger gravierend betrachtet. Wenn sich ein junger Mensch aus einer solchen Kultur das Leben nimmt, geschieht dies in der Regel aus Gründen, die nichts mit seiner Leistung zu tun haben, sondern z. B. mit einer Depression.

Wettkampfsportarten spielen eine wichtige Rolle beim Lehrplan in Ländern wie Großbritannien und den USA. Der amerikanische Coach George Allen soll gesagt haben, dass „Gewinnen nicht das Wichtigste ist, sondern das Einzige, was zählt."[30] Diese Einstellung fördert nicht gerade freundschaftliche Begegnungen beim Sport. In den meisten anderen europäischen Ländern finden sportliche Aktivitäten außerhalb des Stundenplans statt und sind nicht Sache der Schule.

In einem originellen Forschungsprojekt zeigte man 10–15-jährigen Kindern aus fünf Ländern ein Bild von einem Menschen, der auf dem Boden saß; ein anderer stand über ihm und sagte: „Los mach schon und wehr dich, wenn du kannst!" Man bat die Kinder, eine von acht Antworten auf einer Karte auszuwählen. Aggressive Antworten lauteten: *Du hast mir weh getan. Jetzt werd' ich's dir zeigen. Ich sag's dem Lehrer. Wir sind keine Freunde mehr,* und *Die Polizei kriegt dich schon!* Beschwichtigende Antworten lauteten: *Wir müssen uns doch nicht prügeln. Lass uns drüber reden. Wir wollen uns nicht prügeln. Lass uns Freude sein. Es tut mir Leid. Was ich getan habe, war falsch,* und *Was, wenn jemand sich bei der Prügelei verletzt?*[31] Eine aggressive Antwort wählten 38% der Kinder in Japan, 26% in Großbritannien, 22% in Korea, 18% in Frankreich und 17% in Thailand. Diese Werte deckten sich fast genau mit den MAS-Punktwerten der jeweiligen Länder.[32] Hier zeigt sich deutlich die unterschiedliche Sozialisation der Kinder in Bezug auf Aggression. Eine andere Studie – diesmal bei Studenten in sechs Ländern – enthielt die Frage, ob Kinder in dem jeweiligen Land ihre Aggression zum Ausdruck bringen dürften. Die Prozentzahlen für die Antwort „ja" reichten von 61% in den USA bis 5% in Thailand und ergaben erneut eine signifikante Korrelation mit MAS.[33]

Bei der IBM-Studie wurde festgestellt, dass Thailand das am stärksten feminine asiatische Land ist. In einem Buch über thailändische Kultur eines britisch-thailändischen Ehepaars kann man unter anderem Folgendes lesen: „Der Thailänder lernt eher, wie man Aggression *vermeiden* kann als sich dagegen *zur Wehr zu setzen.* Kinder werden gewöhnlich bestraft, wenn sie sich prügeln, auch dann, wenn sie sich wehren müssen. Die einzige Möglichkeit, sich Ärger vom Hals zu halten, besteht darin wegzulaufen.[34]

Nach Geert Hofstedes Erfahrungen bei seinem Vorstellungsgespräch, die zu Beginn dieses Kapitels beschrieben wurden, haben wir festgestellt, dass amerikanische Bewerber sich in der Regel zu teuer und holländische Bewerber sich unter Preis verkaufen.

Nachweise, die dies bestätigen, finden sich in zwei Studien, die in einer Schule bzw. im Rahmen einer Umfrage über die Lese- und Schreibbefähigung durchgeführt wurden.

In der ersten Studie beantworteten ca. 800 amerikanische und 800 holländische Kinder und Jugendliche im Alter von 11 bis 18 Jahren Fragen zu persönlichen Fähigkeiten und Problemen. Die Amerikaner gaben wesentlich mehr Probleme *und* Fähigkeiten an als die Holländer. Einige Punkte, bei denen die Amerikaner höhere Punktwerte erreichten, lauteten: „streitet viel", „kann Dinge besser als die meisten anderen Kinder", „hebt unnützes Zeug auf" und „handelt ohne zu überlegen". Der einzige Punkt, bei dem die Holländer höhere Punktwerte erzielten, lautete: „nimmt das Leben leicht". Berichte von Eltern und Lehrern ergaben keinen Unterschied im Problemverhalten dieser Kinder, aber amerikanische Eltern bewerteten die Fähigkeiten ihrer Kinder höher als holländische Eltern.[35]

Junge Menschen in der amerikanischen Gesellschaft erfahren im Sozialisierungsprozess eine Stärkung ihres Ego: sie nehmen sowohl ihre Probleme als auch ihre Fähigkeiten sehr ernst.[36] Junge Menschen in den Niederlanden werden im Laufe ihres Sozialisierungsprozesses dagegen eher gelehrt, ihr Ego zurückzunehmen. In einem früheren Vergleich zwischen den USA und (dem maskulinen) Deutschland waren solche Unterschiede nicht aufgetreten.

In einer zweiten Studie wurden die verschiedenen Stufen der Lese- und Schreibbefähigung in sieben Ländern verglichen. Im Jahre 1994 wurden bei repräsentativen Stichproben von zwischen 2000 bis über 4000 jüngeren und älteren Menschen im Alter von 16 bis 65 Jahren Tests durchgeführt zur Messung der drei Fertigkeiten Lesen, Schreiben und der Gebrauch von Zahlen; alle Teilnehmer absolvierten den selben Test. Von den Kandidaten mit den besten Ergebnissen (Niveau 4 und 5 von fünf) stuften 79 % der Amerikaner ihre Fertigkeiten als „ausgezeichnet" ein; bei den Holländern waren es nur 31 %,[37] obwohl die Tests gezeigt hatten, dass beide Gruppen gleich gut abgeschnitten hatten.

Die Kriterien, nach denen Lehrer und Schüler beurteilt werden, weichen in maskulinen und femininen Kulturen voneinander ab.

Auf der maskulinen Seite sind die fachliche Qualifikation und der akademische Ruf des Lehrers und die akademischen Leistungen des Schülers die Hauptfaktoren. Auf der femininen Seite spielen das freundliche Wesen und soziale Fähigkeiten des Lehrers sowie die soziale Anpassung des Schülers eine größere Rolle.

Gespräche mit Lehrern lassen den Schluss zu, dass in maskulinen Ländern Arbeitsstellen von Studenten im Wesentlichen nach den Aufstiegsmöglichkeiten ausgesucht werden, die ihnen ein Beruf bieten soll. In femininen Ländern dagegen spielt das Interesse der Studenten an der Materie selbst eine größere Rolle.

In femininen Ländern haben Männer und Frauen häufiger den gleichen akademischen Lebenslauf, zumindest dann, wenn es sich um ein reiches Land handelt. In armen Ländern haben Jungen fast immer mehr Bildungschancen.[38]

Die unterschiedliche Berufswahl von Männern und Frauen lässt sich teilweise durch Unterschiede in den Wahrnehmungsfähigkeiten erklären. Psychologen, die sich mit der Wahrnehmung des Menschen befassen, unterscheiden zwischen feldunabhängigen und feldabhängigen Personen.[39] Feldunabhängige Personen sind in der Lage zu beurteilen, ob eine auf eine Wand projizierte Linie waagrecht ist, auch wenn sie in einem schräg gestellten Rahmen verläuft, oder ob sie auf einem Stuhl sitzen, der schräg steht. Feldabhängige Personen lassen sich von der Position des Rahmens bzw. des Stuhls beeinflussen. Feldunabhängige Personen verlassen sich auf Bezugspunkte in ihrem Innern, feldabhängige Personen lassen sich von Hinweisen aus ihrer Umgebung leiten. Aus diesem Grund besitzen feldunabhängige Personen in der Regel bessere analytische Fähigkeiten; bessere soziale und sprachliche Fähigkeiten sind dagegen eher bei feldabhängigen Personen zu finden. Männer sind häufiger feldunabhängige, Frauen dagegen feldabhängige Personen. Maskuline Kulturen schneiden daher tendenziell stärker feldunabhängig, feminine Kulturen stärker feldabhängig ab.[40] Die Unterschiede in den Wahrnehmungsfähigkeiten von Männern und Frauen sind in femininen Ländern geringer als in maskulinen Ländern.

Die Aufteilung bei der Berufswahl bestimmt auch, ob der Lehrer selbst ein Mann oder eine Frau ist. In maskulinen Gesellschaften unterrichten die Frauen eher die jüngeren Schüler. Die Männer unterrichten an der Universität. In femininen Gesellschaften sind die Rollen eher gemischt. Die Männer unterrichten auch jüngere Kinder. Paradoxerweise befinden sich die Kinder in maskulinen Gesellschaften viel länger in der Obhut von weiblichen Lehrern. Aber die Lehrerinnen genießen so wenig Ansehen, dass sie eher das Vorbild einer Anti-Heldin darstellen.

Maskulinität und Femininität beim Einkaufen

Die holländische Marketingexpertin Marieke de Mooj untersuchte Daten über das Verbraucherverhalten in 16 reichen europäischen Ländern.[41] Sie fand mehrere signifikante Unterschiede in Bezug auf die Dimension Maskulinität – Femininität, z. B. die unterschiedliche Aufteilung, wer für die Familie einkaufen geht, ob Mann oder Frau. In Ländern mit einer femininen Kultur wird ein Großteil der Nahrungsmitteleinkäufe vom Ehemann übernommen. Unterschiede gibt es auch in Bezug auf das Auto der Familie. In einem femininen Land bezieht der Ehemann beim Kauf eines neuen Autos seine Frau in die Entscheidung mit ein. In einem maskulinen Land wird diese Entscheidung in der Regel allein vom Mann getragen, und dabei spielt die Motorleistung des künftigen Autos eine wichtige Rolle. In femininen Kulturen wissen Autobesitzer oft nicht einmal, wie viel Leistung der Motor ihres Wagens bringt. Das Auto ist schon häufig als Sexsymbol beschrieben worden; ein Statussymbol ist es sicherlich für viele. In maskulinen Kulturen gibt es verhältnismäßig mehr Familien mit zwei Autos als in femininen Kulturen; in letzteren teilen sich Mann und Frau häufig ein Auto.

Statuskäufe kommen im Allgemeinen in maskulinen Kulturen häufiger vor. Menschen in maskulinen Kulturen kaufen teurere Uhren und mehr echten Schmuck; häufig sind für sie Waren aus dem Ausland reizvoller als Produkte aus dem eigenen Land. Bei Vergnügungsreisen fliegen sie häufiger Business Class.

In femininen Kulturen wird mehr Geld für häusliche Zwecke ausgegeben. Mehr Menschen aus solchen Kulturen nehmen ihr „Heim" (Caravan oder Wohnwagen) mit in die Ferien. Sie geben

feminin	maskulin
• Der Durchschnittsschüler ist die Norm; schwache Schüler werden gelobt.	• Der beste Schüler ist die Norm; Lob für Schüler mit ausgezeichneten Leistungen.
• Man ist eifersüchtig auf diejenigen, die sich hervortun wollen.	• Konkurrenzkampf im Unterricht; jeder will der Beste sein.
• Misserfolg in der Schule ist ein kleineres Problem.	• Misserfolg in der Schule ist eine Katastrophe.
• Wettkampfsportarten gehören nicht zum Stundenplan.	• Wettkampfsportarten sind Teil des Stundenplans.
• Kinder werden dahingehend sozialisiert, dass sie auf Gewalt verzichten.	• Aggression bei Kindern wird akzeptiert.
• Schüler schätzen die eigene Leistung zu niedrig ein: sich zurücknehmen.	• Schüler schätzen die eigene Leistung zu hoch ein: sich aufblasen.
• Freundlichkeit bei Lehrern wird geschätzt.	• Fachliche Qualifikation von Lehrern findet Bewunderung.
• Die Berufswahl basiert auf dem Interesse, das man an der Arbeit hat.	• Berufswahl erfolgt nach Aufstiegsmöglichkeiten.
• Männer und Frauen studieren teilweise dieselben Fächer.	• Männer und Frauen studieren unterschiedliche Fächer.
• Frauen und Männer unterrichten kleinere Kinder.	• Frauen unterrichten kleinere Kinder.
• Frauen und Männer kaufen Lebensmittel und Autos.	• Frauen kaufen Lebensmittel, Männer kaufen Autos.
• Paare teilen sich ein Auto.	• Paare benötigen zwei Autos.
• Einfache Produkte finden größeren Absatz.	• Es werden mehr Prestigeprodukte verkauft.
• Es wird mehr Prosaliteratur gelesen (rapport talk – siehe Text Kapitel 4).	• Es wird mehr Sachliteratur gelesen (report talk – siehe Text Kapitel 4).

Tab. 4.4: Hauptunterschiede zwischen femininen und maskulinen Gesellschaften – III: Erziehung und Bildung und Verbraucherverhalten

mehr Geld aus für Heimwerkerarbeiten, nähen sich ihre eigene Kleidung, und Raucher drehen ihre Zigaretten oft selbst. Kaffee ist ein Symbol für Zusammengehörigkeit, daher besitzen Menschen in femininen Kulturen mehr Kaffeemaschinen, damit gewährleistet ist, dass Kaffee zu Hause immer bereit steht.

Menschen in femininen Kulturen kaufen mehr belletristische Literatur, Menschen in maskulinen Kulturen mehr Sachbücher. Die amerikanische Autorin Deborah Tannen hat auf Unterschiede im Diskurs von Männern und Frauen hingewiesen: mehr „report talk" bei Männern, d. h. Gespräche, die Berichterstattungscharakter haben und zur Weitergabe von Informationen dienen, und mehr „rapport talk" bei Frauen; das sind Gespräche, die aus einem Harmoniebedürfnis heraus geführt werden und dazu dienen, Gefühle auszutauschen und eine Beziehung zum Gesprächspartner aufzubauen.[42] Wie de Mooj's Daten zeigen, befassen sich auch auf der Ebene der Kultur maskuline Leser mehr mit Daten und Fakten, während Leser aus femininen Kulturen mehr Interesse zeigen für die Geschichte, die sich hinter den Fakten verbirgt.

Tabelle 4.4 ist eine Fortsetzung von Tabelle 4.2 und 4.3 und fasst die Hauptpunkte der letzten beiden Abschnitte zusammen.

Maskulinität und Femininität am Arbeitsplatz

Die niederländische Produktionsniederlassung eines größeren amerikanischen Betriebes hatte innerhalb von zehn Jahren den Verlust von drei niederländischen Betriebsleitern zu beklagen. In den Augen des Vize-Präsidenten dieses Bereiches in den USA war jeder von ihnen ein „Schwächling" gewesen. Alle drei zögerten, unpopuläre Maßnahmen bei ihren Mitarbeitern durchzusetzen, mit der Begründung, diese würden auf den Widerstand des Betriebsrates stoßen – einem Organ, das von den Angestellten gewählt wird und das es laut niederländischer Gesetzgebung in einem Betrieb geben muss. Der amerikanische Vize-Präsident hatte für den Betriebsrat nicht allzu viel übrig. Nachdem auch der dritte Betriebsleiter gegangen war, intervenierte der Vize-Präsident selbst und ernannte den Controller zum Nachfolger – die Warnungen des Personalleiters ließ er dabei außer Acht. In den Augen des Vize-Präsidenten war dieser Controller der einzige richtige „Mann" in der Betriebsleitung. Er war immer schon für drastische Maßnahmen eingetreten, ob sie nun populär oder unpopulär waren. In seinen Berichten hatte er auf die Schwachstellen hingewiesen. Er würde in der Lage sein, sich für die Privilegien des Managements einzusetzen und sich nicht durch den Betriebsratsunsinn davon abbringen lassen.

Der neue Betriebsleiter erwies sich als die größte Fehlentscheidung aller Zeiten. Innerhalb von sechs Monaten wurde er krank, und der Betrieb stand am Rand einer Katastrophe. Niemand war davon überrascht. Alle kannten den Controller als eine sympathische, aber schwache Persönlichkeit, der seine Unsicherheit dadurch kompensierte, dass er sich einer wortgewaltigen Sprache gegenüber den amerikanischen Vorgesetzten bediente. Sein bestimmtes Auftreten, das den Amerikaner beeindruckte, kam bei den niederländischen Kollegen als Aufschneiderei an. Als Betriebsleiter dann bekam er von niemandem Hilfe, er versuchte, alles auf eigene Faust zu machen und erlitt innerhalb kürzester Zeit einen Nervenzusammenbruch. So verlor der Betrieb sowohl einen guten Controller wie auch einen weiteren Betriebsleiter. Sowohl der Betrieb als auch der Controller wurden Opfer einer kulturell bedingten Fehleinschätzung.

Historisch gesehen handelt es sich beim Management um ein angelsächsisches Konzept, das in der maskulinen britischen und amerikanischen Kultur entwickelt wurde. Das englische und auch international verbreitete Wort *Management* leitet sich ab aus dem lateinischen Wort *manus*, die Hand; das neuzeitliche italienische Wort *maneggiare* bedeutet handhaben. Im Französischen allerdings gibt es zwei Ableitungen aus dem lateinischen Stamm: manège (Dressurplatz für Pferde) und ménage (Haushalt). Bei der ersten handelt es sich um die maskuline, bei letzterer um die feminine Seite des Management. In klassischen Studien aus Amerika über das Führungsvermögen unterschied man folgende zwei Dimensionen: „Formgebend" gegenüber „Rücksicht" bzw. „Sorge um die Arbeit" gegenüber „Sorge um die Mitarbeiter".[43] Beide sind gleichermaßen notwendig für den Erfolg eines Unternehmens, aber das optimale Verhältnis zwischen den beiden unterscheidet sich, je nachdem, ob es sich um eine maskuline oder eine feminine Kultur handelt.

Ein Holländer, der mehrere Jahre lang für eine renommierte Beratungsfirma in den USA tätig gewesen war, wurde ins Geschäftsführungsteam einer Herstellerfirma in den Niederlanden berufen. Nach ein paar Monaten äußerte er sich über die unterschiedliche Funktion, die eine *Besprechung* bei seiner derzeitigen Tätigkeit im Vergleich zu seiner früheren hatte. An seinem Arbeitsplatz in den Niederlanden wurden Besprechungen anberaumt, um über Probleme zu sprechen und gemeinsam Lösungen zu finden; hier wurden Entscheidungen getroffen, über die sich alle einig waren.[44] In Amerika hatte er Besprechungen als eine Möglichkeit für die Selbstdarstellung der Teilnehmer erfahren: sie konnten zeigen, wie gut sie waren. Entscheidungen wurden anderswo von einzelnen getroffen.

Die Dimension Maskulinität – Femininität hat Einfluss auf die Art und Weise, wie man mit Konfliktsituationen in der Industrie umgeht. In den USA wie in anderen maskulinen Kulturen wie Großbritannien und Irland findet man, dass Konflikte durch einen fairen Kampf beigelegt werden sollten: „Let the best man win" (Der Beste soll gewinnen). Die Art der Geschäftsbeziehungen in diesen Ländern zeichnet sich durch solche Machtkämpfe aus. Wo immer möglich, versucht eine Geschäftsleitung zu verhindern, dass sich die Arbeitnehmer organisieren, und das Verhalten der Gewerkschaften rechtfertigt diese Abneigung.[45]

In femininen Kulturen wie den Niederlanden, Schweden und Dänemark löst man Konflikte gern dadurch, dass man nach einem Kompromiss sucht und miteinander verhandelt. In Frankreich, das aus der IBM-Studie als gemäßigt feminines Land hervorging, werden dann und wann viele verbale Beschimpfungen losgelassen, sowohl zwischen Unternehmer- und Arbeitnehmerschaft als auch zwischen Vorgesetzten und Mitarbeitern, aber hinter diesem scheinbaren Konflikt verbirgt sich ein typisch französisches „Gefühl für Mäßigung", welches es den kontrahierenden Parteien möglich macht weiter zusammenzuarbeiten, auch wenn man sich darin einig ist, sich nicht zu einigen.[46]

In Organisationen einer maskulinen Gesellschaft zählen Ergebnisse, und honoriert wird nach dem Prinzip der Gerechtigkeit, d. h., jeder wird nach seiner Leistung belohnt. In der femininen Gesellschaft honorieren Organisationen den Menschen eher nach dem Prinzip der Gleichheit (im Gegensatz zu Gerechtigkeit), d. h. jeder wird entsprechend seinen Bedürfnissen belohnt.

„Klein ist schön" ist ein femininer Wert. Anhand der Daten aus der IBM-Studie sowie einer öffentlichen Meinungsumfrage in sechs europäischen Ländern zeigte sich, dass die Vorliebe für eine Tätigkeit in einem größeren Unternehmen stark mit MAS korrelierte.[47]

Der Stellenwert, den die Arbeit eines Menschen in seinem Leben einnehmen soll, ist in maskulinen und femininen Kulturen verschieden. Einem erfolgreichen amerikanischen Erfinder und Geschäftsmann des frühen 20. Jahrhunderts, Charles F. Kettering, werden folgende Zeilen zugeschrieben:

> „Ich habe oft zu meinen Leuten gesagt, dass ich nicht will, dass jemand, der eine Arbeit hat, für mich arbeitet. Was ich will, ist, dass die Arbeit den Menschen besitzt und nicht der Mensch die Arbeit. Ich will, dass die Arbeit den jungen Menschen so in Beschlag nimmt, dass er sich ständig mit ihr verbunden fühlt, egal wo er gerade ist oder wohin er geht. Ich will, dass er so eine Arbeit hat, die immer von ihm Besitz ergreift, wenn er abends zu Bett geht, und ich will, dass diese Arbeit morgens an seinem Bett sitzt und ihm sagt, dass es Zeit ist aufzustehen und zur Arbeit zu gehen. Wenn eine Arbeit einen Menschen so vereinnahmt, so wird der Mensch es zu etwas bringen."[48]

Kettering spricht von einem „jungen Mann" und nicht von einer „jungen Frau" – sein Ideal ist ausgesprochen maskulin. In mehr femininen Kulturen würde ein solches Ideal nicht gut ankommen; solch ein junger Mann würde als „Workaholic" angesehen werden. In der maskulinen Gesellschaft lautet die Arbeitsmoral eher „leben um zu arbeiten", in einer femininen Gesellschaft dagegen eher „arbeiten um zu leben".

Eine öffentliche Meinungsumfrage in der Europäischen Union aus dem Jahr 1977 enthielt die folgende Frage: Wenn die wirtschaftliche Lage sich besserte und damit der Lebensstandard gehoben werden könnte, welche der beiden folgenden Maßnahmen würden Sie für besser halten: eine Gehaltserhöhung (bei gleicher Anzahl der Arbeitsstunden) oder eine Kürzung der Arbeitszeit (bei gleichem Gehalt)? Die Antworten reichten von 62 % für mehr Gehalt in Irland bis 64 % für kürzere Arbeitszeit in den Niederlanden. Die Unterschiede (Prozentsatz derer, die mehr Gehalt wollten, minus Prozentsatz derer, die eine kürzere

Arbeitszeit bevorzugten) standen in signifikanter Korrelation zu MAS; diese Korrelation war höher als diejenige mit nationalem Wohlstand. Befragte in den ärmeren Ländern betonten zwar die Notwendigkeit von Gehaltserhöhungen, Werte (MAS) spielten allerdings eine wichtigere Rolle.[49]

In einer maskulinen Gesellschaft ist die Erziehung von Jungen auf selbstsicheres Auftreten, Ehrgeiz und Wettbewerb ausgerichtet. Wenn sie erwachsen werden, erwartet man von ihnen, dass sie nach beruflichem Fortkommen streben. Mädchen in einer maskulinen Gesellschaft spalten sich in zwei Lager: einige, die Karriere machen wollen, und ein Großteil, der keine Karriere machen will. Die Familie in einer femininen Gesellschaft legt bei der Erziehung ihrer Kinder mehr Wert auf Bescheidenheit und Solidarität, und in einer solchen Gesellschaft können sowohl Männer als auch Frauen Ehrgeiz zeigen oder nicht und eine Karriere anstreben oder auch nicht.

Die weibliche Seite des Managements eröffnet weiblichen Führungskräften in jeder Kultur Chancen, da diese womöglich besser in der Lage sind, *manège* und *ménage* miteinander zu verbinden als Männer. Die amerikanische Forscherin Anne Statham führte Gespräche mit vergleichbaren Gruppen weiblicher und männlicher Führungskräfte amerikanischer Unternehmen und deren Sekretärinnen und kam zu dem Schluss, dass die Frauen überwiegend Beruf und die Orientierung auf die Mitmenschen hin als voneinander abhängig betrachteten, während sie für die Männer Gegensätze darstellten.[50]

Nirgendwo auf der Welt besteht ein Zusammenhang zwischen der Maskulinität bzw. Femininität der Kultur eines Landes und dem Anteil von Frauen und Männern auf dem Arbeitsmarkt. Ein direkter Zusammenhang zwischen der Position eines Landes bei dieser Dimension und der Rollenverteilung Mann/Frau besteht lediglich im häuslichen Bereich. Außerhalb des Hauses dominierten Männer von alters her, und nur in den reicheren Ländern und auch dort erst seit kurzem – haben sich ein Teil der Frauen von anderen Zwängen befreit und sich so gleichberechtigt neben dem Mann den Zugang in die Welt der Arbeit und Politik verschafft. Frauen aus unteren sozialen Schichten hatten schon früher Anteil am Arbeitsprozess gehabt, übten aber lediglich weniger angesehene und schlecht bezahlte Tätigkeiten aus. Sie haben das nicht getan, um sich selbst zu verwirklichen, sondern aus finanziellen Gründen, um ihre Familie miternähren zu können. In den Statistiken wird daher kein Zusammenhang zwischen dem Anteil der erwerbstätigen Frauen *an sich* und dem Grad der Femininität ersichtlich. In femininen Ländern mit größerem Wohlstand gibt es aber tatsächlich mehr Frauen in höheren beruflichen Positionen in Fachberufen wie auch bei den gehobenen Berufsständen.[51]

Bei vielen Tätigkeiten in der Arbeitswelt werden nur wenige Fertigkeiten vorausgesetzt, was zur Folge hat, dass viele Leute qualitativ in ihrem Beruf unterfordert sind. Sowohl in maskulinen als auch femininen Industrieländern wurde ein Bedürfnis nach einer Humanisierung der Arbeitswelt spürbar, aber was als humanere Arbeit bezeichnet wird, hängt davon ab, was in der jeweiligen Kultur unter human verstanden wird. In einer maskulinen Kultur sollte eine humanere Arbeit mehr Möglichkeiten für Anerkennung, Beförderung und Herausforderung bieten. Dies ist das Prinzip von „Job enrichment" (Aufgabenbereicherung), wie es u. a. einst von dem amerikanischen Psychologen Frederick Herzberg vertreten wurde.[52] So sollen bei diesem Prinzip beispielsweise ungelernte Arbeiter Mitverantwortung für ihren Arbeitsgang in der Produktion sowie für das Anfahren und die Wartung ihrer Maschinen übernehmen, also Aufgaben, die zuvor von höher qualifizierten Spezialisten ausgeführt wurden. „Job enrichment" ist ein Beispiel für eine „Maskulinisierung" von nicht-qualifizierter und qualifizierter Arbeit, die sich, wie bereits an früherer Stelle in diesem Kapitel erläutert wurde, durch eine relativ „feminine" Arbeitskultur auszeichnet.

In femininen Kulturen sollte ein humanisierter Arbeitsplatz mehr Gelegenheit für gegenseitige Hilfe und soziale Kontakte bieten. In den 70er Jahren wurden bei den schwedischen Automobil- und Lastwagenherstellern Saab und Volvo klassische Experimente durchgeführt. Man ließ die Montage von autonom arbeitenden Teams durchführen. Sinn dieser Experimente sollte es sein, der sozialen Komponente der Arbeit mehr Gewicht zu geben. Man spricht hier von „Feminisierung". Im Jahre 1974 bot man sechs amerikanischen Automobilarbeitern aus Detroit, vier Männern und zwei Frauen, an, für drei Wochen in einem solchen Montageteam in der Saab-Scania Niederlassung in Soedertalje, Schweden, zu arbeiten. Unterstützt wurde dieses Experiment von einem amerikanischen Journalisten, der über die Eindrücke der Amerikaner berichtete. Alle vier Männer und eine der beiden Frauen gaben an, das amerikanische Arbeitssystem sage ihnen mehr zu. „Lynette Steward entschied sich für Detroit. In dem Cadillac-Werk, wo ihr Arbeitsplatz ist, arbeitet sie selbständig und kann sich ihre Ziele selbst setzen, während sie bei Saab-Scania auf die Leute vor und hinter ihr achten muss."[53] Und genau das war der Grund, warum das System der Gruppenmontage für die Schweden so attraktiv war.

Aufgrund ihrer kulturellen Charakteristiken sind maskuline und feminine Länder auf unterschiedlichen wirtschaftlichen Gebieten stark. Industriell entwickelte maskuline Kulturen haben einen Wettbewerbsvorteil in der Produktion, insbesondere der Massenproduktion: Es wird sehr effizient, gut und schnell gearbeitet. Sie sind führend in der Schwerindustrie und der chemischen Großindustrie. Feminine Kulturen haben ihre Stärken auf dem Dienstleistungssektor, z. B. Beratung und Transport, in der Ausführung von individuellen Kundenaufträgen und im Umgang mit Lebendmaterial, wie der intensiven Landwirtschaft und Biochemie. Man kann von einer internationalen Arbeitsteilung sprechen, bei der die Länder auf den Gebieten erfolgreicher sind, die der Kultur ihrer Bevölkerung entsprechen als auf den Gebieten, die dieser Kultur zuwiderlaufen. Japan ist einer der Weltmarktführer auf dem Gebiet hochwertiger Unterhaltungselektronik und Elektrogeräte; Dänemark und die Niederlande haben ihre Stärke im Dienstleistungsbereich und im Export von Agrarprodukten sowie in der biochemischen Herstellung von Enzymen und Penizillin.

Tabelle 4.5 ist eine Fortsetzung der Tabellen 4.2, 4.3 und 4.4; hier werden die Hauptunterschiede von maskulinen und femininen Gesellschaften aus dem letzten Abschnitt zusammengefasst.

feminin	maskulin
• Management als ménage: Intuition und Konsens.	• Management als manège: Entschlossenheit und Dynamik.
• Konflikte werden beigelegt, indem man miteinander verhandelt und nach einem Kompromiss sucht.	• Konflikte werden beigelegt, indem man den Stärkeren gewinnen lässt.
• Belohnungen basieren auf dem Prinzip der Gleichheit.	• Belohnungen basieren auf dem Prinzip der Gerechtigkeit.
• Kleinere Unternehmen werden bevorzugt.	• Größere Unternehmen werden bevorzugt.
• Arbeiten, um zu leben.	• Leben, um zu arbeiten.
• Mehr Freizeit ist wichtiger als mehr Geld.	• Mehr Geld ist wichtiger als mehr Freizeit.
• Beiden Geschlechtern steht die Wahl eines Berufes frei.	• Ein Beruf ist für den Mann obligatorisch, die Frau hat die Wahl.
• Höherer Anteil berufstätiger Frauen in fachlich qualifizierten Berufen.	• Geringerer Anteil berufstätiger Frauen in fachlich qualifizierten Berufen.
• Humanisierung der Arbeitswelt durch Kontakte und Zusammenarbeit.	• Humanisierung der Arbeitswelt durch Aufgabenbereicherung.
• Wettbewerbsvorteil in der Landwirtschaft und der Dienstleistungsindustrie.	• Wettbewerbsvorteil in der Produktion und der chemischen Großindustrie

Tab. 4.5: Hauptunterschiede zwischen femininen und maskulinen Gesellschaften – IV: Der Arbeitsplatz

Maskulinität, Femininität und der Staat

Nationale Wertmuster sind nicht nur in der Gedankenwelt des einfachen Bürgers vorhanden, sondern natürlich auch in derjenigen führender Politiker. Auch sie sind als Kind ihrer Gesellschaft aufgewachsen. Menschen werden normalerweise in eine politisch führende Rolle hineingewählt oder hineinberufen, gerade *weil* man bei ihnen davon ausgeht, dass sie bestimmte Werte vertreten, die dem Bürger lieb und teuer sind.

Politiker übersetzen Werte, die in einem Land vorherrschen, in politische Prioritäten. Diese Prioritäten werden klar erkennbar in der Zusammensetzung des jeweiligen Haushaltsplans. Die Dimension Maskulinität – Femininität hat Auswirkungen auf die Prioritäten der folgenden Gebiete:

(1) Solidarität mit den Schwachen gegenüber Belohnung der Starken;

(2) Hilfe für die armen Länder gegenüber Rüstungsausgaben;

(3) Umweltschutz gegenüber Wirtschaftswachstum

Länder mit einer maskulinen Kultur streben eine Leistungsgesellschaft an, feminine Länder einen Wohlfahrtsstaat. Sie bekommen, wofür sie bezahlen. In den Jahren 1994/1995 reichte der Anteil der in Armut lebenden Bevölkerung in zehn fortschrittlichen Industrieländern, für die entsprechende Daten zur Verfügung standen, von 4,3 % im femininen Norwegen bis 17,6 % im maskulinen Australien.[54] In 16 fortschrittlichen Ländern reichte der Anteil der Bevölkerung, der weniger als die Hälfte des mittleren Einkommens verdiente, von 5,1 % in Finnland bis 16,9 % in den USA. Der Anteil der Menschen in 13 Ländern, die trotz Schulbesuchs praktisch nicht lesen und schreiben können, reichte von 7,5 % in Schweden bis 22,6 % in Irland. In allen drei Fällen gab es eine starke Korrelation der Prozentsätze mit MAS.[55] In den von Politikern und Journalisten geäußerten Kritiken aus maskulinen Ländern, wie z. B. USA und Großbritannien, gegenüber femininen Ländern, wie Schweden und den Niederlanden, und umgekehrt, treten stark voneinander abweichende Werthaltungen zutage. In den USA besteht z. B. die übereinstimmende Meinung, dass an den wirtschaftlichen Problemen in Schweden und den Niederlanden die hohen Steuern schuld sind. In femininen europäischen Ländern dagegen glaubt man, dass die wirtschaftlichen Probleme in den USA die Folge einer Steuergesetzgebung sind, die Reiche stark übervorteilt. Aber Steuersysteme fallen nicht einfach vom Himmel. Es sind die Politiker, die sich diese Systeme auf der Grundlage der Werthaltung ausdenken, die in ihrem Land überwiegt. Die meisten Schweden meinen, dass die Gesellschaft für ein Mindestmaß an Lebensqualität für jeden zu sorgen hat, und es ist üblich, dass für die dafür erforderlichen finanziellen Mittel diejenigen zur Kasse gebeten werden, die darüber verfügen. Selbst konservative Politiker in Nord-West Europa haben im Grunde nichts gegen diese Sicht der Dinge einzuwenden, nur über die Frage, wie weit man dabei gehen kann, sind sie sich nicht einig.

Der nordwesteuropäische Wohlfahrtsstaat ist nicht erst kürzlich erfunden worden. Bereits der französische Philosoph Denis Diderot, der die Niederlande in den Jahren 1773–74 besuchte, bezeichnete sowohl die hohen Steuern als auch das Fehlen von Armut als eine Folge der Sozialhilfeleistungen, der guten medizinischen Versorgung für jedermann und des hohen staatlichen Bildungsniveaus. „Für die Armen in den Krankenhäusern wird gut gesorgt; jeder liegt in einem eigenen Bett."[56]

Der Gegensatz Leistung gegenüber Wohlfahrt findet sich auch in den Ansichten über die Ursachen von Armut wieder. Im Jahre 1990 enthielt eine Untersuchung in den Ländern der europäischen Union folgende Frage: „Warum gibt es Ihrer Meinung nach Not leidende Menschen?" Im Folgenden finden Sie vier Meinungen; welche davon kommt Ihrer eigenen am nächsten? (1) Weil sie kein Glück hatten; (2) Weil sie faul sind und es ihnen an Willenskraft fehlt; (3) Weil es viel Ungerechtigkeit in unserer Gesellschaft gibt; (4) Armut ist zwangsläufig Teil des modernen Fortschritts. In den damals 12 Mitgliedsstaaten reichten die Prozentangaben derer, die Armut der Tatsache zuschrieben, dass man kein Glück gehabt habe, von 14 % in Deutschland bis zu 33 % in den Niederlanden; sie standen in signifikanter negativer Korrelation zu MAS.[57] Der Anteil derer, die Armut auf Faulheit zurückführten, reichte von 10 % in den Niederlanden bis 25 % in Griechenland und Luxemburg; hier gab es eine positive Korrelation mit MAS. In maskulinen Ländern glauben mehr Menschen, dass die Armen selbst an ihrem Schicksal schuld sind, dass sie nicht arm wären, wenn sie nur härter arbeiten würden, und dass die Reichen sie bestimmt nicht finanziell unterstützen müssen.

Die Haltung, die man gegenüber Armen einnimmt, wiederholt sich auch in der Einstellung zu Gesetzesbrechern. In einer öffentlichen Meinungsumfrage aus dem Jahre 1981 wurde die Frage ge-

stellt, inwieweit folgende umstrittene Handlungen zu rechtfertigen wären: wenn z. B. jemand ein Auto entwendet, um damit eine
Spritztour zu machen, wenn jemand Drogen nimmt, Bestechungsgelder akzeptiert, Prostitution betreibt, sich scheiden lässt oder
Selbstmord begeht. Die Antworten wurden in einem Toleranzindex zusammengefasst, der in allen Ländern stark mit Femininität
korrelierte. Eine Mutter ist nicht so streng wie ein Vater.[58]

Auch wenn es um Meinungen über den richtigen Umgang mit
Einwanderern geht, gibt es einen Zusammenhang mit der Dimension Maskulinität – Femininität. Im Allgemeinen findet man
zwei gegensätzliche Ansichten. Auf der einen Seite tritt man ein
für die *Assimilation* (die Einwanderer sollen ihre mitgebrachte
Kultur aufgeben), auf der anderen Seite für die *Integration* (die
Einwanderer sollen ihre Kultur und Religion nur insofern anpassen, als sie mit den Gesetzen ihres neuen Heimatlandes in
Konflikt geraten könnten). In einer öffentlichen Meinungsumfrage in 14 Ländern der europäischen Union aus dem Jahr 1997
stand die Präferenz für die Integration gegenüber der Assimilation in starker negativer Korrelation zu MAS; zudem gab es noch
eine schwächere Korrelation mit dem Bruttosozialprodukt pro
Kopf.[59] Befragte aus stärker maskulinen und ärmeren Ländern
forderten die Assimilation, solche aus femininen und reicheren
Ländern befürworten die Integration.

Die Wahl zwischen den beiden Werthaltungen Belohnung der
Starken und Solidarität mit den Schwachen lässt sich in reichen
Ländern auch daran ablesen, wie viel aus dem Staatshaushalt für
die Entwicklungshilfe in armen Ländern zur Verfügung gestellt
wird. In Abbildung 4.1, in der MAS und IDV gegenübergestellt
werden, erscheinen die kollektivistischen, das sind in der Mehrzahl die armen Länder, in der oberen Hälfte des Diagramms. In
der unteren Hälfte erscheinen die individualistischen, d. h. die reichen Länder. Seit den späten 50er Jahren fließen Gelder für Entwicklungshilfe von den reichen zu den armen Ländern, d. h. auf
das Diagramm übertragen, von unten nach oben. Der Prozentsatz am Bruttosozialprodukt aber, mit dem Regierungen der reichen Länder den armen Ländern unter die Arme greifen, ist sehr
unterschiedlich. So haben z. B. die USA im Jahr 2000 0,10 % ih-

res Bruttosozialprodukts für Entwicklungshilfe bereitgestellt, Italien 0,13 %, die Niederlande dagegen 0,84 % und Dänemark gar 1,06 %.[60] Der Prozentsatz, der für Entwicklungshilfe zur Verfügung gestellt wird, hat nichts mit dem Wohlstand des Geberlandes zu tun, und auch nichts mit seinen früheren kolonialen Bindungen oder heutigen Handelsbeziehungen. Gibt ein Land viel für Entwicklungshilfe aus, so liegt die Erklärung einzig und allein darin, dass es ein feminines Wertesystem hat. Die Korrelation zwischen den MAS-Punktwerten des Geberlandes und seiner Entwicklungshilfeleistungen in Prozent des BSP ist stark negativ (hoher Maskulinitätsindex, niedriger Prozentsatz für Entwicklungshilfe).[61]

Die Internet-Zeitschrift *Foreign Policy* hat für 21 reiche Länder einen „Commitment to Development Index" (CDI) ermittelt, der nicht nur den Fluss der Entwicklungshilfegelder, sondern auch positive und negative Einflüsse aus anderen politischen Bereichen erfasst: die Offenheit der Grenzen für Importe, die Bereitschaft, Migranten aufzunehmen, das Volumen der Direktinvestitionen, das Engagement in Sachen Friedenssicherung und ökologisches Wohlverhalten. Auch beim CDI-Index gab es wieder nur eine signifikante (negative) Korrelation mit MAS. Sie war schwächer als die oben erwähnte (für die Bereitstellung von Entwicklungshilfegeldern), da die Sozialpolitik im eigenen Land manchmal im Widerspruch steht zum außenpolitischen Bereich der Entwicklungshilfe.[62]

Länder, die wenig Geld für die Unterstützung der Armen in der Welt zur Verfügung stellen, investieren wahrscheinlich mehr in die Rüstung. Es ist jedoch schwierig, an verlässliche Zahlen über Rüstungsausgaben heranzukommen, da sowohl die Waffenlieferanten als auch die -käufer ein persönliches Interesse daran haben, diese geheim zu halten. Der anhand der verfügbaren Zahlen einzig zulässige Schluss war, dass die weniger wohlhabenden Länder unter den Geberländern einen größeren Teil ihres Etats in Waffen investierten als die reicheren Länder.[63] Gewehre waren wichtiger als Butter.

Maskuline Länder neigen dazu (versuchen), internationale Konflikte durch Waffengewalt zu lösen; feminine Länder suchen nach einem Kompromiss und wollen verhandeln (das gleiche wurde auf der Ebene von Arbeitsorganisationen festgestellt). Ein treffendes Beispiel dafür ist, auf welch unterschiedliche Weise versucht wurde, die Åland-Krise und die Falkland-Krise zu bewältigen.

Die Åland-Inseln sind eine kleine Inselgruppe in der Mitte zwischen Schweden und Finnland; als Teil von Finnland gehörten sie zum russischen Zarenreich. Als Finnland im Jahre 1917 seine Unabhängigkeit von Russland erklärte, wollte die Mehrheit der 30.000 Inselbewohner zu Schweden gehören, das bis 1809 dort geherrscht hatte. Die Finnen nahmen die Anführer der Pro-Schweden-Bewegung fest. Nach einer Reihe emotional geprägter Verhandlungen, an denen die neu formierte League of Nations (Liga der Nationen) teilnahm, erklärten sich im Jahre 1921 alle Parteien damit einverstanden, dass die Inseln an sich weiter zu Finnland gehören sollten, dass ihnen jedoch ein großes Maß an regionaler Autonomie eingeräumt werden sollte.

Die Falkland-Inseln sind ebenfalls eine kleine Inselgruppe, um die sich zwei Länder streiten: Großbritannien, das die Inseln nach 1833 kolonialisiert hat, und das ganz in der Nähe gelegene Argentinien, das seit 1767 seine Rechte auf die Inseln geltend gemacht und versucht hat, von den Vereinten Nationen in der Sache Unterstützung zu bekommen. Die Falkland-Inseln sind achtmal größer als die Åland-Inseln, aber dort lebt nur ein Fünfzehntel der Bevölkerung der Åland-Inseln, und zwar 1800 arme Schafzüchter. Im April 1982 wurden die Inseln von argentinischem Militär besetzt, woraufhin die Briten eine Expeditionsflotte losschickten, die die Besetzer vertrieben. Dabei kamen (nach offiziellen Angaben) 725 Argentinier und 225 Briten ums Leben, ganz abgesehen von dem enormen Kostenaufwand. Das Wirtschaftsleben auf den Inseln, die auf Handelsbeziehungen mit Argentinien angewiesen sind, wurde hierdurch ernsthaft gefährdet.

Was erklärt den Unterschied in der Art der Bewältigung und im Ergebnis dieser beiden internationalen Konflikte, die erstaunliche Ähnlichkeiten aufweisen? Finnland und Schweden haben beide eine feminine Kultur, Argentinien und Großbritannien eine maskuline. Die maskuline Symbolik in der Falklandkrise wurde unübersehbar deutlich in der Sprache, die auf beiden Seiten gesprochen wurde. Leider haben die Opfer nur sehr wenig bewirkt. Die Falkland-Inseln bleiben ein umstrittenes Territorium, das auf ständige Unterstützung und militärische Präsenz Großbritanniens angewiesen ist. Die Åland-Inseln haben sich zu einem wirtschaftlich blühenden Teil Finnlands entwickelt, der von vielen schwedischen Touristen besucht wird.

Im Jahre 1972 veröffentlichte ein internationales Team von Wissenschaftlern mit dem Namen „The Club of Rome" einen Bericht über die Grenzen des Wachstums, die erste öffentlich geäußerte Erkenntnis, dass fortschreitendes Wirtschaftswachstum und der Schutz unserer Umwelt Ziele sind, die im Widerspruch zueinander stehen. Der Bericht wurde zwar in einigen Details kritisiert, und eine Zeit lang wurden auch die aufgeworfenen Fragen als weniger dringlich angesehen. Doch die zugrunde liegende These konnte nie widerlegt werden und ist unserer Meinung nach auch unwiderlegbar.

Nichts kann ewig weiter wachsen, und die größte Schwachstelle unserer heutigen Wirtschaftswelt ist, diese grundlegende Tatsache nicht anerkennen zu wollen. Die Wahl, vor der die Regierungen stehen, ist alles andere als einfach, und abgesehen von örtlichen geographischen und ökologischen Zwängen, wird diese Wahl entsprechend den in einem Land vorherrschenden Werten vorgenommen. Die Regierung eines Landes mit maskuliner Kultur wird wahrscheinlich dem Wachstum Priorität einräumen und die Umwelt diesem Ziel opfern. Bei der Regierung eines Landes mit femininer Kultur werden die Prioritäten wahrscheinlich genau umgekehrt gesetzt sein.[64]

Da Umweltprobleme Grenzen überschreiten und Ozeane überqueren, ist internationales diplomatisches Geschick gefragt, um sie zu lösen. Ein weltweiter Ansatz dazu wurde im Kyoto-Protokoll festgehalten, das als Ergebnis von Verhandlungen der Vereinten Nationen im Jahre 1997 verabschiedet wurde. Der amerikanische Präsident George W. Bush machte seine maskulinen Prioritäten deutlich, indem er nach seiner Wahl im Jahre 2001 den Rückzug der USA aus dem internationalen Kyoto-Prozess erklärte.

In der World Values Survey, die in den Jahren 1990–93 durchgeführt wurde, bat man repräsentative Stichproben der Bevölkerung, ihre Ansichten auf einer Skala einzuordnen, die von „politisch links stehend" nach „politisch rechts stehend" verlief. Wähler aus maskulinen Ländern ordneten sich meist in der Mitte ein, Wähler aus femininen Ländern etwas mehr links; nur wenige ordneten sich als politisch rechts stehend auf der Skala ein.[65]

Aber nicht nur politische Prioritäten zeigen an, ob Maskulinität oder Femininität in einer Demokratie vorhanden sind, auch in den inoffiziellen Spielregeln der Politik findet man sie wieder. In Ländern mit einer maskulinen Kultur wie Großbritannien, Deutschland und USA ist der Diskurs mit dem politischen Widersacher sehr aggressiv. Das ist kein neuzeitliches Phänomen. Bereits im Jahre 1876 berichtete die in holländischer Sprache erscheinende Zeitung *De Standaard* darüber, dass amerikanische Parteien nichts ausließen, um ihre politischen Gegner mit Dreck zu bewerfen, und das in einer Art und Weise, die Ausländer empörend finden.[66] Diese Aussage gilt auch heute noch. In Ländern mit einer femininen Kultur wie Skandinavien und die Niederlande bilden die Regierungen fast immer Koalitionen aus verschiedenen Parteien, die relativ behutsam miteinander umgehen.

In demokratischen Ländern mit einer stärker feminin geprägten Kultur werden mehr Frauen in ein politisches Amt gewählt oder bekleiden einen Ministerposten; große Machtdistanz und starke Unsicherheitsvermeidung (siehe Kapitel 5) lassen dies jedoch nur selten zu. In 22 etablierten parlamentarischen Demokratien betrug im Jahre 2002 der Anteil an Frauen im Parlament in Ländern wie Großbritannien, Frankreich, Griechenland, Irland, Israel, Italien, Japan, Portugal und den USA unter 20 %; in Dänemark, Finnland, Deutschland, den Niederlanden, Neuseeland, Norwegen und Schweden dagegen über 30 %.

Weniger als 20 % betrug der Anteil weiblicher Minister im Jahr 2000 in Australien, Belgien, Griechenland, Irland, Israel, Italien, Japan, Portugal und Spanien; über 40 % dagegen in Dänemark, Finnland, Neuseeland, Norwegen und Schweden.[67] Frauen kommen in der Politik schneller voran als in Arbeitsorganisationen. Der Wahlprozess reagiert schneller auf Veränderungen in der Gesellschaft als Kooptationsprozesse auf Veränderungen im Geschäftsleben. Kompetente Frauen in Unternehmen müssen immer noch warten, bis betagte Herren sich zur Ruhe setzen oder sterben.

Maskulinität, Femininität und Religion

Die mit der Dimension Maskulinität – Femininität zusammenhängenden Punkte spielen eine wesentliche Rolle in jeder Religion. Maskuline Kulturen verehren einen harten Gott bzw. harte Götter, die ein hartes Verhalten gegenüber den Mitmenschen rechtfertigen. Feminine Kulturen verehren einen weichen Gott bzw. weiche Götter, die verlangen, dass man liebevoll mit seinen Mitmenschen umgeht.

Im Christentum wurde schon immer ein Kampf geführt zwischen den harten, maskulinen und den weichen, femininen Elementen. Wenn man die christliche Bibel als Ganzes betrachtet, so spiegeln sich im Alten Testament die härteren Werte wider (Auge um Auge, Zahn um Zahn, im Neuen Testament haben die weicheren Werte ihren Platz (halt die andere Wange auch noch hin). Im Alten Testament herrscht der erhabene Gott, im Neuen Testament hilft Jesus den Schwachen und Notleidenden. Der Katholizismus hat einige sehr maskuline, harte Strömungen hervorgebracht (Templer-Orden, Jesuiten), aber auch manche mit einer femininen, weichen Ausrichtung (Franziskaner). Auch außerhalb des Katholizismus finden sich Gruppen mit stark maskulinen Werten (wie die Mormonen) und solche mit sehr femininen Werten (wie Quäker und die Heilsarmee). Im Durchschnitt aber pflegen Länder mit einer katholischen Tradition tendenziell mehr maskuline, und solche mit einer protestantischen Tradition mehr feminine Werte.[68]

Auch außerhalb der christlichen Welt gibt es „harte" und „weiche" Religionen. Der Buddhismus im maskulinen Japan unterscheidet sich gänzlich vom Buddhismus im femininen Thailand. Einige junge Männer in Japan betreiben zen-buddhistische Übungen und wollen durch Meditation unter einem harten Meister eine Entwicklung ihrer Persönlichkeit erreichen. In den 70er Jahren verbrachten mehr als die Hälfte aller jungen Männer in Thailand einen Teil ihres Lebens als buddhistische Mönche, taten Dienst für andere und bettelten.[69] Im Islam verhalten sich die Sunniten stärker maskulin als die Schiiten, für die die Bedeutung des Leidens sehr wichtig ist. In der IBM-Studie erzielte der Iran, der eine überwiegend schiitische Bevölkerung hat, mehr Punktwerte für Femininität als die arabisch sprechenden Länder, in denen eine überwiegend sunnitische Bevölkerung lebt.

In den 90er Jahren widmete der niederländische Soziologe Johan Verweij seine Doktorarbeit der Frage, welche Unterschiede es bei der Säkularisierung (Verlust der Religion) im Christentum der westlichen Welt gebe. Aus der World Values Survey aus den Jahren 1990–1993 erhielt er Daten über verschiedene Aspekte der Religiosität in 16 christlichen Ländern.[70] Die zur dieser Zeit verbreiteten Theorien suchten den Grund für die Säkularisierung in der Modernisierung der Gesellschaft, doch diese Theorien konnten nicht die Situation in den USA erklären, die als modernes Land davon relativ unberührt geblieben waren. Zu Verwijs Überraschung stellte sich heraus, dass sich der Grad der Säkularisierung eines Landes am besten durch den Grad der Femininität in seiner Kultur vorhersagen ließ, obwohl doch Frauen in der Regel religiöser sind als Männer. In den maskulinen christlichen Ländern schätzten die Menschen ihre Religiosität höher ein und maßen der Existenz Gottes in ihrem Leben, christlichen Riten, der Rechtgläubigkeit und einer christlichen Weltsicht größere Bedeutung bei. In Ländern mit femininen Werten war die Säkularisierung schneller vor sich gegangen als in solchen mit maskulinen Werten; das traf generell für alle untersuchten Länder zu, auch für die USA.

Im Evangelium findet man eine Reihe von Werten für die verschiedenen Positionen auf der Maskulinität-Feminitäts-Skala. Im Neuen Testament wird die Bedeutung der Beziehung zu Gott und zu den Mitmenschen sorgfältig im Gleichgewicht gehalten. Einmal wird Jesus von einem Pharisäer gefragt: „Welches Gebot im Gesetz ist das wichtigste?"

> Er antwortete ihm: „Du sollst den Herrn, deinen Gott, lieben mit ganzem Herzen, mit ganzer Seele und mit all deinen Gedanken. Das ist das wichtigste und erste Gebot. Ebenso wichtig ist das zweite: „Du sollst deinen Nächsten lieben wie dich selbst. An diesen beiden Geboten hängt das ganze Gesetz samt den Propheten."[71]

Vergleicht man die Religiosität der Christen in stärker maskulin und stärker feminin geprägten Ländern stellt man fest, dass es schwierig ist, das Gleichgewicht zwischen den beiden Geboten zu halten. Kulturelle Gegebenheiten führen dazu, dass Christen in manchen Ländern das Hauptgewicht auf das erste Gebot legen, Christen in anderen Ländern dagegen den Akzent auf das zweite Gebot setzen.

Man könnte behaupten, dass in den harten, maskulinen Gesellschaften unter den christlichen Ländern offensichtlich die Bedeutung Gottes stärker forciert wird und damit auch Werte, die davon abgeleitet werden. Der Gott der Christen ist der Vater: er ist maskulin. Sowohl die Bedeutung Gottes – wie sie von den Teilnehmern an der European Value Systems Study eingeschätzt worden war – als auch der Maskulinitätsindex aus den IBM-Studien standen in Korrelation zu der Behauptung, dass man die zehn Gebote einhält; die stärkste Korrelation gab es mit den rein religiösen Geboten (keine anderen Götter neben mir, den Namen Gottes nicht missbrauchen, den Sabbat heilig halten). Schwächer war die Korrelation zwischen Maskulinität und der Behauptung, die Gebote einzuhalten, die sich auf die Sexualität beziehen (nicht Ehe brechen, nicht nach des Nächsten Frau verlangen). Am schwächsten war die Korrelation mit der Behauptung, die Gebote einzuhalten, die die Moral des Menschen betreffen (Vater und Mutter ehren, nicht töten, nicht stehlen, kein falsches Zeugnis ablegen, nicht nach des Nächsten Hab und Gut verlangen). In Ländern mit einer maskulinen Kultur wurde die emotionale und symbolische Bedeutung des Namens Gottes besonders hervorgehoben.[72] Der Name Gottes, des Vaters, spricht die Bevölkerung einer maskulinen Gesellschaft sehr stark an, und zwar nicht nur die Männer, sondern auch die Frauen, die bei ihrer Sozialisation die Erfahrung gemacht haben, dass die Werte der beiden Geschlechter ungleich sind. In einer femininen Gesellschaft wird mehr Wert gelegt auf die Beziehung zu den Mitmenschen als auf die Beziehung zu Gott.

Die Säkularisierung in femininen Ländern geht aber nicht gleichzeitig einher mit einem Verlust der bürgerlichen Moral. Ein Vergleich von Daten aus der European bzw. der World Values Survey aus den Jahren 1981–1982 und 1990 für Irland, die Niederlande und die Schweiz ergab keinen Beweis für einen derartigen Zusammenhang.[73] Vorschläge, dass man unmoralischem Verhalten doch einfach durch eine Umkehr zur Religion begegnen könne, haben sich demnach als falsch erwiesen. Im Gegenteil, es stellte sich sogar heraus, dass Femininität, die – wie bereits festgestellt – mit Säkularisierung korreliert, positiv mit der bürgerlichen Moral in Verbindung steht. Im Jahre 1996 wurde im *Reader's Digest* das Ergebnis eines Experiments veröffentlicht. Etwa 200 Brieftaschen mit je ca. 50 $ Inhalt plus Familienfotos und Telefonnummer des vermeintlichen Besitzers wurden an öffentlichen Plätzen in großen und kleineren Städten in den USA und 14 europäischen Ländern „zufällig" fallen gelassen. Von zehn verlorenen Brieftaschen wurden alle zehn zurückgegeben in Oslo/Norwegen und in Odense/Dänemark, aber nur zwei in Lausanne/Schweiz (eine war von einem Albanier gefunden worden), Ravenna/Italien und Weimar/Deutschland. Die Anzahl der zurückgegebenen Brieftaschen stand in signifikanter Korrelation mit der Femininität des jeweiligen Landes, zusätzlich beeinflusst durch geringe Machtdistanz.[74]

Ein ähnliches Ergebnis wurde bei einem anderen Experiment erzielt; es wurde durchgeführt von den internationalen Studenten des amerikanischen Psychologieprofessors Robert Levine. In ihren 23 Heimatstädten ließen die Studenten wiederum „zufällig" einen Füllfederhalter fallen, und zwar so, dass ihn ein einzelner Fußgänger, der in die Gegenrichtung unterwegs war, sehen konnte. Ausgewertet wurde, wie oft der Fußgänger denjenigen, der das Experiment durchführte, auf seinen Verlust aufmerksam machte bzw. den Füller aufhob und ihn zurückgab. Der Prozentsatz der ehrlichen Finder in den 23 Ländern stand in signifikanter Korrelation zu den Punktwerten für Femininität, die das jeweilige Land erzielt hatte.[75]

Alle Religionen spezifizieren unterschiedliche religiöse Rollen für Männer und Frauen. Im Christentum praktizieren viele protestantische Kirchen derzeit die Gleichstellung von Mann und Frau sowohl auf Bischofs- als auch auf Pastorenebene, wohingegen die römisch-katholische Kirche strikt am Vorrecht der Männer für das Priesteramt festhält. Gleichzeitig sind aber in allen christlichen Kirchen Frauen religiöser als Männer. „Gott ist offensichtlich kein Dienstherr, dem es um Chancengleichheit geht: Frauen gegenüber ist er voreingenommen."[76] Die European Value Systems Study zeigt, dass dies in besonderer Weise für Frauen ohne bezahlte Arbeit gilt. Wo sich die Rolle der Frau von der Haushälterin zur Lohnempfängerin wandelt, rückt ihre Einstellung zur Religion näher an die der Männer heran.[77]

Es sollte nicht überraschen, dass die Dimension Maskulinität gegenüber Femininität sowohl mit sexuellem als auch mit religiösem Verhalten in Verbindung steht. Die Religion bietet der Menschheit die Möglichkeit, das Übernatürliche zu beeinflussen: Sicherheiten zu schaffen über die unvorhersehbaren Risiken menschlicher Existenz hinaus. Zu den wichtigsten dieser Unwägbarkeiten gehören Geburt, eheliche Fruchtbarkeit und Tod. In allen Religionen werden die Ereignisse, die mit der Fortpflanzung in Zusammenhang stehen, nämlich Geburten, Hochzeiten und Todesfälle, mit einem besonderen Akzent versehen und gefeiert.

Fruchtbarkeitsriten sind aus nahezu allen menschlichen Kulturen seit der Vorgeschichte bekannt; sie haben bis heute überlebt, und man findet sie in Trauungszeremonien und an Zufluchtsstätten, an denen man um eine Schwangerschaft betet. Im Judentum und einem Großteil der islamischen Glaubenswelt ist die Beschneidung des männlichen Glieds Voraussetzung für die Aufnahme in die religiöse Gemeinschaft. Im Hinduismus wurden bei der Architektur von Tempeln *lingam* und *yoni* (Phallus und Vulva) nachgebildet. In der chinesischen Philosophie und den religiösen Praktiken des Landes legt man großen Wert darauf, dass yang und yin, dass männliche und das weibliche Element, sich ergänzen.

In den meisten Religionen, oder besser gesagt, in allen, gibt es in Bezug auf Liebe und Sex Dinge, die man tun kann und andere, die man nicht tut. Die menschliche Sexualität hat zwei Seiten: die Erhaltung der Art und die Erholung beim Liebesspiel, Fortpflanzung auf der einen und Vergnügen auf der anderen Seite. Die verschiedenen Religionen, und innerhalb der Religionen wiederum diverse Strömungen, beziehen unterschiedliche Stellungen, wenn es um die Freude am Sex geht; generell geht der Trend in Ländern mit einer maskulinen Kultur dahin, die Fortpflanzungsseite herauszustellen; in Ländern mit einer mehr femininen Kultur schätzt man aber auch das Vergnügen. In der maskulinen römisch-katholischen Kirche wird Sex zum Vergnügen abgelehnt, das Zölibat wurde eingeführt und der *Marienkult*; die Ehe gilt als Sakrament und dient dem Zweck, Nachkommen zu zeugen; Scheidung, der Gebrauch von Verhütungsmitteln und Abtreibung werden untersagt. Die weniger maskulinen protestantischen Kirchen schafften das Zölibat ab, als sie sich von Rom trennten, sie betrachten die Ehe nicht als Sakrament und erkennen Ehescheidungen an. Im orthodoxen Islam wird sexuelles Vergnügen beim Mann akzeptiert, bei der Frau jedoch sieht man darin eine Gefahr. Strömungen im Hinduismus haben eine sehr positive Einstellung zum sexuellen Vergnügen; das wird auch im *Kamasutra*-Liebesführer und den erotischen Tempeln von Khajuraho und Konarak in Indien deutlich. Im femininen buddhistischen Thailand ist der Beruf der Prostituierten weniger mit einem Makel behaftet als im Westen. Im femininen Schweden ist die Prostitution von Frauen verboten, aber nicht die Frau wird bestraft, sondern der Freier, der sie besucht.

Es ist erstaunlich, dass auf dem Gebiet wissenschaftlicher Theorien über Sexualität das Werk Sigmund Freuds (1856–1939) ausgerechnet in Österreich entstanden ist, einem Land mit einem der höchsten Punktwerte für Maskulinität (79) in der IBM-Liste. Freud, Begründer der Psychoanalyse, spricht sich aus für die grundlegende Bedeutung, die der Sexualität in der Entwicklung der Persönlichkeit des Menschen zukommt. Er führte viele Probleme psychisch kranker Menschen auf die Unterdrückung der Sexualität zurück. Er bezichtigte alle Frauen des Penisneids (Eifersucht, dass „frau" keinen hat). Es ist fraglich, ob ein Autor aus einer weniger maskulinen Gesellschaft auf diese Idee gekommen wäre. Jede/r Autor/-in und jede/r Wissenschaftler/-in ist ein Kind seiner Gesellschaft; Freud schrieb auf, was er fühlte und was er sich vorstellen konnte.

Tabelle 4.6 vervollständigt die Tabellen 4.2, 4.3, 4.4 und 4.5; hier werden die Hauptunterschiede zwischen femininen und maskulinen Gesellschaften aus den letzten beiden Abschnitten zusammengefasst.

feminin	maskulin
• Wohlfahrtsstaat-Ideal; Hilfe für Bedürftige	• Leistungsgesellschaft-Ideal; Unterstützung der Starken.
• Permissive Gesellschaft	• Repressive Gesellschaft
• Einwanderer sollen sich integrieren	• Einwanderer sollen sich anpassen.
• Entwicklungshilfe für arme Länder	• Arme Länder sollen sich selbst helfen.
• Die Umwelt soll geschützt werden: „Small is beautiful."	• Die Wirtschaft soll weiter wachsen: „Big is beautiful."
• Internationale Konflikte sollen beigelegt werden, indem man Verhandlungen führt und nach Kompromissen sucht.	• Internationale Konflikte sollen beigelegt werden, indem man die eigene Stärke demonstriert oder militärisch vorgeht.
• Mehr Wähler ordnen sich links von der Mitte ein.	• Mehr Wähler ordnen sich in der Mitte ein.
• Politik basiert auf Koalitionen; höfliche politische Umgangsformen.	• In der Politik gibt es viele Widersacher; häufige Schlammschlachten.
• Viele Frauen werden in ein politisches Amt gewählt.	• Wenige Frauen haben ein politisches Amt inne.
• Weiche Religionen.	• Harte Religionen.
• Beim Christentum mehr Säkularisierung; Betonung liegt auf der Nächstenliebe.	• Beim Christentum weniger Säkularisierung; Betonung liegt auf dem Glauben an Gott.
• Vorherrschende Religionen gestehen beiden Geschlechtern gleiche Rollen zu.	• Vorherrschende Religionen betonen das Vorrecht der Männer.
• Die Religionen stehen dem sexuellen Vergnügen positiv oder neutral gegenüber.	• Die Religionen billigen Sex im Sinne der Fortpflanzung, doch weniger als Freizeitbeschäftigung.

Tab. 4.6: Hauptunterschiede zwischen femininen und maskulinen Gesellschaften – V: Politik und Religion

Ursprünge von Unterschieden bei Maskulinität und Femininität

Die Frage nach Gleichheit oder Ungleichheit zwischen den Geschlechtern ist so alt wie Religion, Ethik und Philosophie selbst. In Genesis, dem ersten Buch des jüdisch-christlichen Alten Testamentes (dessen Überlieferungen im fünften Jahrhundert v. Chr. aufgeschrieben wurden), finden wir zwei einander widersprechende Versionen über die Erschaffung von Mann und Frau. In der ersten Version in Genesis 1, 27-28 heißt es:

> „So schuf Gott den Menschen nach seinem Abbild, nach Gottes Bild schuf er ihn, als Mann und Frau erschuf er sie. Gott segnete sie und sprach zu ihnen: Seid fruchtbar und mehrt euch, füllt die Erde und macht sie euch untertan."

Dieser Text unterstellt eine gleichberechtigte Partnerschaft zwischen Mann und Frau. In der zweiten Version, Genesis 2, 8 ff. (die nach Meinung der Alt-Testamentler aus einer anderen Quelle stammen muss), wird die Geschichte vom Garten Eden erzählt, in der Gott zuerst den „Mann" schuf. Dann heißt es in Genesis 2,18 weiter:

> „Gott, der Herr, sprach: Es ist nicht gut, dass der Mensch allein sei; ich will ihm eine Hilfe machen als sein Gegenstück.[78]

Dann folgt die Geschichte der Frau, die aus einer Rippe Adams geschaffen wurde. In diesem Text wird dem Mann eindeutig eine vorrangige Stellung zugewiesen, und die Frau wird als „eine Hilfe, die zu ihm passt", definiert; die dominante Rolle des Mannes in der Gesellschaft wird gerechtfertigt.

Im antiken Griechenland schreibt Plato im vierten Jahrhundert v. Chr. über die Geschlechter als im Prinzip gleiche Wesen, die, einmal abgesehen von ihrer Rolle bei der Fortpflanzung, nur relativ verschieden sind. In *Politeia* beschreibt er einen Idealstaat, der von einer Elite regiert wird, die sich aus Männern und Frauen zusammensetzt. Natürlich herrschten in Wirklichkeit im griechischen Staat die Männer. Dasselbe war im alten Rom der Fall. Aber zumindest ein römischer Schriftsteller, C. Musonius Rufus, trat im ersten Jahrhundert n. Chr. für die Gleichheit von Mann und Frau ein, insbesondere, was das Studium der Philosophie betraf.

Der deutsche Soziologe Norbert Elias behauptet, dass sich das Gleichgewicht der Kräfte zwischen den Geschlechtern mit der fortschreitenden Entwicklung einer Gesellschaft ändert. Zu Zeiten der Römischen Republik und des frühen Kaiserreiches (400 v. Chr. bis 100 n. Chr.) wurde allmählich der Einfluss der Patrizierfrauen stärker, und sie erhielten mehr Rechte. Dieser Prozess ging einher mit der Entwicklung Roms vom Stadtstaat zum Weltreich; auf Senatorenebene wurde dieser Prozess begleitet von der Entwicklung des Soldaten bäuerlicher Herkunft zum Aristokraten. Mit dem Zerfall des Römischen Reiches im dritten Jahrhundert nach Christus verschlechterte sich auch die Stellung der Frau. In einem seiner früheren Bücher hatte Elias beschrieben, wie in Europa, und vor allem in Frankreich um 1100 n. Chr. bei der allmählichen Wiederherstellung von Gesetz und Ordnung in der Gesellschaft und bei nachlassender Kampftätigkeit den adligen Damen eine soziale und Kultur vermittelnde Rolle zufiel. In der Geschichte der europäischen Zivilisation waren der französische Adel und der französische Hof führendes Vorbild, dem andere Länder und Klassen in großem Abstand folgten. Die Unterschiede, die es heute bei der Dimension Maskulinität – Femininität zwischen Frankreich, Spanien und Portugal auf der einen und Großbritannien, Deutschland und Italien auf der anderen Seite gibt, können als unterschiedliche Ergebnisse dieses Zivilisationsprozesses gewertet werden.

Die Anthropologin Margaret Mead ist in Neuguinea auf eine sehr unterschiedliche Verteilung der Geschlechtsrollen unter Stämmen gestoßen, die räumlich nicht weit voneinander entfernt leben. Sie lieferte den Beweis, dass Geschichte und Tradition das Überleben einer großen Vielfalt von Geschlechtsrollen ermöglichen. Wir haben keine starke Korrelation mit externen Faktoren gefunden, die erklären könnten, warum einige Länder eine dominant maskuline Kultur haben und andere eine dominant feminine Kultur. Feminine Kulturen treten häufiger in kalten Klimazonen auf, was vermuten lässt, dass in diesem Fall eine gleichberechtigte Partnerschaft zwischen Mann und Frau die Möglichkeiten für das Überleben und Wachsen der Bevölkerung verbessert.

Die Konzentration von femininen Kulturen im Nordwesten Europas (Dänemark, Finnland, Niederlande, Norwegen, Schweden) deutet auf gemeinsame historische Faktoren hin. Die Oberschicht in diesen Ländern setzte sich zum großen Teil aus Händlern und Seefahrern zusammen. Bei Handel und Seefahrt sind gute zwischenmenschliche Beziehungen und das Sorge tragen für Schiff und Ware unerlässliche Tugenden. Die Zeit der Wikinger in den skandinavischen Ländern (800–1000 n. Chr.) bedeutete auch, dass die Frauen für das Leben im Dorf verantwortlich waren, während die Männer lange Zeit unterwegs waren. In den Niederlanden haben sich die Wikinger allerdings nicht für längere Zeit niedergelassen. Zum Bund der Hanse (1200–1500 n. Chr.) gehörten alle nordwestlichen europäischen Länder einschließlich der freien Städte Hamburg, Bremen und Lübeck im Norden Deutschlands sowie die baltischen Staaten. Die Hanse war ein freiwilliger Zusammenschluss von Handelsstätten, in dem Frauen eine wichtige Rolle spielten:

> „Obwohl die Frau nicht den gleichen rechtlichen Status besaß, waren Mann und Frau im Geschäftsleben ein gut eingespieltes Team. Sogar in Kaufmannskreisen bildete die Familie die kleinste Zelle der Gesellschaft, in der die Frau und die Kinder eine Rolle zu spielen hatten. Das bedeutete, dass sich die Frauen bis zu einem gewissen Grade emanzipiert hatten, sowie ihre Unabhängigkeit und ihre Kenntnisse vom Geschäftsleben ausgebaut hatten. Und von einigen Frauen konnte man wirklich sagen, dass sie „die Hosen an hatten", und zwar zu Lebzeiten ihres Mannes."[79]

Erasmus von Rotterdam verglich in seiner *Colloquia* von 1522 die Bedienung in französischen und deutschen Gasthäusern, die er beide aus eigener Erfahrung kannte. Er sprach vom Charme der Frauen und Töchter der französischen Gastwirte, der Qualität des Essens und vom französischen *savoir vivre*. Im Gegensatz dazu bezeichnete er die Deutschen als streng, unflexibel und als Menschen mit schlechten Manieren. Er benutzte tatsächlich das Wort „maskulin", um den deutschen vom französischen Stil zu unterscheiden. Gleichzeit stellte er aber fest, dass bei den Deutschen die Gäste mit größerer Gleichheit behandelt wurden.[80]

In einer politischen Druckschrift aus dem Jahre 1585 schrieb der englische Staatsmann Sir Francis Walsingham, der Großbritannien und die Niederlande miteinander verglich, dass England und die Niederlande „sich – allgemein gesprochen – ähnlich sind und als Mann und Frau bezeichnet werden." Ein halbes Jahrhundert danach „brachten einige Engländer den Handelserfolg der Holländer damit in Verbindung, dass sie im allgemeinen ihren Nachwuchs *beiderlei Geschlechts* mehr zum Studium der Geometrie und der Zahlen heranziehen als die Engländer." Und anderswo konnte man hören, dass holländische Kaufleute *und ihre Ehefrauen* mehr Geschick in Handelsgeschäften bewiesen als die Engländer.[81] Obwohl Frauen im 17. Jahrhundert in den Niederlanden keine öffentlichen Ämter bekleiden durften, gelang es ihnen dennoch, „sich innerhalb dieser Grenzen sowohl einzeln als auch im Kollektiv im öffentlichen Leben zu behaupten." Und auf Gemälden dieser Zeit „werden Väter gelegentlich dargestellt, wie sie sich an der Pflege der Kleinkinder beteiligen." Auch neigte man „in den Niederlanden dazu, militärischen Ruhm ... eher mit Vorsicht zu betrachten als mit Enthusiasmus ... Obwohl Berufssoldaten ... bei der Verteidigung der (holländischen) Republik im 17. Jahrhundert eine entscheidende Rolle spielten, war es auffällig, dass sie in der patriotischen Kultur der damaligen Zeit keine Ehrenabzeichen besaßen."[82] Kriegshelden gehören zur Geschichte maskuliner Länder wie Großbritannien und die USA.

Das Geschlecht von Persönlichkeiten, die im 19. und 20. Jahrhundert symbolisch für westliche Länder standen, richtete sich auffällig nach dem Grad der Maskulinität bzw. Femininität in der Kultur des jeweiligen Landes: John Bull für Großbritannien und Uncle Sam für die USA, aber die Marianne für Frankreich[83] und die holländische Maid (in Deutschland Frau Antje) für die Niederlande.

Lateinamerikanische Länder weichen auf der Maskulinität-Femininitäts-Skala beträchtlich voneinander ab. Die kleinen mittelamerikanischen Staaten sowie Peru und Chile schneiden feminin ab, Mexiko, Venezuela, Kolumbien und Ecuador sehr maskulin. Eine mögliche Erklärung dafür könnte sein, dass sich in diesen Unterschieden das kulturelle Erbe der Indios widerspiegelt, die vor der Eroberung durch die Spanier das Land bewohnten. Der größte Teil Mexikos erbte die harte Kultur der Azteken, aber Yukatan, die Halbinsel im Süden Mexikos, und die angrenzenden mittelamerikanischen Staaten die weniger kriegerische Kultur der Mayas. Peru und der Norden Chiles erbten die Kultur der Inkas, die mit der der Mayas vergleichbar ist.

All diese Beispiele aus der Geschichte zeigen, dass schon vor vielen Hundert Jahren die Unterschiede bezüglich der Dimension Maskulinität – Femininität, die die verschiedenen Länder aufweisen, erkannt und beschrieben wurden: die Art und Weise, wie ein Land mit Geschlechtsrollen umgeht, ist tief in seiner Geschichte verwurzelt.

Die Zukunft von Unterschieden bei Maskulinität und Femininität

Zwischen MAS, Wohlstand und dem Bevölkerungswachstum gab es einen äußerst interessanten Zusammenhang. Die Relation von MAS und der Anzahl der Kinder pro Familie (die zum Bevölkerungswachstum führt) war negativ für die reicheren Länder, aber positiv für die armen Länder. Mit anderen Worten heißt das, dass feminine Kulturen in armen Ländern kleinere Familien und in reichen Länder größere Familien hervorbringen.[84] Hier hatten die Frauen ein Mitspracherecht bei der Anzahl der Kinder, die sie zur Welt bringen wollten. Die Größe der Familie richtete sich nach den zur Verfügung stehenden finanziellen Mitteln. In maskulinen Kulturen setzten sich die Männer durch, wenn es um die Größe der Familie ging; dies führte dazu, dass in armen Ländern die Familien (zu) groß waren, in reichen Ländern waren sie dagegen klein. Der amerikanische Anthropologe, der anthropologische Studien über traditionelle Kulturen einer erneuten Prüfung unterzog, kam zu dem Schluss, dass die Bevölkerung in solchen Gesellschaften wächst, in denen Frauen den Männern untertan sind.[85] Familienplanungsprogramme stehen und fallen mit der Einstellung der Männer. UNICEF-Mitarbeiter haben berechnet, dass Frauen im Durchschnitt 1,41 Kinder weniger hätten, wenn sie in allen Ländern über die Größe der Familie entscheiden könnten; insgesamt gäbe es dann 1,3 Milliarden Menschen weniger auf der Welt in einem Zeitraum von 35 Jahren.[86] Aus dem Gesagten ergibt sich, dass in den armen Teilen der Welt maskuline Kulturen schneller wachsen; wo Wohlstand herrscht, sind feminine Kulturen schneller.

Für übereinstimmende Stichproben aus der Bevölkerung von zehn reichen europäischen Ländern wurden Daten aus der European und der World Values Survey aus den Jahren 1980, 1990 und 2000 analysiert; hier ging es um die öffentliche Meinung zu der Frage, zum Erlernen welcher Eigenschaften man Kinder im Elternhaus anleiten solle und inwieweit sich diese Meinung im Laufe der Jahre veränderte. Die Punktwerte für MAS aus dem Jahre 2000 standen in positiver Korrelation zu den Kindern, die religiösen Glauben vermittelt bekamen, und in negativer Korrelation zu solchen Kindern, für die Toleranz und Respekt Eigenschaften waren, die sie sich aneignen sollten. Religion als zu erlernende Eigenschaft hatte im Laufe der Jahre (von 1980 über 1990 bis zum Jahre 2000) an Bedeutung verloren, die Bedeutung von Toleranz und Respekt war größer geworden. Hierdurch bestätigt sich in den reichen Ländern insgesamt ein Rückgang an Maskulinität.[87]

Die Verschiebung in Richtung femininerer Werte in reicheren Ländern kann auch mit dem Altern der Bevölkerung in Verbindung gebracht werden. Abbildung 4.3 zeigt, dass die Punktwerte für Maskulinität mit zunehmendem Alter abnehmen. Die demographische Entwicklung in den reicheren Teilen der Erde läuft auf niedrigere Geburtenraten hinaus, d.h. es gibt immer weniger junge Menschen.[88] Wird die Bevölkerung insgesamt älter, so wird der Trend in Richtung femininerer Werte gehen. Sinken die Geburtenraten, so heißt das automatisch auch, dass mehr Frauen auf dem Arbeitsmarkt zur Verfügung stehen und dort auch als Arbeitskräfte gebraucht werden (da es weniger junge Männer gibt). Wiederum lässt sich durch diese Einflüsse für die reichen Länder eine Verschiebung in Richtung Femininität vorhersagen.

Der technische Fortschritt bringt Veränderungen in der Arbeitswelt mit sich. In den reicheren Ländern ist die Revolution im Bereich der Informationstechnologie noch im Gange, und Berufe, wie man sie bisher kannte, verschwinden und neue werden geschaffen. Immer mehr Arbeitsplätze werden wegrationalisiert. Was übrig bleibt, sind Tätigkeiten, die sich aufgrund ihrer Beschaffenheit nicht automatisieren lassen. Dies sind zunächst solche, die mit der Festlegung von menschlichen und gesellschaftlichen Zielen zu tun haben, mit der Sinngebung von Lebensinhalten für den einzelnen Menschen und die Gesellschaft. Solche Arbeitsplätze umfassen alle höheren leitenden Positionen, sowohl in der Politik als auch in der Wirtschaft. Zum zweiten sind die Arbeitsplätze gemeint, die Kreativität erfordern, in denen etwas Neues erfunden und hinsichtlich seiner praktischen Durchführbarkeit, Schönheit und ethischer Kriterien geprüft wird. Eine dritte und sehr umfangreiche Kategorie von Berufen, die nicht automatisiert werden können, sind diejenigen, die mit dem Unvorhersehbaren zu tun haben: Sicherheit, Schutz, Verteidigung, Wartung. Schließlich ist noch eine umfangreiche Kategorie zu nennen, bei der es in der Hauptsache um menschliche Kontakte geht: Beaufsichtigung, Unterhaltung, Menschen Gesellschaft leisten, ihnen zuhören, eine materielle und moralische Stütze bieten und sie beim Lernen motivieren. Bei diesen Berufen kann der Computer als Hilfsmittel eingesetzt werden, er kann aber niemals den Platz des Menschen einnehmen. Für die Ausführung all dieser nicht rationalisierbaren Berufe sind feminine Werte genauso notwendig wie maskuline, unabhängig davon, ob Frauen oder Männer mit der entsprechenden Aufgabe betraut sind. Bei der letzten Kategorie, bei der die menschlichen Kontakte im Mittelpunkt stehen, überwiegen die femininen Werte sogar. Aufgaben, die mit Leistung zu tun haben, lassen sich viel leichter rationalisieren als Aufgaben, in denen Menschen umsorgt werden müssen. Alles zusammengenommen ist es wahrscheinlich, dass der technische Fortschritt in den Industriegesellschaften ebenfalls eine Verschiebung der Werthaltungen von maskulin in Richtung feminin fördert.

Was den ärmeren Teil der Welt betrifft, so ist ein Trend in Richtung femininer Werte unwahrscheinlich, solange die Länder weiterhin arm bleiben. Unterschiede bei Maskulinität und Femininität spielen eine Rolle bei dem Problem, das hauptsächlich in asiatischen Ländern immer gravierender wird, nämlich, dass man versucht, die Geburt von Mädchen zu verhindern oder zu unterdrücken. Um das Jahr 2000 zählte man in Asien ca. 100 Millionen weibliche Wesen weniger, als es bei normaler Geburtenrate hätte der Fall sein müssen. Gründe dafür sind die Tatsache, dass sich Eltern lieber einen Sohn als eine Tochter wünschen, die Verfügbarkeit von Ultraschalluntersuchungen, bei denen man das Geschlecht des Fötus feststellen und anschließend beliebig abtreiben kann und der seit langem bestehende Brauch, neugeborene Mädchen zu töten. Das Verhältnis von Frauen zu Männern in der Bevölkerung ist höher in Ländern mit einer femininen Kultur wie Thailand und Indonesien als in Ländern mit einer maskulinen Kultur wie Indien und China. Durch einen Überschuss an Männern gegenüber den Frauen kann unter Umständen die Maskulinität in den fraglichen Gesellschaften noch weiter anwachsen.

Die Erhaltung des Lebensraums erfordert weltweit eine Mentalität des Hegens und Pflegens. Der Teufelskreis von der Armut zur Maskulinität und zurück ist schlecht, wenn alle überleben sollen. Das ist ein weiterer stichhaltiger Grund, sich für eine gerechte Verteilung der Ressourcen in der Welt einzusetzen.

Anmerkungen

1 Wie zum Beispiel Mead, 1962 [1950].

2 Costa, Terraciano & McCrae (2001) verglichen mittlere Punktwerte des NEO-PI-R Big Five Persönlichkeitstests von Frauen und Männern in 26 Kulturen miteinander. Die Unterschiede zwischen den Geschlechtern waren beständig in allen Kulturen. Die Frauen schätzten sich höher ein in allen Bereichen des Neurotizismus (N) und der Verträglichkeit (A)/agreeableness. Was die anderen Dimensionen der Persönlichkeit betraf, so hatten die Frauen höhere Punktwerte in einigen Bereichen wie Wärme, Geselligkeit, positive Gefühle, und Offenheit gegenüber der Ästhetik. Männer schätzten sich höher ein in den Bereichen Selbstbehauptung, Risikobereitschaft und Aufgeschlossenheit gegenüber neuen Ideen.

3 *Culture's Consequences*, 2001, S. 280, nach Broverman, Vogel, Broverman, Clarkson & Rosenkrantz, 1972.

4 Mehrere dieser Validierungen wurden in einem separaten Band zusammengefasst: Hofstede zusammen mit Arrindell, Best, De Mooij, Hoppe, Van de Vliert, Van Rossum, Verweij, Vunderink & Williams, 1998.

5 Gemäß Vorzeichentest wird hierdurch die Dimension signifikant gestützt, Signifikanzstufe 0,05 (einseitig).

6 *Culture's Consequences*, 2001, S. 265. Die Korrelation in 23 Ländern betrug 0,53 (Signifikanzstufe 0,01).

7 Bonds Chinese Value Survey in 23 Ländern brachte eine Dimension hervor, die als „Herzenswärme" bezeichnet wird und mit MAS korreliert. Studenten in Ländern mit einem hohen Punktwert für Maskulinität betonten, wie wichtig Geduld, Höflichkeit und Freundlichkeit seien; in femininen Ländern wurden Patriotismus und Rechtschaffenheit besonders hervorgehoben. Diese Assoziationen sind überraschend; man hätte es andersherum erwartet. Geert Hofstede wurde den Verdacht nicht los, dass bei der Verarbeitung der Daten ein Minuszeichen verloren gegangen war. Stimmt die Analyse aber, muss man dieses Ergebnis als ein Beispiel werten für den Unterschied zwischen dem Erwünschten und dem Wünschenswerten, wie bereits in Kapitel 1 beschrieben.

8 *Culture's Consequences*, 2001, S. 266. Die Mehrfachkorrelation mit IDV und MAS betrug 0,86 (Signifikanzstufe 0,001).

9 Bem, 1975, S. 636.

10 Der Prozentsatz der Frauen in der Population der IBM-Studie variierte von 4,0 in Pakistan bis 16,2 in Finnland. In *Culture's Consequences* wurden die MAS-Punktwerte neu errechnet, wobei der Prozentsatz der Frauen für alle Länder konstant gelassen wurde. Die Auswirkungen auf die Punktwerte waren minimal, auch weil der Prozentsatz der Frauen selbst in Korrelation mit der Femininität des Landes stand.

11 Gray, 1993. Diese Erkenntnis verdanken wir Marieke de Mooij.

12 Lynn, 1991; Van de Vliert, 1998, Tabelle 7.2; *Culture's Consequences*, 2001, S. 308.

13 Aufbauend auf *Culture's Consequences*, 2001, S. 289–291.

14 Stevens, 1973; Gonzalez, 1982; *Culture's Consequences*, 2001, S. 309.

15 Van Rossum 1998; *Culture's Consequences*, 2001, S. 300.

16 *Culture's Consequences*, 2001, S. 302.

17 Hofstede, 1996b; *Culture's Consequences*, 2001, S. 302.

18 Mead, 1962 [1950], S. 271 ff.

19 *Culture's Consequences*, 2001, S. 309.

20 Aus der Beschreibung eines Bordmagazins der KLM, die den Film auf einem Transatlantik-Flug zeigte.

21 Dieser Abschnitt stützt sich weitgehend auf Hofstede et al., 1998, Kapitel 10: Vergleichende Studien über sexuelles Verhalten.

22 Hofstede, Neuyen, Ohayv & Sanders, 1990. Siehe auch Kapitel 8.

23 Pryor, Desouza, Fitness, Hutz, Kumpf, Lubbert, Pesonen & Erber, 1997, S. 526.

24 *Culture's Consequences*, 2001, S. 325; Ross, 1989.

25 Dr. Jan A.C. de Kock van Leeuven, persönliche Mitteilung.

26 Wie im ehemaligen US-Bestseller *In Search of Excellence* (Peters & Waterman, 1982).

27 Der Unterschied zwischen diesen beiden Arten der Gesinnung ist ein schon länger bekanntes Phänomen. Lord Robert Baden Powell (1857–

1941), der Gründer der internationalen Pfadfinderbewegung, schrieb ein Buch für die Rover (Pfadfinder über 16 Jahre) mit dem Titel: *Rovering to Success*. Seine Übersetzung ins Niederländische aus den 20er Jahren trägt den Titel: *Zwervend op de weg naar levensgeluk* („Unterwegs auf der Straße zum Glück"). Die holländischen Übersetzer glaubten nicht, dass „Erfolg" ein Ziel war, das junge Menschen ansprechen könnte. Im Niederländischen hat das Wort einen Beigeschmack von Oberflächlichkeit. Kein Leiter einer Jugendgruppe würde sagen, dass es sich beim Erfolg um ein Lebensziel handle.

28 Sandemose, 1938. Übersetzung Geert Hofstede mit dankenswerter Unterstützung von Denise Daval Ohayv.

29 Cohen, 1973.

30 Lasch, 1980, S. 117.

31 Hastings und Hastings, 1980; *Culture's Consequences*, 2001, S. 303. Es handelte sich hier um ziemlich umfangreiche Stichproben: ca. 1.500 pro Land. Bei Hastings und Hastings gab es keine Auskunft über die Verteilung der Geschlechter bei den Befragten, wir gehen aber von einer gleichmäßigen Verteilung (50/50) in allen fünf Ländern aus. Aus den Bildern, die die Kampfsituationen darstellen, ist deutlich zu sehen, dass es sich bei den Akteuren um Jungen handelt.

32 Korrelation 0,97 (Signifikanzstufe 0,01).

33 Ryback, Sanders, Lorentz & Koestenblatt, 1980; *Culture's Consequences*, 2001, S. 301.

34 Cooper & Cooper, 1980, S. 80.

35 Verhulst, Achenbach, Ferdinand & Kasius, 1993; *Culture's Consequences*, 2001, S. 303–304.

36 Der amerikanische Autor Christopher Lasch nannte das *The Culture of Narcissism* (Die Kultur des Narzissmus) (Lasch, 1980).

37 OECD, 1995; Hofstede et al., 1998, Tabelle 5.2; *Culture's Consequences*, 2001, S. 304. In sieben Ländern und Sprachgruppen stand der Prozentsatz der Personen, die sich als „ausgezeichnet" eingestuft hatten, in einer Rangkorrelation zu MAS und betrug 0,71 (Signifikanzstufe 0,05).

38 *Culture's Consequences*, 2001, S. 304.

39 Witkin, 1977, S. 85; Witkin & Goodenough, 1977, S. 682.

40 Eine Studie, die erst kürzlich durchgeführt wurde und zwei maskuline und zwei weniger maskuline Länder miteinander vergleicht, findet sich bei Kühnen, Hannover, Roeder, Shah, Schubert, Upmeyer & Zakaria (2001). Fälschlicherweise ordnen die Autoren die hier ermittelten Unterschiede der Dimension Individualität – Kollektivismus zu.

41 *Culture's Consequences*, 2001, S. 310 f.; de Mooij & Hofstede, 2002; de Mooij, 2004.

42 Tannen, 1992.

43 Fleishman, Harris & Burtt, 1955; Blake & Mouton, 1964.

44 Philippe d'Iribane sieht die Suche nach einem Konsens als das Hauptmerkmal im Management des niederländischen Produktionsbetriebes an, den er untersuchte. Siehe d'Iribane, 1989, S. 234 ff.

45 Besonders in den USA wird das Verhältnis zwischen Gewerkschaften und Unternehmern durch so genannte Friedensabkommen (weit reichende Verträge) zwischen den Parteien geregelt. Philippe d'Iribane beschreibt diese Art von Verträgen als einzigartiges Merkmal der amerikanischen Arbeitswelt (d'Iribane, 1989, S. 144).

46 Zu diesem „Gefühl für Mäßigung" in Frankreich siehe d'Iribane, 1989, S. 31 und S. 60 f.

47 *Culture's Consequences*, 2001, S. 290, S. 317.

48 Zitat von William F. Whyte in Webber (Hrsg.), 1969, S. 31.

49 *Culture's Consequences*, 2001, S. 317.

50 Statham, 1987.

51 *Culture's Consequences*, 2001, S. 307 f.

52 Herzberg, 1966.

53 *Culture's Consequences*, 2001, S. 315 f.

54 *Human Development Report 2002*, Tab. 4.

55 Die Korrelationen lagen bei 0,93 (Signifikanzstufe 0,001) für den Anteil der Personen, die praktisch nicht lesen und schreiben können, bei 0,72 (Signifikanzstufe 0,01) für den Anteil der Armen und bei 0,64 (Signifikanzstufe 0,01) für den Anteil der Personen, die weniger als die Hälfte des mittleren Einkommens verdienen.

56 Diderot, 1982 [1780], S. 124 f., Übersetzung Geert Hofstede.

57 Eurobarometer, 1990; *Culture's Consequences*, 2001, S. 318 f. Die Korrelation mit MAS in elf Ländern (Luxemburg ausgenommen) betrug −0,63 (Signifikanzstufe 0,05).

58 European Values Study: Stoetzel, 1983, S. 37. Der Rang-Korrelationskoeffizient zwischen Toleranzindex und MAS beträgt −0,83 (Signifikanzstufe 0,01).

59 Eurobarometer-Bericht über *Racism and Xenophobia in Europe* (Rassismus und Fremdenfeindlichkeit in Europa), 1997. Korrelation mit MAS − 0,72 (Signifikanzstufe 0,01).

60 *Human Development Report 2002*, Tab. 15.

61 In 20 Geberländern lag die Korrelation zwischen MAS und der in Prozent des Bruttosozialproduktes gewährten Entwicklungshilfe im Jahr 2000 bei −0,75 (Signifikanzstufe 0,01).

62 In 21 Geberländern lag die Korrelation zwischen MAS und CDI bei −0,46 (Signifikanzstufe 0,05). Daten aus *Foreign Policy*, 2003.

63 *Culture's Consequences*, 2001, S. 271.

64 Bei Schumacher, 1973, findet sich eine eloquente Verteidigungsrede für die Notwendigkeit, das Wachstum zu beschränken.

65 *Culture's Consequences*, 2001, S. 321. Die Rangkorrelationen von MAS

in 26 Ländern sahen folgendermaßen aus: mit der „Mitte" 0,59 (Signifikanzstufe 0,01), mit „politisch links" −0,36 (Signifikanzstufe 0,05).

66 Lammers, 1989, S. 43.

67 *Human Development Report 2002*, Tab. 23 und 27.

68 Die erste Korrelation des Verhältnisses katholisch/protestantisch besteht zur Unsicherheitsvermeidung; siehe Kapitel 5 und *Culture's Consequences*, 2001, S. 200.

69 Cooper & Cooper, 1982, S. 97.

70 Verweij, 1998; Verweij, Ester & Nauta, 1997; *Culture's Consequences*, 2001, S. 327

71 Matthäus 22, 37-40; Moffatt Übersetzung.

72 Stoetzel, 1983, S. 98−101.

73 Halman & Petterson, 1996.

74 Artikel aus *The Economist* vom 22.6.1996. Die Korrelation mit MAS lag bei −0,60 (Signifikanzstufe 0,01). Mit schwachem MAS lassen sich 36 % der Unterschiede, mit schwachem MAS plus schwachem MDI lassen sich zusammen 57 % der Unterschiede erklären.

75 Levine, Norenzayan & Philbrick, 2001; Hofstede, 2001 b. Der Rang-Korrelationskoeffizient mit MAS beträgt −0,36 (Signifikanzstufe 0,05).

76 Walter, 1990, S. 87.

77 Stoetzel, 1983, S. 92.

78 Die Zitate stammen aus der englischen Bibelfassung von 1611 der *British and Foreign Bible Society* (1954).

79 Von H. Samsnowicz, „Die Bedeutung des Großhandels für die Entwicklung der polnischen Kultur bis zum Beginn des 16. Jahrhunderts", in *Studia Historiae Economica*, 5, 1970, S. 92 ff., zitiert in Schildhauer, 1985, S. 107.

80 Erasmus, 2001 [1524], S. 174−181.

81 Haley, 1988, S.39 und S. 110 f.

82 Schama, 1987, S. 404, S. 541 und S. 240.

83 In einem von Michaud herausgegebenen französischen Text über kollektive Identitäten (1978, S. 75) war vom „femininen Image Frankreichs" die Rede.

84 *Culture's Consequences*, 2001, S. 331.

85 Levinson, 1977, S. 763.

86 Adebayo, 1988.

87 Die Daten stammten von Harding & Phillips, 1986; Inglehart, Basañez & Moreno, 1998; Halman, 2001. Zu den befragten Ländern gehörten Belgien, Dänemark, Frankreich, Deutschland, Großbritannien, Irland, Italien, Niederlande, Nordirland und Spanien.

88 Von 2000 bis 2015 wird die Bevölkerung der Länder mit hohem Einkommen in der Welt voraussichtlich um durchschnittlich 0,4 % pro Jahr wachsen, die Bevölkerung der Länder mit niedrigem Einkommen um 1,7 % pro Jahr (*Human Development Report 2002*, Tab. 5).

5. Kapitel: Was anders ist, ist gefährlich

Arndt Sorge leistete in den 60er Jahren seinen Wehrdienst bei der Bundeswehr ab. In der Nähe seiner Heimatstadt, wo er seine freien Wochenenden verbrachte, stand eine Kaserne der britischen „Rheinarmee". Sorge wollte sich gerne Filme im englischen Original ansehen, die in der britischen Kaserne gezeigt wurden. Er ging zur Wache und fragte, ob er als deutscher Soldat hinein dürfe. Die Wache schickte ihn zum wachhabenden Unteroffizier, der wiederum den stellvertretenden Kommandeur anrief; dann riss er ein Blatt Papier aus einem Notizblock und schrieb darauf: „Herr Arndt Sorge hat die Erlaubnis, Filmvorführungen zu besuchen". Er unterschrieb und fügte hinzu, dass die Erlaubnis vom stellvertretenden Kommandeur erteilt wurde.

Sorge nutzte dieses Privileg später noch mehrmals, und das Notizblatt in Verbindung mit seinem deutschen Dienstausweis öffnete ihm jedes Mal das Tor. Nach seiner Entlassung fragte er die britische Wache, ob er nun als Zivilist weiterhin kommen könne. Die Wache sah sich das Notizblatt an, sagte: „Das ist doch für Sie persönlich", und ließ ihn hinein.

Arndt Sorge wurde Organisationssoziologe und erinnert sich an diese Begebenheit als ein Beispiel dafür, wie die Briten solch eine unvorhergesehene Bitte offenbar ganz anders handhaben, als er es von der Bundeswehr her gewohnt war. Die Deutschen hätten länger gebraucht und die Erlaubnis mehrerer Stellen eingeholt; sie hätten nähere Auskunft über den Antragsteller verlangt und ihm ein formelleres Dokument ausgestellt. Schließlich wäre ihm das Dokument als einem Angehörigen der Streitkräfte ausgehändigt worden, und eine Verwendung nach seiner Entlassung wäre nicht in Frage gekommen.[1]

Die Vermeidung von Unsicherheit

Die Bundesrepublik Deutschland und Großbritannien haben viele Gemeinsamkeiten. Beide sind westeuropäische Länder, beide sprechen eine germanische Sprache, sie haben eine etwa gleich große Bevölkerung, und die britische königliche Familie ist deutscher Abstammung. Dennoch fallen einem auch ohne große Reiseerfahrung die beträchtlichen kulturellen Unterschiede zwischen den beiden Ländern auf.

Der britische Soziologe Peter Lawrence schrieb über Deutschland:

> „Wenn man als Ausländer durch Deutschland reist, so fällt einem besonders die Bedeutung der Pünktlichkeit auf, ganz gleich, ob sie eingehalten wird oder nicht. Nicht das Wetter, sondern die Pünktlichkeit ist Gesprächsthema Nr. 1 zwischen fremden Reisenden im Zugabteil. In deutschen Fernzügen liegt in jedem Abteil ein Faltblatt aus, das man als Zugbegleiter bezeichnet, und in dem alle Haltestellen mit Ankunfts- und Abfahrtszeiten sowie alle Umsteigemöglichkeiten auf der Strecke angegeben sind. Es ist in Deutschland schon fast ein Nationalsport, nach dem Zugbegleiter zu greifen, sobald der Zug in den Bahnhof einfährt, um mit der Digitaluhr festzustellen, ob der Zug den Fahrplan einhält. Wenn ein Zug Verspätung hat, was tatsächlich vorkommt, so wird dies durch Lautsprecheransagen in einem stoisch-tragischen Ton mitgeteilt. Die schlimmste Art der Verspätung ist die unbestimmte Verspätung (man weiß nicht, wie lange es dauern wird!), und die wird im Tonfall einer Trauerrede bekannt gegeben."[2]

Sorges Überraschung über das unkomplizierte Vorgehen der britischen Wache und die Verwunderung von Lawrence über die pünktlichen deutschen Reisenden legen den Schluss nahe, dass sich die beiden Länder in ihrer Toleranz des Uneindeutigen und des Unvorhersehbaren voneinander unterscheiden. In der IBM-Studie erreichen Großbritannien und Deutschland exakt die gleichen Werte in den beiden Dimensionen Machtdistanz (jeweils 35) und Maskulinität (jeweils 66). Beim Individualismus haben die Briten einen wesentlich höheren Punktwert (89 gegenüber 67). Der größte Unterschied zwischen diesen beiden Ländern besteht allerdings in einer vierten Dimension, der so genannten *Unsicherheitsvermeidung*.

Der Begriff der Unsicherheitsvermeidung (uncertainty avoidance) ist aus der amerikanischen Organisationssoziologie entlehnt, insbesondere aus dem Werk von James G. March.[3] March und seine Mitarbeiter entdeckten ihn in amerikanischen Unternehmen. Allerdings wird in jeder Institution und in jedem Land in der einen oder anderen Weise mit Unsicherheit umgegangen. Wir alle müssen uns damit abfinden, dass wir nicht wissen, was morgen geschieht: die Zukunft ist ungewiss, aber damit müssen wir nun einmal leben.

Extreme Uneindeutigkeit schafft unerträgliche Angst. Jede menschliche Gesellschaft hat Wege zur Linderung dieser Angst entwickelt. Solche Möglichkeiten liegen in den Bereichen Technik, Recht und Religion. Technik in ihrer primitivsten wie auch in ihrer fortschrittlichsten Form hilft bei der Vermeidung der von der Natur geschaffenen Unsicherheiten. Gesetze und Regeln versuchen, Unsicherheiten im Verhalten anderer Menschen zu verhindern. Die Religion stellt eine Möglichkeit dar, eine Verbindung zu den transzendentalen Kräften herzustellen, von denen man glaubt, dass sie die persönliche Zukunft des Menschen bestimmen. Die Religion hilft einem, Ungewissheiten zu akzeptieren, deren man sich nicht erwehren kann, und manche Religionen bieten die letzte Gewissheit: ein Leben nach dem Tod oder den Sieg über seine Gegner.

Anthropologen, die sich mit traditionellen Gesellschaften befassen, beschäftigen sich höchst ausführlich mit Technik, Recht und Religion. Sie haben die unglaubliche Vielfalt von Möglichkeiten aufgezeigt, wie menschliche Gesellschaften mit Unsicherheit umgehen. In dieser Hinsicht unterscheiden sich moderne Gesellschaften nicht wesentlich von traditionellen. Obwohl man praktisch auf der ganzen Welt über die gleichen Informationen verfügt, sind Technik, Recht und Religion weiterhin höchst unterschiedlich. Mehr noch, es gibt keinerlei Anzeichen für eine natürliche Annäherung.

Das Wesen der Ungewissheit (oder Unsicherheit) liegt darin, dass sie eine subjektive Erfahrung, ein Gefühl, darstellt. Ein Löwenbändiger fühlt sich vielleicht im Kreis seiner Tiere einigermaßen wohl, d. h. in einer Situation, in der die meisten Menschen Todesangst empfinden würden. Unsereiner fühlt sich vielleicht einigermaßen wohl, wenn er auf einer Autobahn in dichtem Verkehr mit einer Geschwindigkeit von 120 km/h oder mehr fährt,

d. h. in einer Situation, die statistisch gesehen wahrscheinlich etwa genauso gefährlich ist wie die des Löwenbändigers.

Gefühle der Ungewissheit sind nicht nur ein rein persönliches Phänomen, sondern man wird sie möglicherweise zum Teil auch mit anderen Mitgliedern seiner Gesellschaft teilen. Wie schon die in den drei vorangegangenen Kapiteln besprochenen Werte werden Unsicherheitsgefühle erworben und erlernt. Solche Gefühle und die Möglichkeiten, mit ihnen umzugehen, gehören zum kulturellen Erbe einer Gesellschaft. Sie werden von fundamentalen Institutionen wie der Familie, der Schule und dem Staat weitergegeben und verstärkt. Sie spiegeln sich wider in den von den Mitgliedern einer bestimmten Gesellschaft kollektiv gehegten Werten. Ihre Wurzeln sind nicht rational. Sie führen zu kollektiven Verhaltensmustern einer Gesellschaft, die Mitgliedern anderer Gesellschaften vielleicht anomal und unverständlich erscheinen.

Der Unsicherheitsvermeidungsindex: Ein Maß für die (In-)Toleranz gegenüber der Uneindeutigkeit in einer Gesellschaft

Nach Machtdistanz, Individualismus/Kollektivismus und Maskulinität/Femininität stellt (starke bis schwache) Unsicherheitsvermeidung die vierte im IBM-Forschungsprojekt ermittelte Dimension dar. Jedem Land und jeder Region in diesem Projekt konnte ein Punktwert für den *Unsicherheitsvermeidungsindex* (UVI) zugeordnet werden.

Unterschiede zwischen den Ländern in der Unsicherheitsvermeidung waren ursprünglich als Nebenprodukt von Machtdistanz entdeckt worden. Eigentlich begann alles mit einer Frage über Stress am Arbeitsplatz. Die Frage lautete: „Wie häufig sind Sie bei der Arbeit nervös oder angespannt?" Die Antworten reichten von (1) „Das ist immer der Fall" bis (5) „Das ist nie der Fall". Geert Hofstede war überrascht von der bei dieser Frage von Land zu Land auftretenden Gleichmäßigkeit der Antwortmuster. So ging aus den Antworten britischer Arbeitnehmer immer hervor, dass diese weniger nervös waren als deutsche Arbeitnehmer, ganz gleich ob es sich um Führungskräfte, Ingenieure, Sekretärinnen oder ungelernte Fabrikarbeiter handelte. Allerdings standen in allen Ländern aus der IBM-Datenbank die Unterschiede beim Stress am Arbeitsplatz nicht in Zusammenhang mit Machtdistanz.

Eine genaue Untersuchung aller Fragen, die stabile Länderunterschiede aufwiesen, ergab, dass die durchschnittlichen Punktwerte eines Landes bei drei Fragen stark miteinander korrelierten:

(1) Stress am Arbeitsplatz, wie oben beschrieben (Mittelwert auf der Skala 1–5).

(2) Zustimmung zu der Aussage: „Gegen im Unternehmen bestehende Regeln darf nicht verstoßen werden – auch wenn der Mitarbeiter der Meinung ist, es geschehe zum Besten der Firma" (Mittelwert auf einer Skala 1–5). Diese Frage wurde als „Regelorientierung" bezeichnet.

(3) Der Anteil an Mitarbeitern, die ihre Absicht bekundeten, langfristig Karriere im Unternehmen zu machen. Die Frage lautete: „Wie lange werden Sie Ihrer Einschätzung nach noch für IBM arbeiten?" Die Antworten lauteten: (1) „Höchstens zwei Jahre", (2) „Zwei bis fünf Jahre", (3) „Mehr als fünf Jahre (aber ich werde wahrscheinlich vor meiner Pensionierung kündigen")" und (4) „Bis zu meiner Pensionierung". Der Anteil der Befragten in einem Land, die mit (3) oder (4) antworteten, stand in Korrelation mit den Durchschnittsantworten auf Fragen (1) und (2).

Zunächst ergab die Kombination dieser drei Fragen keinen Sinn. Warum sollte jemand, der unter Stress steht, auch der Meinung sein, dass Regeln eingehalten werden müssen und er/sie eine lange Karriere vor sich haben würde? Das wäre jedoch eine Fehlinterpretation. Die Daten zeigen nicht, dass „jemand" diese drei Einstellungen hat. Bei der genaueren Betrachtung der Antworten einzelner „jemand" stellte sich schließlich heraus, dass die Antworten auf die drei Fragen nicht in Korrelation miteinander standen. Das taten aber die *Unterschiede bei den durchschnittlichen Antworten nach Ländern* auf die drei gestellten Fragen. Wenn also in einem Land mehr Menschen bei der Arbeit unter Stress litten, so waren im selben Land mehr Menschen der Meinung, dass Regeln eingehalten werden müssten, und mehr Menschen wollten langfristig Karriere machen. Aber die Individuen, die diese Meinungen vertraten, mussten nicht unbedingt dieselben sein.

Wie bereits in Kapitel 1 erörtert, ist die Kultur eines Landes – oder einer anderen Kategorie von Menschen – weder eine Kombination der Eigenschaften des „Durchschnittsbürgers" noch eine „Modalpersönlichkeit". Sie ist u. a. eine Reihe wahrscheinlicher Reaktionsmuster von Bürgern mit gleicher mentaler Programmierung. Der eine reagiert auf eine bestimmte Art und Weise (er zeigt z. B. größere Nervosität), ein anderer kann anders reagieren (z. B. der Meinung sein, Regeln müssten eingehalten werden). Derartige Reaktionsmuster müssen nicht unbedingt bei denselben *Individuen* zu finden sein, sondern treten statistisch häufiger in derselben *Gesellschaft* auf.

Eine Interpretation des Zusammenhangs zwischen den drei Fragen 1, 2 und 3 auf *Gesellschaftsebene* dagegen ist sinnvoll. Wir vermuten, dass alle drei Fragen Ausdruck des Niveaus der Angst sind, die in einer bestimmten Gesellschaft angesichts einer ungewissen Zukunft herrscht. Dieses Maß an Angst gehört zur gemeinsamen mentalen Programmierung der Menschen in dieser Gesellschaft, in der Familie, in der Schule und im Leben des Erwachsenen. Aufgrund dieses Angstniveaus ist ein relativ größerer Teil der Individuen bei der Arbeit nervös oder angespannt (Frage 1). Der Gedanke, gegen eine Regel des Unternehmens zu verstoßen – aus welchen triftigen Gründen auch immer – wird von mehr Menschen abgelehnt (Frage 2), da dies zu Uneindeutigkeit führen würde: Was wäre, wenn jeder einfach anfinge zu tun, was ihm gefällt? Schließlich ist der Wechsel des Arbeitgebers in einem solchen Land weniger beliebt (Frage 3), da dies einen Schritt ins Ungewisse bedeutet.

Unsicherheitsvermeidung lässt sich daher definieren als *der Grad, bis zu dem die Mitglieder einer Kultur sich durch uneindeutige oder unbekannte Situationen bedroht fühlen.* Dieses Gefühl drückt sich u. a. in nervösem Stress und einem Bedürfnis nach Vorhersehbarkeit aus: ein Bedürfnis nach geschriebenen und ungeschriebenen Regeln.

Land/Region	Punkt-wert	Posi-tion	Land/Region	Punkt-wert	Posi-tion
Griechenland	*112*	*1*	Schweiz Französisch	70	35/38
Portugal	*104*	*2*	Taiwan	69	39
Guatemala	101	3	*Arabische Länder*	*68*	*40/41*
Uruguay	*100*	*4*	Marokko	68	40/41
Belgien Flämisch	*97*	*5*	*Ecuador*	*67*	*42*
Malta	96	6	*Deutschland*	*65*	*43*
Russland	95	7	*Thailand*	*64*	*44*
Salvador	*94*	*8*	*Bangladesh*	*60*	*45/47*
Belgien Französisch	*93*	*9/10*	Kanada Quebec	60	45/47
Polen	93	9/10	Estland	60	45/47
Japan	92	11/13	*Finnland*	*59*	*48/49*
Serbien	92	11/13	*Iran*	*59*	*48/49*
Surinam	92	11/13	*Schweiz Deutsch*	*56*	*50*
Rumänien	90	14	Trinidad	55	51
Slowenien	*88*	*15*	*Westafrika*	*54*	*52*
Peru	*87*	*16*	*Niederlande*	*53*	*53*
Argentinien	*86*	*17/22*	*Ostafrika*	*52*	*54*
Chile	86	17/22	*Australien*	*51*	*55/56*
Costa Rica	86	17/22	Slowakei	51	55/56
Frankreich	86	17/22	*Norwegen*	*50*	*57*
Panama	86	17/22	*Neuseeland*	*49*	*58/59*
Spanien	86	17/22	*Südafrika*	*49*	*58/59*
Bulgarien	85	23/25	*Kanada gesamt*	*48*	*60/61*
Südkorea	85	23/25	*Indonesien*	*48*	*60/61*
Türkei	*85*	*23/25*	*USA*	*46*	*62*
Ungarn	82	26/27	*Philippinen*	*44*	*63*
Mexiko	*82*	*26/27*	*Indien*	*40*	*64*
Israel	*81*	*28*	*Malaysia*	*36*	*65*
Kolumbien	80	29/30	*Großbritannien*	*35*	*66/67*
Kroatien	*80*	*29/30*	*Irland*	*35*	*66/67*
Brasilien	*76*	*31/32*	China	30	68/69
Venezuela	*76*	*31/32*	Vietnam	30	68/69
Italien	*75*	*33*	*Hongkong*	*29*	*70/71*
Tschechien	74	34	*Schweden*	*29*	*70/71*
Österreich	70	35/38	*Dänemark*	*23*	*72*
Luxemburg	70	35/38	*Jamaika*	*13*	*73*
Pakistan	70	35/38	*Singapur*	*8*	*74*

Die *kursiv gedruckten* Punktwerte wurden aus der IBM Datenbank ermittelt, die Werte für die restlichen Länder basieren auf Wiederholungsstudien oder Schätzungen.

Tab. 5.1: Indexwerte für die Unsicherheitsvermeidung (UVI) für 74 Länder und Regionen

Die Werte des Unsicherheitsvermeidungsindex (UVI) für 74 Länder und Regionen sind in Tabelle 5.1 dargestellt. Ähnlich wie bei der Berechnung des Machtdistanzindex (Kapitel 2) wurde der Indexwert für jedes Land aus den durchschnittlichen Punktwerten auf Fragen 1 und 2 sowie dem Prozentsatz aus Frage 3 berechnet. Die hierfür eingesetzte Formel basiert auf einfachen mathematischen Operationen: Addition oder Subtraktion der drei Punktwerte nach Multiplikation eines jeden Punktwerts mit einer festen Zahl, und schließlich Addition einer weiteren festen Zahl. Die Entwicklung der Formel erfolgte derart, dass (1) jede der drei Fragen in gleicher Weise zum endgültigen Index beiträgt, und dass (2) die Indexwerte von etwa 0 für das Land mit der schwächsten Unsicherheitsvermeidung bis etwa 100 für dasjenige mit der stärksten reichen. Das zweite Ziel wurde nicht ganz erreicht, da nach Entwicklung der Formel einige weitere Länder mit einbezogen wurden, die Punktwerte von über 100 erreichten.

Tabelle 5.1 zeigt eine neue Länderreihenfolge, die von denjenigen der drei vorherigen Dimensionen abweicht. Hohe Punktwerte ergeben sich für lateinamerikanische, romanische und Mittelmeerländer (von 112 für Griechenland bis 67 für Ecuador). Auch Japan und Südkorea haben hohe Werte (92 und 85). Mittlere Werte ergeben sich für die deutschsprachigen Länder Österreich, Deutschland und Schweiz (70, 65 und 58). Mittlere bis niedrige Punktwerte gibt es für alle asiatischen Länder außer Japan und Korea (von 69 für Taiwan bis 8 für Singapur), für die afrikanischen Länder sowie für die anglophonen und nordischen Länder plus die Niederlande (von 59 für Finnland bis 23 für Dänemark). Westdeutschland erreicht 65 (Platz 43) und Großbritannien 35 (Platz 66/67). Dies bestätigt die Existenz einer kulturellen Kluft zwischen diesen beiden sonst sehr ähnlichen Ländern hinsichtlich der Vermeidung von Unsicherheit, wie auch die zu Beginn dieses Kapitels erzählten Begebenheiten zeigen.

Unsicherheitsvermeidung und Angst

Angst ist ein aus der Psychologie und Psychiatrie stammender Begriff, der ein „undeutliches Gefühl des Bedrohtseins" aus-

drückt.[4] Angst ist nicht zu verwechseln mit *Furcht*, die objektbezogen ist. Wir fürchten uns vor etwas; Angst dagegen hat kein
Objekt. Die Annahme, das Angstniveau könnte von Land zu Land
unterschiedlich sein, geht zurück auf den französischen Soziologen Emile Durkheim, der bereits 1897 eine Studie über das Phänomen des Selbstmords veröffentlichte. Diese zeigte, dass die
Selbstmordraten in verschiedenen Ländern und Regionen von
Jahr zu Jahr erstaunlich konstant blieben. Er nahm diese Konstanz als Beweis dafür, dass ein in höchstem Maße individueller Akt, wie sich das Leben zu nehmen, dennoch durch soziale
Kräfte beeinflusst werden konnte, die von Land zu Land unterschiedlich waren und im Laufe der Zeit weitgehend unverän-
dert blieben.

Hohe Selbstmordraten sind aber nur eine der möglichen Folgen
der in einer Gesellschaft herrschenden Angst. In den 70er Jahren
wurden die Ergebnisse einer groß angelegten Studie des irischen
Psychologen Richard Lynn über mit Angst zusammenhängende
Phänomene in 18 Industrieländern veröffentlicht. Lynn werte-
te Daten aus offiziellen Gesundheits- und ähnlichen Statistiken
aus und zeigte, dass eine Reihe von Indikatoren in den Ländern
miteinander korrelierten: die Selbstmordrate, Alkoholismus (gemessen an der Todesrate infolge Leberzirrhose), die Unfalltodes-
rate und der Anteil an Gefängnisinsassen pro 10.000 Einwohner.
Diese Indikatoren zusammen bildeten einen Faktor, den er als
„Angst" oder „Neurotizismus" bezeichnete. Einige andere Indikatoren standen in negativem Zusammenhang mit dem Angstfaktor:
der Koffeinkonsum (in Kaffee oder Tee), der durchschnittliche
Tagesverbrauch an Nahrungsmitteln in Kalorien, die Todesrate
durch Herzkranzerkrankung und das Auftreten von chronischer
Psychose (gemessen an der Patientenzahl pro 1.000 Einwohner).
Lynn berechnete Punktwerte für die Stärke des Angstfaktors in
jedem seiner 18 Länder auf der Grundlage von Daten aus dem
Jahr 1960. Nach seinen Ermittlungen hatten Österreich, Japan
und Frankreich die höchsten Werte, während Neuseeland, Großbritannien und Irland die niedrigsten Werte erreichten. Es besteht
eine starke Korrelation zwischen Lynns Angstwerten der Länder
und den bei der IBM-Studie ermittelten und in Tabelle 5.1 ange-

gebenen Punktwerten des Unsicherheitsvermeidungsindex.[5] Da für die beiden Studien völlig unterschiedliche Datenquellen herangezogen worden waren, untermauert die Übereinstimmung in ihren Ergebnissen die Solidität ihrer Schlussfolgerungen: das Angstniveau ist von Land zu Land unterschiedlich. Bestimmte Kulturen sind ängstlicher als andere.

Ängstliche Kulturen sind in der Regel ausdrucksstarke Kulturen. Es sind die Kulturen, in denen man mit den Händen spricht, wo es sozial akzeptabel ist, laut zu sprechen, Gefühle zu zeigen, auf den Tisch zu schlagen. Japan scheint in dieser Beziehung eine Ausnahme zu bilden; wie auch andere Asiaten verhalten sich Japaner in westlichen Augen normalerweise emotionslos. Allerdings gibt es in Japan, und in gewissem Maße auch in Korea und Taiwan, das Ventil, sich nach Feierabend unter Kollegen zu betrinken. Bei diesen Gelegenheiten lassen Männer ihre aufgestauten Aggressionen ab, selbst gegenüber Vorgesetzten; aber am Tag danach geht alles seinen gewohnten Gang. Solche Trinkgelage bilden eine der bedeutendsten institutionalisierten Gelegenheiten, um sich von Angst zu befreien.

In Ländern mit schwacher Unsicherheitsvermeidung ist das Angstniveau relativ niedrig. Nach der Studie von Lynn sterben in diesen Ländern mehr Menschen an Erkrankung der Herzkranzgefäße. Das lässt sich durch die geringe Ausdrucksfähigkeit in diesen Kulturen erklären. Aggression und Emotionen darf man nicht zeigen: Emotionales oder lautes Verhalten wird sozial missbilligt. Das heißt, dass Stress nicht durch Aktivität abgebaut werden kann und daher nach innen geleitet werden muss. Wenn das immer wieder geschieht, so kann ein Herzinfarkt die Folge sein.

Die größere Anzahl von Patienten mit chronischer Psychose in Ländern mit geringer Angst erklärt Lynn mit einem Mangel an geistigem Anreiz in solchen Gesellschaften, einer gewissen Niedergeschlagenheit oder Trägheit. Kaffee und Tee wirken durch ihr Koffein stimulierend, und in diesen Gesellschaften ist der Konsum solcher koffeinhaltiger Mittel hoch. Alkohol hat den gegenteiligen Effekt, d. h. er bildet ein Ventil für Stress. Gesellschaften mit schwacher Unsicherheitsvermeidung haben tendenziell niedrige Alkoholkonsumdurchschnittswerte, was sich in der jeweiligen Häufigkeit von Todesfällen infolge Leberzirrhose niederschlägt. Viele Menschen in skandinavischen Ländern zeigen ein bestimmtes Muster periodischen exzessiven Trinkens – in diesem Fall wirkt der Alkohol tatsächlich als Stimulans, allerdings nur für kurze Zeit – worauf längere Abstinenzphasen folgen. Der *durchschnittliche* Alkoholkonsum in den skandinavischen Ländern ist im Vergleich zu den anderen europäischen Ländern immer noch gering.

Ein Vergleich des UVI mit den nationalen Normen für den „Big Five" Persönlichkeitstest in 33 Ländern zeigte, dass die Befragten aus Kulturen mit mehr Unsicherheitsvermeidung sich höhere Punktwerte für Neurotizismus und niedrigere Punktwerte für Verträglichkeit gaben. Die Punktwerte für Neurotizismus gingen noch weiter nach oben, wenn es sich gleichzeitig um eine maskuline Kultur handelte.[6] Zum Neurotizismus (das Gegenteil von emotionaler Stabilität) gehören folgende Aspekte der Persönlichkeit: Angst, aggressive Feindseligkeit, Depression, Selbstbewusstsein, Impulsivität und Verletzlichkeit. Zur Verträglichkeit zählen Vertrauen, Aufrichtigkeit, Selbstlosigkeit, Fügsamkeit, Bescheidenheit und Sanftmut.

Diese Korrelationen erklären, warum Menschen aus Kulturen mit einer starken Unsicherheitsvermeidung auf andere unter Umständen geschäftig, unruhig, emotional, aggressiv oder misstrauisch wirken, und warum Menschen aus Ländern mit schwacher Unsicherheitsvermeidung anderen möglicherweise den Eindruck vermitteln, sie seien langweilig, ruhig, gelassen, träge, kontrolliert oder faul. Dieser Eindruck entsteht jeweils aus Sicht des Beobachters: er zeigt den Unterschied an zwischen dem Emotionalitätsniveau seiner eigenen Kultur und derjenigen, die er beobachtet.

Unsicherheitsvermeidung ist nicht gleich Risikovermeidung

Unsicherheitsvermeidung ist nicht mit Risikovermeidung zu verwechseln. Unsicherheit verhält sich zu Risiko wie Angst zu Furcht. Furcht und Risiko sind beide auf etwas Bestimmtes hin ausgerichtet: ein Objekt im Falle der Furcht, ein Ereignis im Falle des Risikos. Das Risiko wird häufig als prozentuale Wahrscheinlichkeit, dass ein bestimmtes Ereignis eintreten könnte, ausgedrückt. Sowohl Angst als auch Unsicherheit sind unbestimmte Gefühle. Wie bereits gesagt, ist Angst nicht objektbezogen. Unsicherheit ist nicht mit einer Wahrscheinlichkeit verbunden. Sie bezieht sich auf eine Situation, in der alles geschehen kann und man selbst keine Ahnung hat, was wirklich passieren könnte. Sobald die Unsicherheit als Risiko ausgedrückt wird, stellt sie keine Quelle der Angst mehr dar. Das Risiko kann nun zu einer Quelle der Furcht werden, aber es kann auch als Routine hingenommen werden, wie z. B. die Risiken des Autofahrens oder einer sportlichen Tätigkeit.

Unsicherheitsvermeidung führt weniger zu einer Risikoreduzierung, sondern eher zu einer Reduzierung von Uneindeutigkeit. Kulturen, die Unsicherheit vermeiden, scheuen uneindeutige Situationen. Die Menschen in derartigen Kulturen suchen in ihren Organisationen, Institutionen und Beziehungen eine Struktur, mit der sich Ereignisse klar interpretieren und vorhersehen lassen. Paradoxerweise sind sie häufig bereit, sich in riskante Verhaltensweisen einzulassen, um Uneindeutigkeiten zu vermeiden, z. B. einen Kampf mit einem potentiellen Gegner zu beginnen, statt ruhig abzuwarten.

Die Auswertung der IBM-Daten zeigt eine Korrelation zwischen der Stärke der Unsicherheitsvermeidung in einem (fortschrittlichen) Land und den auf Autobahnen in diesem Land erlaubten Höchstgeschwindigkeiten. Die Beziehung ist positiv: stärkere Unsicherheitsvermeidung bedeutet schnelleres Fahren. Schnelleres Fahren bedeutet bei sonst gleichen Umständen mehr tödliche Unfälle, und daher höheres Risiko. Hierbei handelt es sich allerdings um ein bekanntes Risiko, das Kulturen mit Unsicherheitsvermeidung einzugehen bereit sind. Ihre Emotionalität verleiht ihnen einen Sinn für Stress, für Dringlichkeit, der sie wiederum dazu bewegt, schneller fahren zu wollen. Die in Ländern mit stärkerer Unsicherheitsvermeidung erlaubten höheren Geschwindigkeiten zeigen eigentlich, dass Zeit eine höhere Priorität genießt als Menschenleben.

In Ländern mit schwächerer Unsicherheitsvermeidung ist der Sinn für Dringlichkeit weniger vorherrschend und daher die öffentliche Akzeptanz niedrigerer Höchstgeschwindigkeiten größer. Nicht nur bekannte, sondern auch unbekannte Risiken werden akzeptiert: z. B. die Risiken, die mit einem Arbeitsplatzwechsel verbunden sind oder mit Tätigkeiten, für die es keine Regeln gibt.

Unsicherheitsvermeidung nach Beruf, Geschlecht und Alter

Es ist einfach, sich Berufe mit stärkerer oder schwächerer Unsicherheitsvermeidung vorzustellen (wie z. B. Bankangestellter gegenüber Journalist). Dennoch erlaubte es die Auswertung der IBM-Daten für die 38 verfügbaren Berufe nicht, den Unsicherheitsvermeidungsindex zur Charakterisierung von Berufen heranzuziehen. Dies liegt daran, dass die drei für die Indexberechnung nach Ländern eingesetzten Fragen (Stress, Regelorientierung und die Absicht, in der Firma zu bleiben) für die verschiedenen Berufe unterschiedliche Bedeutung hatten, so dass die drei Fragen über die Berufe hinweg nicht miteinander korrelierten. Will man den Grad der Unsicherheitsvermeidung bei einem bestimmten Beruf messen, so müssen andere Fragen gestellt werden.

Das gilt auch für geschlechtsspezifische Unterschiede. Frauen und Männer *in denselben Ländern und Berufen* wiesen exakt das gleiche Stressniveau und die gleiche Regelorientierung auf. Lediglich ihre Absicht, in der Firma zu bleiben, war unterschiedlich (Männer wollten im Durchschnitt länger bleiben), aber das drückt nicht eine größere Unsicherheitsvermeidung aus: es zeigt lediglich, dass die IBM-Gesamtheit der Befragten einen Prozentsatz jüngerer Frauen umfasste, die für einige Zeit mit der Arbeit aussetzen wollten, wenn sie kleine Kinder hatten.

Der neben der Staatsangehörigkeit einzige Aspekt der IBM-Gesamtheit der Befragten, der wirklich einen engen Zusammenhang mit dem Unsicherheitsvermeidungsindex zeigte, war das Durchschnittsalter. In Ländern, in denen IBM-Mitarbeiter im Durchschnitt älter waren, stieß man auf größeren Stress, mehr Regelorientierung und eine stärkere Absicht, in der Firma zu bleiben.

UVI und Alter sind gleichzeitig Ursache und Wirkung: In Ländern mit stärkerer Unsicherheitsvermeidung beabsichtigten die Leute nicht nur, den Arbeitgeber weniger häufig zu wechseln, sondern sie machten es tatsächlich auch. Daher hatten die IBM-Mitarbeiter in diesen Ländern durchschnittlich länger im Dienst des Unternehmens gestanden und waren älter.[7]

Unsicherheitsvermeidung in der Familie

Ein amerikanisches Großelternpaar verbrachte zwei Wochen in einer italienischen Kleinstadt, um seine Enkel zu beaufsichtigen, deren Eltern (ebenfalls Amerikaner) sich vorübergehend in Italien aufhielten und nun gerade verreist waren. Die Kinder spielten gerne auf der öffentlichen *Piazza* inmitten von vielen italienischen Kindern mit deren *Mammas* oder Kindermädchen. Die amerikanischen Kinder durften umherlaufen; sie fielen, standen aber wieder auf, und die Großeltern sahen eigentlich keine richtige Gefahr. Die Italiener reagierten ganz anders. Sie ließen ihre Kinder keinen Augenblick aus den Augen, und wenn ein Kind fiel, hob es ein Erwachsener sofort auf; es wurde sauber geklopft und getröstet.[8]

Die Unterscheidung zwischen sauber und schmutzig sowie zwischen sicher und gefährlich gehört zu den ersten Dingen, die ein Kind lernt. Was als sauber und sicher gilt, oder als schmutzig und gefährlich, ist nicht nur von einer Gesellschaft zur anderen höchst unterschiedlich, sondern auch zwischen den Familien innerhalb einer Gesellschaft. Ein Kind muss lernen, saubere von schmutzigen Dingen zu unterscheiden, und sichere von gefährlichen. In Kulturen mit starker Unsicherheitsvermeidung sind Klassifikationen im Hinblick auf Schmutziges und Gefährliches streng und absolut. Die italienischen *Mammas* und Kindermädchen (UVI 75) sahen auf der Piazza Schmutz und Gefahr, die amerikanischen Großeltern (UVI 46) dagegen nicht.

Die britisch-amerikanische Anthropologin Mary Douglas behauptet, dass Schmutz – das, was verunreinigt – ein relativer Begriff ist, der vollständig von kultureller Interpretation abhängt. Schmutz ist im Grunde Materie am falschen Ort. „Gefährlich" und „verunreinigend" sind Dinge, die nicht in unsere üblichen Denkschemata oder in unsere normalen Klassifikationen passen.[9]

Schmutz und Gefahr beschränken sich nicht nur auf Materie, man kann auch Menschen als schmutzig und gefährlich empfinden. Rassismus entsteht in den Familien. Kinder lernen, dass Menschen aus einer bestimmten Kategorie schmutzig und gefährlich sind. Man bringt Ihnen bei, andere Kinder aus sozialen, ethnischen, religiösen oder politischen Fremdgruppen als Spielgefährten zu meiden.

Auch Gedanken können als schmutzig und gefährlich gelten. Kinder lernen in der Familie, dass bestimmte Gedanken gut und andere tabu sind. In manchen Kulturen ist die Unterscheidung zwischen guten und schlechten Gedanken sehr scharf. Man ist um eine absolute „Wahrheit" bemüht. Gedanken, die von dieser „Wahrheit" abweichen, sind gefährlich und verunreinigend. Es gibt nur wenig Platz für Zweifel oder Relativismus.

Durch das stärker ausgeprägte System von Regeln und Normen in Gesellschaften mit starker Unsicherheitsvermeidung haben Kinder häufiger Schuldgefühle und glauben, dass sie gesündigt hätten. Tatsächlich entwickelt sich bei Kindern in einer Gesellschaft mit starker Unsicherheitsvermeidung im Laufe ihrer Erziehung ein stärkeres Über-Ich (der Begriff wurde geprägt von dem Österreicher Sigmund Freud, dessen Land einen hohen Punktwert beim UVI aufweist). In einer solchen Gesellschaft lernen Kinder eher, dass die Welt ein feindlicher Ort ist; man schützt sie, damit sie nicht in unbekannte Situationen geraten.

Auch Kulturen mit schwacher Unsicherheitsvermeidung haben ihre Klassifikationen hinsichtlich Schmutz und Gefahr, aber diese sind weniger präzise und ermöglichen es einem eher, unbekannten Situationen, Menschen und Gedanken mit Zweifeln gegenüberzutreten. In solchen Gesellschaften sind Regeln flexibler, das Über-Ich ist schwächer, die Welt wird als grundsätzlich wohlwollend dargestellt und die Möglichkeit, Neues kennen zu lernen, wird gefördert.

Das straffere Regel- und Normensystem in Kulturen mit einer stärkeren Unsicherheitsvermeidung, das auch für Kinder gilt, spiegelt sich auch in deren Sprache wider. Die von Kashima und Kashima – wir haben schon in Kapitel 3 von ihnen gehört – vorgelegten Daten über den Aufbau einer Sprache zeigen, dass Sprachen in Kulturen mit Unsicherheitsvermeidung häufiger unterschiedliche Arten der Anrede für verschiedene Personen benutzen, wie z. B. „tu" und „vous" in Französisch. Kinder, die eine solche Sprache lernen, sehen sich gemäß den strengen Regeln ihrer Kultur mit einer größeren Auswahl konfrontiert. Sprachen, die in Kulturen mit einer schwächeren Unsicherheitsvermeidung gesprochen werden, haben tendenziell weniger Regeln dieser Art. [10]

Das Gefühl starker Unsicherheitsvermeidung lässt sich unter dem Credo der Xenophobie zusammenfassen: „Was anders ist, ist gefährlich." Die Einstellung schwacher Unsicherheitsvermeidung lautet dagegen: „Was anders ist, ist seltsam."

Es liegt in der Natur der Sache, dass das Familienleben in Gesellschaften mit einem hohen UVI anstrengender ist als dort, wo der UVI niedrig ist. Die Gefühle sind intensiver und Eltern und Kinder bringen sowohl ihre positiven als auch negativen Empfindungen mit größerer Emotion zum Ausdruck. Daten aus der World Values Survey zeigten, dass alles in allem die Zufriedenheit mit dem Familienleben in negativer Korrelation zum UVI stand; das war zumindest in den reicheren Ländern der Fall. Wurden auch ärmere Länder in die Analyse mit einbezogen, so gab es eher einen Zusammenhang mit Individualismus und Femininität. [11]

In Kapitel 4 wurde die vielschichtige Verbindung von Maskulinität, Größe der Familie und Reichtum beschrieben. Weltweit gab und gibt es noch immer eine starke Korrelation von Fruchtbarkeit mit nationaler Armut. Arme feminine Länder neigen jedoch zu geringerer Fruchtbarkeit als arme maskuline Länder, das Umgekehrte gilt für die reichen Länder. Hier liegen Messreihen über Fruchtbarkeit und Reichtum aus der Zeit der IBM-Studien zugrunde, also Werte aus den Jahren 1960–1970. In den folgenden 35 Jahren gingen die Geburtenraten fast überall auf der Welt zurück. In den reichen Ländern sanken sie sogar unter das Niveau, das zur Aufrechterhaltung einer stabilen Bevölkerungszahl notwendig ist (2,1 Kinder pro Familie – Kinder von Einwanderern nicht mitgerechnet). Unsere Datenanalyse für 21 reiche Länder der westlichen Welt ergab, dass in den 70er Jahren nationale Fruchtbarkeitsraten nur in (negativer) Korrelation mit Reichtum standen: reichere Länder hatten kleinere Familien. In den Jahren 1995–2000 standen die Fruchtbarkeitsraten in erster Linie in ebenfalls negativer Korrelation zum UVI. Reiche Gesellschaften mit der Tendenz, Unsicherheit zu vermeiden, hatten kleinere Familien als solche, die Unsicherheit akzeptierten. Weniger Zufriedenheit mit dem Familienleben bedeutete auch, dass man weniger Kinder haben wollte. [12]

schwache Unsicherheitsvermeidung	starke Unsicherheitsvermeidung
• Unsicherheit (Ungewissheit) ist eine normale Erscheinung im Leben und wird täglich hingenommen, wie sie gerade kommt.	• Die dem Leben inne wohnende Unsicherheit wird als ständige Bedrohung empfunden, die es zu bekämpfen gilt.
• Geringer Stress und wenig Angstgefühle.	• Großer Stress und Angstgefühle.
• Aggression und Emotionen sollte man nicht zeigen.	• Aggression und Angst können bei geeigneten Gelegenheiten herausgelassen werden.
• Beim Persönlichkeitstest höhere Punktwerte für „Verträglichkeit".	• Beim Persönlichkeitstest höhere Punktwerte für „Neurotizismus".
• Findet sich in uneindeutigen Situationen zurecht und kann mit Gefahrensituationen umgehen, auch wenn sie ihm nicht vertraut sind.	• Akzeptiert Gefahrensituationen, die ihm vertraut sind; Angst vor uneindeutigen und Gefahrensituationen, die ihm nicht vertraut sind.
• Lockere Regeln für Kinder hinsichtlich dessen, was als schmutzig und tabu gilt.	• Strenge Regeln für Kinder hinsichtlich dessen, was als schmutzig und tabu gilt.
• Entwicklung eines schwachen Über-Ich.	• Entwicklung eines starken Über-Ich.
• Ähnliche Art der Anrede für unterschiedliche Andere.	• Unterschiedliche Art der Anrede für unterschiedliche Andere.
• Was anders ist, ist seltsam.	• Was anders ist, ist gefährlich.
• Entspannte Atmosphäre in der Familie.	• Angespannte Atmosphäre in der Familie.
• Mehr Kinder in reichen westlichen Ländern.	• Weniger Kinder in reichen westlichen Ländern.

Tab. 5.2: Hauptunterschiede zwischen Gesellschaften mit schwacher und starker Unsicherheitsvermeidung – I: Allgemeine Norm und Familie

In Tabelle 5.2 werden die bisher beschriebenen Hauptunterschiede zwischen Gesellschaften mit schwacher und starker Unsicherheitsvermeidung zusammengefasst. Es ist offensichtlich,
dass sich die Beschreibungen auf die äußersten Pole dieser Dimension beziehen; die meisten realen Länder befinden sich irgendwo dazwischen, mit wiederum beträchtlichen Schwankungen *innerhalb* eines jeden Landes.

Unsicherheitsvermeidung, Glück und Gesundheit

In der World Values Survey aus dem Jahre 1990 war auch eine
Frage über das Glück im Leben enthalten. Glück stand sowohl bei
den reicheren Ländern als auch bei allen Ländern zusammen in
starker negativer Korrelation zum UVI.[13] Ein höherer UVI geht
einher mit dem subjektiven Empfinden, dass es einem weniger gut
geht. Der niederländische Soziologe Ruut Veenhoven sammelte
über einen Zeitraum von 50 Jahren Daten über das Glück in einem Land. Für alle Länder zusammen und für den Zeitraum vor
1990 korrelierte Glück in erster Linie mit Reichtum (d.h. reichere
Länder sind glücklicher). Bei den reichen Ländern und bei allen
Ländern seit 1990 korrelierte Glück zuerst mit dem UVI.[14]

Veenhoven bezog in seine Untersuchungen ein Maß für die Verteilung („Dispersion") von Punktwerten für Glück innerhalb eines
Landes mit ein. Diese Punktwerte standen in positiver Korrelation mit dem UVI.[15] Sehr glückliche Menschen gab es sowohl in
Ländern mit einem hohen als auch in Ländern mit einem niedrigen UVI, sehr unglückliche Menschen dagegen kamen speziell
in Ländern mit einem hohen UVI vor.

Eine raffinierte indirekte Messung des Faktors Glück lieferte
der Vergleich von Peter Smith, der den Grad der „Zustimmung"
der einzelnen Länder bei großen internationalen Umfragen miteinander verglich. Wie schon in Kapitel 3 beschrieben, versteht
man darunter die Tendenz, eine positive Antwort auf eine Frage
zu geben, gleich welchen Inhalt diese Frage hat. Bei Werte bezogenen Fragen korrelierte diese Tendenz mit Kollektivismus und
großer Machtdistanz. Bei Fragen, in denen es um die Beschreibung der aktuellen Situation ging, stand die Tendenz, durchweg

positive Antworten zu geben, in Korrelation mit schwacher Unsicherheitsvermeidung. In Ländern mit einem hohen UVI zeigten die Menschen eine Tendenz zu negativen Antworten bei der Beschreibung ihrer Lebens- und Arbeitssituation.[16]

Im Jahre 1979 wurde eine Studie über die „Werte des Menschen" bei einer weit gefassten Stichprobe der Bevölkerung in 13 Ländern der Erde durchgeführt. Im Vergleich zu Menschen aus Ländern mit einem niedrigen UVI bezeichneten sich diejenigen aus Ländern mit einem hohen UVI häufiger als aufrichtige Menschen, die ihr Leben ernst nehmen, ein unabhängiges Leben führen und denen der Friede in der Welt ein Anliegen ist. Sie machten sich häufiger Gedanken um Geld und um ihre Gesundheit.[17]

Auch die World Values Survey enthielt eine Frage über die Gesundheit. Die Zufriedenheit mit der eigenen Gesundheit stand wiederum in starker negativer Korrelation mit dem UVI, sowohl bei den reicheren Ländern als auch bei allen Ländern zusammen genommen.[18] Menschen in Ländern mit einem niedrigeren UVI fühlten sich gesünder, obwohl medizinische Daten keinen Beweis für objektive Unterschiede im Gesundheitszustand erbrachten. Man ist so gesund, wie man sich fühlt.

Die Praktiken im Gesundheitswesen weichen von Land zu Land erheblich voneinander ab, wie jeder Reisende, der schon einmal im Ausland einen Arzt aufgesucht hat, bezeugen kann. Medizinische Thesen und Behandlungsmethoden sind eng mit kulturellen Überlieferungen verknüpft, in denen Unsicherheitsvermeidung eine wichtige Rolle spielt. Lynn Payer, Journalistin für medizinische Fachzeitschriften, beschrieb ihre persönlichen Erfahrungen als Patientin in Großbritannien, Frankreich, Deutschland und den USA. Beispielsweise wird niedriger Blutdruck in Großbritannien und den USA als ein Grund für ein längeres Leben betrachtet (unter Umständen verbunden mit einer niedrigeren Prämie aus der Lebensversicherung), in Deutschland (höherer UVI) dagegen wird er als eine Funktionsstörung behandelt, und es gibt eine Reihe von Medikamenten auf dem Markt, die ihn heilen.[19] Gehen in einem Dorf in Frankreich die Einwohnerzahlen langsam zurück, so sagt man, dass die Apotheke am

Ort länger überlebt als die dortige Kneipe. In Irland (niedrigerer UVI) wäre das bestimmt nicht der Fall.

Die Norm zur Unsicherheitsvermeidung in einem Land spiegelt sich auch in der Art und Weise wider, wie Mittel im Gesundheitswesen eingesetzt werden. Der von der UNDP (United Nations Development Programme) herausgegebene Human Development Report aus dem Jahre 1999 nennt die Anzahl der Ärzte und die Anzahl der Krankenschwestern pro 100.000 Einwohner für 36 der an den IBM-Studien beteiligten Länder. Teilt man die Anzahl der Krankenschwestern durch die Anzahl der Ärzte, so erhält man einen Index der Krankenschwestern pro Arzt, der unabhängig ist von der absoluten Höhe des Gesundheitsbudgets, d.h. vom Wohlstand des jeweiligen Landes. Zwischen dem Verhältnis Krankenschwestern pro Arzt und dem UVI gibt es eine signifikante negative Korrelation; das bedeutet, dass in Ländern mit Unsicherheitsvermeidung tendenziell mehr Geld für Ärzte ausgegeben wird; in Ländern, die Unsicherheit akzeptieren, wird mehr für Krankenschwestern investiert. In Kulturen mit einem hohen UVI werden mehr Aufgaben vom Arzt selbst übernommen, der als Fachmann gilt, auf den man nicht verzichten kann.[20]

Unsicherheitsvermeidung in der Schule

Das um 1980 durchgeführte International Teachers Program (ITP) war ein Sommerkurs zur Auffrischung für Seminarleiter von Managementkursen. In einer Klasse mit 50 Teilnehmern konnten 20 oder mehr Nationalitäten vertreten sein. Derartige Klassen bieten eine hervorragende Gelegenheit zur Beobachtung der verschiedenen Lerngewohnheiten der Seminarteilnehmer (die den Rest des Jahres selbst vor der Klasse standen) und deren unterschiedliche Erwartungen hinsichtlich des Verhaltens ihrer Lehrer.

Eine Schwierigkeit, die bei Geert Hofstedes Unterricht im ITP auftrat, bestand darin, das richtige Maß an Strukturierung bei den verschiedenen Aktivitäten zu finden. Die meisten Deutschen beispielsweise bevorzugten strukturierte Lernsituationen mit exakten Zielsetzungen, detaillierten Aufgaben und strikten Stundenplänen. Sie mochten Situationen, in denen es genau eine richtige Antwort zu finden galt. Sie erwarteten eine Belohnung für Genauigkeit. Diese Vorlieben sind typisch für Länder mit stärkerer Unsicherheitsvermeidung. Die meisten britischen Teilnehmer verabscheuten ein zu hohes Maß an Strukturierung. Sie mochten Open-End-Lernsituationen mit vagen Zielsetzungen, weit gefassten Aufgaben und keinen Stundenplan. Die Vorstellung, dass es lediglich genau eine richtige Antwort geben könnte, kam für sie nicht in Frage. Sie erwarteten eine Belohnung für Originalität. Ihre Reaktionen sind typisch für Länder mit schwacher Unsicherheitsvermeidung.

Studenten aus Ländern mit starker Unsicherheitsvermeidung sehen in ihren Dozenten Experten, von denen sie alle Antworten erwarten. Dozenten mit verschlüsselter, wissenschaftlicher Ausdrucksweise genießen hohes Ansehen; manche große Lehrmeister aus solchen Ländern schreiben in einem derart schwierigen Stil, dass man Kommentare von Normalsterblichen benötigt, die einem erklären, was der große Meister eigentlich meint. „Deutsche Schüler werden in dem Glauben erzogen, dass alles, was einfach und verständlich ist, dubios und wahrscheinlich unwissenschaftlich sei."[21] Sätze in französischen wissenschaftlichen Büchern sind nicht selten eine halbe Seite lang.[22] In solchen Ländern werden sich Studenten in der Regel nicht zu intellektuellen Ansichten bekennen, die von denen ihrer Dozenten abweichen. Ein Doktorand, der sich in einem wichtigen Punkt im Widerspruch zu seinem Doktorvater sieht, hat die Wahl, entweder seine Meinung zu ändern oder sich einen anderen Doktorvater zu suchen. Intellektuelle Meinungsverschiedenheiten in wissenschaftlichen Fragen werden als persönliche Illoyalität verstanden.

Studenten aus Ländern mit schwacher Unsicherheitsvermeidung akzeptieren einen Dozenten, der „Ich weiß es nicht" sagt. Ihr Respekt gilt Dozenten, die sich klar ausdrücken, und Büchern, die schwierige Sachverhalte in einfacher Sprache erläutern. Intellektuelle Meinungsverschiedenheiten in wissenschaftlichen Fragen gelten in solchen Kulturen eher als anregend; uns sind Professoren bekannt, die es bei einem Doktoranden positiv bewerten, wenn dieser eine kritische Haltung zur Einstellung seines Doktorvaters einnimmt.

In ähnlichen Situationen führten Studenten aus Ländern mit einem niedrigen UVI ihre Leistungen eher auf ihre eigenen Fähigkeiten zurück, Studenten aus Ländern mit einem hohen UVI schrieben diese eher den Umständen oder Glück zu. In zwei unterschiedlichen Studien, die beide Studenten aus fünf Ländern erfassten, stand die jeweilige Tendenz, Leistung auf die eigenen Fähigkeiten zurückzuführen, in signifikanter negativer Korrelation zum UVI.[23]

Die bisher angeführten Beispiele stammen aus Lehr- und Lernsituationen im Bereich von Hochschule und Weiterbildungsseminaren, aber die in diesen Beispielen sowohl von Studenten als auch von Dozenten gezeigten Verhaltensweisen und Erwartungen wurden eindeutig bei früheren Erfahrungen in der Schulzeit entwickelt. Ein weiterer Unterschied in Zusammenhang mit Unsicherheitsvermeidung, der sich speziell im Bereich der Grund- und weiterführenden Schule auswirkt, bezieht sich auf die Rolle, die die Eltern gegenüber den Lehrern spielen sollen. In Kulturen mit starker Unsicherheitsvermeidung wird den Eltern manchmal von den Lehrern eine Zuhörerrolle zugedacht, doch werden sie selten um ihre Meinung gefragt. Eltern sind Laien, und Lehrer sind fachkundige Experten. In Ländern mit schwacher Unsicherheitsvermeidung versuchen die Lehrer oft, die Eltern in den Lernprozess ihrer Kinder mit einzubeziehen: sie interessieren sich für die Meinung der Eltern und sind um deren Mitwirken bemüht.

Unsicherheitsvermeidung beim Einkaufen

Schon im letzten Kapitel wurde Bezug genommen auf die Studien der niederländischen Marketing-Expertin Marieke de Mooij. Sie entdeckte viele bedeutsame Zusammenhänge zwischen den IBM-Indizes und den Unterschieden im Verbraucherverhalten von 16 reichen Ländern in Europa.[24] Neben dem Aspekt der Maskulinität – Femininität spielte die Unsicherheitsvermeidung eine wichtige Rolle.

In Ländern mit einem hohen UVI wird beim Kauf von Lebensmitteln und Getränken Wert gelegt auf die Reinheit und Natürlichkeit der Produkte. Kulturen, in denen man Unsicherheit vermeidet, benutzen eher Mineral- als Leitungswasser, selbst wenn das Leitungswasser eine gute Qualität hat. Es wird mehr frisches

Obst gegessen, und man verwendet mehr reinen Zucker. Kulturen, die Unsicherheit akzeptieren, schätzen Bequemlichkeit mehr als die Reinheit der Produkte: sie konsumieren mehr vorgefertigte Produkte: Eis, Tiefkühlkost, Süßwaren, Knabberzeug und Frühstückscerealien.

Kulturen, die Unsicherheit vermeiden, vertrauen mehr auf Reinlichkeit: sie benutzen mehr Waschpulver. Dagegen legen Kulturen, die Unsicherheit akzeptieren, mehr Wert auf das Aussehen als auf die Sauberkeit: sie benutzen mehr Produkte für die Schönheit: Kosmetikartikel, Lippenstift, Körperlotionen, Deodorants, Haarfestiger, Feuchtigkeitscreme und Reinigungsmilch fürs Gesicht und Wimperntusche.

Menschen aus Kulturen, in denen man Unsicherheit vermeidet, kaufen eher ein neues Auto als einen Gebrauchtwagen. Menschen aus Kulturen, in denen Unsicherheit akzeptiert wird, erledigen gewöhnlich mehr Arbeiten in ihrem Heim selbst, wie z. B. Streichen und Tapezieren. In Ländern mit einem hohen UVI gehen die Menschen lieber auf Nummer sicher und überlassen derartige Arbeiten den Fachleuten.

Kunden in Kulturen, in denen man Unsicherheit vermeidet, sind tendenziell unschlüssig beim Kauf neuer Produkte und genießen neue Informationen mit Vorsicht. Sie sind langsamer bei der Anschaffung elektronischer Kommunikationssysteme (E-Mail, Internet), selbst wenn sie sie auf lange Sicht vielleicht ebenso viel benutzen wie Menschen aus Kulturen, in denen Unsicherheit akzeptiert wird. Letztere lesen auch mehr Bücher und Zeitungen.

Für Werbekampagnen in der Presse und im Fernsehen werden in Kulturen, die Unsicherheit vermeiden, häufig Experten herangezogen, wie z. B. Ärzte im weißen Kittel, die ein Produkt empfehlen. Werbung in Kulturen, die Unsicherheit akzeptieren, ist häufiger humorvoll ausgestaltet.

Was finanzielle Angelegenheiten angeht, sind Menschen aus Ländern mit einem hohen UVI weniger risikofreudig: sie investieren in der Regel weniger in Aktien, sondern mehr in Wertmetalle und Edelsteine. Sie brauchen auch länger, um ihre Rechnungen zu bezahlen, was beim Handel mit Ländern, die Unsicherheit akzeptieren, zum Problem werden kann.[25]

schwache Unsicherheitsvermeidung	starke Unsicherheitsvermeidung
• Die Menschen sind glücklicher.	• Die Menschen sind weniger glücklich.
• Weniger Sorgen um Gesundheit und Geld.	• Mehr Sorgen um Gesundheit und Geld.
• Mehr Herzinfarkte.	• Weniger Herzinfarkte.
• Viele Krankenschwestern, wenige Ärzte.	• Viele Ärzte, wenige Krankenschwestern.
• Schüler fühlen sich wohl in Lernsituationen mit offenem Ausgang, und sie interessieren sich für angeregte Diskussionen.	• Schüler fühlen sich wohl in strukturierten Lernsituationen und interessieren sich für korrekte Antworten.
• Lehrer dürfen sagen: „Ich weiß es nicht."	• Lehrer sollen eine Antwort auf jede Frage haben.
• Erzielte Noten schreibt man der eigenen Leistungsfähigkeit zu.	• Erzielte Noten werden auf die Umstände oder Glück zurückgeführt.
• Lehrer beziehen Eltern mit ein.	• Lehrer informieren die Eltern.
• Beim Einkauf achtet man auf Bequemlichkeit.	• Beim Einkauf achtet man auf Reinheit und Sauberkeit.
• Gebrauchtwagen, Heimwerkerarbeiten.	• Neuwagen, Arbeiten im und am Haus werden von Fachleuten erledigt.
• Neue Produkte und kommunikationstechnische Errungenschaften wie E-Mail und Internet werden schnell angenommen.	• Neuen Produkten und Technologien begegnet man mit Vorsicht.
• Mehr Bücher und Zeitungen.	• Weniger Bücher und Zeitungen.
• Riskante Investitionen.	• Konservative Investitionen.
• Humor in der Werbung.	• Fachwissen in der Werbung.

Tab. 5.3: Hauptunterschiede zwischen Gesellschaften mit schwacher und starker Unsicherheitsvermeidung – II: Gesundheit, Bildung und Einkaufen

In Tabelle 5.3 wird die Zusammenfassung der Hauptunterschiede zwischen Gesellschaften mit schwacher und starker Unsicherheitsvermeidung aus Tabelle 5.2 fortgeführt. Die Beschreibungen beziehen sich wiederum auf Extremfälle, und die meisten realen Länder befinden sich irgendwo dazwischen, mit wiederum beträchtlichen Schwankungen *innerhalb* eines jeden Landes.

Unsicherheitsvermeidung am Arbeitsplatz

Eine der Komponenten, aus denen sich der Unsicherheitsvermeidungsindex zusammensetzt, war der Prozentsatz von IBM-Mitarbeitern, der seine Absicht erklärte, langfristig im Unternehmen bleiben zu wollen. Dieses Phänomen konnte man nicht nur bei IBM beobachten: in Ländern mit einem höheren Unsicherheitsvermeidungsindex bemühen sich bei sonst gleich bleibenden Faktoren mehr Angestellte und Führungskräfte um eine langfristige Anstellung.

Gesetze, Regeln und Vorschriften wurden zu Beginn dieses Kapitels als Möglichkeiten für eine Gesellschaft vorgestellt, Ungewissheiten im Verhalten der Menschen zu vermeiden. In Gesellschaften mit starker Unsicherheitsvermeidung gibt es zahlreiche formelle Gesetze und informelle Regeln, die die Rechte und Pflichten von Arbeitgebern und Arbeitnehmern festlegen. Ebenso gibt es mehr interne Vorschriften, die den Arbeitsablauf bestimmen, allerdings spielt in diesem Fall auch der Grad an Machtdistanz eine Rolle. Ist die Machtdistanz groß, ersetzen die Entscheidungsbefugnisse der Vorgesetzten teilweise das Bedürfnis nach internen Regeln.

Das Bedürfnis nach Regeln in einer Kultur mit starker Unsicherheitsvermeidung ist emotionaler Natur. Die Menschen – Arbeitgeber und Arbeitnehmer, aber auch Beamte und Regierende – wurden seit ihrer frühesten Kindheit dahingehend programmiert, dass sie sich in einer strukturierten Umgebung wohl fühlen. Dinge, denen man Struktur geben kann, sollten nicht dem Zufall überlassen werden.

Das emotionale Bedürfnis nach Gesetzen und Regeln in einer Gesellschaft mit starker Unsicherheitsvermeidung kann zu Regeln oder an Regeln sich orientierenden Verhaltensweisen führen, die rein rituell, widersprüchlich oder gar dysfunktional sind.

Kritiker aus Ländern mit schwächerer Unsicherheitsvermeidung erkennen nicht, dass ineffektive Regeln ebenfalls das emotionale Bedürfnis der Menschen nach formellen Strukturen befriedigen können. Wie die Wirklichkeit aussieht, ist weniger bedeutsam. In seiner vergleichenden Studie eines französischen, eines amerikanischen und eines holländischen Produktionsbetriebes bemerkte Philippe d'Iribane, dass in der französischen Fabrik einige Verfahrensweisen formell eingehalten wurden, allerdings erst nachdem sie jegliche praktische Bedeutung verloren hatten. Er zog hier einen Vergleich mit dem, was über das französische *ancien régime* (die vornapoleonische Monarchie des 18. Jahrhunderts) geschrieben wurde: *„une règle rigide, une pratique molle"* (strenge Regel – weiche Handhabung).[26]

Länder mit einer schwachen Unsicherheitsvermeidung können gegenteilig reagieren: sie haben einen gefühlsmäßigen Horror vor formellen Regeln. Die Menschen glauben, dass Regeln nur im Falle äußerster Notwendigkeit aufgestellt werden sollten, z. B. um festzulegen, ob man im Straßenverkehr links oder rechts zu fahren hat. Sie sind der Meinung, dass man viele Probleme ohne formelle Regeln lösen kann. Deutsche, die einer Kultur mit relativ starker Unsicherheitsvermeidung angehören, sind von der Disziplin beeindruckt, die Briten an den Tag legen, wenn sie geduldig an Bushaltestellen oder in Geschäften Schlange stehen. Das Schlangestehen in Großbritannien ist nicht etwa durch ein Gesetz geregelt; es beruht auf einem allgemeinen Brauch, der durch soziale Kontrolle aufrechterhalten wird. Es ist paradox, dass Regeln in Ländern mit schwacher Unsicherheitsvermeidung zwar weniger strikt sind, aber oft besser befolgt werden.

Das Schlangestehen in Großbritannien wird durch den nüchternen und geduldigen Charakter der meisten Briten begünstigt. Wie bereits weiter vorn in diesem Kapitel gesagt, steht schwache Unsicherheitsvermeidung auch für geringe Angst. Am Arbeitsplatz führt die Angstkomponente der Unsicherheitsvermeidung zu spürbaren Unterschieden zwischen Gesellschaften mit starker und mit schwacher Unsicherheitsvermeidung; in Gesellschaften mit starker Unsicherheitsvermeidung arbeiten die Menschen gerne hart oder sind zumindest immer gerne beschäftigt. Das Leben ist voller Eile, und Zeit ist Geld. In Gesellschaften mit schwacher Unsicherheitsvermeidung sind die Menschen – falls erforderlich – in der Lage, hart zu arbeiten, aber sie werden nicht von einem inneren Drang nach ständiger Aktivität geleitet. Sie entspannen sich gerne. Zeit ist ein Orientierungsrahmen und nicht etwas, was man ständig beachten müsste.

Während seiner Kurse an der Wirtschaftsschule INSEAD in Fontainebleau, Frankreich, führte Professor André Laurent in den 70er Jahren eine Befragung von Führungskräften aus 10 Industrieländern zum Thema Organisation durch. Bei folgenden Aussagen korrelierten die mittleren Punktwerte der Länder mit dem Unsicherheitsvermeidungsindex:

- Den meisten Unternehmen ginge es besser, wenn man Konflikte für immer ausschalten könnte.

- Es ist wichtig, dass ein Vorgesetzter exakte Antworten auf die meisten Fragen parat hat, die seine Mitarbeiter über ihre Arbeit stellen könnten.

- Wenn man erreichen will, dass eine kompetente Person eine Arbeit gut ausführt, ist es häufig am besten, ihr sehr genaue Anweisungen zur Ausführung zu geben.

- Wenn die jeweiligen Aufgaben der Mitarbeiter einer Abteilung sehr umfangreich werden, stellen detaillierte Arbeitsplatzbeschreibungen eine sinnvolle Möglichkeit zur Klarstellung dar.

- Eine Organisationsstruktur, in der bestimmte Mitarbeiter zwei direkte Vorgesetzte haben, ist unter allen Umständen zu vermeiden.[27]

All diese Aussagen zeigen eine Abneigung gegen Uneindeutigkeit und ein Bedürfnis nach Präzision und Formalisierung in Organisationen, die sich in Ländern mit einem hohen Unsicherheitsvermeidungsindex befinden. In Ländern, die einen niedrigen Unsicherheitsvermeidungsindex haben, freut man sich über Uneindeutigkeit und Chaos als ideale Voraussetzungen für die Entstehung von Kreativität.

In Kulturen, die Unsicherheit vermeiden, ist das Vertrauen auf Fachwissen in der Arbeitswelt groß; hier arbeiten mehr Spezialisten in Unternehmen. In Kulturen, die Unsicherheit akzeptieren, besteht ein ähnlich großes Vertrauen in den gesunden Menschenverstand und in Menschen, die diesen besitzen; ein bekanntes Beispiel dafür ist die britische Tradition, eine klassische Ausbildung an einer guten Universität als gültige Eintrittskarte zu betrachten, die einem Zugang zu einer Managerlaufbahn gewährt.

Eine Studie des Franzosen Jacques Horovitz über die Unternehmensführung in britischen, französischen und deutschen Firmen ergab, dass sich die Führungskräfte auf höchster Ebene in Großbritannien mehr mit strategischen Problemen befassten und weniger mit dem Alltagsgeschäft; in Frankreich und Deutschland war das Gegenteil der Fall. [28] In den IBM-Studien hatten sowohl Frankreich als auch Deutschland einen deutlich höheren Wert beim UVI als Großbritannien (86 bzw. 65 gegenüber 35). Strategische Probleme, also definitionsgemäß unstrukturierte Fragen, erfordern eine größere Toleranz gegenüber Uneindeutigkeit als operative Probleme. Zu der Zeit, als Horovitz seine Studie durchführte, ging es der französischen und der deutschen Wirtschaft besser als der britischen, d.h. eine schwache Unsicherheitsvermeidung, und als Folge daraus eine stärker strategisch ausgerichtete Planung, steigern nicht unbedingt die wirtschaftliche Effizienz. Die strategisch ausgerichtete Planung in diesen Ländern ist eher eine Sache der Überzeugung. Der wirtschaftliche Erfolg von Unternehmen und Ländern hängt darüber hinaus von vielen anderen Faktoren ab.

Der amerikanische Forscher Scott Shane fand heraus, dass in 33 Ländern die Anzahl neuer Markenprodukte, die den Bürgern angeboten wurden, in negativer Korrelation zum UVI stand. Er schloss daraus, dass in Kulturen, die Unsicherheit vermeiden, Innovationen langsamer umgesetzt werden. [29] Shane und seine Kollegen befragten auch Mitarbeiter von vier multinationalen Unternehmen in 30 Ländern nach ihrer Rolle bei Innovationsprozessen. In Ländern mit einer stärkeren Unsicherheitsvermeidung fühlten sich die Mitarbeiter häufiger durch bestehende Regeln und Vorschriften eingeschränkt. [30]

Eine andere Erfahrung macht Philippe d'Iribane aus Frankreich. [31] In den frühen 90er Jahren kam es zu einem Joint Venture zweier europäischer Autohersteller, dem französischen Werk

Renault und dem schwedischen Autohersteller Volvo. In den IBM-Studien hatte Frankreich hohe Punktwerte beim UVI erzielt, Schweden dagegen sehr niedrige. Ein gemischtes Team, bestehend aus Ingenieuren und Facharbeitern beider Nationen, arbeitete am Design eines neuen Modells. Nach ein paar Jahren wurde das Joint Venture wieder aufgelöst. Französische und schwedische Sozialwissenschaftler führten Gespräche mit den Beteiligten um herauszufinden, was schief gelaufen war und um aus der Erfahrung lernen zu können. Philippe d'Iribane beschrieb die Erkenntnisse wie folgt:

> In dem zusammengeschlossenen Team kamen die innovativeren Designvorschläge eher von den Franzosen als von den Schweden. Die französischen Mitglieder des Teams probierten ohne Zögern neue Ideen aus und verteidigten diese energisch. Die Schweden ihrerseits waren ständig auf der Suche nach einem Konsens. Das Bedürfnis, einen Konsens zu erzielen, hemmte sie bei der Präsentation von Ideen, ja es grenzte sogar ihre Vorstellungskraft ein. Die Schweden konnten ihre Ideen nur dann zum Ausdruck bringen, wenn das Bedürfnis nach Einigkeit unter den Teammitgliedern gestillt war; den Franzosen ging es nur um die Suche nach der technischen Wahrheit. Die Franzosen interessierte in erster Linie die Qualität der Entscheidungen, die Schweden die Rechtmäßigkeit des Entscheidungsprozesses.
>
> Bei Verhandlungen innerhalb des Teams gewannen in der Regel die Franzosen. Sie hatten die Unterstützung ihrer Vorgesetzten, die von Anfang an mit in den Entscheidungsprozess eingebunden waren, wohingegen die schwedischen Vorgesetzten die Verantwortung an die Teammitglieder delegiert hatten und sich nie blicken ließen. Die Gefahr, die in dieser asymmetrischen Struktur lauerte, wurde zu spät entdeckt. Zwischenzeitlich hatte sich auf oberster Führungsebene gegenseitiges Misstrauen entwickelt, das zur Beendigung des Joint Venture führte.

Dieser Fall deutet an, dass stärkere Unsicherheitsvermeidung sich nicht zwangsläufig hemmend auf die Kreativität auswirkt, dass aber umgekehrt schwächere Unsicherheitsvermeidung keine Garantie dafür ist, dass sie frei fließen kann. Vergleicht man die Schlussfolgerungen von Shane und d'Iribane, erhält man gleichzeitig einen Hinweis darauf, dass die Ergebnisse sozialer Forschung nicht unabhängig sind von der Nationalität des Forschers.

Schon in den IBM-Umfragen war festgestellt worden, dass Menschen in Ländern mit einem hohen UVI lieber in größeren als in kleineren Firmen arbeiten. In der Fachliteratur zum Thema Organisationen geht man häufig davon aus, dass große Firmen weniger innovationsfreudig sind als kleine, es sei denn, man belohnt „intrapreneurs", die es wagen, Regeln zu brechen. Dieser Ausdruck ist ein Wortspiel mit dem Begriff „entrepreneurs" (Unternehmer), die auf eigene Faust die Initiative ergreifen und etwas aus sich machen, und die laut Aussage des österreichisch-amerikanischen Wirtschaftswissenschaftlers Joseph Schumpeter (1883–1950) der Motor für Innovationen in einer Gesellschaft sind.

Schumpeters Ideen spielten eine Rolle bei einem Forschungsprojekt, an dem Geert Hofstede und eine Reihe niederländischer Kollegen beteiligt waren. Bei diesem Projekt wurden in 21 Industrieländern wirtschaftliche und kulturelle Faktoren untersucht, die sich auf den Anteil der Beschäftigten auswirken, die selbständig sind. Beim Vergleich des Anteils der Selbständigen mit den UVI-Punktwerten des jeweiligen Landes kam man zu einer überraschenden Erkenntnis: Obwohl man erwartet hätte, dass in Kulturen mit starker Unsicherheitsvermeidung weniger Menschen es wagen, sich selbständig zu machen, war das Gegenteil der Fall: die Zahl derer, die sich selbständig machten, korrelierte durchweg *positiv* mit dem UVI. Weitere Nachforschungen ergaben, dass insbesondere ein Aspekt, der mit starker Unsicherheitsvermeidung in Verbindung gebracht wird, die Ursache für die Korrelation war: ein subjektiv als gering empfundenes Wohlgefühl (Glück) in der Gesellschaft. Für die Selbständigkeit entschieden sich daher häufiger Menschen in Ländern, in denen die Zufriedenheit mit dem Leben nicht gegeben war und nicht Menschen in Ländern mit einer höheren Toleranz gegenüber dem Unbekannten.[32]

Wenn Schumpeter mit seiner Ansicht Recht hatte, dass Unternehmer mehr Neuerungen vornehmen als Nicht-Unternehmer, haben wir damit einen Grund gefunden, mehr, und nicht weniger, Innovation in Ländern mit einem hohen UVI zu erwarten. Innovation hat aber mehr als ein Gesicht. Es kann sein, dass Kulturen mit einer schwachen Unsicherheitsvermeidung besser sind bei der Konzeption grundlegender Innovationen; bei der Umsetzung derselben in neue Produkte und Dienstleistungen scheinen sie allerdings im Nachteil zu sein. Neue Prozesse in Gang zu setzen und zur Vollendung zu bringen, erfordert einen beträchtlichen Sinn für Detailarbeit und Pünktlichkeit. Letztere Eigenschaften findet man eher in Ländern mit starker Unsicherheitsvermeidung. Großbritannien hat mehr Nobelpreisträger hervorgebracht als Japan, aber Japan hat mehr neue Produkte auf den Weltmarkt gebracht.

Hier spricht viel für eine Synergie zwischen innovativen und ausführenden Kulturen, wobei erstere für neue Ideen sorgen und letztere diese entwickeln.

Unsicherheitsvermeidung, Maskulinität und Motivation

Die Motivation von Mitarbeitern stellt ein klassisches Problem der Unternehmensführung dar, und wahrscheinlich gilt das in noch stärkerem Maße für Managementtrainer und Autoren von Managementbüchern. Unterschiede in der Unsicherheitsvermeidung lassen Unterschiede bei Motivationsmustern vermuten. Deutlicher wird der Sachverhalt, wenn wir gleichzeitig die in Kapitel 4 beschriebene Dimension Maskulinität – Femininität berücksichtigen. In Abbildung 5.1 ist daher ein zweidimensionales Diagramm der Länderwerte für Unsicherheitsvermeidung (vertikal) und Maskulinität (horizontal) dargestellt.

Die Zweckmäßigkeit einer Kombination von UVI und MAS für die Untersuchung von Motivationsmustern ergab sich durch einen Vergleich der Ergebnisse aus der IBM-Studie mit der Arbeit von David McClelland (1917–1998), der Psychologe an der Universität Harvard war und im Jahr 1961 ein Buch mit dem Titel *The Achieving Society* (Die Leistungsgesellschaft) herausbrachte, das heute ein Klassiker ist. In diesem Buch versuchte er, verschiedene dominante Motivationsmuster in verschiedenen Ländern nachzuweisen: Er unterschied drei Typen von Motiven: Leistung, Zugehörigkeit (Zusammenschluss mit anderen Menschen) und Macht. Die Stärke eines jeden Motivs in jedem Land wurde an einer Inhaltsanalyse von Geschichten in Kinderlesebüchern gemessen. McClelland vertrat den Standpunkt,

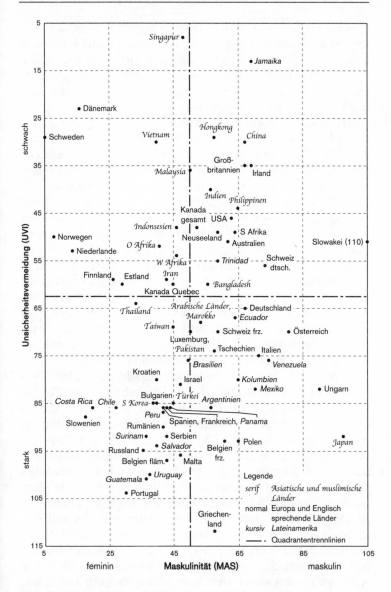

Abb. 5.1: Maskulinität gegenüber Unsicherheitsvermeidung

dass die von Zweit- bis Viertklässlern gelesenen Geschichten – ihr erster Lesestoff – für moderne Völker die gleiche Bedeutung haben wie Volksmärchen für traditionelle Gesellschaften. Volksmärchen werden von Anthropologen häufig herangezogen, um daraus Motive analphabetischer Völker abzuleiten; McClelland wollte dies nun im Falle moderner Staaten tun.

McClellands Forschungsteam analysierte die Kindergeschichten vieler Länder aus den Jahren 1925 und 1950. Für jedes Land und jeden Zeitraum wurden 21 Geschichten untersucht. Jede Geschichte und jedes Land erhielten einen Punktwert für Leistungsbedürfnis, Zugehörigkeitsbedürfnis und Machtbedürfnis. McClellands Hypothese lautete, dass anhand des „Leistungsbedürfnisses" in den Kindergeschichten die wirtschaftliche Wachstumsrate eines Landes vorherzusagen sei, die sich ergebe, wenn diese Kinder erwachsen seien. Später eingetretene Ereignisse gaben ihm in diesem Punkt zwar nicht Recht, ein Vergleich zwischen McClellands Länderpunktwerten und den Punktwerten der IBM-Dimensionen ergab aber, dass das in den Kinderbüchern von 1925 (den mehr traditionellen Büchern) gemessene Leistungsbedürfnis in starker Korrelation mit *schwacher* Unsicherheitsvermeidung und in noch stärkerer Korrelation mit der Kombination aus schwacher Unsicherheitsvermeidung und starker Maskulinität stand.[33]

Das bedeutet, dass die Rangfolge der Länder für das Jahr 1925 nach McClelland hinsichtlich des „Leistungsbedürfnisses" in Abbildung 5.1 entlang einer Diagonale von rechts oben (starkes Leistungsbedürfnis) nach links unten (schwaches Leistungsbedürfnis) verläuft. Geringer UVI bedeutet eine Bereitschaft, unbekannte Risiken einzugehen, und hoher MAS die Bedeutung sichtbarer Ergebnisse. Beides sind Elemente unternehmerischer Tätigkeit in der amerikanischen Tradition. Es sollte nicht überraschen, dass die USA und die anderen anglophonen Länder in Abbildung 5.1 im rechten oberen Quadranten zu finden sind, d. h. niedriger UVI, hoher MAS und starkes Leistungsbedürfnis. Durch die Wahl des Leistungsmotivs verhalf der Amerikaner McClelland einem typischen angelsächsischen Komplex von Werten zu Aufstieg zu einem *universellen* Rezept für wirtschaftlichen Erfolg. Einem Franzosen, Schweden oder Japaner wäre ein weltweites

Leistungsmotiv vermutlich nicht in den Sinn gekommen. Selbst das Wort „achievement" (für Leistung) lässt sich nur schwer in die meisten anderen Sprachen übersetzen. [34]

Lässt man einmal McClellands Arbeit beiseite, so verdeutlicht die Kombination von kultureller Unsicherheitsvermeidung und Maskulinität – Femininität in Abb. 5.1 unterschiedliche Motivationsmuster für verschiedene Ländergruppierungen. Ein Ausgangspunkt ist die von Maslow formulierte „Hierarchie menschlicher Bedürfnisse", die schon in Kapitel 3 vorgestellt wurde. Maslow gliederte in aufsteigender Reihenfolge: physiologische Bedürfnisse, Schutz- und Sicherheitsbedürfnisse, soziale Bedürfnisse, Wertschätzung, Selbstverwirklichung. In Kapitel 3 wurde die individualistische Annahme kritisiert, dass Selbstverwirklichung an erster Stelle stehen müsse. Angesichts der kulturellen Vielfalt in der Welt hinsichtlich Unsicherheitsvermeidung und Maskulinität sind noch einige andere Vorbehalte geltend zu machen.

Das Schutz- und Sicherheitsbedürfnis wird im Falle starker Unsicherheitsvermeidung vermutlich stärker als andere Bedürfnisse sein. Soziale Bedürfnisse (menschliche Beziehungen) werden in einer femininen Kultur stärker sein als Wertschätzung, aber in einer maskulinen Kultur ist Wertschätzung sicher stärker als soziale Bedürfnisse. Die größten Motivationsgeber in Abbildung 5.1 werden also – bei sonst gleichen Bedingungen z. B. die Art der Arbeit – folgende sein: Leistung (die eigene oder die der Gruppe) und Wertschätzung in der Ecke rechts oben (USA etc.); Leistung und soziale Bedürfnisse in der Ecke links oben (Schweden etc.); Sicherheitsbedürfnisse und Wertschätzung in der Ecke rechts unten (Japan, Deutschland etc.); Sicherheits- und soziale Bedürfnisse in der Ecke links unten (Frankreich etc.).

Bei dieser Einteilung wurden die fünf Kategorien von Maslow zwar beibehalten, aber je nach dem in einem Land vorherrschenden Kulturmuster neu geordnet. Eine weitere Frage ist es, ob andere Bedürfnisse hinzugefügt werden sollten, die in Maslows Modell fehlen, weil sie im kulturellen Umfeld der US-amerikanischen Mittelklasse um 1950 nicht anerkannt waren. Entsprechend den vorangegangenen Kapiteln könnten als Bedürfnisse auch Respekt, Harmonie, „Gesicht" und Pflicht in Frage kommen.

schwache Unsicherheitsvermeidung	starke Unsicherheitsvermeidung
• Häufigerer Wechsel des Arbeitgebers, kürzere Betriebszugehörigkeit	• Arbeitgeber wird weniger häufig gewechselt – längere Betriebszugehörigkeit.
• Es sollte nicht mehr Regeln geben als unbedingt notwendig.	• Emotionales Bedürfnis nach Regeln, selbst wenn diese nicht funktionieren.
• Harte Arbeit nur, wenn erforderlich.	• Emotionales Bedürfnis nach Geschäftigkeit; innerer Drang, hart zu arbeiten.
• Zeit ist ein Orientierungsrahmen.	• Zeit ist Geld.
• Toleranz gegenüber Uneindeutigkeit und Chaos.	• Bedürfnis nach Präzision und Formalisierung.
• Hoher Stellenwert für Generalisten und gesunden Menschenverstand.	• Hoher Stellenwert für Experten und technische Lösungen.
• Führungskräfte auf höchster Ebene beschäftigen sich mit strategischen Entscheidungen.	• Führungskräfte auf höchster Ebene beschäftigen sich mit dem Alltagsgeschäft.
• Mehr neue Handelsmarken.	• Weniger neue Handelsmarken.
• Entscheidungsprozess steht im Mittelpunkt.	• Entscheidungsinhalte stehen im Mittelpunkt.
• „Intrapreneurs" sind relativ frei von Regeln.	• „Intrapreneurs" werden durch bestehende Regeln eingeschränkt.
• Weniger berufliche Selbstständigkeit.	• Mehr berufliche Selbstständigkeit.
• Besser bei Erfindungen, schlechter bei deren Umsetzung.	• Schlechter bei Erfindungen, besser bei deren Umsetzung.
• Motivation durch Leistung und Wertschätzung oder soziale Bedürfnisse.	• Motivation durch Sicherheitsbedürfnis und Wertschätzung oder soziale Bedürfnisse.

Tab. 5.4: Hauptunterschiede zwischen Gesellschaften mit schwacher und starker Unsicherheitsvermeidung – III: Arbeitsplatz, Organisation und Motivation

In Tabelle 5.4 werden die Hauptunterschiede zwischen Gesellschaften mit schwacher und starker Unsicherheitsvermeidung zusammengefasst, und zwar in Bezug auf Arbeit, Organisation und Motivation. Wiederum versteht es sich, dass die meisten realen Situationen irgendwo zwischen den Extremen liegen.

Unsicherheitsvermeidung, der Bürger und der Staat

In Ländern mit starker Unsicherheitsvermeidung gibt es tendenziell mehr detaillierte Gesetze als in Ländern mit schwacher Unsicherheitsvermeidung. Deutschland z. B. hat Gesetze für den Fall, dass alle anderen Gesetze nicht mehr durchsetzbar sind *(Notstandsgesetze)*, während es in Großbritannien nicht einmal eine schriftliche Verfassung gibt. Die Beziehungen zwischen Arbeitgebern und Arbeitnehmern sind in Deutschland detailliert geregelt, aber in Großbritannien sind Versuche, ein entsprechendes Gesetz zu verabschieden, immer wieder gescheitert.

In Ländern mit schwacher Unsicherheitsvermeidung ist die vorherrschende Meinung, dass Gesetze zurückgezogen oder geändert werden sollten, wenn sie nichts bewirken. In Ländern mit einer starken Unsicherheitsvermeidung können Gesetze das Bedürfnis nach Sicherheit stillen, selbst wenn sie gar nicht befolgt werden – ähnlich wie bei religiösen Geboten.

Die Einführung von Gesetzen ist eine Sache, sie anzuwenden die andere. Rechtsexperten der Weltbank sammelten in Zusammenarbeit mit Großkanzleien in über 100 Ländern Informationen über die Zeitdauer der Abwicklung zweier relativ einfacher Zivilverfahren: einen geplatzten Scheck (der von der Bank zurückgewiesen wurde) beizutreiben bzw. einen säumigen Mieter zum Verlassen der Wohnung zu zwingen. Die Zahlen reichten von 40 Tage bis drei Jahre, und in 67 Ländern, für die Kulturindizes vorlagen, gab es eine äußerst signifikante Korrelation der Dauer für das jeweilige Verfahren mit dem UVI, nicht aber mit einem der anderen Indizes oder mit nationalem Reichtum.[35] Kulturen mit einer größeren Unsicherheitsvermeidung sind gut ausgestattet mit Gesetzen, aber bis diese Gesetze in zwei so einfachen Fällen greifen, kostet es den Bürger mehr Zeit – unter Umständen so viel Zeit, dass er nicht einmal versucht, das Gesetz in Anspruch zu nehmen.

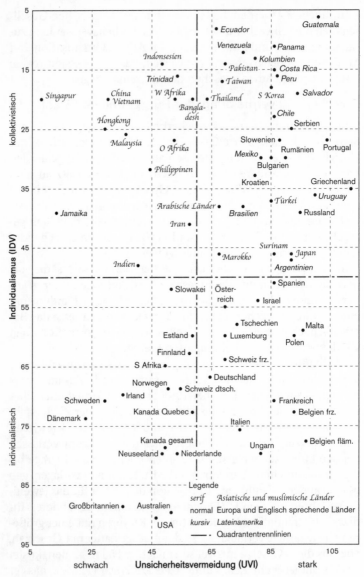

Abb: 5.2: Unsicherheitsvermeidung gegenüber Individualismus

Die Auswirkung der Unsicherheitsvermeidung auf die Gesetzgebung einer Gesellschaft hängt auch von deren Grad an Individualismus oder Kollektivismus ab. In Abbildung 5.2 sind diese beiden Dimensionen graphisch miteinander kombiniert. Während in individualistischen Ländern mit starker Unsicherheitsvermeidung Regeln tendenziell ausführlich und als Gesetze festgeschrieben sind (Low-context-Kommunikation, siehe Kapitel 3), sind Regeln in kollektivistischen Ländern mit starker Unsicherheitsvermeidung häufig implizit und in der Tradition verwurzelt (High-context-Kommunikation). Dies wird in Japan deutlich und gibt häufig Anlass zu Streitigkeiten bei Verhandlungen zwischen westlichen Ländern und Japan hinsichtlich der Öffnung des japanischen Marktes für westliche Produkte. Die Japaner argumentieren zu Recht, dass keine formalen Regelungen existieren, die die Einfuhr ausländischer Erzeugnisse verhindern; aber die potentiellen Importeure aus dem Westen stoßen sich an den vielen impliziten Regeln des ihnen unverständlichen japanischen Vertriebssystems.

Die Bedeutung von Unsicherheitsvermeidung, die sich für die Beziehung zwischen Behörden und Bürgern ergibt, unterscheidet sich von derjenigen der Machtdistanz, wie in Kapitel 2 beschrieben. In Ländern mit einem hohen MDI verfügen Behörden über größere unkontrollierte Macht, einen höheren Status und mehr materielle Mittel als in Ländern mit einem niedrigen MDI. In Ländern mit einem hohen UVI traut man Behörden größeren Sachverstand zu als in Ländern mit einem niedrigen UVI. Die Ungleichheit im letzteren Fall ergibt sich nicht aus der *Macht*, sondern aus der *Kompetenz* der Behörden gegenüber anderen Bürgern.

Der Begriff „Bürgerkompetenz" wurde in einer klassischen Studie der US-amerikanischen Politologen Gabriel Almond und Sidney Verba geprägt: sie fanden heraus, dass die dem einfachen Bürger zugestandene Kompetenz gegenüber Behörden in fünf der in ihrer Studie untersuchten Ländern sehr unterschiedlich war.[36] In *Culture's Consequences* wird aufgezeigt, dass das von Almond und Verba eingesetzte Maß der „Bürgerkompetenz" stark negativ mit Unsicherheitsvermeidung korreliert: die Wahrnehmung von Kompetenz ist größer in Ländern mit einer geringeren Unsicherheitsvermeidung.

In einer anderen Studie zeigte sich, dass Bürger aus Ländern mit starker Unsicherheitsvermeidung ihre Möglichkeiten der Einflussnahme auf Behördenentscheidungen weniger optimistisch sahen als Bürger aus Gesellschaften mit schwacher Unsicherheitsvermeidung. Nur wenige Bürger aus Ländern mit einem hohen UVI waren bereit, gegen Behördenentscheidungen zu protestieren, und wenn sie es dennoch taten, waren die Mittel, mit denen sie ihren Protest zum Ausdruck brachten, relativ konventionell wie z. B. Petitionen und Demonstrationen. Im Hinblick auf extremere Formen des Protests wie Boykotts und Sitzstreiks sind die meisten Bürger aus Ländern mit einem hohen UVI der Meinung, dass diesen vom Staat mit harten Gegenmaßnahmen begegnet werden sollte.

Bürger aus Ländern mit niedrigem UVI waren der Meinung, sie könnten auf der untersten Ebene, d. h. der kommunalen Ebene, bei politischen Entscheidungen mitwirken. Sie waren eher als in Ländern mit starker Unsicherheitsvermeidung bereit, gegen staatliche Entscheidungen zu protestieren, und sie freundeten sich mit dem Gedanken an harte und unkonventionelle Protestaktionen an, wenn einfachere Aktionen erfolglos blieben. Sie fanden nicht, dass der Staat solche Proteste unterdrücken sollte.[37]

Bürger in Ländern mit starker Unsicherheitsvermeidung waren nicht nur stärker abhängig von der Sachkenntnis des Staates, sondern sie waren scheinbar auch der Meinung, dass dies so seine Richtigkeit habe. Behörden und Bürger teilten die gleichen Normen hinsichtlich ihrer jeweiligen Rolle. In den Behörden herrschte tendenziell eine juristische Denkweise: in Ländern mit einem hohen UVI hatten höhere Staatsbeamte häufiger eine juristische Ausbildung als in Ländern mit einem niedrigen UVI (ein Artikel aus dem Jahre 1977 berichtet von 65% mit einer juristischen Ausbildung in Deutschland gegenüber 3% in Großbritannien).[38] Staatsbeamte in Ländern mit einem hohen UVI hatten tendenziell eine negative Meinung über Politiker und den politischen Prozess; in Ländern mit einem niedrigen UVI herrschte eine positivere Meinung.

Bürger in Ländern mit starker Unsicherheitsvermeidung zeigten weniger Interesse an Politik und waren weniger geneigt, den Politikern und Staatsbeamten ihres Landes zu vertrauen. Obwohl diese Länder – wie bereits aufgezeigt – tendenziell mehr Gesetze und Verordnungen haben, ist dies nicht gleichbedeutend mit einem größeren Vertrauen in das jeweilige Rechtssystem.[39] Bürger aus Ländern mit schwacher Unsicherheitsvermeidung waren häufiger Mitglied in freiwilligen Verbänden und beteiligten sich an Aktivitäten zum Wohle ihrer Gesellschaft.

Eine amerikanische Familie, die in einem Vorort von Brüssel/Belgien lebte, machte sich Gedanken um den ständig wachsenden Lärm, den ein Flughafen in der Nähe ihres Wohnortes verursachte. Sie sammelte Unterschriften für eine Petition an die Behörden, um Maßnahmen zur Lärmreduzierung zu fordern. Nur die ausländischen Familien aus der Nachbarschaft waren bereit zu unterschreiben. Die Belgier (die einer Kultur mit einem hohen UVI angehören) stritten entweder ab, dass es ein Problem gab (welcher Lärm?) oder lehnten eine Unterschrift mit der Begründung ab, dass die Behörden der Petition ohnehin keine Beachtung schenken würden.[40]

In Kapitel 4 wurde das von dem amerikanischen Psychologieprofessor und seinen internationalen Studenten durchgeführte Experiment mit dem „fallen gelassenen Füllfederhalter" beschrieben. Dieses war Teil eines Projektes über die Hilfsbereitschaft in verschiedenen Kulturen. Zu diesem Projekt gehörte ebenfalls ein Versuch mit dem Titel: „einem Blinden über die Straße helfen". Studenten spielten die Rolle eines/einer Blinden an der Fußgängerampel einer belebten Straße. „Helfen" bedeutete, dass jemand innerhalb von 60 Sekunden nach Umschalten der Ampel auf grün dem/der „Blinden" sagte, dass es grün sei oder ihm/ihr über die Straße half. Der Anteil der hilfsbereiten Fußgänger in 23 Ländern stand in signifikanter positiver Korrelation mit dem UVI-Wert des jeweiligen Landes. In Kulturen mit mehr Unsicherheitsvermeidung konnten die Umstehenden nicht tatenlos zusehen, wie ein Blinder an einer grünen Ampel wartete.[41] In diesem Fall hatte die Unsicherheitsvermeidung einen positiven Effekt, weil die Bürger Verantwortung übernahmen – ihr Gegenüber war diesmal allerdings auch nicht der Staat.

schwache Unsicherheitsvermeidung	starke Unsicherheitsvermeidung
• Wenige allgemeine bzw. ungeschriebene Gesetze	• Viele detaillierte bzw. ungeschriebene Gesetze.
• Können Gesetze nicht eingehalten werden, so muss man sie ändern.	• Gesetze sind notwendig, auch wenn sie nicht befolgt werden können.
• Schnelles Ergebnis, wenn die Justiz eingeschaltet wird.	• Wenn die Justiz eingeschaltet wird, dauert es länger, bis man ein Ergebnis erhält.
• Bürgerkompetenz gegenüber Staatsgewalt.	• Bürgerinkompetenz gegenüber Staatsgewalt.
• Bürgerprotest wird akzeptiert.	• Bürgerprotest muss unterdrückt werden.
• Staatsbeamte haben keine juristische Ausbildung.	• Staatsbeamte haben eine juristische Ausbildung.
• Staatsbeamte sind dem politischen Prozess gegenüber positiv eingestellt.	• Staatsbeamte sind dem politischen Prozess gegenüber negativ eingestellt.
• Bürger interessieren sich für Politik.	• Bürger interessieren sich nicht für Politik.
• Die Bürger vertrauen Politikern, Staatsbeamten und dem Rechtssystem.	• Die Bürger halten nicht viel von Politikern, Staatsbeamten und dem Rechtssystem.
• Hohe Mitgliederzahl in freiwilligen Verbänden und Bewegungen.	• Geringe Beteiligung in freiwilligen Verbänden und Bewegungen.
• Der Nachweis für die Feststellung der Identität eines Bürgers muss von den Behörden erbracht werden.	• Bürger sollen sich jederzeit ausweisen können.
• Liberalismus	• Konservatismus, Recht und Ordnung.
• Positive Einstellung gegenüber jungen Menschen.	• Negative Einstellung gegenüber jungen Menschen.
• Toleranz, selbst gegenüber extremen Einstellungen.	• Extremismus und Unterdrückung von Extremismus.

Tab. 5.5: Hauptunterschiede zwischen Gesellschaften mit schwacher und starker Unsicherheitsvermeidung – IV: Bürger und Staat

In europäischen Ländern mit einem höheren UVI sind die Bürger verpflichtet, ihren Personalausweis bei sich zu tragen, um sich ausweisen zu können, falls sie von einer Amtsperson dazu aufgefordert werden. Eine solche Verpflichtung gibt es in Ländern mit schwacher Unsicherheitsvermeidung nicht, und es ist Aufgabe des Staates, den Nachweis für die Identifizierung eines Bürgers zu führen. Die Personalausweispflicht spaltet 14 westeuropäische Länder fast genau entsprechend ihrem UVI. [42]

Menschen in Ländern mit einem hohen UVI sind konservativer; dasselbe gilt auch für Parteien, die sich selbst als progressiv bezeichnen. Das Bedürfnis nach „Recht und Ordnung" ist stärker. Die Öffentlichkeit in Ländern mit einem niedrigen UVI ist tendenziell liberaler eingestellt. In diesen Ländern gibt es jungen Menschen gegenüber eine positive Grundhaltung, wohingegen man in Ländern mit einem hohen UVI jungen Leuten häufiger mit Misstrauen begegnet.[43] In diesen Ländern ist es wahrscheinlicher, dass extremistische Minderheiten in der politischen Landschaft auftreten, als in Ländern mit einem niedrigen UVI, und es ist auch wahrscheinlicher, dass politische Gruppierungen, deren Programme als gefährlich gelten, verboten werden. Verbotene Gruppierungen können unter Umständen ein Untergrunddasein führen oder gar zum Terrorismus übergehen. Solche Länder haben mehr Terroristen in ihrer Bevölkerung.

In Tabelle 5.5 werden die Hauptunterschiede zwischen Gesellschaften mit schwacher und starker Unsicherheitsvermeidung in Bezug auf Politik und Staat zusammengefasst.

Unsicherheitsvermeidung, Xenophobie und Nationalismus

Im Jahre 1983 nahm eine 16-jährige holländische Gymnasiastin aus Rotterdam, die wir hier Anneke nennen wollen, an einem Austauschprogramm für Jugendliche zwischen Holland und Österreich teil. Sie wohnte bei der Familie eines Gymnasiallehrers in einer größeren österreichischen Stadt. Die Familie bestand aus Dr. Riedl, seiner Frau, Tochter Hilde, die so alt war wie Anneke, und zwei kleineren Jungen.

Anneke ging mit Hilde zur Schule. Ihr Deutsch verbesserte sich sehr schnell. Am Sonntag besuchte sie mit den Riedls, die fromme Katholiken waren, den Gottesdienst. Anneke war zwar protestantisch, aber das machte ihr nichts aus; für sie war es etwas Neues, und der Gesang gefiel ihr. Sie hatte ihre Geige mitgebracht, und nach dem Unterricht spielte sie mit Hilde zusammen Stücke für Geige und Klavier.

Eines Abends, als Anneke schon etwa zwei Monate bei den Riedls war, kam man beim Abendessen irgendwie auf das Thema Juden zu sprechen. Diesbezüglich schienen die Riedls sehr voreingenommen zu sein. Anneke regte sich auf. Sie fragte Frau Riedl, ob sie denn einen Juden kenne. „Natürlich nicht", war die Antwort.

Anneke merkte, wie ihr das Blut ins Gesicht schoss. „Jetzt kennen Sie einen", sagte sie. „Ich bin Jüdin. Zumindest kommt meine Mutter aus einer jüdischen Familie, und gemäß der jüdischen Tradition ist jedes Kind einer jüdischen Mutter ebenfalls Jude."

Das Abendessen ging schweigend zu Ende. Am nächsten Morgen nahm Dr. Riedl Anneke beiseite und teilte ihr mit, dass sie nicht mehr mit der Familie an einem Tisch sitzen könne. Sie würde ihr Essen separat erhalten. Sie könne auch nicht mehr mit ihnen in die Kirche gehen. Man hätte ihnen doch sagen müssen, dass sie Jüdin sei. Ein paar Tage später kehrte Anneke nach Holland zurück.[44]

Unter den Mitgliedsstaaten der Europäischen Union erzielten Österreich und andere mitteleuropäische Länder in den IBM-Studien und auch in den Wiederholungsstudien relativ hohe Punktwerte für Unsicherheitsvermeidung. Jahrhunderte lang waren in diesem Teil Europas Vorurteile gegenüber ethnischen Gruppen, einschließlich der Juden, weit verbreitet. Bis zu den 30er Jahren gab es dennoch eine große jüdische Gemeinde in Wien. Viele der führenden österreichischen Gelehrten waren Juden, darunter auch Sigmund Freud. Im Jahre 1936 fiel Nazi-Deutschland in Österreich ein. Eine große Zahl von Juden mit österreichischer Staatsbürgerschaft ergriff die Flucht, viele flohen in die USA. Diejenigen, die vor Ort blieben, kamen im Holocaust der Nazis ums Leben. Seit 1945 gibt es nur noch wenige Juden in Österreich.[45] Die oben beschriebene, wahre Geschichte zeigt, dass Vorurteile auch dann noch überleben, sich vielleicht sogar ungehindert breit machen können, wenn das Objekt, das sie auslöste, längst verschwunden ist.

„Was anders ist, ist gefährlich" – diese Auffassung war Bestandteil des mentalen Programms des Elternpaars Riedl aus unserer

Geschichte, das diese auch auf seine Kinder übertrug. Wir wissen nicht, wie die Kinder der Familie Riedl den Vorfall erlebten und ob sie ebenso voreingenommen geworden sind wie ihre Eltern. Das Gefühl, dass man etwas als gefährlich empfindet, kann sich gegen Minderheiten richten (selbst gegen Minderheiten aus der Vergangenheit), gegen Einwanderer und Flüchtlinge und gegen Bürger anderer Länder. Daten aus einem Bericht der Europäischen Kommission über „Rassismus und Xenophobie in Europa" (1997) zeigten, dass die Ansicht, Einwanderer sollten in ihre Heimat zurückgeschickt werden, stark mit der Unsicherheitsvermeidung korrelierte. Bei IBM hatte man schon vorher herausgefunden, dass ausländisches Führungspersonal in Ländern mit einem hohen UVI weniger gut akzeptiert wurde.[46]

Was man anderen Nationen gegenüber empfindet, richtet sich nicht nur nach der Unsicherheitsvermeidung sondern auch nach der Maskulinität eines Landes. Die Kombination dieser beiden wird in Abbildung 5.1 veranschaulicht. Alle drei Achsenmächte des zweiten Weltkriegs – Deutschland, Italien und Japan – sind im unteren rechten Quadranten zu finden: starke Unsicherheitsvermeidung plus Maskulinität. Unter den Vorkriegsbedingungen konnten Tendenzen der Ethnozentrik, Xenophobie und Aggressivität in diesen Ländern leichter die Oberhand gewinnen als in Ländern mit anderen Kulturmustern. Faschismus und Rassismus finden in Kulturen mit starker Unsicherheitsvermeidung und ausgeprägt maskulinen Wertvorstellungen den fruchtbarsten Nährboden überhaupt. Das Paradoxe dabei ist, dass genau diese Wertvorstellungen auch zur raschen Erholung der Wirtschaft dieser Länder in der Nachkriegszeit beitrugen. Die Schwächen einer Kultur können also unter anderen Umständen zu deren Stärken werden.

In Ländern mit schwacher Unsicherheitsvermeidung hat aggressiver Nationalismus nur wenig Anziehungskraft. Dennoch zeigte sich in der in den Jahren 1990–1993 durchgeführten World Values Survey, dass die Öffentlichkeit in Ländern mit schwacher Unsicherheitsvermeidung von sich behauptete, sie besitze mehr Nationalstolz und größere Bereitwilligkeit zeigte, für ihr Land zu kämpfen, als dies in Ländern mit starker Unsicherheitsvermeidung der Fall war. Die allgemein positive Einstellung gegenüber Behörden und der Landespolitik in Ländern mit einem niedrigen UVI dehnt sich auch auf das Land als Ganzes aus.

Die Kombination von Unsicherheitsvermeidung und Individualismus, wie in Abbildung 5.2 dargestellt, erläutert die unterschiedliche Art und Weise, wie Gesellschaften mit Konflikten zwischen Gruppen umgehen. Das Vorhandensein verschiedener ethnischer, sprachlicher oder religiöser Gruppen innerhalb der Grenzen eines Landes ist eine historische Tatsache; und die einzelnen Länder sind in unterschiedlichem Maße homogen. Die Art und Weise, wie die jeweilige Bevölkerung und der jeweilige Staat mit derartigen Konflikten umgehen, ist jedoch ein kulturelles Phänomen. In Ländern in der Ecke rechts oben verbindet sich starke Unsicherheitsvermeidung („was anders ist, ist gefährlich") mit kollektivistischem Partikularismus (starke Identifikation mit Wir-Gruppen). Diese Länder versuchen häufig, Konflikte zwischen Gruppen dadurch zu beseitigen, dass man sie leugnet und versucht, Minderheiten entweder zu assimilieren oder zu unterdrücken. In solchen Ländern besteht eine beträchtliche Gefahr gewaltsamer Auseinandersetzungen zwischen Gruppen, da bei den Minderheiten in vielen Fällen dieselben kollektivistischen und von starker Unsicherheitsvermeidung geprägten Werte vorherrschen. Länder mit ernsten Konflikten zwischen Gruppen sind Serbien, die arabischen Länder und die Türkei; sie befinden sich im oberen rechten Quadranten von Abbildung 5.2; nicht weit davon entfernt befinden sich Indonesien und die afrikanischen Länder.

In Ländern der linken oberen Ecke in Abbildung 5.2 (wie z. B. Malaysia) kann es zwar verschiedene Gruppen mit starker Gruppenidentität geben, doch wird man dort eher einen *modus vivendi* finden, bei dem die einzelnen Gruppen toleriert werden und einander ergänzen. Länder in der Ecke rechts unten hegen häufig beträchtliche Widerstände gegenüber Minderheiten (z. B. Belgien) und ethnische, religiöse oder sprachliche Gruppen anderer Ausrichtung, doch versucht meist der Universalismus des individualistischen Staates die Respektierung der Rechte aller zu gewährleisten; Extremismus gegen andere beschränkt sich auf politische

Randbereiche. In Ländern der Ecke links unten schließlich (z. B. USA) wird sich eine Mehrheit zumindest theoretisch für die Integration von Minderheiten und gleiche Rechte für alle einsetzen. Ein Ereignis wie der Terroranschlag vom 11. September 2001 stellt diesen Toleranzwillen auf eine harte Probe, wie Amerikaner mit arabischem Aussehen seitdem erfahren haben.

Starke Unsicherheitsvermeidung und als Folge die Intoleranz gegenüber Abweichungen und Minderheiten hat die entsprechenden Länder zeitweise einen hohen Preis gekostet. Nach der *Reconquista* der iberischen Halbinsel von maurischer Herrschaft (1492) haben die katholischen Könige die Juden aus Spanien und Portugal vertrieben. Dadurch wurden diese Länder eines Teils ihrer am stärksten unternehmerisch ausgerichteten Bürger beraubt; man vermutet, dass dies der Grund für den Niedergang des Imperiums in den folgenden Jahrhunderten war. Eine Gruppe iberischer Juden siedelte sich in den Niederlanden an und spielte eine wesentliche Rolle bei der kolonialen Expansion der Niederlande im 17. Jahrhundert. Andere gingen nach Costa Rica, das noch heute eine positive Ausnahme zum *personalismo* und zur Stagnation in Lateinamerika darstellt (siehe Kapitel 3). In der jüngeren Geschichte ermöglichte die Abwanderung erstklassiger Wissenschaftler, darunter viele Juden, aus Hitler-Deutschland den Amerikanern die Entwicklung der Atombombe.

Unsicherheitsvermeidung, Religion und Gedankenwelt

Weiter vorn in diesem Kapitel wurde Religion als eine der Möglichkeiten für die Menschheit bezeichnet, Angst zu vermeiden. Religiöse Überzeugungen und Rituale helfen uns, die Ungewissheiten zu akzeptieren, deren wir uns nicht erwehren können. Manche Religionen bieten die letzte Gewissheit eines Lebens nach dem Tode.

Die Reihenfolge der Länder nach dem UVI-Punktwert in Tabelle 5.1 hängt in gewissem Maße mit der jeweils vorherrschenden Religion zusammen. Die meisten Länder mit orthodoxem und römisch-katholischem Christentum erreichen hohe Punktwerte; Ausnahmen sind dabei die Philippinen und Irland. Islamische

Länder haben tendenziell mittlere Werte; Länder des protestantischen Christentums haben Werte unter dem Durchschnitt; buddhistische und hinduistische Länder erreichen mittlere bis sehr niedrige Werte, wobei Japan allerdings eine Ausnahme bildet.

Ein Problem bei der Klassifizierung von Ländern nach Religionen besteht darin, dass alle großen Weltreligionen in sich heterogen sind. Die polnische, peruanische, italienische und holländische Version des römischen Katholizismus ist sehr unterschiedlich. Der Islam in Indonesien, Iran, Saudi-Arabien und auf dem Balkan bedeutet für die jeweiligen Gläubigen und Länder etwas ganz anderes. Der Buddhismus in Thailand, Singapur und Japan hat ganz unterschiedliche gefühlsmäßige und praktische Konsequenzen.

Wie bereits in Kapitel 1 gezeigt, verursacht eine religiöse Konversion nicht eine absolute Änderung kultureller Werte. Die durch die Dimensionen Machtdistanz, Individualismus oder Kollektivismus, Maskulinität oder Femininität sowie Unsicherheitsvermeidung beschriebenen Wertesysteme haben möglicherweise sogar einen Einfluss darauf ausgeübt, bis zu welchem Grad eine Bevölkerung für bestimmte Religionen aufnahmebereit war und wie sich die angenommene Religion in dem betreffenden Land entwickelt hat. Der indonesische (javanesische) Mystizismus hat hinduistische, buddhistische, islamische und christliche Konversionen überlebt. In den christlichen Ländern hat die Reformation fast genau diejenigen europäischen Länder von den restlichen getrennt, die einmal dem Römischen Reich angehörten. Alle ehemals römischen Länder (die heute eine romanische Sprache sprechen) lehnten die Reformation ab und blieben römisch-katholisch, während die meisten anderen den Protestantismus oder eine Mischung aus beiden annahmen. Polen und Irland waren zu keiner Zeit Teil des Römischen Reiches, doch verlieh ihnen der römische Katholizismus eine Identität zur Abwehr nicht katholischer Unterdrücker.

Stellt man eine Verbindung zwischen Unsicherheitsvermeidung und religiösem Glauben her, so ist es sinnvoll, zwischen westlichen und östlichen Religionen zu unterscheiden. Diese Unterscheidung wird in Kapitel 6 erneut aufgegriffen. Die westlichen

Religionen Judentum, Christentum und Islam gründen sich auf göttliche Offenbarung, und alle drei entstanden in dem Gebiet, das man heute als Nahost bezeichnet. Die westlichen Religionen unterscheiden sich von den östlichen in der Bedeutung einer absoluten „Wahrheit". Den westlichen Offenbarungsreligionen ist die Annahme gemeinsam, es gebe eine absolute Wahrheit, die alle anderen Wahrheiten ausschließe, und die der Mensch besitzen könne. Der Unterschied zwischen Ländern mit starker und schwacher Unsicherheitsvermeidung, die derartige Religionen haben, liegt im Grad an benötigter Gewissheit über den Besitz dieser Wahrheit. In Kulturen mit starker Unsicherheitsvermeidung herrscht häufiger der Glaube vor, dass es „nur eine Wahrheit gibt, und wir haben sie. Alle anderen haben Unrecht." Der Besitz dieser Wahrheit stellt den einzigen Weg zum Heil dar und bildet das wichtigste Ziel im Leben des Menschen. Die Tatsache, dass die anderen Unrecht haben, kann dazu führen, dass man versucht sie zu bekehren, dass man sie meidet oder tötet.

Westliche Kulturen mit schwacher Unsicherheitsvermeidung glauben noch immer an die Wahrheit, aber ihr Bedürfnis zu glauben, sie seien im Alleinbesitz der Wahrheit, ist schwächer geworden. „Es gibt nur eine einzige Wahrheit, und wir suchen sie. Auch andere suchen nach ihr, und wir akzeptieren es als eine Tatsache des Lebens, dass sie in anderen Richtungen suchen." Eine Gewissheit dieser Kulturen besteht darin, dass Gott nicht will, dass jemand aufgrund seines Glaubens verfolgt wird.

Jahrhunderte lang hat die römisch-katholische Kirche an der Inquisition festgehalten, die vielen Menschen mit abweichender Meinung den Tod brachte, und die zahlreiche Bücher verbot oder verbrannte; noch heute sind manche Bücher von der römisch-katholischen Kirche verboten. Kurz vor seinem Tod im Jahre 1989 verbot Imam Khomeini im Iran das Buch *Satanische Verse* von Salman Rushdie und forderte alle Gläubigen auf, den Autor und dessen Verleger zu töten. Es ist doch erstaunlich, dass dies viele Menschen in christlichen Ländern derart schockierte, bedenkt man die Geschichte religiöser Intoleranz in ihren eigenen Ländern. Mit einigen Ausnahmen – darunter Khomeinis Verhalten – war der Islam in der Geschichte toleranter gegenüber anderen Religionen als das römisch-katholische Christentum. Die Kreuzzüge im Mittelalter, bei denen Hunderttausende ums Leben kamen, waren ein Produkt christlicher – und nicht muslimischer – Intoleranz. Im islamischen Türkischen Reich wurden „Menschen des Buches", d.h. Juden und Christen toleriert und konnten ihre jeweilige Religion ausüben, solange sie eine spezielle Steuer zahlten. Andererseits war die religiöse Intoleranz selbst protestantischer Christen, die man gemeinhin für weltoffener hält, teilweise so groß, dass ihr Menschen zum Opfer fielen, z.B. Michel Servet, der im Jahre 1553 von Johann Calvin in Genf verbrannt wurde. In vergangenen Jahrhunderten wurden auch in protestantischen Ländern angebliche Hexen verbrannt. Im einundzwanzigsten Jahrhundert prangerten fundamentalistische christliche Prediger Janet K. Rowlings Bücherserie Harry Potter als Teufelswerk an.

Die Beichte von Sünden ist ein Brauch, der dem Kulturmuster starker Unsicherheitsvermeidung entspricht. Kann eine Regel nicht eingehalten werden, so stellt die Beichte einen Weg dar, die Regel beizubehalten und dem Individuum die Schuld zu geben. Die römisch-katholische Praxis der Beichte ist relativ milde und diskret; der militante Kommunismus in der Sowjetunion zur Zeit Stalins machte daraus eine öffentliche „Show". In Kulturen mit schwacher Unsicherheitsvermeidung herrscht eine stärkere Neigung, eine Regel zu ändern, wenn diese offensichtlich nicht einzuhalten ist.

Östliche Religionen legen weniger Wert auf eine absolute Wahrheit. Die Annahme, dass es eine einzige Wahrheit gebe, die der Mensch besitzen könne, ist ihrer Denkweise fremd. Der Buddhismus stellt dagegen den Erwerb von Weisheit durch Meditation in den Mittelpunkt. Menschen im Osten werden daher leicht Elemente verschiedener Religionen übernehmen. Die meisten Japaner praktizieren Rituale sowohl des Buddhismus als auch des Schintoismus, obwohl diese beiden religiösen Traditionen nach westlichem Verständnis einander ausschließen.

In allen Ländern mit christlicher Mehrheit besteht eine starke Korrelation zwischen dem Anteil an Katholiken in der Bevölkerung (im Vergleich zu Protestanten) und dem Unsicherheitsvermeidungsindex dieses Landes. Eine zweite Korrelation besteht mit der Maskulinität; sie deutet darauf hin, dass dort, wo Katholizismus vorherrscht, tendenziell auch maskuline Werte vorherrschen, dass also beispielsweise Frauen von Führungspositionen ausgeschlossen werden (siehe Kapitel 4).[47] Die Korrelation mit der Unsicherheitsvermeidung lässt sich einfach erklären, da die katholische Kirche ihren Gläubigen eine Gewissheit vermittelt, die den meisten protestantischen Gruppen fehlt – abgesehen von einigen kleineren Sekten. Der Katholizismus spricht Kulturen mit einem Bedürfnis nach einer solchen Sicherheit an. In protestantischen Ländern haben die dort vorherrschenden Kulturen den Menschen ein geringeres Bedürfnis nach Sicherheit verliehen. Wer dennoch Sicherheit benötigt, findet sein geistiges Zuhause in Sekten und fundamentalistischen Gruppierungen.

Sowohl im Islam als auch im Judentum gibt es einen deutlichen Konflikt zwischen Gruppierungen mit stärkerer und schwächerer Unsicherheitsvermeidung, wobei erstere dogmatisch, intolerant, fanatisch und fundamentalistisch sind („Es gibt nur eine Wahrheit, und wir haben sie") und letztere pragmatisch, tolerant, liberal und offen für die Welt von heute. In den letzten Jahren waren die fanatischen Flügel aller drei Offenbarungsreligionen ziemlich aktiv und meldeten sich zu Wort. In der Geschichte hat sich der Fanatismus immer selbst ins Verderben gestürzt, so dass eine gewisse Hoffnung besteht, dass die fanatischen Ausuferungen nicht andauern werden.

Was für Religionen gilt, gilt auch für politische Ideologien, die zu einer Art weltlicher Ersatzreligion werden können. Vielerorts ist der Marxismus ein Beispiel hierfür. Als Ostdeutschland noch ein fest kommunistisches Land war, schmückte die Fassade der Universität Leipzig ein riesiges Banner mit der Aufschrift „Der Marxismus ist allmächtig, weil er wahr ist!"[48] In Kulturen mit starker Unsicherheitsvermeidung findet man intolerante politische Ideologien, in Ländern mit schwacher Unsicherheitsvermeidung dagegen tolerante. Die Achtung dessen, was man gemeinhin als „Menschenrechte" bezeichnet, setzt eine Toleranz gegenüber Menschen anderer politischer Meinung voraus. Die Verletzung von Menschenrechten in manchen Ländern ist tief in der starken

Unsicherheitsvermeidung verwurzelt, die inhärenter Bestandteil der betreffenden Kultur ist. In anderen Ländern sind Menschenrechtsverletzungen eher ein (mit Machtdistanz zusammenhängendes) Ergebnis eines Machtkampfes oder einer Auseinandersetzung zwischen kollektivistischen Gruppen.

Im Bereich von Philosophie und Wissenschaft[49] werden eindrucksvolle Theorien eher in Kulturen mit starker Unsicherheitsvermeidung entwickelt als in Kulturen mit schwacher Unsicherheitsvermeidung. Für einen Philosophen bedeutet das Streben nach Wahrheit eine starke Motivation. In Europa haben Deutschland und Frankreich mehr große Philosophen hervorgebracht als Großbritannien und Schweden (z. B. Descartes, Kant, Hegel, Marx, Nietzsche, Sartre). Kulturen mit schwacher Unsicherheitsvermeidung haben große Empiriker hervorgebracht, Menschen, die ihre Schlüsse eher aus Beobachtung und Experimenten ziehen als aus der reinen Reflexion (wie Newton, Linnaeus, Darwin).

Als Rezensenten von Manuskripten, die bei wissenschaftlichen Zeitschriften eingehen, stellen wir fest, dass in von Deutschen und Franzosen verfassten Referaten häufig ausführliche Schlussfolgerungen ohne eine entsprechende Datenbasis vorgestellt werden. In Manuskripten von Briten und Amerikanern werden umfangreiche Datenauswertungen vorgelegt; sie hüten sich aber vor kühnen Schlussfolgerungen. Deutsche und Franzosen neigen zu deduktiver Argumentation, während Briten und Amerikaner induktive Arbeit bevorzugen.[50]

Wissenschaftliche Auseinandersetzungen verbergen gelegentlich kulturelle Voraussetzungen. Berühmtheit erlangte die Diskussion zwischen dem deutschen Physiker Albert Einstein (1879–1955) und dessen dänischem Kollegen Niels Bohr (1885–1962) darüber, ob bestimmte Prozesse innerhalb des Atoms gesetzmäßig oder zufällig ablaufen. „Ich kann mir nicht vorstellen, dass Gott mit Würfeln spielt", soll Einstein gesagt haben. Bohr konnte das; neuere Forschungsergebnisse geben ihm Recht und nicht Einstein. Dänemark hat einen sehr niedrigen Unsicherheitsvermeidungswert (Position 72, Punktwert 23).

Eine praktische Folge des Niveaus der Unsicherheitsvermeidung in einer Gesellschaft ist die Frage, ob Menschen mit unterschiedlichen Überzeugungen persönlich befreundet sein können. Geschichten über Wissenschaftler, die ihre freundschaftlichen Bande nach einer wissenschaftlichen Meinungsverschiedenheit lösten, kommen tendenziell aus Ländern mit einem hohen UVI, wie z. B. auch die Geschichte über den Konflikt zwischen den Psychiatern Sigmund Freud (Österreich) und Carl Gustav Jung (Schweiz). In Ländern mit einer schwachen Unsicherheitsvermeidung stehen unterschiedliche wissenschaftliche Auffassungen nicht unbedingt einer Freundschaft im Wege.

Wie schon früher erwähnt, flohen vor und während des Zweiten Weltkriegs zahlreiche deutsche und österreichische Wissenschaftler, die jüdischer Abstammung oder aus anderen Gründen anti-nazistisch eingestellt waren, aus ihrem Heimatland und gingen zum größten Teil nach Großbritannien oder in die USA. Beispiele hierfür sind Albert Einstein, Sigmund Freud, Karl Popper, Kurt Lewin oder Theodor Adorno. Daraus ergab sich für das jeweilige Gastland ein nützlicher Zustrom an intellektuellem Potential. Die jüngeren Flüchtlinge haben auf ihrem jeweiligen Fachgebiet wesentliche Beiträge in ihrem neuen Land geleistet. Dadurch kam es zu Synergieeffekten zwischen der mitteleuropäischen (in starker Unsicherheitsvermeidung wurzelnden) Vorliebe für die Theorie und dem von schwacher Unsicherheitsvermeidung genährten anglo-amerikanischen Sinn für Empirismus.

Manche Flüchtlinge erlebten einen wissenschaftlichen Kulturschock. Als der frühere Frankfurter Soziologe Herbert Marcuse seine Kritik der modernern Gesellschaft in Kalifornien predigte, traf er auf die von ihm so bezeichnete „repressive Toleranz". Dieser Begriff ist unsinnig, da Repression und Toleranz einander ausschließen. Er drückt jedoch Marcuses Verlegenheit aus, als er in typisch deutscher Manier versucht zu provozieren und eine hitzige Debatte erwartet, dabei aber auf die für Amerikaner typische intellektuelle Toleranz stößt.

Marieke de Mooij weist darauf hin, dass kulturelle Werte sich sowohl anhand der Themen als auch des Stils der in einem Land verfassten Prosaliteratur nachweisen lassen. Als Beispiele aus der Weltliteratur, die in Ländern mit einem hohen UVI geschrieben wurden, nennt sie *Das Schloss* von Franz Kafka aus Tschechien und Goethes *Faust* aus Deutschland. In ersterem wird der Hauptdarsteller von unpersönlichen Regeln verfolgt, im letzteren verkauft der Held seine Seele für das Wissen um die Wahrheit. In Großbritannien, das einen niedrigen UVI hat, entsteht Literatur, in der die unwirklichsten Dinge passieren: *Alice im Wunderland* von Lewis Carroll, Tolkiens *Herr der Ringe* und *Harry Potter* von Janet K. Rowling.[51]

schwache Unsicherheitsvermeidung	starke Unsicherheitsvermeidung
• Mehr ethnische Toleranz	• Mehr ethnische Vorurteile
• Positive oder neutrale Einstellung gegenüber Ausländern	• Xenophobie
• Flüchtlinge sollen aufgenommen werden.	• Einwanderer sollen zurückgeschickt werden.
• Defensiver Nationalismus	• Aggressiver Nationalismus.
• Geringeres Risiko heftiger Auseinandersetzungen zwischen Gruppen.	• Hohes Risiko heftiger Auseinandersetzungen zwischen Gruppen.
• Die Wahrheit einer Religion soll man anderen nicht aufzwingen.	• In der Religion gibt es nur eine Wahrheit, und wir haben sie.
• Wenn man Gebote nicht halten kann, soll man sie ändern.	• Wenn man Gebote nicht halten kann, ist man ein Sünder und soll Reue zeigen.
• Menschenrechte: niemand soll wegen seiner Überzeugungen verfolgt werden.	• Größere Intoleranz und Fundamentalismus in Religion, Politik und Ideologie.
• Tendenz zu Relativismus und Empirismus in Philosophie und Wissenschaft.	• Neigung zu großen Theorien in Philosophie und Wissenschaft.
• Gegner in wissenschaftlichen Fragen können persönlich befreundet sein.	• Gegner in wissenschaftlichen Fragen können persönlich nicht befreundet sein.
• Die Literatur befasst sich mit Phantasiewelten.	• Die Literatur befasst sich mit Regeln und der Wahrheit.

Tab. 5.6: Hauptunterschiede zwischen Gesellschaften mit schwacher und starker Unsicherheitsvermeidung – V: Toleranz, Religion und Gedankenwelt

Tabelle 5.6 vervollständigt die in Tabelle 5.2 begonnene Zusammenfassung der Hauptunterschiede zwischen Gesellschaften mit starker und solchen mit schwacher Unsicherheitsvermeidung; hier werden Themenbereiche aus den beiden vorangegangenen Abschnitten hinzugefügt.

Ursprünge von Unterschieden in der Unsicherheitsvermeidung

Mögliche Ursprünge von Unterschieden in der Machtdistanz wurden in Kapitel 2 untersucht. Die Ländergruppierung legte den Schluss nahe, dass die Wurzeln der Unterschiede auf das Römische Reich vor 2.000 Jahren zurückgehen. Für Ostasien wurden die Wurzeln im noch weiter zurückliegenden Chinesischen Reich vermutet. Beide Reiche hinterließen ein Erbe großer Machtdistanz.

Auch bei der Unsicherheitsvermeidung finden wir die Länder mit romanischer Sprache wieder beisammen. All diese Erben des Römischen Reiches erreichen hohe Punktwerte für Unsicherheitsvermeidung. Die chinesischsprachigen Länder Taiwan, Hongkong und Singapur erreichen ebenso wie Länder mit bedeutenden Minderheiten chinesischer Abstammung (Thailand, Indonesien, Philippinen und Malaysia) niedrige Werte bei der Unsicherheitsvermeidung.

Sowohl das Römische als auch das Chinesische Reich waren mächtige zentralistische Staaten, was in der jeweiligen Bevölkerung ein Kulturmuster mit der Bereitschaft zur Entgegennahme von Anweisungen des Zentrums stützt. In einem wichtigen Punkt allerdings unterscheiden sich die beiden Reiche. Das Römische Reich hatte ein einzigartiges System kodifizierter Gesetze entwickelt, die im Prinzip für alle Bürger galten, und zwar unabhängig von deren Herkunft. Im Chinesischen Reich hat diese Gesetzesvorstellung nie existiert. Das wichtigste durchgängige Prinzip chinesischer Verwaltung hat man als „Regierung von Menschen" bezeichnet, im Unterschied zur römischen Vorstellung einer „Regierung durch Gesetze". Von chinesischen Richtern erwartete man, dass sie sich von weit gefassten allgemeinen Prinzipien leiten ließen, wie z.B. den Konfuzius zugeschriebenen Grundsätzen (Kapitel 6).

Der Gegensatz zwischen diesen beiden intellektuellen Traditionen erklärt die Tatsache, dass IBM-Mitarbeiter aus Ländern mit römischem Erbe höhere Unsicherheitsvermeidungswerte aufweisen als ihre Kollegen aus Ländern mit chinesischer Tradition. Hier zeigt sich einmal mehr ganz deutlich die tiefe historische Verwurzelung nationaler Kulturunterschiede. Die lange Geschichte solcher Wertunterschiede sollte unsere Erwartungen dämpfen, dass sich diese zu unseren Lebzeiten grundsätzlich ändern könnten.

Wie sich in Kapitel 2 ergab, stehen Unterschiede in der Machtdistanz in statistischer Beziehung zur geographischen Breite, zur Bevölkerungsgröße und zum nationalen Wohlstand. Derart weite Beziehungen konnten bei der Unsicherheitsvermeidung nicht ermittelt werden; lediglich eine schwache negative Korrelation des nationalen Wohlstands mit dem UVI wurde festgestellt, was bedeutet, dass Länder mit schwachem UVI im Durchschnitt etwas wohlhabender sind als Länder mit starkem UVI.

Lediglich für die reichen Länder ließ sich eine starke Korrelation zwischen UVI und Wirtschaftswachstum nach 1960 feststellen. Diese Beziehung tritt speziell in jener Zeit auf. Der Nobelpreisträger Simon Kuznets hat Wirtschaftswachstumsraten für Länder seit 1865 errechnet.[52] Bis 1925 ist kein systematischer Zusammenhang zwischen UVI-Werten aus der IBM-Studie und Kuznets Zahlen zum Wirtschaftswachstum zu erkennen. Für den Zeitraum 1925–1950 ist die Korrelation negativ, das heißt in Ländern mit schwacher Unsicherheitsvermeidung wuchs die Wirtschaft rascher. Das liegt daran, dass Länder mit starker Unsicherheitsvermeidung im zweiten Weltkrieg aktiver an der Kriegsführung beteiligt waren und ihre Wirtschaft stärker in Mitleidenschaft gezogen wurde. Erst nach 1950 kehrt sich die Beziehung um. Dies ist wohl z.T. auf einen Aufholprozess zurückzuführen.

Insgesamt lässt die statische Auswertung keinen Schluss auf allgemeine Quellen schwacher oder starker Unsicherheitsvermeidung zu, sieht man einmal vom Faktor Geschichte ab.

Die Zukunft von Unterschieden in der Unsicherheitsvermeidung

Die IBM-Untersuchungen ermöglichen einen Vergleich zwischen den um 1968 ermittelten Punktwerten und denen von 1972. Im Laufe dieses verhältnismäßig kurzen Zeitraums waren die Punktwerte bei der Frage zum Arbeitsstress in allen Ländern angestiegen, und zwar am stärksten in denjenigen Ländern, die bereits 1968 hohen Stress aufwiesen; dies deutet darauf hin, dass sich die Länder auseinander entwickeln und nicht einander annähern. Die Ergebnisse für die beiden anderen in den UVI eingehenden Fragen – Regelorientierung und die Absicht, in der Firma zu bleiben – hatten sich nicht grundlegend geändert.

Weiter vorne in diesem Kapitel wurde die Korrelation zwischen den IBM-Punktwerten der Unsicherheitsvermeidung und den von Richard Lynn ermittelten Punktwerten von 1960 zur Angst eines Landes beschrieben. In einem später erschienenen Werk von Lynn werden die Angstpunktwerte für verschiedene Jahre berechnet: 1935, 1950, 1955, 1960, 1965 und 1970. Für 1940 und 1945 waren aufgrund des Zweiten Weltkriegs keine Daten verfügbar.[53]

Lynns Angstpunktwerte für 18 Länder erreichen den Höchststand für 1950, also kurz nach dem Krieg, und den niedrigsten Wert für 1965. Die fünf Länder mit den höchsten Angstpunktwerten waren im Jahr 1935 Österreich, Finnland, Deutschland, Italien und Japan: die Achsenmächte des Zweiten Weltkriegs und zwei Länder, die im Krieg an deren Seite stehen sollten. Zwischen 1935 und 1950 stieg das Angstniveau in allen Ländern, die im Zweiten Weltkrieg (1939–1945) besiegt oder besetzt worden waren; dagegen sank das Angstniveau in sechs der neun nicht besiegten oder besetzten Ländern. Nach dem Tiefstand von 1965 stiegen die Angstwerte bei 14 der insgesamt 18 Länder stark an. Die einzigen Länder, in denen die Werte zwischen 1965 und 1970 zurückgingen, waren Finnland, Frankreich, Japan und Norwegen. Der Zeitraum 1965–1970 überschneidet sich teilweise mit dem Zeitraum 1968–1972, für den die IBM-Daten ebenfalls einen allgemeinen Anstieg des Stress anzeigen (und die IBM-Stresspunktwerte korrelierten stark mit den Angstpunktwerten von Lynn).

Lynns Daten aus der Zeit von 1935 bis 1970 legen den Schluss nahe, dass nationale Angstniveaus schwanken, und dass hohe Angstniveaus mit Kriegen zusammenhängen. Die Vermutung liegt nahe, dass der Erste Weltkrieg und die Kriege davor von ähnlichen Angstwellen begleitet waren. Der Ablauf könnte folgendermaßen aussehen: Wenn das Angstniveau in einem Land ansteigt, steigt auch die Unsicherheitsvermeidung. Das drückt sich in Intoleranz, Xenophobie sowie religiösem und politischem Fanatismus aus und in all den anderen in diesem Kapitel geschilderten Manifestationen der Unsicherheitsvermeidung. Die Führungsfunktionen gehen auf Fanatiker über, die das Land einem Krieg näher bringen könnten. Krieg bezieht natürlich auch andere Länder mit ein, die zwar nicht den gleichen Fanatismus aufweisen, aber aufgrund der drohenden Kriegsgefahr eine wachsende Angst entwickeln.

In Ländern, die den Krieg auf ihrem Gebiet erleben, steigt die Angst noch weiter an. Nach Kriegsende wird der Stress abgebaut, zunächst in den nicht direkt betroffenen Ländern und einige Jahre später in den anderen Ländern, die mit dem Wiederaufbau beginnen. Die Angst nimmt ab, während die Toleranz zunimmt; aber nach einigen Jahren kehrt sich der Trend um, und eine neue Welle der Angst setzt ein, die den Auftakt zu einem neuen Konflikt bedeuten könnte. Wirtschaftliche Prozesse spielen dabei eine Rolle; Wohlstand lässt Toleranz entstehen, Armut erzeugt Angst.

Um diesen Teufelskreis zu durchbrechen, bedarf es eines gemeinsamen Vorgehens auf internationaler Ebene. Die Europäische Gemeinschaft, von deren Mitgliedsstaaten einige vor weniger als einem halben Jahrhundert noch Todfeinde waren, ist ein Beispiel dafür. Die letzte Anlaufstelle sind die Vereinten Nationen, und für deren Recht, Aktionen im Namen des Weltfriedens für legitim zu erklären, gibt es keinen Ersatz.

Anmerkungen

1 Persönliche Mitteilung.
2 Larence, 1980, S. 133.

3 Der Ausdruck erschien erstmals in Cyert & March, 1963, S. 118 ff.

4 *Webster's New World Dictionary of the American Language*, College Edition 1964.

5 *Culture's Consequences*, 2001, S. 155 f. und S. 188.

6 Costa & McCrae's *NEO-PI-R*. Die Korrelationskoeffizienten waren wie folgt: UVI mit „Neurotizismus" 0,58, Signifikanzstufe 0,01. UVI plus MAS 0,74 (Signifikanzstufe 0,001). UVI mit „Verträglichkeit" 0,55 (Signifikanzstufe 0,01). Quelle: Hofstede & McCrae, 2004.

7 Es fand eine Überprüfung statt, wobei die Punktwerte für Unsicherheitsvermeidung eines Landes unter Berücksichtigung des Alters errechnet wurden. Hierbei zeigte sich, dass die Länderunterschiede – ging man von einem konstanten Durchschnittsalter aus – denjenigen in Tabelle 5.1 sehr ähnlich waren. Siehe auch *Culture's Consequences*, 2001, S. 184 f.

8 Persönliche Mitteilung.

9 Douglas, 1966.

10 Kashima & Kashima, 1998. In 52 Ländern betrug der Korrelationskoeffizient zwischen dem UVI und der Tatsache, dass mehr als ein Pronomen für die zweite Person existiert, 0,43 (Signifikanzstufe 0,01).

11 *Culture's Consequences*, 2001, S. 157 und S. 191. Rangkorrelation in 19 reicheren Ländern bei −0,71 (Signifikanzstufe 0,001).

12 Gilt für 15 Länder der EU sowie Australien, Kanada, Neuseeland, Norwegen, Schweiz und die USA. Die Daten stammen aus *Human Development Report 2002*, Tabelle 5. In der Zeit von 1970–1975 gab es in diesen Ländern Fruchtbarkeitsraten zwischen 1,6 und 3,8, und diese standen nur in einer Rangkorrelation mit dem BSP/Kopf von 1970 (Korrelationskoeffizient −0,56; Signifikanzstufe 0,01), nicht aber mit einer der Kulturdimensionen. Im Zeitraum von 1995–2000 gab es in denselben Ländern Fruchtbarkeitsraten zwischen 1,2 und 2,0, und es gab keinen Zusammenhang mehr mit dem nationalen Einkommen; die Rangkorrelation mit dem BSP/Kopf von 2000 lag bei −0,25 (nicht signifikant). Die hauptsächliche Rangkorrelation gab es mit dem UVI : −0,59 (Signifikanzstufe 0,01).

13 *Culture's Consequences*, 2001, S. 157. Rangkorrelationskoeffizient in 26 Ländern: −0,55 (Signifikanzstufe 0,01).

14 Gestützt auf Veenhoven, 1993. Siehe auch *Culture's Consequences*, 2001, S. 158. Korrelationskoeffizient in 21 Ländern: −0,64 (Signifikanzstufe 0,01).

15 Korrelation des UVI mit der Dispersion von Glück in 26 Ländern bei 0,50 (Signifikanzstufe 0,01). Auf S. 158 von *Culture's Consequences*, 2001, wird fälschlicherweise von einer negativen Korrelation gesprochen; die Interpretation ist jedoch korrekt.

16 Smith, 2003. Die Daten stammen aus dem Abschnitt „As is" der GLOBE-Studie. Die Korrelation zwischen dem Gesamtpunktwertestand und dem UVI lag bei −0,68 (Signifikanzstufe 0,01).

17 Hastings & Hastings, 1981; *Culture's Consequences*, 2001, S. 158 und S. 189 f.

18 Rangkorrelation in 26 Ländern. −0,75 (Signifikanzstufe 0,001).

19 Payer, 1989.

20 *Human Development Report 1999*, Tabelle 9. Rangkorrelation Krankenschwestern/Arzt mit dem UVI bei −0,54 (Signifikanzstufe 0,001).

21 Stroebe, 1976, S. 509–511.

22 Wie z. B. in den Büchern von Pierre Bourdieu, der bereits in den vorangegangenen Kapiteln zitiert wurde.

23 *Culture's Consequences*, 2001, S. 163. Die Studien wurden durchgeführt von Chandler, Shama, Wolf & Planchard (1981) und von Yan & Gaier (1994); hierbei wurde eine amerikanische Skala benutzt, die „Multi-dimensional Multi-attribution Causality Scale (MMCS)". Das, was man erreicht hatte, konnte der eigenen Fähigkeit und Anstrengung (interne Steuerung), dem Kontext (oder der Aufgabe) und dem Glück (extern) zugeschrieben werden. Trotz der geringen Anzahl der beteiligten Länder stand die Tendenz, das, was man erreicht hatte, der eigenen Fähigkeit zuzuschreiben, in signifikanter negativer Korrelation mit dem UVI (bei den Daten von Chandler et al. betrug der Korrelationskoeffizient −0,87, bei den Daten von Yan & Gaier betrug er −0,91, in beiden Fällen Signifikanzstufe 0,05).

24 de Mooij, 1998a, 2004; *Culture's Consequences*, 2001, S. 170; de Mooij & Hofstede, 2002.

25 de Mooij, 2004, S. 154.

26 d'Iribarne, 1989, S. 26 und S. 76.

27 *Culture's Consequences*, 2001, S. 190 und S. 192.

28 Horovitz, 1980.

29 *Culture's Consequences*, 2001, S. 167; Shane, 1993.

30 *Culture's Consequences*, 2001, S. 166; Shane, Venkataraman & Macmillan, 1995.

31 d'Iribarne, 1998.

32 Wildeman, Hofstede, Norrderhaven, Thurik, Verhoeven & Wennekers, 1999 ; *Culture's Consequences*, 2001, S. 165. Eine Längsschnittuntersuchung für ein Land, nämlich Großbritannien, belegte, dass Menschen, die sich selbständig machten, zufriedener wurden mit ihrem Leben als solche mit vergleichbaren Lebensumständen, die bei anderen angestellt waren. Bei diesen Menschen jedenfalls machte sich der Sprung aus der Unzufriedenheit in die Selbständigkeit bezahlt (Blanchflower & Oswald, 1998).

33 *Culture's Consequences*, 2001, S. 163, S. 165 und S. 192. Der Rangkorrelationskoeffizient zwischen dem UVI und den Punktwerten aus dem Jahr 1925 für McClellands Leistungsbedürfnis beträgt −0,64, Signifikanzstufe 0,001; der multiple Korrelationskoeffizient des Leistungsbedürfnisses mit UVI und MAS beträgt 0,73. Die Rangfolge der Länder aus dem Jah-

re 1950 zeigt keine Korrelation mit auch nur einem der IBM-Indizes; auch eine Korrelation mit der Rangfolge derselben Länder aus dem Jahr 1925 gibt es nicht. Eine plausible Erklärung dafür ist, dass nur die Geschichten von 1925 den Volksmärchen der Anthropologen entsprachen, die McClelland aufeinander abzustimmen versuchte. Im Jahr 1950, nach dem Zweiten Weltkrieg, hatte die internationale Kommunikation dramatisch zugenommen, und Kinderbücher aus dieser Zeit enthüllten eher die Ideen innovativer Pädagogen als dass sie die alten Traditionen erkennen ließen.

34 McClellands Punktwerte aus dem Jahr 1925 für das Zugehörigkeitsbedürfnis stehen in positiver Rangkorrelation mit IDV (0,48, Signifikanzstufe 0,01) und zeigen, dass die Zugehörigkeit zu einer Gruppe größere Bedeutung hat, wenn Beziehungen nicht durch die soziale Struktur vorgegeben sind. Punktwerte aus dem Jahre 1925 für das Machtbedürfnis und Punktwerte für alle drei Bedürfnisbereiche aus dem Jahr 1950 ergaben keine signifikanten Korrelationen, weder mit den IBM-Indizes noch mit dem BSP/Kopf. Siehe auch *Culture's Consequences*, 2001, S. 192.

35 Die Daten stammen von Djankov, La Porta, Lopez-de-Silanes & Shleifer, 2003, und wurden mit freundlicher Unterstützung von Professor Erhard Blankenburg, Freie Universität Amsterdam, zur Verfügung gestellt. In den 67 Ländern fanden wir eine Spearman Rangkorrelation von 0,42 für die Dauer der Scheckbeitreibung, von 0,40 für die Räumungsklage gegen den Mieter und von 0,47 für die mittlere Dauer beider Verfahren (alle drei befanden sich jenseits der Signifikanzstufe 0,001).

36 Almond & Verba, 1963.

37 *Culture's Consequences*, 2001, S. 172.

38 Aberbach & Putnam, 1977; *Culture's Consequences*, 2001, S. 173.

39 Gestützt auf Daten der World Values Survey aus den Jahren 1990–1993 und das Eurobarometer von 1994; siehe auch *Culture's Consequences*, 2001, S. 171 und S. 174.

40 Persönliche Mitteilung.

41 Levine, Norenzayan & Philbrick, 2001; Hofstede, 2001b. Rangkorrelation mit dem UVI bei 0,59 (Signifikanzstufe 0,01).

42 *Culture's Consequences*, 2001, S. 172 und *NRC Handelsblad*, 28.9. 2001. Im Gegensatz zu einer diesbezüglichen Äußerung in *Culture's Consequences* ist es in Österreich nicht Pflicht, einen Personalausweis bei sich zu tragen. Dadurch reduziert sich die Rangkorrelation auf 0,81, ist aber immer noch signifikant (Signifikanzstufe 0,001). In den Niederlanden wurde dem Parlament der Vorschlag unterbreitet, Personalausweise (wieder) einzuführen als Folge der Terroristenanschläge auf die USA im Jahr 2001. Wenn der Vorschlag angenommen wird, wird die Korrelation auf 0,75 zurückgehen (Signifikanzstufe 0,01).

43 *Culture's Consequences*, 2001, S. 129.

44 Persönliche Mitteilung durch „Anneke" und ihre Eltern.

45 Eine Ausnahme war Bruno Kreisky, der Vorsitzende der Sozialistischen Mehrheitspartei, der viele Jahre lang Kanzler war. Paradoxerweise war Kreisky bei großen Teilen der österreichischen Bevölkerung sehr beliebt.

46 *Culture's Consequences*, 2001, S. 175 und S. 196.

47 *Culture's Consequences*, 2001, S. 200.

48 Paul Schnabel in *NRC Handelsblad*, 23.12.1989.

49 Gemäß dem amerikanischen Autor Joseph Campbell, der über Mythologie schreibt, ist die Religion in der Wissenschaft verwurzelt. Die gegenwärtigen Weltreligionen spiegeln den Stand der Wissenschaft wider, der zur Zeit ihrer Entstehung vor einigen tausend Jahren herrschte. (Campbell, 1988 [1972], S. 90).

50 Deduktion: Folgerung von einem bekannten Prinzip auf einen logischen Schluss. Induktion: Formulierung einer allgemeinen Schlussfolgerung ausgehend von bestimmten Tatsachen.

51 Beobachtungen von Marieke de Mooij aus einem unveröffentlichten Referat anlässlich einer Konferenz: *The Reflection of Values of National Culture in Literature*, September 2000. (Die Widerspiegelung von Werten nationaler Kulturen in der Literatur).

52 *Culture's Consequences*, 2001, S. 201.

53 *Culture's Consequences*, 2001, S. 182.

6. Kapitel: Gestern, jetzt oder später?

The Dream of the Red Chamber (Der Traum der roten Kammer) ist ein berühmter chinesischer Roman, der um 1760 erschienen ist. Der Autor, Cao Xuegin, beschreibt darin Aufstieg und Niedergang zweier Linien einer Adelsfamilie in Peking, die in der Hauptstadt aneinander grenzende Grundstücke bewohnen. Zwischen den Gebäuden haben sie gemeinsam einen wunderschönen Garten angelegt, in dem sich mehrere Pavillons für die jungen, meist weiblichen Mitglieder beider Familien befinden. Die Instandhaltung eines so großen Gartens wirft viele Probleme auf, bis eine der jungen Frauen mit dem Namen Tan Chun mit dieser Aufgabe betraut wird. Sie verkündet den folgenden neuen Geschäftsplan:

„Ich finde, wir sollten uns von den Frauen, die im Garten arbeiten, einige alte, erfahrene und vertrauenswürdige aussuchen, und zwar solche, die etwas von der Gartenarbeit verstehen und ihnen die Pflege des Gartens übertragen. Wir müssen keine Miete von ihnen verlangen; alles, was wir von ihnen verlangen, ist ein Anteil am jährlichen Ertrag. Diese Vereinbarung hätte vier Vorteile: Erstens wird sich der Zustand des Gartens allmählich von Jahr zu Jahr verbessern, wenn wir Menschen haben, die nur damit beschäftigt sind, sich um Bäume und Blumen usw. zu kümmern, und es wird keine langen Phasen der Vernachlässigung mehr geben, denen Ausbrüche fieberhafter Geschäftigkeit folgen, weil man zugelassen hat, dass die Dinge außer Kontrolle geraten sind. Zweitens wird nicht mehr so viel verderben, und wir hätten nicht mehr so viel Abfall wie bisher. Drittens werden die Frauen etwas zu ihrem Einkommen dazu verdienen, das sie für die harte Arbeit während des ganzen Jahres entschädigt. Und viertens gibt es keinen Grund, warum wir das Geld, das wir ansonsten für Gärtner, Steingartenspezialisten und Reinigungskräfte für die Gartenanlage ausgegeben hätten, nicht anderen Zwecken zuführen sollten."[1]

Im weiteren Verlauf der Geschichte wird Tan Chuns Privatisierungsprojekt erfolgreich umgesetzt. Cao Beschreibt eine Gesellschaft, in der Unternehmergeist als selbstverständlich vorausgesetzt werden konnte, sowohl bei alten Frauen als auch bei anderen. Er war in ihrer mentalen Software enthalten.

Nationale Werte und die Lehren des Konfuzius

In Kapitel 1 wurde beschrieben, warum und wie Michael Bond die Chinese Value Survey (CVS) entwickelte. Bei der Analyse der sich aus der CVS ergebenden Länderdaten standen drei Dimensionen in signifikanter Korrelation zu den Dimensionen aus den IBM-Befragungen. Bei der vierten Dimension aus der CVS gab es keine Korrelation mit der vierten IBM-Dimension: Unsicherheitsvermeidung hatte keine Entsprechung in der CVS. Stattdessen fasste die vierte CVS-Dimension Werte zusammen, die auf den Lehren des Konfuzius basierten.

Konfuzius oder Kong Ze, wie er im Chinesischen genannt wird, war ein Intellektueller aus einfachen Verhältnissen im China des fünften Jahrhunderts vor Christus. Ziemlich erfolglos versuchte er, mehreren Herrschern in den verschiedenen Gebieten des seinerzeit geteilten Chinas zu dienen. Er machte sich jedoch einen Namen, was Geist und Weisheit anbelangte und war in seinem späteren Leben von einer Heerschar von Schülern umgeben, die seine Gedanken aufzeichneten. Somit hatte Konfuzius eine Position inne, die der des Sokrates im alten Griechenland ziemlich ähnlich war; sie waren so etwas wie Zeitgenossen (Sokrates lebte 80 Jahre später).

Die Lehren des Konfuzius sind Lektionen in praktischer Ethik ohne religiösen Inhalt. Der Konfuzianismus ist keine Religion, sondern stellt eine Reihe pragmatischer Regeln für das tägliche Leben dar, die aus der chinesischen Geschichte abgeleitet sind. Die wichtigsten Grundsätze der konfuzianischen Regeln sind im Folgenden zusammengefasst:

(1) *Die Stabilität der Gesellschaft gründet sich auf ungleiche Beziehungen zwischen Menschen.* Dieser Teil der konfuzianischen Lehre wurde bereits in Kapitel 2 beschrieben. Er unterschied folgende fünf Grundbeziehungen (die „wu lun"): Herrscher-Untergebener, Vater-Sohn, älterer Bruder-jünge-

rer Bruder, Ehemann-Ehefrau und älterer Freund-jüngerer Freund. Diese Beziehungen gründen sich auf gegenseitige und einander ergänzende Verpflichtungen. Der jüngere Partner schuldet dem älteren Respekt und Gehorsam. Der ältere schuldet dem jüngeren Partner Schutz und Fürsorge.

(2) *Die Familie ist der Prototyp aller sozialen Organisationen.* Ein Mensch ist nicht in erster Linie ein Individuum, sondern vielmehr Mitglied einer Familie. Kinder sollen Zurückhaltung lernen sowie die Überwindung ihrer Individualität, um die Harmonie in der Familie zu bewahren (und sei es nur oberflächlich; die Gedanken bleiben frei). Harmonie zeigt sich darin, dass jeder sein Gesicht wahrt im Sinne von Würde, Selbstachtung und Prestige. Die Bedeutung von „Gesicht" in der kollektivistischen Familie und Gesellschaft wurde in Kapitel 3 beschreiben. In der chinesischen Tradition ist der Verlust der Würde gleichbedeutend mit dem Verlust der Augen, der Nase und des Mundes. Soziale Beziehungen sollen in einer Weise gepflegt werden, die jedem die Wahrung des Gesichts ermöglicht. Jemandem Respekt zu erweisen, wird als „Gesicht geben" bezeichnet.

(3) *Tugendhaftes Verhalten anderen gegenüber bedeutet, andere nicht so zu behandeln, wie man selbst nicht behandelt werden möchte.* In der westlichen Philosophie ist diese Aussage als die goldene Regel bekannt, aber ohne doppelte Verneinung. Konfuzius schreibt ein grundlegendes menschliches Wohlwollen dem Mitmenschen gegenüber vor, das aber nicht so weit geht wie das christliche Gebot, seine Feinde zu lieben. In Geert Hofstedes Ohren klang der konfuzianische Kommentar nach, was denn für die Freunde bliebe, wenn man schon seine Feinde lieben solle?

(4) *Tugend hinsichtlich der eigenen Aufgaben im Leben bedeutet, dass man versucht, gewisse Fertigkeiten und eine Erziehung zu erlangen, hart zu arbeiten, nicht mehr auszugeben als nötig, Geduld und Ausdauer zu üben.* Übermäßiger Konsum ist ebenso tabu wie die Geduld zu verlieren. Mäßigung in allen Dingen ist das Ziel, eine Regel, die auch von Sokrates aufgestellt wurde.

Die vierte CVS-Dimension verbindet auf der einen Seite die Werte:

- Ausdauer (Beharrlichkeit)
- Sparsamkeit
- Ordnung der Beziehungen nach dem Status [2]
- Schamgefühl

Auf der anderen Seite:

- Erwiderung von Gruß, Gefälligkeiten und Geschenken
- Respekt vor der Tradition
- Wahrung des „Gesichts"
- Persönliche Standhaftigkeit und Festigkeit

Geert Hofstede begriff diese Dimension als eine wesentliche Ergänzung seiner vier bereits existierenden Dimensionen; eine fünfte allgemeine Dimension mit der Bezeichnung *Langzeit- gegenüber Kurzzeitorientierung* kam hinzu.

Michael Bond hatte den positiven Pol dieser Dimension schon früher als „konfuzianische Arbeitsdynamik". bezeichnet. An *beiden* Polen findet man konfuzianische Werte vor, am positiven Ende wird jedoch eine dynamische Orientierung zur Zukunft hin ausgedrückt (besonders Beharrlichkeit und Sparsamkeit); der negative Pol steht für eine statische Orientierung, die auf die Vergangenheit und die Gegenwart ausgerichtet ist. Da Länderdaten für diese Dimension auf allen Kontinenten gesammelt wurden, und zwar zum größten Teil von Befragten, die noch nie etwas von Konfuzius gehört hatten, wählte Geert Hofstede eine Bezeichnung, die sich auf das Wesen der damit zusammenhängenden Werte bezog, und nicht auf deren Ursprung.

Nationale Kulturen mit Lang- und Kurzzeitorientierung

Die Definition der fünften Dimension lautet folgendermaßen: *Langzeitorientierung steht für das Hegen von Tugenden, die auf künftigen Erfolg hin ausgerichtet sind, insbesondere Beharrlichkeit und Sparsamkeit. Das Gegenteil, die Kurzzeitorientierung, steht für das Hegen von Tugenden, die mit der Vergangenheit und der Gegenwart in Verbindung stehen, insbesondere Respekt für Traditionen, Wahrung des „Gesichts" und die Erfüllung sozialer Pflichten.*

In Tabelle 6.1 (s. Seite 292) werden die Punktwerte von 38 Ländern und einer Region (Quebec, französisch sprechendes Kanada) für die Dimension Langzeit- gegenüber Kurzzeitorientierung aufgeführt. Dreiundzwanzig von diesen (fett gedruckt) basieren auf den von Studenten genommenen Stichproben aus der CVS. Die Punktwerte wurden in eine Rangfolge von 0–100 gebracht, genau wie bei den Punktwerten für die jeweiligen Dimensionen aus der IBM-Studie in Kapitel 2 – 5. (Der Punktwert für China, der über 100 hinausgeht, wurde erst hinzugefügt, als die Skala fixiert war.) Die übrigen Punktwerte basieren auf Wiederholungsstudien.[3] Wie auch bei den anderen Dimensionen repräsentieren die Zahlen die *relative* Position des jeweiligen Landes, und nicht die absolute.

Die ersten sechs Positionen in Tabelle 6.1 (s. Seite 294) werden von Ländern aus Ostasien belegt: China, Hongkong, Taiwan, Japan, Vietnam und Südkorea; Singapur erscheint an elfter Stelle. Japan, Hongkong, Taiwan, Südkorea und Singapur waren in den letzten Dekaden des 20. Jahrhunderts aufgrund ihrer bemerkenswerten wirtschaftlichen Aufholjagd unter der Bezeichnung die „Fünf Tigerstaaten" bekannt. Das nicht-asiatische Land mit den höchsten Punktwerten ist Brasilien (hier lebt jedoch eine beträchtliche japanische Minderheit). Alle anderen asiatischen Länder bis auf die Philippinen und Pakistan befinden sich in der linken Spalte der Tabelle mit den höheren LZO-Punktwerten. Europäische Länder belegen die mittleren Ränge. Großbritannien und seine englisch sprechenden Partner Australien, Neuseeland, USA und Kanada erzielen Punktwerte für eine Kurzzeitorientierung. Niedrige Punktwerte beim LZO-Index, gleichzusetzen mit einer hohen Kurzzeitorientierung, erhalten die afrikanischen Länder Zimbabwe und Nigeria sowie die Philippinen und Pakistan.

Die Kurzzeitorientierung in den USA wird schon dadurch veranschaulicht, dass die Werte „Sparsamkeit" und „Beharrlichkeit" in der Rokeach Value Survey (Rokeach-Wertestudie) nicht vorkamen; deren Grundlage sollte ja die gesamte Palette amerikanischer Werte um das Jahr 1970 sein. Ausgabefreudigkeit und nicht

Sparsamkeit scheint in der zweiten Hälfte des 20. Jahrhunderts ein amerikanischer Wert gewesen zu sein, und zwar sowohl in den privaten Haushalten als auch im Staatshaushalt.[4] Herbert Stein, der ehemalige Vorsitzende des Wirtschaftssachverständigenrates zweier republikanischer Präsidenten der USA, antwortete auf die Frage, weshalb Amerikaner nicht mehr sparen:

Land/Region	Punkt-wert	Posi-tion	Land/Region	Punkt-wert	Posi-tion
China	118	1	Slowakei	38	20/21
Hongkong	96	2	Italien	34	22
Taiwan	87	3	Schweden	33	23
Japan	80	4/5	Polen	32	24
Vietnam	80	4/5	Österreich	31	25/27
Südkorea	75	6	Australien	31	25/27
Brasilien	65	7	Deutschland	31	25/27
Indien	61	8	Kanada Quebec	30	28/30
Thailand	56	9	Neuseeland	30	28/30
Ungarn	50	10	Portugal	30	28/30
Singapur	48	11	USA	29	31
Dänemark	46	12	Großbritannien	25	32/33
Niederlande	44	13/14	Zimbabwe	25	32/33
Norwegen	44	13/14	Kanada	23	34
Irland	43	15	Philippinen	19	35/36
Finnland	41	16	Spanien	19	35/36
Bangladesh	40	17/18	Nigeria	16	37
Schweiz	40	17/18	Tschechien	13	38
Frankreich	39	19	Pakistan	00	39
Belgien gesamt	38	20/21			

Die *kursiv gedruckten* Punktwerte wurden aus der Datenbank der Chinese Value Survey (CVS) ermittelt, die Werte für die restlichen Länder basieren auf Wiederholungsstudien.

Tab. 6.1: Langzeitorientierung – Indexwerte für 39 Länder und Regionen

„Wirtschaftsexperten sind nicht in der Lage, diese Frage zu beantworten. Unsere Sparquote … war immer niedriger als anderswo. … Höchstwahrscheinlich spiegelt sie den amerikanischen Lebensstil wider, obwohl das keine Erklärung ist."[5]

Die Dimension Langzeitorientierung kann sicherlich nicht als „Konfuzianismus" bezeichnet werden. Wie wir gesehen haben, kommen an beiden entgegen gesetzten Polen der Dimension konfuzianische Werte vor. In der ersten Hälfte des 20. Jahrhunderts gab man dem Konfuzianismus die Schuld an der *Rückständigkeit* in Ostasien, und das ist sogar verständlich, wenn man sich bewusst macht, dass dieser Begriff ein bunt gemischtes Sortiment von Werthaltungen bezeichnet.[6] Außerdem erzielten einige nichtkonfuzianische Länder wie Brasilien und Indien ebenfalls ziemlich hohe Punktwerte für LZO. Eine Reihe stark konfuzianischer Werte wie „Respekt gegenüber den Eltern" standen *nicht* in Zusammenhang mit der Dimension; dieser Wert wurde in der CVS mit Kollektivismus assoziiert.

In Tabelle 6.2 werden die Hauptunterschiede zwischen Ländern mit Lang- gegenüber Kurzzeitorientierung bezüglich der allgemeinen Norm zusammengefasst.

Kurzzeitorientierung	Langzeitorientierung
• Wenn man sich anstrengt, sollte man schnell zu einem Ergebnis kommen.	• Ausdauer, nicht nachlassende Anstrengungen beim langsamen Erreichen von Ergebnissen.
• Sozialer Druck beim Geldausgeben.	• Sparsamkeit beim Umgang mit Ressourcen.
• Respekt vor Traditionen.	• Respekt vor den Gegebenheiten.
• Die persönliche Stabilität ist wichtig.	• Die persönliche Anpassungsfähigkeit ist wichtig.
• Soziale und Statusverpflichtungen sind wichtig.	• Bereitschaft, einem Zweck zu dienen.
• Der Aspekt „Gesicht" ist wichtig.	• Schamgefühl haben.

Tab. 6.2: Hauptunterschiede zwischen Gesellschaften mit Kurzzeit- und Langzeitorientierung – I: Allgemeine Norm

Lang- und Kurzzeitorientierung und die Familie

In allen menschlichen Gesellschaften müssen Kinder eine Menge an Selbstbeherrschung und den Aufschub der Befriedigung ihrer Bedürfnisse lernen, um als zivilisierte Menschen anerkannt zu werden. Der deutsche Soziologe Norbert Elias (1897–1990)

bezeichnete die Selbstbeherrschung und die Entwicklung einer längerfristigen Lebenssicht als wesentliche Schritte im Zivilisationsprozess.[7] Innerhalb einer Gesellschaft steigt die Bereitschaft, auf die sofortige Befriedigung von Bedürfnissen zu verzichten mit der sozialen Schicht: Kinder aus der Unterschicht streben mehr nach einer unmittelbaren Belohnung in Form von Zeit und Geld als Kinder aus der Mittelschicht.[8] Zwischen den einzelnen Gesellschaften ändert sich die aufgeschobene Befriedigung von Bedürfnissen mit der Langzeitorientierung (LZO).

Eine Heirat ist in Ländern mit einer starken LZO eine pragmatische und zielgerichtete Vereinbarung. Fragen in der World Values Survey aus den Jahren 1990–93 nach den „Dingen, die eine Ehe zum Erfolg führen", zeigten, dass es in Familien aus Ländern mit einer starken LZO als normal betrachtet wurde, mit den Schwiegereltern zusammen zu leben, und unterschiedliche Vorlieben und Interessen der Ehegatten nicht wichtig waren. In einer anderen Studie stimmten Studenten aus Ländern mit einer hohen LZO der folgenden Aussage am stärksten zu: „Wenn die Liebe in einer Ehe völlig erloschen ist, sollte das Ehepaar am besten einen klaren Trennungsstrich ziehen und jeder für sich ein neues Leben beginnen. Gleichzeitig war aber die tatsächliche Scheidungsrate in diesen Ländern niedriger.[9]

In Kapitel 4 wurde eine Umfrage der japanischen Marktforschungsgesellschaft Wacoal zitiert, bei der junge berufstätige Frauen in acht asiatischen Städten gefragt wurden, welche Eigenschaften sie bei Ehemännern im Vergleich zu festen Freunden bevorzugten. „Zuneigung" war die Eigenschaft, die am stärksten zwischen Ländern mit starker und schwacher LZO differenzierte. In Kulturen mit einer starken LZO wurde Zuneigung mit dem Ehemann assoziiert, in Ländern mit einer schwachen LZO mit dem festen Freund. In dem Teil der Wacoal-Studie, der sich mit Geschlechterstereotypen befasste, war „Demut" die am stärksten differenzierende Eigenschaft zwischen Ländern mit starker und schwacher LZO. In Kulturen mit einer starken LZO gilt Demut als eine allgemeine menschliche Tugend; in Ländern mit einer schwachen LZO wird Demut als etwas typisch Weibliches betrachtet. Dazu schrieb ein chinesischer Student aus einer von Geert Hofstedes Kursen:

„Ohne ein Gefühl von Demut sind wir schlimmer als Tiere." Für ihn war Demut die logische Folge des Schamgefühls.[10]

Eine weitere Studie befasste sich in 19 Ländern mit den Ansichten von Studenten über das Älterwerden. Das Alter, in dem man jemanden als „alt" bezeichnet, – man hatte ein Gesamtdurchschnittsalter von 60 Jahren für Männer und 62 Jahren für Frauen festgelegt – korrelierte positiv mit nationalem Wohlstand und (in zehn sich überlappenden Ländern) negativ mit LZO. In ärmeren Ländern, aber auch in Kulturen mit einer starken LZO glaubte man, dass das Alter früher beginne. Dieselbe Umfrage belegte aber auch, dass Studenten aus Ländern mit einer starken LZO im Alter mit einer größeren Zufriedenheit rechneten.[11]

In dem bereits weiter vorne erwähnten Teil der World Values Survey aus den Jahren 1990–1993, der sich mit den „Dingen" beschäftigte, „die eine Ehe zum Erfolg führen", gab es noch eine andere Korrelation mit LZO, und zwar bei der Frage, ob Kinder im Vorschulalter darunter leiden, wenn die Mutter berufstätig ist. Befragte aus Ländern mit einer starken LZO waren der Meinung, dass die Kinder leiden, wenn die Mutter nicht zu Hause bleibt.

Für eine Studie in Australien wurden Mütter zweier ethnischer Kategorien befragt, was ihnen wichtig sei, wenn sie für ihre Kinder Geschenke aussuchten. Weiße australische Mütter sagten, dass sich ihre Kinder wohl fühlen sollten und dass sie ihre Liebe gewinnen wollten. Chinesisch-vietnamesische Mütter, die als Einwanderer in der ersten Generation in Australien lebten, wollten einen Beitrag zur Bildung und finanziellen Situation ihrer Kinder leisten; sie wollten nichts für sich. Der ersten Gruppe war an kurzfristigem Gewinn gelegen, der zweiten Gruppe war langfristiger Nutzen wichtiger.[12]

Daten aus einem anderen Teil der World Values Survey aus den Jahren 1990–93 zeigen, dass von elf Eigenschaften, zu deren Aneignung man Kinder im Elternhaus ermuntern kann, „Sparsamkeit" in Ländern mit einer starken LZO die höchste Priorität hatte. Andererseits erzielten „Toleranz und Respekt vor anderen Menschen" höhere Punktwerte in Ländern mit einer schwachen LZO. Familien mit starker LZO neigen dazu, unter sich zu bleiben.

In Familien aus Ländern mit einer starken LZO genießen ältere Geschwister Autorität gegenüber den jüngeren und verdeutlichen damit die konfuzianische Regel, dass „Beziehungen nach dem Status zu ordnen sind und diese Ordnung eingehalten werden muss." In Familien aus Ländern mit einer schwachen LZO ist das nicht zwangsläufig der Fall. [13]

Zusammenfassend kann man sagen, dass das Familienleben in einer Kultur mit starker LZO auf einer pragmatischen Vereinbarung beruht, wobei man aber davon ausgeht, dass echte Zuneigung die Grundlage darstellt und kleinen Kindern Aufmerksamkeit gewidmet wird. Den Kindern wird Sparsamkeit beigebracht, man lehrt sie, dass sie nicht mit der sofortigen Erfüllung ihrer Wünsche rechnen können; sie lernen, beharrlich ihre Ziele zu verfolgen und demütig zu sein. Chinesische Eltern dulden keine Selbstbehauptung. [14]

Dies alles sind konfuzianische Werte, und man gibt sie weiter, indem man sie praktiziert, nicht predigt. Ein chinesischer Unternehmer, der in Übersee lebte, sagte Folgendes zu Professor Gordon Redding von der Universität in Hongkong: „... ich habe das Gefühl, dass ich zum Heuchler werde, wenn ich meinem Sohn alles über die Tugenden und was damit zusammenhängt, erzählen soll. Viele von ihnen sind einfach da, und ich muss nur mit gutem Beispiel vorangehen." [15]

Eine fleißige Familie, in der Zufriedenheit herrscht, ist die Norm in Ländern mit einer starken LZO. Die Wirklichkeit sieht aber unter Umständen ganz anders aus. Der chinesische Philosoph, Liang Shu-Ming, veröffentlichte im Jahre 1922 ein Buch mit dem Titel *Eastern and Western Cultures*, eine patriotische Beweisführung für die Überlegenheit der östlichen Kulturen. Yen Chi-Cheng, der Kritiker des Buches und ebenfalls Chinese, veröffentlichte folgenden Artikel in einer Zeitschrift: Erzählen Sie mir nicht, dass Mr Liang noch nichts von den Feindseligkeiten und regelrechter Feindschaft gehört hat, wenn Brüder sich um ihr Erbe streiten oder von Freundschaften, die zerbrechen, weil nur das eigene Interesse zählt. Erzählen Sie mir nicht, dass Mr. Liang keine Ahnung hat von der Eifersucht, den Verschwörungen, den elenden Zuständen, die im Leben der [chinesischen] Familie fast allgegenwärtig sind. [16]

Kinder, die in einer Kultur mit schwacher LZO aufwachsen,

lernen zwei Normenpakete kennen: das eine ist darauf ausgerichtet, dass man Dinge respektiert, die „unerlässlich" sind: Traditionen, Wahren des Gesichts, als gefestigtes Individuum anerkannt zu werden, die sozialen Gesetze der Ehe zu respektieren, auch wenn die Liebe gegangen ist, Toleranz und Respekt gegenüber anderen aus Prinzip, Erwiderung von Grußformen, Gefälligkeiten und Geschenken als soziales Ritual. Das zweite Normenpaket ist ausgerichtet auf die sofortige Befriedigung der Bedürfnisse, Geld ausgeben, Empfänglichkeit für soziale Trends beim Konsum („Mithalten mit der Familie Jones"). Zwischen diesen beiden Normenpaketen besteht eine potentielle Spannung, die zu einer großen Vielfalt individueller Verhaltenweisen führt.

Lang- und Kurzzeitorientierung und Schule

Mehrere Studien haben gezeigt, dass bei asiatischen Schülern, eher als bei westlichen, die Tendenz besteht, Erfolg auf die eigene Anstrengung zurückzuführen und Misserfolg auf einen Mangel daran; deshalb strengen sich asiatische Schüler mit großer Wahrscheinlichkeit mehr an.[17] Doch steckt hinter der Leistung asiatischer Schüler noch mehr als nur harte Arbeit.

Im Jahre 1997 sponserte die OECD (Organisation for Economic Cooperation and Development = Organisation für wirtschaftliche Zusammenarbeit und Entwicklung) einen internationalen Vergleichstest in Mathematik und Naturwissenschaften. Teilnehmer waren SchülerInnen der 4./5. Klasse (Alter ca. 10 Jahre) in 26 Ländern und SchülerInnen der 8./9. Klasse (Alter ca. 14 Jahre) in 41 Ländern. Singapur erzielte bei den älteren Schülern die höchste Punktzahl in beiden Fächern; Südafrika bekam die wenigsten Punkte. SchülerInnen aus den USA erreichten den 28. Platz in Mathematik und Platz 17 im Bereich Naturwissenschaften (Deutschland: 23. Platz in Mathematik und Platz 18 im Bereich Naturwissenschaften).[18] Es gab eine signifikante Korrelation der Mathematik-Punktwerte mit LZO in elf sich überlappenden Ländern in der jüngeren Altersklasse; bei den älteren SchülerInnen lag die Korrelation in dreizehn Ländern vor. Bei den Punktwerten für Naturwissenschaften gab es überhaupt keine

Korrelation mit LZO, obwohl die Punktwerte für Naturwissenschaft und die Mathematik-Punktwerte wiederum in einer starken Korrelation zueinander standen. Reichere Länder schnitten mit einem leichten Vorsprung gegenüber ärmeren Ländern ab, doch die Leistung in Mathematik korrelierter stärker mit LZO als mit nationalem Reichtum.[19]

Das Argument, dass asiatische Schüler einfach nur mehr arbeiten, reicht also nicht aus, denn sonst müssten sie eine ebenso gute Leistung in den naturwissenschaftlichen Fächern erbracht haben wie in Mathematik, was aber nicht der Fall war. Die Korrelationen zwischen den Mathematik-Ergebnissen und LZO deuten an, dass es zwischen der mentalen Programmierung in Kulturen mit einer starken LZO und den mentalen Anforderungen, die für gute Ergebnisse in elementarer Mathematik erforderlich sind, Gemeinsamkeiten gibt.

Eine Annahme mit langer Tradition ist, dass asiatische Schülerinnen und Schüler sich aufs Auswendiglernen konzentrieren anstatt auf das Verstehen von Sachverhalten, doch das überlegene Abschneiden in elementarer Mathematik von Schülern aus Kulturen mit einer starken LZO widerlegt diese Annahme. Was nach westlicher Ansicht als Auswendiglernen interpretiert wird, kann durchaus auch ein Weg zum Verständnis von Sachverhalten sein. Lehren und Lernen werden von der Kultur beeinflusst und scheinbar ähnliche Verhaltensweisen können ganz unterschiedliche tiefgründige Bedeutungen haben.[20]

In der elementaren Mathematik werden klar definierte Aufgaben mit eindeutig formulierten Zielen gestellt: eher „formale" als „offene" Problemstellungen.[21] Schülerinnen und Schüler aus Kulturen mit einer starken LZO beweisen, dass sie für die Lösung solcher Aufgaben gut gerüstet sind. Prof. G. Redding, der viele Jahre an der Universität in Hongkong verbrachte, schrieb dazu Folgendes:

> „Wenn der chinesische Student am Anfang eine Erziehung und Ausbildung in seiner eigenen Kultur und seiner eigenen Sprache genossen hat, wird er irgendwann damit beginnen, eine Reihe kognitiver Prozesse anzuwenden, die ihm die Welt in einer ganz unverwechselbaren Art erscheinen lassen ... Es ist möglich, darin eine Begründung zu sehen für die auffällige Tendenz der Chinesen, sich auf bestimm-

Kurzzeitorientierung	Langzeitorientierung
• Die Ehe ist eine moralische Vereinbarung.	• Die Ehe ist eine pragmatische Vereinbarung.
• Das Zusammenleben mit den Schwiegereltern bringt Probleme.	• Mit den Schwiegereltern zusammenleben ist normal.
• Bei dem Wort Zuneigung denken junge Frauen an einen festen Freund.	• Bei dem Wort Zuneigung denken junge Frauen an einen Ehemann.
• Demut gilt nur für Frauen.	• Demut gilt sowohl für Frauen als auch für Männer.
• Das Alter ist eine traurige Zeit, aber es beginnt erst spät.	• Das Alter ist eine glückliche Zeit, und es beginnt früh.
• Kleine Kinder, die noch nicht schulpflichtig sind, können auch von anderen betreut werden.	• Mütter sollten sich für ihre kleinen Kinder Zeit nehmen.
• Kinder erhalten Geschenke, weil es Spaß macht, sie zu beschenken und weil man sie liebt.	• Kinder erhalten Geschenke, weil sie etwas lernen und sich weiter entwickeln sollen.
• Kinder sollen lernen, Toleranz zu üben und anderen Respekt entgegen zu bringen.	• Kinder sollen sparen lernen.
• Die Geburtenfolge hat nichts mit der Stellung innerhalb der Familie zu tun.	• Ältere Geschwister in der Familie haben Autorität gegenüber den jüngeren.
• Schüler und Studenten führen Erfolg oder Misserfolg in der Schule bzw. beim Studium auf Glück zurück.	• Schüler und Studenten sind der Meinung, dass Erfolg in der Schule bzw. beim Studium auf Anstrengung und Misserfolg auf fehlende Anstrengungen zurückzuführen ist.
• Begabung für theoretische, abstrakte Wissenschaften.	• Begabung für angewandte, konkrete Wissenschaften.
• Weniger gut in Mathematik und beim Lösen formaler Probleme.	• Gut in Mathematik und beim Lösen formaler Probleme.

Tab. 6.3: Hauptunterschiede zwischen Gesellschaften mit Kurz- und Langzeitorientierung – II: Familie und Schule

ten Fachgebieten hervor zu tun, insbesondere auf dem Gebiet der angewandten Naturwissenschaften, bei denen es auf das „Individuelle und das Konkrete" ankommt, sowie für die Tendenz, sich nicht wie selbstverständlich in die abstrakten Bereiche von Philosophie und Soziologie zu begeben."

„Häufig wird die Frage gestellt, warum sich in China eine Tradition wissenschaftlicher Forschung nicht derart aktiv entwickelt hat wie im Westen. Die Erklärungen, die den größten Anklang finden, kreisen um fundamentale Unterschiede in den kognitiven Strukturen. [22]

Das Argument „harte Arbeit" trifft eventuell im Fall der 8./9.-Klässler in Singapur zu, die sowohl in Mathematik als auch in Naturwissenschaften an der Spitze lagen.

„Singapur-chinesischen Kindern bringt man bei, dass Fleiß etwas Gutes und Spielen schlecht ist."[23] In den Augen anderer Ostasiaten sind Menschen aus Singapur ziemlich unbescheiden und penetrant. Der LZO-Punktwert in Tabelle 6.1 ist für Singapur niedriger als für die anderen Tigerstaaten.

In Tabelle 6.3 werden die Hauptpunkte, die mit der Dimension Langzeit- gegenüber Kurzzeitorientierung in Verbindung gebracht werden, aus den beiden letzten Abschnitten zusammengefasst.

Lang- und Kurzzeitorientierung, Arbeit und Geschäft

Im Jahre 1921 kam U. T. Qing im Alter von 20 Jahren nach Singapur und begann mit dem Verkauf bestickter Textilien, in der Hauptsache an im Ausland lebende Kunden. Im Jahre 1932 eröffnete er ein eigenes Geschäft. Nach dem Zweiten Weltkrieg beteiligten sich sein Sohn und ein Neffe am Geschäft, das immer größer wurde und sich zu einem führenden Kaufhaus mit einem anspruchsvollen Angebot entwickelte.

Die Struktur im Kaufhaus war familiär und die Kultur einfach. Der Gründer war ein Autokrat und wurde von seinen gehorsamen und sanftmütigen Gefolgsleuten respektiert. Entscheidungen und Kontrolle lagen in den Händen der Qings, die Arbeiter ergänzten das Ganze mit ihrem Gehorsam, und es herrschte Harmonie.

Sparsamkeit, der übliche Respekt vor der Hierarchie und Ausdauer waren Wertvorstellungen, die alle teilten, und man konzentrierte sich auf ein Ziel, nämlich die Profitmaximierung. Die alt gedienten Mitarbeiter sagten, sie „überlegten nicht sehr viel", was bedeutete, dass ihre Gedanken nicht durch ehrgeizige Ziele abgelenkt waren. Sie erledigten ihre Arbeit so gut sie es nur irgend konnten in der Hoffnung, dass ihre Leistung anerkannt wurde. [24]

In der langzeitorientierten Umgebung werden Familie und Arbeit nicht getrennt. Familienunternehmen sind normal. Die Werte am Pol der Langzeitorientierung unterstützen unternehmerische Aktivität. *Ausdauer* (Beharrlichkeit), Hartnäckigkeit beim Verfolgen welcher Ziele auch immer ist für einen Jungunternehmer ein wesentlicher Vorteil. *Die Ordnung von Beziehungen nach Status und die Einhaltung dieser Ordnung* spiegeln den konfuzianischen Schwerpunkt ungleicher Beziehungspaare wider. Ein Sinn für eine harmonische und stabile Hierarchie sowie einander ergänzende Rollen erleichtern es einem, die Rolle des Unternehmers zu spielen. *Sparsamkeit* führt zu Ersparnissen und Kapital, das für einen selbst oder seine Verwandten zur Reinvestition zur Verfügung steht. Der Wert, *Schamgefühl zu besitzen*, fördert Wechselbeziehungen durch eine Sensibilität für soziale Kontakte und einen hohen Stellenwert für die Einhaltung von Verpflichtungen.

Werden am Pol der Kurzzeitorientierung *persönliche Standhaftigkeit und Festigkeit* zu stark betont, so hemmt dies seitens des Unternehmers die Bereitschaft, Initiative zu ergreifen, Risiken einzugehen und Flexibilität zu zeigen – Eigenschaften, die auf rasch sich verändernden Märkten unabdingbar sind. Eine übertriebene *Gesichtswahrung* würde von den laufenden Geschäften ablenken. Das Wahren des Gesichts ist in Ostasien zwar stark verbreitet, aber die Punktwerte zeigen, dass die befragten Studenten bewusst versuchten, dies herunterzuspielen. Zu starker *Respekt vor der Tradition* behindert Innovation. Ein Teil des Geheimnisses des wirtschaftlichen Erfolgs der Tigerstaaten besteht darin, dass sie technische Innovationen aus dem Westen ohne weiteres übernommen haben. In dieser Hinsicht sind sie weniger traditionell als viele westliche Länder, was durch die relativ niedrigen Punktwerte für Respekt vor der Tradition bei den Tigerstaaten bestätigt wird. Die *Erwiderung von Grußformeln, Gefälligkeiten und Geschenken* schließlich ist ein gesellschaftliches Ritual, das mehr mit guten Manieren als mit Leistung zu tun hat. Auch hier gilt, dass dieser Wert in ostasiatischen Ländern zwar noch stark verbreitet ist, in der CVS-Studie aber bewusst heruntergespielt wurde. In westlichen Ländern besteht das Äquivalent zu Gesicht, Tradition und Erwiderung in einer Sensibilität für gesellschaftliche Trends beim Konsum, für ein Bedürfnis, mit anderen mithalten zu können, Beweggründe also, die nicht mit den Werten Sparsamkeit und Ausdauer übereinstimmen.

Anpassungsfähigkeit wurde von einem Schüler Konfuzius' folgendermaßen beschrieben:

> „Der Edle geht durchs Leben, ohne auch nur eine seiner Handlungen im Voraus festzulegen und ohne jegliches Tabu. Er entscheidet erst dann, wenn es soweit ist, über die richtigen Schritte. [25]

Sechzig obere Führungskräfte aus den fünf Tigerstaaten plus Thailand und einer gleichwertigen Gruppe aus den USA sollten 17 mögliche Arbeitswerte einstufen. Die sieben Werte, die von den Asiaten an die Spitze gewählt wurden, waren: harte Arbeit, Respekt vor dem Lernen, Ehrlichkeit, Offenheit für neue Ideen, Verantwortlichkeit, Selbstdisziplin und Selbstvertrauen. Bei den Amerikanern fiel die Wahl auf: freie Meinungsäußerung, persönliche Freiheit, Selbstvertrauen, individuelle Rechte, harte Arbeit, individuelle Leistung und unabhängig denken. [26] Hier werden sowohl die LZO-Unterschiede (harte Arbeit, Lernen, Offenheit, Verantwortlichkeit, Selbstdisziplin) als auch die IDV-Unterschiede (Freiheit, Rechte, unabhängig denken) zwischen Ostasien und den USA bestätigt. In der World Values Survey aus den Jahren 1990–1993 stand die relative Bedeutung, die „Freizeit" im Leben eines Menschen genießt, im Vergleich mit Familie, Arbeit, Freunden, Religion und Politik, in negativer Korrelation zum LZO. [27]

Es scheint ein charakteristisches Merkmal asiatischer Firmen mit einer starken LZO zu sein, dass sie zu Lasten unmittelbar verfügbarer Ergebnisse in den Aufbau einer soliden Marktposition investieren. [28] Man gewährt den Geschäftsführern (häufig sind es Familienmitglieder) Zeit und erforderliche Mittel, um ihren Beitrag zu leisten. In Kulturen mit einer Kurzzeitorientierung ist die „Bilanz" (Ergebnisse aus dem vergangenen Monat, Quartal oder Jahr) ein größeres Anliegen; Kontrollsysteme drehen sich um sie, und Geschäftsführer werden konstant danach beurteilt. Dieser Zustand wird von Argumenten gestützt, von denen man annimmt, dass sie eine rationale Grundlage haben, doch diese Rationalität beruht auf kulturellen Wahlmöglichkeiten und liegt damit vor der Ratio. Der Preis für kurzfristige Entscheidungen, die da lauten: „finanzielle Überlegungen, kurzsichtige Entscheidungen, Arbeitsprozesssteuerung, hastige Übernahme und schnelles Wiederfallenlassen neuer Ideen,"[29] ist offensichtlich. Die aktuelle Bilanz ist Belohnung oder Strafe für einen Geschäftsführer, selbst wenn sie eindeutig das Ergebnis von Entscheidungen ist, die bereits vor Jahren von seinem Vorgänger oder Vor-Vorgänger getroffen wurden; und doch erhält die Kraft kultureller Überzeugungen dieses System.

Mit der Unterstützung vieler Kollegen untersuchte Geert Hofstede die Ziele, die Teilzeit-MBA-Studenten in 15 Ländern Geschäftsführern in ihrem Land zuschrieben. Die Kombination aus der Bedeutung des Ziels „Gewinne in 10 Jahren" und der Bedeutungslosigkeit des Ziels „Gewinne in diesem Jahr" stand in signifikanter Korrelation zum LZO.[30]

Ostasiatischem Unternehmertum liegen aber nicht nur die Werte der Unternehmer zugrunde. Die Geschichte zu Beginn dieses Abschnitts und die Art und Weise, wie man durch Untersuchung studentischer Stichproben zu den CVS-Punktwerten kam, deuten an, dass die entscheidenden Werte vermutlich in großem Umfang innerhalb ganzer Gesellschaften gehegt werden, von Unternehmern und zukünftigen Unternehmern, von ihren Angestellten und deren Familien und von anderen Mitgliedern der Gesellschaft.

In einem Buch, dem Gespräche mit chinesischen Geschäftsleuten (Übersee-Chinesen) zugrunde liegen, unterteilte Gordon Redding die Gründe für deren Erfolg *und* Misserfolg in vier Teile: vertikale Zusammenarbeit, horizontale Zusammenarbeit, Kontrolle und Anpassungsfähigkeit. Über die vertikale Zusammenarbeit schrieb er:

> „[Die] Atmosphäre ist nicht … eine solche, in der es psychologisch gesehen zu einer natürlichen Spaltung von Arbeitern und Eigentümer/ Geschäftsführern in zwei Lager kommt. Von der sozialen Seite neigen sie zur Ähnlichkeit, und zwar insofern als es ihre Werte, ihr Ver-

halten, ihre Bedürfnisse und ihre Ziele betrifft. ... Eines der Resultate dieser Bereitschaft zur vertikalen Zusammenarbeit ist freiwillige Fügsamkeit. Diese Tendenz wird noch verstärkt durch eine frühe Konditionierung von Menschen in Kindheit und Schulalter, und der Respekt vor Autoritätspersonen, der fest in der konfuzianischen Tradition verankert ist, wird in der Regel ein Leben lang bewahrt. ... Eine Erweiterung dieser Bereitschaft zur Fügsamkeit ist die Bereitschaft, Routineaufgaben und möglicherweise stumpfsinnige Tätigkeiten mit Eifer anzugehen, etwas, das man auch als Beharrlichkeit bezeichnen könnte. Diese unklare, aber dennoch wichtige Komponente des Arbeitsverhaltens von Übersee-Chinesen, eine Art Mikroform der Arbeitsethik, durchdringt ihre Fabrikgebäude und Büroräume. ... Der enorme Fleiß, der zur Beherrschung der chinesischen Sprache erforderlich ist, hat hier ebenso eine Rolle gespielt wie die strenge Ordnung in einem konfuzianischen Heim.[31]

Wir erkennen hier die Komponenten „Ordnung der Beziehungen nach den Status und Einhaltung dieser Ordnung" und „Beharrlichkeit" der Langzeitorientierung wieder; letztere hat nicht nur eine Funktion, wenn ein(e) Unternehmer(in) beim Aufbau eines Geschäfts nicht nachlassende Anstrengungen zeigt, sondern auch dann, wenn seine/ihre Mitarbeiter ihre täglichen Aufgaben nachhaltig erledigen.

Bei einer internationalen Untersuchung der öffentlichen Meinung zu Werten des Menschen und Gründen für die Zufriedenheit bat man die Teilnehmer, zwischen den beiden folgenden Meinungen zu wählen:

(a) Das Prinzip der Gleichheit wird zu stark betont. Menschen sollten die Möglichkeit haben, sich das wirtschaftliche und soziale Leben auszusuchen, das ihnen ihre individuellen Fähigkeiten erlaubt.

(b) Durch zu viel Liberalisierung kommt es zu immer größer werdenden Unterschieden im wirtschaftlichen und sozialen Leben der Menschen. Die Menschen sollten auf mehr Gleichheit im Leben bedacht sein.

Der Prozentsatz der Befragten, die sich für Antwort (b) entschieden, reichte von 30 in Frankreich bis 71 in Japan und stand in signifikanter Korrelation zum LZO.[32] Langzeitorientierung steht für eine Gesellschaft, in der große Unterschiede bei den wirtschaftlichen und sozialen Verhältnissen als unerwünscht angesehen werden. Kurzzeitorientierung steht für eine „Meritokratie", wo eine Differenzierung nach Fähigkeiten stattfindet.

Horizontale Zusammenarbeit bezieht sich auf Netzwerke. Das Schlüsselkonzept des *quanxi* im asiatischen Geschäftsleben ist inzwischen weltweit bekannt. Es nimmt Bezug auf persönliche Beziehungen; es verbindet den Bereich der Familie mit dem Bereich des Geschäfts. In Gesellschaften mit einer starken Langzeitorientierung ist es für den Erfolg äußerst wichtig, über ein Netzwerk persönlicher Kontakte zu verfügen. Das ist eine sichtbare Folge des Kollektivismus (Beziehungen haben Vorrang vor der Aufgabe), doch ist auch eine Langzeitorientierung erforderlich. Das Kapital, das man aus dem *quanxi* schöpft, hält ein Leben lang, und man würde ihm nicht aufgrund kurzfristiger Interessen, wie z. B. Bilanzen, schaden wollen.[33]

Die Tatsache, dass Exportländer mit einer starken Langzeitorientierung im Durchschnitt höhere Punktwerte auf dem Korruptionsindex für Exportländer (CIEC = Corruption Index for Exporting Countries) erhalten als Länder mit einer schwachen Langzeitorientierung (siehe auch den Abschnitt über Korruption in Kapitel 2), ist eine Folge der Anpassungsfähigkeit im Geschäftsleben *plus* der Bedeutung von Netzwerken. Unternehmen in Ländern mit einer starken Langzeitorientierung sind leichter bereit, ihren tatsächlichen und potentiellen Kunden im Ausland Geldzuwendungen und Dienstleistungen zukommen zu lassen, was von Transparency International als Bestechung betrachtet wird.[34]

Lang- und Kurzzeitorientierung und Wirtschaftswachstum

Nach dem Zweiten Weltkrieg (1939–1945) forderten die Siegermächte eine neue Weltordnung unter Führung der Vereinten Nationen mit allgemein gültigen Menschenrechten. Der erste Punkt auf der Tagesordnung der Welt lautete in den 50er und 60er Jahren „politische Unabhängigkeit". Das Kolonialzeitalter war vorbei, und viele ehemalige Kolonien reicher Länder wurden zu neuen Staaten. Um das Jahr 1970 verlagerte sich die Priorität auf die wirtschaftliche Entwicklung. Drei, bereits im Jahre 1944 gegründete internationale Organisationen: Die Weltbank, der Internationale Währungsfonds (IWF) und die Welthandelsorganisation (WTO) gingen eine Verpflichtung ein, um der Armut ein Ende zu setzen.

Die Armut aber verschwand nicht. In den Jahren von 1970 bis 2000 waren einige Länder äußerst erfolgreich und arbeiteten sich „vom armen Schlucker zum reichen Mann" empor. Die absoluten Gewinner waren die fünf Tigerstaaten: Taiwan, Südkorea, Singapur, Hongkong und Japan, und das trotz einer ernsten Wirtschaftskrise in diesem Gebiet in den 90er Jahren. Gemessen in US-Dollar (Kurs 2000) war das Bruttosozialprodukt pro Kopf in Taiwan im Jahre 2000 36 Mal so hoch wie im Jahre 1970; das nominelle BSP/Kopf in Japan hatte sich um einen Faktor 18 erhöht. Andererseits stieg das BSP/Kopf in den afrikanischen Ländern unterhalb der Sahara und den Ländern der früheren Sowjetunion nicht einmal genug an, um die Inflation ausgleichen zu können; diese Länder wurden im gleichen Zeitraum ärmer.

Der wirtschaftliche Erfolg der Tigerstaaten war nicht von Wirtschaftsexperten vorhergesagt worden. Selbst nachdem er sichtbar geworden war, brauchten einige Fachleute noch etwas Zeit, um ihn anzuerkennen. Eine Prognose für diese Region von führenden Wirtschaftsexperten der Weltbank, die 1966 in der *American Economic Review* veröffentlicht wurde,[35] bezog Hongkong und Singapur nicht einmal mit ein, da man diese Länder für unbedeutend hielt; die Leistung Taiwans und Südkoreas wurde unterschätzt, diejenige Indiens und Sri Lankas überschätzt. Fünfzehn Jahre später exportierte Singapur mit einer Bevölkerung von 2,5 Millionen mehr als Indien mit 700 Millionen.

Nachdem sich das Wirtschaftswunder der Tigerstaaten nicht mehr leugnen ließ, hatte die Volkswirtschaft keine Erklärung dafür. Nach wirtschaftlichen Kriterien hätte beispielsweise Kolumbien stärker sein müssen als Südkorea, doch war das Gegenteil der Fall.[36] Der amerikanische Zukunftsforscher Herman Kahn (1922–1983)[37] stellte eine „Neo-konfuzianische Hypothese" auf. Darin vertritt er die Meinung, der wirtschaftliche Erfolg der ostasiatischen Länder ließe sich auf konfuzianische Werte zurück-

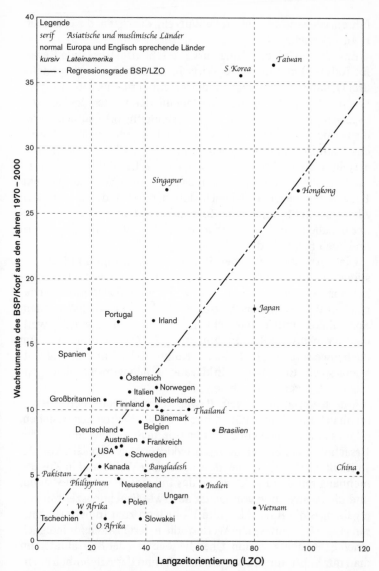

Abb. 6.1: Langzeitorientierung gegenüber der Wachstumsrate des BSP/Kopf aus den Jahren 1970–2000

führen, gemeinsame kulturelle Wurzeln, die weit in die Geschichte zurückreichen.

Erst als die Chinese Value Survey erschien, gab es einen Beweis für Kahns Hypothese. Das Wirtschaftswachstum in den letzten drei Dekaden des 20. Jahrhunderts steht in signifikanter Korrelation mit dem LZO, einem Index, der mit den Werten des Konfuzius zusammenhängt.[38] Das wird in Abbildung 6.1 deutlich, in der die verfügbaren LZO-Punktwerte (für 38 Länder) dem Verhältnis des Bruttosozialprodukts/Kopf von 2000 und 1970 gegenübergestellt werden. Unserem Wissen nach ist LZO die erste externe Variable, die mit dem Wirtschaftswachstum in Verbindung steht. Bei keiner der vier IBM-Dimensionen gab es in den Jahren nach Abschluss der Studien eine Korrelation mit dem Wachstum, weder bei allen Ländern zusammen, noch bei den armen Ländern und auch nicht bei den reichen Ländern.

Die Korrelation zwischen Wirtschaftswachstum und LZO bestätigt nicht nur Herman Kahns „Neo-konfuzianische Hypothese", sondern gibt auch an, *welche* der verschiedenen konfuzianischen Werte mit dem Wirtschaftswachstum assoziiert werden: Sparsamkeit und Beharrlichkeit. Es ist schon bemerkenswert, dass ein ostasiatisches Instrument – die CVS – nötig war, um nachzuweisen, welche Rolle die Kultur in der Entwicklung Ostasiens spielte und um eine Erklärung für den wirtschaftlichen Erfolg der Tigerstaaten zu liefern.

Eine Korrelation ist kein Beweis für einen kausalen Zusammenhang. Eine Kausalität könnte in beiden Richtungen bestehen, oder es könnte auch ein dritter Faktor im Spiel gewesen sein, der Ursache für die beiden anderen Faktoren gewesen sein könnte. In Kapitel 3 wurde gezeigt, dass nationaler Wohlstand in Zusammenhang mit den Punktwerten des Individualismusindex stand, und die Auswertung von Daten aus zwei Erhebungszeiträumen ergab, dass die Kausalität vom Wohlstand zum Individualismus hin ging. Die Chinesische Wertestudie lieferte Daten für lediglich einen Erhebungszeitraum. Über die Richtung der Kausalität kann man nur Vermutungen anstellen. Aufgrund der Art der betreffenden Werte ist es jedoch sehr wahrscheinlich, dass diese Werte die Ursache darstellten und das Wirtschaftswachstum die Folge war;

Bindeglied zwischen den beiden war der einzigartige Erfolg ostasiatischen Unternehmertums. Japaner und Übersee-Chinesen waren bereits lange vor dem Wirtschaftsboom dafür bekannt, dass sie großen Wert auf Sparsamkeit und Beharrlichkeit legten. Unternehmertum ließ sich bereits erkennen im Zitat aus dem Roman *The Dream of the Red Chamber* (Der Traum der roten Kammer), der vor 250 Jahren geschrieben wurde. Schon immer haben sich ostasiatische Länder durch die Fähigkeit ausgezeichnet, im Interesse der Modernisierung mit Traditionen zu brechen.

Kurzzeitorientierung	Langzeitorientierung
• Zu den Hauptwerten am Arbeitsplatz gehören Freiheit, Rechte, Leistung und selbstständiges Denken.	• Zu den Hauptwerten am Arbeitsplatz gehören Lernen, Ehrlichkeit, Anpassungsfähigkeit, Verantwortlichkeit und Selbstdisziplin.
• Freizeit ist wichtig.	• Freizeit ist nicht wichtig.
• Die „Bilanz" steht im Mittelpunkt.	• Die Marktposition steht im Mittelpunkt.
• Man legt Wert auf den Gewinn im laufenden Jahr.	• Man legt Wert auf den Gewinn, den man nach 10 Jahren macht.
• Vorgesetzte und Mitarbeiter psychologisch in zwei Lager geteilt.	• Firmeninhaber/Vorgesetzte und Mitarbeiter haben dieselben Ziele.
• Meritokratie, Entlohnung nach Fähigkeiten.	• Große soziale und wirtschaftliche Unterschiede sind nicht erwünscht.
• Persönliche Treuepflichten richten sich nach den Bedürfnissen, die das Geschäft mit sich bringt.	• Lebenslange Investition in ein persönliches Netzwerk, guanxi.
• Langsames bzw. fehlendes Wirtschaftswachstum zwischen 1970 und 2000.	• Schnelles Wirtschaftswachstum zwischen 1970 und 2000.
• Niedrige Sparquote, wenig Geld für Investitionen.	• Hohe Sparquote, Mittel für Investitionen stehen zur Verfügung.
• Geld wird für Investmentfonds investiert.	• Geld wird in Immobilien investiert.

Tab. 6.4: Hauptunterschiede zwischen Gesellschaften mit Kurz- und Langzeitorientierung – III: Geschäft und Wirtschaft

Russell Read, ein amerikanischer Politikwissenschaftler, wies den Zusammenhang zwischen LZO und verschiedenen Sparmaßnahmen nach. Die stärkste Verbindung gab es bei der „Grenzneigung zu sparen" (MPS = Marginal Propensity to Save). Hier wurden die Änderungen der realen pro-Kopf-Ersparnisse von 1970 bis 1990 erfasst, gemessen in Prozent der Gesamtveränderungen beim privaten Konsum plus Sparen. MPS reichte von einem Niedrigstwert von 3 % in den USA bis zu einem Höchstwert von 64 % in Singapur.[39]

Bei ihrer Analyse von Verbraucherverhalten fand de Mooij heraus, dass Menschen in Ländern mit einer starken Langzeitorientierung mehr in Immobilien investieren, womit eine langfristige Verpflichtung verbunden ist; Menschen in Ländern mit einer schwachen Langzeitorientierung investieren dagegen mehr in Investmentfonds.[40]

In Tabelle 6.4 werden die Hauptpunkte zusammengefasst, die mit der Dimension Lang- gegenüber Kurzzeitorientierung in Zusammenhang stehen; die Zusammenfassung bezieht sich auf die beiden letzten Abschnitte.

Wirtschaftswachstum und Politik

Kultur in Form bestimmender dominierender Werte ist eine notwendige, aber nicht hinreichende Bedingung für wirtschaftliches Wachstum. Zwei weitere Bedingungen sind die Existenz eines Marktes sowie ein politisches Umfeld, das eine Entwicklung ermöglicht. Die Notwendigkeit eines Marktes erklärt die Tatsache, dass das Wachstum der Tigerstaaten erst nach 1955 einsetzte, als zum ersten Mal in der Geschichte ein wirklich globaler Markt mit seiner Entwicklung begann. Das Bedürfnis nach einem günstigen politischen Umfeld war in allen fünf Ländern erfüllt, allerdings auf unterschiedliche Weise; die Rolle der jeweiligen Regierung variierte zwischen aktiver Unterstützung und Laissez-faire. Die Gewerkschaften waren in allen fünf Ländern schwach und unternehmensorientiert, und aufgrund einer relativ egalitären Einkommensverteilung gab es nur schwache Tendenzen zu revolutionären sozialen Veränderungen. Trotz gelegentlich auftretender Unruhen und Gewalt beeinflusste der konfuzianische Sinn für Mäßigung auch das politische Leben.

Der Einfluss des politischen Umfelds war in dem Land offensichtlich, das die Wiege des Konfuzianismus darstellt: das chinesische Festland, welches erwartungsgemäß den höchsten Punktwert für LZO erzielte. Übersee-Chinesen waren im Wesentlichen am Wirtschaftswunder in Hongkong, Singapur und Taiwan beteiligt und leisteten ihren Beitrag zum wirtschaftlichen Aufschwung in den Schwellenländern Indonesien, Malaysia, Thailand und auf den Philippinen. Sie scheinen besser in der Lage gewesen zu sein, ihr unternehmerisches Geschick einzusetzen als ihre Verwandten, die im Mutterland geblieben waren.

Im Jahre 1970 war die chinesische Währung nicht konvertibel, was zu einer zu hohen Schätzung des 1970er Bruttosozialprodukts/Kopf führte; das Verhältnis der Werte von 2000 und 1970 stellte sich infolgedessen niedriger dar, als es tatsächlich war. Doch das Wirtschaftswachstum in China litt auch unter den politischen Ereignissen: das Desaster, das durch den „Großen Sprung nach vorn" (1958–1959) und die „Große Proletarische Kulturrevolution" (1966–1976) verursacht wurde, und die Gegenreaktion nach der dramatischen Unterdrückung von Studentendemonstrationen am Platz des Himmlischen Friedens in Peking im Jahre 1989. Andererseits verhinderte gerade eine strenge politische Kontrolle, die jeder Familie nur ein Kind erlaubte, eine Bevölkerungsexplosion, die das pro-Kopf-Wachstum verwässert hätte. Von 1975 bis zum Jahr 2000 wuchs die chinesische Bevölkerung um 37 %, von 0,93 auf 1,28 Milliarden, ein durchschnittlicher Anstieg von 1,3 % pro Jahr. Die Prognose für den Zeitraum bis 2015 sieht ein Wachstum von 0,7 % im Jahr vor. Die Bevölkerung Indiens, wo es eine weniger wirksame Geburtenkontrolle gibt, wuchs im gleichen Zeitraum um 62 %, von 0,62 auf 1,01 Milliarden, was einem Durchschnitt von 1,9 % pro Jahr entspricht. In Nigeria, einem Land, in dem es überhaupt keine staatliche Geburtenregelung gibt, wuchs die Bevölkerung um 107 %, von 55 auf 114 Millionen, also im Durchschnitt um 2,9 % pro Jahr.[41]

Die Herausforderung für die chinesische Führung besteht darin, mit den innenpolitischen Folgen fertig zu werden, die sich aus der wirtschaftlichen Öffnung des Landes zur übrigen Welt hin ergeben. Eine Nation mit 1,3 Milliarden Menschen in eine andere Richtung führen zu wollen, ohne in Despotismus oder Anarchie zu verfallen, bzw. die verhängnisvolle Zerstörung der Umwelt in Kauf zu nehmen, ist weitaus schwieriger als die Modernisierung einer Insel wie Singapur mit nur 4 Millionen Einwohnern. Wenn sich für dieses Dilemma eine Lösung findet, sieht es so aus, als hätten die Festlandchinesen die mentale Software, um aus ihrem Land einen gigantischen sechsten Tigerstaat zu machen.

Dasselbe gilt für Vietnam, das durch seinen Krieg mit den USA in den Jahren 1964–1973 stark verwüstet wurde. Auch hier steht die politische Führung vor der schwierigen Entscheidung, ob sie die für die weitere Entwicklung erforderliche wirtschaftliche Freiheit gewährt oder ob sie die strenge politische Kontrolle beibehält. In den frühen 90er Jahren vollzog sich in Vietnam eine schnelle wirtschaftliche Entwicklung, danach setzten die Politiker allerdings erneut Kontrollsysteme ein, und der wirtschaftliche Aufschwung ging zurück. Vietnamesische Einwanderer haben in ihren Gastländern bemerkenswert großen Erfolg als Unternehmer. Vom kulturellen Standpunkt aus gesehen sollte Vietnam in der Lage sein, ein neues Wirtschaftswunder zu vollbringen.

In Abbildung 6.1 erscheinen hinter den fünf Tigerstaaten drei europäische Länder, die ein rasches Wirtschaftswachstum aufweisen: Irland, Portugal und Spanien. Diese Länder profitierten in beträchtlichem Maß vom Anschluss an die Europäische Union. Tatsächlich hatten 14 von den 15 Ländern, die im Jahre 2003 EU-Mitglieder waren (alle außer Schweden) ein schnelleres Wachstum zu verzeichnen als die USA. Die EU ist ein gutes Beispiel dafür, wie eine Politik des Friedens wirtschaftlichem Fortschritt den Weg ebnet.

Zu den Ländern mit einem langsamen (oder zurückgehenden) Wirtschaftswachstum in Abbildung 6.1 gehören die osteuropäischen Staaten, die einstmals unter kommunistischer Herrschaft standen: Polen, Ungarn, Tschechien und die Slowakei. In den ehemaligen Ostblockstaaten war im Jahr 1970 die Währung nicht konvertibel, was – wie auch in China – zu einer zu hohen

Schätzung des Bruttosozialprodukts/Kopf führte. Auch hier stellte sich das Verhältnis der Werte von 2000 und 1970 infolgedessen niedriger dar, als es tatsächlich war. Nach dem Niedergang des Kommunismus waren diese Länder einer Schockbehandlung durch den Internationalen Währungsfonds ausgesetzt, die nicht sehr erfolgreich war; das Land, das dem Druck des IWF am besten standhielt, Polen nämlich, hatte die wenigsten Verluste.[42] Zum Zeitpunkt der Entstehung des vorliegenden Buches waren diese Länder Kandidaten für die Mitgliedschaft in der EU, und hierdurch bieten sich vielleicht neue Möglichkeiten für den wirtschaftlichen Fortschritt.

Zu den Ländern in Abbildung 6.1, deren Wirtschaftswachstum schrumpft, gehören auch die beiden afrikanischen Länder Nigeria und Zimbabwe. Auf die Situation in Afrika kommen wir an anderer Stelle in diesem Kapitel noch einmal zurück.

Langzeitorientierung und Inhaftierungsraten

Moderne Staaten unterscheiden sich auffallend durch ihre unterschiedlichen Inhaftierungsraten: das ist der Anteil der Bevölkerung, der in einer Besserungsanstalt, sprich Gefängnis, eingesperrt ist. Diese Zahl ist in den USA besonders hoch: dort waren im Jahre 2002 fast zwei Millionen Menschen inhaftiert (das entspricht der Bevölkerung eines Landes wie Slowenien oder der Einwohnerzahl einer Stadt wie Paris oder Houston); auf 100.000 Einwohner entfallen somit 690 Inhaftierte. Russland kam mit 625 Inhaftierten als einziges Land dicht an diese Zahl heran; danach folgte Rumänien mit 230. Für Deutschland kommen 85 Gefangene auf 100.000 Einwohner. Von 31 Nationen war Japan das Land mit der niedrigsten Inhaftiertenrate: hier entfielen 45 Gefangene auf 100.000 Einwohner.[43]

Eine Faktoranalyse zur Erklärung der enormen Unterschiede wies auf die Rolle hin, die die Dimension Kurzzeit- gegenüber Langzeitorientierung dabei spielte. Folgendes Bild ergab sich: die Position, die die Länder auf der Liste mit den Inhaftierungsraten erreichten, wurde stark negativ von zwei Faktoren beeinflusst, die sich unabhängig voneinander auswirkten: nationaler Reichtum und LZO. In 24 Ländern, für die sowohl die Inhaftierungsraten als auch die LZO-Punktwerte zur Verfügung standen, ließen sich allein mit Armut 42 % der Unterschiede bei den Positionen auf der Inhaftierungsskala erklären; Kurzzeitorientierung allein erklärte 38 %. Nahm man beide zusammen, wurden 58 % der Unterschiede erklärt. Fügte man als dritte Variable Individualismus hinzu, so erhöhte sich der Prozentsatz auf 67.[44]

Wir interpretieren dieses Beziehungsmuster dahingehend, dass Armut zu Verbrechen führt; im Durchschnitt gibt es in ärmeren Ländern mehr verurteilte Verbrecher. Damit lässt sich aber die Position der USA in keiner Weise erklären. Es spielt allerdings noch ein anderer Faktor, der Einfluss hat auf die Inhaftierungsrate, eine Rolle, und das ist der Zweck der Bestrafung. Die kurzfristige Lösung, die in den USA und in geringerem Umfang auch in Großbritannien praktiziert wird, lautet, Verbrecher zum Schutz der Gesellschaft einzusperren.

Dieses Vorgehen führt zu langen Haftstrafen. Mit der langfristigen Lösung bezweckt man, Kriminelle auf den Weg der Besserung zurückzuführen und sie als produktive Bürger wieder in die Gesellschaft einzugliedern, eine Methode, die zu kürzeren Haftstrafen und niedrigeren Inhaftierungsraten führt. Stark individualistisch geprägte Gesellschaften sehen mit größerer Wahrscheinlichkeit den Verbrecher als das Problem an und bestrafen ihn oder sie; weniger individualistisch geprägte Gesellschaften sehen das Problem im Verbrechen selbst und konzentrieren sich darauf, seine Ursachen zu korrigieren.

Langzeitorientierung, Religion und Denkweisen

Dr. Rajendra Pradhan, ein nepalesischer Anthropologe, führte in den Jahren 1987/1988 im holländischen Dorf Schoonrewoerd ein zehnmonatiges Feldforschungsprojekt durch. Er kehrte somit das bekannte Schema um, wonach westliche Anthropologen Feldforschung in östlichen Dörfern betreiben. Schoonrewoerd war ein typisch niederländisches Dorf im ländlichen Herzen der Provinz Südholland; es hatte 1500 Einwohner und zwei Kirchen verschiedener calvinistisch-protestantischer Ausrichtungen. Dr. Pradhan ging in beiden Glaubensgemeinschaften regelmäßig zur Kirche und knüpfte vor allem über die jeweilige Kirchengemeinde Kontakte zur örtlichen Bevölkerung. Häufig wurde er nach der Kirche von den Leuten nach Hause zum Kaffee eingeladen, wobei das Gesprächsthema meist die Religion war. Er sagte immer, seine Eltern praktizierten hinduistische Glaubensrituale, doch er selbst habe sich davon abgewandt, da es ihn zu viel Zeit kostete. Seine holländischen Gastgeber wollten jedes Mal wissen, woran er denn *glaube* – eine seltsame Frage, auf die er keine rechte Antwort wusste. „Hier spricht jeder über Glauben, Glauben und nochmals Glauben", wunderte er sich. „Dort, wo ich herkomme, zählt nur das Ritual, und nur der Priester und das Familienoberhaupt nehmen daran teil. Die anderen sehen zu und bringen ihre Opfergaben. Hier gibt es so viel *Pflicht*. Ein Hindu würde niemals fragen „Glaubst du an Gott?" Natürlich sollte man glauben, aber eigentlich zählt nur das, was man *tut*."[45]

Die Forschungsarbeiten in Zusammenhang mit der Chinese Value Survey (Chinesische Wertestudie) brachten einen wichtigen Unterschied zwischen östlichem und westlichem Denken zum Vorschein. Im von östlich denkenden Köpfen entworfenen CVS-Fragebogen wurde die Dimension Unsicherheitsvermeidung nicht festgestellt. In den von westlich denkenden Köpfen erstellten Fragebögen für die IBM-Studie und die RVS (Rokeach Value Survey) wurde die Dimension Langzeit- gegenüber Kurzzeitorientierung nicht wahrgenommen.

Die anderen drei Dimensionen kamen in allen drei Studien vor. Wir haben sie als Machtdistanz, Individualismus – Kollektivismus und Maskulinität – Femininität bezeichnet. Bei diesen geht es um grundlegende zwischenmenschliche Beziehungen, die von den die Fragebögen konzipierenden Wissenschaftlern im Osten wie auch im Westen erkannt wurden.

Die Unsicherheitsvermeidung war Gegenstand von Kapitel 5. Sie betrifft letztlich die Suche einer Gesellschaft nach der Wahrheit. Kulturen mit Unsicherheitsvermeidung fördern einen Glauben an eine absolute Wahrheit, während Kulturen, die Unsicherheit akzeptieren, einen eher relativistischen Standpunkt einnehmen. Die Wahl zwischen den beiden Alternativen ist ein wichtiger Bestandteil westlichen Denkens und wird in entscheidenden Werthaltungen reflektiert. Im östlichen Denken ist die Frage nach der Wahrheit weniger relevant.

Die Dimension Langzeit- gegenüber Kurzzeitorientierung lässt sich als die Suche einer Gesellschaft nach der Tugend interpretieren. Es ist kein Zufall, dass diese Dimension mit den Lehren des Konfuzius zusammenhängt. Wie in diesem Kapitel bereits erwähnt, war Konfuzius Lehrmeister einer praktischen Ethik ohne religiösen Inhalt. Er beschäftigte sich mit der Tugend, ließ aber die Frage nach der Wahrheit offen. Im östlichen Denken ist die Suche nach der Tugend am wichtigsten, im westlichen Denken kommt sie an zweiter Stelle nach der Wahrheit.

In der World Values Survey aus den Jahren 1990–1993 bat man Teilnehmer, zwischen den beiden folgenden Aussagen zu wählen:

(a) Es gibt absolut eindeutige Richtlinien dafür, was gut und böse ist. Diese gelten für jeden und zu jeder Zeit, unabhängig von den Umständen.

(b) Es kann niemals absolut eindeutige Richtlinien dafür geben, was gut und böse ist. Was gut und böse ist, hängt gänzlich von den jeweiligen Umständen ab.

Die Zustimmung zu Aussage (a) variierte von 60 % in Nigeria und 50 % in den USA bis 19 % in Schweden und 15 % in Japan. Im Durchschnitt vertrauten ärmere Länder stärker auf absolute Richtlinien. Schloss man den Einfluss durch Reichtum aus, standen die Antworten in Korrelation zum LZO.[46] Befragte aus Ländern mit einer starken Langzeitorientierung vertrauten weniger auf Richtlinien, die universell regeln sollten, was gut und böse ist und zogen stärker die Umstände in Betracht. Dies wirft auch noch einmal Licht auf die Unterschiede bei der Inhaftierung von Gefangenen, über die im vorhergehenden Abschnitt geschrieben wurde: Gibt es eine klare Trennung zwischen gut und böse, müssen böse Menschen eingesperrt werden. Sind Gut und Böse im Innern eines jeden Menschen angesiedelt, müssen diejenigen, die etwas Böses getan haben, lernen das Gute zu tun.

Östliche Religionen (Hinduismus, Buddhismus, Schintoismus, Taoismus) und westliche Religionen (Judentum, Christentum, Islam) sind durch einen tiefen philosophischen Graben voneinander getrennt. Die drei westlichen Religionen gehören einer

Denkschule an, und sie haben dieselben historischen Wurzeln. Wie bereits in Kapitel 5 dargestellt, gründen sich alle drei auf die Existenz einer absoluten Wahrheit, die den wahren Gläubigen zugänglich ist. Alle drei haben ein Buch. Im Osten basieren weder der Konfuzianismus – eine nichtreligiöse Ethik – noch die großen Religionen auf der Annahme, es gebe eine absolute Wahrheit, die eine menschliche Gemeinschaft fassen könne. Sie bieten verschiedene Wege an, durch die ein Mensch sich bessern kann; diese bestehen jedoch nicht aus dem Glauben, sondern aus Ritualen, Meditation oder Lebensweisen. Einige dieser Wege können zu einer höheren geistigen Stufe führen und schließlich zur Vereinigung mit Gott oder Göttern. Deshalb war auch Dr. Pradhan so verwirrt über die Frage, woran er denn glaube. Diese Frage ist im Osten irrelevant; wichtig ist, was man *tut*. Beim Vergleich religiöser Mythen im Westen und Osten kam der amerikanische Professor für Mythologie, Joseph Campbell, zu dem Schluss, dass Judentum, Christentum und Islam Körper und Geist trennen, wohingegen östliche Religionen und Philosophen sie als eine Einheit betrachten.[47] Diese unterschiedliche Denkweise erklärt, warum ein von westlich geprägten Menschen zusammengestellter Fragebogen eine vierte Dimension lieferte, die mit der Wahrheit zu tun hat, und in einem von östlich geprägten Menschen entwickelten Fragebogen eine vierte Dimension zum Vorschein kam, die mit der Tugend zu tun hat.

Daten aus der bereits erwähnten Meinungsumfrage über die Werte des Menschen und das, was ihn zufrieden macht, haben gezeigt, dass Menschen aus Ländern mit einer starken LZO zufriedener waren mit ihrem persönlichen Beitrag zu den nachfolgend aufgeführten Aufgaben als Menschen aus Ländern mit einer schwachen LZO: Aufmerksamkeit gegenüber den Menschen, mit denen man täglich in Verbindung steht, Vertiefung der zwischenmenschlichen Beziehungen in Familie und Nachbarschaft, mit Freunden und Bekannten und Bemühungen, soziale Ungleichheit und Ungerechtigkeit zu korrigieren, damit ein einigermaßen gutes Leben mit gleicher Lebensqualität für jedermann möglich wird.[48] Befragte aus Kulturen mit einer Kurzzeitorientierung empfanden ihren Beitrag zu diesen sinnvollen Aufgaben als weniger zufrieden stellend. In einer Kultur, die auf absolute Kriterien für Gut und Böse vertraut, ist es schwierig, sich mit dem eigenen Bemühen, Gutes zu tun, zufrieden zu geben. Durch die besondere Bedeutung der Tugend in Kulturen mit einer Langzeitorientierung ist es möglich, Moralvorstellungen und praktische Ausübung pragmatisch zu vereinen. Tugend beruht nicht auf absoluten Normen für Gut und Böse; was tugendhaft ist, hängt von den Umständen ab, und wenn man sich tugendhaft verhält, hat man nicht unbedingt das Bedürfnis, mehr für den Ausgleich sozialer Ungerechtigkeit zu tun.

Das westliche Interesse an der Wahrheit wird durch ein in westlicher Logik begründetes Axiom gestützt, wonach eine Aussage deren Gegenteil ausschließt: wenn „A" wahr ist, so muss „B" falsch sein, wenn es das Gegenteil von „A" ist. In der östlichen Logik gibt es kein derartiges Axiom. Wenn „A" wahr ist, so kann dessen Gegenteil „B" ebenfalls wahr sein; zusammen können die beiden zu einer über „A" und „B" stehenden Weisheit führen. Bei diesem philosophischen Ansatz ist die menschliche Wahrheit immer nur ein Teilaspekt. Menschen in Ländern Ost- und Südasiens haben kein Problem damit, Elemente aus verschiedenen Religionen zu übernehmen oder auch mehreren Religionen gleichzeitig anzugehören. In Ländern mit einem derartigen philosophischen Hintergrund kann ein praktisches, nichtreligiöses System der Ethik, wie der Konfuzianismus, zu einer tragenden Säule der Gesellschaft werden. Im Westen werden ethische Grundsätze tendenziell aus der Religion abgeleitet: Tugend aus Wahrheit.

Dem dänischen Sinologen Verner Worm zufolge genießt bei den Chinesen gesunder Menschenverstand Priorität gegenüber Rationalität. Rationalität ist abstrakt, analytisch und idealistisch und neigt zu Extremen in der Logik; der gesunde Menschenverstand hat mehr mit dem Menschen zu tun und steht der Realität näher.[49]

Die Psychologie im Westen geht davon aus, dass Menschen nach „kognitiver Konsistenz" streben, was bedeutet, dass sie sich gegenseitig widersprechende Informationen meiden. Das scheint in ost- und südostasiatischen Ländern weniger der Fall zu sein.[50] Im Vergleich zu Nordamerikanern sind Chinesen der Auffassung, dass „unterschiedliche Meinungen" einer persönlichen Beziehung weniger schaden als „Kränkung" oder „Enttäuschung". Durch eine andere Meinung wird ihr Ego nicht verletzt.[51]

Der koreanische Psychologe Uichol Kim glaubt, dass Psychologie, wie sie im Westen praktiziert wird, in Ostasien nicht angewandt werden kann:

> „Psychologie ist eng verwoben mit den Werthaltungen der euroamerikanischen Kultur, die sich für rationale, liberale und individualistische Ideale einsetzt. … Diese Überzeugung hat Einfluss darauf, wie Konferenzen organisiert werden, Zusammenarbeitsvereinbarungen in der Forschung entwickelt, Forschungsprojekte finanziert und Veröffentlichungen angenommen werden. In Ostasien dreht sich alles um zwischenmenschliche Beziehungen, von denen man sagen kann, dass sie eher auf „Tugend" gründen als auf „Rechten". Individuen betrachtet man als Knotenpunkte in einem Geflecht verwandtschaftlicher Beziehungen, und der Gedankenaustausch findet über ein bestehendes soziales Netzwerk statt."[52]

In Wissenschaft und Technik war die westliche Wahrheit Auslöser für analytisches Denken, östliche Tugend Stimulans für synthetisches Denken. Ein chinesischer Student sagte Folgendes zu Geert Hofstede:

> „Der größte Unterschied zwischen der chinesischen und der westlichen Gesellschaft ist, dass die Gesellschaft im Westen den Helden verehrt, die chinesische Gesellschaft den Heiligen. Wenn man eine Sache gut macht, mag man ein Held sein. Wenn du ein Heiliger sein willst, musst du in allem gut sein."

Während der Industriellen Revolution im Westen führte die Suche nach der Wahrheit zur Entdeckung der Naturgesetze, die dann im Interesse des menschlichen Fortschritts genutzt werden konnten. Trotz ihres hohen Zivilisationsgrades entdeckten chinesische Gelehrte nie die Newton'schen Gesetze. Sie suchten ganz einfach nicht nach Gesetzen. Auch die chinesische Schrift zeigt dieses mangelnde Interesse an der Verallgemeinerung. Sie benötigt über 5.000 verschiedene Schriftzeichen, für jede Silbe eines; westliche Sprachen kommen dagegen durch Aufteilung der Silben in einzelne Buchstaben mit nur ungefähr 30 Zeichen aus. Analytisches Denken im Westen konzentriert sich auf einzelne Bestandteile, synthetisches Denken im Osten auf das komplette Ganze. Ein japanischer Nobelpreisträger in Physik soll gesagt haben: „Die japanische Mentalität ist für abstraktes Denken nicht geeignet."[53]

Mitte des 20. Jahrhunderts begann sich das westliche Interesse an der Wahrheit aus einem Vorteil in einen Nachteil zu wandeln. Der Wissenschaft mag eine analytische Denkweise zwar nützen, aber Unternehmensführung und Regieren basieren auf der Kunst der Synthese.

Kurzzeitorientierung	Langzeitorientierung
• Besitz der Wahrheit ist wichtig.	• Wichtig ist, dass man die Forderungen der Tugend respektiert.
• Es gibt allgemein gültige Richtlinien über das, was gut und böse ist.	• Was gut und was böse ist, hängt von den Umständen ab.
• Unzufriedenheit mit dem, was man im täglichen Leben zu zwischenmenschlichen Beziehungen beiträgt und was man an Ungerechtigkeit ausgleichen kann.	• Zufriedenheit mit dem, was man im täglichen Leben zu zwischenmenschlichen Beziehungen beiträgt und was man an Ungerechtigkeit ausgleichen kann.
• Trennung zwischen Materie und Geist.	• Materie und Geist sind eins.
• Wenn A wahr ist, muss das Gegenteil B falsch sein.	• Wenn A wahr ist, so kann das Gegenteil B ebenfalls wahr sein.
• Abstrakte Rationalität genießt Priorität.	• Gesunder Menschenverstand genießt Priorität.
• Bedürfnis nach kognitiver Konsistenz.	• Meinungsverschiedenheiten tun nicht weh.
• Analytisches Denken.	• Synthetisches Denken.

Tab. 6.5: Hauptunterschiede zwischen Gesellschaften mit Kurz- und Langzeitorientierung – IV: Religion und Denkweisen

Westliche, analytisch abgeleitete Technik war ohne weiteres zugänglich, und östliche Kulturen begannen nun, unter Nutzung ihrer eigenen, überlegenen synthetischen Fähigkeiten, diese Technik in die Praxis umzusetzen. Was wahr ist, oder wer Recht hat, ist weniger wichtig als was funktioniert und wie die Bemühungen von Individuen mit unterschiedlichen Denkmustern zum Erreichen eines gemeinsamen Ziels koordiniert werden können. Das japanische Management, insbesondere mit japanischen Mitarbeitern, ist berühmt für diese pragmatische Synthese. Die Annahme, man könne dieses Muster auf Teile der Welt übertragen, wo andere Denkweisen vorherrschen, ist leider ein weit verbreiteter Irrtum.

In Tabelle 6.5 werden die Hauptaspekte der Dimension Lang- gegenüber Kurzzeitorientierung zusammengefasst, die sich auf diesen Abschnitt beziehen. Zusammen mit den Tabellen 6.2, 6.3 und 6.4 gibt sie einen Überblick darüber, was die Forschung über die denkbaren Folgen der Dimension bisher hervorgebracht hat.

Fundamentalismus als Kurzzeitorientierung

Wie schon gesagt, sind Judentum, Christentum und Islam „westliche" Religionen und gehören zur selben Gedankenfamilie; historisch sind sie aus den gleichen Wurzeln hervorgegangen. Alle drei leiten die Tugend von der Wahrheit ab. Alle drei haben moderne Flügel, die sich auf die Gegenwart konzentrieren, und fundamentalistische Flügel, die die Weisheit aus vergangener Zeit in den Mittelpunkt ihrer Überlegungen stellen. Religiöser Fundamentalismus bildet das äußerste Ende am kurzfristigen Pol der Dimension Langzeit- gegenüber Kurzzeitorientierung. Entscheidungen werden nicht auf der Grundlage dessen getroffen, was heute möglich ist, sondern man interpretiert, was in den alten Schriften steht. Fundamentalistische Richtungen sind unfähig, mit den Problemen der heutigen Welt fertig zu werden. Der britische Philosoph Bertrand Russell (1872–1970) schrieb dazu:

„… Jedes fanatische Glaubensbekenntnis richtet Schaden an. Das wird deutlich, wenn sich fanatische Überzeugungen gegenseitig Konkurrenz machen, da sie dann Hass und Zwietracht fördern. Aber die Aussage trifft auch zu, wenn nur eine fanatische Überzeugung im Spiel ist. Sie kann nicht zulassen, dass ohne Hemmungen nachgefragt wird, da sie sonst vielleicht ins Wanken geriete. Sie muss sich intellektuellem Fortschritt entgegen stellen. Gibt es ein Priestertum, was gewöhnlich der Fall ist, überlässt sie diesem große Macht und erhebt damit eine Zunft, die von ihrem beruflichen Verständnis her dazu bestimmt ist, den intellektuellen Status quo beizubehalten und eine Sicherheit vorzutäuschen, wo es tatsächlich gar keine Sicherheit gibt."[54]

Fundamentalistische Überzeugungen mit politischem Einfluss, die eine Gefahr für den Weltfrieden und den Wohlstand darstellen, gibt es in allen drei westlichen Religionen, wobei die sich den Fundamentalisten widersetzenden modernen Flügel im Islam am schwächsten sind. Es gab eine Phase in der Geschichte, etwa vom 9. bis zum 14. Jahrhundert n. Chr., in der die islamische Welt nicht nur in militärischer, sondern auch in wissenschaftlicher Hinsicht fortschrittlich war, das christliche Europa dagegen rückständig. Mit der Renaissance und der Reformation begannen sich die christlichen Länder zu modernisieren, während sich die Welt des Islam in den Traditionalismus zurückzog.

Der amerikanische Islam-Forscher Bernard Lewis beschreibt die Einstellung muslimischer Gelehrter nach dem 14. Jahrhundert als ein „Gefühl von Zeitlosigkeit, dass sich nichts wirklich ändert"; hinzu kam ein mangelndes Interesse daran, was in der übrigen Welt geschah. Wissen betrachtete man als ein „Paket ewiger Wahrheiten, die erworben, angehäuft, weitergegeben, gedeutet und angewandt, die aber weder geändert noch umgeschrieben werden konnten." Neue Ideen waren schlecht und mit Ketzerei vergleichbar. In Europa war der Buchdruck um 1450 erfunden worden, in der Türkei dagegen wurde 1729 die erste Druckerpresse installiert und 1742 von konservativen Moslems wieder demontiert. Lewis schreibt dazu:

„Schon manches Mal hat man den Gegensatz aufgezeigt, wie grundverschieden die islamische Welt und Japan auf die Herausforderung aus dem Westen reagiert haben. Ihr jeweiliger Hintergrund war sehr unterschiedlich. Die Art und Weise, wie man Europa in der muslimischen Welt wahrgenommen hat, war stark beeinflusst, ja wurde geradezu dominiert, von einem Element, das sich bei den Japanern nur wenig oder gar nicht bemerkbar machte, nämlich der Religion. Wie die übrige Welt wurde auch Europa von den Moslems in erster Linie in religiösen Begriffen wahrgenommen, d. h. nicht als westlich oder europäisch oder weiß, sondern als christlich, und im Mittleren Osten war – anders als im Fernen Osten – das Christentum bekannt, wenn auch nur wenig gefragt. Was konnte man denn schon

Wertvolles von den Anhängern einer fehlerhaften Religion lernen, die bereits überholt war."[55]

Heute hat die moderne Technik Einzug gehalten in die muslimische Welt. Es gibt traditionelle und moderne Formen des Islam, wobei erstere immer noch sehr ausgeprägt und aggressiv sind. Mit Rückständigkeit und Armut konfrontiert verlangt es einige Gruppierungen nach der Wiedereinführung der Sharia, den Gesetzen aus der Zeit des Propheten Mohammed. Muslimische Länder, die aufgrund ihrer Ölvorkommen vorübergehend zu ungeheurem Reichtum kamen, haben sich an die moderne Welt kaum besser angepasst als arm gebliebene Länder. Der Ölreichtum scheint eher ein Nachteil als ein Vorteil gewesen zu sein. Keiner der fünf Tigerstatten verfügte über nennenswerte natürliche Ressourcen, außer der mentalen Software ihrer jeweiligen Bevölkerung.

Nur zwei vollständig muslimische Länder sind datenmäßig in Tabelle 6.1 erfasst: es sind Bangladesh, das mit einem mittleren Wert von 40 abschließt und Pakistan, das mit 0 einen Punktwert für eine extreme Kurzzeitorientierung erzielt. Nicht der Islam an sich steht für eine Kurzzeitorientierung, sondern die Stärke seiner fundamentalistischen Ausrichtungen.

In der zweiten Hälfte des 20. Jahrhunderts sind viele Moslems in westliche Länder ausgewandert. In Europa entstand so ein europäischer Islam mit ca. 10 Millionen Gläubigen im Jahr 2000. Davon sind viele in die Arbeiterklasse bzw. die Mittelklasse aufgerückt und zu islamischen Weststaatlern geworden; einige konnten sich allerdings nicht integrieren, sie sind in der Unterschicht geblieben und haben sich in Ghettos zurückgezogen. Der heutige Euro-Moslem kann jedoch eine wichtige Rolle übernehmen und dem Islam den Weg zum Wohlstand ebnen.

Kurzzeitorientierung in Afrika

Afrika, und im Besonderen die Länder südlich der Sahara, bereiten Wirtschaftswissenschaftlern, die sich mit Entwicklung beschäftigen, großes Kopfzerbrechen. Laut World Development Report aus dem Jahre 2003 befinden sich elf der zwölf ärmsten

Länder in Afrika.[56] Folgende Faktoren machen afrikanischen Ländern zu schaffen: eine Bevölkerungsexplosion mit Wachstumsraten von 3 % pro Jahr, was zu einer Verdoppelung der Bevölkerung in 25 Jahren führt; AIDS und andere Epidemien (möglicherweise die Antwort der Natur auf die Bevölkerungsexplosion); äußerst blutige Kriege und Massaker (die Antwort des Menschen); unfähige Regierungen, die von den eigenen Leuten als korrupt betrachtet und als Feinde bezeichnet werden. Abgesehen von einigen rühmlichen Ausnahmen werden in vielen der fünfzig afrikanischen Staaten elementare Aufgaben der Regierung – wie z.B. die Gesundheitsfürsorge – vernachlässigt oder gar nicht mehr wahrgenommen.

Am schlimmsten ist es in Somalia, wo Siad Barre seit 1969 Präsident war; im Jahre 1991 floh er und ließ das Land im Chaos und in den Händen konkurrierender Kriegsherren zurück. Mit dem Einverständnis der Vereinten Nationen entsandte im darauf folgenden Jahr Präsident George Bush Sr. amerikanische Truppen nach Somalia zur Operation „Restore Hope". Entgegen den Erwartungen, die alle Welt nach dem erfolgreichen Abschluss des ersten Golf-Krieges in Kuwait im Jahre 1991 hegte, geriet die Intervention in Somalia zum Desaster. Eine Festnahme des mächtigsten Kriegsherrn, Aideed, war nicht möglich; die Bevölkerung war feindlich gesinnt, und die Amerikaner mussten erkennen, dass sie als Unterdrücker und nicht als Befreier angesehen wurden. Als Bilder im Fernsehen auftauchten von jubelnden Somalis, die einen toten US-Soldaten durch die Straßen von Mogadischu schleiften, schlug die öffentliche Meinung in den USA um. Im Jahr 1994 verließen die Amerikaner Somalia, 1995 beendeten die Vereinten Nationen ihre Aktivitäten in diesem Land. Somalia wurde seiner Anarchie überlassen; sein Sitz in der UN blieb frei.[57]

Es war offensichtlich, dass westliche Logik in Afrika häufig nicht zutraf. Das Beispiel der Chinese Value Survey von Michael Bond veranlasste Geert Hofstede zu dem Vorschlag, in Afrika ähnlich vorzugehen: Afrikaner sollten einen Fragebogen für Werthaltungen entwickeln, diesen sowohl in afrikanischen als auch in nicht-afrikanischen Ländern beantworten lassen und dann sehen, ob sich irgendeine neue Dimension ergeben würde als Erklärung dafür, warum westliche Entwicklungskonzepte in Afrika nicht zu funktionieren schienen.

Das Projekt wurde an Geert Hofstedes früherem Institut für Forschung über interkulturelle Zusammenarbeit (IRIC)[58] von seinem Nachfolger Niels Noorderhaven durchgeführt, zusammen mit Bassirou Tidjani aus dem Senegal. Man bat afrikanische Wissenschaftler in Afrika und afrikanische Studenten im Ausland um Vorschläge, was bei der Studie über die Werthaltungen berücksichtigt werden sollte. Mit Hilfe der „Delphi"-Methode wurden die ersten Ergebnisse anonym an die Mitwirkenden zurückgereicht, und ihre Kommentare wurden eingearbeitet. Für den Entwurf wurden über 100 Punkte zusammengetragen und durch Entfernen von Überschneidungen auf 82 reduziert. Dann wurde der Fragebogen, der in einer englischen und einer französischen Version vorlag, an Stichproben afrikanischer Studenten und Studentinnen in den Ländern Kamerun, Ghana, Senegal, Südafrika, Tansania und Zimbabwe verteilt; außerhalb Afrikas ging er an Belgien, Deutschland, Großbritannien, Guyana, Hongkong, Malaysia, die Niederlande und die USA; insgesamt wurden 1.100 Teilnehmer in 14 Ländern erreicht.[59]

Anders als die Chinese Value Survey brachte die African Value Survey keine neue Dimension ans Licht, die von afrikanischen Werthaltungen inspiriert worden wäre. Es ergaben sich lediglich sechs Faktoren. Vier davon standen jeweils in signifikanter Korrelation zu einer der IBM-Dimensionen. Einer war belanglos und durch Unterschiede zwischen den zwei Sprachversionen verursacht worden.[60] Der noch verbleibende Faktor (der zweitstärkste in der Analyse von Noorderhaven und Tidjani) mit der Bezeichnung „traditionelle Weisheit" stand in signifikanter Korrelation zur LZO und stellte die afrikanischen (und einige der europäischen) Länder den asiatischen Ländern der Studie gegenüber.[61] Charakteristische Aussagen am Kurzzeitpol der Dimension waren: „Weisheit ist wichtiger als Wissen" und „Weisheit ergibt sich aus Erfahrung und Zeit und nicht aus Erziehung und Bildung". Diese Aussagen stehen in krassem Gegensatz zu den konfuzianischen Werten.

Dieses Ergebnis der African Value Survey wie auch die niedrigen LZO-Punktwerte für Zimbabwe und Nigeria aus der Chinese Value Survey deuten darauf hin, dass kurzfristige Denkweisen in diesen afrikanischen Ländern weit verbreitet sind. Meint man, Weisheit auch ohne Wissen und Bildung erlangen zu können, so ermuntert diese Sicht der Dinge nicht gerade dazu, heute zu lernen, damit man morgen die Früchte seiner Arbeit ernten kann. Nur selten führen Afrikaner Auswirkungen auf Ursachen zurück, die für Außenstehende offensichtlich sind. Ein Beispiel dafür war die anfängliche Weigerung des Präsidenten von Südafrika, Thabo Mbeki, die Verbindung einer Infizierung mit dem HIV-Virus und AIDS anzuerkennen (er änderte seine Meinung im Jahr 2000). Ein weit verbreiteter Glaube an Zauberei trägt dazu bei, anderen und geheimnisvollen Mächten an Dingen die Schuld zu geben, für die die Afrikaner – wie Außenstehende meinen – selbst verantwortlich sind.

Die Punktwerte für die Werthaltungen besagen nicht, dass alle Afrikaner kurzzeitorientiert denken und auch nicht, dass alle Asiaten langzeitorientiert denken. Es bedeutet lediglich, dass diese Denkweisen allgemein genug sind, um Einfluss zu nehmen auf gemeinsame Verhaltensmuster und die Struktur nationaler Institutionen sowie auf die Tatsache, ob diese richtig funktionieren oder nicht. Über diese Kanäle beeinflusst das Denken auch die wirtschaftliche Entwicklung.

Seit 1980 ist Afrika immer mehr zum Armenhaus der Welt geworden. Nahezu alle afrikanischen Länder sind auf fremde Hilfe und Darlehen aus dem Internationalen Währungsfonds (IWF) angewiesen. Laut Joseph Stiglitz, dem früheren Chefökonom der Weltbank und Nobelpreisträger für Wirtschaft im Jahre 2001, haben sich die wirtschaftlichen Probleme in Afrika noch verschlimmert aufgrund der vom IWF vorgegebenen Darlehensbedingungen. Mehr noch als die Weltbank wird der IWF von kurzzeitorientiertem Marktfundamentalismus beherrscht. Das hat dazu geführt, dass Budgets strikt eingehalten werden, und dies zu Lasten der Bildung, der Gesundheit und der Infrastruktur geht. Durch eine erzwungene Liberalisierung der Importe bei gleichzeitiger Sperre der westlichen Märkte für afrikanische Exportgü-

ter werden aufstrebende Unternehmen vor Ort in den Ruin getrieben.[62] Tatsächlich waren die Berater des IWF ebenso sehr in
ihrer kurzzeitorientierten Mentalität gefangen wie ihre afrikanischen Kunden.

Sehr kurzzeitorientierte Werte (LZO = –10) wurden auch in
einer Studie über australische Ureinwohner (wurde in Kapitel 3
schon einmal angesprochen) nachgewiesen. Auch hier handelt
es sich um eine Gruppe, deren wirtschaftliche Entwicklung problematisch ist.[63] Auch in diesem Fall gilt, dass Bedingungen, die
durch die kurzzeitorientierte Politik der Weißen geschaffen werden, die Probleme oft nur noch verschlimmern.

Die Zukunft von Lang- und Kurzzeitorientierung

Als Herzog Ching Konfuzius zum zweiten Mal vor ein Publikum rief,
fragte er ihn erneut: „Was ist das Geheimnis guten Regierens?" Konfuzius antwortete: „Gutes Regieren besteht darin, sparsam mit seinen Mitteln umzugehen."[64]

Zukunft ist per definitionem ein Langzeit-Problem. Unsere Enkel und Ururenkel werden mit den Langzeit-Folgen leben müssen, die unser Handeln heute schafft.

Die Frage, die Herzog Ching Konfuzius vor 2.500 Jahren stellte, hat von ihrer Aktualität nichts verloren: Wie sieht eine gute
Regierung aus? In den Jahren 1999/2000 führten Sozialwissenschaftler aus Ostasien (China, Japan und Südkorea) und aus Nordeuropa (Dänemark, Finnland und Schweden) in einem gemeinsamen Projekt eine Umfrage zum gleichen Thema bei repräsentativen Stichproben von Populationen in ihren Ländern durch.
In der Umfrage wurden Meinungsunterschiede deutlich, die sich
darauf bezogen, wie die Beziehung von Regierenden und Bürgern auszusehen habe und die die unterschiedlichen Positionen
der Länder in Bezug auf Machtdistanz und Unsicherheitsvermeidung widerspiegelten. Was die Rolle der Regierung als solche betraf, so zeigte sich in der Umfrage eine bemerkenswerte Übereinstimmung. Eine Mehrheit in allen sechs Ländern hielt „eine
starke Regierung" für wichtig, „die die vielschichtigen wirtschaftlichen Probleme von heute in den Griff bekommt"; sie war nicht

der Meinung, „dass der freie Markt ohne das Zutun der Regierung mit diesen Problemen zurecht kommt". Weiter waren die Befragten einhellig der Meinung, dass neben der Rolle der Regierung in der Wirtschaft die „Bekämpfung der Umweltverschmutzung" und die „Bewahrung harmonischer sozialer Beziehungen" zu deren vordringlichsten Aufgaben gehöre.[65]

Der Bericht über die asiatisch-nordische Studie widerspricht dem noch andauernden Prozess der „Globalisierung", der von den Asiaten als „Verwestlichung" wahrgenommen wird, während die Nordeuropäer ihn als „Amerikanisierung" verstehen. Dabei wird eine Diskrepanz bei den Werthaltungen in allen sechs Ländern deutlich und welche Werte aus Sicht der Autoren hinter dieser Art der Globalisierung stehen.[66]

Nach unserem Verständnis waren die auf Werthaltungen basierenden Haupteinwände der Asiaten und Nordeuropäer gegen die Konzentration auf die Kurzzeitorientierung bei dieser Art der Globalisierung gerichtet. In Tabelle 6.1 haben alle Länder, die an diesem Forschungsprojekt teilnahmen, mehr Punktwerte für Langzeitorientierung erhalten als die USA. Die Befragten aus diesen Ländern assoziierten eine gute Regierung mit einer Ausrichtung auf die Zukunft; im andauernden Globalisierungsprozess, in dem die Vereinigten Staaten und der IWF an der Spitze stehen, wird jedoch Wert gelegt auf rasch greifbare Ergebnisse. So beruht laut dem Wirtschaftswissenschaftler Joseph Stiglitz die Globalisierung tatsächlich auf einem Marktfundamentalismus, der ebenso wie jede andere Art des Fundamentalismus darauf aus ist, an Positionen aus der Vergangenheit festzuhalten oder dorthin zurückzukehren anstatt sich von der Vorstellung einer gemeinsamen Zukunft für die Menschheit als Ganzes leiten zu lassen.

Verantwortungsbewusstes Denken auf lange Sicht kann sich dem Schluss nicht entziehen, dass in einer endlichen Welt jedes Wachstum seine Grenzen hat. Die Bevölkerung kann nicht immer weiter wachsen, und auch die Wirtschaft eines Staates kann das nicht, es sei denn, das Wachstum geht zu Lasten anderer Staaten. Nur wenige Politiker sind bisher bereit gewesen, sich dieser Realität zu stellen. Das hat man am deutlichsten beim Thema Umwelt gesehen. Klimaveränderungen aufgrund globaler

Erwärmung, Wasserknappheit und Einlagerungen radioaktiven Mülls sind Beispiele für Kosten, die die Umwelt für ungebremstes Wachstum zahlen muss. Mit diesen Problemen sollte sich eine gute Regierung auseinandersetzen.

Religiöser, politischer und wirtschaftlicher Fundamentalismus stehen langzeitorientiertem Denken aggressiv und feindlich gegenüber. Sie gründen in der Vergangenheit und neigen dazu, sich ihrem Teil der Verantwortung für die Zukunft zu entziehen und sie Gott oder dem Markt zu überlassen. So stellt z. B. in vielen Teilen der Welt Überbevölkerung eine unmittelbare Bedrohung für Frieden, Gesundheit und Gerechtigkeit dar. Es gibt genügend Maßnahmen zur Familienplanung, doch religiöse und wirtschaftliche Fundamentalisten sind sich erstaunlich einig und versuchen, sich ihrer allgemeinen Verbreitung zu widersetzen.

Die wirtschaftliche Bedeutung Ostasiens im 21. Jahrhundert wird wahrscheinlich noch größer. Ein wertvolles Geschenk der weisen Männer und Frauen aus dem Osten an den Rest wäre eine globale Verschiebung in Richtung langzeitorientierten Denkens.

Anmerkungen

1 Cao, 1980 [1760], Bd. 3, S. 69.
2 Im CVS-Fragebogen wurde hinzugefügt: „... und diese Ordnung zu befolgen".
3 Siehe *Culture's Consequences*, 2001, Appendix 5.
4 Im Jahre 1988 wurden in Japan 12%, in Deutschland 8%, in Großbritannien 4% und in den USA 3% des Bruttosozialprodukts gespart.
5 Ben Knapen im *NRC Handelsblad* v. 9.2.1989; rückübersetzt aus dem Holländischen von Geert Hofstede.
6 Zürcher, 1993
7 Elias, 1969, S. 336–341.
8 Schneider & Lysgaard (1953) führten eine Befragung von amerikanischen High School Studenten durch und zeigten, dass die Bereitschaft, die Befriedigung von Bedürfnissen zurückzustellen, zunahm, je besser die Eltern beruflich gestellt waren.
9 Levine, Sato, Hashimoto & Verma, 1995; *Culture's Consequences*, 2001, S. 360.
10 *Culture's Consequences*, 2001, S. 360f.
11 Best & Williams, 1996; *Culture's Consequences*, 2001, S. 361.

12 *Culture's Consequences*, 2001, S. 359; Hill & Romm, 1996. Ihre Studie schloss auch Mütter aus Israel mit ein, deren Antworten irgendwo zwischen denen der beiden australischen Gruppen lagen.

13 Argyle, Henderson, Bond, Iizuka & Contarello, 1986; *Culture's Consequences*, 2001, S. 359f.

14 Bond & Wang, 1983, S. 60.

15 Redding, 1990, S. 187.

16 Aus Alitto, 1986, S. 131.

17 Yan & Gaier, 1994; Stevenson & Lee, 1996, S. 136; *Culture's Consequences*, 2001, S. 365.

18 NCES, 1999.

19 Die Korrelationen zwischen den Punktwerten für Mathematik und LZO lagen bei 0,58 (Signifikanzstufe 0,05) für die 4./5.-Klässler und bei 0,72 (Signifikanzstufe 0,01) für die 8./9.-Klässler. Die Punktwerte für Naturwissenschaften und Mathematik korrelierten für beide Altersgruppen mit 0,81 bzw. 0,87 (Signifikanzstufe 0,001). Nicht signifikant waren die Korrelationen zwischen den Punktwerten für Naturwissenschaften und LZO: 0,06 für die 4./5.-Klässler und 0,18 für die Schüler der 8./9. Klasse. Die Korrelationen von Mathematik und Naturwissenschaften mit Reichtum (BSP pro Kopf, 8./9.-Klässler) lagen beide bei 0,38, Signifikanzstufe gerade mal 0,05. Siehe auch *Culture's Consequences*, 2001, S. 365.

20 Hofstede, 1986; Biggs, 1996.

21 Gert Jan Hofstede, 1995.

22 Redding, 1980, S. 196f.

23 Wu, 1980.

24 Chew-Lim Fee Yee, 1997, S. 98.

25 Aus Li Chi, einer Sammlung von Schriftstücken von Schülern des Konfuzius, etwa um 100 v. Chr. kodifiziert; in Watts, 1979, S. 83.

26 Wirthlin Worldwide, 1996.

27 *Culture's Consequences*, 2001, S. 356. Die Korrelation lag in 11 Ländern bei −0,51 (Signifikanzstufe 0,05). Als „sehr wichtig" wurde Freizeit von 68% der Befragten in Nigeria eingestuft; in China waren es hingegen nur 14%.

28 Von 1986−1995 führten Peterson, Dibrell & Pett (2002) einen Vergleich zwischen westeuropäischen, japanischen und amerikanischen Unternehmen in der Chemieindustrie und der Transportbranche durch. Investitionsrendite und Kapitalrendite setzten sie dabei als Maß für eine Kurzzeitorientierung an; Marktanteil und Ausgaben für Forschung und Entwicklung in Prozent der getätigten Verkäufe dienten als Maß für eine Langzeitorientierung. Keines der in Ansatz gebrachten Maße bestätigte die LZO-Reihenfolge, wie man sie bei den Ländern vermutet hatte: Japan − Europa − USA. Die Autoren nahmen an, dass ihre Ergebnisse im Hinblick auf den Zeitraum und die besonderen Industriezweige u. U. zu spezifisch waren,

als dass die Maße stichhaltige Argumente für eine Langzeitorientierung hätten liefern können.

29 Mamman & Saffu, 1998.

30 Hofstede, Van Deusen, Mueller, Charles & The Business Goals Network, 2002, S. 800. Die Mehrfach-Korrelation in 12 überlappenden Ländern lag bei 0,62 (Signifikanzstufe 0,05)

31 Redding, 1990, S. 209.

32 Hastings & Hastings, 1981. Korrelation in elf Ländern 0,69 (Signifikanzstufe 0,01).

33 Yeung & Tung, 1996.

34 In den 19 Ländern, für die im Jahre 2002 Daten zur Verfügung standen, lag die Korrelation des Korruptionsindexes für Exportländer (CIEC) und LZO bei −0,67 (Signifikanzstufe 0,01, wobei Länder mit einer starken LZO häufiger Bestechungsgelder bezahlen).

35 Chenery & Strout, 1966.

36 Das Bruttosozialprodukt/Kopf in Kolumbien betrug US $ 340 im Jahre 1970 und $ 2.080 im Jahr 2000. In Südkorea beliefen sich die Zahlen auf $ 250 im Jahr 1970 und $ 8.910 im Jahr 2000 (World Bank Atlas, 1972; World Development Report, 2002).

37 Kahn, 1979.

38 Die Korrelation zwischen LZO und dem Verhältnis des BSP/Kopf über einen Zeitraum von 30 Jahren liegt bei 0,57 in den 23 Ländern, die an der CVS beteiligt waren (Signifikanzstufe 0,01); sie liegt bei 0,76 (Signifikanzstufe 0,001), wenn das Festland China nicht mit einbezogen wird und bei 0,45 (Signifikanzstufe 0,01) in allen 38 Ländern aus Tabelle 6.1.

39 Read, 1993. Die Korrelation zwischen LZO und der „geringfügigen Neigung zu sparen" in den 23 Ländern der CVS lag bei 0,58 (Signifikanzstufe 0,01).

40 de Mooij, 2004. Die Rangkorrelationen in 15 Ländern lagen bei 0,43 für Immobilien (beinahe signifikant, Signifikanzstufe 0,054) und bei −0,66 für Investmentfonds (Signifikanzstufe 0,01).

41 Human Development Report, 2002, Tabelle 5.

42 Stiglitz, 2002.

43 Die Daten stammen aus einem Artikel von Rob Schoof im *NRC Handelsblad* vom 18. Januar 2003 und basieren auf Informationen des International Center for Prison Studies, King's College, London.

44 Die 24 Länder waren: Australien, Österreich, Belgien, Kanada, Tschechien, Dänemark, Finnland, Frankreich, Deutschland, Großbritannien, Ungarn, Irland, Italien, Japan, Niederlande, Norwegen, Neuseeland, Polen, Portugal, Slowakei, Spanien, Schweden, Schweiz und USA. Wegen des äußerst hohen Werts in den USA stützt sich die Analyse auf Rangkorrelationen. Die zero-order-Rangkorrelationen mit der Inhaftierungsrate waren wie folgt: BSP/Kopf aus dem Jahr 2000 −0,67 (Signifikanzstufe 0,001);

LZO −0,61 (Signifikanzstufe 0,01). Die Mehrfach-Rangkorrelation mit beiden lag bei 0,79. Fügte man zusätzlich noch IDV hinzu, so erhöhte sich der genannte Wert auf 0,84, obwohl die zero-order-Rangkorrelation von IDV mit der Inhaftierungsrate nicht signifikant war (0,12).

45 Herman Vuijsje, „Twee koffie, twee koekjes" in *NRC Handelsblad* v. 16.4. 1988. Zitate von Geert Hofstede übersetzt.

46 *Culture's Consequences*, 2001, S. 363.

47 Campbell, 1988 [1972], S. 71–75.

48 Hastings & Hastings (1981); *Culture's Consequences*, 2001, S. 361.

49 Worm, 1997, S. 52; Zitat aus einem Buch des chinesischen Autors Lin Yutang *My Country and my People* aus dem Jahr 1936.

50 Carr, Munro & Bishop, 1996.

51 Gao, Ting-Toomey & Gudykunst, 1996, S. 293.

52 Kim, 1995, S. 663.

53 Yukawa Hideki, in Moore, 1967, S. 290.

54 Russell, 1976 [1952], S. 101.

55 Lewis, 1982, S. 29, 229, 224, 168 und 302.

56 Burundi, Äthiopien, Sierra Leone, Malawi, Niger, Eritrea, Tschad, Burkina Faso, Mali, Mosambik, Ruanda, in dieser Reihenfolge, von unten begonnen. Das nicht-afrikanische Land Tadschikistan belegte Platz 5.

57 van der Veen, 2002, S. 171–175.

58 *Institute for Research on Intercultural Cooperation* (Institut für Forschung über Interkulturelle Zusammenarbeit), ursprünglich in Maastricht eingerichtet; später nach Tilburg verlagert. Das IRIC wurde 2004 geschlossen.

59 Noorderhaven & Tidjani, 2001.

60 Der Artikel von Noorderhaven & Tidjani bezieht sich auf acht Faktoren, aber sie unterteilen den ersten und stärksten Faktor noch einmal in drei Unterfaktoren. Unsere Interpretation der Faktoren 3 bis 6 weicht leicht von N&T ab, sie basiert jedoch auf denselben Daten.

61 *Culture's Consequences*, 2001, S. 369f. Die Korrelation in den 10 Ländern, für die LZO-Punktwerte zur Verfügung standen, lag bei −0,95 (Signifikanzstufe 0,001).

62 Stiglitz, 2002.

63 Forschungsarbeit von Ray Simonsen. Siehe auch *Culture's Consequences*, 2001, S. 501.

64 Kelen, 1983 [1971], S. 44.

65 Helgesen & Kim, 2002, S. 28f.

66 Helgesen & Kim, 2002, S. 8f.

7. Kapitel: Pyramiden, Maschinen, Märkte und Familien: Organisation über Nationen hinweg

Unsere Geschichte spielt irgendwo in Westeuropa. Ein mittelständisches Textildruckunternehmen kämpft ums Überleben. In diesem Unternehmen werden Stoffe, wie üblich aus Asien importiert, bedruckt, mehrfarbig und mit Mustern, je nach Vorgabe des Kunden. Zum Kundenkreis zählen Firmen, die Mode für den einheimischen Markt herstellen. Unserer Firma steht ein Geschäftsführer vor, dem wiederum drei Abteilungsleiter unterstehen. Von diesen ist einer für Design und Vertrieb, der andere für die Produktion und der dritte für Personal- und Rechnungswesen zuständig. Das Unternehmen hat 250 Beschäftigte.

Das Arbeitsklima leidet oft unter den Konflikten, die zwischen dem Vertrieb und der Produktion herrschen. Der Produktionsleiter hat, wie natürlich alle Produktionsleiter auf der Welt, ein starkes Interesse daran, dass die Produktionsabläufe zeit- und plangerecht sind und eine zu häufige Produktumstellung vermieden wird. Er teilt die Kundenaufträge gerne so ein, dass ein Wechsel im Farbbad bzw. Muster möglichst lange aufgeschoben wird. Ein solcher Wechsel bedeutet immer eine Grundreinigung der Maschinen, was einerseits wertvolle Produktionszeit kostet und andererseits teure Farben unnütz verschwendet. Der ungünstigste Fall tritt dann ein, wenn von einer dunklen Farbe auf eine helle umgestellt werden muss, denn jeder auch noch so kleine Rest der dunklen Farbe würde unweigerlich Spuren auf dem Stoff hinterlassen und somit Ausschuss bedeuten. Aus diesem Grunde ist der Produktionsleiter immer bemüht, auf einer sauberen, d.h. gereinigten Maschine mit der hellsten Farbnuance anzufangen und allmählich auf dunklere Nuancen umzustellen. Somit wird die Notwendigkeit der aufwendigen Grundreinigung möglichst lange hinausgeschoben.

Der Design- und Vertriebsleiter ist bemüht, seine Kunden auf einem Markt mit starker Konkurrenz zufrieden zu stellen. Wie in der Branche allgemein üblich, müssen Konfektionsfirmen oft sehr kurzfristig ihre Planungen umstellen. Als deren Lieferant erhält das Unternehmen sehr oft sogenannte Eilaufträge. Auch wenn es sich hierbei um kleinere und aller Wahrscheinlichkeit nach um wenig lukrative Aufträge handelt, sagt der Vertriebsleiter nicht gerne „nein". Der Kunde könne ja dann zur Konkurrenz gehen, und die würde dann den größeren Folgeauftrag erhalten, mit dem man seiner Meinung nach rechnen könne.

Allerdings brachte ein solcher Eilauftrag die Pläne des Produktionsleiters vollkommen durcheinander und zwang ihn dazu, dunklere Farbnuancen für kleinere Stückzahlmengen auf einer tadellos gereinigten, sauberen Maschine zu fahren, um nach diesem Druckvorgang erneut eine Grundreinigung durchführen lassen zu müssen.

Meinungsverschiedenheiten zwischen den beiden Abteilungsleitern sind also an der Tagesordnung. Hierbei geht es immer um die Frage, ob ein solcher Eilauftrag in die Produktion kommt oder nicht. Dieser Konflikt bleibt nicht lange auf die Führungsebene beschränkt. Die Leute in der Produktion sprechen in aller Öffentlichkeit ihre Zweifel an der Kompetenz der Vertriebsleute aus und umgekehrt. Es geht sogar so weit, dass sich Leute aus der Produktion und dem Vertrieb in der Kantine nicht mehr an einen Tisch setzen, obwohl sie seit langen Jahren Kollegen sind.

Implizite Organisationsmodelle

In dieser Geschichte wird ein ziemlich banales Problem beschrieben, das mit schöner Regelmäßigkeit in allen Organisationsformen anzutreffen ist. Die meisten Probleme, die im Unternehmen auftauchen, haben sowohl strukturelle als auch menschliche Aspekte. Die Menschen, die betroffen sind, reagieren entsprechend ihrer mentalen Software. Teil dieser mentalen Software sind ihre Vorstellungen, wie eine Organisation auszusehen hat.

Wie wir in Kapitel 2 bis 5 über die vier Dimensionen gelesen haben, sind es insbesondere Machtdistanz und Unsicherheitsvermeidung, welche unsere Denkweise über Organisation schlechthin mit beeinflussen. Organisieren setzt immer die Beantwortung von zwei Fragen voraus:

(1) Wer hat die Macht was zu entscheiden? und
(2) Welche Regeln oder Vorgehensweisen sind zu befolgen, um das angestrebte Ziel zu erreichen?

Die Antwort auf die erste Frage wird von kulturellen Normen zum Thema Machtdistanz beeinflusst, die Antwort auf die zweite Frage von kulturellen Normen zum Thema Unsicherheitsvermeidung. Die beiden anderen Dimensionen, Individualität und Maskulinität, betreffen eher unsere Denkweise zum Thema: „Der Mensch in der Organisation" als die Organisationsform an sich.

Machtdistanz und Unsicherheitsvermeidung werden in Abbildung 7.1 gegenübergestellt, und für den Fall, dass obige Analyse zutrifft, müsste die Position, die ein Land in diesem Diagramm einnimmt, etwas darüber aussagen können, wie Probleme im Zusammenhang mit Organisation in dem betreffenden Land gelöst werden.

Es ist empirisch erwiesen, dass es einen Zusammenhang zwischen der Position eines Landes innerhalb der MDI × UVI-Matrix und den impliziten Organisationsmodellen gibt, die in den Denkmustern der Menschen aus diesen Ländern vorhanden sind, in der Art und Weise, wie Probleme angegangen werden. In den 70er Jahren hat Owen James Stevens, ein amerikanischer Dozent an der INSEAD Business School in Fontainebleau, Frankreich, eine Fallstudie als Prüfungsaufgabe für sein Seminar „Organizational Behavior" eingesetzt, die der zu Beginn des Kapitels vorgestellten Studie stark ähnelt. Bei dieser Fallstudie geht es ebenfalls um einen Konflikt zwischen zwei Abteilungsleitern in einer Firma. Bei den Studenten, die einen MBA-Abschluss (Master of Business Administration) machten, stellten Franzosen, Deutsche und Engländer die größte Gruppe dar. In Abbildung 7.1 finden wir die entsprechenden Länder im unteren rechten, unteren linken und oberen linken Quadranten.

Stevens war bereits früher aufgefallen, dass die Nationalität der Studenten die Art und Weise, wie sie mit dem Fall umgingen, beeinflusste. Stevens hatte einen Ordner mit Prüfungsarbeiten von ungefähr zweihundert Studenten aufgehoben. In diesen Arbeiten

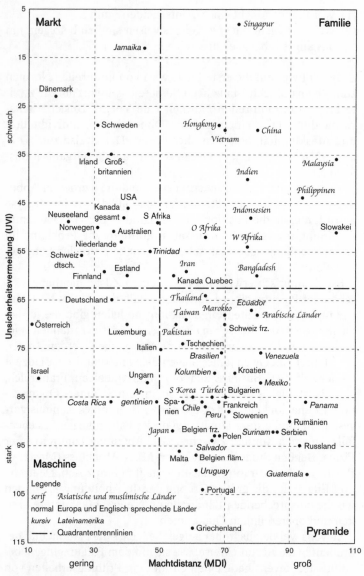

Abb. 7.1: Machtdistanz gegenüber Unsicherheitsvermeidung

hatten die Studenten ihre individuelle Beurteilung (1) des Falles und (2) Lösungsvorschläge dazu dargelegt. Stevens hatte dann diese Arbeiten nach Nationalität der Studenten sortiert und sah dann jeweils getrennt alle französischen, deutschen und englischen Antworten durch.

Die Ergebnisse waren verblüffend. Für die Franzosen war an dem Problem das nachlässige Verhalten des Geschäftsführers, dem beide Abteilungsleiter unterstanden, schuld. Sie fanden, dass die beiden Kontrahenten den Konflikt ihrem gemeinsamen Chef vortragen müssten, der dann wiederum Anweisungen erteilen würde, wie diese Missstände in Zukunft beigelegt werden könnten. Stevens interpretierte das hier implizite Organisationsmodell der Franzosen als eine „Pyramide von Menschen": der geschäftsführende Direktor steht an der Spitze der Pyramide, und jede nachgeordnete Ebene hat den ihr zustehenden Platz darunter.

Die Mehrheit der deutschen Studenten sah als Ursache für das Problem das Fehlen einer Struktur an. Die Kompetenzen der beiden streitenden Abteilungsleiter sei nie klar definiert worden. Ihr Lösungsvorschlag sah die Einrichtung von genau definierten Arbeitsabläufen vor. Die Realisierung könne durch eine Beraterfirma, einen Sonderstab oder Intervention des Geschäftsführers erfolgen. Die Idealvorstellung von Organisation war laut Stevens bei den Deutschen die einer „gut geölten Maschine", bei der ein Einschreiten des Vorgesetzten nur in außergewöhnlichen Fällen erfolgt und die täglichen Probleme durch die allgemeinen Regeln beigelegt werden können.

Die Mehrzahl der Engländer diagnostizierte den Fall als ein zwischenmenschliches Problem. Die beiden Abteilungsleiter seien sehr schlecht im Verhandeln und ihr Verhandlungsgeschick sollte geschult werden. Es wurde vorgeschlagen, sie, am besten zusammen, auf ein Managementseminar zu schicken. Die „Transaktionsanalyse" war zu diesem Zeitpunkt noch nicht bekannt, doch mit diesem Begriff könnte man die Art der hier in Frage kommenden Schulung beschreiben. Das Organisationsmodell der Engländer ist nach Stevens Auffassung das eines „Wochenmarktes", auf dem weder Hierarchie noch Vorschriften herrschen, sondern wo es sich aus der Situation ganz klar ergibt, was passieren wird.

Stevens kam zu seinen Erkenntnissen zufällig zur gleichen Zeit, als im Rahmen des IBM-Forschungsprojektes die Begriffe Machtdistanz und Unsicherheitsvermeidung als Dimensionen der Kultur eines Landes zum ersten Mal geprägt wurden. Diese zwei Dimensionen hatten große Ähnlichkeit mit jenen, auf die man einige Jahre zuvor in einer wissenschaftlichen Forschungsarbeit gestoßen war, die gemeinhin als „Aston-Studie" bekannt ist.

In den Jahren 1961 bis 1973 arbeitete an der Universität von Aston, Birmingham, Großbritannien, eine Gruppe von Forschern (Industrial Administration Research Unit). Unter ihnen waren Derek Pugh, David Hickson und John Child.[1] Die „Aston-Studie" war als großangelegter Versuch gedacht, die fundamentalen Aspekte in der Struktur von Organisationen quantitativ einzuschätzen, genauer gesagt zu messen. Zu Beginn blieb die Studie auf Großbritannien beschränkt, später wurde sie in zahlreichen anderen Ländern wiederholt. Die wichtigste Schlussfolgerung aus der Aston-Studie war, dass die zwei Hauptdimensionen im Zusammenhang mit Organisationsstrukturen die „Konzentration von Autorität" und „Strukturierung von Aktivitäten" waren. Man brauchte nicht viel Phantasie, um die erste Dimension mit „Machtdistanz" und die zweite mit „Unsicherheitsvermeidung" in Verbindung zu bringen.

Die Aston-Forscher hatten versucht, die „starken" Aspekte von Organisationsstruktur zu messen: objektiv messbare, charakteristische Merkmale. Machtdistanz und Unsicherheitsvermeidung sind weiche, *subjektive* Merkmale der Menschen in einem Land. Eine Verbindung zwischen den beiden würde bedeuten, dass eine Organisation so strukturiert ist, dass auch die subjektiven kulturellen Bedürfnisse befriedigt werden.

Stevens implizite Organisationsmodelle liefern in der Tat den Beweis hierfür. Die französischen INSEAD-Studenten, die einen MBA-Abschluss anstrebten, befürworten mit ihrem Pyramidenmodell, d. h. der „Pyramide von Leuten", Maßnahmen, die einer Zentrierung der Autorität *und* einer Strukturierung der Aktivitäten dienen. Charakteristisch für ihr Land sind eine große Machtdistanz *und* starke Unsicherheitsvermeidung. Die deutschen Studenten dagegen sehen mit ihrem Modell der „gut ge-

ölten Maschine" die Notwendigkeit, die Aktivitäten zu strukturieren, *ohne* jedoch die Autorität zu stärken. Charakteristisch
für ihr Land sind starke Unsicherheitsvermeidung, aber geringe
Machtdistanz. Die Studenten aus Großbritannien treten mit ihrem Modell des „Wochenmarktes" weder für eine Stärkung der
Autorität noch für eine Strukturierung der Aktivitäten ein. Ihre
Kultur ist von geringer Machtdistanz und geringer Unsicherheitsvermeidung geprägt. Alle Studenten behandelten die gleiche Fallstudie. Geschäftsleute mit internationaler Erfahrung bestätigen
schon seit längerem, dass, auch unter sonst gleichen Umständen, in französischen Organisationsformen *mehr* die Autorität
gestärkt wird, bei der deutschen *mehr* Wert auf Strukturierung
gelegt wird und dass man bei der englischen *mehr* auf eine *spontane* Problemlösung setzt.

Ein Quadrant in Abbildung 7.1 wird jedoch durch die drei impliziten Modelle von Stevens nicht erklärt. In der oberen rechten Ecke findet man kein europäisches Land, nur asiatische und
afrikanische. Es gab aber an INSEAD nur wenige Studenten aus
diesen Ländern, so dass man nicht über ausreichendes Datenmaterial verfügte.

Eine Diskussion der Modelle von Stevens mit Kollegen aus
Indien und Indonesien ließ die Vermutung aufkommen, dass
das äquivalente implizite Modell einer Organisation in diesen
Ländern die der (Groß-)„Familie" ist, in welcher der Inhaber-
Geschäftsführer der allmächtige (Groß-)Vater ist. Dies passt zu
großer Machtdistanz bei schwacher Unsicherheitsvermeidung,
einer Situation, in der die Menschen gewohnt sind, dass Konflikte durch ständiges Hinzuziehen des Chefs bewältigt werden:
die Autorität wird gestärkt, ohne dass die Aktivitäten strukturiert werden. Negandhi und Preasad, zwei Amerikaner indischer
Herkunft, zitierten im Folgenden einen leitenden indischen Angestellten, der an einer renommierten amerikanischen Universität promoviert hat:

> „Am wichtigsten für mich und meine Abteilung ist nicht das, was
> ich mache oder für die Firma erreiche, sondern ob ich in der Gunst
> des Chefs stehe oder nicht. (…) Diese Gunst konnte ich nur erwer-
> ben, indem ich zu allem Ja sagte, was der Chef sagte oder tat. (…)

Ihm zu widersprechen hätte bedeutet, dass ich mich nach einem anderen Job hätte umsehen müssen. (...) Ich habe meine Gedankenfreiheit in Boston zurückgelassen." [2]

Erst kürzlich fasste der Psychologe Jan Pieter van Oudenhoven von Holland spontane Beschreibungen einheimischer Organisationen von über 700 BWL-Studenten aus zehn verschiedenen Ländern zusammen. [3] Sie wurden aufgefordert, eine Firma, die sie gut kannten, mit einer Anzahl frei gewählter Adjektive zu beschreiben. Der Inhalt der 700 Berichte wurde analysiert; die verwendeten Adjektive wurden mit ihren Antonymen kombiniert. Ein Paar war „bürokratisch" gegenüber „unbürokratisch". Die Häufigkeit von „bürokratisch" korrelierte mit „Machtdistanz und Unsicherheitsvermeidung" der jeweiligen Länder. Ein anderes Paar war „Teamwork gegenüber individueller Arbeitsweise". Die Häufigkeit von „individueller Arbeitsweise" korrelierte mit Individualismus. Ein drittes Paar war „freundliche gegenüber feindseliger Arbeitsatmosphäre", und die Häufigkeit von „feindseliger Arbeitsatmosphäre" korrelierte mit Maskulinität. [4] So spiegelte die Art und Weise, wie die Studenten Organisationen in ihrem Land beschrieben, Aspekte ihrer nationalen Kultur wider.

Ein von Poul Erik Mouritzen aus Dänemark und James Svara aus den USA koordiniertes Netzwerk politischer Wissenschaftler untersuchte einheimische Stadtverwaltungen in über 4000 Gemeinden in 14 westlichen Demokratien. Unter anderem sammelten sie Punktwerte zu nationalen Kulturen, wobei sie höhere Beamte in jeder Stadtverwaltung befragten. Ihre Studie ist eine der größeren Nachfolgestudien der IBM-Umfrage (s. Tab. 1.1). Sie unterschieden vier Möglichkeiten, wie Gemeindeverwaltung organisiert war, wobei die Rollen zwischen gewählten politischen Führungspersönlichkeiten und ernannten Beamten unterschieden wurden:

(1) **Die Form des starken Bürgermeisters**; ein gewählter Bürgermeister kontrolliert die Mehrheit des Stadtrates und ist für alle Führungsfunktionen verantwortlich. Der Beamte an der Spitze übt den Willen des Bürgermeisters aus. Diesen Typ fand man in Frankreich, Italien, Portugal und Spanien sowie in den größten Städten der USA vor.

(2) **Die Form des Ratsmanagers**, bei dem alle Führungsfunktionen in der Hand des Beamten an der Spitze liegen, der von einem gewählten Rat eingesetzt wird, der verantwortlich ist für die Festlegung politischer Richtlinien, nicht aber für deren Ausführung. Auf diesen Typ traf man in Australien, Finnland, Irland, Norwegen und in den kleineren US-amerikanischen Städten.

(3) **Die Form des Ausschussführers.** Hier sind die Führungsfunktionen aufgeteilt zwischen ständigen Ausschüssen, die sich aus gewählten Politikern zusammensetzen, dem politischen Führer (mit oder ohne Bürgermeistertitel) und den höchsten Staatsbeamten. Diese Form fand man in Dänemark, Schweden und Großbritannien.

(4) **Die kollektive Form**, in der alle Führungsfunktionen in der Hand eines Verwaltungsausschusses von gewählten Politikern liegen, an deren Spitze ein ernannter Bürgermeister steht, an den die höchsten Staatsbeamten berichten. Diese Form fand man in Belgien und den Niederlanden vor. Seit 2003 kündigt die niederländische Regierung Pläne für einen Systemwechsel an, bei dem der ernannte Bürgermeister durch einen gewählten ersetzt werden soll. Damit würde das Land unter Kategorie 3 fallen. Auch in Belgien existieren Pläne in Richtung gewählter Bürgermeister.

Die Forscher setzen diese Formen in Bezug zu den nationalen Kulturdimensionen von Machtdistanz und Unsicherheitsvermeidung, so wie sie von den Antworten der höchsten Beamten in der Kulturumfrage gemessen wurden. Diese Maße standen in signifikanter Korrelation zu denjenigen, auf die man in den IBM-Studien traf, aber waren damit nicht identisch. Auf dieser Basis und innerhalb dieser Gruppe von 14 Ländern traf man auf die Form des starken Bürgermeisters dort, wo Unsicherheitsvermeidung relativ stark ausgeprägt war. Die Form des Ratsmanagers fand man dort, wo Unsicherheitsvermeidung ziemlich schwach und Machtdistanz mittelmäßig ausgeprägt waren. Der Ausschussführer war dort anzutreffen, wo Unsicherheitsvermeidung und Machtdistanz ziemlich schwach ausgeprägt waren.[5]

Managementlehrer sind auch nur Menschen

Nicht nur Organisationen sind kulturbestimmt, Organisationstheorien sind es auch. Die Wissenschaftler, die diese Theorien aufstellten, sind Kinder einer Kultur. Sie wuchsen in einer Familie auf, gingen zur Schule und haben in Organisationen gearbeitet. Ihre Erfahrungen stellen die Basis für ihr Denken und Handeln dar. Sie sind auch nur Menschen und kulturell genauso voreingenommen wie jeder andere Sterbliche auch.

Für jeden der vier Quadranten in Abbildung 7.1 suchten wir einen Autor aus, der Organisationsmodelle beschreibt, die zum entsprechenden Quadranten im Diagramm gehören: die Pyramide, die Maschine, der Markt oder die Familie. Alle vier Autoren waren mehr oder weniger Zeitgenossen. Alle wurden Mitte des neunzehnten Jahrhunderts geboren.

Henri Fayol (1841–1925) war ein französischer Ingenieur, der auf dem Höhepunkt seiner Karriere Président Directeur Général (geschäftsführender Direktor) einer Bergbaugesellschaft wurde. Im Ruhestand fasste er seine Erfahrungen in einem bahnbrechenden Aufsatz über Organisation zusammen: Administration industrielle et générale (Industrielle und allgemeine Betriebsleitung). Über das Ausüben von Autorität schrieb Fayol Folgendes:

> „Wir unterscheiden bei einem Vorgesetzten seine *formale* Autorität, die seine Funktion mit sich bringt, und seine *persönliche* Autorität, die er aus seiner Intelligenz, seinem Wissen, seiner Erfahrung, seiner Integrität, seiner Führungsrolle, ... usw. schöpft. Für einen guten Vorgesetzten ist die persönliche Autorität eine unverzichtbare Ergänzung seiner formalen Autorität".[6]

In Fayols Konzept liegt die Autorität *sowohl* in der Person *als auch* in den formalen Regeln begründet. Wir erkennen hier das Modell der Pyramide von Menschen. Persönliche Macht *und* formale Regeln gelten als Koordinationsprinzipien.

Max Weber (1864–1920) war ein deutscher Gelehrter, der nach seinem Jurastudium einige Jahre als Beamter gearbeitet hatte. Er wurde später Professor für Ökonomie und gilt als einer der Begründer der deutschen Soziologie. In seinem Buch „Die protestantische Ethik und der Geist des Kapitalismus" zitiert Weber ein puritanisch protestantisches Lehrbuch aus dem siebzehnten Jahrhundert: „... über die Sündhaftigkeit eines Autoritätsglaubens, – der eben nur als unpersönlicher ... zulässig ist".7 In seinem eigenen Entwurf über die ideale Organisation beschreibt Weber die *Bürokratie*. Das Wort war ursprünglich ein Scherz: Eine klassische griechische Endung wurde an einen modernen französischen Wortstamm angehängt. Heutzutage ist dieser Begriff eher negativ besetzt, aber für Weber stellte er den Idealtyp jeder großen Organisation dar. Über Autorität in einer Bürokratie schrieb Weber:

> „Die für die Erfüllung dieser Pflichten erforderlichen Befehlsgewalten sind ebenfalls fest verteilt und in den ihnen etwa zugewiesenen (...) Zwangsmitteln durch Regeln fest begrenzt."8

In Webers Konzept liegt die eigentliche Autorität in den Regeln. Die Macht der „Beamten" wird durch diese Regeln begrenzt. Wir erkennen das Organisationsmodell der gut geölten Maschine wieder, die den Regeln gemäß funktioniert.

Frederick Winslow Taylor (1856–1915) war ein amerikanischer Ingenieur, der, ganz im Gegensatz zu Fayol, seine berufliche Laufbahn als Fabrikarbeiter begonnen und sich seine akademische Qualifikation im Abendstudium erworben hatte. Er arbeitete sich vom Chefingenieur in einem Stahlwerk zu einem der ersten Unternehmensberater hoch. Taylor interessierte sich eigentlich nicht für Autorität. Sein Augenmerk lag auf der Effizienz. Er schlug vor, das Aufgabengebiet des Vorgesetzten in acht Fachgebiete aufzuteilen. Für jedes Gebiet wäre eine andere Person verantwortlich. So würde jeder Arbeiter acht Vorgesetzte mit jeweils unterschiedlichen Kompetenzen haben. Dieser Teil von Taylors Konzept wurde niemals ganz in die Praxis umgesetzt, auch wenn wir einige Elemente davon in der modernen „Matrixorganisation" wiederfinden, in der ein Mitarbeiter zwei (oder sogar drei) Vorgesetzte hat, von denen normalerweise einer für die Produktivität und einer für die technische Seite zuständig ist.

Taylors Buch „*Shop Management*" (1903) erschien 1913 in französischer Übersetzung. Fayol las es und widmete sechs ganze Seiten seines 1915 erschienenen Buches Taylors Ideen. Fayol war allgemein beeindruckt, aber auch schockiert von der Tatsache, dass Taylor bei seinem Matrixsystem „den Grundsatz der Einheit der Auftragserteilung ablehnte" im Fall seines Systems der acht Vorgesetzten. „Meiner Meinung nach", so schreibt Fayol, „kann eine Abteilung nicht funktionieren, wenn der Grundsatz der Einheit der Auftragserteilung auf so eklatante Weise missachtet wird. Doch hat Taylor mit Erfolg große Organisationen geleitet. Wie ist dieser Widerspruch zu erklären?"[9] Fayols rhetorische Frage wurde von Blaise Pascal, ebenfalls Franzose, bereits zweieinhalb Jahrhunderte vorher beantwortet. Die Wahrheit in dem einen Land kann sich als Irrtum in einem anderen Land herausstellen.

Im Jahre 1981 schrieb André Laurent, ebenfalls wie Fayol Franzose, einen Artikel, aus dem hervorging, dass französische Manager in einer Umfrage sehr heftig auf den Vorschlag reagierten, ein Mitarbeiter solle an zwei verschiedene Vorgesetzte berichten, während man z. B. bei schwedischen und amerikanischen Managern in derselben Umfrage auf weniger Ablehnung stieß.[10] Die Matrixorganisation wurde in Frankreich zu keinem Zeitpunkt so populär wie in den USA. Es ist ganz amüsant zu lesen, was Laurent vorschlägt, um diese Matrixorganisation in Frankreich akzeptabel zu machen. Diese müsse erst in hierarchische Begriffe übersetzt werden, d. h. man hat einen wirklichen Vorgesetzten und einen oder mehrere Experten als Stableute. Genau diese Lösung wurde von Fayol vorgeschlagen, als er sich im Jahre 1916 über das System von Taylor ausließ. Fayol schreibt, dass er annimmt, dass auf diese Weise das System von Taylor in Wirklichkeit in den Unternehmen, die Taylor leitete, funktionierte.

Im Gegensatz zu Taylor, der sich allein implizit mit der Ausübung von Autorität befasste, ging Mary Parker Follet (1868–1933), ebenfalls amerikanischer Nationalität und bahnbrechend in der Organisationstheorie, recht direkt dieses Problem an. Sie schrieb:

> „Wie können wir die beiden Extreme verhindern: Zu große Herrschsucht bei der Erteilung von Aufträgen oder praktisch gar keine Aufträge? ... Meine Lösung sieht vor, das Erteilen von Aufträgen von der Person loszulösen, alle Betroffenen mit einzubeziehen, sich über die

Situation ein Bild zu machen, das Gesetz der Situation zu entdecken und ihm zu folgen. ... Eine *Person* sollte einer anderen *Person* keine Anweisungen erteilen, aber beide sollten darin übereinkommen, ihre Anweisungen aus der Situation heraus zu bekommen".[11]

Weder für Taylor noch für Follet liegt die Autorität in einer Person oder in den Regeln, sondern, wie Follet es formuliert, in der Situation begründet. Wir erkennen hier das Organisationsmodell des Marktes, in der die Bedingungen des Marktes vorgeben, was geschehen wird.

Sun Yat-sen (1866–1925) ist ein chinesischer Gelehrter aus der vierten Ecke des Diagramms, in dem Machtdistanz der Unsicherheitsvermeidung gegenübergestellt wird. Er genoss in Hawaii und Hongkong eine westliche Erziehung und entwickelte sich zu einem revolutionären Politiker. Da in China die Industrialisierung viel später als im Westen einsetzte, gab es dort keinen einheimischen Zeitgenossen zu Fayol, Weber und Taylor, die sich mit betrieblicher Organisation befasst hätten. Sun hat zwar über Organisation geschrieben, aber aus politischer Sicht. Er wollte die im Niedergang begriffene Herrschaft der Manchu-Kaiser durch einen modernen chinesischen Staat austauschen. Er wurde am Ende für eine kurze Zeit nominell der erste Präsident der Chinesischen Republik. Suns Entwurf einer chinesischen Regierungsform stellt eine Integration westlicher und traditionell chinesischer Elemente dar. Aus dem Westen führte er die *Trias Politica* ein, die Trennung der Gewalten zwischen Exekutive, Legislative und Jurisdiktion. Allerdings stehen, anders als im Westen, alle drei Gewalten unter der Herrschaft des Präsidenten. Sun fügt noch zwei andere Gewalten hinzu, die aus der chinesischen Tradition entlehnt wurden, wodurch er insgesamt auf fünf kommt: die untersuchende Gewalt (sie befindet darüber, ob jemand in den öffentlichen Dienst zugelassen wird) und die Kontrollgewalt, ein Organ, welches die Regierung kontrolliert.[12]

Diese bemerkenswerte Vermischung beider Systeme bildet im Wesentlichen die Grundlage der heutigen Regierungsstruktur von Taiwan, welches die Ideen von Sun durch die Kuomintang-Partei erbte. Die Betonung liegt auf der Herrschaft des Präsidenten (große Machtdistanz); Legislative und Judikative, die im Westen eine

„Regierung kraft Gesetz" sicherstellen soll, sind hier vom Präsidenten abhängig gemacht, der auch noch die untersuchende Gewalt und die Kontrollgewalt innehat; eine „Regierung durch den Menschen" liegt hier zugrunde (schwache Unsicherheitsvermeidung). Wir haben hier das Familienmodell mit dem Herrscher als Landesvater, ungeachtet einer Struktur, die sich nach wie vor auf persönliche Beziehungen gründet.

Paradox dabei ist, dass im anderen China, der Volksrepublik, das die Kuomintang-Partei verbannte, das Experiment der Kulturrevolution auch als ein Versuch interpretiert werden kann, die Autorität des Herrschers (in diesem Fall des Vorsitzenden Mao) zu stärken, aber gleichzeitig die herrschenden Strukturen aufzubrechen, die, wie man fand, der Erneuerung des Denkens im Wege standen. Die Kulturrevolution gilt heute öffentlich als ein Desaster. Was als Erneuerung galt, kann in Wirklichkeit ein erneutes Aufleben von jahrhundertealten, unbewussten Ängsten sein.

In den vorangegangenen Abschnitten wurden die Organisationsmodelle in verschiedenen Kulturen in Beziehung gesetzt zu den Theorien der Gründerväter und einer Gründermutter der Organisationstheorie. Die verschiedenen Modelle sind auch noch in moderneren Theorien zu erkennen.

In den USA war es während der 70er Jahre Mode, eine Organisation unter dem Gesichtspunkt der „Transaktionskosten" zu betrachten. Der Ökonom Oliver Williamson hat „Hierarchien" „Märkten" gegenübergestellt.[13] Dahinter steht die Überlegung, ob das soziale Leben des Menschen aus ökonomischen Transaktionen zwischen den Individuen besteht. Individuen werden hierarchische Organisationen bilden, wenn die Kosten der ökonomischen Transaktionen (wie Informationsbeschaffung oder das Herausfinden, wem man vertrauen kann) in einer Hierarchie niedriger sind, als wenn alle Transaktionen in einem freien Markt stattfinden würden. Das Interessante an dieser Theorie vom kulturellen Gesichtspunkt her ist, dass *der „Markt" den Ausgangspunkt bzw. das Grundmodell bildet,* und dass die anderen Organisationsformen mit einem Versagen des Marktes erklärt werden. Eine Kultur, die eine derartige Theorie hervorbringt, wird eher eine Organisation wählen, die intern mehr einem Markt ähnelt, als ein strukturierteres Modell wie das der Pyramide. Folgt man der Marktphilosophie, so ist *Wettbewerb* unter Individuen das ideale Prinzip zur Führung der Organisation.

Williamsons Kollege William Ouchi, ein Amerikaner japanischer Abstammung, schlug *zwei* Alternativen zum Marktmodell vor: die „Bürokratie" und der „Clan". Diese kommen dem Modell nahe, welches an früherer Stelle in diesem Kapitel „Maschine" bzw. „Familie" genannt wurde.[14] Wenn wir die Gedanken von Williamson und Ouchi zusammenführen, so finden wir alle vier beschriebenen Organisationsmodelle wieder. Der „Markt" nimmt jedoch eine besondere Stellung als Ausgangspunkt der Theorie ein, und die Erklärung hierfür liegt in der Nationalität beider Autoren.

In der Arbeit sowohl der deutschen wie der französischen Organisationstheoretiker nimmt der Markt einen eher bescheidenen Platz ein. In der deutschen Literatur geht es im Allgemeinen um formale Systeme – das Laufen der Maschine.[15] Das ideale Steuerungsprinzip in der Organisation ist ein System von *formalen Regeln,* auf die sich jeder verlassen kann. In der französischen Literatur wird normalerweise die Ausübung von Macht in den Mittelpunkt gestellt und manchmal die Art und Weise, in der sich das Individuum zur Wehr setzen kann, um nicht von der Pyramide erdrückt zu werden.[16] Das unterstellte Steuerungsprinzip ist die *hierarchische Autorität;* es gibt ein System von Regeln, aber im Gegensatz zum deutschen Beispiel steht die persönliche Autorität der Vorgesetzten über den Regeln.

In China bildeten zur Zeit Maos und der Kulturrevolution weder der Markt noch Regeln oder Hierarchien das Steuerungsprinzip einer Organisation, sondern die *Indoktrination.* Hiermit wurde eine nationale Tradition fortgeführt, die sich über Jahrhunderte hinweg vergleichender Prüfmethoden bediente, um festzustellen, ob jemand entsprechend indoktriniert war.

Organisationsmodelle in den Köpfen der Leute variieren auch *innerhalb* von Ländern. In welchem Land auch immer funktioniert eine Bank eher wie eine Pyramide, Postämter wie Maschinen, Werbeagenturen wie Märkte und Orchester wie (autokratisch geführte) Familien. Wir erwarten solche Unterschiede, aber wenn wir nationale Grenzen überschreiten, stoßen wir auf Unterschiede bei Organisationsmodellen, die wir nicht erwartet haben. Mehr hierzu folgt in Kapitel 9.

Kultur und Organisationsstruktur: Nähere Ausführungen zu Mintzberg

Zurzeit ist der Kanadier Henry Mintzberg eine der führenden Autoritäten zum Thema Organisationsstruktur, zumindest im englischsprachigen Teil der Welt. Es ist sein Verdienst gewesen, die wichtigsten Ergebnisse der wissenschaftlichen Diskussion auf diesem Gebiet zu einer kleinen Anzahl praktischer und verständlicher Konzepte zusammenzufassen. Nach Mintzberg lässt sich eine gute Organisation in fünf Teilbereiche aufteilen.[17] Er spricht von fünf verschiedenen Bausteinen, die eine Organisation zusammensetzen:

(1) Der operative Kern (die Leute, die die Arbeit machen)
(2) Die strategische Spitze (Führungsebene)
(3) Das mittlere Linienmanagement (die Hierarchie des Mittelbaus)
(4) Die Technostruktur (Stab, für Innovationen zuständig, „Ideenlieferant")
(5) Die unterstützenden Einheiten (Stab, Servicefunktion, für Dienstleistungen zuständig).

Eine Organisation bedient sich im allgemeinen eines oder mehrerer Instrumente zur Koordinierung von Aktivitäten:

(1) Gegenseitige Abstimmung (durch informelle Kommunikation)
(2) Direkte Kontrolle (durch hierarchischen Vorgesetzten)
(3) Standardisierung der Arbeitsprozesse (Spezifizierung der Arbeitsinhalte)
(4) Standardisierung des Outputs (Spezifizierung der Zielvorgaben)
(5) Standardisierung der Qualifikation (Spezifizierung des zur Leistung der Arbeit erforderlichen Trainings).

Bei den meisten Organisationen findet man eine von fünf typischen Konfigurationen wieder:

(1) Die einfache Struktur. Hier dominiert die strategische Spitze. Koordinationsinstrument ist die direkte Kontrolle.

(2) Die outputorientierte Bürokratie. Hier dominiert die Technostruktur. Koordinierungsinstrument: Standardisierung von Arbeitsprozessen.

(3) Die professionelle Bürokratie. Hier dominiert der operative Kern. Koordinationsinstrument: Standardisierung der Qualifikation.

(4) Die Aufteilung in Unternehmensbereiche. Hier dominiert das mittlere Linienmanagement. Koordinationsinstrument: Standardisierung des Outputs.

(5) Die flexible Organisationsform. Hier dominiert die Unterstützungseinheit (manchmal zusammen mit dem operativen Kern). Koordinationsinstrument: Gegenseitige Abstimmung.

Mintzberg erkannte die Rolle von Werten bei der Wahl des Koordinierungsmechanismus. So schreibt er z.B. über das Formalisieren von Verhalten innerhalb einer Organisation (im Zusammenhang mit der Standardisierung von Arbeitsprozessen):

> „Organisationen formalisieren Verhalten, um die Verschiedenheit einzugrenzen, um es schließlich vorhersehbar und kontrollierbar zu machen, ... um Aktivitäten zu koordinieren, ... um die outputmäßige Beständigkeit, die zu effizienter Produktion führt zu garantieren, ... um faires Verhalten gegenüber Kunden zu garantieren ... Organisationen formalisieren Verhaltensweisen auch aus anderen, fragwürdigeren Gründen, Formalisierung kann z.B. der Ausdruck eines willkürlichen Wunsches nach Ordnung sein ... Die stark formalisierte Struktur ist zunächst die ursprünglichste und erwärmt das Herz derjenigen Menschen, die die Dinge geordnet sehen wollen ..."[18]

Mintzbergs Verweis auf die „fragwürdigen Gründe" spiegelt offensichtlich die Wahl seiner eigenen Werte wider. Er ging aber nicht so weit, die Verbindung zwischen Werten und Nationalität zu erkennen. Die IBM-Forschungsstudie hat gezeigt, wie stark das Bedürfnis nach Zentralisation (das sich in Machtdistanz zeigt) und Formalisierung (die sich bei Unsicherheitsvermeidung widerspiegelt) die impliziten Organisationsmodelle von Menschen

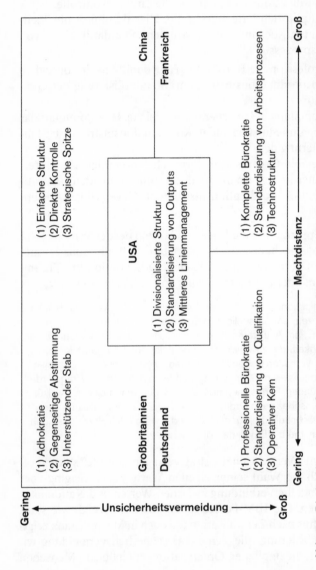

Abb. 7.2: Die fünf bevorzugten Organisationsstrukturtypen nach Henry Mintzberg projiziert auf die Matrix Machtdistanz × Unsicherheitsvermeidung mit einem jeweils typischen Land

beeinflussen, und in welchem Maße die verschiedenen Modelle von einem Land zum anderen abweichen. Dies legt nahe, dass es möglich ist, Mintzbergs Typologie der organisatorischen Konfigurationen mit den nationalen Kulturprofilen auf der Grundlage des IBM-Datenmaterials miteinander zu verbinden. Eine derartige Verbindung bedeutet, dass unter sonst gleichen Umständen Menschen mit einem bestimmten nationalen Hintergrund eine bestimmte Konfiguration vorziehen, weil sie genau zu ihrem impliziten Modell passt und dass andererseits ähnliche Organisationen in verschiedenen Ländern Mintzbergs unterschiedlichen Konfigurationstypen aufgrund von unterschiedlichen kulturellen Präferenzen ähneln.

Mintzbergs fünf Konfigurationen lassen sich leicht mit den Quadranten im Diagramm Machtdistanz-Unsicherheitsvermeidung kombinieren. Diese Kombination wird in Abbildung 7.2 wiedergegeben.

Mintzberg bedient sich der Begriffe „Maschine" in einem anderen Sinn als Stevens und wir. In seiner „machine bureaucracy" (outputorientierte Bürokratie) hebt Mintzberg die Rolle der Technostruktur hervor, also der qualifizierten Spezialisten, aber er weist nicht auf die Rolle der hochqualifizierten Arbeiter hin, die den „operativen Kern" bilden. Darum stimmt Mintzbergs „machine bureaucracy" nicht überein mit Stevens „Maschine", aber mit seiner „Pyramide". Um eine Verwechslung zu vermeiden, haben wir in Abbildung 7.2 die „machine bureaucracy" in „full bureaucracy" (Komplette Bürokratie) umbenannt. Dies ist der Begriff, der für eine sehr ähnliche Konfiguration in der „Aston"-Studie gebraucht wird (siehe an früherer Stelle in diesem Kapitel).

Die flexible Organisation entspricht dem impliziten Organisationsmodell des „Wochenmarktes", die professionelle Bürokratie dem Modell der „gut geölten Maschine", die komplette (outputorientierte) Bürokratie dem Modell der „Pyramide", die einfache Struktur dem Modell der „Familie", während die Struktur der Unternehmensbereiche, die Elemente aus allen vier Modellen aufweist, eine mittlere Position in beiden Kulturdimensionen einnimmt. Ein typisches Land in der Nähe des Zentrums des Diagramms sind die USA, in der die Struktur der Unternehmensbereiche entwickelt wurde und sich derzeit großer Beliebtheit erfreut.

In Abbildung 7.2 werden eine Reihe nationaler Eigenschaften erläutert, die aus der Fachliteratur und der anekdotischen Literatur über Organisationen bekannt sind. Diese werden am deutlichsten beim „bevorzugten Koordinationsinstrument". *Gegenseitige Abstimmung* passt zu dem Organisationsmodell des Marktes und der Vorliebe für *Ad-hoc*-Verhandlungen in den angelsächsischen Ländern. *Standardisierung der Qualifikation* erklärt den Nachdruck, den man von alters her in Ländern wie der Schweiz und Deutschland auf professionelle Qualifikation der Arbeiter legt, bzw. das hohe Ansehen der Lehrlingsausbildungssysteme in diesen Ländern. *Standardisierung von Arbeitsprozessen* passt in das französische Konzept der Bürokratie.[19] *Direkte Kontrolle* entspricht dem, was wir über chinesische Organisationen wissen, auch außerhalb der Volksrepublik China, in denen die Koordination durch das persönliche Auftreten des Eigentümers bzw. seiner Familienangehörigen einen hohen Stellenwert hat. *Standardisierung des Outputs* ist die bevorzugte Philosophie in den USA, auf die auch dann zurückgegriffen wird, wenn das Ergebnis schwer zu messen ist.

Planung, Kontrolle und Buchführung

Planungs- und Kontrollprozesse in Organisationen werden stark von Kultur beeinflusst. Planung und Kontrolle passen zusammen: Planung versucht, Ungewissheit zu reduzieren. Kontrolle ist eine Form von Macht. Daher variieren Planungs- und Kontrollsysteme in einem Land wahrscheinlich gemäß den vorherrschenden Normen von Unsicherheitsvermeidung und Machtdistanz. Planungs- und Kontrollsysteme werden oft als rationale Werkzeuge angesehen, aber in Wirklichkeit sind sie zum Teil ritueller Art. Es ist extrem schwer zu erkennen, wie effektiv Planung und Kontrolle wirklich sind. Die rituellen Elemente machen eine objektive Auswertung unmöglich; es wird immer Gläubige und Ungläubige geben.

Daher ist es schwierig, effektive und ineffektive Planungs- und

Kontrollsysteme in anderen Kulturen zu identifizieren. Nehmen wir den Fall strategischer Planung und Kontrolle des Topmanagements. In Kapitel 5 verwiesen wir auf eine Analyse des Topmanagements in Frankreich, Deutschland und Großbritannien, die der Franzose Jacques Horovitz 1980 veröffentlichte. Nach den von US-Planern für Planung und Kontrolle aufgestellten Kriterien machen britische Manager eine bessere strategische Planung als ihre Kollegen in Deutschland und Frankreich; die beiden letzteren legten den Schwerpunkt auf Details und kurzfristiges Feedback.

Dennoch waren die Volkswirtschaften in Frankreich und Deutschland zu diesem Zeitpunkt mindestens genauso gut wie die in Großbritannien und den USA. Henry Mintzberg, der selbst Nordamerikaner war, drückte sich sehr skeptisch über die Wirkung strategischer Planung aus.[20] Rituale sind für diejenigen effektiv, die an sie glauben.

Inwieweit nationale Machtdistanz und Unsicherheitsvermeidung Planungs- und Kontrollprozesse in Organisationen beeinflussen, ist im Folgenden beschrieben:[21]

- Ein höherer Machtdistanzindex (PDI) unterstützt eher politisches als strategisches Denken.
- Ein höherer PDI unterstützt eher persönliche Planung und Kontrolle als unpersönliche Systeme. Je höher die Hierarchie, umso weniger formal sind Planung und Kontrolle.
- Niedrigere PDI-Kontrollsysteme setzen mehr Vertrauen in Untergebene; in Kulturen mit höherem PDI fehlt ein solches Vertrauen.
- Ein höherer Unsicherheitsvermeidungsindex (UAI) macht es weniger wahrscheinlich, dass *strategische* Planungsaktivitäten praktiziert werden, weil diese Gewissheiten von heute in Frage stellen.
- Ein höherer UAI unterstützt das Bedürfnis nach mehr detaillierter Planung und nach mehr kurzfristigem Feedback.
- Ein höherer UAI impliziert, dass die Planung Spezialisten überlassen wird.
- Ein höherer UAI impliziert eine mehr eingeschränkte Sicht dessen, was an Informationen relevant ist.

Wenn Unternehmen international werden, ist ihre Planung und Kontrolle weiterhin stark beeinflusst von ihrer nationalen Kultur. Die niederländischen Forscher Anne-Wil Harzing und Arndt Sorge sammelten Informationen darüber, wie multinationale Unternehmen die Leistung ihrer Tochtergesellschaften kontrollierten. Der entscheidende Einfluss ging vom *Heimatland* des multinationalen Unternehmens, nicht der Tochtergesellschaft aus. Dies erklärt die Variationen im Gebrauch von sowohl unpersönlicher Kontrolle durch Systeme als auch persönlicher Kontrolle durch ins Ausland entsandte Mitarbeiter.[22]

Nationale Kulturen spiegeln sich auch in der Rolle der *Buchhalter* in Organisationen wider. Nicht nur Manager und die Managementlehrer, sondern auch Buchhalter sind nur Menschen; mehr noch, sie spielen eine ganz bestimmte Rolle in der Kultur einer Gesellschaft.[23]

In Kapitel 1 haben wir erfahren, dass Kultur in Form von Symbolen, Helden, Ritualen und Werten zutage tritt; die Buchführung wird auch als Geschäftssprache bezeichnet; man versteht darunter den Umgang mit *Symbolen,* die allein für denjenigen Bedeutung haben, der in das Zahlengeschäft eingeweiht ist. Auf der Ebene der Symbole stößt man auch auf Geld. Geld an sich hat weder einen anderen Wert noch einen Sinn als der, der ihm per Konvention zugeteilt wurde. Geld hat auch für jeden eine andere Bedeutung. In der Kultur der Buchhalter z.B. bedeutet es etwas anderes als in der Kultur der Banker. Die Bedeutung von Geld besitzt außerdem eine nationale Komponente. In Kapitel 4 wird die Bedeutung von Geld mit Maskulinität in Zusammenhang gebracht. In maskulinen Gesellschaften, wie z.B. USA und Deutschland, ist das Buchführungssystem stärker auf das Erreichen rein finanzieller Zielvorgaben ausgerichtet als in mehr femininen Gesellschaften wie Schweden und die Niederlande. In mehr kurzzeitorientierten Gesellschaften wie den USA stehen offensichtlich mehr kurzfristige Ergebnisse im Mittelpunkt als in mehr langzeitorientierten Gesellschaften.

Es ist eher unwahrscheinlich, dass Buchhalter selbst jemals zu *Helden* in einer Organisation werden, aber sie haben die wichtige Rolle, diese Helden an anderer Stelle in der Organisation zu entdecken und zum Helden zu machen. Denn sie sind es, die den Ausschlag darüber geben, ob jemand etwas taugt oder nicht. Ein Instrument, dessen sie sich hierbei bedienen, ist die „Rechenschaftspflicht". Darunter versteht man, dass jemand persönlich für das Ergebnis verantwortlich gemacht wird. In einer maskulinen Gesellschaft, in der messbare Ergebnisse mehr Gewicht haben als in einer femininen, werden diese Ergebnisse in der Buchführung auf eine Art und Weise präsentiert, dass der Verantwortliche entweder als Held oder als Bösewicht dasteht.

Unter kulturellem Gesichtspunkt kann die Buchführung als ein unsicherheitsvermeidendes *Ritual* bezeichnet werden. Sie kommt dem kulturellen Bedürfnis nach Sicherheit, Schlichtheit und Wahrheit nach, in einer Welt, in der man die Orientierung verlieren kann, ungeachtet dessen, ob diese Wahrheit eine objektive Grundlage hat. Der britische Dozent und ehemalige Buchhalter Trevor Gambling hat geschrieben, dass ein großer Teil der Informationen aus der Buchhaltung dazu dient, im nachhinein die Entscheidungen zu rechtfertigen, die in erster Instanz aus nichtlogischen Gründen getroffen wurden. Die Hauptfunktion der Buchführung besteht nach Gambling darin, in einer unsicheren Welt die Moral aufrechtzuerhalten. Der Buchhalter „versetzt eine deutlich demoralisierte, moderne Industriegesellschaft in die Lage, mit sich selbst zu leben, indem er ihr das sichere Gefühl gibt, dass ihre Modelle und Gegebenheiten als Wahrheit gelten können".[24]

Dies erklärt die Tatsache, dass es auf dem Gebiet der Buchführung keine internationale Übereinkunft gibt. Die Amerikaner haben ihre Version in der sogenannten Bibel der Buchhalter zusammengefasst. Diese trägt den Namen „GAAP Guide" und ist die Abkürzung für „Generally Accepted Accounting Principles" (allgemein akzeptierte Buchführungsprinzipien). Allgemein akzeptiert zu werden ist genau das, was ein Ritual zu einem Ritual macht. Es braucht keine andere Rechtfertigung. Hat man sich erst einmal auf ein Ritual geeinigt, werden viele Probleme wieder technischer Natur, wie z. B. die Frage, wie man das Ritual am effektivsten ausführen kann. Für einen unvoreingenommenen Beobachter hat die Buchführungspraxis viel mit der Ausführung von religiösen Ritualen gemeinsam (die auch dazu dienen, Unsicherheit zu vermeiden). Der britische Journalist Graham Cleverley nannte die Buchhalter die „Priester der Geschäftswelt".[25] Manchmal stoßen wir auf eine direkte Verbindung zwischen religiösen und buchhalterischen Regeln, wie z.B. im Islam, wo der Koran die Berechnung von Zinsen untersagt.

In Geert Hofstedes Dissertation in den 60er Jahren ging es um die Folgen der Haushaltsplanung, und unbeabsichtigt wurde darin die rituelle Funktion des Budgetsystems verteidigt. Dies ist erstaunlich, da der Vorgang der Haushaltsplanung wahrscheinlich einer derjenigen Teilbereiche der Buchführung mit dem größten Praxisbezug ist. Damals arbeitete Geert Hofstede als Produktionsleiter in einer niederländischen Textilfabrik, und er war überrascht über das paradoxe Verhalten der Mitarbeiter, als ein Budgetsystem eingeführt wurde: wahrnehmbares Verhalten, und das war genau das Gegenteil von dem, was mit dem System beabsichtigt wurde.

Die wichtigste Schlussfolgerung der Untersuchungen kam im Titel der Dissertationsarbeit zum Ausdruck, der lautete: *The Game of Budget Control* (Das Spiel Budgetkontrolle).[26] Grundlage der Arbeit war eine Feldstudie in fünf niederländischen Unternehmen. Sie bezog sich nicht explizit auf Rituale oder Kultur, fand aber heraus, dass Buchhaltung die Ergebnisse positiv beeinflussen kann. Man muss sie nur als Spiel auffassen. Das Spiel ist in allen menschlichen Gesellschaften eine sehr spezifische Form eines Rituals: Es besteht aus Spielhandlungen, die um des Spielens willen ausgeführt werden. Grundsätzlich zeigten die Untersuchungen, dass der rituelle Gebrauch des Systems selbst eine primäre Kondition für seine Auswirkung auf das Ergebnis ist. Die technischen Aspekte des eingesetzten Systems – mit denen sich die Fachliteratur hauptsächlich befasst – betrifft nicht das Ergebnis. Die Art und Weise, wie das Spiel gespielt wurde, macht das System für die Mitspieler sinnvoll und bestimmt den Einfluss, den es hat. Dieses war eine kulturelle Interpretation *avant la lettre*.

Wenn Buchführungssysteme ein Ritual zur Unsicherheitsvermeidung sind, so kann man davon ausgehen, dass der Punktwert einer Gesellschaft bei der Unsicherheitsvermeidung einen großen Einfluss auf die Buchführungspraktiken hat: In Gesellschaften mit starker Unsicherheitsvermeidung sind mehr Regeln notwendig, wie man in verschiedenen Situationen zu handeln hat. In Gesellschaften, in denen die Unsicherheitsvermeidung schwächer ausgeprägt ist, wird der Organisation oder sogar dem Buchhalter mehr Handlungsspielraum eingeräumt.

Hinter den Symbolen, Helden und Ritualen in der Buchführung findet man *Werte.* Je weniger eine Aktivität durch technische Notwendigkeiten vorherbestimmt wird, umso mehr wird sie von Werten und folglich durch kulturelle Unterschiede beeinflusst. Die Buchführung ist ein Gebiet, auf dem die technischen Notwendigkeiten gering sind: historisch begründete Konventionen sind von größerem Belang als natürliche Gesetzmäßigkeiten. Deshalb ist es logisch, dass das System der Buchführung in der Art und Weise, wie es eingesetzt wird, nach nationaler Kultur verschieden variiert.

In Ländern mit großer Machtdistanz wird häufig auf das System der Buchführung zurückgegriffen, um auf höchster Ebene getroffene Entscheidungen zu rechtfertigen: Man könnte sie auch als ein Instrument der Mächtigen bezeichnen, das gewünschte Image zu erzeugen. Die Zahlen können, wenn nötig, entsprechend zurechtgebogen werden. Die Buchhaltungsskandale in den USA im Jahre 2002 (von denen der Fall der Enron Corporation das im ganzen Land bekannteste Beispiel war), passen in das Bild, dass in der US-amerikanischen Gesellschaft eine Verschiebung in Richtung stärkerer Machtdistanz stattgefunden hat, auf die am Ende von Kapitel 2 aufmerksam gemacht wird.

Machtdistanz betrifft auch das Ausmaß, in dem Menschen auf niedrigeren Hierarchiestufen in Organisationen aufgefordert werden, an der Festlegung von Buchhaltungsstandards mitzuwirken. Als drei große staatliche Unternehmen in Thailand versuchten, ein in den USA entworfenes Kostensystem einzuführen, stieß dieses auf starken Widerstand, weil die Verteilung von Macht im Widerspruch zu den thailändischen Werten stand.[27]

In Ländern mit stärkerer Unsicherheitsvermeidung wie Frankreich und Deutschland wird das System der Buchführung nicht nur, wie bereits oben angeführt, ausgefeilter, sondern theoretisch auch besser untermauert sein, um den Eindruck zu erwecken, dass es von allgemeinen, wirtschaftlichen Prinzipien abgeleitet ist. In Ländern mit schwacher Unsicherheitsvermeidung wird Buchführung mehr pragmatisch ausgerichtet sein, Platz für Spontaneität lassen und für den Normalsterblichen verständlich sein. Ein oben erwähntes Beispiel sind die *Generally Accepted Accounting Principles* (allgemein anerkannte Buchführungsprinzipien) in den USA. In Deutschland und Japan wird vorausgesetzt, dass in den Jahresberichten an die Aktionäre die gleiche Wertstellung des Aktivvermögens des Unternehmens angesetzt wird wie für Steuerzwecke; im niederländischen, britischen und amerikanischen System der Buchführung sind die Erklärung für das Finanzamt und der Bericht an die Aktionäre etwas völlig Verschiedenes.

In individualistischen Kulturen nimmt man die zahlenmäßige Information aus der Buchführung ernster und hält sie für unerlässlicher als in einer kollektivistischen; letztere leitet laut Edward Hall viele Informationen aus dem Zusammenhang ab und verfügt über andere, spitzfindigere Möglichkeiten, etwas über den Zustand der Organisation und die Leistung der Mitarbeiter herauszufinden. Daher gibt man sich weniger mit den Zahlen ab, die die Buchhalter produzieren. Der Beruf des Buchhalters genießt in solchen Gesellschaften meist ein geringeres gesellschaftliches Ansehen; die Arbeit des Buchhalters ist ein Ritual, das keinen praktischen Einfluss auf Entscheidungen hat.

Multinationale Unternehmen müssen, wenn sie sich im Ausland niederlassen, zunächst allgemeine Buchhaltungsregeln zu Zwecken der Konsolidierung einführen und durchsetzen. Wenn, wie die Studie bei IBM zeigte, sogar in einem straff organisierten Unternehmen die Mitarbeiter in verschiedenen Ländern ganz verschiedene, persönliche Werte haben, so ist es wahrscheinlich, dass die Buchführungsregeln in den Niederlassungen der großen Unternehmen ganz anders als von der Firmenzentrale erwartet ausgelegt werden können.

In der Kommunikation zwischen Buchhaltern und anderen Mitgliedern der Organisation spielen die unterschiedlichen Wertesysteme des Arbeitsplatzes eine Rolle. Bei amerikanischen Studenten mit Buchführung als Hauptfach stellte man fest, dass sie es, im Gegensatz zu den anderen Studenten, für wichtiger erachten, „sauber" und „verantwortlich" als „phantasievoll" zu sein, was auf eine Selbstselektion bei der Unsicherheitsvermeidung hindeutet.[28] Bei einer niederländischen und einer internationalen Stichprobe fand Geert Hofstede heraus, dass Buchhalter mehr auf die äußere *Form* der Information achten und Leute aus operativen Bereichen mehr auf den *Informationsgehalt*.[29]

Der Buchhalter ist auch derjenige, der den „Wert" der Aktiva einer Organisation bewertet. Die Methode, wie Aktiva bewertet werden, spiegelt das zugrundeliegende, nichtrationale Wertesystem wider, wie zum Beispiel die Tatsache, dass Maschinen unter Aktiva fallen, die Mitarbeiter hingegen nicht. Hardware ist weniger unsicher als Software.

Corporate Governance und Geschäftsziele

Traditionell unterscheiden sich die Muster von Corporate Governance, Firmeneigentum und –kontrolle in den einzelnen Ländern stark voneinander. Eine 1997[30] veröffentlichte Untersuchung in 12 europäischen Ländern zeigte, dass in Großbritannien 61 der 100 größten Unternehmen in der Hand von Kleinaktionären waren (kein einziger Anteilseigner besaß mehr als 20%), wohingegen in Österreich und Italien überhaupt kein größeres Unternehmen diesen Aktionärstyp aufwies. Die Prozentsätze gestreuten Anteilsbesitzes standen signifikant in Korrelation zu IDV (Individualismusindex).[31]

Kapitalismus ist historisch geknüpft an Individualismus. Das Vereinigte Königreich hat die Ideen des Schotten Adam Smith (1723–1790) über den Markt als eine unsichtbare Hand geerbt. Beim individualistischen Wertemuster ist die Beziehung zwischen dem Individuum und der Organisation *berechenbar*, sowohl für die Besitzer als auch für die Angestellten; sie basiert auf vorurteilslosem Selbstinteresse. In eher kollektivistischen Gesellschaften ist die Verbindung zwischen Individuen und ihren Organisationen traditionell *moralischer* Natur (Kapitel 3). Eine „hire and fire" Methode, aber auch die des Kaufens und Verkaufens, wird als unmoralisch und unanständig angesehen. Manchmal ist es sogar per Gesetz verboten, Mitarbeiter zu feuern. Ist das nicht der Fall, so hat der Verkauf einer Firma oder die Entlassung von überflüssigen Mitarbeitern nach wie vor einen hohen Preis in Form von öffentlichem Imageverlust und dem Verlust des Wohlwollens der Behörden.

Unterschiede in der Machtdistanz haben ebenfalls Einfluss auf die Corporate Governance. In denselben zwölf Ländern stand bei den 100 größten Unternehmen die Form des Hauptanteilseigners (eine Person, Familie oder Firma besitzt zwischen 20 und 50 %) in positiver Korrelation zu Machtdistanz.[32] Im französischen Bankenwesen mit hohem MDI (Machtdistanzindex) wurde die Entwicklung großer Firmen und des Außenhandels historisch vom Staat nach dem Prinzip des „Merkantilismus" mit starker Hand geführt und kontrolliert; andere ziemlich große Unternehmen blieben weiterhin in Familienbesitz.

In den nordischen Ländern wie Dänemark, Finnland, Norwegen und Schweden aber auch in Österreich befanden sich zehn oder mehr der 100 größten Unternehmen im Besitz einer Genossenschaft; in Großbritannien und Italien so gut wie keine. Der Anteil der Unternehmen, der im Besitz von Genossenschaften war, stand in negativer Korrelation zu Maskulinität.[33] Genossenschaften berufen sich auf das Bedürfnis nach Kooperation in einer femininen Gesellschaft.

Radislav Semenov, ein russischer Ökonom, verglich Corporate Governance Systeme in 17 westlichen Ländern[34] und wies nach, dass die Kulturpunktwerte ihre Unterschiede besser erklärten als alle, in der Fachliteratur vorgebrachten ökonomischen Variablen. Durch eine Kombination von Machtdistanz, Unsicherheitsvermeidung und Maskulinität war er in der Lage, Länder zu klassifizieren nach Begriffen wie Markt-, Bank- oder andere Form von Kontrolle, Konzentration von Besitz, Denkweisen von Politikern, Direktoren, Angestellten und Investoren, Gestaltung und Umsetzung von Wirtschaftspolitik und Arbeitgeber-Arbeitnehmer-Beziehungen. In einer gesonderten Analyse untersuchte er das Eigentum an Firmen in 44 Ländern weltweit. Er fand nur eine signifikante Relation zu Unsicherheitsvermeidung. Seine Untersuchung zeigte die Bedeutung kultureller Überlegungen beim Export von Lösungen eines Landes in ein anderes, wie dies oft in Osteuropa in den 1990er Jahren geschah.

Corporate Governance steht auch in Relation zu unternehmerischen finanziellen Zielen. Es ist naiv anzunehmen, dass solche Ziele kulturfrei sind. In Interviews, die der niederländischer Forscher Jeroen Weimer mit niederländischen, deutschen und US-amerikanischen leitenden Geschäftsleuten führte, sprachen die Niederländer, abgesehen von den Gewinnen, die sie erzielten wollten, über das Firmenvermögen, die Deutschen über die Unabhängigkeit von Banken und die Amerikaner über die „Shareholder value" (Nutzen für den Aktionär).[35] Dies reflektiert die institutionellen Unterschiede der Länder untereinander (die starke Rolle von Banken in Deutschland,) aber auch die vorherrschenden Ideologien (der Aktionär ist in den USA ein kultureller Held).

Persönliche Ziele von erstklassigen Geschäftsleuten sind nicht nur finanzieller Art, aber wie findet man heraus, was die eigentlichen Ziele sind? Befragt man die leitenden Geschäftsleute selbst, wird dies voraussichtlich meist Wunschdenken und Bilanzkosmetik zutage fördern. Geert Hofstede löste dieses Dilemma, indem er Juniormanager und Fachleute befragte, die MBA-Abendkurse besuchten, um die üblichen Ziele von Topmanagern in ihrem Land einschätzen zu können. MBA-Studenten, die tagsüber in Firmen arbeiten, haben wahrscheinlich die meisten Informationen und können sich am besten ein Urteil bilden. Mit Hilfe eines internationalen Netzwerkes unter Kollegen registrierten Geert Hofstede und drei Koautoren mittels einer Liste von 15 potentiellen Zielen über 1800 Studenten von MBA-Abendkursen in 21 Universitäten in 15 Ländern.[36] In allen Ländern gab es eine allgemeine Reihenfolge von Zielen, bei denen Wachstum, Kontinuität und Profite ganz oben standen. Schließlich handelte es sich um Geschäftsunternehmen. Aber im Verhältnis zu dieser allgemeinen Liste schrieben MBA-Studenten aus verschiedenen Ländern den in ihrem Land erfolgreichen Unternehmensführern unterschiedliche Prioritäten zu. Die Länder konnten in sieben Cluster unterteilt werden. Die jeweilige Auflistung der Ziele innerhalb dieser

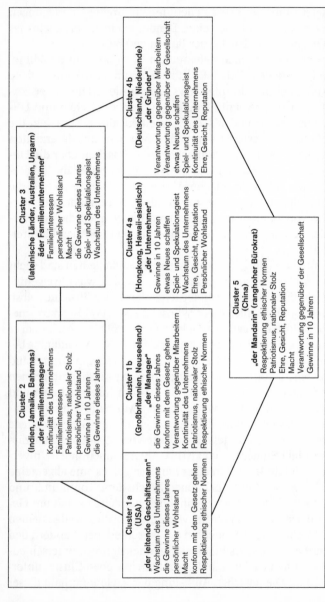

Abb. 7.3: Die sechs relativ wichtigsten bei erfolgreichen Unternehmensführern wahrgenommenen Ziele in sieben Länder-(Unter-)Clustern (Quelle: Hofstede et al., 2002)

Cluster erfolgt in Abbildung 7.3. Es werden sieben verschiedene „archetypische" Unternehmensführerrollen angeführt.

Der US-amerikanische Archetyp eines *leitenden Geschäftsmannes* (hier herrschte fast völliger Konsens bei fünf Universitäten aus allen Teilen des Landes) legt den größten Wert auf Wachstum, kurzfristige Gewinne, persönlichen Wohlstand und Macht, mit dem Gesetz konform zu gehen (in den USA gibt es wahrscheinlich die größte Dichte an Rechtsanwälten weltweit) und auf die Respektierung ethischer Normen (dies spiegelt die Besorgnis bei der Wahl zwischen Gut und Böse wider). Alle anderen Länder weichen in verschiedener Hinsicht von diesem Muster ab. So taucht zum Beispiel „Verantwortung gegenüber Mitarbeitern" in Deutschland und den Niederlanden wie auch in Großbritannien und Neuseeland auf: Länder, in denen eine organisierte Arbeitnehmerschaft traditionell eine starke Rolle in der Gesellschaft spielte.

„Familieninteressen" taucht in Cluster 2 und 3 auf, hauptsächlich in romanischen Ländern und in Indien, wo das Geschäftsleben oft noch eine Familienangelegenheit ist. „Gewinne in 10 Jahren" ist am auffälligsten in Hongkong und bei hawaiischen Amerikanern asiatischer Abstammung.

Einige der gewählten Ziele standen in direkter Korrelation zu den Kulturindices der Länder. Machtdistanz war besonders wichtig: sie stand in Relation zu der zugeschriebenen Bedeutung von „Macht", „Ehre, Gesicht, Reputation" und „Familieninteressen" und der *Nicht*-Bedeutung von „mit dem Gesetz konform gehen". Langzeitorientierung stand in Beziehung zu der Bedeutung, die man der Aussage „Gewinne in 10 Jahren" gegenüber „Gewinne in diesem Jahr" beigemessen hatte.

Einige Leute nehmen an, dass die Globalisierung und die Akquisition von Firmen über Grenzen hinweg die in Abbildung 7.3 aufgezeigten Unterschiede auslöschen, und dass alle führenden Geschäftsleute wie der amerikanische Archetyp werden. Die Tatsache, dass diese Archetypen zurückzuführen sind auf nationale Kulturen, die jahrhundertealte Wurzeln haben, macht diese Annahme unwahrscheinlich. Konflikte über Ziele bei Unternehmensführern aus verschiedenen Ländern und zwischen den ins

Ausland entsandten Führungskräften und ihrem einheimischen Personal sind vorhersehbar.

Unterschiedliche nationale unternehmerische Ziele begrenzen die Möglichkeit, eine „Vertretungstheorie" auf andere Länder zu übertragen. Vertretung bedeutet die Übertragung von Verfügungsgewalt durch einen Vollmachtgeber an einen Vertreter. Seit den 80er Jahren wurde der Begriff besonders für die Übertragung einer Vollmacht durch den Firmeninhaber auf den Geschäftsführer verwendet. Vertretungstheorien basieren auf der stillschweigenden Annahme von gesellschaftlicher Ordnung, vertragsmäßiger Beziehungen und Motivation. Solche Annahmen werden durch nationale Grenzen begrenzt.

Motivationstheorien und Praktiken

Motivation ist eine unterstellte Kraft, die im Innern des Individuums agiert und es veranlasst, eine Sache zu tun und eine andere nicht. Kultur als eine kollektive Programmierung der Gedanken spielt also eine deutlich sichtbare Rolle bei der Motivation. Kultur beeinflusst unser Verhalten, aber auch die Erklärung, die wir für unser Verhalten geben. Amerikaner können ihr besonderes Engagement im Job damit erklären, dass sie dafür Geld bekommen, Franzosen mit ihrer Ehre, Chinesen durch gegenseitige Verpflichtungen und Dänen mit Kollegialität.

Verschiedene Hypothesen über Motivation führen zu verschiedenen Motivationstheorien. Der Begründer der Motivationstheorie war der Österreicher Sigmund Freud, dem wir schon einige Male in früheren Kapiteln begegnet sind, aber er wird kaum zitiert, wenn es um Management geht.[37] Die klassischen Motivationstheoretiker im Kontext mit Management sind Amerikaner. In Kapitel 3 und 5 sind wir der Hierarchie menschlicher Bedürfnisse nach Abraham Maslow und in Kapitel 5 der Theorie von Leistungsmotivation nach David McClelland begegnet. Eine dritte beliebte Theorie über Motivation, die ihren US-amerikanischen Ursprung widerspiegelt, ist Frederick Herzbergs Theorie über „Motivation im Vergleich zu Hygiene".

Herzberg veröffentlichte 1959 zusammen mit zwei Mitarbeitern eine inzwischen klassische Theorie,[38] wonach in der Arbeitssituation zwischen Elementen mit einem positiven Motivationspotential (die wirklichen Motivatoren) und Elementen mit einem negativen Potential (die Hygiene-Faktoren) zu unterscheiden ist. Die Motivatoren betreffen die Arbeit an sich und sind Leistung, Anerkennung, Verantwortung und berufliches Weiterkommen. Man nannte sie „intrinsische" Elemente der Arbeit. Die Hygiene-Faktoren, die zwar vorhanden sein müssen, um *De*motivation zu verhindern, aber von sich aus nicht motivieren können, sind Firmenpolitik und Verwaltung, Kontrolle, Gehalt und Arbeitsbedingungen, die „extrinsischen" Elemente der Arbeit. Herzberg nahm an, dass diese Einteilung für die menschliche Motivation allgemeingültig ist. Er schlug vor, dass es die *Arbeit selbst* ist, die die Menschen zum Handeln bringt, und nicht der Kontext der Arbeit.

Herzbergs Schlussfolgerung erinnert an das Zitat seiner Landmännin Mary Parker Follet an früherer Stelle in diesem Kapitel, wo sie dafür eintritt, dass die Menschen sich der jeweiligen Situation („law of the situation") anpassen sollen, d. h. „ihre Aufgaben aus der Situation heraus erhalten". Beide Theorien passen kulturell in eine Umgebung, in der die Machtdistanz gering und die Unsicherheitsvermeidung schwach ist. Weder die Abhängigkeit von mächtigeren Vorgesetzten noch ein Bedürfnis nach festen Regeln scheinen funktional oder notwendig zu sein, um die Menschen zum Arbeiten zu bewegen. Die Theorie befindet sich in Übereinstimmung mit den Kulturen in der oberen linken Ecke von Abbildung 7.1.

In Ländern der unteren linken Ecke von Abbildung 7.1 sollten im Gegensatz zu Herzbergs Theorie Regeln als Teil dessen, was Herzberg „Firmenpolitik und Verwaltung" nannte, nicht nur als „Hygiene" angesehen werden. Gestützt auf ein Über-Ich (siehe Kapitel 5, in der alltäglichen Sprache: durch Pflichtbewusstsein) können sie die eigentlichen Motivatoren in diesen Ländern sein.

So sollte auch „Leitung" in den zwei rechten Ecken in Abbildung 7.1 nicht als Hygiene-Faktor betrachtet werden. In Ländern mit großer Machtdistanz ist die Abhängigkeit von mächtigeren Menschen ein Grundbedürfnis und kann ein echter Motivator sein. In der unteren rechten Ecke, wo die meisten romanischen und lateinamerikanischen Länder vereinigt sind, könnte der Motivator mit *Chef* bezeichnet werden, im Sinne eines formell ernannten Vorgesetzten. Auf der INSEAD Business School in Fontainebleau, an der Stevens seine an früherer Stelle im Kapitel erwähnte Studie durchführte, waren unstrukturierte Diskussionsgruppen, die sich ausschließlich aus Franzosen zusammen setzten, dafür bekannt, dass sie die ganze Zeit mit einem internen Machtstreit um Führung in der Gruppe zubrachten, was natürlich auf Kosten der Produktivität ging. Ganz anders verhielten sich dagegen Gruppen mit deutschen oder britischen Studenten und auch gemischte Gruppen sowie international gemischte Gruppen, in der sich auch Franzosen befanden.

In der oberen rechten Ecke, in der wir asiatische und afrikanische Länder antreffen, sollte der Motivator eher *Meister* genannt werden. Er unterscheidet sich insofern vom „Chef", als seine Macht sich mehr auf Tradition und Charisma gründet als auf eine formale Position.

Zusammengefasst ist Herzbergs Theorie wie die anderen in früheren Kapiteln betrachteten US-Motivationstheorien nur in der kulturellen Umgebung gültig, in der sie erdacht wurde. Sie ist kulturell befangen und spiegelt den Teil der US-Umgebung wider, in der ihr Autor aufgewachsen war und seine Forschungen betrieb.

Eine andere klassische US-Motivationstheorie ist die der Unterscheidung nach Douglas McGregor zwischen „Theorie X" und „Theorie Y". McGregors Arbeit trägt einen starken missionarischen Beigeschmack, der charakteristisch für die 1950er Jahre ist, als seine Ideen formuliert wurden. Bei Theorie X geht es hauptsächlich darum, dass das durchschnittliche menschliche Wesen eine ihm innewohnende Abneigung gegen Arbeit hat und sie, wenn es kann, vermeidet; demnach müssen Menschen gezwungen, betraft und kontrolliert werden, damit sie an den Zielen der Organisation mitwirken. Bei Theorie Y geht es darum, dass der Aufwand an physischer und geistiger Anstrengung bei der Arbeit so natürlich ist wie Spiel oder Schlaf, und dass unter entsprechenden Bedingungen Menschen Verantwortung nicht nur akzeptieren, sondern geradezu danach suchen und Anstrengungen unternehmen, um die Ziele der Organisation zu erreichen. McGregor trat offensichtlich für Theorie Y ein.[39]

In den 1980er Jahren war Geert Hofstede eingeladen, auf einem Fortbildungsseminar über Personalentwicklung in Jakarta, Indonesien, zu sprechen. Jemand schlug vor, dass er über das Problem reden solle, wie man indonesische Manager darin schulen könne, Theorie X durch Theorie Y zu ersetzen. Dies brachte ihn zu der Überlegung, welche grundlegenden, unausgesprochenen kulturellen Vermutungen *sowohl* in Theorie X *als auch* in Theorie Y präsent sind. Er kam zu folgendem Schluss:

(1) Arbeit ist gut für die Menschen. Es ist Gottes Wille, dass Menschen arbeiten sollen.

(2) Die Fähigkeiten der Menschen sollten maximal genutzt werden. Es ist Gottes Wille, dass die Menschen ihre Fähigkeiten voll ausschöpfen.

(3) Es gibt „Organisationsziele", die abseits von den Menschen existieren.

(4) Menschen in Organisationen verhalten sich wie unabhängige Individuen.

Diese Hypothesen spiegeln die Wertepositionen einer individualistischen, maskulinen Gesellschaft wie den USA wider, in der McGregor aufgewachsen ist. Keine davon trifft auf Indonesien oder eine andere südostasiatische Kultur zu. Südostasiatische Hypothesen würden eher so lauten:

(1) Arbeit ist eine Notwendigkeit, aber nicht ein Ziel an sich.

(2) Die Menschen sollten ihren rechtmäßigen Platz finden, in Frieden und Harmonie mit ihrer Umwelt.

(3) Absolute Ziele existieren nur bei Gott. In der Welt repräsentieren Personen in Autoritätspositionen Gott, deshalb sollten ihre Ziele befolgt werden.

(4) Die Menschen verhalten sich wie Mitglieder einer Familie und/oder Gruppe. Tun sie das nicht, werden sie von der Gesellschaft verstoßen.

Wegen dieser unterschiedlichen kulturell festgelegten Annahmen ist die Unterscheidung nach McGregors Theorie X und Theorie Y im Südosten Asiens irrelevant. Eine Unterscheidung, die mehr im Einklang mit südostasiatischen Kulturen wäre, würde nicht sich gegenseitig ausschließende Alternativen gegenüberstellen, die die Harmonienorm stören. Das ideale Modell würde eher für Gegensätze sprechen, die einander ergänzen und harmonisch zusammen passen. Nennen wir sie Theorie T und Theorie T+, wobei T für Tradition steht. Theorie T könnte sein:

(1) Es gibt ein System von Ungleichheit in dieser Welt, in der jede(r) den ihm oder ihr zustehenden Platz hat. In diesem System, das von Gott gewollt ist, werden sowohl die oben als auch die unten Stehenden geschützt.

(2) Kinder müssen lernen, ihre Pflichten an dem Platz zu erfüllen, an den sie durch ihre Geburt gehören. Sie können ihren Platz verbessern, wenn sie von einem guten Lehrer unterrichtet werden, wenn sie bei einem guten Arbeitgeber arbeiten, und/oder wenn sie einen guten Lebenspartner heiraten.

(3) Tradition ist eine Quelle der Weisheit. Deshalb hat das durchschnittliche menschliche Wesen eine Abneigung gegen Veränderung und wird diese, wenn es möglich ist, zu Recht vermeiden.

Ohne Theorie T zu widersprechen, würde Theorie T+ Folgendes bestätigen:

(1) Trotz der Weisheit von Traditionen ist die Erfahrung von Veränderungen im Leben natürlich, so natürlich wie Arbeit, Spiel oder Schlaf.

(2) Die Verpflichtung zu Veränderung hängt ab von der Qualität von Führungspersönlichkeiten, die die Veränderung herbeiführen, den Gewinnen, die mit den Veränderungen assoziiert werden und den negativen Folgen, wenn keine Veränderung herbeigeführt wird.

(3) Die Fähigkeit, Menschen zu einer Veränderung zu führen, ist überall bei Führungspersönlichkeiten in der Bevölkerung verbreitet und nicht nur vereinzelt zu finden.

(4) Die Lernfähigkeiten einer durchschnittlichen Familie sind mehr als ausreichend für eine Modernisierung.

So kann ein südostasiatisches Äquivalent zur Personalentwicklung auf etwas wie Theorie T und T+ beruhen; mit einem importierten Theorie-X-Y-Modell kann man nichts anfangen, weil es hier irrelevant ist.

Nationale Unterschiede in Motivationsmustern spiegeln sich in verschiedenen Vergütungsarten wider. Löhne und andere Bedingungen werden durch Vergleich mit anderen auf dem gleichen nationalen Arbeitsmarkt festgelegt. In einer in 24 Ländern durchgeführten Studie fand man signifikante Korrelationen zwischen Vergütungspraxis und unseren Kulturindices:[40]

- Arbeitgeber in Ländern mit geringer Machtdistanz bieten öfter Kinderbetreuung am Arbeitsplatz für Manager, Fachleute und technisches Personal und Aktienbezugsrechte für Nicht-Manager an.
- Arbeitgeber in individualistischen Ländern zahlen öfter eine Provision für individuelle Leistung und geben Managern ein Aktienbezugsrecht..
- Arbeitgeber in maskulinen Ländern zahlen öfter eine Provision an Mitarbeiter, die keine führende Position haben; in femininen Ländern gewähren sie öfter eine flexible Gewinnbeteiligung und Kinderbetreuung am Arbeitsplatz für Büroangestellte und Arbeiter sowie Mutterschaftsurlaub.
- Arbeitergeber in Ländern mit Unsicherheitsvermeidung machen eine Bezahlung öfter abhängig von Betriebszugehörigkeit und Fähigkeiten und weniger oft von Leistung.

Mitarbeiterführung, Entscheidungsfindung und Übertragung von Verantwortung

Einer der ältesten Theoretiker von Mitarbeiterführung in der Weltliteratur ist Niccolo Machiavelli (1469–1527).[41] Er war ein früherer Staatsmann und sein Buch beschrieb die effektivsten Techniken der Manipulation und dem Verbleiben an der Macht einschließlich Betrug, Bestechung und Mord, was ihm in den nachfolgenden Jahrhunderten einen schlechten Ruf einbrachte. In der Tat beschrieb er lediglich das, was er beobachtet hatte – heute würden wir ihn als Soziologen bezeichnen. Machiavelli schrieb im Italien seiner Zeit, und das, was er beschrieb, war ganz klar eine starke Machtdistanz, maskuliner Kontext. Machtdistanz wurde in Italien in den IBM-Studien als mittelmäßig stark ausgeprägt empfunden. Im 16. Jahrhundert war sie wahrscheinlich noch beträchtlich stärker ausgeprägt. In den IBM-Studien schnitt Italien immer noch stark maskulin ab.

Wie wir in Kapitel 2 ausführten, sind Führung und Gefolgschaft in einem Land nicht voneinander zu trennen. Vertikale Beziehungen in Organisationen basieren auf gemeinsamen Werten von Vorgesetzten *und* Untergebenen. Überzeugungen bezüglich Führungsverhalten reflektieren die vorherrschende Kultur eines Landes. Fordert man Menschen auf, die Qualitäten einer guten Führungskraft zu beschreiben, so ist dies eine Art, sie um die Beschreibung ihrer Kultur zu bitten. Die Führungskraft ist ein Kulturheld im Sinne eines Verhaltensmodells (Abb. 1.2).

Autoren aus individualistischen Ländern neigen dazu, Mitarbeiterführung als ein unabhängiges charakteristisches Merkmal zu beschreiben, das man sich ohne Bezug zum Kontext aneignen kann. In der Managementliteratur aus individualistischen, maskulinen Kulturen wie Australien, Großbritannien und den USA sind verklärende Beschreibungen maskuliner Führungskräfte beliebt. Sie beschreiben, was der Leser gern sein und glauben würde. Was wirklich passiert, hängt von den Führungskräften, von den Gefolgsleuten und sehr stark von der Situation ab.

Feminine Kulturen glauben an bescheidene Führungskräfte. Eine namhafte US-Beratungsfirma wurde einmal um eine Analyse der Entscheidungsfindung in einem führenden niederländischen Unternehmen gebeten. In ihrem Bericht kritisierte sie den Stil der Entscheidungsfindung des Unternehmens dahingehend, dass sie u. a. „intuitiv" erfolge und auf „Konsens beruhe".[42] Ein von d'Iribarne (siehe Kapitel 2) gezogener eingehender Vergleich einer US-amerikanischen, einer niederländischen und einer französischen Organisation zeigte auf, dass das Prinzip des Konsens genau das Wesentliche für den Erfolg der niederländischen Firma war. Das niederländische „Polder" Konsensmodell soll ein Grundpfeiler der Wirtschaft des Landes gewesen sein. Führt man in solch einer Situation ein fremdes Führungsmodell ein (von dem man glaubt, es sei universell), so kommt das einer Zerstörung des kulturellen Kapitals gleich.

Die dänische Forscherin Jette Schramm-Nielsen interviewte dänische Manager, die in französischen Fabrikationsbetrieben arbeiteten sowie französische Manager, die in dänischen Fabrikationsbetrieben arbeiteten und forderte sie auf, die dänische und die französische Art der Entscheidungsfindung zu vergleichen. Die Aussagen ließen die große UVI-Diskrepanz zwischen den beiden Ländern erkennen.

Ein Däne sagte:

> „Die Franzosen neigen zu der Annahme, dass die Dänen nicht gründlich genug sind, und die Dänen glauben, dass die Franzosen zu kompliziert sind. An seinem Schreibtisch neigt der Franzose dazu, die ganze Zeit einen Fall zu bearbeiten. Er scheint weder mit seiner Umgebung noch mit sich selbst einig zu sein. Das bedeutet, dass er nach der Analyse eines Falls, wenn er zu einem Ergebnis gekommen ist, das Ganze am liebsten noch einmal überarbeiten würde.

Ein Franzose sagte:

> „Die Franzosen sind rational, ja, aber diese Aussage muss abgestuft werden. Sie sind rational in ihrer Argumentation, aber viel subjektiver in ihren Handlungen und Reaktionen."

Ein anderer Franzose:

> „Dänen sind pragmatischer ... die Vernunft der Dänen ist darauf gerichtet, ihre Handlungen und ihr Wissen auf die praktische Seite der Dinge abzustimmen.[43]

Ellen Jackofsky und John Slocum, zwei US-Forscher, analysierten Beschreibungen von Generaldirektoren (Chief Executive Officer – CEO) in der Managementpresse in fünf Ländern. Französische CEOs wurden als selbstherrlich beschrieben (große Machtdistanz), die deutschen legten viel Wert auf Schulung und den Verantwortungsbereich ihrer Manager und Arbeiter (geringe Machtdistanz, hohe Unsicherheitsvermeidung), Japaner seien geduldig und ließen die Organisation von alleine laufen mit dem Ziel eines langfristigen Marktanteils (hohe Langzeitorientierung), Schweden nähmen unternehmerische Risiken auf sich und sorgten sich gleichzeitig um die Qualität des Arbeitslebens ihrer Mitarbeiter (niedrige Unsicherheitsvermeidung, schwache Maskulinität); und der eine taiwanesische CEO in der Stichprobe lege großen Wert auf harte Arbeit und Familie (starke Langzeitorientierung, schwacher Individualismus).[44]

Ingrid Tollgerdt-Andersson aus Schweden verglich über 1.400 Stellenanzeigen für leitende Angestellte aus acht europäischen Ländern. Sie achtete darauf, ob in den Anzeigen persönliche und soziale Fähigkeiten erwähnt wurden, wie zum Beispiel die Fähigkeit zur Kooperation. Dies war der Fall in 80 Prozent oder mehr der Anzeigen in Schweden, Dänemark und Norwegen, aber nur in etwas über 50 Prozent der Anzeigen in Italien und Spanien. Schwache Unsicherheitsvermeidung ist eine Erklärung für die meisten Unterschiede.

Die Fähigkeit zu kooperieren ist ein weiches Kriterium, das in Ländern mit niedrigem UVI eher als wertvoll angesehen wird. Femininität erklärt fast alle verbleibenden Unterschiede: Kooperation hat als Wert größere Bedeutung in femininen als in maskulinen Kulturen.[45]

Untersuchungen über die Zufriedenheit und Produktivität von Untergebenen, die unter verschiedenen Führungskräftetypen arbeiten, zeigen den Einfluss nationaler Kulturen. Französische IBM-Techniker waren am ehesten zufrieden, wenn sie ihren Boss als überzeugend und patriarchalisch ansahen, ganz anders als ihre britischen und deutschen Kollegen, die eher den beratenden und demokratischen Vorgesetzten mochten. Arbeiter aus Peru mochten eine ziemlich straffe Leitung, ganz anders als gleichartige Arbeiter aus den USA. Indische Assistenten zeigten die höchste Zufriedenheit und Leistung, wenn sie unter einem Vormann arbeiteten, der sich wie ihr älterer Bruder verhielt. Das, was in der einen Situation einen angemessenen Führungsstil darstellt, muss nicht unbedingt für eine anders programmierte Gruppe von Untergebenen geeignet sein.[46]

Führungsverhalten, aber auch Führungstheorien, die die kollektiven Erwartungen von Untergebenen nicht berücksichtigen, funktionieren grundsätzlich nicht. Harry Triandis beschrieb, wie US-Mitarbeiterführungsstil in Griechenland versagte und der griechische Stil der Mitarbeiterführung in den USA.[47] Was normalerweise geschieht, wenn fremde Theorien im Ausland gelehrt werden ist, dass sie gepredigt, aber nicht praktiziert werden. Kluge einheimische Manager passen die fremden Ideen im Stillen an, damit sie in die Wertvorstellungen ihrer Untergebenen passen. Ein Land, in dem dies oft passierte, ist Japan.[48] Weniger kluge Manager unternehmen vielleicht einen „untauglichen Versuch", stellen fest, dass es nicht funktioniert und fallen dann in ihre alte Routine zurück.

Das Vorhandensein und die Funktionsweise von *Beschwerde-wegen*, über die sich Mitglieder unterer Hierarcheränge der Organisation über diejenigen an der Spitze beschweren können, sind offensichtlich stark kulturell beeinflusst. Es ist nicht einfach, solche Beschwerdewege in einer Umgebung mit starker Macht-distanz einzurichten: auf der einen Seite fürchtet der Untergebene Vergeltungsmaßnahmen (aus gutem Grund); auf der anderen Seite wird es mehr unrealistische und übertriebene Beschwerden geben, und man kann diese Wege benutzen, um persönlich Rache an einem Vorgesetzten zu nehmen, den man sonst nicht angehen könnte. Auch Unsicherheitsvermeidung spielt eine Rolle: Beschwerden statt zu geben, bedeutet, Unvorhergesehenes zuzulassen.

Der Begriff „Übertragung von Verantwortung" kam in den 1990er Jahren in Mode. Er kann sich auf alle möglichen formalen oder informellen Wege beziehen, Macht und Einfluss bei der Entscheidungsfindung zwischen Führungskräften und Untergebenen aufzuteilen. Frühere Begriffe für solche Prozesse waren partizipatives Management und gemeinsame Beratung oder *Mitbestimmung*, betriebliche Demokratie, Arbeitnehmervertretung, Arbeitnehmerselbstmanagement, Beratung im Werk oder Mitsprache. Ihre Durchführbarkeit hängt von den Wertesystemen der Mitglieder der Organisation ab; von den Untergebenen zumindest ebensoviel wie von den Führungskräften. Die erste kulturelle Dimension, die damit zu tun hat, ist wieder einmal Machtdistanz. Die Aufteilung von Einfluss kommt naturgemäß mehr in Kulturen mit geringer als in solchen mit großer Machtdistanz vor.[49] Ideologien können sich genau umgekehrt entwickeln: in den IBM-Umfragen wurde das Statement, „Angestellte sollten im Betrieb mehr an den vom Management getroffenen Entscheidungen beteiligt werden" in Ländern mit großer Machtdistanz stärker befürwortet als in denen mit geringer; eine Ideologie kann für die Realität einen Ausgleich schaffen.

Klassische Modelle von US-Mitarbeiterführung in der Mitte des 20. Jahrhunderts wie Theorie Y von Douglas McGregor (siehe oben), System 4 von Rensis Likert und „Managerial Grid"[50] von Robert Blake und Jane Mouton spiegelten geringe, aber nicht sehr geringe Machtdistanz wider (in den IBM-Studien nahmen die USA bei MDI von insgesamt 53 Rang 16 von unten ein). Sie alle befürworteten „partizipatives Management" in dem Sinne, dass Mitarbeiter an den Entscheidungen der Führungskräfte beteiligt werden sollten, dies aber *auf Initiative des Vorgesetzten hin*. In Ländern mit noch niedrigeren Machtdistanzwerten – wie Schweden, Norwegen, Deutschland und Israel – wurden Managementmodelle entwickelt, die davon ausgingen, dass die Initiative von den Untergebenen ausging. In den USA scheint dies als Verletzung von Managementprivilegien angesehen zu werden, aber in den Ländern mit geringster Machtdistanz denken die Menschen nicht in diesen Begriffen. Ein Skandinavier wurde gegenüber einem amerikanischen Dozenten wie folgt zitiert: „Ihr seid gegen Mitarbeiterbeteiligung aus dem gleichen Grund, aus dem wir dafür sind – man weiß nicht, wo es aufhört. Wir denken, dass das gut ist."[51] Auf der anderen Seite ist es auch unwahrscheinlich, dass US-amerikanische Theorien über partizipatives Management in Ländern gelten, die viel höher auf der Machtdistanzskala anzutreffen sind. Harry Triandis berichtete über die Verlegenheit eines griechischen Mitarbeiters, als sein amerikanischer Chef ihn fragte, wie viel Zeit ein Job in Anspruch nehmen würde: „Er ist der Boss. Warum sagt er es mir nicht?"[52] Eine der kritischen Anmerkungen zu dem GLOBE Forschungsprojekt über nationale Kultur, Organisationskultur und Mitarbeiterführung (siehe Kapitel 1) war, dass der Fragebogen auf der Grundlage eines US-Konzeptes über Mitarbeiterführung entstanden war.[53]

Die Wahl zwischen informeller gegenüber formaler Übertragung von Verantwortung wird beeinflusst vom Grad der Unsicherheitsvermeidung (UVI) in dem jeweiligen Land. Sowohl MDI als auch UVI sollten berücksichtigt werden und die vier Quadranten in Abbildung 7.1 repräsentieren vier verschiedene Formen der

Machtverteilung. In der oberen linken Ecke (Englischsprachige Länder, Skandinavien, Niederlande: MDI und UVI sind beide niedrig) liegt der Schwerpunkt auf informeller und spontaner Form der Mitbestimmung im Werksbereich. In der unteren linken Ecke (Deutschsprachige Länder: MDI niedrig, UVI höher) liegt die Betonung auf formalen, rechtlich festgelegten Systemen *(Mitbestimmung)*. Auf der rechten Seite (hoher MDI) ist die Verteilung von Macht grundsätzlich ein Widerspruch; sie stößt auf den starken Widerstand der Privilegierten und manchmal sogar der Benachteiligten bzw. deren Vertretern wie z. B. Gewerkschaften. Wo man dennoch versucht Macht zu verteilen, muss dies von einer mächtigen Führungskraft durchgesetzt werden; durch eine Vaterfigur wie den aufgeklärten Unternehmer in Ländern mit großer Machtdistanz und schwacher Unsicherheitsvermeidung (obere rechte Ecke); oder durch eine politische Führung, die gesetzliche Instrumente in Ländern mit großer Machtdistanz und starker Unsicherheitsvermeidung anwendet (untere rechte Ecke). Beides ist soviel wie aufgezwungene Mitbestimmung, was natürlich paradox ist. Eine Art und Weise, damit es funktioniert ist, Mitbestimmung auf gewisse Lebensbereiche zu begrenzen und in anderen eine strenge Kontrolle aufrecht zu erhalten; dies ist die chinesische Lösung, bei der partizipative Strukturen in Arbeitsorganisationen mit einer streng kontrollierten Hierarchie in ideologischen Fragen kombiniert werden können.[54] Dass dieses eine lange Vorgeschichte hat, wird aus der kleinen Erzählung klar, mit der Kapitel 6 beginnt: partizipatives Management des 18. Jahrhunderts im *„Dream of the Red Chamber"* Garten.

Leistungsbewertung und Management by Objectives

Jede Organisation in jeder Kultur hängt von der Leistung der Menschen ab. Das Überwachen der Leistung von Untergebenen ist ein Thema der meisten Managemententwicklungsprogramme schon von den niedrigsten Managementstufen an aufwärts. Oft gibt es ein förmliches Mitarbeiterbeurteilungsprogramm, das eine schriftliche und/oder mündliche Evaluierung in regelmäßigen Abständen durch den Vorgesetzten erforderlich macht. Die

Übertragung solcher Programme über nationale Grenzen verlangt wieder einmal eine Anpassung. In kollektivistischen Ländern ist die soziale Harmonie ein wichtiger Bestandteil für das Funktionieren einer Organisation und sogar noch wichtiger als die formale Leistung. Ein Programm, das die Harmonie beeinträchtigt, schadet letztendlich der Leistung.[55] Persönliche Kritik kann auf indirekte Weise erfolgen und über Vertrauenspersonen wie einen älteren Verwandten. Geert Hofstede erinnert sich an einen Fall in Pakistan, bei dem die Personalabteilung eines multinationalen Unternehmens sämtliche Schreibarbeiten für ein international vorgeschriebenes Beurteilungssystem zur Zufriedenheit ihres internationalen Hauptsitzes erledigte – aber die einheimischen Manager vermieden es tunlichst, die erwarteten Beurteilungsgespräche zu führen.

In den USA entwickelte der Management-Guru Peter Drucker aus der Leistungsbeurteilung das Management by Objectives.[56] MBO ist wahrscheinlich die populärste Managementmethode des 20. Jahrhunderts. Es basiert auf einer kybernetischen Philosophie der Kontrolle durch Feedback. Ergebnisorientierung sollte über die ganze Organisation hinweg verbreitet werden. MBO war bedeutend erfolgreicher dort, wo Ergebnisse objektiv messbar waren als dort, wo sie subjektiv beurteilt wurden. Dies reflektiert eine amerikanische Werteposition, bei der von Folgendem ausgegangen wird:

- Der Mitarbeiter ist unabhängig genug, um mit seinem Vorgesetzten ein sinnvolles Gespräch zu führen (nicht zu große Machtdistanz).
- Sowohl der Vorgesetzte als auch der Mitarbeiter sind bereit, eine gewisse Uneindeutigkeit zu akzeptieren (schwache Unsicherheitsvermeidung).
- Eine höhere Leistung wird von beiden als wichtiges Ziel angesehen (starke Maskulinität).

Nehmen wir uns nun einmal beispielsweise den Fall Deutschland vor. Dies ist auch ein Land mit unterdurchschnittlichem MDI, so dass der Baustein Gespräch bei MBO kein Problem sein dürfte. Jedoch schnitt Deutschland bei der Unsicherheitsvermeidung wesentlich höher ab; folglich ist das Akzeptieren von Uneindeutigkeit schwächer ausgeprägt. MBO wurde in Deutschland stark formalisiert und umgewandelt in „Management by joint goal setting" (Management durch das Setzen gemeinsamer Ziele).[57]

In Frankreich wurde MBO zuerst in den frühen 1960er Jahren eingeführt, wurde aber nach der Studentenbewegung, die die westliche Welt 1968 erschütterte, eine Zeit lang extrem populär. Die Leute erwarteten, dass diese neue Methode zu der längst überfälligen Demokratisierung von Organisationen führen würde. DPO *(Direction par objectifs)*, die französische Bezeichnung für MBO, wurde zu DPPO *(Direction participative par objectifs)*. Dennoch schrieb ein paar Jahre später ein französischer Managementautor: „Ich glaube, dass die Karriere von DPPO zu Ende ist, oder eher, dass sie nie begonnen hat. Und sie wird nicht eher beginnen, solange wir in Frankreich weiter die Tendenz haben, Ideologie mit Realität zu verwechseln. Der Herausgeber fügte hinzu: „Französische Arbeiter und Angestellte, Führungskräfte auf der unteren und oberen Ebene und die *patrons* gehören alle dem gleichen kulturellen System an, das Abhängigkeitsbeziehungen von Hierarchiestufe zu Hierarchiestufe aufrecht erhält. Nur diejenigen, die von der Norm abweichen, mögen dieses System wirklich nicht. Die hierarchische Struktur schützt gegen Angst; DPO erzeugt jedoch Angst."[58]

Managementtraining und Organisationsentwicklung

Von allem, was in diesem Buch geschrieben wurde, und vor allem in diesem Kapitel, wird klar werden, dass es kein alleiniges Rezept dafür gibt, erfolgreiche Manager auszubilden, die in allen Kulturen eingesetzt werden können. Nicht nur Erfolg wird in unterschiedlichen Kulturen unterschiedlich definiert, sondern auch das Schul- und Ausbildungssystem ist sehr unterschiedlich.

Manager über kulturelle Schranken hinweg auszubilden, könnte also als unmögliche Aufgabe angesehen werden, aber glücklicherweise sollten Programme nicht ausschließlich auf der Grundlage ihres Inhalts beurteilt werden. Sie haben auch andere wichtige Funktionen. Sie bringen Menschen aus verschiedenen Kulturen

und Subkulturen zusammen und erweitern dadurch ihre Anschauungen. In vielen Organisationen sind Managementausbil-
dungsprogramme zu *rites de passage* geworden, was dem Ma-
nagement-Teilnehmer wie auch seinem oder ihrem Umfeld sig-
nalisiert, dass er oder sie von nun an zur Managerkaste gehört.
Sie sorgen für eine Sozialisation für die Subkultur des Managers,
entweder unternehmensspezifisch oder allgemein. Sie bringen
auch eine Unterbrechung von der Jobroutine mit sich, was die
Reflektion und Umorientierung fördert.

Managemententwicklungsprogramme wurden in den USA seit
Mitte des 20. Jahrhunderts entwickelt. Einige Ansätze bedienten
sich intensiver Diskussionen über zwischenmenschliche Prozesse wie „Sensibilitätstraining" und „Transaktionsanalyse". Kulturell gesehen gehen sie von einem niedrigen Machtdistanz- und
einem niedrigen Unsicherheitsvermeidungsindex, mittleren bis
hohen Werten beim Individualismus- und mittleren bis niedrigen
Werten beim Maskulinitätsindex aus; letztere macht es irgendwie
konterkulturell in den USA.

In Fällen, in denen solche Programme mit interkulturellen Teilnehmern eingesetzt wurden, traten dysfunktionale Verhaltensweisen auf, die die Trainer kaum verstanden. Bei Japanern zum
Beispiel schien es geradezu unmöglich zu sein, ein persönliches
Feedback zu geben und zu erhalten. Wenn dies versucht wurde,
hatte es ein ritualisiertes Verhalten zum Ergebnis: derjenige, der
ein Feedback erhielt, hatte das Gefühl, dass er denjenigen, der
ihm das Feedback gab, in irgendeiner Weise beschimpft hatte. Japanische Teilnehmer in solchen Programmen konzentrierten sich
eher auf die Aufgabe als auf die Probleme zwischenmenschlicher
Prozess. Die meisten Deutschen schätzten es auch nicht, darüber zu sprechen, weil dies als unnützes Abweichen von der Aufgabe angesehen wurde.[59]

Ein Paralleltrend war „Organisationsentwicklung", bei der Manager und andere versuchten, die eigentlichen gemeinsamen Probleme zur gleichen Zeit zu lösen. Es schloss manchmal intensive
zwischenmenschliche Prozessanalyse mit ein.

In lateinischen Ländern gaben die Trainer – die ebenfalls aus
diesen Ländern kamen – eine große Bandbreite von Gründen für

die kulturelle Inkompatibilität der Organisationsentwicklungs-
programme an:

- Uns Latinern (große Machtdistanz) fehlt das Ethos der Gleichheit, das für solche Programme notwendig ist.
- Wir Latiner glauben nicht an Selbstentfaltung.
- Wir Latiner neigen dazu, zwischenmenschliches Feedback kon-
  kurrierend zu deuten, es sei denn, es kommt von einer Person,
  die als Vorgesetzter angesehen wird.
- Der Organisationsentwicklungsprozess schafft Unsicherheit,
  die wir Latiner nicht tolerieren können.
- Unsere lateinischen Sprachen und Diskussionsstile eignen sich
  mehr für abstrakte Diskussionen als für die Lösung der eigentlichen Probleme.
- Unsere lateinischen Organisationen werden nicht durch Entwicklung, sondern durch Krise und Revolution verändert.[60]

Schlussfolgerung: Die Nationalität definiert die Denk-
weise der Organisation

1980 veröffentlichte Geert Hofstede unter dem Titel „Motivation, Leadership, and Organisation: Do American Theories
Apply Abroad?" einen Artikel in der US-Zeitschrift *Organizational Dynamics*. Das Ganze hatte eine heftige Vorgeschichte:
nach dem verfrühten Tod des Herausgebers, der den Beitrag an-
gefordert und angenommen hatte, wurde er zunächst abgelehnt
und dann mit Zögern durch seinen Nachfolger veröffentlicht. Er
bat einen US-amerikanischen und einen australischen Kollegen,
beschwichtigende Kommentare zu schreiben, die im nächsten
Band mit Geert Hofstedes Erwiderung veröffentlicht wurden.[61]
Der Artikel verursachte einen Umbruch, der weit über die Erwartungen hinausging. Viele Nachdrucke wurden bestellt, besonders aus Kanada.

Der Gedanke, dass die Gültigkeit einer Theorie durch Nationalität befangen ist, ist offensichtlicher in Europa mit all seinen Grenzen als in einem großen Land ohne Grenzen wie den
USA. In Europa wurde die kulturelle Relativität der Gesetze, die
das menschliche Verhalten bestimmen, bereits sehr früh im 16.

Jahrhundert im Skeptizismus von Michel de Montaigne (1533–1592) erkannt.

Das Zitat von Blaise Pascal (1623–1662), auf das schon früher in diesem Kapitel verwiesen wurde: „Was diesseits der Pyrenäen Wahrheit ist, ist jenseits der Pyrenäen Irrtum" (die Pyrenäen sind das Grenzgebirge zwischen Frankreich und Spanien), wurde in der Tat von Montaigne inspiriert.[62] Seit Montaigne und Pascal wurde die Verbindung zwischen Nationalität und Denkweisen manchmal erkannt und oft vergessen.

Die vorhergehenden Kapitel haben fünf Möglichkeiten aufgezeigt, wie nationale Kulturen voneinander abweichen; alle haben Auswirkungen auf Organisations- und Managementprozesse. Theorien, Modelle und Praktiken sind grundsätzlich kulturspezifisch. Sie können über Grenzen hinweg zutreffen, aber dies sollte immer bewiesen werden. Die naive Annahme, dass Managementkonzepte universell sind, findet man nicht nur in der populären Literatur; in wissenschaftlichen Zeitschriften – sogar in solchen, die sich an eine internationale Leserschaft wenden – wird häufig stillschweigend unterstellt, dass durch die Kultur begrenzte Ergebnisse allgemeine Gültigkeit besitzen. Artikel in solchen Zeitschriften erwähnen oft sogar nicht einmal das Land, in dem die Daten erhoben wurden (üblicherweise sind das die USA, was aus der Zugehörigkeit der Autoren geschlossen werden kann). Im Hinblick auf die wissenschaftliche Etikette schlagen wir vor, dass Artikel, die für ein internationales Publikum geschrieben werden, immer das Land bzw. die Länder nennen sollten, in dem bzw. in denen die Daten erhoben wurden sowie den Erhebungszeitraum.

Das Nicht-Bewusstsein nationaler Grenzen ist die Ursache dafür, dass Vorstellungen und Theorien über Management und Organisation in andere Länder übertragen wurden, ohne Rücksicht auf den Wertekontext, in dem sie entstanden sind. Verlage mit einem Bewusstsein für neue Trends und leichtgläubige Leser in diesen anderen Ländern unterstützen dies noch. Leider, und um es mit anderen Worten einer berühmten Redensart zu sagen: Nichts ist so unpraktisch wie eine schlechte Theorie.[63] Der wirtschaftliche Erfolg in den USA in den Jahrzehnten vor und nach dem Zweiten Weltkrieg führte dazu, dass einige Leute in anderen Teilen der Welt glaubten, US-Managementideen seien besser und müssten daher kopiert werden. Sie vergaßen, nach der Art der Gesellschaft zu fragen, in der diese Ideen entwickelt und angewendet wurden – *ob* sie wirklich angewendet wurden, wie es in den Büchern und Artikeln behauptet wurde. Die US-Managementforscher Mark Peterson und Jerry Hunt schrieben: „Es ist eine Frage, ob viele amerikanische normative Theorien überhaupt in den USA Anwendung finden".[64] Der US-Ethnopsychologe Edward Stewart schrieb: „Nordamerikanische Entscheidungsträger beachten die rationale Entscheidungsfindung in ihrer eigenen Arbeit und ihrem eigenen Leben nicht als eine allgemeine Regel, sondern sie restrukturieren vergangene Ereignisse entsprechend einem Entscheidungsfindungsmodell. (...) Demnach ist rationale Entscheidungsfindung in den USA ein Mythos".[65] Der US-Unternehmenshistoriker Robert Locke beschrieb, wie die erfolgreiche Industrialisierung in den USA in einem historisch sehr verschiedenen Kontext stattfand und viel mehr äußeren Umständen als der Qualität der eingesetzten Managementgrundsätze zu verdanken ist.[66]

Der Glaube an die Überlegenheit amerikanischer Theorien wird dadurch verstärkt, dass die meisten „internationalen" Managementzeitschriften in den USA von US-Herausgebern veröffentlicht werden, und dass es offenkundig schwierig für nicht-nordamerikanische Autoren ist, ihre Veröffentlichungen durch zu bekommen.[67]

Die britischen Professoren David Hickson und Derek Pugh nahmen in ihrer Anthologie „Great Writers on Organizations" 71 Namen auf, von denen 48 amerikanischer, 15 britischer und zwei kanadischer Herkunft waren. Nur sechs Namen stammten nicht aus dem englischsprachigen Raum.[68]

Der US-BWL-Professor und Unternehmensberater Michael Porter analysierte, warum einige Nationen im internationalen Wettbewerb in der letzten Hälfte des 20. Jahrhunderts viel mehr Erfolg hatten als andere. Sein „Diamant" – was für den nationalen Wettbewerbsvorteil den Ausschlag gab – beinhaltete vier Merkmale:

(1) „Faktorkonditionen", wobei er darunter die Verfügbarkeit notwendiger Produktionsfaktoren wie Facharbeiter und Infrastruktur verstand;

(2) Nachfragebedingungen;

(3) verwandte und unterstützende Industrien und

(4) entschlossene Strategie, Struktur und Konkurrenz.

Porter machte Halt bei der Frage, *warum* einige Länder bessere Diamanten bekamen als andere. Er war immer noch der Annahme, dass sich die ethnozentrischen Gesetze der Wettbewerbsmärkte universell anwenden ließen.[69]

So wie man einige Nationen mit bestimmten Sportarten in Verbindung bringt, weil sie sich darin hervor tun, werden andere mit bestimmten wissenschaftlichen Fachgebieten assoziiert. Psychologie, einschließlich sozialer Psychologie, ist in erster Linie eine US-Disziplin: individualistisch und meistens maskulin. Soziologie ist in erster Linie europäisch,[70] aber sogar europäische Soziologen berücksichtigen selten den Einfluss ihrer Nationalität in ihrem Denken. Der große französische Soziologe Pierre Bourdieu wies Kritik scharf von sich, die seine Ideen damit erklärten, dass er Franzose sei.[71]

Wir sind weit davon entfernt, Bourdieus Theorien für nichtig zu erklären; in unseren Augen macht die Tatsache, dass man ihren französischen Ursprung erkennt, sie verständlicher für andere – so wie US-Modelle brauchbarer werden, wenn wir ihren amerikanischen Ursprung wahrnehmen.

In Organisationstheorien impliziert die Nationalität des Autors stillschweigende Annahmen darüber, wo Organisationen herrühren, was sie sind und was sie versuchen, zu erreichen. Diese nationalen Paradigmen beginnen alle mit: *„Am Anfang war ..."* Nachdem Gott die Menschen erschaffen hatte, schufen die Menschen Organisationen; aber was hatten sie im Kopf, als sie diese schufen? Hier ist Geert Hofstedes Liste der Paradigmen, die er beobachtete:

Am Anfang war ... in den USA	der Markt
in Frankreich	die Macht
in Deutschland	Ordnung

in Polen und Russland	Effizienz
in den Niederlanden	Konsens
in Skandinavien	Gleichheit
in Großbritannien	Systeme
in China	die Familie
in Japan	Japan

Der US-Volkswirtschaftler Oliver Williamson geriet 1994 in Paris in eine öffentliche Diskussion mit zwei französischen Sozialwissenschaftlern, dem Volkswirtschaftler Olivier Favereau und dem Soziologen Emmanuel Lazega. Williamson verteidigte einen „Effizienzansatz" beim Untersuchen von Organisationen, sogar bei den Phänomenen Macht und Autorität. „Ich behaupte, dass an Macht weniger dran ist als man auf den ersten Blick meint", sagte er. Favereau und Lazega kritisierten Williamsons Auffassung von „Transaktionskosten" insofern als sie zu dünn sei, um die Grundlage für eine allgemeine Organisationstheorie darzustellen; Effizienz sei als Anreiz zu schwach, und Williamsons Vorstellung von Macht zu begrenzt. Es war angekündigt worden, dass es bei der Diskussion um eine angebliche *Konvergenz* zwischen Wirtschaft und Soziologie ginge, tatsächlich ging es aber um eine *Divergenz* impliziter nationaler Paradigmen, wobei die USA (Markt) Frankreich (Macht) gegenübergestellt wurde. Alle Quellen, die Williamson zitierte, waren amerikanische; alle Quellen, die Favereau und Lazega zitierten, waren französische. Aber keine der beiden Seiten schien sich dessen bewusst zu sein, dass der andere von einem unterschiedlichen Kontext aus sprach, nicht einmal, dass es so etwas wie einen nationalen Kontext überhaupt gab, aus dem heraus Theorien aufgestellt und kritisiert werden.[72]

Das Fehlen allgemein gültiger Lösungen für Management- und Organisationsprobleme bedeutet nicht, dass Länder nicht voneinander lernen können. Ganz im Gegenteil: Indem man über die Grenzen hinweg schaut, erhält man auf effektivste Art und Weise neue Ideen für Management, Organisation und Politik. Doch sie in andere Länder hinauszutragen, erfordert Umsicht und Urteilsvermögen. Nationalität engt Rationalität ein.

Anmerkungen

1 Pugh & Hickson, 1976.
2 Negandhi & Prasad, 1971, S. 128.
3 van Oudenhouven, 2001. Die Länder waren Belgien, Kanada, Dänemark, Frankreich, Deutschland, Griechenland, Niederlande, Spanien, Großbritannien und USA.
4 *Culture's Consequences*, 2001, S. 378. Die Korrelationen waren: Bürokratie mit MDI 0,66 und mit UVI 0,63, beide Signifikanzstufe 0,05; individuelle Arbeit mit IDV 0,47; feindliche Arbeitsatmosphäre mit MAS 0,49, beide Signifikanzstufe 0,10.
5 Mouritzen & Svara, 2002, S. 55f. und 75.
6 Fayol, 1970 [1916], S. 21; Übersetzung von GH.
7 Weber, 1976 [1930], S. 224.
8 Weber, 1970 [1948], S. 196. Übersetzt aus: *Wirtschaft und Gesellschaft*, 1921, Teil III, Kap. 6, S. 650.
9 Fayol, 1970 [1916], S. 85.
10 Laurent, 1981, S. 101–114.
11 Aus einem Vortrag aus dem Jahre 1925, in: Metcalf & Urwick, 1940, S. 58f.
12 Konfuzianische Werte waren auch offensichtlich in Sun Yat-sen's Erweiterung der *Trias Politica*: die Überprüfungs- und Aufsichtsorgane mussten die Tugend der Staatsbeamten sicherstellen.
13 Williamson, 1975.
14 Ouchi, 1980, S. 129–141.
15 Kieser & Kubicek, 1983.
16 Crozier & Friedberg, 1977; Pagès, Bonetti, de Gaulejac & Descendre, 1979.
17 Mintzberg, 1983. Später hat der Autor (Mintzberg, 1989) mit „Standardisierung von Normen" eine „missionarische Konfiguration" hinzugefügt. Für uns ist dies eher ein Aspekt der anderen Typen als ein Typ für sich. Er behandelt die „Stärke" einer Organisationskultur, auf die in Kapitel 8 eingegangen wird.
18 Mintzberg, 1983, S. 34f.
19 Wie ein einem französischen Klassiker „The Bureaucratic Phenomenon" des Organisationssoziologen Michel Crozier beschrieben (Crozier, 1964).
20 Mintzberg, 1993.
21 *Culture's Consequences*, 2001, S. 382.
22 Harzing & Sorge, 2003, basierte auf fast 300 ausländischen Niederlassungen in 22 Ländern von mehr als 100 multinationalen Unternehmen aus neun Ländern und umfasst acht Industriezweige. Ihr Artikel beschreibt nicht, auf welche Art und Weise die Heimatkulturen die Steuerungsprozesse beeinflussen; vielmehr ist es eine naheliegende Hypothese, dass Unsicherheits-

vermeidung des Heimatlandes sich auswirkt auf die unpersönliche Kontrolle durch Systeme, und Machtdistanz des Heimatlandes Einfluss hat auf die persönliche Kontrolle durch ins Ausland entsandte Mitarbeiter.

23 Die zu diesem Thema aufgestellten Hypothesen für die Forschung wurden von Gray formuliert, 1988, S. 1–15.

24 Gambling, 1977, S. 141–151.

25 Cleverley, 1971.

26 Hofstede, 1967.

27 Morakul & Wu, 2001.

28 Baker, 1976, S. 886–893.

29 Hofstede, 1978.

30 Pedersen & Thomsen, 1997. Die Länder waren Österreich, Belgien, Dänemark, Finnland, Frankreich, Deutschland, Italien, Niederlande, Norwegen, Spanien, Schweden und Großbritannien.

31 Produktmomentkorrelation 0,65 (Signifikanzstufe 0,05).

32 Die Korrelation war 0,52 (Signifikanzstufe 0,05). Siehe *Culture's Consequences*, 2001, S. 384.

33 Trotz der österreichischen Punktwerte war die Korrelation −0,77 (Signifikanzstufe 0,01).

34 Semenov, 2000. Die in die Studie einbezogenen Länder waren die gleichen wie in der Studie von Pedersen & Thomsen plus Australien, Kanada, Irland, Neuseeland und die USA.

35 Weimer, 1995, S. 336; *Culture's Consequences*, 2001, S. 385.

36 Hofstede, Van Deusen, Mueller, Charles & the Business Goals Network, 2002.

37 Eine Ausnahme ist unser Landsmann Manfred Kets de Vries, der das Verhalten von Managern in Freudschen Begriffen analysierte (z.B. Kets de Vries, 2001).

38 Herzberg, Mausner & Snyderman, 1959.

39 McGregor, 1960. Der folgende Teil basiert auf Hofstede, 1988 und *Culture's Consequences*, 2001, S. 387.

40 Schuler & Rogovsky, 1998; *Culture's Consequences*, 2001, S. 387f.

41 *The Ruler*, Machiavelli, 1955 [1517].

42 *Culture's Consequences*, 2001, S. 388.

43 Schramm-Nielsen, 2001, S. 410–412.

44 Jackofsky & Slocum, 1988 ; *Culture's Consequences*, 2001, S. 388.

45 Tollgerdt-Andersson, 1996. Die Länder waren Dänemark, Frankreich, Deutschland, Italien, Norwegen, Spanien, Schweden und Großbritannien. Die Prozentsätze standen in Korrelation mit UVI: -0,86 (Signifikanzstufe 0,01) und mit UVI plus MAS: −0,95 (Signifikanzstufe 0,001).

46 *Culture's Consequences*, 2001, S. 388f.

47 Triandis, 1973, S. 165.

48 *Culture's Consequences*, 2001, S. 389.

49 Klidas, 2001.

50 McGregor, 1960; Blake & Mouton, 1964; Likert, 1967.

51 Jenkins, 1973, S. 258. Der Dozent war Frederick Herzberg.

52 Triandis, 1973, S. 55–68.

53 Hoppe & Bhagat, im Erscheinen begriffen.

54 Laaksonen, 1977.

55 *Culture's Consequences*, 2001, S. 391.

56 Drucker, 1955, Kapitel 11.

57 *Führung durch Zielvereinbarung*; Ferguson, 1973, S. 15.

58 Franck, 1973, übersetzt von GH.

59 *Culture's Consequences*, 2001, S. 390.

60 Auf Anregung von Magalhaes, 1984 und besprochen von Anne-Marie Bouvy und Giorgio Inzerilli.

61 Hofstede, 1980b; Kommentare von Goodstein, 1981 und Hunt, 1981 und eine Erwiderung von Hofstede, 1981. Ein amüsantes Detail ist, dass in der Endfassung des Artikels eine Reihe von Änderungen auf Anfrage des Herausgebers vorgenommen wurde, aber durch einen Irrtum wurde die unveränderte Originalfassung veröffentlicht.

62 Pascal, Pensées, 60, 294: « *Vérité en-deça des Pyrénées, erreur au-delà.* » Montaigne, Essais II, XII, 34 : « *Quelle vérité que ces montagnes bornent, qui est mensonge au monde qui se tient au delà ?* » („What kind of a truth is this that is bounded by a chain of mountains and is falsehood to the people living on the other side?" – Übersetzung von GH). (Was ist das für eine Wahrheit, die von einer Gebirgskette begrenzt wird und für die Menschen auf der anderen Seite Unwahrheit bedeutet?).

63 „There is nothing as practical as a good theory." („Nichts ist so praktisch wie eine gute Theorie.") Das Zitat wird Kurt Lewin zugeschrieben.

64 Perterson & Hunt, 1997, S. 214.

65 Stewart, 1985, S. 209.

66 Locke, 1996.

67 Allgemein so empfunden in Europa, aber nachgewiesen durch Baruch, 2001, basiert auf einer Analyse der Wohnorte von fast 2.000 Autoren in über 1000 Artikeln in sieben führenden Managementzeitschriften.

68 Pugh & Hickson, 1993; Hickson & Pugh, 2001, S. 8.

69 Porter 1990. Bezüglich Kritiken zu Porters Ethnozentrismus siehe van den Bosch & van Prooijen, 1992, mit einer Stellungnahme von Porter, 1992; Davies & Ellies, 2000; Barney, 2002, S. 54.

70 Im „Social Science Citation Index 2001" (wurde leider im Jahre 2002 eingestellt) sind die am meisten zitierten Psychologen alle Amerikaner; die am meisten zitierten Soziologen sind fast alle Europäer, trotz der Tatsache, dass der SSCI hauptsächlich auf US-Zeitschriften basierte.

71 Bourdieu & Wacquant, 1992, S. 45 und S. 115.

72 Hofstede, 1996a und *Culture's Consequences*, 2001, S. 381.

Teil III: Organisationskulturen

8. Kapitel: Elefant und Storch: Organisationskulturen

Heaven's Gate BV ist eine 60 Jahre alte Produktionsstätte der chemischen Industrie in den Niederlanden. Viele der dort Beschäftigten sind schon seit langer Zeit dabei, und Geschichten über die Vergangenheit gibt es zuhauf. Arbeiter erzählen, wie schwer die Arbeit früher war, als das Beschicken und Entladen von Hand erfolgte. Sie sprechen von Hitze und gefährlicher Arbeit. HGBV galt als reicher Arbeitgeber. Über mehrere Jahrzehnte hinweg überstieg die Nachfrage nach den Produkten dieser Firma das Angebot. Die Erzeugnisse wurden nicht verkauft, sondern vertrieben. Als Kunde musste man nett und höflich sein, wenn man bedient werden wollte. Das Unternehmen verdiente sein Geld sehr leicht.

Bei HGBV herrschte ein patriarchalischer Führungsstil. Der alte Generaldirektor machte seinen täglichen Morgenspaziergang durch das Werk und gab jedem die Hand, den er gerade traf. Man sagt, dies sei der Ursprung einer noch heute bestehenden Tradition, die man den „HGBV-Handschlag" nennt: wenn man morgens in die Firma kommt, gibt man den Kollegen die Hand. Ein solches Begrüßungsritual wäre in Frankreich normal, aber in den Niederlanden ist es ungewöhnlich. Als reiches und patriarchalisches Unternehmen galt HGBV lange als Wohltäter, und zwar sowohl für bedürftige Mitarbeiter als auch für die Stadt. Teilweise gilt dies noch heute. Die Beschäftigten halten HGBV noch immer für einen guten Arbeitgeber, der gute Bezahlung, Sozialleistungen und einen sicheren Arbeitsplatz bietet. Eine Stelle bei HGBV wird immer noch als eine Lebensstellung angesehen, und auch seine Kinder hofft man dort unterzubekommen. Nach außen hin tritt HGBV regelmäßig als Sponsor für den Lokalsport und für humanitäre Vereinigungen auf. „Eine an HGBV gerichtete Spendenbitte war noch nie vergebens."

Das Arbeitsklima ist gut, und der einzelne Mitarbeiter genießt weitgehende Freiheit. Man hat das Werk schon als einen Verein, ein Dorf oder eine Familie bezeichnet. Ein 25- oder 40-jähriges Firmenjubiläum wird groß gefeiert, und auch die Weihnachtsfeiern des Betriebs sind berühmt. Solche Feiern stellen Rituale mit langer Tradition dar, auf die die Menschen noch immer großen Wert legen. In der Kultur der HGBV oder, wie die Leute schlicht sagen, „bei der HGBV" sind ungeschriebene Gesetze für das soziale Verhalten sehr wichtig. Man lebt nicht, um zu arbeiten, sondern man arbeitet, um zu leben. Es zählt nicht so sehr, was man tut, sondern *wie* man es tut. Man muss sich in das informelle System einfügen, und das gilt für alle Ebenen der Hierarchie. „Sich einfügen" bedeutet: Vermeiden von Konflikten und direkter Konfrontation; Decken der Fehler anderer; Loyalität, Freundlichkeit, Bescheidenheit, gute Zusammenarbeit. Niemand soll zu stark auffallen, weder positiv noch negativ.

HGBV-Mitarbeiter murren zwar, aber niemals direkt über andere HGBV-Beschäftigte. Das Murren beschränkt sich auch auf den engsten Kollegenkreis; gegenüber Vorgesetzten oder Außenstehenden beschmutzt man nicht das eigene Nest. Diese Besorgnis um Harmonie und Gruppensolidarität passt gut in die regionale Kultur des Gebiets, in dem HGBV ansässig ist. Neue Mitarbeiter werden rasch akzeptiert, sofern sie sich anpassen. Die Qualität ihrer Arbeit zählt weniger als ihre soziale Anpassung. Wer die Harmonie stört, wird zurückgewiesen, ganz gleich, wie gut er oder sie arbeitet. Gestörte Beziehungen können Jahre brauchen, bis sie wieder in Ordnung sind. „Wir lassen ein Problem bei der Arbeit lieber noch einen Monat bestehen, selbst wenn es kostspielig wird, als dass wir es auf eine unangenehme Weise lösen." Unternehmensregeln sind nie absolut. Ein Befragter sagte uns, die wichtigste Regel laute, Regeln seien flexibel. Eine Regel kann übertreten werden, wenn dies mit Umsicht geschieht. Ein Risiko besteht nicht für den, der die Regel verletzt, sondern für den, der die Geschichte an die große Glocke hängt.

Eine erfolgreiche Unternehmensführung bei HGBV muss in Harmonie mit den sozialen Verhaltensmustern stehen. Führungskräfte sollten zugänglich und fair sein und gut zuhören können.

Der jetzige Generaldirektor ist eine solche Führungsperson, er bläst sich nicht auf. Er hat guten Kontakt zu Mitarbeitern auf allen Ebenen, und man betrachtet ihn als „einen von uns". Eine Karriere bei HGBV basiert vor allem auf sozialen Fähigkeiten. Man sollte nicht zu stark auffallen; man braucht nicht brillant zu sein, aber man benötigt gute Kontakte. Man muss sich im informellen System gut auskennen und sollte sich eher auffordern lassen, als sich vorzudrängen. Man sollte Mitglied im Tennisclub sein. Kurz und gut, man sollte das beherzigen, was jemand einmal „die strengen Regeln für einen netten Menschen" nannte.

Dieses romantische Bild wurde allerdings kürzlich durch Einfluss von außen gestört. Erstens haben sich die Marktbedingungen geändert; HGBV befindet sich in der ungewohnten Situation, sich gegen europäische Konkurrenz behaupten zu müssen. Kostensenkungen und ein Abbau der Belegschaft waren erforderlich. Entsprechend der Tradition bei HGBV löste man dieses Problem nicht durch Massenentlassungen, sondern durch Frühpensionierung. Aber die langjährigen Mitarbeiter, die vorzeitig gehen mussten, waren schockiert, dass die Firma sie nicht mehr brauchte.

Zweitens – und dieser Punkt ist noch schwerwiegender – wird HGBV wegen seiner Umweltverschmutzung von Umweltschützern angegriffen. Diese Haltung gewinnt in politischen Kreisen zunehmend an Unterstützung. Es ist durchaus möglich, dass man HGBV die Betriebsgenehmigung eines Tages entzieht. Die Unternehmensleitung versucht, diesem Problem durch aktive Einflussnahme auf die Behörden zu begegnen, durch eine Pressekampagne und durch Tage der Offenen Tür, doch ist der Erfolg dieser Maßnahmen keineswegs sicher. Intern wird die Gefahr heruntergespielt. Man kann sich einfach nicht vorstellen, dass HGBV eines Tages vielleicht nicht mehr existiert. „Unsere Geschäftsführung hat immer eine Lösung gefunden. Sie wird auch diesmal eine finden." Inzwischen versucht HGBV, seine Wettbewerbsfähigkeit durch Qualitätsverbesserung und Produktdiversifizierung zu stärken. Das bringt die Einstellung neuer Mitarbeiter von außerhalb mit sich. Diese neuen Tendenzen kollidieren allerdings frontal mit der traditionellen Kultur bei HGBV.[1]

Der Fimmel „Organisationskultur"

Die obige kleine Fallstudie ist eine Beschreibung einer Organisationskultur. Die Menschen, die für Heaven's Gate BV arbeiten, haben eine besondere Art der Aktion und Interaktion, die sie von Menschen in anderen Unternehmen selbst in der gleichen Region unterscheidet. In den vorangegangenen Kapiteln wurde „Kultur" meist mit der Staatsangehörigkeit in Verbindung gebracht. Englischsprachige Literatur, in der Organisationen Kulturen zugeordnet wurden, erschien zuerst in den 60er Jahren: ‚Organisationskultur' wurde zu einem Synonym für ‚kulturelles Klima'. Das Äquivalent ‚Unternehmenskultur' (corporate culture) wurde in den 70er Jahren geprägt; populär wurde es durch das gleichnamige Buch von Terrence Deal und Allan Kennedy, das 1982 in den USA erschien. Das Vordringen in die Allgemeinsprache verdankt er dem Erfolg eines Bestsellers, der ebenfalls von McKinsey und der Harvard Business School stammte und im gleichen Jahr erschien:[2] *Auf der Suche nach Spitzenleistungen*. Danach entwickelte sich eine umfangreiche Literatur zu diesem Thema in verschiedenen Sprachen.

Peters und Waterman schrieben:

> „Die Dominanz und Kohärenz von Kultur erwies sich ausnahmslos als wesentliche Eigenschaft der Spitzenunternehmen. Und: Je stärker die Kultur war und je mehr sie auf den Markt ausgerichtet war, desto weniger Bedarf bestand für Handbücher zur Unternehmenspolitik, Organisationspläne oder detaillierte Verfahren und Regeln. In diesen Unternehmen wissen die Menschen bis zur untersten Ebene in den meisten Situationen, was von ihnen erwartet wird, da die paar Grundwerte glasklar sind."[3]

Über die „Kultur" eines Unternehmens oder Organisation zu sprechen, wurde bei Managern, Unternehmensberatern und, mit etwas anderen Schwerpunkten, bei Wissenschaftlern zu einer Modeerscheinung. Modeerscheinungen gehen vorüber, und so ging auch diese vorüber, jedoch nicht ohne ihre Spuren zu hinterlassen.

Das Thema Organisations-/Unternehmenskultur ist genauso populär geworden wie Organisationsstruktur, -strategie und

-kontrolle. Es gibt keine Standarddefinition des Begriffs, aber die meisten Autoren in diesem Bereich würden vermutlich folgenden Aussagen zustimmen:

Die „Organisationskultur"

- ist **ganzheitlich**: Sie bezieht sich auf ein Ganzes, das mehr als die Summe seiner Bestandteile darstellt,
- ist **historisch bedingt**: Sie spiegelt die Geschichte der Organisation wider,
- **hängt mit dem Gegenstand der Anthropologie zusammen**: z. B. Rituale und Symbole,
- **hat eine soziale Struktur**: Sie wurde geschaffen und wird erhalten durch die Gruppe von Menschen, die zusammen die Organisation bilden,
- ist **weich** (auch wenn Peters und Waterman ihren Lesern versichern: „weich ist hart"),
- ist **nur schwer zu verändern**; allerdings sind Wissenschaftler unterschiedlicher Meinung darüber, *wie* schwierig Veränderungen sind.

In Kapitel 1 wurde „Kultur" allgemein definiert als „die kollektive Programmierung des Geistes, die die Mitglieder einer Gruppe oder Kategorie von Menschen von einer anderen unterscheidet". Folglich lässt sich die „Organisationskultur" folgendermaßen definieren: *Die kollektive Programmierung des Geistes, die die Mitglieder einer Organisation von einer anderen unterscheidet.* Allerdings wird die Kultur einer Organisation nicht nur im Kopf ihrer Mitglieder, sondern auch in dem ihrer anderen „Teilhaber" aufrecht erhalten; damit sind diejenigen gemeint, die mit der Organisation zu tun haben wie Kunden, Lieferanten, Arbeitnehmerorganisationen, Nachbarn, Behörden und die Presse.

Organisationen mit „starken" Kulturen im Sinne des Zitats von Peters und Waterman rufen bei manchen Menschen positive Reaktionen hervor, bei anderen negative. Der universale Wunsch nach einer „starken" Kultur vom organisatorischen Gesichtspunkt aus wurde oft in Frage gestellt; er könnte der Ausgangspunkt für eine verhängnisvolle Unnachgiebigkeit sein.[4] Die Einstellung starken Organisationskulturen gegenüber wird z. T. durch Elemente der nationalen Kultur beeinflusst. Die Kultur des IBM-Konzerns – bei Peters und Waterman eines der hervorragendsten Spitzenunternehmen – wurde von Max Pagès, einem führenden französischen Sozialpsychologen, in einer Untersuchung von IBM France aus dem Jahr 1979 als Schreckensgebilde beschrieben. Er nannte die Firma *la nouvelle église*: die neue Kirche.[5] Im Vergleich zur amerikanischen ist die französische Gesellschaft durch eine größere Abhängigkeit des Durchschnittsbürgers von Hierarchie und Regeln gekennzeichnet (siehe die Kapitel 2, 5 und 6). Auch französische Wissenschaftler sind Kinder ihrer Gesellschaft und werden daher mit größerer Wahrscheinlichkeit als amerikanische Wissenschaftler Wert auf intellektuelle Regeln, d. h. auf rationale Elemente in Organisationen legen. Gleichzeitig ist die französische Kultur nach Kapitel 3 individualistisch; daher gibt es ein Bedürfnis, das Individuum gegen das rationale System zu verteidigen. Dies ist auch erkennbar in der französischen Organisationssoziologie, wie in der Arbeit von Michel Crozier.

Der niederländische Soziologe Joseph Soeters zeigte die Ähnlichkeit zwischen den Beschreibungen von Peters and Watermans „Spitzenunternehmen" und den gesellschaftlichen Strömungen, die Bürgerrechte, Befreiung der Frau, religiöse Bekehrung oder Rücknahme der Zivilisation predigten. In den USA selbst wurden Postkarten mit dem Slogan „ich würde lieber tot als spitzenmäßig sein" verkauft. Soeters Landsmann Cornelis Lammers zeigte in einer leidenschaftsloseren Art und Weise auf, dass die „Spitzenunternehmen" lediglich die letzten Nachkommen eines gesamten Stammbaums innerhalb der Organisationssoziologie von Idealtypen „organischer Organisationen" waren, wie sie bereits von dem deutschen Soziologen Joseph Pieper 1931, wenn nicht gar schon von anderen zuvor, beschrieben und in der soziologischen Literatur auf beiden Seiten des Atlantiks ständig wiederholt wurden.[6]

Eine andere Reaktion beobachtete man in den nordischen Ländern Dänemark, Schweden und zu einem gewissen Grad auch in Norwegen und Finnland. Hier ist die Gesellschaft *weniger* stark auf Hierarchie und Regeln aufgebaut als in den USA. Der Gedanke einer „Organisationskultur" wurde in diesen Ländern be-

grüßt, da er dazu neigte, das Irrationale und Paradoxe hervorzuheben. Dies verhinderte keineswegs eine grundsätzlich positive
Einstellung zu Organisationen.[7]

In einem Rückblick über 20 Jahre Organisationskulturliteratur
unterscheidet der schwedische Soziologe Mats Alvesson acht von
unterschiedlichen Autoren verwendete Metaphern:

(1) Kontrollmechanismus für einen formlosen Vertrag

(2) Kompass, der die Richtung für Prioritäten vorgibt

(3) sozialer Klebstoff zur Identifikation mit der Organisation

(4) eine heilige Kuh, der sich die Leute verpflichtet sehen

(5) einen Gemütsgenerator für Gefühle und ihren Ausdruck

(6) einen Koffer von Konflikten, Zwiespältigkeit und Bruchstü-
cken

(7) Ideen, die als gegeben angesehen werden und die in tote Win-
kel führen

(8) geschlossene Systeme von Ideen und Bedeutungen, die Leute davon abhalten, neue Möglichkeiten kritisch zu sondie-
ren.[8]

Die wahrscheinlich grundlegendste Unterscheidung unter Wissenschaftlern im Bereich Organisationskulturen existiert zwischen denjenigen, die in der Kultur etwas sehen, was eine Organisation *hat*, und denjenigen, die darin etwas sehen, was eine
Organisation *ist*. Ersteres führt zu einem analytischen Ansatz,
und man denkt über mögliche Veränderungen nach; diese Einstellung ist bei Managern und Unternehmensberatern vorherrschend. Letzteres fördert einen synthetischen Ansatz, und man
bemüht sich, zu verstehen; dies findet sich fast ausschließlich bei
echten Wissenschaftlern.[9]

Unterschiede zwischen Organisations- und nationalen Kulturen

Die Verwendung des Begriffs „Kultur" sowohl für Länder als
auch für Organisationen legt die Vermutung nahe, dass die beiden Kulturformen identische Phänomene seien. Dies trifft nicht
zu: Ein Land ist keine Organisation, und die beiden Formen von
„Kultur" sind unterschiedlicher Natur.

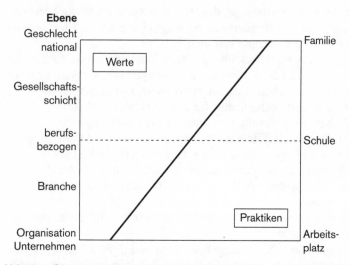

Abb. 8.1: Gleichgewicht der Werte und Praktiken für verschiedene Kulturebenen

Der Unterschied zwischen nationalen und Organisationskulturen beruht auf ihrer unterschiedlichen Mischung aus Werten und Gewohnheiten, wie in Abb. 8.1 dargestellt und auf Abb. 1.3 beruhend. Nationale Kulturen sind Teil der mentalen Software, die wir in den ersten zehn Jahren unseres Lebens in der Familie, der Umgebung, in der wir leben, und in der Schule erwerben. Und sie enthalten das meiste unserer Grundwerte. Organisationskulturen erwerben wir, wenn wir als junger oder nicht mehr so junger Erwachsener mit unseren festgefügten Werten in Arbeitsorganisationen hineinkommen, und sie bestehen hauptsächlich aus den Praktiken der Organisation[10] – sie sind oberflächlicher.

In Tabelle 8.1 haben wir auch einige andere Kulturebenen herausgestellt: die Ebene der Geschlechter, die noch tiefer geht als die der Nationalität. Die Ebene der sozialen Schicht sowie einige Möglichkeiten, auf- oder abzusteigen; eine berufliche Ebene in Verbindung mit der Art der eingeschlagenen Schulbildung; und eine betriebliche Ebene zwischen Beruf und Organisation. Ein Betrieb, oder eine Branche, beschäftigt spezifische Berufsgruppen und erhält spezifische organisatorische Praktiken aufrecht, aus logischen oder traditionellen Gründen.

Bei den IBM-Studien, in denen (abgesehen von der Staatsangehörigkeit) vergleichbare Gruppen von Menschen untersucht wurden, fand man zwischen nationalen Kulturen beträchtliche Unterschiede bei den Werten im Sinne weit gefasster, allgemeiner Vorstellungen von gut und böse, etc. (siehe Kapitel 1). Diese Unterschiede traten auf, obwohl man bei IBM-Mitarbeitern mit vergleichbaren Tätigkeiten in Niederlassungen verschiedener Länder jeweils ähnliche Praktiken feststellte.

Wenn über die Annäherung nationaler Kulturen in der modernen Welt geschrieben wird, so verweist man hierbei meist auf Fakten aus dem Bereich der Praktiken: die Menschen kleiden sich gleich, kaufen die gleichen Produkte und verwenden die gleichen modischen Wörter (Symbole), sie sehen die gleichen Fernseh-Shows und Filme (Helden), sie üben die gleichen Sportarten aus und haben die gleichen Freizeitaktivitäten (Rituale). Diese relativ oberflächlichen Manifestationen von Kultur werden manchmal fälschlicherweise für das Ganze genommen, wobei man die tiefere, zugrundeliegende Ebene der Werte übersieht, die auch die Bedeutung der Praktiken für die jeweiligen Menschen bestimmen. Untersuchungen auf der Ebene der Werte zeigen auch weiterhin tiefliegende Unterschiede zwischen den Ländern; nicht nur die IBM-Studien und ihre vielen Folgestudien (Tabelle 1.1), sondern auch die nachfolgenden Serien der „World Values Survey" (Weltwerte-Studie) basieren auf repräsentativen Stichproben ganzer Populationen.[11]

Das meiste des vorliegenden Kapitels basiert auf den Ergebnissen eines zwischen 1985 und 1987 unter der Schirmherrschaft von IRIC, dem „Institute for Research on Intercultural Cooperation" an der Universität Maastricht, Niederlande, durchgeführten Forschungsprojekts. Man verwendete dabei die länderübergreifenden IBM Untersuchungen als Modell. Paradoxerweise haben diese keine direkten Informationen über die IBM-Unternehmenskultur geliefert, da alle untersuchten Einheiten dem gleichen Unternehmen angehörten und es gab keine Vergleichspunkte außerhalb. Als eine Ergänzung zu der länderübergreifenden Untersuchung war die IRIC-Studie organisationsübergreifend: statt eines Unternehmens in mehreren Ländern deckte sie eine Reihe von verschiedenen Organisationen in zwei Ländern ab, in Dänemark und den Niederlanden.

Die IRIC-Studie fand heraus, dass die Rolle der Werte gegenüber Praktiken auf der Organisationsebene genau das Gegenteil ihrer Rollen auf der nationalen Ebene sind. Der Vergleich zwischen ähnlichen Menschen in verschiedenen Organisationen zeigte beträchtliche Unterschiede bei den Praktiken, aber wesentlich geringere Unterschiede bei den Werten.

Damals bestand die einschlägige Literatur über „Unternehmenskulturen" Peters and Waterman zufolge darauf, dass gemeinsame Werte die Seele einer Unternehmenskultur ausmachen. Das IRIC-Projekt zeigte auf, dass eine *gemeinsame Wahrnehmung täglicher Praktiken* als die Seele einer Unternehmenskultur angesehen werden sollte. Die Werte der Angestellten differierten mehr nach ihrem Geschlecht, Alter und Ausbildung (und natürlich ihrer Nationalität) als nach ihrer Zugehörigkeit zum Unternehmen *an sich*.

Der Unterschied zwischen den IRIC Forschungsergebnissen und den Äußerungen von Peters und Waterman und ihrer Anhängerschaft kann durch die Tatsache erklärt werden, dass die US Managementliteratur dazu neigt, die Werte von Unternehmens-„Helden"(Gründer oder bedeutende Führer) zu beschreiben, wohingegen IRIC ganz normale Mitarbeiter befragte, von denen man annahm, dass sie die Kultur verinnerlicht hatten. IRIC bewertete, bis zu welchem Ausmaß die Botschaft von Führungspersönlichkeiten bei den Mitgliedern ankommt. Zweifellos werden Organisationskulturen durch die Werte von Gründern und Schlüsselfiguren geformt, aber die Auswirkung dieser Kulturen auf gewöhnliche Mitglieder wird durch gemeinsame Praktiken bestimmt. Die Werte der Gründer/Führungspersönlichkeiten werden zu Praktiken der Mitglieder.

Effektive geteilte Praktiken sind der Grund, dass multinationale Unternehmen überhaupt funktionieren können. Wenn man Personal verschiedenster Nationalitäten einstellt, kann man nicht von gemeinsamen Werten ausgehen. Man koordiniert und steuert die geschäftlichen Aktivitäten durch weltweite Praktiken, die durch den nationalen Ursprung des Unternehmens (ob nun US-amerikanisch, japanisch, deutsch, niederländisch) beeinflusst werden, aber das können Arbeitnehmer aus verschiedenen anderen Herkunftsländern lernen. [12]

Wenn die Werte der Mitglieder in erster Linie von anderen Kriterien abhängen als der Zugehörigkeit zur Organisation, so gelangen diese Werte mit neuen Mitarbeitern von außen in die Organisation: ein Unternehmen stellt Menschen einer bestimmten Staatsangehörigkeit und Bildung, eines bestimmten Alters und Geschlechts ein. Ihre anschließende Sozialisation in der Organisation ist eine Sache des Erlernens von Praktiken: Symbole, Helden und Rituale.

Zwei niederländische Forscher, Joseph Soeters und Hein Schreuder, verglichen Arbeitnehmer in niederländischen und ausländischen Wirtschaftsprüfungsfirmen, die in den Niederlanden tätig waren. Sie entdeckten Unterschiede in den Werten zwischen den zwei Gruppen, aber sie konnten nachweisen, dass diese auf Selbstauswahl durch die Versuchspersonen basierten und nicht durch Sozialisation der Werte der Firma nach Eintritt ins Unternehmen erworben wurden. [13] Personalabteilungen, die eine Vorauswahl unter den Leuten treffen, die sie anstellen wollen, spielen eine sehr wichtige Rolle dabei, die Werte eines Unternehmens aufrecht zu erhalten (sei es positiv oder negativ), eine Rolle, deren sich die Personalleiter (und ihre Kollegen) nicht immer bewusst sind.

Qualitative und quantitative Ansätze im IRIC-Projekt

Die ursprüngliche Konzeption des IRIC Projektes sah vor, nur Unternehmen innerhalb eines Landes (die Niederlande) zu vergleichen. Es stellte sich jedoch als schwierig heraus, genügend niederländische Teilnehmer zu finden, die gewillt waren, Zugang zu gewähren und sich an den Kosten des Projekts zu beteiligen. Die großzügige Unterstützung einer dänischen Beraterfirma führte dazu, dass eine Reihe von dänischen Einheiten hinzugefügt wurde. Das endgültige IRIC-Projekt umfasste zwanzig Einheiten von zehn verschiedenen Organisationen: fünf in Dänemark und fünf in den Niederlanden. Bei den IBM-Dimensionen nationaler Kulturen erreichen diese beiden Länder recht ähnliche Punktwerte: sie gehören zur gleichen Ländergruppe (Skandinavien/Niederlande). Im Rahmen des jeweiligen nationalen Kontextes versuchte IRIC eine weite Spanne verschiedener Arbeitsorganisationen zu finden. Durch das Aufzeigen der möglichen Unterschiede zwischen Organisationskulturen bekommt man einen besseren Einblick, um beurteilen zu können, bei welchem Grad an Unterschieden bzw. Ähnlichkeiten man tatsächlich von solchen sprechen kann. Untersuchungseinheiten waren sowohl ganze Organisationen als auch Organisationsteile, wenn die jeweilige Geschäftsleitung der Meinung war, dass diese Einheiten eine angemessene kulturelle Homogenität aufwiesen (durch die späteren Forschungsergebnisse ließ sich diese Annahme verifizieren).

Private Produktions-gesellschaften (Elektronik, Chemie, Konsumgüter)	Ganze Abteilungen oder Produktionseinheiten	6
	Zentrale oder Marketingeinheiten	3
	Forschungs- und Entwicklungseinheiten	2
Private Dienstleistungsgesellschaften (Banken, Transport, Handel): Einheiten		5
Öffentliche Einrichtungen (Telekommunikation, Polizei): Einheiten		4
Gesamtzahl der untersuchten Einheiten		20

Tab. 8.1: Am IRIC-Projekt beteiligte Organisationen

Tabelle 8.1 listet die Tätigkeitsbereiche der 20 untersuchten Einheiten auf. Die Größe der Einheiten bewegte sich zwischen 60 und 2.500 Personen. Die Zahl von 20 Einheiten war gering genug, das die einzelnen Einheiten jeweils eingehend als eigene Fallstudie, d. h. qualitativ untersucht werden konnten. Gleichzeitig war die Anzahl groß genug, um eine statistische Auswertung vergleichbarer quantitativer Daten für alle Fälle zu ermöglichen.

Die erste, qualitative Phase des Forschungsprojekts bestand aus detaillierten persönlichen Interviews von jeweils zwei bis drei Stunden mit neun Befragten pro Einheit (insgesamt also 180 Interviews). Ziel dieser Interviews war es zum einen, eine qualitative Vorstellung von der Gesamtheit, der *Gestalt* der Kultur einer

Einheit zu bekommen, und zum anderen, Themen zu sammeln, die in den Fragebogen der anschließenden Erhebung aufgenommen werden sollten. Die Auswahl der Befragten erfolgte einzeln im Laufe eines Gesprächs mit der Kontaktperson in der jeweiligen Einheit; Kriterium für die Auswahl war die Erwartung, dass die Befragten interessante und informative Angaben zur Kultur machen konnten. In die Gruppe der Befragten wurden immer auch der Leiter der Einheit (ausschließlich Männer) und seine Sekretärin mit einbezogen; daneben umfasste sie eine Auswahl von Personen in verschiedenen Berufen aller Ebenen, sowohl langjährige Mitarbeiter als auch Neulinge, Frauen und Männer. In einigen Fällen erwies sich die Befragung des Pförtners als höchst ergiebig. Es wurde auch immer ein Arbeitnehmervertreter in die Gruppe der Befragten einbezogen.

Das Interviewer-Team bestand aus 18 Mitgliedern (Dänen oder Holländer), von denen die meisten eine sozialwissenschaftliche Ausbildung hatten; keiner hatte frühere Erfahrung mit den erforschten (oder ähnlichen) Unternehmen. Die Interviews in jeder Einheit wurden zwischen zwei Interviewern aufgeteilt, und zwar zwischen einer Frau und einem Mann, da das Geschlecht des Interviewers möglicherweise einen Einfluss auf die Beobachtungen haben konnte. Alle Interviewer erhielten im Vorfeld die gleiche Projektschulung, und alle setzten die gleiche umfassende Checkliste von Fragen mit freien Antwortmöglichkeiten ein.

Die Interview-Checkliste enthielt Fragen wie die folgenden:

- **Über Organisationssymbole:** Welche speziellen Begriffe gibt es hier, die nur Insider verstehen?
- **Über Organisationshelden:** Bei welcher Art von Menschen ist die Wahrscheinlichkeit am größten, dass sie hier schnell Karriere machen? Welche Personen sind Ihrer Meinung nach besonders wichtig für diese Organisation?
- **Über Organisationsrituale:** An welchen regelmäßigen Versammlungen nehmen Sie teil? Wie verhalten sich die Leute bei diesen Versammlungen? Welche Anlässe werden in dieser Organisation gefeiert?
- **Über Organisationswerte:** Welche Ereignisse mögen die Menschen hier besonders gern? Was ist der größte Fehler, den man

begehen kann? Welche Probleme bei der Arbeit können Ihnen schlaflose Nächte bereiten?

Es war den Interviewern freigestellt, nach mehr oder anderen Informationen zu forschen, wenn sie solche vermuteten. Die Interviews wurden auf Band aufgenommen, und die Interviewer schrieben für jedes Interview einen Bericht; hierbei hielten sie sich an eine vorgegebene Reihenfolge und zitierten so oft wie möglich die wörtlichen Aussagen der Befragten.

Die zweite, quantitative Phase des Projekts bestand aus einer schriftlichen Erhebung mit verschlüsselten Fragen, die im Gegensatz zur ersten Phase einer reinen *Zufalls*stichprobe aus der jeweiligen Einheit gestellt wurden. Diese Stichprobe umfasste etwa 25 Führungskräfte (oder so viele, wie die jeweilige Einheit hatte), 25 Nicht-Führungskräfte mit Hochschulausbildung („Fachkräfte") und 25 Nicht-Führungskräfte ohne Hochschulausbildung. Die Erhebungsfragen umfassten zum einen Fragen aus der ländervergleichenden IBM-Untersuchung und zum anderen eine Reihe später hinzugefügter Fragen; die meisten Fragen wurden aber auf der Grundlage der Interviews der ersten Phase entwickelt. Es wurden Fragen zu allen Themen gestellt, bei denen die Interviewer erhebliche Unterschiede zwischen den Einheiten vermuteten. Darunter fielen insbesondere viele Wahrnehmungen täglicher Praktiken, die bei den ländervergleichenden Untersuchungen gefehlt hatten.

Die Ergebnisse sowohl der Interviews als auch der Erhebungen wurden mit der Geschäftsleitung der jeweiligen Einheit besprochen und z.T. auch mit größeren Gruppen von Mitarbeitern, sofern die Geschäftsleitung damit einverstanden war.

Ergebnisse der detaillierten Interviews: der Fall SAS

Die 20 untersuchten Einheiten ergaben 20 Fallstudien – aufschlussreiche Beschreibungen der Kultur einer jeden Einheit –, die von den Interviewern nach den Interviews zusammengestellt wurden, wobei sie die Erhebungsergebnisse zur Überprüfung ihrer Interpretationen heranzogen. Der zu Beginn dieses Kapitels dargestellte Fall von Heaven's Gate BV stammte aus den Erhebungsergebnissen. Im Folgenden soll ein weiterer Fall beschrieben werden: Das Kopenhagener Abfertigungsterminal der skandinavischen Fluggesellschaft Scandinavian Airlines System (SAS).

In den frühen 80er Jahren machte SAS einen aufsehenerregenden Umstrukturierungsprozess durch. Unter der Führung eines neuen Vorstandsvorsitzenden, Jan Carlzon, änderte das Unternehmen seine Strategie von einer Produkt- und Technikorientierung zu einer Markt- und Dienstleistungsorientierung. Zuvor basierten Planung und Umsatz auf dem Erreichen einer maximalen Zahl von Flugstunden mit der modernsten verfügbaren Technik. Piloten, Techniker und autoritäre Führungskräfte galten im Unternehmen als Helden. Eine Verschlechterung der Ergebnisse zwang die Firma zur Umorganisation.

Carlzon war der festen Überzeugung, dass man der starken Konkurrenz auf dem Luftverkehrsmarkt nur dann gewachsen sei, wenn man besser auf die Bedürfnisse der tatsächlichen und potentiellen Kunden einginge. Diese Bedürfnisse sind sicher am ehesten den Mitarbeitern mit täglichem persönlichen Kundenkontakt bekannt. Früher hatte man solche Mitarbeiter nie nach ihrer Meinung gefragt; sie bildeten eine disziplinierte Truppe uniformierter Soldaten, die auf Einhaltung der Regeln gedrillt waren. Nun galten sie als „die erste Reihe", und die Organisation wurde derart umstrukturiert, dass man sie unterstützte, statt sie herumzukommandieren. Vorgesetzte wurden zu Beratern; die erste Reihe erhielt beträchtliche Entscheidungsfreiheit bei der Bewältigung kundenrelevanter Probleme vor Ort. Diese Mitarbeiter mussten ihren Vorgesetzten von ihren Entscheidungen erst dann berichten, nachdem diese bereits getroffen waren – d. h. das Urteil der Mitarbeiter wurde automatisch akzeptiert, mit allen damit verbundenen Risiken.[14]

Eine der Einheiten, die an der IRIC-Studie teilnahmen, war das SAS-Abfertigungsterminal am Flughafen Kopenhagen. Die Interviews wurden drei Jahre nach der Umorganisation durchgeführt. Mitarbeiter und Führungskräfte waren uniformiert, diszipliniert, formell und pünktlich. Sie gehörten offensichtlich zu den Leuten, die gerne in einer disziplinierten Struktur arbeiten. Man arbeitete in Schichten, und Zeiten extremer Arbeitsbelastung wechselten mit Phasen relativer Untätigkeit. Sie schienen ihre neue Rolle weitgehend zu akzeptieren. Wenn sie über die Geschichte ihres Unternehmens sprachen, begannen sie meist mit dem Zeitpunkt der Umstrukturierung; lediglich einige Führungskräfte bezogen sich auf die Zeit davor.

Die Befragten waren sehr stolz auf ihre Firma: ihre Identität war offenbar zu einem großen Teil auf die Firma zurückzuführen. Private Kontakte außerhalb der Arbeitswelt bestanden häufig zu anderen SAS-Beschäftigten. Carlzon wurde in vielen Fällen als Unternehmens-Held genannt. Trotz der Disziplin schien das Verhältnis der Kollegen untereinander gut zu sein, und gegenseitige Hilfe war weit verbreitet. Mitarbeiter, die eine Krise im Privatleben durchmachten, erhielten Unterstützung von Kollegen und von der Firma. Führungskräfte auf verschiedenen Ebenen waren sichtbar und zugänglich, obwohl die Führungskräfte deutlich größere Schwierigkeiten hatten, ihre neue Rolle als Nicht-Führungskräfte zu akzeptieren. Neue Mitarbeiter durchliefen zunächst ein Einführungs- und Fortbildungsprogramm, bei dem Situationen mit Problem-Kunden simuliert wurden. Dies diente auch als Test, um zu ermitteln, ob die Neulinge die für diese Arbeit erforderlichen Werte und Fertigkeiten mitbrachten. Diejenigen, die das Programm erfolgreich absolvierten, fühlten sich in der Abteilung rasch wohl. Der Kundschaft gegenüber zeigten sich die Mitarbeiter an der Lösung der auftretenden Probleme interessiert; sie suchten eifrig nach unkonventionellen Lösungen für Probleme der Kunden, d.h. bestehende Regeln wurden so ausgelegt, dass man das gewünschte Ergebnis erreichte. Jeder konnte befördert werden, und es herrschte allgemein der Eindruck, dass die kompetentesten und hilfsbereitesten Kollegen befördert wurden.

Es ist nicht unwahrscheinlich, dass diese Abteilung von einem gewissen „Hawthorne-Effekt"[15] profitierte, da sie bei einer erfolgreichen Umstrukturierung die Schlüsselrolle gespielt hatte. Als die Interviews durchgeführt wurden, befand sich die Euphorie über die erfolgreiche Umorganisation vermutlich auf ihrem Höhepunkt. Beobachter innerhalb des Unternehmens wiesen darauf hin, dass sich die Einstellung der Menschen eigentlich gar nicht verändert habe, dass aber die Umorganisation eine Disziplin des Gehorsams gegenüber dem Vorgesetzten in eine Disziplin des Dienstes am Kunden verwandelt habe.

Ergebnisse der Erhebung: Sechs Dimensionen von Organisationskulturen

Bei den IBM-Untersuchungen hatte man vier Dimensionen *nationaler* Kulturen ermittelt (Machtdistanz, Individualismus/ Kollektivismus, Maskulinität/Femininität und Unsicherheitsvermeidung). Diese Dimensionen bezogen sich auf *Werte*, denn die nationalen IBM-Niederlassungen unterschieden sich vor allem in den kulturellen Werten ihrer Mitarbeiter. Die zwanzig bei der organisationsvergleichenden IRIC-Studie untersuchten Einheiten unterschieden sich allerdings nur leicht hinsichtlich der kulturellen Werte ihrer Mitglieder; dagegen ergaben sich beträchtliche Unterschiede bei ihren Praktiken.

Die meisten Fragen der schriftlichen Erhebung dienten zur Messung der *Wahrnehmung der Menschen hinsichtlich der Praktiken in ihrer Arbeitseinheit.* Diese Fragen begannen mit „Dort, wo ich arbeite, ...", beispielsweise also:

„Dort, wo ich arbeite,

beginnen Versamm- lungen sehr pünktlich	1	2	3	4	5	weiß man nur annähernd, wann eine Versammlung wirklich anfangen wird
hat Quantität Vor- rang vor Qualität	1	2	3	4	5	hat Qualität Vorrang vor Quantität"

Jeder Punkt bestand also aus zwei gegensätzlichen Aussagen: Welche Aussage in die rechte und welche in die linke Spalte aufgenommen wurde, war eine Zufallsentscheidung; aus ihrer Position konnte man daher nicht auf die Erwünschtheit schließen.

Alle 61 Fragen des Typs „Dort, wo ich arbeite ..." wurden auf der Grundlage der in den offenen Interviews gesammelten Informationen zusammengestellt und einer statistischen Auswertung unterzogen, die derjenigen in den IBM-Untersuchungen sehr ähnlich war.

Hieraus ergaben sich sechs völlig neue Dimensionen, d.h. Dimensionen von Praktiken, und nicht von Werten. Es wurde eine Faktoranalyse einer Matrix von 61 Fragen mal zwanzig Einheiten eingesetzt; für jede Einheit wurde bei jeder Frage ein Mittelwert für alle Befragten errechnet (ein Drittel der Befragten waren Führungskräfte, ein Drittel Fachkräfte und ein Drittel Nicht-Fachkräfte). Diese Auswertung ergab sechs eindeutige Faktoren, die Dimensionen von (wahrgenommenen) Praktiken widerspiegelten, welche die 20 Organisationseinheiten voneinander unterschieden. Diese sechs Dimensionen waren unabhängig voneinander, d. h. sie traten in allen möglichen Kombinationen auf.

Die Wahl von Bezeichnungen für empirisch ermittelte Dimensionen ist ein subjektiver Vorgang: er stellt den Schritt von den Daten zur Theorie dar. Die gewählten Bezeichnungen wurden mehrmals geändert. Ihre jetzige Form wurde mit Vertretern der Einheiten ausführlich erörtert. Die Bezeichnungen sollten so gewählt werden, dass sich nicht ein „guter" und ein „schlechter" Pol bei einer Dimension ergab. Ob der Punktwert einer Einheit bei einer bestimmten Dimension als gut oder schlecht zu interpretieren ist, hängt ausschließlich davon ab, welche Richtung die Einheit nach Meinung der für sie verantwortlichen Personen einschlagen sollte. Man entschied sich schließlich für folgende Begriffe:

(1) prozessorientiert – ergebnisorientiert
(2) personenorientiert – aufgabenorientiert
(3) organisationsgebunden – professionell
(4) offenes System – geschlossenes System
(5) schwache Kontrolle – strenge Kontrolle
(6) normativ – pragmatisch

Die Reihenfolge der sechs organisationsvergleichenden Dimensionen (ihre Nummern) spiegelt die Reihenfolge wider, in der sie bei der Analyse auftraten; sie hat aber keine theoretische Bedeutung: Nummer 1 ist nicht wichtiger als Nummer 6. Eine niedrigere Nummer zeigt lediglich, dass der Fragebogen mehr Fragen enthielt, die mit Dimension 1 zu tun hatten, als solche, die mit Dimension 6 zu tun hatten etc. Allerdings lässt sich dies auch als Ausdruck der Vorlieben der Wissenschaftler interpretieren, die den Fragebogen entwickelten.

Für jede der sechs Dimensionen wurden drei Schlüsselfragen („Dort, wo ich arbeite ...") ausgewählt, um für jede Einheit und jede Dimension einen Indexwert zu berechnen, ähnlich der Vorgehensweise bei der IBM-Studie, wo Indexwerte für jedes Land und jede ländervergleichende Dimension berechnet wurden. Die von den Einheiten erreichten Punktwerte für die drei ausgewählten Fragen korrelierten stark miteinander.[16] Ihr Inhalt war so beschaffen, dass sie, nach Meinung der Wissenschaftler, zusammen das Wesentliche der Dimension für Führungskräfte und Mitarbeiter der Einheiten bei den Feedback-Sitzungen deutlich machten.

In Dimension 1 wird ein Interesse an Mitteln *(prozessorientiert)* einem Interesse an Zielen *(ergebnisorientiert)* gegenübergestellt. Die drei wichtigsten Punkte zeigen, dass Menschen in prozessorientierten Kulturen sich selbst wie folgt wahrnahmen: sie vermeiden Risiken und unternehmen nur begrenzte Anstrengungen bei ihrer Arbeit, und die Tagesabläufe waren recht ähnlich. In ergebnisorientierten Kulturen nahmen sich die Menschen folgendermaßen wahr: unbekannte Situationen sind ihnen willkommen, sie leisteten maximale Anstrengungen, und jeder Tag wurde so empfunden, dass der neue Herausforderungen brachte. Für die 20 Einheiten wurde eine Skala von 0 bis 100 erstellt, wobei 0 für die am stärksten prozessorientierte, und 100 für die am stärksten ergebnisorientierte Einheit steht. HGBV, der oben beschriebene chemische Betrieb, erreichte Rang 02 (sehr prozessorientiert, geringes Interesse an Ergebnissen), während das SAS-Abfertigungsterminal den Wert 100 erreichte: SAS war die am stärksten ergebnisorientierte Einheit. Bei dieser Dimension war es recht schwierig, nicht eine „gute" Bezeichnung für den ergebnisorientierten Pol zu vergeben und eine „schlechte" für den prozessorientierten Pol. Dennoch gibt es Tätigkeiten, bei denen eine einseitige Konzentration auf den Prozess ganz wesentlich ist. Die am stärksten prozessorientierte Einheit (Punktwert 00) war eine Produktionseinheit eines Pharma-Unternehmens. Die Herstellung von Pharmaka ist ein Beispiel für ein auf Routine basierendes Umfeld mit Risikovermeidung, wo eine ergebnisorientierte Kultur nicht gerade wünschenswert wäre. Ähnliche Überlegungen gibt es in vielen anderen Organisationseinheiten. So ist also selbst eine Ergebnisorientierung nicht immer „gut" und deren Gegenteil nicht unbedingt „schlecht".

Eine der Kernaussagen im Buch von Peters und Waterman *Auf der Suche nach Spitzenleistungen* war, dass „starke" Kulturen effizienter seien als „schwache". Ein Problem bei der Verifizierung dieser These bestand darin, dass man in der vorhandenen Literatur zur Unternehmenskultur vergeblich nach einem praktischen

(„operationalen") Maß für die Stärke einer Kultur suchte. Da uns dieses Thema wichtig erschien, entwickelte das IRIC-Projekt eine Methode zur Messung der Stärke einer Kultur. Als „stark" wurde eine homogene Kultur bezeichnet, d. h. eine Kultur, in der alle bei der Erhebung Befragten bei den wichtigsten Fragen etwa die gleichen Antworten gaben, unabhängig vom Inhalt der Fragen. Als schwach wurde eine heterogene Kultur betrachtet: diese war gegeben, wenn Antworten verschiedener Personen der gleichen Einheit stark voneinander abwichen. Die Daten der Erhebung zeigten, dass bei den 20 untersuchten Einheiten die Stärke der Kultur (Homogenität) signifikant mit der Ergebnisorientierung korrelierte. [17] Soweit „ergebnisorientiert" für „effizient" steht, wurde die These von Peters und Waterman zur Effizienz starker Kulturen daher bestätigt.

In Dimension 2 wird ein Interesse für Menschen *(personenorientiert)* einem Interesse für die Erledigung einer Arbeit *(aufgabenorientiert)* gegenübergestellt. Die gewählten Hauptpunkte zeigen, dass Menschen in personenorientierten Kulturen das Gefühl hatten, dass ihre persönlichen Probleme berücksichtigt wurden, die Organisation nahm ihre Verantwortung für das Wohlergehen der Mitarbeiter wahr und wichtige Entscheidungen wurden tendenziell von Gruppen oder Ausschüssen getroffen. In aufgabenorientierten Einheiten sahen sich die Menschen einem starken Leistungsdruck ausgesetzt, sie glaubten, die Organisation sei lediglich an der vom Mitarbeiter geleisteten Arbeit interessiert und nicht am Wohlergehen des einzelnen oder dessen Familie; sie berichteten, dass wichtige Entscheidungen eher von einzelnen getroffen wurden.

Auf einer von 0 bis 100 reichenden Skala erreichte HGBV 100 und das SAS-Abfertigungsterminal 95 – beide waren extrem personenorientiert. Die Punktwerte dieser Dimension drückten die Philosophie der Einheit oder des (der) Unternehmensgründer(s) aus, daneben aber auch mögliche Spuren, die frühere Ereignisse hinterlassen hatten: Einheiten, die kurz zuvor wirtschaftliche Schwierigkeiten gehabt hatten – insbesondere wenn dies mit größeren Entlassungen verbunden gewesen war – tendierten zur Aufgabenorientierung, auch wenn dies Informanten zufolge früher anders gewesen war. Die Meinungen darüber, ob eine starke Personenorientierung wünschenswert sei, gingen bei den Führungskräften der in der Untersuchung vertretenen Einheiten auseinander. Bei den Feedback-Gesprächen äußerten einige Führungskräfte den Wunsch, ihre Einheit solle stärker personenorientiert werden, während andere eine gegenteilige Entwicklung wünschten.

Die Dimension Mitarbeiter-orientiert im Vergleich zu Job-orientiert entspricht den beiden Achsen eines bekannten klassischen US-amerikanischen Führungsmodells: das *Managerial Grid*[18] von Robert Blake und Jane Mouton. Diese beiden Wissenschaftler entwickelten ein breit angelegtes Ausbildungssystem für Führungskräfte auf der Grundlage ihres Modells. Bei dieser Ausbildung werden Personenorientierung und Aufgabenorientierung als zwei selbständige Dimensionen behandelt: ein Mensch kann bei beiden stark sein, bei einer oder auch keiner von beiden. Dies scheint im Widerspruch zu unserer Vorgehensweise zu stehen, wonach die beiden Orientierungen an entgegengesetzten Polen einer einzigen Dimension lagen. Allerdings bezieht sich das Gitter von Blake und Mouton auf Individuen, während die IRIC-Studie Organisationseinheiten miteinander verglich. Die IRIC-Untersuchung zeigt, dass Individuen zwar durchaus gleichzeitig arbeits- und personenorientiert sein können, Organisationskulturen aber dazu neigen, eine der beiden Orientierungen vorzuziehen.

In Dimension 3 werden Einheiten einander gegenübergestellt, in denen die Mitarbeiter ihre Identität weitgehend aus der Organisation ableiten *(„organisationsgebunden")* bzw. sich mit ihrer Art von Arbeit identifizieren *(„professionell")*. Die Schlüsselfragen zeigen, dass Mitglieder organisationsgebundener Kulturen das Gefühl hatten, die Normen der Organisation gelten sowohl für ihr Verhalten im Privatleben als auch bei der Arbeit; sie glaubten, dass das Unternehmen bei Stellenbesetzungen den sozialen und familiären Hintergrund der neuen Mitarbeiter ebenso berücksichtige wie deren fachliche Kompetenz; außerdem blickten sie nicht sehr weit in die Zukunft (wahrscheinlich nahmen sie an, die Organisation würde das für sie tun). Mitglieder freiberuflicher Kulturen dagegen waren der Meinung, ihr Privatleben gehe niemanden etwas an, sie glaubten, die Stellenbesetzung bei Organisationen erfolge ausschließlich nach Kompetenzkriterien, und sie planten weit voraus. Der US-Soziologe Robert Merton nannte diese Unterscheidung „lokal" gegenüber „kosmopolitisch"; es ist der Kontrast zwischen einem internen und einem externen Bezugsrahmen.[19] Den organisationsgebundenen Kulturtyp assoziiert man häufig mit japanischen Firmen. Erwartungsgemäß korrelierten in der IRIC-Erhebung die bei dieser Dimension erreichten Punktwerte mit dem Bildungsniveau der Mitglieder der Einheit: organisationsgebundene Einheiten neigten dazu, Mitglieder mit geringerer formaler Bildung zu haben. Die Mitarbeiter des SAS-Abfertigungsterminals hatten einen recht stark organisationsgebundenen Punktwert (24), die HGBV-Mitarbeiter einen mittleren (48).

In Dimension 4 werden *offene Systeme* und *geschlossene Systeme* einander gegenübergestellt. Wie die Hauptpunkte zeigen, hielten die Mitglieder von Einheiten mit offenem System sowohl die Organisation als auch die entsprechenden Menschen für offen gegenüber Neulingen und Außenstehenden. Es würde beinahe jeder in die Organisation passen, und neue Mitarbeiter brauchten nur ein paar Tage, um sich wohl zu fühlen. In den Einheiten mit geschlossenem System galten die Organisation und die Menschen als geschlossen und verschlossen, selbst gegenüber Insidern. Nur ganz besondere Menschen passten in die Organisation, und neue Mitarbeiter benötigten mehr als ein Jahr, um sich dort wohl zu fühlen (in der am stärksten geschlossenen Einheit gab ein Mitglied der Geschäftsleitung zu, dass er sich nach 22 Jahren noch immer als Außenseiter fühle). HGBV erreichte bei dieser Dimension wieder einen mittleren Punktwert (51), und SAS schnitt extrem offen ab (9). Diese Dimension beschreibt das Kommunikationsklima. Sie hing als einzige der sechs „Praktiken"-Dimensionen mit der Nationalität zusammen: ein offenes Kommunikationsklima in der Organisation schien eher ein Merkmal für Dänemark zu sein als für die Niederlande. Allerdings schnitt eine dänische Organisation sehr geschlossen ab.

Dimension 5 bezieht sich auf den Grad an interner Strukturierung in der Organisation. Nach den Schlüsselfragen glaubten die

Menschen in Einheiten mit *„schwacher Kontrolle"*, dass niemand an Kosten denke, Besprechungstermine nur ungenau eingehalten würden und häufig Witze über Firma und Arbeit gemacht würden. Menschen in Einheiten mit *„straffer Kontrolle"* beschrieben ihr Arbeitsumfeld als kostenbewusst, Besprechungstermine begannen pünktlich, und es gab nur selten Witze über die Firma und/oder die Arbeit. Aus den Daten geht offenbar hervor, dass zumindest statistisch ein enger Zusammenhang zwischen einem strengen formalen Kontrollsystem und strengen ungeschriebenen Regeln bezüglich Kleidung und korrektem Verhalten besteht. Auf einer Skala von 0 = schwach bis 100 = streng schnitt SAS mit seinen uniformierten Angestellten extrem streng ab (96), während HGBV erneut einen mittleren Punktwert erreichte (52); allerdings war ein mittlerer Wert für eine Produktionsstätte schon relativ schwach, wie der Vergleich mit anderen Produktionseinheiten zeigte.

Dimension 6 beschäftigt sich schließlich mit dem bekannten Begriff der „Kundenorientierung". *Pragmatische* Einheiten waren marktorientiert, während *normative* Einheiten ihre Aufgabe gegenüber der Außenwelt in der Einhaltung unantastbarer Regeln begriffen. Die Hauptpunkte zeigen, dass der Schwerpunkt in normativen Einheiten auf der korrekten Einhaltung der Verfahrensweisen der Organisation lag; solche Verfahrensweisen waren wichtiger als Ergebnisse. Der Anspruch dieser Einheiten hinsichtlich Unternehmensethik und Redlichkeit galt als hoch. In den pragmatischen Einheiten lag der Schwerpunkt auf der Erfüllung der Bedürfnisse des Kunden; Ergebnisse waren wichtiger als korrekte Verfahrensweisen, und bei der Unternehmensethik herrschte eher eine pragmatische als eine dogmatische Einstellung vor. Das SAS-Abfertigungsterminal erreichte den höchsten Punktwert auf der pragmatischen Seite (100); hier wird deutlich, dass die Botschaft von Jan Carlzon gut ankam. HGBV erreichte einen Wert von 68, schnitt also ebenfalls pragmatisch ab. Wie in der Fallstudie beschrieben, mochte HGBV früher vielleicht eine mehr normative Einstellung den Kunden gegenüber haben, aber das Unternehmen schien sich an die neue Wettbewerbssituation angepasst zu haben.

Der Spielraum für Wettbewerbsvorteile in kulturellen Angelegenheiten

Untersucht man das jeweilige Punktwertprofil der 20 Einheiten bei den 6 Dimensionen, so zeigt sich, dass sich die Dimensionen 1, 3, 5 und 6 (Prozess/Ergebnis, organisationsgebunden, schwach/streng und normativ/pragmatisch) auf die Art der Arbeit der Organisation beziehen und auf die Art des Marktes, auf dem diese tätig ist. Diese vier Dimensionen reflektieren zum Teil gemäß Abb. 8.1 die Branchen- (oder Unternehmens-)kultur. Bei Dimension 1 schnitten die meisten Produktions- und die großen Verwaltungseinheiten prozessorientiert ab; Forschungs- und Entwicklungs- sowie Dienstleistungseinheiten waren mehr ergebnisorientiert. Bei Dimension 3 waren Einheiten mit herkömmlicher Technologie organisationsgebunden, High-Tech-Einheiten dagegen professionell. Bei Dimension 5 lagen die Punktwerte der Einheiten, die mit hoher Präzision oder hohem Risiko verbundene Güter oder Dienstleistungen anbieten (etwa Pharmaka oder finanzielle Transaktionen), im Bereich „streng", diejenigen von Einheiten mit innovativen oder nicht berechenbaren Tätigkeiten im Bereich „schwach". Zur Überraschung der Forscher lagen die beiden untersuchten städtischen Polizeieinheiten im Bereich „schwach" (16 und 41); allerdings ist die Arbeit eines Polizisten nur in geringem Maße vorhersehbar, und Polizeibeamte haben ein beträchtliches Maß an Entscheidungsfreiheit bei der Ausübung ihrer Tätigkeit. Bei Dimension 6 schnitten Dienstleistungseinheiten und Einheiten auf Märkten mit starkem Wettbewerb pragmatisch ab, während Einheiten, die sich mit der Einhaltung von Regeln befassen oder unter einem Monopol arbeiten, normative Punktwerte hatten.

Während also das Aufgaben- und Marktumfeld die Punktwerte bei den Dimensionen beeinflussen, sorgte die IRIC-Studie auch für einige Überraschungen: Produktionseinheiten mit unerwartet starker Ergebnisorientierung, selbst im Produktionsbereich, oder eine Einheit wie HGBV mit einem im Verhältnis zur Aufgabe schwachen Kontrollsystem. Diese Überraschungen stellen die Elemente dar, durch die sich die Kultur einer Einheit von derjenigen vergleichbarer Einheiten unterscheidet, sowie die Wettbewerbsvorteile bzw. -nachteile einer bestimmten Organisationskultur.

Die beiden anderen Dimensionen 2 und 4 (Personen/Aufgaben und offen/geschlossen) scheinen weniger aufgaben- und marktspezifisch zu sein; sie werden offenbar eher von historischen Faktoren bestimmt, wie von der Philosophie des (der) Gründer(s) und von Krisen in der jüngeren Vergangenheit. Wie bereits gezeigt, spielt im Falle der Dimension 4 (offenes/geschlossenes System) das nationale kulturelle Umfeld auch eine Rolle.

Abbildung 8.1 zeigt, dass Organisationskulturen zwar *vor allem* aus Praktiken bestehen, dass sie aber auch einen bescheidenen Werte-Aspekt haben. Die organisationsvergleichende IRIC-Studie übernahm die wertebezogenen Fragen aus der ländervergleichenden IBM-Untersuchung. Es gab bei drei Gruppen von Werten geringfügige Unterschiede. Die erste Gruppe ähnelte der ländervergleichenden Dimension Unsicherheitsvermeidung; allerdings traten die Unterschiede nicht bei denjenigen Fragen auf, die für die Berechnung der UVI-Punktwerte der jeweiligen Länder herangezogen wurden. Das organisationsvergleichende Maß für die Unsicherheitsvermeidung wurde mit Dimension 4 in Korrelation gestellt (offen/geschlossen), wobei schwache Unsicherheitsvermeidung offensichtlich einem offenen Kommunikationsklima entspricht. Diese Beziehung wurde durch die Tatsache verstärkt, dass die dänischen Einheiten (mit einer Ausnahme) offener abschnitten als die niederländischen. Dänemark und die Niederlande hatten zwar bei den meisten Kriterien nationaler Kultur ähnliche Punktwerte, doch unterschieden sie sich am stärksten bei den Punktwerten der nationalen Unsicherheitsvermeidung, d. h. Dänemark hatte einen viel niedrigeren Punktwert.

Ein zweites Kluster organisationsvergleichender Werte hatte eine gewisse Ähnlichkeit mit der Machtdistanz. Sie wurde mit Dimension 1 (Prozess-/Ergebnisorientierung) in Korrelation gestellt: größere Machtdistanz hängt mit Prozessorientierung zusammen, geringere Machtdistanz mit Ergebnisorientierung.

Bei der IRIC-Studie ergaben sich keine mit Individualismus und Maskulinität zusammenhängenden Gruppen von Werteunterschieden zwischen Organisationen. Möglicherweise lag dies daran, dass sich die Untersuchung auf Wirtschaftsunternehmen und öffentliche Institutionen beschränkte. Hätte man beispielsweise Organisationen des Gesundheitswesens und soziale Einrichtungen miteinbezogen, so hätte die Studie evtl. eine größere Spanne von Werten hinsichtlich der Hilfe für andere Menschen ergeben, so dass eine Dimension Femininität/Maskulinität aufgetreten wäre.

Fragen, die bei der ländervergleichenden Studie die Dimensionen Individualismus und Maskulinität bildeten, erschienen bei der organisationsvergleichenden Untersuchung in einer anderen Konfiguration, die als (starke oder schwache) *Arbeitszentralität* bezeichnet wurde: die Bedeutung der Arbeit im gesamten Lebenszusammenhang. Sie wurde mit Dimension 3 (organisationsgebunden/professionell) in Korrelation gestellt. Die Arbeitszentralität ist in professionellen Organisationskulturen offensichtlich stärker. In organisationsgebundenen Kulturen wird das Privatleben der Menschen nicht durch Arbeitsprobleme belastet.

Unter den sechs Dimensionen bei Organisationskulturen hingen die Nummern 1, 3 und 4 also in gewissem Maße mit Werten zusammen. Bei den drei anderen Dimensionen (2, 5 und 6) wurde keinerlei Zusammenhang mit Werten ermittelt. Diese Dimensionen beschrieben lediglich Praktiken, für die Menschen sozialisiert worden waren, ohne dass ihre Grundwerte dabei eine Rolle spielten.

Organisationskultur und andere Organisationsmerkmale

Bei den IBM-Untersuchungen wurden Vorgeschichte und Folgen nationaler Kulturen nachgewiesen, indem man die Punktwerte der Länder mit verschiedenartigen externen Daten in Zusammenhang brachte. Solche Daten waren Wirtschaftsindikatoren wie das Pro-Kopf-Bruttosozialprodukt eines Landes, politische Indikatoren, wie ein Index der Pressefreiheit, sowie demographische Daten wie die Bevölkerungswachstumsrate. Daneben wurden Vergleiche mit den Ergebnissen anderer Studien angestellt, die sich auf die gleichen Länder bezogen, aber andere Fragen an andere Befragte richteten. In der organisationsvergleichenden IRIC-Studie wurde eine ähnliche „Validierung" der Dimensionen gegen externe Daten hinzugefügt. Natürlich bestanden die verwendeten Daten diesmal aus Informationen über die Organisationseinheiten, man ermittelte sie auf andere Weise, und sie stammten aus anderen Quellen.

Neben den Interviews und der Erhebung beinhaltete die IRIC-Untersuchung die Sammlung von quantifizierbaren Daten über die Einheiten als Gesamtheiten. Beispiele für solche Informationen *(Strukturdaten)* sind die Gesamtzahl der Beschäftigten, die Zusammensetzung des Budgets, wirtschaftliche Ergebnisse und das Alter der wichtigsten Führungskräfte. Alle Strukturdaten wurden von Geert Hofstede persönlich gesammelt. Die Ermittlung, welche sinnvollen Strukturdaten man überhaupt erhalten *konnte*, war ein heuristischer Vorgang, der mit der eigentlichen Datensammlung einherging. Dieser Prozess war zu kompliziert, um ihn zwischen verschiedenen Wissenschaftlern aufzuteilen. Informanten für die Strukturdaten waren die oberste Führungskraft, der Personalleiter und der Finanzleiter. Sie erhielten zunächst einen schriftlichen Fragebogen und nahmen anschließend an einem persönlichen Interview teil.

Unter einer großen Anzahl versuchsweise eingesetzter quantifizierbarer Merkmale ergaben etwa 40 Merkmale brauchbare Daten. Bei diesen 40 Merkmalen korrelierten die jeweiligen Punktwerte der 20 Einheiten mit den Punktwerten der gleichen Einheiten bei den 6 Praktiken-Dimensionen.[20] In den folgenden Absätzen werden die wichtigsten für die sechs Praktiken-Dimensionen jeweils ermittelten Beziehungen beschrieben.

Es herrschte eine starke Korrelation zwischen den Punktwerten bei Praktik-Dimension 1 (Prozess-/Ergebnisorientierung) und dem Saldo zwischen Personal- und Materialkosten im Betriebsbudget (die für die tägliche Arbeit erforderlichen Geldmittel). Eine Tätigkeit lässt sich als arbeitsintensiv, materialintensiv oder kapitalintensiv bezeichnen, je nachdem, welche der drei Kostenkategorien den größten Anteil am Betriebsbudget ausmacht. Arbeitsintensive Einheiten (bei gleichbleibender Mitarbeiterzahl) schnitten stärker ergebnisorientiert ab, während materialintensive Einheiten (wiederum bei gleichbleibender Mitarbeiterzahl) stärker prozessorientiert waren. Ist eine Tätigkeit arbeitsintensiv, spielt die Leistung der Menschen per Definition eine bedeutende Rolle für die Ergebnisse. Hieraus scheint sich mit größerer Wahrscheinlichkeit eine ergebnisorientierte Kultur zu ergeben. Der Ertrag materialintensiver Einheiten hängt tendenziell von technischen Vorgängen ab, was offenbar das Entstehen einer prozessorientierten Kultur begünstigt. Es ist daher nicht überraschend, dass man Forschungs- und Entwicklungs- sowie Dienstleistungseinheiten im ergebnisorientierten Bereich der Skala findet; Produktions- und Verwaltungseinheiten, die mehr der Automation unterliegen, sind häufiger im prozessorientierten Bereich anzutreffen.

Die zweitstärkste Korrelation der Ergebnisorientierung bestand mit geringeren Fehlzeiten. Dies ist eine gute Validierung der Tatsache, dass – wie es in einer der Schlüsselfragen formuliert war – „die Menschen maximale Anstrengungen unternehmen". Weiterhin bestanden drei signifikante Korrelationen zwischen der Ergebnisorientierung und der jeweiligen Organisationsstruktur. Flachere Organisationen (weiter gefasste Kontrolle für den Leiter der Einheit) schnitten stärker ergebnisorientiert ab. Dies bestätigt eine der Maximen von Peters und Waterman: „einfache Form, schlanke Belegschaft". Es wurden drei vereinfachte Skalen auf der Grundlage der in Kapitel 7 [21] erwähnten „Aston"-Studien zur Organisationsstruktur herangezogen, um Zentralisation, Spezialisierung und Formalisierung zu messen. Sowohl Spezialisierung als auch Formalisierung korrelierten negativ mit der Ergebnisorientierung: stärker spezialisierte und formalisierte Einheiten neigen zu stärkerer Prozessorientierung. Die Zentralisierung war mit dieser Dimension nicht korreliert. Die Ergebnisorientierung korrelierte außerdem mit dem Vorhandensein einer Führungsmannschaft mit relativ geringem Bildungsniveau, die aus der normalen Belegschaft heraus befördert worden war: eher Macher als Repräsentationsfiguren. In ergebnisorientierten Einheiten war die gewerkschaftliche Organisierung bei den Beschäftigten tendenziell geringer.

Die stärksten Korrelationen bei Dimension 2 (Personen-/Aufgabenorientierung) bestanden mit der Art und Weise, wie die Einheit in Korrelation zu Organisation gestellt wurde, zu der sie gehörte. Wenn der Leiter der Einheit angab, *seine* Vorgesetzten würden ihn nach Gewinn und anderen Kriterien finanzieller Leistung beurteilen, dann wurde die Kultur der Einheit von den Mitarbeitern als aufgabenorientiert eingeschätzt. Wenn der Leiter der Einheit glaubte, seine Vorgesetzten würden ihn nach der Leistung im Verhältnis zu einem Budget beurteilen, dann war das Gegenteil der Fall: die Beschäftigten stuften die Kultur der Einheit als personenorientiert ein. Offenbar begünstigt eine Betriebstätigkeit nach externen Maßstäben (Gewinn auf einem Markt) eine weniger gutmütige Kultur als eine Betriebstätigkeit nach internen Maßstäben (Budget). Wenn der Leiter angab, er erlaube die Veröffentlichung umstrittener Themen in der Betriebszeitung, dann waren die Mitarbeiter der Meinung, die Einheit sei mehr personenorientiert, was die Aufrichtigkeit des Leiters bestätigte.

Die restlichen Korrelationen der Personenorientierung bestanden mit der durchschnittlichen Betriebszugehörigkeit (in Jahren) und dem Alter der Beschäftigten (Beschäftigte mit längerer Betriebszugehörigkeit ergaben eine stärker aufgabenorientierte Kultur), mit dem Bildungsniveau des Leitungsgremiums (ein Gremium mit geringerem Bildungsniveau entspricht einer stärker aufgabenorientierten Kultur) und mit der Summe des investierten Kapitals (überraschenderweise nicht mit dem investierten Kapital pro Beschäftigten). Große Organisationen mit hoher Investition waren tendenziell mehr personen- als aufgabenorientiert.

Bei Dimension 3 (organisationsgebunden im Vergleich zu professionell) tendierten Einheiten mit herkömmlicher Technologie zur organisationsgebundenen Seite, High-Tech-Unternehmen dagegen zur professionellen. Die stärksten Korrelationen bei dieser Dimension bestanden mit verschiedenen Größenangaben: es ist keine Überraschung, dass größere Organisationen mehr professionelle Kulturen hervorbrachten. Ebenfalls nicht unerwartet war es, dass der gewerkschaftliche Organisierungsgrad in professionellen Kulturen geringer war. Hier hatten die Führungskräfte im Durchschnitt ein höheres Bildungsniveau und waren älter. Ihre Organisationsstruktur wies eine stärkere Spezialisierung auf. Eine interessante Korrelation bestand mit dem Zeitbudget des Leiters der Einheit, d.h. die Art und Weise, wie dieser nach seinen eigenen Angaben die Zeit verbrachte. In den Einheiten mit einer professionellen Kultur gaben die Topmanager an, sie würden relativ viel Zeit in Besprechungen und mit persönlichen Gesprächen verbringen. Die privatwirtschaftlichen Einheiten in unserer Stichprobe tendierten eher zur professionellen Seite als die öffentlichen.

Bei Dimension 4 (offene/geschlossene Systeme) trat die stärkste einzelne Korrelation mit externen Daten auf, d.h. zwischen dem Frauenanteil der Beschäftigten und der Offenheit des Kommunikationsklimas.[22] Der Frauenanteil bei Führungskräften und die Präsenz mindestens einer Frau in der Geschäftsleitung korrelierten ebenfalls mit der Offenheit. Allerdings wurde diese Korrelation durch die Tatsache beeinflusst, dass sich die untersuchte Gesamtheit aus zwei Nationalitäten zusammensetzte. Unter den entwickelten europäischen Ländern wies Dänemark zum Zeitpunkt der Untersuchung einen der höchsten Frauenanteile bei den Erwerbstätigen auf, die Niederlande dagegen einen der niedrigsten. Wie bereits erwähnt, schnitten die dänischen Einheiten als Gruppe (mit einer Ausnahme) offener ab als die holländischen Einheiten. Dies schließt nicht unbedingt einen kausalen Zusammenhang zwischen dem Frauenanteil an den Erwerbstätigen und einem offeneren Kommunikationsklima aus: es könnte durchaus die Erklärung dafür sein, weshalb die dänischen Einheiten so viel offener waren.

Im Zusammenhang mit der Dimension „offen/geschlossen" bestanden außerdem Beziehungen zwischen der Formalisierung und einer eher geschlossenen Kultur (eine gute Validierung beider Indikatoren), zwischen der Aufnahme kontroverser Themen in die Betriebszeitung und einer offenen Kultur (offensichtlich) sowie zwischen einer höheren durchschnittlichen Betriebszugehörigkeit und einer eher offenen Kultur.

Die stärkste Korrelation bei Dimension 5 (schwache/strenge Kontrolle) bestand mit einem Punkt im Zeitbudget des Leiters einer Einheit (entsprechend dessen eigenen Angaben): Wenn der Topmanager angab, er verbringe relativ viel Zeit mit der Lektüre

und dem Verfassen von organisationsinternen Berichten und Notizen, so wurde die Kontrolle als straffer empfunden; das erscheint
auch logisch. Es wurde außerdem festgestellt, dass materialintensive Einheiten häufig Kulturen mit strafferer Kontrolle haben. Da
das Ergebnis solcher Einheiten häufig von geringen Spannen ma-
terieller Erträge abhängt, erscheint auch dies logisch.

Straffe Kontrolle wurde auch mit dem Anteil weiblicher Führungskräfte und weiblicher Mitarbeiter in Korrelation gestellt,
und zwar in dieser Reihenfolge. Höchstwahrscheinlich war dies
eine Folge der einfachen, ständig wiederkehrenden Bürotätigkei-
ten, für die ein Großteil der Frauen in den untersuchten Organisationen meist eingestellt worden waren. Eine straffere Kontrolle fand man in Einheiten mit geringerem Bildungsniveau bei
männlichen und weiblichen Mitarbeitern und auch bei den höheren Führungskräften. Dies erinnert uns an die Erkenntnis aus
Kapitel 2, dass Mitarbeiter in weniger qualifizierten Berufen eine
größere Machtdistanz hatten. Bei Einheiten, in denen die Mitarbeiterzahl kurze Zeit vorher gestiegen war, wurde die Kontrolle als schwächer empfunden; war die Mitarbeiterzahl reduziert
worden, so galt die Kontrolle als strenger. Entlassungen hängen
offenbar mit Budgetkürzungen zusammen. Schließlich waren die
Fehlzeiten bei den Mitarbeitern geringer, wenn die Kontrolle als
weniger streng empfunden wurde. Das Fehlen bei der Arbeit ist
natürlich eine Möglichkeit, sich dem Druck eines strengen Kon-
trollsystems zu entziehen.

Bei Dimension 6 (normativ/pragmatisch) war lediglich eine
sinnvolle Korrelation mit externen Daten zu ermitteln. Privat-
wirtschaftliche Einheiten in der Stichprobe waren eher pragmatisch, öffentliche Einheiten (wie die Polizeieinheiten) dagegen
mehr normativ.

Auf der Liste der externen Daten, die mit der Kultur korrelieren, fehlten Maßstäbe für die Leistung der Organisationen. Das
bedeutet nicht, dass es keine Beziehung zwischen Kultur und
Leistung gibt; es bedeutet lediglich, dass die Untersuchung keine vergleichbaren Maßstäbe für die Leistung so unterschiedlicher
organisatorischer Einheiten fand.

Die in diesem Abschnitt beschriebenen Beziehungen zeigen

objektive Bedingungen von Organisationen, die mit bestimmten Kulturprofilen assoziiert wurden. Sie weisen auf die Dinge hin, die zu ändern sind, wenn man die Kultur einer Organisation verändern will: beispielsweise bestimmte Aspekte der Struktur oder die Prioritäten des Topmanagers. Wir werden hierauf am Ende des Kapitels zurückkommen.

Organisationssubkulturen

Eine von IRIC durchgeführt Folgestudie untersuchte Subkulturen der Organisation.[23] 1988 beauftrage eine dänische Versicherungsfirma (3400 Angestellte) IRIC mit der Untersuchung der Kulturen in all ihren Abteilungen, wobei alle 3400 Angestellten befragt wurden. Man bediente sich des gleichen Ansatzes wie beim vorhergehenden dänisch-niederländischen Projekt. Interviews mit offenem Ausgang, die zur Zusammenstellung eines Fragebogens führten.

Die Gesamtheit der Befragten konnte man in 131 „organische" Arbeitseinheiten unterteilen. Diese bildeten die kleinsten Blöcke der Organisation, deren Mitglieder regelmäßig persönlichen Kontakt hatten. Führungskräfte wurden in die Gruppen, die sie leiteten, nicht miteinbezogen, sondern mit ihren Kollegen auf gleicher hierarchischer Stufe zusammen geschlossen. Auf der Grundlage der Antworten in den Befragungen konnte man die 131 Gruppen in drei sehr verschiedene Subkulturen unterteilen: eine „professionelle", eine administrative" und eine mit Kundenkontakt. Erstere umfasste alle Führungskräfte und Mitarbeiter mit Aufgaben, die normalerweise eine höhere Ausbildung erforderten; in der zweiten waren alle, größtenteils weibliche Mitarbeiter aus dem Verwaltungsbereich, und in der dritten die Mitarbeiter, die direkt mit dem Kunden zu tun hatten: Vertriebsleute und diejenigen, die für Reklamationen zuständig waren.

Die Forscher zeigten, indem sie die sechs Dimensionen aus der dänisch-niederländerischen Studie heranzogen, verschiedene kulturelle Diskrepanzen zwischen den drei Subkulturen auf. Die Gruppen der Fachleute waren am meisten aufgabenorientiert, professionell, offen, straff geführt und pragmatisch; die der Verwaltungsleute am meisten organisationsgebunden und am normativsten. Die Gruppen mit Kundenkontakt waren am meisten ergebnis- und mitarbeiterorientiert, in sich geschlossen und locker geführt. Die Subkultur mit Kundenkontakt repräsentierte eine Gegenkultur zu der Kultur der Fachleute, in der auch das höhere Management einbegriffen war.

Kurz bevor die Studie durchgeführt wurde, hatte das Unternehmen zwei Fälle von innerbetrieblichem Aufruhr durchgemacht, die der Vertriebsleute und die der Frauen. Bei den Vertriebsleuten handelte es sich um einen Konflikt über Arbeitsbedingungen und Vergütung; ein Streik im Vertrieb war gerade noch verhindert worden. Dieses Problem kann man verstehen angesichts der großen Diskrepanz, die zwischen der Subkultur der Fachleute und derjenigen mit Kundenkontakt herrscht. Der Graben auf der Kulturlandkarte des Unternehmens erwies sich als ziemlich gefährlich. Die Leute mit Kundenkontakt machen das Geschäft – ohne sie kann eine Versicherungsgesellschaft nicht leben. Jedoch gehörten die Manager und Fachleute, die die wichtigsten Entscheidungen in diesem Unternehmen trafen, ziemlich unterschiedlichen Subkulturen an: hochprofiliert, ein herausgeputztes Umfeld, in dem das große Geld, Business Trends und Marktführung das tägliche Leben bestimmten – weit entfernt von der Masse, die die eigentliche Arbeit erledigte und die täglichen Gewinne einfuhr.

Bei dem Aufruhr unter den Frauen ging es um fehlende Aufstiegschancen für Frauen und dies ereignete sich, als der Anteil an weiblichen Angestellten die 50%-Marke überschritt. Das Aufbegehren kann man verstehen aufgrund der Diskrepanz zwischen der Subkultur der Fachleute und derjenigen der Verwaltungsleute. Für das Management der Fachleute-Subkultur gehörten Frauen zur administrativen Subkultur: Angestellte in Routinejobs und ohne Drang nach oben. Aber dieses Bild stimmte nicht mehr, wenn es überhaupt jemals gestimmt hatte. Von den 1.700 Frauen in der Firma hatten 700 eine höhere Bildung; viele übten eine qualifizierte Tätigkeit aus, und sogar diejenigen, die einen Verwaltungsjob hatten, waren fast genauso interessiert an einer Karriere wie ihre männlichen Kollegen. Die Interviews hatten zutage gebracht, dass nach Ansicht der Führungskräfte die meisten Frauen Konflikte zwischen ihrer Arbeit und ihrem privaten und Familienleben durchmachten. Die Umfrage zeigte jedoch, dass zwar 21 % der weiblichen Mitarbeiter behaupteten, unter solchen Konflikten zu leiden, 30 % der Männer dies aber taten. Die Frauen erklärten dieses Ergebnis damit, dass eine Frau ihre familiären Probleme gelöst ha-

ben muss, wenn sie einen Job übernimmt, wohingegen viele Männer
sie nie bewusst lösten.

Um die Kultur dieser Versicherungsfirma zu verstehen, war der
Riss zwischen den Subkulturen entscheidend. Leider erkannte
das Management, da es in seiner professionellen Kultur gefangen
war, diese alarmierenden Aspekte des kulturellen Grabens nicht.
Es ergriff kaum Maßnahmen aus dem Ergebnis der Studie. Bald
darauf begann die Firma, Geld zu verlieren; einige Jahre später
wechselten der Besitzer und das Topmanagement.

Individuelle Wahrnehmung der Organisationskulturen

Verschiedene Individuen innerhalb der gleichen Organisationseinheit geben nicht unbedingt identische Antworten auf die Frage,
wie sie die Praktiken ihrer Organisation sehen. Die IRIC-Studie
betrachtete nicht die Unterschiede zwischen Individuen: das Interesse lag auf den Unterschieden zwischen Organisationskulturen. Zusammen mit Michael Bond und Chung-Leung Luk von
der chinesischen Universität Hongkong analysierte Geert Hofstede jedoch erneut die IRIC Database, wobei diesmal die Abweichung der *individuellen* Punktwerte um die Durchschnittswerte
der Organisationseinheit herum im Mittelpunkt stand.[24] So zeigte ihre Analyse, auf welche Weise die Antworten von Individuen
differierten, *nachdem die Unterschiede der Organisationskultur
ausgeräumt waren.*

Die Studie von Hofstede, Bond und Luk analysierte zunächst
die Fragen zu Werten und die zu Praktiken getrennt. Es war nicht
überraschend, dass Individuen innerhalb einer gleichen Organisationseinheit mehr in den Werten, die privat waren, differierten, als
in ihrer Wahrnehmung der Praktiken der Einheit, die sie teilten.

Schon jetzt wurde klar, dass bei Individuen Werte und Wahrnehmungen von Praktiken in Relation standen, so dass sie in der
weiteren Analyse kombiniert werden konnten. Diese Kombination ergab sechs Dimensionen von Antworten der Individuen:

(1) Entfremdung: eine Gemütsverfassung, bei der alle Wahrneh-
    mungen von Praktiken negativ waren. Entfremdete Personen
    waren Geizhälse: sie bewerteten die Organisation als weni-

ger professionell, das Management wurde als mehr distanziert empfunden, sie vertrauten den Kollegen weniger, sahen die Organisation als weniger geordnet an, standen ihr feindlicher gegenüber und nahmen weniger Integration zwischen der Organisation und ihren Mitarbeitern wahr. Die Distanziertheit war stärker bei Mitarbeitern, die jünger und weniger gebildet waren und keine Führungsaufgaben innehatten.

(2) Das Bedürfnis nach einer unterstützenden Organisation (ähnlich wie der Wunsch nach einer wohldefinierten Arbeitssituation) im Gegensatz zu einem Arbeitseinsatz, den die Forscher mit „Workaholic" (ähnlich wie: der Job ist wichtiger als Freizeit) bezeichneten. Das Bedürfnis nach einer unterstützenden Organisation war stärker ausgeprägt bei älteren, weniger gebildeten, weiblichen Mitarbeitern ohne Führungsaufgaben.

(3) Ein persönliches Bedürfnis nach Leistung (ähnlich wie der Wunsch, zum Erfolg der Organisation beizutragen und der Wunsch nach Aufstiegsmöglichkeiten).

(4) Demonstrative Maskulinität, „Machismo", (ähnlich wie: Eltern sollten ihre Kinder dazu anhalten, Klassenbester zu sein, und wenn die Karriere des Mannes es erfordert, sollte die Familie Opfer bringen).

(5) Autoritäres Auftreten (ähnlich wie: es ist nicht wünschenswert, dass die Autorität der Führungskräfte in Frage gestellt werden kann). Autoritäres Auftreten war stärker bei Mitarbeitern ausgebildet, die weiblich und weniger gebildet waren.

(6) Ordnung: Mitarbeiter sahen die Organisation als geordneter an, wenn sie persönlich ebenfalls geordnetere Gedanken hatten.

Diese sechs Dimensionen können nur auf Unterschieden in der Persönlichkeit zwischen den Individuen in den Einheiten basieren. Diese Interpretation wird gestützt durch den Vergleich mit den „Big Five" (die „Großen Fünf") Persönlichkeitsdimensionen, wie sie bereits in Kapitel 3 beschrieben wurden:[25]

O: Offenheit für neue Erfahrungen im Vergleich zu Starrheit

C: (conscientiousness) Gewissenhaftigkeit im Vergleich zu Unzuverlässigkeit

E: Extraversion im Vergleich zu Introvertiertheit

A: (agreeableness) Verträglichkeit im Vergleich zu Missmutigkeit

N: Neurotisches Wesen im Vergleich zu emotionaler Stabilität

Jede der Fünf Großen Persönlichkeitsdimensionen kann verknüpft werden mit einer der Dimensionen der Antworten der Individuen in der Erhebung zur Organisationskultur.

(1) Offenheit für Erfahrungen (Merkmale wie *einfallsreich* und *originell* mit eingeschlossen) mit dem persönlichen Bedürfnis nach Leistung;

(2) Pflichtbewusstsein (einschließlich *effizient* und gut *organisiert* zu sein) mit Ordnung

(3) Extrovertiertheit (einschließlich *aktiv* und *energiegeladen* zu sein) mit Arbeitssucht und Introvertiertheit mit dem entsprechenden Gegenteil, nämlich einem Bedürfnis nach einem unterstützenden Umfeld;

(4) angenehmes Wesen (einschließlich *Altruismus* und *Bescheidenheit*), im negativen Fall mit Machismo;

(5) neurotisches Wesen (einschließlich *Ängstlichkeit* und *Feindseligkeit*) mit Entfremdung

Es gab keinen Persönlichkeitsfaktor, der autoritärem Auftreten zugeordnet werden konnte. Dies mag einen Grund dafür liefern, die Großen Fünf auf die Großen Sechs auszudehnen. Es ist schon etwas überraschend, dass die Großen Fünf keinen entsprechenden Faktor beinhalten.

Implikationen auf der Ebene der Analyse: Gärten, Blumensträuße und Blumen

Die Wahl einer Analyseebene, bereits in Kapitel 1 betont, hat im vorliegenden Kapitel eine wichtige Rolle gespielt. Als wir die gleiche Art von Daten über Länder, Organisationseinheiten und Individuen verteilt verglichen, fanden wir drei verschiedene Gruppen von Dimensionen, die zu drei unterschiedlichen sozialwissenschaftlichen Disziplinen gehörten: Anthropologie, Soziologie und Psychologie.

Die länderweite Studie der IBM Daten zog die Daten heran,

von denen wir zunächst annahmen, dass es sich um psychologische handelte, und häufte sie auf der Länderebene an. Auf dieser Ebene verschmolzen sie zu Begriffen, die eine Gesellschaft umschreiben, wie „Kollektivismus" im Vergleich zu „Individualismus", die wirklich in den Bereich der Anthropologie und/oder Politikwissenschaft gehören. Der Datenbestand der IRIC-Studie über Organisationskultur, die auf der Ebene der Organisationseinheit analysierte, ergab grundlegende Unterscheidungen aus der Organisationssoziologie, wie die Begriffe von Merton „einheimisch" im Vergleich zu „kosmopolitisch". Der gleiche Datenbestand untermauerte, als er auf der Ebene der individuellen Unterschiede vom Mittelwert der Organisationseinheit analysiert wurde, die Ergebnisse der Persönlichkeitsforschung in der Individualpsychologie.

Gesellschaften, Organisationen und Individuen stehen für Gärten, Blumensträuße und Blumen der Sozialwissenschaften. Unsere Forschungen haben gezeigt, dass diese drei miteinander in Relation stehen und Teil der gleichen sozialen Realität sind. Um unser soziales Umfeld zu verstehen, können wir uns nicht selbst auf nur einer Ebene einzäunen lassen: wir sollten bereit sein, alle drei zu betrachten.[26]

Berufskulturen

In Abb. 8.1 wurde eine Berufskulturebene auf halbem Wege zwischen Nation und Organisation angesiedelt, was nahe legte, dass der Eintritt in ein Berufsfeld bedeutet, dass man sowohl Werte wie auch Praktiken übernimmt; Orte der Sozialisation sind Schule, Ausbildungsplatz oder Universität, und sie findet in der Zeit zwischen Kindheit und dem Eintritt ins Arbeitsleben statt.

Wir wissen von keiner breitangelegten berufsübergreifenden Studie, die es erlaubt, Dimensionen von Berufskulturen zu identifizieren. Weder die fünf Länderkultur- (Werte-)Dimensionen noch die sechs Organisationskultur- (Praktiken-)Dimensionen werden automatisch auf die Berufsebene zutreffen. Von den fünf länderübergreifenden Dimensionen trafen nur Machtdistanz und Maskulinität – Femininität auf berufliche Unterschiede zu.

Ausgehend von einem Überblick über die Fachliteratur[27] und einigem Rätselraten prophezeien wir, dass man in einer systematischen berufsübergreifenden Studie durchaus auf folgende Dimensionen von Berufskulturen stoßen kann.

(1) Umgehen mit Menschen im Vergleich zu Umgehen mit Dingen (Beispiel: die Krankenschwester im Vergleich zum Ingenieur);

(2) Der Spezialist im Vergleich zum Generalist, oder aus einer anderen Perspektive: der Fachmann im Vergleich zum Amateur (Beispiel: der Psychologe im Vergleich zum Politiker);

(3) Tätigkeit stark disziplinarisch geregelt im Vergleich zu selbständiger Tätigkeit (Beispiel: der Polizeibeamte[28] im Vergleich zum Ladenbesitzer);

(4) Strukturiert im Vergleich zu unstrukturiert (Beispiel: der Systemanalytiker im Vergleich zum Designer);

(5) Der Theoretiker im Vergleich zum Praktiker (Beispiel: der Professor im Vergleich zum Vertriebsmanager);

(6) Normativ im Vergleich zu pragmatisch (Beispiel: der Richter im Vergleich zum Werbefachmann).

Diese Dimensionen haben stärkere Assoziationen mit Praktiken als die nationalen Kulturdimensionen und stärkere Assoziationen mit Werten als die Organisationskulturdimensionen. Sie können auch verwendet werden zur Unterscheidung *innerhalb* der Berufe; zum Beispiel können medizinische Spezialisten auf der Skala „mit Menschen im Vergleich zu mit Dingen umgehen" eingeordnet werden, wobei Kinderärzte am äußersten Ende der „mit Menschen umgehenden" Seite stehen (oft haben sie nicht nur mit Kindern, sondern auch mit der Familie zu tun) und Chirurgen und Pathologen, die sich auf Details des Körpers konzentrieren, am äußersten Ende der „mit Sachen umgehenden" Seite angeordnet sind.

Schlussfolgerungen aus dem IRIC-Forschungsprojekt: Dimensionen im Vergleich zu Gestalten

Das IRIC-Forschungsprojekt lieferte also ein sechsdimensionales Modell für Organisationskulturen, das als wahrgenommene gemeinsame Praktiken definiert ist: Symbole, Helden und Rituale. Die Forschungsdaten stammten von 20 Organisationseinheiten in zwei nordwesteuropäischen Ländern; man sollte daher beachten, dass dieses Modell nicht ohne weiteres auf andere Organisationen in anderen Ländern übertragbar ist. Einige bedeutende Organisationsarten wurden nicht erfasst, wie z. B. Organisationen in den Bereichen Gesundheitswesen und soziale Einrichtungen, Staat und Militär.[29] Wir wissen nicht, welche neuen Praktiken-Dimensionen man in anderen Ländern evtl. noch finden kann. Wir sind dennoch der Meinung, dass die Tatsache, dass sich Organisationskulturen durch eine Reihe von Praktiken-Dimensionen sinnvoll beschreiben lassen, wahrscheinlich universell zutreffend ist. Es ist ferner wahrscheinlich, dass solche Dimensionen generell den sechs in diesem Kapitel beschriebenen Dimensionen ähneln und sich teilweise mit ihnen überschneiden werden.[30]

Die geographischen und branchenmäßigen Begrenzungen des sechsdimensionalen Modells implizieren, dass unser Fragebogen nicht für pauschale Wiederholungen geeignet ist . Die Interpretation der Ergebnisse ist eine Sache des Vergleichs. Die von uns verwendeten Formeln zur Ausrechnung der Dimensionspunktwerte wurden erstellt, um eine Organisation mit den zwanzig Einheiten in der IRIC-Studie zu vergleichen; sie sind aber bedeutungslos in einem anderen Umfeld und zu anderen Zeiten. Neue Studien sollten ihre eigenen Vergleichstandards auswählen. Sie sollten wieder mit Interviews quer durch die einzubeziehenden Organisationen beginnen, um ein Gefühl für die *Gestalt* der Organisationen zu bekommen; und dann ihren eigenen Fragebogen zusammenstellen, der die entscheidenden Unterschiede in den Praktiken dieser Organisationen abdeckt.[31]

Die entdeckten Dimensionen beschreiben zwar die Kultur einer Organisation, aber sie sind nicht normativ in dem Sinne, dass eine bestimmte Position bei einer der Dimensionen an sich schon gut oder schlecht wäre. Im Buch *Auf der Suche nach Spitzenleistungen* von Peters und Waterman wurden acht Bedingungen für die „Spitzenleistung" als Normen vorgestellt. Ihr Buch deutete an, es gebe „einen optimalen Weg" zur Spitzenleistung. Die Ergebnisse der IRIC-Studie widerlegen diese Annahme. Was gut oder schlecht ist, hängt in jedem einzelnen Fall davon ab, in welcher Richtung sich die Organisation entwickeln soll, und eine kulturelle Eigenschaft, die für einen bestimmten Zweck von Vorteil ist, ist zwangsläufig von Nachteil für einen anderen Zweck. Die Bezeichnung von Positionen auf den Dimensions-Skalen als mehr oder weniger erstrebenswerte ist eine Sache strategischer Entscheidungen, und dies wird von einer Organisation zur anderen variieren. Insbesondere ist eine Betonung auf Kundenorientierung (bei Dimension 6 mehr pragmatisch) für Organisationen in den Bereichen Dienstleistung oder Produktion kundenspezifischer Qualitätserzeugnisse höchst relevant; doch kann sie beispielsweise bei der Herstellung von Standardprodukten auf einem Markt mit starkem Preiswettbewerb unnötig oder gar nachteilig sein.

An früherer Stelle in diesem Kapitel wurde auf die kontroversen Auffassungen darüber eingegangen, ob eine Organisation eine Kultur *ist* oder *hat*. Auf der Grundlage des IRIC-Forschungsprojekts stellen wir die These auf, dass Praktiken Merkmale darstellen, welche eine Organisation *hat*. Aufgrund der großen Bedeutung von Praktiken in Organisationskulturen können letztere als *einigermaßen* handhabbar gelten. Wir sahen, dass es extrem schwierig wenn nicht unmöglich ist, kollektive Werte von Erwachsenen in eine bestimmte Richtung zu verändern. Dagegen hängen kollektive Praktiken von bestimmten Merkmalen einer Organisation wie Strukturen und Systeme ab und lassen sich auf eine mehr oder weniger berechenbare Weise beeinflussen, indem man die Merkmale der Organisation verändert. Dennoch ist eine Organisationskultur, wie bereits erwähnt, in gewisser Weise auch eine integrierte Gesamtheit oder *Gestalt*, und als *Gestalt* könnte etwas gelten, was eine Organisation ist. Organisationen werden manchmal mit Tieren verglichen; infolgedessen könnte HGBV als ein Elefant bildlich dargestellt werden (langsam, massig, vertraut auf sich selbst) und der SAS-Passierterminal ist ein Storch (verlässlich, besorgt um andere, der etwas transportiert). Die Tier-Metapher legt Grenzen der Veränderbarkeit von *Gestalt* nahe. Man kann einen Elefanten nicht durch Training zu einem Rennpferd machen, geschweige denn zu einem Schmetterling.

Veränderungen von Praktiken stellen den Freiheitsspielraum bei der Beeinflussung dieses Ganzen dar, die Art von Dingen, die Tiere lernen können, ohne ihr inneres Wesen zu verlieren. Und weil sie etwas Ganzes sind, ist eine integrierende und inspirierende Art von Führung erforderlich, um diese Struktur- und Systemveränderungen für die betroffenen Menschen sinnvoll zu machen. Das Ergebnis sollte ein neues und schlüssiges Kulturmuster sein, wie es der Fall der SAS veranschaulicht.

Organisationskulturen handhaben und mit ihnen zurechtkommen

Zurück in die 80er Jahre, als Geert Hofstede versuchte, Top-Managern von Organisationen eine Teilnahme am Forschungsprojekt über Organisationskulturen zu verkaufen. Er behauptete, dass Organisationskultur die psychologischen Aktivposten der Organisation darstellten, die ihre materiellen Aktivposten für einen Zeitraum von fünf Jahren vorhersagen. So wie wir es heute sehen, ist das entscheidende Element nicht die Organisationskultur selbst, sondern das, was das Top-Management damit macht. Vier Aspekte müssen gegeneinander abgewogen werden (Abb. 8.2).[32]

Die Leistung einer Organisation sollte an ihren Zielen gemessen werden und die Rolle des Top-Managements ist es, Ziele in Strategie umzuwandeln – auch wenn in Ermangelung derselben nur eine *Laissez-faire-Strategie* dabei herauskommt. Strategien werden über die vorhandene Struktur und das Kontrollsystem ausgeführt, und ihr Ergebnis wird durch die Kultur der Organisation modifiziert. Und alle diese vier Elemente beeinflussen sich gegenseitig.

Solange quantitative Studien über Organisationsstrukturen nicht als vereinzelte Kunstgriffe eingesetzt, sondern in einen breiter angelegten Ansatz integriert werden, sind sie sowohl machbar als auch nützlich, wie die IRIC-Studie gezeigt hat. In einer Welt von Hardware und effektiven Gewinnen machen die Punktwerte die Unterschiede von Organisationskultur sichtbar. Und dadurch, dass sie sichtbar werden, steigen sie auf der Prioritätenliste des Managements nach oben.

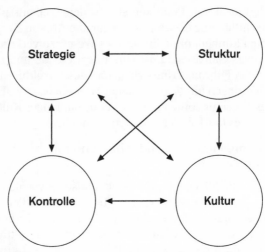

Abb. 8.2: Beziehungen zwischen Strategie, Struktur, Kontrolle und Kultur

Praktische Einsatzmöglichkeiten einer solchen Studie für Manager und Mitglieder von Organisationen sowie für Unternehmensberater sind folgende:

(1) Identifizierung der Subkulturen in der eigenen Organisation. Die Ausweitung des IRIC-Projekts auf die Versicherungsgesellschaft zeigte die Bedeutung hiervon auf. Wie Abb. 8.3 zeigt, können Organisationen in kultureller Hinsicht nach Hierarchieebenen eingeteilt werden: Top-Management, mittleres/unteres Management, Fachkräfte, Büroangestellte, einfache Mitarbeiter. Andere mögliche Kriterien für eine interne kulturelle Unterteilung sind Funktionsbereiche (z. B. Vertrieb/Produktion/Forschung), Einteilung nach Produkten/Märkten, nach dem Land, in dem sich der Unternehmensbereich befindet, sowie bei fusionierten Organisationen die ehemaligen Fusionspartner. Wir hatten Fälle, in denen 20 Jahre nach einer Fusion noch immer kulturelle Spuren der fusionierten Teile sichtbar waren. Diese möglichen Unterteilungen werden nicht alle gleich stark sein, aber für die Führungskräfte und Mitarbeiter einer komplexen Organisation ist es wichtig, de-

ren kulturelle Struktur zu kennen – und unserer Erfahrung nach ist dies häufig nicht der Fall.

(2) Testen, ob die Kultur in die für die Zukunft geplanten Strategien passt. Kulturelle Zwänge bestimmen darüber, welche Strategien für eine Organisation durchführbar sind und welche nicht. Wenn eine Kultur beispielsweise stark normativ ist, so ist eine Strategie des Wettbewerbs beim Kundenservice nicht sehr erfolgversprechend.

(3) Bei Fusionen und Übernahmen: Identifizieren, wo potentielle Kulturkonflikte zwischen den Partnern entstehen können. Dies kann möglicherweise ein Entscheidungsfaktor für oder gegen die Fusion sein oder, falls die Entscheidung bereits gefallen ist, ein Planungskriterium zur Bewältigung der Integration nach der Fusion, um Reibungsverluste zu minimieren und ein einzigartiges Kulturkapital zu erhalten.

(4) Messen, wie sich die Organisationskulturen über einen Zeitraum hinweg entwickeln, indem eine Erhebung nach einem oder mehreren Jahren wiederholt wird. Dies wird zeigen, ob Versuche einer Kulturveränderung wirklich erfolgreich waren und welche kulturellen Auswirkungen externe Veränderungen seit der letzten Erhebung hatten.

| • Oberste Führungsebene |
| • Mittleres/Unteres Management |
| • Fachkräfte |
| • Andere Mitarbeiter |

| • Geschäfts-bereich D
• Geschäfts-bereich E
• Geschäfts-bereich F | • Land A
• Land B
• Land C | • Fusions-partner M
• Fusions-partner N
• Fusions-partner O | • Funktions-bereich X
• Funktions-bereich Y
• Funktions-bereich Z |

Abb. 8.3: Mögliche Unterteilungen einer Organisationskultur

Kann man in der Praxis an der Kultur seiner Organisation überhaupt etwas ändern? Dies hängt zunächst davon ab, welche Position man in oder im Verhältnis zu der Organisation einnimmt. Eine klassische Studie des Professors Eberhard Witte aus Deutschland zog den Schluss, dass erfolgreiche Innovationen in Organisationen das gemeinsame Handeln zweier Akteure erfordern: eines *Machtpromotors* und eines *Fachpromotors*. [33] Die Entwicklung von Wittes Modell erfolgte auf der Grundlage deutschen Datenmaterials und könnte durchaus nur für solche Länder in vollem Umfang gelten, die wie Deutschland geringe Machtdistanz (Zugänglichkeit von Machtinhabern) und ziemlich starke Unsicherheitsvermeidung (Glaube an Fachleute) aufweisen. Dennoch macht es in jeder nationalen Kultur Sinn, die beiden Rollen voneinander zu unterscheiden. Beide sind für kulturelle Innovationen entscheidend. Die Unterstützung durch einen Machtinhaber ist unerlässlich; vorzugsweise sollte dies eine charismatische Person sein und nicht eine reine Verwaltungsperson. Allerdings ist auch Sachkenntnis für die Erstellung der richtigen Diagnose und die Wahl der richtigen Therapie unerlässlich. Wittes Forschungsarbeit legt den Schluss nahe, dass zumindest in Deutschland der *Machtpromotor* und der *Fachpromotor* zwei verschiedene Personen sein sollten; der Versuch, die beiden Rollen in einer Person zu vereinen, wird eine der beiden beeinträchtigen.

Der *Fachpromotor* sollte eine zutreffende Diagnose über den aktuellen Zustand der Kultur und den Zustand der Subkulturen in der Organisation erstellen. Es ist jedoch riskant anzunehmen, man kenne die gegenwärtige kulturelle Struktur der Organisation und man wisse, wie sie zu ändern sei. Organisationen können sehr unterschiedlich aussehen, je nachdem, ob man sie von oben aus betrachtet oder von der Mitte beziehungsweise von unten, wo die eigentliche Arbeit gemacht wird. Als die IRIC Forscher mit den Mitgliedern der Geschäftsführung der jeweiligen Einheit über die Ergebnisse der Interviews und der Erhebung sprachen, fragten sie immer, wie sie ihre Organisation hinsichtlich der einzelnen Dimensionen einschätzten, bevor man ihnen zeigte, wie ihre Mitarbeiter die Fragen der Umfrage beantwortet hatten. Manche Führungskräfte gaben höchst einsichtige und zutreffende Einschätzungen, andere hingegen lagen völlig falsch. Wunschdenken und unbegründete Befürchtungen beeinflussten häufig ihre Antworten. Eine richtige Diagnose ist also ganz wesentlich.

Mit einer fundierten Diagnose versorgt sollte dann der *Machtpromotor* kulturelle Erwägungen zu einem Bestandteil der Organisations*strategie* machen. Wo liegen die Stärken und Schwächen der gegenwärtigen Kulturlandkarte? Wäre es möglich, die Stärken besser zu nutzen und die Schwächen zu umgehen? Kann die Organisation weiter mit ihrer heutigen Kultur leben? Ist eine von der Geschäftsleitung gewünschte Kulturänderung praktikabel? Wiegt der Nutzen die (immer unerwartet hohen) Kosten auf? Sind die für eine Änderung der Kultur erforderlichen materiellen Mittel und menschlichen Fertigkeiten vorhanden? Und wenn einmal entschieden wurde, dass die Kultur geändert werden soll, welche Schritte zur Umsetzung der Veränderungen sollen erfolgen? Ist sich der *Machtpromotor* seiner/ihrer eigenen entscheidenden und dauernden Rolle in diesem Prozess bewusst? Wird er/sie von seinen/ihren Vorgesetzten, Direktoren oder Banken genügend Zeit erhalten, um den (immer unerwartet langen) Prozess abzuschließen? Lässt sich innerhalb der Organisation ausreichende Unterstützung für die erforderlichen Änderungen mobilisieren? Wer wird das Vorhaben unterstützen? Wer wird sich dagegen wehren? Lassen sich letztere umgehen oder in Positionen drängen, wo sie keinen Schaden anrichten können?

Kultur ist zwar ein „weiches" Merkmal, doch erfordert ihre Änderung „harte" Maßnahmen. *Strukturelle Veränderungen* können beispielsweise die Schließung von Abteilungen, die Einrichtung anderer Abteilungen, die Zusammenlegung oder Trennung von Tätigkeiten, die örtliche Versetzung von Menschen und/oder Gruppen bedeuten. Eine allgemeine Regel besagt, dass sich Menschen an die Kultur ihrer neuen Umgebung anpassen, wenn sie einzeln versetzt werden; werden Menschen als Gruppen versetzt, so nehmen sie ihre Gruppenkultur mit. Menschen in Gruppen haben, als Teil ihrer Kultur, Interaktionsformen entwickelt, die sehr stabil sind und sich nur sehr schwer ändern lassen. Eine Änderung würde bedeuten, dass alle zwischenmenschlichen Beziehungen neu ausgehandelt werden müssen. Wenn allerdings aufgrund neuer Aufgaben oder einer neuen Umgebung ein solcher Neuaufbau unumgänglich wird, so stehen die Chancen recht gut, dass sich unerwünschte Aspekte der alten Kultur beseitigen lassen.

Prozessänderungen bedeuten neue Verfahrensweisen; die Beseitigung alter oder die Einrichtung neuer Kontrollen; Automatisierung oder Entautomatisierung; das Kappen von Kommunikationswegen oder die Einrichtung neuer Kommunikationsverbindungen.

Ein Beispiel für die Einrichtung neuer Kontrollen lieferte ein Unternehmen der chemischen Massenproduktion, das in das Segment Spezialchemikalien hinein wollte. Dazu musste es auf detailliertes Gewinnzahlenmaterial verzichten und dieses durch Überprüfen der Lieferzeiten und Kundenzufriedenheit ersetzen.

Prozesse können auf der Grundlage ihres Outputs oder über ihre Inputs gesteuert werden. Ersteres, falls möglich, ist effizienter. Besonders im öffentlichen Bereich werden Tätigkeiten, deren Output sich eindeutig bestimmen lässt, oft aus traditionellen Budgetgründen nach ihrem Input gesteuert.

Personelle Änderungen bedeuten eine neue Einstellungs- und Beförderungspolitik. Die „Türhüterrolle" der Personalabteilung sollte erkannt werden. Personalleiter erhalten unbewusst Heldenmodelle für die Organisation aufrecht, die in einer neuen Kultur evtl. revidiert werden müssen. Könnte der Held auch eine Heldin sein? Kann man denn einen Mann mit Ohrring befördern? Fortbildungsprogramme sind zwar häufig das erste, woran Führungskräfte denken, wenn sie eine Kultur verändern wollen; sie sind aber erst dann zweckmäßig, wenn sich die Notwendigkeit neuer Fortbildungsmaßnahmen durch Struktur-, Prozess- oder Personaländerungen ergeben hat (wie im Fall der SAS). Fortbildungsprogramme gehen, werden sie nicht durch harte Veränderungen unterstützt, meist nicht über die Ebene von Lippenbekenntnissen hinaus und sind reine Geldverschwendung. Vorschlägen zur Fortbildung anderer sollte man immer mit Misstrauen begegnen. Fortbildung ist nur dann erfolgreich, wenn der Teilnehmer selbst sich fortbilden will.

Bei Versuchen, eine Kultur zu verändern, konzentriert sich die Aufmerksamkeit häufig auf neue Symbole. Sie sind deutlich sichtbar: neuer Name, neues Logo, neue Uniformen, Slogans und

---

Organisationskulturen handhaben und mit ihnen zurechtkommen

- Ist eine Aufgabe der obersten Führungsebene, nicht delegierbar
- Erfordert sowohl Macht als auch Sachkenntnis
- Sollte bei der kulturellen Struktur der Organisation beginnen
- Erfordert strategische Entscheidungen:
  - Entspricht die gegenwärtige Kultur der Strategie?
  - Wenn nein, lässt sich die Strategie anpassen?
  - Wenn nein, welche Änderungen an der Kultur sind erforderlich?
  - Ist diese Änderung praktikabel – haben wir die richtigen Leute?
  - Wie hoch sind die Kosten an Management-Aufmerksamkeit und finanziellen Mitteln?
  - Gleicht der erwartete Nutzen diese Kosten aus?
  - Was ist ein realistischer Zeitrahmen für diese Änderungen?
  - Im Zweifel ist auf jeden Fall die Strategie zu ändern
  - Verschiedene Subkulturen können verschiedene Ansätze erfordern
- Aufbau eines Netzes von Befürwortern der Organisationsänderungen
  - einige Schlüsselfiguren auf jeder Ebene
  - wenn die Schlüsselfiguren mit den Änderungen beginnen, werden andere folgen
  - lassen sich Gegner umgehen?
- Planung der erforderlichen Strukturänderungen
  - Einrichtung oder Schließung von Abteilungen
  - Zusammenlegung oder Trennung von Abteilungen oder Aufgaben
  - Versetzung von Gruppen oder einzelnen?
  - entsprechen die Aufgaben den Talenten?
- Planung der erforderlichen Prozessänderungen
  - Abschaffung oder Einrichtung von Kontrollen
  - Automatisierung oder Entautomatisierung
  - Einrichtung oder Trennung von Kommunikationsverbindungen
  - Ersetzung der Kontrolle des Input durch eine Kontrolle des Output?
- Überprüfung der Personalpolitik
  - Überprüfung der Einstellungskriterien
  - Überprüfung der Beförderungskriterien
  - Ist das Personalmanagement der neuen Aufgabe gewachsen?
  - Planung rechtzeitiger Jobrotation
  - Misstrauen gegenüber Plänen zur Fortbildung anderer
  - Die Notwendigkeit einer Fortbildung muss den Teilnehmern selbst klar sein
- Weitere Überwachung der Entwicklung der Organisationskultur
  - anhaltende Aufmerksamkeit, Ausdauer
  - periodische Wiederholung der Kulturdiagnose

Tab 8.2: Organisationskulturen handhaben und mit ihnen zurechtkommen

Bilder an der Wand; all das gehört zum modischen Bereich der „Corporate Identity". Aber Symbole stellen lediglich die oberflächlichste Ebene der Kultur dar. Neue Symbole sind, werden sie nicht durch grundlegende Veränderungen auf den tiefergehenden Ebenen der Helden, Rituale und Werte der wichtigsten Führungspersönlichkeiten untermauert, nicht mehr als Augenwischerei, und die Wirkung wird rasch verpuffen.

Eine kulturelle Veränderung in einer Organisation erfordert große Ausdauer und anhaltende Aufmerksamkeit durch den *Machtpromotor*. Ging dem Prozess eine Kulturdiagnose voraus, so ist es natürlich sinnvoll, diese Diagnose nach einer gewissen Zeit zu wiederholen, damit die beabsichtigten Veränderungen sichtbar werden. Auf diese Weise wird ein Überwachungsprozess in Gang gesetzt, in dessen Verlauf tatsächlich festgestellte Veränderungen mit beabsichtigten Veränderungen verglichen werden und somit weitere Korrekturen durchgeführt werden können. Wenn Organisationskulturen *einigermaßen* handhabbar sind, so ist dies der richtige Weg.

In Tabelle 8.2 werden in Form einer Checkliste die wichtigsten Schritte für den Leser zusammengefasst, eine Kultur zu handhaben und mit ihr zurecht zu kommen.

Anmerkungen

1 Dieser Fall ist entnommen aus *Hofstede, Neuijen, Ohayv & Sanders*, 1990. Der Rest des Kapitels stützt sich ebenfalls weitgehend auf diese Arbeit.

2 *Deal & Kennedy*, 1982; *Peters & Waterman*, 1982.

3 *Peters & Waterman*, 1982; S. 75 f.

4 siehe zum Beispiel die kritischen Abhandlungen von *Wilkins & Ouchi*, 1983, S. 477, *Schein*, 1985, S. 315, *Weick*, 1985, S. 385 und *Saffold*, 1988.

5 *Pagès, Bonetti, de Gaulejac & Descendre*, 1979.

6 *Crozier & Friedberg*, 1977; *Soeters*, 1986; *Lammers*, 1988.

7 Zum Beispiel in *Westerlund & Sjöstrand*, 1975; *March & Olsen*, 1976; Broms & Gahmberg, 1983, Brunsson, 1985.

8 *Alvesson*, 2002, S. 38 f.

9 *Smircich*, 1983.

10 Was wir Praktiken nennen, kann man auch als „Konventionen", „Gepflogenheiten", „Gewohnheiten", „Sitten", „Traditionen", „Bräuche" bezeichnen.

Sie wurden bereits von dem britischen Pionieranthropologen Edward Tyler als Teil von Kultur erkannt: „Kultur ist jenes komplexe Ganze, das Wissen, Glauben, Kunst, Moralvorstellungen, Gesetz, Gebräuche und andere Begabungen und Gewohnheiten beinhaltet, die man als Mensch als Mitglied der Gesellschaft erwirbt."

11 z. B. Inglehart, Basañez & Moreno, 1998, Halman, 2001.

12 Harzing & Sorge, 2003.

13 Soeters & Schreuder, 1988.

14 Carlzon, 1987.

15 Ein Hawthorne-Effekt bedeutet, dass Mitarbeiter, die für ein Experiment ausgewählt wurden, durch diese Auswahl derart motiviert sind, dass dies allein schon den Erfolg des Experiments garantiert. Dieser Effekt wurde nach der Hawthorne Niederlassung der Western Electric Corporation, USA, benannt, wo Professor Elton Mayon in den 1920er und 1930er Jahren eine Reihe klassischer Experimente zur Arbeitsorganisation durchführte.

16 In einer Faktoranalyse nur dieser $6 \times 3 = 18$ Fragen für die 20 Einheiten machten sie 86 % der Varianz bei den mittleren Punktwerten zwischen Einheiten aus.

17 Die kulturelle Stärke wurde statistisch operationalisiert als mittlere Standardabweichung der Punktwerte bei den 18 Hauptfragen (drei pro Dimension) zu den Praktiken der Individuen innerhalb einer Einheit: eine niedrige Standardabweichung bedeutete eine starke Kultur. Die tatsächlichen mittleren Standardabweichungen reichten von 0,87 bis 1,08 und die Spearman Rangordnungskorrelation zwischen diesen mittleren Standardabweichungen und den Punktwerten der 20 Einheiten bei der „Ergebnisorientierung" betrug -0.71 (Signifikanzstufe 0.001).

18 Blake & Mouton, 1964.

19 Merton, 1968 [1949].

20 Kreuzt man 40 Merkmale mit 6 Dimensionen, so kann man durch Zufall zwei oder drei signifikante Korrelationen bei Signifikanzstufe 0,01 und 12 bei Signifikanzstufe 0,05 erwarten. In Wirklichkeit gab es 15 Korrelationen auf der 0,01-Ebene und darüber hinaus 28 auf der 0,05-Ebene. Daher kann Zufall nur einen kleinen Teil der entdeckten Beziehungen erklären.

21 Pugh & Hickson, 1976.

22 Ein Korrelationskoeffizient von 0,78, signifikant auf der Ebene 0,001.

23 *Culture's Consequences*, 2001, S. 405–408.

24 Dieser Abschnitt basiert auf Hofstede, Bond & Luk, 1993 und *Culture's Consequences*, 2001, S. 411– 413.

25 McCrae & John, 1992.

26 *Culture's Consequences*, 2001, S. 413 f.; Hofstede, 1995, S. 216.

27 *Culture's Consequences*, 2001, S. 414 f.

28 Soeters, 2000, findet gemeinsame Berufskulturen in Berufen mit Uniform: Polizei, Militär, Feuerwehr; alle sind relativ isoliert von ihrer Gesellschaft (S. 465 f.).

29 Sanders & van der Veen, 1998, berichteten über die Wiederverwendung des IRIC-Fragebogens auf Intensivstationen in Krankenhäusern in zwölf Ländern. Die Kulturen der Einheit variierten entlang von vier Dimensionen: die Nummern 1, 2 und 4 aus der IRIC-Studie plus einer Dimension für hohes im Vergleich zu niedriges Bedürfnis nach Sicherheit. Ein auf den Kunden zugeschnittener Fragebogen auf der Grundlage von Interviews innerhalb der Unternehmenseinheit würde unzweifelhaft zusätzliche, vielleicht neue Dimensionen zu Tage fördern.

30 Der Schweizer Unternehmensberater Cuno Pümpin hat ein Modell mit sieben Dimensionen beschrieben, von denen fünf Ähnlichkeit mit denjenigen aufwiesen, die man im IRIC-Projekt entdeckte (Ergebnisorientierung, Mitarbeiterorientierung, Unternehmensorientierung, Kostenorientierung und Kundenorientierung); seine Publikationen erklären nicht, wie diese Dimensionen entdeckt wurden (Pümpin, 1984; Pümpin, Kobi und Wüthrich, 1985). In Indien fand Professor Pradip Khandwalla in einer Managerstudie in 75 Organisationen unter Verwendung von Fünf-Punkte-Fragen ähnlich unserer Fragen „wo ich arbeite ..." einen ersten Faktor, der sehr stark unserer Prozess- im Vergleich zu Ergebnisorientierung glich.

31 Der Artikel von Hofstede, Neuijen, Ohayv & Sanders, 1990, listet den Inhalt der Fragen auf, die verwendet wurden, um die Indices in der IRIC-Studie auszurechnen.

32 Dies ist einfacher als das Rahmenwerk der McKinsey Berater ‚7-S': Structure, Strategy, Systems, Shared values, Skills, Style and Staff (Peters & Waterman, 1982, S. 10).

33 Witte, 1973. Eine Zusammenfassung auf Englisch erschien in Witte, 1977.

Teil IV: Schlussfolgerungen

9. Kapitel: Interkulturelle Begegnungen

„Der englische Botschafter hatte Teheran schon einige Tage vor unserer Ankunft erreicht. Sein Empfang war so glänzend gewesen, wie es ein ungläubiger Hund nur wünschen kann. ... und den Prinzen und Edlen des Reiches wurde nahegelegt, ihm entsprechende Geschenke zu überreichen. Ein allgemeiner Befehl des Schahs gab bekannt, dass – bei Androhung des königlichen Zornes – den Engländern nur Angenehmes berichtet und erzählt werden dürfe.

Man könnte nun annehmen, dass diese Aufmerksamkeiten ausreichten, um die Ungläubigen mit ihrem Los zufrieden und unseren Wünschen einigermaßen geneigt zu machen. Aber dem war nicht so: als es zur Besprechung der Empfangsfeierlichkeiten bei Hofe kam, machten sie unendliche Schwierigkeiten. Der englische Botschafter erwies sich als einer der starrköpfigsten aller Sterblichen. Das zeigte sich gleich bei der Aufstellung der Sitzordnung, denn er weigerte sich, vor dem Schah auf der Erde zu sitzen, und bestand darauf, einen Sessel zu bekommen, der nicht allzu weit vom Throne entfernt aufgestellt werden durfte. Zum zweiten wies er es entschieden zurück, sich während der Empfangsfeierlichkeiten die Schuhe auszuziehen, weil er nicht barfuß über die marmornen Fliesen laufen wolle. Von den bei allen Hofempfängen vorgeschriebenen roten Wollstrümpfen wollte er gleichfalls nichts wissen. Drittens gab er seine Absicht bekannt, während der Begrüßung und der Verbeugung vor dem Schah den Hut abzunehmen, obwohl wir ihm versicherten, dass dies eine der schlimmsten Unziemlichkeiten sei, deren er sich schuldig machen könne. Über die Kleidung entstanden die größten Meinungsverschiedenheiten. Man ließ ihn vertraulich wissen, dass ihm und seiner Begleitung anständige, richtige Kleider übersandt würden, die ihre Körper wirklich verhüllten und nicht, wie die europäische Kleidung, schamlos bloßstellen. Spöttisch wies er dies zurück und erklärte, es sei seine Absicht, vor dem Schah von Persien in derselben Kleidung zu erscheinen wie vor seinem König."

James Morier, Haggi Baba, Kapitel LXXVII

James J. Morier (1780–1849) war Europäer und *Die Abenteuer des Haggi Baba von Ispahan* ist ein Roman. Aber Morier wusste, wovon er schrieb. Er wurde in der Ottomanischen Türkei geboren und wuchs dort als Sohn des britischen Konsuls von Konstantinopel auf. Später verbrachte er insgesamt sieben Jahre als britischer Diplomat in Persien, dem heutigen Iran. Als *Haggi Baba* ins Persische übersetzt wurde, wollten die Leser nicht glauben, dass das Buch von einem Ausländer geschrieben wurde. „Morier war von Natur aus ein idealer Reisender, der es genoss, fremde Länder und Völker kennen zu lernen; der eine gute Portion Humor und Sympathie besaß und der sich in die Motive von Menschen hineinversetzen konnte, die vollkommen anders als er selbst waren", um den Herausgeber der 1923 erschienenen Ausgabe seines Buches zu zitieren.[1] Morier sprach Türkisch und Persisch und konnte es natürlich auch lesen. In allen Belangen des täglichen Lebens hatte er die fremde Kultur wie seine eigene angenommen.

Beabsichtigte und unbeabsichtigte Kulturkonflikte

Die Geschichte der Menschheit ist voll von Kriegen zwischen kulturellen Gruppen. Der Amerikaner Joseph Campbell (1904–1987), ein Autor auf dem Gebiet der vergleichenden Mythologie, schreibt, dass die primitiven Mythen von Völkern, die nicht des Lesens und Schreibens kundig sind, ausnahmslos Krieg bejahen und verherrlichen. Im Alten Testament, dem Heiligen Buch sowohl des Juden- wie des Christentums und in einem Quellendokument des islamischen Korans stößt man auf mehrere Zitate wie das folgende:

> „Jedoch von den Städten dieser Völker, die der Herr, dein Gott, dir zum Eigentum übergibt, sollst du überhaupt kein Wesen am Leben lassen, mit dem Bann sollst du sie ausrotten, die Hethiter, die Amoriter, die Kanaaniten, die Perissiter, die Hiwwiter und Jebusiter, wie der Herr, dein Gott, dir geboten hat" (Deuteronomium 20, 16–18).

Dies ist ein religiös sanktionierter Aufruf zum Völkermord.[2] Das fünfte Gebot, „Du sollst nicht töten", desselben Alten Testaments, richtet sich nur an Mitglieder der Wir-Gruppe. Die Ausbreitung des eigenen Stammesgebietes durch das Töten anderer ist nicht nur erlaubt, sondern ist auch ein Gebot Gottes. In dem

Land des Alten Testaments, aber auch in vielen anderen Gebieten der Welt, dauern die territorialen Konflikte, die mit dem Morden oder Vertreiben anderer Völker einhergehen, bis zum heutigen Tag an. Der arabische Name der heutigen Palästinenser, die sich mit den Israelis um die Rechte an dem Land Israel streiten, lautet „Philister"; das ist der gleiche Name, mit dem ihre Vorfahren im Alten Testament bezeichnet wurden.

Territoriale Ausbreitung ist nicht der einzige *casus belli* (Kriegsgrund). Die Völker haben eine ganze Reihe anderer Ausreden gefunden, um andere Völker zu überfallen. Der Feind von außen war immer schon eines der wirkungsvollsten Mittel, um den inneren Zusammenhalt aufrechtzuerhalten. In Kapitel 5 wurde gesagt, dass in vielen Kulturen der Glaube weit verbreitet ist, dass „das, was anders ist, auch gefährlich ist". Der Rassismus unterstellt, dass das eigene Volk von Natur aus besser ist als ein anderes und rechtfertigt so den Einsatz von Gewalt mit dem Zweck, die eigene Überlegenheit zu bewahren. Totalitäre Ideologien wie die Apartheid definierten, welche Völker überlegen und welche unterlegen waren; und solche Definitionen konnten sich von einem auf den anderen Tag ändern. Kulturpessimisten fragen sich, ob eine menschliche Gesellschaft ohne einen Feind bestehen kann.

Europa scheint, abgesehen von Teilen des früheren Jugoslawiens, eine Stufe seiner Entwicklung erreicht zu haben, auf der Länder, die sich in der menschlichen Erinnerung immer gegenseitig bekämpft haben, sich nun freiwillig einer übernationalen Union angeschlossen haben. Afrika auf der anderen Seite ist zu einem Schauplatz ausgedehnter Kriege und Genozide geworden, die manche mit den Weltkriegen seiner früheren Kolonialherren verglichen haben.[3] Eine übernationale Afrikanische Union scheint noch immer weit entfernt zu sein.

Während kulturelle Prozesse viel mit Krieg und Frieden zu tun haben, werden Krieg und Frieden nicht das Hauptthema dieses Kapitels sein. Bei Krieg und Frieden handelt es sich um beabsichtigte Konflikte zwischen Gruppen von Menschen. Wollte man darauf näher eingehen, würde man den Rahmen des Buches sprengen. In diesem Kapitel geht es um die *unbeabsichtigten Konflikte*, die auftreten, wenn zwei Kulturen aufeinandertreffen, und die entstehen, obwohl niemand sie beabsichtigt hat und alle darunter zu leiden haben. Diese Konflikte haben manchmal zum Ausbruch von Kriegen beigetragen. Dennoch wäre es naiv, anzunehmen, dass ein Krieg durch eine Verbesserung der internationalen Kommunikation verhindert werden kann.

Dank moderner Transport- und Kommunikationstechniken hat die Anzahl von interkulturellen Begegnungen in der Welt enorm zugenommen. Peinliche Situationen, wie die zwischen Moriers englischem Botschafter und den Höflingen des persischen Schahs, ergeben sich heutzutage zwischen ganz normalen Touristen und Einheimischen, zwischen Lehrern und eingewanderten Eltern ihrer Schüler und zwischen Geschäftsleuten, die versuchen, internationale Projekte durchzuführen. Subtilere Missverständnisse als solche, die Morier beschrieben hat, die aber die gleichen Ursachen haben, spielen heute noch eine große Rolle in Verhandlungen zwischen Diplomaten und/oder hohen Politikern. Internationale Kommunikationsfähigkeiten können ihren Beitrag zum Gelingen von Verhandlungen leisten, von deren Ergebnis die Lösung schwerwiegender, globaler Probleme abhängt. In diesem Kapitel geht es darum, solche unbeabsichtigten Konflikte zu vermeiden.

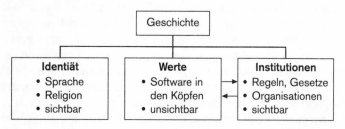

Abb. 9.1: Ursachen für Unterschiede zwischen Ländern und Gruppen

Länder und Regionen unterscheiden sich in mehr als nur in ihrer Kultur. Abb. 9.1 unterscheidet drei Arten von Unterschieden zwischen Ländern: Identität, Werte und Institutionen; alle drei haben ihren Ursprung in der Geschichte. Identität antwortet auf die Frage: zu welcher Gruppe gehöre ich? Sie hat oft ihre Wurzeln in der Sprache und/oder der religiösen Zugehörigkeit, und sie wird wahrgenommen und empfunden sowohl von denjenigen, denen die Identität zu Eigen ist, als auch von der Umgebung, der sie nicht zu Eigen ist. Identität jedoch ist nicht das Herzstück einer nationalen Kultur; in der Terminologie von Abb. 1.2 gehen Identitätsunterschiede auf Praktiken zurück (gemeinsame Symbole, Helden und Rituale) und nicht unbedingt auf Werte.

Gruppen innerhalb eines Landes oder über Länder hinweg, die sich gegenseitig auf der Grundlage ihrer verschiedenen Identitäten bekämpfen, können sehr wohl Grundwerte teilen; dieses war oder ist der Fall bei Serben und Kroaten im früheren Jugoslawien und bei Katholiken und Protestanten in Nordirland. Identitäten können sich im Leben einer Person verlagern, und das passiert bei vielen erfolgreichen Migranten.

Im Gegensatz zu Identitätsunterschieden bilden Unterschiede in den Werten das Herz einer Kultur, wie in der „Zwiebel" in Abb. 1.2 dargestellt. Identitäten sind sichtbar, Werte sind unsichtbar. Kulturelle Werte beeinflussen die Tragweite von Identitätsunterschieden. Kollektivismus bedeutet eher als Individualismus, dass Gruppen gleicher Identität sich von anderen absondern; starke gegenüber schwacher Unsicherheitsvermeidung bedeutet eher, dass eine Gruppe die andere(n) als gefährlich betrachtet. Abb. 5.2 stellte Länder in den Dimensionen Individualismus/Kollektivismus und Unsicherheitsvermeidung graphisch dar. In Kapitel 5 vertraten wir den Standpunkt, dass die kombinierte Position eines Landes in diesem Diagramm die unterschiedlichen Wege klärte, die Gesellschaften im Umgang mit Konflikten zwischen Gruppen beschreiten.

Länder differieren offensichtlich auch in ihren historisch gewachsenen Institutionen, Regeln, Gesetzen und Organisationen, die mit Familienleben, Schulen, Gesundheitsfürsorge, Geschäftsleben, Regierung, Sport, Medien, Kunst und Wissenschaften zu tun haben. Die Struktur und Funktionsweise der Institutionen eines Landes ist weniger verknüpft mit Unterschieden in der Identität als mit Unterschieden bei den Werten; daher wurden in Abb. 9.1 die horizontalen Pfeile nur zwischen den Blöcken „Werte" und „Institutionen" gezogen.

Kulturschock und kulturelle Anpassung

Begleiterscheinungen interkultureller Begegnungen sind oft einander ähnelnde psychologische und soziale Prozesse. Die simpelste Form des interkulturellen Kontaktes findet zwischen dem Fremden und seiner neuen kulturellen Umgebung statt.

Der Fremde erlebt normalerweise so etwas wie einen *Kulturschock*. Wie bereits mehrfach in den vorherigen Kapiteln ausführlich beschrieben, enthält unsere mentale Software fundamentale Werte. Diese haben wir bereits in frühester Kindheit erworben, und sie sind so selbstverständlich geworden, dass wir uns ihrer gar nicht mehr bewusst sind. Auf diesen Werten lagern unsere bewussten und mehr oberflächlichen Kulturmerkmale: Rituale, Helden und Symbole (Abbildung 1.2). Der unerfahrene Fremde kann sein Bestes tun, etwas über diese Symbole und Rituale der neuen Umgebung zu lernen (die Wahl der passenden Worte, die Art des Grußes, das Mitbringen von Geschenken), aber es ist unwahrscheinlich, dass er die zugrundeliegenden Werte erkennt oder sich in sie hineinversetzen kann. In einer fremden Kultur wird der fremde Besucher wieder selbst mental in seine Kindheit zurückversetzt und muss erst wieder die einfachsten Dinge lernen. Dies führt normalerweise zu Gefühlen von Angst, Hilflosigkeit und Feindseligkeit gegenüber der neuen Umgebung. Sogar das körperliche Wohlbefinden kann in Mitleidenschaft gezogen werden. Diejenigen, die von ihrer Firma ins Ausland geschickt werden oder ins Ausland auswandern, haben medizinische Hilfe eher unmittelbar nach Verlassen ihres Landes nötig als zu einem früheren oder späteren Zeitpunkt.[4]

Menschen, die in einer fremden kulturellen Umgebung leben, haben von Gefühlsverlagerungen berichtet, die sich über die Zeit einstellten und die mehr oder weniger der *Kurve der kulturellen Anpassung*, wie in Abb. 9.2 dargestellt, folgten. In diesem Diagramm werden positive wie negative Gefühle entlang der vertikalen Achse aufgezeigt und die Zeit entlang der horizontalen. Phase 1 ist eine Zeit der *Euphorie*, die normalerweise von kurzer Dauer ist: die Flitterwochen, das Reisefieber und Neugier auf das neue Land. Phase 2 ist die Zeit des *kulturellen Schocks*,

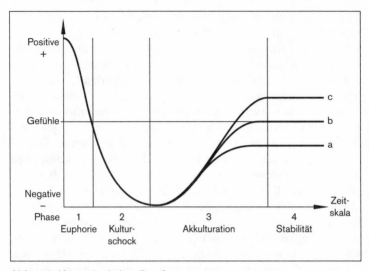

Abb. 9.2: Kurve der kulturellen Anpassung

wenn der Alltag in der neuen Umgebung, wie weiter oben beschrieben, beginnt. Phase 3 wird *Akkulturation,* d. h. kulturelle Anpassung genannt, die dann einsetzt, wenn der fremde Besucher langsam zu lernen beginnt, unter den neuen Bedingungen zu leben, wenn er einige der einheimischen Werte angenommen und verstärkt Selbstvertrauen gewonnen hat und in das neue soziale Netzwerk integriert wird. Phase 4 ist dann die schließlich gewonnene, *mentale Stabilität.* Sie kann, verglichen mit dem Zuhause, mit negativen Gefühlen verbunden sein (4a), z. B. wenn sich der Besucher weiterhin wie ein Fremder fühlt und sich diskriminiert fühlt. Dieser Zustand kann genauso stabil sein wie vorher (4b), d. h. man könnte von einer bikulturellen Anpassung des Besuchers sprechen, oder er kann sogar stabiler ausfallen als vorher (4c). In diesem Fall ist der Besucher „zum Einheimischen geworden" – er ist römischer als die Römer selbst geworden.

Die Länge der Zeitachse in Abbildung 9.1 ist variabel. Sie scheint sich der Zeitdauer anzupassen, die man im fremden Land verbringt. Menschen, die nur für eine kurze Dauer von bis zu drei Monaten in ein fremdes Land geschickt wurden, berichten über

445

Phasen der Euphorie, des kulturellen Schocks und ihrer kulturellen Anpassung. Menschen, die mehrere Jahre lang im Ausland lebten, erzählen, dass die Phase des kulturellen Schocks ein Jahr und länger andauerte, bevor sie sich kulturell angepasst haben.

Kulturschock und damit verbundene körperliche Symptome können so gravierend sein, dass ein Auslandsaufenthalt vorzeitig abgebrochen werden muss. Die meisten internationalen Unternehmen haben entsprechende Erfahrungen mit einigen ihrer Mitarbeiter gemacht, die ins Ausland geschickt wurden. Es sind sogar Fälle von Selbstmord bekannt. Die mit dem kulturellen Schock verbundenen Probleme traten viel häufiger bei den Ehepartnern der ins Ausland entsandten Mitarbeiter auf und waren allem Anschein nach auch der Grund für eine frühzeitige Rückkehr nach Hause. Der Mitarbeiter hat letztendlich seine Arbeit und dort irgendwie noch eine Fortsetzung seiner Heimatkultur. Es wurde von einer Amerikanerin erzählt, die ihrem Mann nach Nizza/Frankreich, einer touristischen Hochburg, folgte und sich in ihrer Wohnung einschloss und sich nicht traute, diese zu verlassen.

Abhandlungen in der Managementliteratur zitieren oft hohe Quoten vorzeitiger Rückkehr bei ins Ausland entsandten Mitarbeitern. Die niederländisch-australische Forscherin Anne-Wil Harzing untersuchte kritisch mehr als 30 Abhandlungen zu diesem Thema und stieß auf Aussagen wie: „Empirische Untersuchungen über einen bestimmten Zeitraum legen die Vermutung nahe, dass die Erfolglosigkeit von Ausgewanderten ein signifikantes und dauerhaftes Problem ist; die Quoten betrugen zwischen 25 bis 40 Prozent in Industrieländern und 70 Prozent im Fall der Entwicklungsländer." Bei dem Versuch, den Ursprung dieser Daten zu überprüfen, entdeckte Harzing kaum Beweise. Die einzig verlässliche länderweite und nationalitätenweite Studie war die von Professor Rosalie Tung aus Kanada, die aufgezeigt hatte, dass in den späten 70ern, bevor Interkulturelles Training wirklich üblich wurde, der durchschnittliche Grad frühzeitigen Rückrufs von ins Ausland versetzten Mitarbeitern bei japanischen und europäischen Firmen unter 10 Prozent betrug; bei US-Firmen bewegte sich der Durchschnittswert irgendwo im unteren 10er Bereich, mit einigen Ausnahmen von Firmen, die von einer Rückrufquote zwischen 20 und 40 Prozent berichteten. Und diese Situation verbesserte sich mutmaßlich in den darauffolgenden Jahren, wenn wir davon ausgehen, dass Personalmanager daran arbeiteten, die Probleme zu lösen. Die Nachricht von drastisch hohen Zahlen von ins Ausland entsandten Mitarbeitern, die es nicht schafften, klingt gut für interkulturelle Unternehmensberater, die versuchen, interkulturelles Training für ins Ausland versetztes Personal zu verkaufen und sich und andere von der Bedeutung ihrer Arbeit zu überzeugen, aber es ist ein Mythos.[5] Ein besseres Verkaufsargument für die Trainer ist, dass eine vorzeitige Rückkehrrate niedrig sein kann, aber dies ist nicht wirklich ein Maßstab für das Problem der Auslandsversetzung: der Schaden, der durch einen im Ausland verbleibenden Mitarbeiter verursacht wird, der inkompetent und unsensibel ist, ist viel größer.

Unter Flüchtlingen und Einwanderern gibt es einige, die ernsthaft körperlich oder seelisch erkranken, Selbstmord begehen oder so starkes Heimweh bekommen, dass sie in ihr Heimatland zurückkehren, besonders innerhalb des ersten Jahres.

Ins Ausland entsandte Mitarbeiter und ausländische Arbeitnehmer, die ihren kulturellen Anpassungsprozeß erfolgreich überwunden haben und dann nach Hause zurückkehren, werden umgekehrt einen Kulturschock erleben, wenn sie sich wieder an ihre alte, kulturelle Umgebung anpassen müssen. Es kommt vor, dass Ausländer, die in ihre Heimat zurückkehren, feststellen müssen, dass sie sich dort nicht mehr zurechtfinden und dann erneut auswandern, diesmal für immer. Diejenigen Menschen, die sich während ihres Auslandeinsatzes Schritt für Schritt in die neue Umgebung eingelebt haben, berichten, dass der Prozess des kulturellen Schocks immer wieder von vorne beginnt. Kulturschocks sind offensichtlich milieubedingt. Jede neue kulturelle Umgebung führt zu einem neuen kulturellen Schock.

Ethnozentrismus und Xenophilie

In einem Land, in das viele Ausländer strömen, beobachtet man typische Reaktionsmuster. Die Menschen, die in der Kultur des Gastlandes leben und die den fremden Besucher mit seiner anderen Kultur aufnehmen, machen einen anderen psychologischen Reaktionskreislauf durch. Die erste Phase ist die *Neugier* – irgendwie vergleichbar mit der Euphorie auf Seiten des Besuchers. Bleibt der Besucher und versucht er, in der Kultur des Gastlandes zu leben, beginnt eine zweite Phase, *Ethnozentrismus* genannt. Die Gastgeber werden in der Regel den Besucher anhand seiner eigenen kulturellen Normen beurteilen, und diese Beurteilung fällt meistens ungünstig aus. Der Besucher wird sich schlecht benehmen, wie dies der englische Botschafter getan hat; oder er wird unhöflich, naiv und/oder dumm auftreten. Ethnozentrismus ist auf ein Volk bezogen dasselbe, was Egozentrismus auf ein Individuum bezogen ist: man betrachtet seine eigene, kleine Welt als den Mittelpunkt des Universums. Ist die Zahl der Fremden klein, werden die Gastgeber wahrscheinlich an ihrem Ethnozentrismus festhalten. Werden die Gastgeber regelmäßig mit fremden Besuchern konfrontiert, werden sie eine dritte Phase durchmachen, die man *Polyzentrismus* nennt. Darunter versteht man die Erkenntnis, dass verschiedene Menschen mit verschiedenen Maßstäben zu messen sind. Einige werden die Fähigkeit entwickeln, Fremde entsprechend deren eigener Normen zu verstehen. Dies ist der Beginn von Bi- oder Multikulturalität.[6]

Wie wir bereits in Kapitel 5 gesehen haben, werden sich Kulturen mit Unsicherheitsvermeidung dem Polyzentrismus mehr widersetzen als Kulturen, die Unsicherheit akzeptieren. Aber innerhalb einer Kultur ist die kulturelle Norm der einzelnen Individuen unterschiedlich, so dass man in einer intoleranten Kultur durchaus tolerante Gastgeber antreffen kann und umgekehrt. Die Neigung, verschiedene Normen auf verschiedene Sorten von Menschen anzuwenden, kann auch in *Xenophilie* umschlagen, d.h. man glaubt, dass in der Kultur des fremden Menschen alles besser ist. Einige Ausländer werden dies gerne bestätigen. Es besteht die Tendenz unter Auswanderern, die Erinnerung an zuhause zu idealisieren. Natürlich sind weder Ethnozentrismus noch Xenophilie eine gesunde Basis für interkulturelles Zusammenarbeiten.

Begegnungen von Gruppen: Auto- und Hetero-Stereotypen

Interkulturelle Begegnungen von Gruppen rufen eher Gruppenreaktionen hervor, als dies bei einem einzelnen Ausländer der Fall ist. Entgegen der allgemein verbreiteten Meinung führt der interkulturelle Kontakt zwischen Gruppen *nicht* automatisch zum gegenseitigen Verstehen. Gewöhnlich wird jede Gruppe in ihrer eigenen Identität bestätigt. Die Mitglieder der anderen Gruppen werden nicht als Individuen, sondern nach Stereotypen betrachtet: alle Chinesen sehen gleich aus; alle Holländer sind geizig. Gegenüber den *Hetero-Stereotypen* in bezug auf die Mitglieder der anderen Gruppe stehen die *Auto-Stereotypen* in bezug auf Mitglieder der eigenen Gruppe. Solche Stereotypen haben sogar Einfluss auf die Wahrnehmung der Realität. Greift ein Mitglied der eigenen Gruppe ein Mitglied der anderen Gruppe an, so kann man davon überzeugt sein („Ich hab' es mit meinen eigenen Augen gesehen"), dass es genau umgekehrt gewesen sein wird.

Wie wir in Kapitel 3 gesehen haben, leben die meisten Menschen auf der Welt in „kollektivistischen" Gesellschaften, in denen die Menschen ihr ganzes Leben lang in geschlossenen Wir-Gruppen (ingroups) verbringen, die ihnen für ihre Loyalität Schutz gewähren. In einer solchen Gesellschaft sind Gruppen mit anderem kulturellen Hintergrund in einem größeren Maße Fremdgruppen (outgroups) als Fremdgruppen der eigenen Kultur. In kollektivistischen Gesellschaften ist die Integration, d. h. das Durchbrechen von kulturellen Trennlinien, noch schwieriger als in individualistischen Gesellschaften. Dies ist *das* größte Problem in vielen ehemaligen Kolonialländern wie z. B. den Ländern in Afrika, in denen Landesgrenzen ein Erbe der Kolonialzeit sind, aber in keiner Weise Rücksicht auf ethnische und kulturelle Trennlinien nehmen.

Das Zustandekommen einer wirklichen kulturellen Integration unter Mitgliedern von kulturell unterschiedlichen Gruppen ist nur in einer Umgebung möglich, in der solche Menschen als gleichwertig zusammenkommen und sich mischen können. Sportvereine, Universitäten, Arbeitsorganisationen und Armeen können diese Rolle erfüllen. Manche ethnische Gruppen spezialisieren sich in bestimmten Fertigkeiten, so z.b. Seeleute oder Händler, und solche Fertigkeiten können zur Voraussetzung für ihre Integration in einer größeren Gesellschaft werden.

Sprache und Humor

Bei den meisten interkulturellen Begegnungen sprechen die verschiedenen Gruppen eine andere Muttersprache. Im Laufe der ganzen Geschichte wurde dieses Problem durch die Verwendung einer Handelssprache gelöst, wie z.b. des Malay, Swahili oder in immer stärkerem Maße Formen des Englischen. Handelssprachen sind sogenannte „Pidgin"-Formen der ursprünglichen Sprache, und die moderne Handelssprache von heute kann als eine Form von Business Pidgin Englisch bezeichnet werden. Unterschiede in der Sprache sind zum Teil an kulturellen Missverständnissen schuld. Bei einem internationalen Trainingsprogramm bei IBM war es immer so gewesen, dass die Seminarleiter die zukünftigen Karrieremöglichkeiten ihrer Teilnehmer einschätzten. Aus einer Folgestudie über die tatsächliche Karriere in einem Zeitraum von bis zu acht Jahren ging hervor, dass immer die Teilnehmer, deren Muttersprache Englisch war – Kurssprache war ebenfalls Englisch – überschätzt wurden und diejenigen Teilnehmer mit französischer oder italienischer Muttersprache unterschätzt wurden. Die Deutschen nahmen hier eine mittlere Position ein.[7]

Die Kommunikation in Pidgin oder in einer anderen Handelssprache wird auf solche Themen begrenzt, für die es in diesen vereinfachten Sprachen Wörter gibt. Um ein tiefergehendes Verstehen der verschiedenen Kulturen untereinander herbeizuführen, ist es unabdingbar, dass der Fremde die Sprache der Gastgeberkultur lernt. Wenn man sich in der anderen Sprache ausdrücken muss, lernt man auch, sich dem anderen Hintergrund anzupassen. Es ist sehr zweifelhaft, ob man bikulturell sein kann, ohne gleichzeitig auch bilingual zu sein.[8] Obwohl die Wörter, aus denen eine Sprache besteht, „Symbole" im Sinne des Zwiebeldiagramms sind (siehe Abbildung 1.2), d. h. sie gehören zur äußeren Hülle einer Kultur, sind sie aber auch gleichzeitig das Medium, mit denen eine Kultur zu einer anderen hinübergebracht wird. Darüber hinaus sind Wörter eigenwilliger Natur: unser Denken wird beeinflusst von den Kategorien, für die unsere Sprache Wörter kennt.[9] Viele Wörter werden von einer Sprache in eine andere übernommen, weil sie etwas Einmaliges ausdrücken: Management, Computer, Apartheid, Machismo, Perestroika, Geisha, Sauna, Weltanschauung, Weltschmerz, Mafia, Savoir-vivre.

Die Fähigkeit, sich in mehr als einer Sprache ausdrücken zu können, ist sehr ungleich über die verschiedenen Länder verteilt. Menschen aus kleineren wohlhabenden Ländern wie Schweizer, Belgier, Skandinavier, Singapurer und Niederländer profitieren sowohl von dem häufigen Kontakt mit Fremden als auch von guten Bildungssystemen; daher tendieren sie dazu, polyglott zu sein. Ihre Organisationen besitzen einen strategischen Vorteil bei interkulturellen Kontakten, dadurch dass sie fast immer über Leute verfügen, die mehrere Fremdsprachen sprechen; und der, der mehr als eine Sprache spricht, wird leichter andere hinzulernen.

Es ist paradox, dass in der Kommunikation mit anderen Kulturen es eher ein Nachteil denn ein Vorteil ist, wenn man die Welthandelssprache Englisch als Muttersprache hat. Englische Muttersprachler sind sich dessen nicht immer bewusst. Sie sind wie der sprichwörtliche Farmer aus Kansas, USA, dem Folgendes nachgesagt wird: „Wenn englisch gut genug für Jesus gewesen ist, ist es gut genug für mich".[10] Geert Hofstede lernte einmal einen Engländer kennen, der nahe an der Grenze zu Wales arbeitete und erzählte, dass ihm ein schönes Haus jenseits der Grenze angeboten worden sei, er es aber abgeschlagen habe, weil in dieser Gemeinde sein Sohn in der Schule Walisisch als zweite Sprache hätte lernen müssen. In unseren Augen hat er eine einmalige Chance vertan, aus seinem Sohn einen Weltbürger zu machen.

Sprache und Kultur sind nicht so eng miteinander verbunden, dass eine gemeinsame Sprache nicht gleich bedeutet, dass man eine gemeinsame Kultur besitzt. Umgekehrt sollte man aus einer anderen Sprache nicht gleich andere kulturelle Werte folgern. In

Belgien, wo Französisch und Flämisch, abgesehen von einer kleinen deutschsprachigen Region, Landessprachen sind, fielen die Punktwerte der französisch und der flämisch sprechenden Regionen bei den vier Dimensionen der IBM-Studie ziemlich ähnlich aus. Beide Regionen hatten eher ähnliche Punktwerte wie Frankreich und ganz andere als die Niederlande. Dies spiegelt die belgische Geschichte wider: die Mittel- und Oberschicht sprach Französisch ungeachtet der Sprache ihrer Vorfahren und nahm die französische Kultur an; die Unterschicht im flämischen Teil sprach flämisch, ungeachtet der Sprache ihrer Vorfahren; stieg man aber aus der unteren Schicht in die Mittelschicht auf, näherte man sich der französischen Kultur. Die IBM-Studie fügte einen ähnlichen Vergleich zwischen dem deutsch- und dem französischsprachigen Teil der Schweiz hinzu. In diesem Fall waren die Resultate vollkommen anders. Der deutschsprachige Teil schnitt ähnlich wie Deutschland ab und der französischsprachige wie Frankreich. Die Schweiz hat eine vollkommen andere geschichtliche Entwicklung durchgemacht als Belgien: die Sprachgrenze entsprach in der Schweiz eher der Einteilung in Kantone (unabhängige Provinzen) als der sozialen Struktur. Dies erklärt, warum in Belgien die Landessprache ein politisch hochbrisantes Thema ist, in der Schweiz dagegen nicht.[11]

Wer die Sprache nicht kennt, wird von den Feinheiten einer Kultur vieles nicht mitbekommen und bleibt notgedrungen ein relativer Außenseiter. Eine dieser kulturellen Feinheiten ist der Humor. Was als lustig gilt, ist sehr kulturspezifisch. Viele Europäer finden, dass die Deutschen keinen Sinn für Humor besitzen, aber das bedeutet lediglich, dass sie einen anderen Sinn für Humor haben. Treffen verschiedene Kulturen aufeinander, so wird der erfahrene Reisende wissen, dass Witz und Ironie solange tabu sind, bis man sich absolut sicher ist, was in der anderen Kultur als Humor aufgefasst wird.

Der indonesische Geschäftsmann Raden Mas Hadjiwibowo, dessen Beschreibung des javanischen Familienlebens in Kapitel 3 zitiert wurde, lieferte in einem seiner Fallbeispiele eine einsichtsvolle Analyse der unterschiedlichen Auffassung von indonesischem und holländischem Humor:

„Es war ein ganz normaler Morgen mit einem routinemäßigen, informellen Treffen. Alle saßen um den Besprechungstisch herum und stellten fest, dass ein Stuhl fehlte. Markus, einer der indonesischen Manager, ging durch die Verbindungstür in das Büro nebenan, um nachzuschauen, ob dort ein freier Stuhl war.

Dieses Büro gehörte Frans, einem holländischen Manager. Er war nicht da, aber er würde nichts dagegen haben, einen Stuhl auszuleihen. Die ganzen Möbel gehörten sowieso der Firma. Markus schob gerade einen Stuhl aus Frans' Büro durch die Verbindungstür, als Frans von der anderen Seite hereinkam.

Frans war gut aufgelegt. Er ging hinüber zu seinem Schreibtisch, um einige Papiere einzusammeln und war gerade dabei, das Büro wieder zu verlassen. Im Vorbeigehen warf er Markus ein freundliches Grinsen zu und rief ihm über die Schulter zu: „Du bist mir ja ein reizender Dieb, Markus". Er ging hinaus, ohne eine Antwort abzuwarten.

Als Frans nach dem Mittagessen in sein Büro zurückkam, wartete Markus schon auf ihn. Frans fiel auf, dass Markus eine Krawatte angezogen hatte, was ungewöhnlich war. „Markus, mein Lieber, was kann ich für dich tun?", fragte er. Markus schaute ihn bedrückt an, saß kerzengerade auf seinem Stuhl und sagte mit fester und ernster Stimme: „Frans, ich erkläre hiermit, dass ich kein Dieb bin".

Verdutzt fragte Frans, was zum Teufel er ihm da erzähle. Er brauchte dann weitere fünfundvierzig Minuten, um das Missverständnis zu klären."[12]

In der holländischen Kultur, in der Status und das Wahren des „Gesichts" keinen besonderen Platz einnehmen, ist die „freundlich gemeinte Beleidigung" unter Freunden im Spaß durchaus gängig. Wörter wie „du Schurke" oder „du bist doof" sind, wenn sie richtig betont werden, Ausdruck echter Sympathie. In Indonesien, wo der Status heilig ist, wird eine Beleidigung immer wörtlich aufgenommen. Frans hätte dies wissen müssen.

Der Einfluss der Kommunikationstechnologien

Populäre Medien legen oft nahe, dass Kommunikationstechnologien wie Fernsehen, Email, Internet und Mobiltelefone Menschen über den Erdball verteilt in ein „globales Dorf" zusammen bringen, wo kulturelle Unterschiede aufhören, ein Thema zu sein. Aber diese Dominanz von Technologie über Kultur ist eine Illusion. Die Software der Maschinen mag globalisiert sein, aber die Software in den Köpfen, die diese bedient, ist es nicht.

Elektronische Kommunikation erhöht enorm die Menge der für ihre Nutzer verfügbaren Informationen, aber sie erhöht nicht deren Kapazität, diese Informationen aufzunehmen, noch verändert sie deren Wertesysteme. Als Nutzer selektieren wir Informationen nach unseren Werten. Wie unsere Eltern lesen wir Zeitungen und sehen Fernsehprogramme, von denen wir erwarten, dass sie die Meinungen präsentieren, die wir bevorzugen; werden wir mit dem fast unbegrenzten Angebot elektronischer Informationen konfrontiert, so nehmen wir wieder das auf, was unsere bereits vorhandenen Vorstellungen verstärkt. Die Erfahrung mit dem Internet hat gezeigt, dass Menschen es meistens nutzen, um Dinge zu erledigen, die sie sowieso getan hätten, nur vielleicht mehr und schneller.

Kommunikationstechnologien erhöhen unser Bewusstsein für Unterschiede zwischen und innerhalb von Ländern. Einige benachteiligte Völker, die Fernsehprogramme anschauen, die zeigen, wie Menschen anderswo in der Welt leben, werden ihren Anteil am Wohlstand der Welt verlangen. Einige privilegierte Völker, die sich über das Leiden und den Kampf woanders informiert haben, werden ihre Grenzen dicht machen wollen. Die Einteilung der Welt in Gut und Böse ist wahrscheinlicher als mehr Toleranz.

Zusammengefasst werden Kommunikationstechnologien selbst nicht das Bedürfnis nach interkulturellem Verständnis reduzieren. Vernünftig eingesetzt, gehören sie aber vielleicht zum Handwerkszeug für interkulturelles Lernen.

Interkulturelle Begegnungen im Tourismus

Der Tourismus ist die oberflächlichste Art einer interkulturellen Begegnung. Die Touristen im Massentourismus können mitunter zwei Wochen in Marokko, auf Bali oder Cancun verbringen, ohne überhaupt irgendetwas von der einheimischen Kultur mitzubekommen. Die einheimische Bevölkerung des Gastlandes wird etwas mehr über die Kultur der Touristen erfahren, aber es wird ein vollkommen falsches Bild davon sein, wie der Tourist zuhause lebt. Das, was man von der anderen Gruppe mitbekommt, bleibt auf der Ebene der Symbole (siehe Abbildung 1.2): Wörter, Mode, Musik.

Die Auswirkungen des Massentourismus auf die Wirtschaft des Gastlandes können günstig oder auch ungünstig sein. Die traditionellen Einkommensquellen werden oft zunichte gemacht, und die Erträge aus dem Tourismus fließen in die Hände der Regierung und ausländischer Investoren, so dass die einheimische Bevölkerung eher unter dem Tourismus leidet als von ihm profitiert. Die Auswirkungen auf die Umwelt können verheerend sein. Tourismus ist in vielerlei Hinsicht ein zweifelhafter Segen.

Der Tourismus kann dennoch der Beginn einer tiefergehenden, interkulturellen Begegnung sein. Er bricht die Isolation kultureller Gruppen auf und schafft ein Bewusstsein dafür, dass es noch andere Menschen gibt, die auf ihre Art und Weise leben. Die Saat, die in einigen Köpfen gesät wird, kann später keimen. Einige der Touristen fangen an, etwas über die Sprache und die Geschichte des Landes zu lernen, in das sie gerade fahren und wohin sie noch einmal fahren wollen. Die gastgebende Bevölkerung fängt an, die Sprache der Touristen zu lernen, um gute Geschäfte machen zu können. Persönliche Freundschaften kommen zwischen Menschen und auf eine Art und Weise zustande, die man nicht erwartet hätte. Aus der Sicht der interkulturellen Begegnung überwiegen die Vorteile des Tourismus wahrscheinlich gegenüber seinen Nachteilen.

Interkulturelle Begegnungen in der Schule

Eine amerikanische Lehrerin, die in einem Spracheninstitut in Beijing unterrichtete, rief einmal in der Klasse aus: „Ihr lieben Mädchen, ich habe euch alle so gern". Ihre Schüler waren, wie ein chinesischer Beobachter berichtete, erschrocken. Ein italienischer Professor, der in den USA Vorlesungen gab, beklagte sich bitterlich darüber, dass seine Studenten aufgefordert wurden, seinen Unterricht zu beurteilen. Er war nicht der Ansicht, dass ein Student ein Urteil über die Qualität seines Professors abgeben sollte. Einem indischen Dozenten an einer afrikanischen Universität fiel auf, dass ein Student erst sechs Wochen nach Beginn der Vorlesung erschien, aber er musste ihn dennoch zulassen, weil er in dem gleichen Ort wie der Dekan wohnte. Interkulturelle Begegnungen in der Schule/Universität können zu vielen Konfusionen führen.[13]

Die meisten interkulturellen Begegnungen in der Schule oder an der Universität können in zwei Kategorien eingeteilt werden: in die zwischen einheimischen Dozenten/Lehrern und ausländischen Studenten/Schülern aus einer Gastarbeiter- oder Flüchtlingsfamilie, oder in die zwischen Lehrern, die im Ausland als Fachkräfte angeworben wurden oder dort mehr eine missionarische Aufgabe erfüllen, und einheimischen Schülern oder Studenten. In beiden Fällen bilden die verschiedenen Wertmuster der Kultur, aus der Lehrer bzw. Schüler kommen, ein potentielles Problem. In den Kapiteln 2 bis 6 wurden die Folgen beschrieben, die die Unterschiede in den Werten bei Machtdistanz, Individualität, Maskulinität, Unsicherheitsvermeidung und Lang-/Kurzzeitorientierung für die Situation in der Schule haben können. Sie haben oft Einfluss auf die Beziehung zwischen Lehrer und Schülern, zwischen den Schülern untereinander und zwischen Lehrer und Eltern.

Da die Sprache das Medium des Unterrichts ist, trifft das, was bereits an früherer Stelle über die Rolle der Sprache in einer interkulturellen Begegnung gesagt wurde, vollkommen auf die Lernsituation zu. Die Chance, dass eine Kultur erfolgreich aufgenommen wird, ist größer, wenn der Lehrer in der Sprache des Schülers unterrichten muss, als wenn der Schüler die Sprache des Lehrers lernen muss. Der Lehrer beherrscht die Lernsituation besser als jeder einzelne Schüler. Die Sprache des Unterrichts hat Auswirkung auf den Lernprozess.

In einem Seminar für Führungskräfte an der internationalen Business School INSEAD hielt Geert Hofstede einmal das gleiche Seminar für eine Gruppe in französischer und für die andere Gruppe in englischer Sprache ab; in beiden Gruppen saßen Teilnehmer unterschiedlicher Nationalitäten. Die Diskussion einer Fallstudie in französischer Sprache führte zu einem inspirierenden, intellektuellen Gedankenaustausch, aber zu wenigen praktischen Schlussfolgerungen. Als die gleiche Fallstudie in Englisch diskutiert wurde, dauerte es nicht lange, bis jemand die Frage stellte: „ja, und?", und die Klasse bemühte sich, pragmatischer zu werden. Beide Gruppen hatten die gleichen Texte vor sich, die teilweise aus dem Französischen ins Englische übersetzt worden waren und teilweise umgekehrt. Beide Gruppen fanden die Texte, die ursprünglich in der Unterrichtssprache geschrieben waren, besser und taten die übersetzten Texte missbilligend als „unnötig wortreich, mit einer schwachen Aussage, die man auch auf ein oder zwei Seiten hätte ausdrücken können" ab. Die Kommentare der französischsprachigen Gruppe zu den aus dem Englischen übersetzten Texten waren identisch mit den Kommentaren der englischsprachigen Gruppe zu den ins Französische übersetzten Texte. Was in der einen Sprache als „Aussage" empfunden wird, muss nicht unbedingt in die Übersetzung hineinpassen. Information ist mehr als Worte: es sind Worte, die in einen kulturellen Rahmen passen. Kulturell adäquate Übersetzungen sind eine unterbewertete Kunst.

Abgesehen von den Sprachschwierigkeiten haben Schüler und Lehrer in der interkulturellen Situation mit den unterschiedlichen kognitiven Fähigkeiten zu kämpfen. „Unsere afrikanischen Ingenieure denken nicht wie Ingenieure. Sie kümmern sich um die Symptome und haben nicht die Apparatur als ganzes System vor Augen". Dies ist ein Zitat eines britischen Seminarleiters, der sich seines eigenen Ethnozentrismus nicht bewusst ist. Grundlegende Forschungsarbeiten von Entwicklungspsychologen haben gezeigt, dass die Dinge, die wir gelernt haben, vorherbestimmt werden von den Erfordernissen der Umgebung, in der wir aufgewachsen sind. Ein Mensch wird lernen, in solchen Dingen gut zu sein, die wichtig für ihn sind und zu deren Ausführung er häufig Gelegenheit hat. Da Geert Hofstede einer Generation angehört, die aufwuchs, bevor Taschenrechner in der Schule eingeführt wurden, kann er im Kopf rechnen, wofür seine Enkelkinder lieber einen Taschenrechner benutzen. Lernfähigkeiten, auch das Gedächtnistraining, haben ihre Wurzeln in der Gesamtheit der Muster einer Gesellschaft. In China entwickelt die Schrift (zwischen dreitausend und fünfzehntausend Schriftzeichen, die aus bis zu dreiundzwanzig Strichen bestehen können) die Fähigkeit des Kindes, Sprachmuster zu erkennen, zwingt es aber auch zu mechanischem Lernen.

Interkulturelle Probleme treten auch auf, weil der ausländische Lehrer unrelevanten Lernstoff mitbringt. Eine kongolesische Freundin, die in Brüssel studierte, erinnerte sich, wie ihre Lehrerin, eine belgische Nonne, auf der Grundschule in Lubumbashi die Kinder in der Geschichtsstunde *Nos ancêtres, les Gaulois* (Unsere Vorfahren, die Gallier) aufsagen ließ. Ein britischer Gastdozent wiederholte während seiner Zeit an einer chinesischen Universität einfach Wort für Wort seinen Kurs „Organizational Behaviour". Viel von dem, was Studenten aus armen Ländern an Universitäten in reichen Ländern lernen, ist für ihr Leben in der Heimat weitestgehend irrelevant. Was für einen Nutzen haben schon die mathematischen Rechenspiele des amerikanischen Börsenmarktes für den zukünftigen Manager einer indischen Firma? Das Know-how, von dem man annimmt, dass man damit in einem Industrieland Erfolg hat, ist nicht unbedingt das gleiche, das bei der Entwicklung eines derzeit armen Landes von Nutzen sein wird.

Letztendlich können interkulturelle Probleme zwischen Lehrern und Schülern auch auf institutionelle Unterschiede zwischen den Gesellschaften, aus denen diese kommen, zurückzuführen sein. Jeder bringt andere Erwartungen mit, was den Erziehungsprozess und die Rolle, die ein jeder dabei zu spielen hat, betrifft. Aus welchen Familien kommen Schüler und Lehrer? Sind die Erziehungssysteme elitär oder anti-elitär? Ein amerikanischer Dozent, der ein lateinamerikanisches Land besucht, mag nun glauben, dass er einen Beitrag zur wirtschaftlichen Entwicklung des Landes leistet, während er in Wirklichkeit nur die Privilegien einer Elite unterstützt. Welche Rolle spielen Arbeitgeber im Erziehungssystem? In der Schweiz und in Deutschland stellt die Absolvierung eines Trainee-Programms im Unternehmen eine anerkannte Alternative zu einem Universitätsstudium dar, das den Teilnehmern Zugang zu den höchsten Positionen ermöglicht. In den meisten anderen Ländern ist dies nicht der Fall. Welche Rolle spielen Staat und/oder religiöse Einrichtungen? In einigen Ländern (Frankreich, ehemalige UdSSR) gibt der Staat den Lehrstoff maßgeblich vor, in anderen Ländern haben die Lehrer eine sehr große Entscheidungsfreiheit. In Ländern, wo es sowohl private wie öffentliche Schulen gibt, sind die Privatschulen einer Elite vorbehalten (USA) oder für gesellschaftliche Außenseiter (Niederlande, Schweiz) gedacht. Wo kommt das Geld für diese Schulen her; wie gut werden die Lehrer bezahlt, und welchen gesellschaftlichen Status haben sie? In China stehen die Lehrer von Alters her in hohem Ansehen, werden aber im Augenblick sehr schlecht bezahlt. In Großbritannien ist das Ansehen der Lehrer, ganz im Gegensatz zu Deutschland und Japan, schon immer nicht besonders hoch gewesen.

Minoritäten, Migranten und Flüchtlinge

Was als Minderheit in einem Land angesehen wird, ist eine Frage der Definition. Sie hängt ab von harten Fakten wie der Verteilung der Bevölkerung, der wirtschaftlichen Situation von Bevölkerungsgruppen und der Intensität ihrer Beziehungen untereinander. Sie ist ebenfalls abhängig von kulturellen Werten (besonders Unsicherheitsvermeidung und Kollektivismus) und von kulturellen Praktiken (Sprache, empfundene und zugeschriebene Identität, Interpretation von Geschichte). Diese beeinflussen auch die Ideologie der Mehrheit und manchmal auch die der Minderheit und den Grad gegenseitiger Vorurteile und Diskriminierung. Die Probleme von Minderheiten sind immer, und oft sogar in erster Linie, auch Probleme von Mehrheiten.

Minderheiten in der Welt beinhalten eine große Vielfalt von Gruppen mit sehr unterschiedlichem sozialem Status, und zwar von der Unterschicht bis hin zur unternehmerischen und/oder akademischen Elite:

- Die ursprüngliche Bevölkerung, die von Einwanderern überrannt wurde (wie eingeborene Amerikaner, australische Aborigines);
- Die Nachkommen von wirtschaftlichen, politischen oder ethnischen Migranten oder Flüchtlingen (heute die Mehrheiten in Ländern wie den USA und Australien);

- Nachkommen importierter Arbeitskräfte (wie amerikanische Farbige, Südländer in Nordwest Europa);
- Eingeborene früherer Kolonien (wie Inder und Pakistanis in Großbritannien, Nordafrikaner in Frankreich);
- Internationale Nomaden (Sinti und Roma – „Zigeuner" – größtenteils in Europa und teilweise auch in Übersee).

In vielen Ländern ist das Bild von Minderheiten höchst unbeständig wegen der andauernden Migration. Die Anzahl von Leuten in der zweiten Hälfte des zwanzigsten Jahrhunderts, die ihr Heimatland verlassen haben und in eine gänzlich andere Umgebung gezogen sind, ist größer als jemals zuvor in der Geschichte der Menschheit. Die Auswirkung in allen Fällen ist, dass einzelne Personen und ganze Familien – oft völlig unvorbereitet – in ein kulturelles Umfeld abgesprungen sind, das ganz anders ist als das, in dem sie mental programmiert wurden. Sie müssen eine neue Sprache lernen, aber ein viel größeres Problem ist, dass sie in einer neuen Kultur funktionieren müssen:

> „Stell dir vor: Eines Tages stehst du auf, du schaust dich um, aber du kannst deinen Augen nicht trauen ... Alles ist auf den Kopf gestellt, drinnen wie draußen ... Du versuchst, Dinge wieder zurück an ihren Platz stellen, aber ach – sie sind für immer auf den Kopf gestellt. Du nimmst dir Zeit, du guckst wieder hin und dann hast du eine Idee: „Ich werde mich selbst auch auf den Kopf stellen, so wie alles andere auch, um Dinge regeln zu können." Es funktioniert nicht ... und die Welt versteht nicht, warum du richtig stehst." (Hassan Bel Ghazi, marokkanischer Einwanderer in den Niederlanden). [14]

Politische Ideologien über Mehrheiten/Minderheiten-Beziehungen variieren stark. Rassisten und Ultra-Rechte wollen die Grenzen dicht machen und die vorhandenen Minderheiten ausweisen – oder noch schlimmer. Die Politik zivilisierter Regierungen hat zum Ziel, sich irgendwo zwischen zwei Polen auf einem Kontinuum einzufinden. Der eine Pol ist *Assimilation*, was bedeutet, dass Angehörige von Minderheiten so schnell wie möglich wie alle anderen werden und ihre Eigenarten so schnell wie möglich ablegen sollten. Der andere Pol ist *Integration*, was bedeutet, dass Bürger aus Minderheiten, auch wenn die sie aufnehmende Gesellschaft sie als vollwertige Mitglieder akzeptiert, diese sie dennoch gleichzeitig ermutigt, eine Beziehung zu ihren Wurzeln und ihrer kollektiven Identität beizubehalten. Paradoxerweise hat eine Politik, die sich die Integration zum Ziel gesetzt hat, zu einer besseren und schnelleren Anpassung von Minoritäten geführt als eine Politik, die Assimilation forcierte.

Von Migranten und Flüchtlingen wird oft angenommen, dass sie vorübergehend in ein Land kommen, aber oft stellt sich heraus, dass sie bleiben. In fast allen Fällen ziehen sie von einer mehr traditionellen, kollektivistischen Gesellschaft in eine mehr individualistisch geprägte. Für ihre Adaptation ist es sehr wichtig, dass sie im Einwanderungsland Unterstützung in einer Gemeinschaft von Landsleuten finden, besonders dann, wenn sie allein stehend sind; aber auch dann, wenn sie mit ihren Familien kommen, die auf jeden Fall eine engere Gruppe bilden, als sie es in ihrem Heimatland gewohnt waren. Die Aufrechterhaltung von Migrantengemeinschaften passt zu einer wie oben beschriebenen Integrationsphilosophie. Unglücklicherweise fürchten Politiker der Aufnahmeländer aus ihrer individualistischen Wertehaltung heraus die Ghettobildung von Migranten und versuchen, die Ausländer zu verteilen, aus der falschen Annahme heraus, dass dies ihre Anpassung beschleunigt.

Migranten und Flüchtlinge erleben normalerweise auch Unterschiede von Machtdistanz. Die Aufnahmegesellschaft tendiert dazu, egalitärer zu sein als die Gesellschaft, aus der die Migranten gekommen sind. Migranten erleben dies negativ und positiv – Mangel an Respekt für Ältere, aber besserer Zugang zu Behörden und Lehrern, obwohl sie öfters dazu neigen, diesen gegenüber zunächst Misstrauen zu empfinden. Unterschiede bei der Maskulinität – Femininität und bei Unsicherheitsvermeidung zwischen Migranten und Gastländern können sich auf die eine oder andere Art entwickeln, und die entsprechenden Anpassungsprobleme sind spezifisch für die Kulturen, die hier aufeinander treffen.

Migrantenfamilien in der ersten Generation erleben immer die gleichen Probleme. Auf der Arbeit, in Geschäften und Behörden und meistens auch in der Schule haben sie es mit Einheimischen zu tun; sie erlernen einige einheimische Praktiken und werden mit einheimischen Werten konfrontiert. Zuhause versuchen sie, die Praktiken, Werte- und Beziehungsmuster aus ihrem Heimatland zu bewahren. Sie sind Randgruppen zwischen zwei Welten, und sie wechseln täglich zwischen der einen und der anderen.

Dieses Leben am Rande wirkt sich unterschiedlich auf die verschiedenen Generationen und Geschlechter aus. Es ist unwahrscheinlich, dass die eingewanderten Erwachsenen die Werte ihres Heimatlandes gegen die des Gastlandes eintauschen; bestenfalls passen sie sich geringfügig an. Der *Vater* versucht, seine traditionelle Autorität zuhause zu wahren. Auf der Arbeit ist sein Status eher gering; ausländische Arbeitnehmer übernehmen die Arbeit, die niemand anders haben will. Die Familie weiß dies, und er verliert das Gesicht vor seiner Familie. Ist er arbeitslos, so verliert er noch mehr sein Gesicht. Häufig hat er Probleme mit der neuen Sprache, und er hat das Gefühl, ein Versager zu sein. Manchmal kann er sogar seine Muttersprache weder lesen noch schreiben. Er muss seine Kinder um Hilfe bitten oder sich beim Ausfüllen von Formularen und bei Behördengängen an Sozialarbeiter wenden. Er wird oft seitens des Arbeitgebers, der Polizei, der Behörden und der Nachbarn diskriminiert. Die *Mutter* wird in einigen Migrantenkulturen wie in einem Gefängnis zuhause eingesperrt, wenn der Vater zur Arbeit geht. In diesem Fall hat sie keinen Kontakt zur Gesellschaft des Gastlandes, lernt die Sprache nicht und bleibt vollkommen abhängig von ihrem Mann und den Kindern. In anderen Fällen geht die Mutter auch arbeiten. Sie kann sogar diejenige sein, die den Lebensunterhalt für die Familie verdient und dies stellt für den Vater die größte Demütigung dar. Sie kommt mit anderen Männern in Kontakt, und das wird von ihrem Mann als Untreue empfunden. Manchmal geht die Ehe in die Brüche. Doch es gibt keinen Weg mehr zurück. Migranten, die in ihre Heimat zurückgekehrt sind, empfinden oft, dass sie nicht mehr dorthin passen und remigrieren, dieses Mal für immer.

Die zweite Generation, also Kinder, die im neuen Land geboren wurden oder sehr früh dorthin kamen, erwerben einander widersprechende mentale Programme seitens der Familie und seitens der örtlichen Schule und Gemeinschaft. Ihre Werte spiegeln teilweise die Kultur ihrer Eltern und teilweise die ihres neuen Landes wider, mit großen Variationen zwischen Individuen, Gruppen und Gastländern.[15] Die *Söhne* leiden am meisten unter diesem Leben am Rande. Einige schaffen es auf wundersame Weise, sie profitieren von den besseren schulischen Bedingungen und absolvieren eine Lehre oder eine fachliche Ausbildung. Einige entziehen sich der elterlichen Autorität zu Hause, gehen von der Schule ab und finden kollektivistischen Schutz in Straßengangs; sie laufen Gefahr, eine neue Unterschicht im Gastland zu werden. Die *Töchter* passen sich oft besser an, obwohl sich die Eltern über sie mehr Sorgen machen. In der Schule werden sie mit einer Gleichberechtigung zwischen den Geschlechtern konfrontiert, die man in der Gesellschaft, aus der sie kommen, nicht kennt. Manchmal werden sie von den Eltern in die Sicherheit einer arrangierten Heirat mit einem Landmann gedrängt.[16]

Viele dieser Probleme sind jedoch vorübergehend; die dritte Generation von Migranten geht oft ganz in der Bevölkerung des Gastlandes auf, sie haben die Werte des Gastlandes übernommen und unterscheiden sich nur noch durch einen fremdländischen Familiennamen und vielleicht durch eine spezifische Religion und Familientraditionen. Dieser Drei-Generationen-Anpassungsprozess hat sich auch in der Vergangenheit auf Generationen ausgewirkt; ein zunehmender Anteil der Bevölkerung moderner Gesellschaften stammt teilweise von ausländischen Migranten ab.

Ob Migrantengruppen also integriert werden oder daran scheitern, sich anzupassen und zu dauerhaften Minderheiten werden, hängt genauso viel von der Bevölkerungsmehrheit wie von den Migranten selbst ab. Vermittler der Gastgesellschaft, die oft mit Minderheiten, Migranten und Flüchtlingen zu tun haben, können viel dafür tun, die Integration zu erleichtern. Dies sind Polizisten, Sozialarbeiter, Ärzte, Krankenschwestern, Personalmitarbeiter, Schalterbeamte in öffentlichen Büros und Lehrer. Migranten, die aus kollektivistischen Kulturen mit großer Machtdistanz kommen, können diesen Amtspersonen mehr misstrauen als die einheimische Bevölkerung dies tut, und zwar aus kulturellen Gründen. Dennoch können Lehrer beispielsweise von dem Respekt profitieren, der ihnen ihr Status bei den Eltern ihrer Migrantenschüler verschafft. Sie müssen solche Eltern (besonders die Väter) zu Gesprächen *auffordern*. Die von den Migranteneltern wahrgenommene gesellschaftliche Distanz ist viel größer, als dies die meisten Lehrer gewöhnt sind. Leider ist in jeder Gastgesellschaft ein Teil der einheimischen Bevölkerung wie Politiker, Polizisten, Journalisten, Lehrer, Nachbarn empfänglich für ethnozentrische und rassistische Anschauungen, die den Anpassungsprozess von Migranten als Straftat ansehen und mit primitivem Kundtun von Unsicherheitsvermeidung kommentieren: „Was anders ist, ist gefährlich."

Besonderes Fachwissen wird von denjenigen verlangt, die auf dem Gebiet psychischer Krankheiten tätig sind und berufsmäßig mit Migranten und Flüchtlingen zu tun haben. Die Art und Weise, wie man mit Gesundheit und Behinderung umgeht, unterscheidet sich beträchtlich in kollektivistischen und individualistischen Gesellschaften. Der hohe Grad akkulturativer Belastung auf Migranten setzt diese der Gefahr aus, dass ihre geistige Gesundheit durcheinander gerät; und die psychischen Behandlungsmethoden, die für Patienten im Gastland entwickelt wurden, bleiben möglicherweise bei Migranten wirkungslos, und zwar aus kulturellen Gründen. In Ländern mit einer hohen Migrantenbevölkerung wie Australien ist die *transkulturelle Psychiatrie* (und transkulturelle klinische Psychologie) als Fachgebiet anerkannt. Einige Psychiater und Psychologen spezialisieren sich auf die Behandlung politischer Flüchtlinge, die unter den Nachwirkungen von Krieg oder Folter leiden.

Nicht nur die Einwohner des Gastlandes können des Rassismus und Ethnozentrismus beschuldigt werden; Migranten selbst verhalten sich manchmal auf rassistische oder ethnozentrische Weise anderen Migranten und Menschen aus dem Gastland gegenüber. Da sie aber in einer nicht vertrauten und oft feindlichen Umgebung leben, kann man sagen, dass sie eine bessere Entschuldigung haben. Einige nehmen Zuflucht zu religiösem Fundamentalismus, obwohl sie daheim kaum religiös waren. Fundamentalismus findet man oft in Randgruppen der Gesellschaft, und diese Migranten sind die neuen Randgruppen.

Interkulturelle Verhandlungen

Verhandlungen, ob in der Politik oder im Geschäftsleben und ob international oder nicht, haben gemeinsame universelle charakteristische Merkmale:

- zwei oder mehr Parteien haben Interessenskonflikte;
- ein gemeinsames Bedürfnis nach einem Übereinkommen, weil ein Gewinn von einer solchen Übereinkunft erwartet wird;
- ein anfänglich nicht definierter Ausgang;
- Kommunikationsmittel zwischen Parteien;
- und eine Kontroll- und Entscheidungsfindungsstruktur auf jeder Seite, mit der die Unterhändler mit ihren Vorsetzten verbunden sind.

Bücher über die Kunst der Verhandlungsführung wurden veröffentlicht; es ist ein beliebtes Thema für Weiterbildungskurse. Verhandlungen wurden auf Computern simuliert. Jedoch wurde in den Theorien und Computermodellen auf Werte und Ziele der Unterhändler aus westlichen Gesellschaften, besonders aus den USA, zurückgegriffen. In internationalen Verhandlungen haben unterschiedliche Mitspieler auch unterschiedliche Werte und Ziele inne.[17]

Nationale Kulturen beeinflussen Verhandlungsprozesse auf verschiedene Weise:

- Machtdistanz beeinflusst den Grad der Zentralisierung von Macht und die Struktur der Entscheidungsfindung sowie die Bedeutung des Status der Unterhändler;
- Kollektivismus beeinflusst das Bedürfnis nach stabilen Beziehungen zwischen (entgegengesetzten) Unterhändlern. In einer kollektiven Kultur bedeutet das Ersetzen einer Person, dass eine neue Beziehung aufgebaut werden muss, was Zeit beansprucht. Mediatoren („go-betweens") spielen eine bedeutende Rolle bei der Aufrechterhaltung eines lebensfähigen Musters von Beziehungen, die Fortschritt erlauben;
- Maskulinität beeinflusst das Bedürfnis nach egozentrischem Verhalten und der Sympathie für den Stärkeren seitens der Unterhändler und ihrer Vorgesetzten sowie die Tendenz, Konflikte durch die Demonstration von Macht zu lösen. Femini-

465

ne Kulturen werden eher Konflikte durch Kompromisse lösen und sich um Konsens bemühen;

- Unsicherheitsvermeidung beeinflusst die (In)Toleranz von Zweideutigkeit und Miss-/Vertrauen gegenüber Verhandlungsgegnern, die ungewohntes Verhalten an den Tag legen, sowie das Bedürfnis nach Struktur und Ritualen in den Verhandlungsprozessen;
- Langzeitorientierung beeinflusst die Ausdauer, die gewünschten Ergebnisse auch auf Kosten von Opfern zu erreichen.

Effektive interkulturelle Verhandlungen erfordern Einblick in die Reichweite kultureller Werte, die man von Partnern aus anderen Ländern im Vergleich zu den kulturell festgelegten Werten des Verhandlungsführers erwartet. Sie erfordern auch Sprach- und Kommunikationsfertigkeiten, um sicherzustellen, dass die an die andere Partei oder die anderen Parteien gesandten Botschaften so verstanden werden, wie sie vom Sender gemeint waren. Letztendlich erfordern sie ein Organisationstalent für die Planung und Veranstaltung von Meetings und Tagungseinrichtungen, einschließlich Mediatoren und Dolmetschern, sowie den Umgang mit externen Kommunikationen.

Erfahrene Diplomaten, aus welchem Land sie auch kommen, haben normalerweise von Berufs wegen ein *Savoir-faire* (ein Gewusst wie) entwickelt und sind imstande, erfolgreich mit anderen Diplomaten über Punkte zu verhandeln, über die sie befugt sind, selbständig Entscheidungen zu treffen. Das Problem liegt aber darin, dass bei wirklich wichtigen Themen die Diplomaten normalerweise von den Politikern ferngesteuert werden, die zwar die Macht haben, aber denen es eben an diplomatischem *Savoir-faire* fehlt. Politiker stellen häufig Behauptungen auf, die rein innenpolitischen Zwecken dienen. Aufgabe der Diplomaten ist es, diese dann den ausländischen Verhandlungspartnern zu erklären. Die Größe des Entscheidungsspielraumes seitens des Diplomaten ist ein typisches kulturelles Merkmal, das von einer Gesellschaft zur anderen und von einem politischen System zum anderen verschieden ist. Moderne Kommunikationsmittel tragen dazu bei, diesen Spielraum der Diplomaten zu beschneiden. Moriers englischer

Botschafter hatte allein durch die Tatsache, dass der Nachrichtenweg nach England zu jener Zeit mindestens drei Monate beanspruchte, noch eine große Entscheidungsbefugnis.

Dennoch besteht kein Zweifel darüber, dass die Qualität interkultureller Begegnungen in internationalen Verhandlungen dazu beitragen kann, unbeabsichtigte Konflikte zu vermeiden, *wenn* die Verhandlungspartner für die auf dem Spiel stehende Entscheidung von der entsprechenden hierarchischen Ebene kommen. Aus diesem Grunde sind Gipfelkonferenzen von so großer Bedeutung – hier sind die Leute, die mit Macht zum Verhandeln ausgestattet sind. Nur ist es leider so, dass sie normalerweise deshalb in ihre heutigen Positionen gelangt sind, weil sie stark an die nationalen Werte ihres Landes glauben. Aus diesem Grunde tun sie sich dabei schwer, sich klar zu machen, dass andere Menschen nach anderen mentalen Programmen funktionieren. Ein glaubwürdiger Außenminister oder Botschafter, auf den der höchste Politiker hört *und* der über diplomatisches Fingerspitzengefühl verfügt, ist wertvolles Kapital für ein Land.

Permanente internationale Organisationen wie die verschiedenen Unterorganisationen der Vereinten Nationen, die Europäische Kommission und die NATO haben ihre eigenen Organisationskulturen entwickelt, die ihre internen internationalen Verhandlungen beeinflussen. Sogar noch mehr als im Falle der Berufskultur von Diplomaten ruhen diese Organisationskulturen eher auf einer oberflächlicheren Ebene von Praktiken, gemeinsamen Symbolen und Ritualen als auf geteilten Werten. Eine Ausnahme bilden die gemeinnützigen Nichtregierungsorganisationen (NGOs) wie das Internationale Rote Kreuz, Amnesty International oder Greenpeace.

Das Verhalten internationaler Unterhändler wird also beeinflusst von Kultur auf drei Ebenen, nämlich nationaler, berufsmäßiger und organisatorischer.

Geschäftliche Verhandlungen unterscheiden sich von politischen Verhandlungen insofern als die Beteiligten auf dem Verhandlungsgebiet öfter Amateure sind. Spezialisten können Verhandlungen vorbereiten, aber besonders dann, wenn ein Partner aus einer Kultur mit großer Machtdistanz kommt, müssen Personen mit entsprechender Macht und Status für ein formelles Übereinkommen eingebracht werden. Internationale Verhandlungen sind zu einem speziellen Thema in der betrieblichen Ausbildung geworden, so dass zukünftige Generationen von Geschäftsleuten hoffentlich besser vorbereitet sein werden. Im Folgenden werden wir dafür argumentieren, dass man Unternehmensdiplomaten in multikulturellen Unternehmen nötig hat.

Multinationale Unternehmensorganisationen

Wenn interkulturelle Begegnungen so alt wie die Menschheit sind, dann sind multinationale Unternehmen so alt wie organisierte Staaten. Der Business Professor Karl Moore und der Historiker David Lewis haben vier Fälle von multikulturellen Unternehmen in der mediterranen Region zwischen 1900 v. Chr. und 100 v. Chr. beschrieben, die von Assyrern, Phöniziern, Griechen und Römern geführt wurden. Die Geschichte rechtfertigt nicht die Behauptung, dass ein besonderer Typ von Kapitalismus unabdingbar und immer wieder allem anderen überlegen ist.[18]

Das Funktionieren multinationaler Unternehmensorganisationen hängt von interkultureller Kommunikation und Kooperation ab. Kapitel 8 hat gemeinsame Werte in Relation zu *nationalen* Kulturen gesetzt und gemeinsame Praktiken zu *Organisations-*(Unternehmens-)kulturen. Multinationale Unternehmen im Ausland treffen auf fremde Wertemuster, aber ihre gemeinsamen Praktiken (Symbole, Helden und Rituale) halten die Organisation zusammen.

Die Grundwerte einer multinationalen Unternehmenskultur werden bestimmt von der Nationalität und Persönlichkeit ihres Gründers/ihrer Gründer und späteren bedeutsamen Führer. Multinationale Unternehmen mit einer dominierenden Heimatkultur haben eindeutigere Grundwerte und sind deswegen einfacher zu leiten als internationale Organisationen, denen ein solcher gemeinsamer Bezugsrahmen fehlt. In multinationalen Unternehmensorganisationen werden die Werte und Überzeugungen der Heimatkultur für gesichert angesehen und dienen als Bezugsrahmen für die Zentrale. Personen mit Verbindungsfunktionen zwischen den Niederlassungen im Ausland und der Zentrale müssen bikulturell sein, weil sie eine doppelte Vertrauensbeziehung brauchen, auf der einen Seite zu den Vorgesetzen ihrer Heimatkultur und Kollegen und auf der anderen Seite zu den ihnen unterstellten Mitarbeitern ihres Gastlandes. Die beiden Rollen sind besonders wichtig:

(1) **Der Leiter der Unternehmenseinheit im jeweiligen Land**, der an die internationale Zentrale berichtet.

(2) **Der Unternehmensdiplomat.** Er oder sie ist jemand, der im Heimatland oder in einem anderem Land sozusagen mit der Unternehmenskultur getränkt wurde, dessen beruflicher Background variieren kann, der aber erfahren ist mit dem Alltagsleben und der Arbeitsweise in verschiedenen fremden Kulturen. Unternehmensdiplomaten sind unentbehrlich für das Funktionieren multinationaler Strukturen, entweder als Verbindungsleute in den verschiedenen Zentralstellen oder als Manager auf Zeit für neue Projekte. [19]

Andere Manager und Mitglieder von ausländischen nationalen Tochtergesellschaften müssen nicht bikulturell sein. Selbst wenn die Tochtergesellschaft im Ausland formell die Vorstellungen und Unternehmenspolitik des Heimatlandes annimmt, so wird sie intern entsprechend der Wertesysteme und Überzeugungen der Gastkultur funktionieren.

Wie bereits an früherer Stelle in diesem Kapitel erwähnt, impliziert Bikulturalität Zweisprachigkeit. Es gibt einen Unterschied zwischen den meisten US und den meisten nicht US multinationalen Organisationen, was Koordinierungsstrategie anbelangt. Die meisten amerikanischen multinationalen Unternehmen wälzen die Bikulturalität auf die ausländischen nationalen Unternehmen ab. Es sind letztere, die bi- oder multilingual sind (die meisten amerikanischen leitenden Angestellten in multinationalen Unternehmen sind monolingual).

Dies geht zusammen mit einem relativ kurzen Aufenthalt amerikanischer leitender Angestellter im Ausland; zwei bis fünf Jahre pro Land im Ausland ist ziemlich typisch. Diese leitenden Angestellten leben oft in Ghettos. Das wichtigste Koordinationsinstrument besteht aus einer vereinheitlichten weltweiten Geschäftspolitik, die dadurch aufrecht erhalten werden kann, dass man in regelmäßigen Abständen die Zusammensetzung der internationalen Belegschaft verändert, weil diese sehr stark formalisiert ist. Die meisten nicht-amerikanischen multinationalen Unternehmen legen die Bürde der Bikulturalität auf ihre eignen einheimischen nationalen Mitarbeiter. Sie sind fast immer multilingual (mit der möglichen Ausnahme von Briten, obwohl sogar diese normalerweise sprachgewandter sind als die Amerikaner). Die typische Dauer eines Aufenthaltes in einem anderen Land tendiert dazu, länger zu sein, d. h. zwischen fünf und fünfzehn Jahren oder mehr, so dass ins Ausland entsandte höhere Angestellte nicht-amerikanischer multinationaler Unternehmen zu „Einheimischen" in ihrem Gastland werden können; sie mischen sich unter die örtliche Bevölkerung, sie lassen ihre Kinder auf örtliche Schulen gehen und sie leben weniger oft in Ghettos. Das wichtigste Koordinationsinstrument sind diese ins Ausland entsandten einheimischen nationalen Mitarbeiter und nicht formale Prozeduren.[20]

Es ist schwierig, Bikulturalität nach der Kindheit zu erwerben und die Anzahl der Rückrufe aus dem Ausland würde größer sein, wäre nicht das, was für das Funktionieren multinationaler Organisationen notwendig ist, nur die *aufgabenbezogene Bikulturalität*. Im Hinblick auf andere Aspekte im Leben – Geschmack, Hobbys, religiöse Empfindungen und private Beziehungen – können ins Ausland versetzte multinationale höhere Angestellte es sich leisten, monokulturell zu bleiben und tun dies normalerweise auch.

Kapitel 7 legte dar, dass implizite Organisationsmodelle in den Köpfen der Menschen im Wesentlichen von der Kombination von Machtdistanz und Unsicherheitsvermeidung abhängen. Unterschiede bei Machtdistanz sind eher zu handhaben als Unterschiede bei Unsicherheitsvermeidung. Insbesondere Organisationen, deren Firmenhauptsitz in Kulturen mit geringer Machtdistanz liegt, passen sich üblicherweise erfolgreich in Ländern mit großer Machtdistanz an. Ortsansässige Manager in hohen MDI Tochtergesellschaften lernen, sich einen autoritären Führungsstil anzueignen, auch wenn ihre internationalen Vorgesetzen sich auf eine partizipativere Art und Weise verhalten.

Kapitel 2 begann mit der Geschichte des Kulturschocks des französischen Generals Bernadotte, nachdem er König von Schweden geworden war. Ein Franzose, der von einer französischen Kosmetikfirma als Gebietsverkaufsmanager nach Kopenhagen entsandt wurde, erzählte Geert Hofstede von seinem ersten Tag im Kopenhagener Büro. Er rief seine Sekretärin und gab ihr eine Anweisung auf die gleiche Art und Weise, wie er es in Paris getan hätte. Aber anstatt zu sagen *„Oui Monsieur"*, wie er es von ihr erwartete, schaute ihn die Dänin an, lächelte und sagte: „Warum wollen Sie, dass dies getan wird?"

Länder mit einer großen Machtdistanzkultur haben nur wenige große multinationale Unternehmen hervorgebracht; multinationale Geschäfte verlangen einen höheren Grad an Vertrauen als in diesen Ländern normal ist. Und sie lassen keine Zentralisierung von Macht zu, die Manager in der Firmenzentrale in diesen Ländern brauchen, um sich wohl zu fühlen.

Unterschiede bei Unsicherheitsvermeidung stellen ein ernsthaftes Problem für das Funktionieren multinationaler Unternehmen dar, welchen Weg sie auch immer gehen. Dies ist so, weil es schwierig ist, die Organisation zusammen zu halten, wenn bestimmte Regeln in verschiedenen Ländern verschiedene Dinge bedeuten. In schwachen UV-Kulturen wie den USA und noch mehr in Großbritannien und beispielsweise in Schweden fühlen sich Führungskräfte genau wie Nicht-Führungskräfte unwohl in Systemen mit starren Regeln, besonders dann, wenn viele davon offensichtlich nie befolgt werden. In starken UV-Kulturen, wie meist in der lateinischen Welt, fühlen sich Menschen gleichermaßen unwohl ohne die Strukturen eines Systems von Regeln, auch wenn viele davon unpraktisch und unpraktikabel sind. Auf beiden Polen der UV-Dimension werden die Gefühle der Leute von tiefen psychologischen Bedürfnissen in Bezug auf Kontrolle von Aggression und einem elementaren Sicherheitsbedürfnis angesichts des Unbekanntem genährt (siehe Kapitel 4).

Organisationen, die sich in für sie ungewohnte Kulturen hinein bewegen, sind oft unangenehm überrascht von den unerwarteten *Reaktionen der Öffentlichkeit oder der Behörden* auf das, was sie tun oder tun wollen. Vielleicht ist die Wirkung kollektiver Werte einer Gesellschaft nirgendwo so klar wie in diesem Fall. Diese Werte sind zum Teil in Form von Rechten institutionalisiert worden (und in der Art und Weise, wie Gesetze angewendet werden, die sich erheblich davon unterscheiden kann, was tatsächlich im Gesetz festgeschrieben ist) wie bei gewerkschaftlichen Strukturen, Programmen und Machtpositionen und in der Existenz von Organisationen von Interessenvertretern wie Verbraucher- und Umweltschutzverbänden. Die Werte sind für den Newcomer zum Teil unsichtbar, aber sie werden nur allzu deutlich in den Reaktionen der Presse, Entscheidungen der Regierung und organisierten Aktionen durch nicht-eingeladene Interessengruppen. Einige Schlussfolgerungen aus den in Kaptiel 3 bis 6 dargelegten Werteunterschieden im Hinblick auf Reaktionen der örtlichen Umgebung sind:

- Die Bildung bürgerlicher Aktionsgruppen ist wahrscheinlicher in Kulturen mit geringer Machtdistanz und geringer Unsicherheitsvermeidung als woanders;
- Business Corporations werden sich mehr Gedanken darüber machen, die Öffentlichkeit in Kulturen mit geringer Machtdistanz und Unsicherheitsvermeidung zu informieren als woanders;
- Öffentliche Sympathie und Gesetzgebung im Interesse von wirtschaftlich und gesellschaftlich schwachen Mitgliedern sind in Ländern mit schwacher MAS wahrscheinlicher als anderswo;
- Öffentliche Sympathie und sowohl regierungs- wie private finanzielle Unterstützung für wirtschaftlich schwache Länder und für den Fall von Katastrophen woanders in der Welt werden stärker in reichen Ländern mit schwacher MAS sein als in reichen Ländern mit starker MAS;
- Öffentliche Sympathie und Gesetzgebung im Interesse von Umweltschützern und den Verfechtern von mehr Lebensqualität ist wahrscheinlicher in Kulturen mit geringer Machtdistanz und schwacher MAS.

Im weltweiten Geschäftsleben gibt es eine steigende Tendenz dafür, dass sich tarifliche Vorteile und Vorteile in der Technik immer mehr ausgleichen, was automatisch den Wettbewerb in Richtung kultureller Vorteile oder Nachteile verlagert. Bei den fünf Dimensionen nationaler Kultur bietet jede Position eines Landes sowohl potentielle Wettbewerbsvorteile wie auch Nachteile; diese werden in Tabelle 9.1 zusammengefasst.

Machtdistanz gering: Annahme von Verantwortung	Machtdistanz groß: Disziplin
Unsicherheitsvermeidung schwach: grundlegende Innovationen	Unsicherheitsvermeidung stark: Präzision
Kollektivismus: Engagement des Mitarbeiters	Individualismus: Mobilität des Management
Femininität: persönlicher Service kundengerechte Produkte Landwirtschaft Nahrungsmittel Biochemie	Maskulinität: Massenproduktion Effizienz Schwerindustrie Chemie chemische Großindustrie
Kurzzeitorientierung: schnelle Anpassung	Langzeitorientierung: neue Märkte entwickeln

Tab 9.1: Wettbewerbsvorteile verschiedener Kulturprofile im internationalen Wettbewerb

Tabelle 9.1. zeigt auf, dass kein Land in allem gut sein kann; kulturelle Stärken implizieren kulturelle Schwächen; Kapitel 8 kam zu einer ähnlichen Schlussfolgerung im Hinblick auf Organisationskulturen. Dieses ist ein starkes Argument dafür, kulturelle Betrachtungen zum Teil strategischer Planung zu machen und Aktivitäten in Ländern, in Regionen und in Organisationseinheiten anzusiedeln, die über die notwendigen kulturellen Merkmale verfügen, miteinander in Wettbewerb zu treten.

Multinationale Unternehmen koordinieren: Struktur sollte Kultur folgen

Die meisten multinationalen Unternehmen decken eine ganze Reihe verschiedener Geschäftsbereiche und/oder Produkt-/Marktbereiche in mehreren Ländern oder Regionen ab. Sie müssen Unterschiede sowohl zwischen nationalen wie auch Unternehmenskulturen überbrücken.

Ziel jeder Organisationsstruktur ist die Koordination von Aktivitäten. Diese Aktivitäten werden in „Geschäftsbereichen" ausgeführt, wovon jeder Bereich für einen bestimmten Geschäftszweig in einem Land oder einer Region steht. Die Struktur eines Unternehmens wird von drei impliziten und expliziten Fragen im Zusammenhang mit jedem einzelnen Bereich bestimmt:

(1) Welche In- und Outputs des Bereiches sollten von anderer Stelle im Unternehmen koordiniert werden?

(2) Wo sollte die Koordination stattfinden?

(3) Wie straff oder locker sollte die Koordination gehandhabt werden?

Eine multinationale Zusammenarbeit mit vielen verschiedenen Geschäftsbereichen muss sich entscheiden zwischen einer Koordination nach Geschäftsbereichen oder nach geographischen Regionen. Die Kernfrage ist hier, ob das unternehmerische Knowhow oder das kulturelle Know-how für den Erfolg des Unternehmens von größerer Bedeutung ist. Die klassische Lösung ist eine „Matrix-Struktur". Das bedeutet, dass jeder Manager eines Bereiches zwei Vorgesetzte hat, einer, der in allen Ländern/Regionen eine bestimmte Sparte koordiniert, und ein anderer, der in einem Land alle funktionalen Unternehmensbereiche koordiniert. Matrix-Strukturen sind kostspielig, man ist auf doppelt so viele Manager angewiesen, und sie ist dazu prädestiniert, mehr Probleme hervorzurufen als zu lösen. So ist ein einzelnes Strukturierungsprinzip oft unzureichend für ein ganzes Unternehmen. In einigen Fällen sollte die Einteilung in Geschäftsbereiche erfolgen, in anderen ist die Einteilung nach geographischen Regionen angebrachter. Das Ergebnis ist eine Art Patchworkstruktur, die zwar nicht besonders schön ist, die aber den Bedürfnissen des Marktes und der Kultur des jeweiligen Unternehmensbereiches Rechnung trägt. Die Verschiedenartigkeit der Umgebung, in der das Unternehmen tätig ist, muss in Einklang gebracht werden mit der Verschiedenartigkeit im Innern des Unternehmens. Viel zu häufig versuchen Topmanager, das Unternehmen in seiner Gesamtheit nach gleichförmigen Prinzipien zu strukturieren. Damit kommen sie zwar ihrem Wunsch nach einfachen Lösungen nach, aber sie werden unweigerlich den Bedürfnissen einiger Teile der Organisation nicht gerecht. Die gewünschte Vielseitigkeit struktureller Lösungen ist nicht nur eine Frage des Ortes, sondern auch der Zeit. Optimale Lösungen werden sich wahrscheinlich mit der Zeit verändern, so dass von Zeit zu Zeit personelle Umstrukturierungen Sinn machen.

Multinationale Unternehmen ausweiten: internationale Zusammenschlüsse und andere Firmenzusammenschlüsse

Fusionen, Firmenkauf, Joint Ventures und Zusammenschlüsse über nationale Grenzen hinweg sind ziemlich häufig geworden,[21] aber sie bleiben eine regelmäßige Quelle kulturübergreifender Kollisionen. Oft haben sich länderübergreifende Unternehmen als Fehlentscheidung herausgestellt. Leyland-Innocenti, Vereinigte Flugzeugwerke-Fokker und die spätere DASA-Fokker, Hoogovens-Hoesch und später Hoogovens-British Steel, Citroën-Fiat, Renault-Volvo, Daimler-Chrysler und Alitalia-KLM sind nur einige wenige der bekanntesten Fälle. Es besteht wenig Zweifel, dass die Liste immer länger wird, so lange wie die Entscheidungen des Management über internationale unternehmerische Projekte einzig und allein auf finanziellen Erwägungen beruhen. Sie sind Teil des großen Spiels um Geld und Macht und werden angesehen als eine Verteidigung gegen (reale oder imaginäre) Bedrohungen durch Mitwettbewerber. Jene, die die Entscheidungen treffen, machen sich selten Gedanken über die betrieblichen Probleme, die innerhalb der neugebildeten Mischorganisationen auftauchen. Sogar innerhalb der Länder haben solche Unternehmen einen zweifelhaften Erfolgsrekord, aber über Grenzen hinweg ist es sogar noch weniger wahrscheinlich, dass sie Erfolg haben. Wenn kulturelle Bedingungen günstig aussehen, sollte die kulturelle Integration einer neuen kooperativen Struktur noch bewerkstelligt werden; sie passiert nicht einfach so. Kulturelle Integration braucht viel Zeit, Energie und Geld, was von den Finanzfachleuten, die das Unternehmen konzipierten, nicht vorgesehen wurde.

Man kann folgende fünf Arten internationaler Expansion in aufsteigender Reihenfolge nach ihrem kulturellen Risiko unterscheiden:

(1) der „greenfield start" (Firmenneugründung auf der grünen Wiese);

(2) internationale strategische Allianz;

(3) Joint Venture mit einem ausländischen Partner;

(4) Übernahme im Ausland und

(5) länderübergreifende Fusion.

Unter dem *greenfield start* versteht man, dass die Firma eine Tochtergesellschaft im Ausland von Grund auf aufbaut. Normalerweise schickt sie dafür Mitarbeiter oder ein kleines Team dorthin, die Einheimische einstellen und allmählich eine Niederlassung am Ort errichten. Firmenneugründungen auf der grünen Wiese gehen aufgrund der Art ihrer Natur sehr langsam vonstatten, aber ihr kulturelles Risiko ist begrenzt. Die Gründer der Tochtergesellschaft können sorgfältig die Mitarbeiter aus dem Gastland, die in die Unternehmenskultur passen, auswählen. Die Kultur der Tochtergesellschaft wird eine Kombination aus nationalen Elementen (hauptsächlich Werte, siehe Kapitel 8) und Firmenelementen (hauptsächlich Praktiken, siehe erneut Kapitel 8) werden. Firmenneugründungen auf der grünen Wiese haben eine hohe Erfolgsrate. Der IBM Konzern, viele andere ältere multinationale Unternehmen und internationale Wirtschaftsprüfungsgesellschaften entstanden bis in die 1980er Jahre hinein fast ausschließlich durch Neugründung auf der grünen Wiese.

Die *internationale strategische Allianz* ist eine bedachte Art und Weise der Kooperation zwischen bereits vorhandenen Geschäftspartnern. Ohne ein neues Unternehmen zu gründen, stimmen die Partner darin überein, bei spezifischen Produkten und/oder auf Märkten zum gegenseitigen Nutzen zusammen zu arbeiten. Da die Risiken bei dem bevorstehenden Projekt gering sind, ist dies ein sicherer Weg, sich gegenseitig kennen zu lernen; keine der beiden Existenzen der Partner steht auf dem Spiel. Aus der Geschäftsfreundschaft könnte ein Joint Venture oder eine Fusion werden, aber in diesem Falle sollten die Geschäftspartner in ausreichendem Maße die Kultur des anderen kennen lernen, um kulturelle Fallen klar zu erkennen.

Das *Joint Venture mit einem ausländischen Partner* gründet eine neue Firma dadurch, dass die Betriebsmittel von zwei oder mehr Gründungsparteien zusammengelegt werden. Das Unternehmen kann von der grünen Wiese aus gegründet werden oder der einheimische Partner kann einen Teil seiner Belegschaft an das Unternehmen abtreten. Im letzteren Fall verlagert dies natürlich auch einen Teil seiner Kultur. Das kulturelle Risiko von Joint Ventures kann durch klare Absprachen darüber, welcher Partner welche Betriebsmittel einschließlich welchen Teil des Managements einbringt, unter Kontrolle gehalten werden. Joint Ventures, bei denen ein Partner das gesamte Management zur Verfügung stellt, haben eine höhere Erfolgsrate als jene, bei denen die Managementverantwortung geteilt wird. Ausländische Joint Ventures können neue und kreative kulturelle Charakteristika auf der Grundlage von Synergien zwischen den einzelnen Gründungspartnern entwickeln. Sie stellen eine Art und Weise dar, mit geringem Risiko in ein neues Land und einen neuen Markt einzutreten. Es geschieht nicht selten, dass am Ende einer der Partner den anderen oder die anderen aufkauft.

Bei einem *Firmenkauf im Ausland* wird eine einheimische Firma en gros durch einen ausländischen Käufer erworben. Die aufgekaufte Firma hat ihre eigene Geschichte und ihre eigene Firmenkultur. Obendrein repräsentiert sie eine nationale Kultur, die von der nationalen Kultur der aufkaufenden Firma abweicht. Ausländische Firmenkäufe sind ein schneller Weg zu expandieren, aber das kulturelle Risiko ist erheblich. Greift man auf eine Analogie zurück (solche Analogien sind sehr beliebt, wenn es darum geht, die Beziehungsmuster zwischen Teilen des Unternehmens zu beschreiben), so sind ausländische Firmenkäufer verglichen mit Firmenneugründungen auf der grünen Wiese so wie das Großziehen eines in der Pubertät adoptieren Kindes verglichen mit der eines eigenen Kindes. Um diese Probleme der Integration des neuen Firmenmitglieds zu bewältigen, ist eine Lösung, es sich vom Leibe zu halten. Dies hieße, es nicht zu integrieren, sondern wie eine Direktinvestition zu behandeln. Aber das ist normalerweise nicht der Grund gewesen, die fremde Firma zu kaufen. Wenn die Integration ein absolutes Muss ist, werden die kulturellen Konflikte häufig durch brutale Macht gelöst: die Leute, die wichtige Positionen innehaben, werden durch eigene Mitarbeiter und Mitarbeiterinnen im Unternehmen ausgetauscht. In anderen Fällen haben die Betroffenen dies nicht erst abgewartet, sondern von sich aus ihren Platz geräumt. Übernahmen im Ausland ziehen häufig die Zerstörung des menschlichen Kapitals nach sich, dass letztendlich auch die Zerstörung des finanziellen Kapitals bedeutet. Das Gleiche gilt übrigens auch für Übernahmen im eigenen Land, nur ist im Ausland das kulturelle Risiko sogar höher. Es ist ratsam, ausländischen (und inländischen) Akquisitionen eine Analyse der Kultur des Unternehmens und der Übernahmefirma vorangehen zu lassen. Bleibt man bei der Entscheidung, so kann eine solche Analyse als Grundlage für einen kulturellen Managementplan dienen.

Die *internationale Fusion* wirft alle Probleme eines ausländischen Firmenkaufs auf sowie die Schwierigkeit, dass Macht geteilt werden muss. Kulturelle Probleme können nicht länger durch einseitige Entscheidungen gelöst werden. Internationale Fusionen sind daher extrem risikoreich.[22] Eine Analyse des Unternehmens und der nationalen Kulturen der potentiellen Partner sollte hier noch eher als im Fall des Firmenkaufs im Ausland Teil des Entscheidungsprozesses sein. Ist die Fusion eine beschlossene Sache, so kann eine Analyse wieder die Grundlage für einen kulturellen Integrationsplan sein, der die aktive und ständige Unterstützung eines *Machtpromotors* (siehe Kapitel 8) braucht, möglicherweise des Vorstandsvorsitzenden.

Zwei klassische Fälle von erfolgreicher internationaler Fusion sind Royal Dutch Shell (aus dem Jahre 1907) und Unilever (aus dem Jahre 1930); beide sind niederländisch-britisch. Sie weisen einige gemeinsame Merkmale auf: das kleinere Land besitzt die Mehrheit der Aktien; *zwei* Firmenzentralen wurden beibehalten, als wolle man den Eindruck vermeiden, dass das Unternehmen nur von einem dieser Länder aus geführt wird; während der Integrationsphase gab es eine starke und charismatische Führung; es gab eine Bedrohung von außen, die die Partner zum Überleben zusammenschweißte; und die Regierungen hielten sich aus der Firma heraus.

Ein unübersehbares internationales Projekt, welches eine Kombination von strategischer Allianz und Joint Venture darstellt, ist das Airbus Konsortium in Toulouse, Frankreich. Es wurde einer der zwei größten Flugzeughersteller der Welt. Teile der Flugzeuge werden von beteiligten Firmen in Großbritannien, Deutschland und Spanien hergestellt und nach Toulouse überführt, wo die Flugzeuge zusammengebaut werden.

Internationales Marketing, Werbung und Verbraucherverhalten

Kultur ist gegenwärtig im Design und in der Qualität von vielen Produkten und in der Aufmachung von vielen Dienstleistungen. Ein Beispiel ist das unterschiedliche Design des Passagiercockpits bei Airbus (Europäer, vornehmlich Franzosen/Deutsche) und Boeing (USA). Der Airbus wurde so konstruiert, dass es beim Flug zu möglichst geringer Beeinflussbarkeit seitens des Piloten kommt, wohingegen Boeing dem Piloten einen größeren Ermessensspielraum und Einfluss einräumt.[23] Der Airbus ist das Produkt einer Designkultur, die Unsicherheit vermeidet; Boeing respektiert das dem Piloten unterstellte Bedürfnis, sich als Kommandeur zu fühlen.

1983 veröffentlichte der Harvard University Professor Theodore Levitt einen Artikel *The Globalization of Markets*, in dem er prophezeite, dass Technologie und „Modernität" zu einer weltweiten Annäherung der Verbraucherbedürfnisse und -wünsche führen würden. Dies sollte globale Unternehmen in die Lage versetzen, Standardhandelsmarken mit durchgängigen Marketing- und Werbeprogrammen zu entwickeln. In den 1990er Jahren wurden mehr und mehr Zweifel laut über diese Annäherung; dabei bezog man sich auf unsere Kulturindizes, um fortbestehende Kulturunterschiede zu erklären.[24] In Kapitel 3 bis 7 wurden umfangreiche Beweise für signifikante Korrelationen von Daten zum Verbraucherverhalten mit fünf Indizes geliefert, wobei sie meistens auf einer Untersuchung von Professor Marieke de Mooij basierten. Indem sie das nationale Verbraucherverhalten über die Zeit hinweg analysierte, zeigte de Mooij, dass im Gegensatz zu Levitts Prophezeiung die Kauf- und Konsumverhaltensmuster in wohlhabenden Staaten in den 1980er und 1990er Jahren in dem Maße auseinander drifteten, wie sie sich annäherten. Wohlstand bringt mehr Möglichkeiten mit sich, zwischen Produkten und Dienstleistungen zu wählen, und die Wahl des Verbrauchers spiegelt die psychologischen und gesellschaftlichen Einflüsse wider. De Mooij schrieb:

> „Konsumentscheidungen können durch funktionale oder gesellschaftliche Bedürfnisse vorangetrieben werden. Kleidung befriedigt ein funktionales Bedürfnis, Mode ein gesellschaftliches. Einige Pflegeprodukte dienen funktionalen Bedürfnissen, andere gesellschaftlichen. Ein Haus dient einem funktionalen, ein Zuhause einem gesellschaftlichen Bedürfnis. Kultur beeinflusst, in welchem Typ Haus Leute leben, wie sie sich mit ihrem Zuhause verbunden fühlen und wie sie ihm zugeneigt sind. Ein Auto mag ein funktionales Bedürfnis befriedigen, aber die Automarke befriedigt für die meisten Leute ein gesellschaftliches Bedürfnis. Gesellschaftliche Bedürfnisse sind kulturgebunden."[25]

De Mooijs Analyse über die Entwicklung des Privatwagenmarktes in 15 europäischen Ländern zeigt, dass die Anzahl von Autos pro 100 Einwohner immer weniger vom Einkommen abhing: sie stand stark in Beziehung zum nationalen Wohlstand im Jahre 1969, aber nicht mehr im Jahre 1994. Dies könnte als Zeichen für Annäherung verstanden werden. Jedoch beruhte die Vorliebe für Neu- statt Gebrauchtwagen in beiden Zeiträumen nicht auf dem Wohlstand, sondern nur auf Unsicherheitsvermeidung: Unsicherheitsvermeidungskulturen vermieden weiterhin Gebrauchtwagen, ohne jegliche Annäherung zwischen den Ländern. Die Tatsache, zwei Autos in der Familie zu haben, hing 1970 mit nationalem Wohlstand zusammen, aber 1987 nur noch mit Maskulinität. In maskulinen Kulturen wollten sowohl Mann wie Frau ihr eigenes Auto haben; in gleichermaßen wohlhabenden femininen Kulturen teilten sie sich öfter ein Auto. Insofern gab es eine Divergenz zwischen den Ländern.

Von den kulturellen Indizes widersetzten sich Unsicherheitsvermeidung und Maskulinität der Annäherung am meisten: diese beiden Indizes sind unabhängig und daher nicht beeinflusst von Wohlstand. Unsicherheitsvermeidung steht für Unterschiede im Bedürfnis nach Reinheit und für Fachwissen; Maskulinität im Vergleich zu Femininität erklärt Unterschiede im Bedürfnis nach Erfolg als ein Bestandteil von Status, was in einem unterschiedlichen Anreiz für Statusprodukte länderweit resultierte. Sie erklärt auch die Rollen von Mann und Frau beim Kaufen und beim Treffen familiärer Entscheidungen.[26] Solche Unterschiede werden von global orientierten Geschäftemachern oft übersehen, die davon ausgehen, dass ihre eigene kulturelle Wahl bei diesen Dimensionen allgemeingültig ist.

Die Literatur über *Werbung* hat in den 1990er Jahren zunehmend das Bedürfnis nach kultureller Differenzierung betont. Auf der Basis von über 3.400 TV-Werbespots aus elf Ländern machte de Mooij spezifische Werbestile bei Ländern aus, die an kulturelle Themen gebunden sind. So kommt z. B. das Einpersonenbild in kollektivistischen Kulturen selten vor (niemand will sich dieser Person anschließen, das Produkt muss schlecht sein!). Diskussionen zwischen Müttern und Töchtern sind in Kulturen mit sowohl großer wie kleiner Machtdistanz ein Thema, aber dort, wo der Machtdistanzindex hoch ist, geben Müttern ihren Töchtern Ratschläge, dort wo er niedrig ist, beraten Töchter ihre Mütter.

Die gleiche globale Marke kann verschiedene kulturelle Themen in verschiedenen Ländern ansprechen. Werbung, und insbesondere TV-Werbung, ist auf die innere Motivation des potentiellen Käufers gerichtet. TV-Werbespots können als moderne Äquivalente von Mythen und Märchen früherer Generationen angesehen werden, die wieder und wieder erzählt werden, weil sie im Einklang mit der Software in den Köpfen der Leute stehen; und trotz der Prophezeiung von Prof. Levitt wurden und werden diese Köpfe nicht globalisiert.[27]

Für eine weitere kulturelle Differenzierung, sogar in Firmen mit globalisierten Marketingansätzen, sorgt die Mittlerrolle einheimischer Vertriebsleute, die die Werbebotschaften (manchmal wörtlich) für den einheimischen Kunden übersetzen.[28] So ist das Ausmaß an Direktheit, mit der ein Verkäufer auftritt, in höchstem Maße kulturabhängig. Dem Management und der Vergütung der Verkaufskräfte sollten kulturelle Werte (ihre und die der Kunden) und die Merkmale der Branche zu Grunde gelegt werden. Die Vorstellungen einer Firmenethik für Verkaufsleute variieren stark von einer Kultur zur anderen; sie sind eine direkte Operationalisierung einiger dieser Werte, die mit den Kulturindices einhergehen.

Noch weniger als der Markt für Waren fördert der Markt für Dienstleistungen die Globalisierung. Dienstleistungen sind durch ihre eigene Natur individuell auf den Kunden abgestimmt. Internationale Unternehmen im Dienstleistungssektor neigen dazu, einen beträchtlichen Umfang des Marketings dem einheimischen Manager zu überlassen.

Jeder Reisende in einem neuen Land kennt die Unsicherheit darüber, wie man sich dem Bedienungspersonal gegenüber verhält: wann man Trinkgeld geben sollte, in welcher Art und Weise und wie viel. Die Sitte, Trinkgeld zu geben, ist von Land zu Land verschieden; dies spiegelt die gegenseitigen Rollen von Kunde und Bedienungspersonal wider (Unsicherheitsvermeidung) und betont ihre Ungleichheit (Machtdistanz).

Die Chancen für Globalisierung stehen relativ besser für *betriebliches Marketing*, der „Business-to-business" Bereich, wo sich internationale Käufer und internationale Verkäufer treffen. Technische Standards sind entscheidend; an ihrer Festsetzung mitzuwirken ist das Hauptinstrument des Marketings, bei dem Verhandlungsprozesse, wie in einem früheren Abschnitt beschrieben, sehr wichtig werden.

Internationale Politik und internationale Organisationen

Glen Fisher, ein pensionierter Beamter des US-Außenministeriums, hat ein scharfsinniges Buch mit dem Titel *„Mindsets"* (Mentalitäten) über die Rolle der Kultur in internationalen Beziehungen geschrieben. In der Einführung zu dem Kapitel *„Die kulturelle Linse"* schrieb er:

> „Das Arbeiten in internationalen Beziehungen ist ein besonderes Abenteuer, weil man es mit völlig neuen Mustern von Mentalitäten

zu tun hat. In dem Maße, wie sie erkannt werden und für spezielle Gruppen oder sogar Nationen vorausgesehen werden können, wird einiges von dem Geheimnis, das ausländischen Geschäften anhaftet, verschwinden."[29]

Verschiedene Mentalitäten müssen eine Rolle in der Geschichte von Nationen gespielt haben, solange sie Nationen gewesen sind. Der niederländische Soziologe Cornelis Lammers hat dies in einer Fallstudie aus dem frühen 18. Jahrhundert in den Spanischen Niederlanden, dem heutigen Belgien, demonstriert. Nach der Abreise der spanischen Oberlehnsherren war das Territorium während eines Zeitraums von zehn Jahren (1706–1716) zum Teil von französischen, zum Teil von britischen und zum Teil von niederländischen Truppen besetzt. Aus den vorhandenen Aufzeichnungen verglich Lammers die verschiedenen Regime, die von den drei verschiedenen Besatzungsnationen aufgebaut wurden. Die Franzosen versuchten, veraltete Institutionen zu reformieren und richteten eine nach französischem System zentralisierte Befehlsgewalt ein.

Die Engländer und Niederländer erhielten die alte Ordnung aufrecht, aber von ihnen beiden versuchten die Niederländer die örtlichen Befehlsgewalten davon zu überzeugen, im Namen von mehr Effizienz zu modernisieren; die Engländer hielten sich das vom Leibe und versuchten, so wenig wie möglich in zivile Angelegenheiten hinein gezogen zu werden.[30] Wir erkennen eine stärkere Machtdistanz und Unsicherheitsvermeidung im französischen Ansatz gegenüber dem englischen und niederländischen; von letzteren zwei zeigten die Niederländer ihre Femininität beim Versuch, durch Konsens zu regieren.

Jedes der Kapitel 2 bis 6 hat eine Dimension kultureller Werte in Beziehung gesetzt zu nationalen politischen *Prozessen* und/oder politischen *Fragen*. Erstgenannte sind die Art und Weise, wie das politische Spiel gespielt wird; letztgenannte sind die Probleme, denen die Politiker des Landes Priorität beimessen und welche sie eher auf dem internationalen Parkett verteidigen. Diese Kapitel zeigen, dass Beziehungen zwischen Werten und Politik immer vor dem Hintergrund des nationalen Reichtums oder der Armut des Landes gesehen werden müssen; die Implikation von Werten wird abgeschwächt durch den Grad an wirtschaftlichem Wohlstand.

Unterschiede bei Machtdistanz und Unsicherheitsvermeidung betreffen in erster Linie die politischen Prozesse. Größere Machtdistanz geht einher mit politischer Zentralisation, dem Mangel an Kooperation zwischen Bürgern und Behörden und mehr politischer Gewalt. Eine stärkere Unsicherheitsvermeidung unterstellt mehr Regeln und Gesetze, mehr Einflussnahme der Regierung in das Wirtschaftsleben sowie eine Unzuständigkeit des Bürgers gegenüber Behörden; sowohl große Machtdistanz wie starke Unsicherheitsvermeidung implizieren auch Korruption, nachdem die Folgen der nationalen Armut beseitigt wurden.

Individualismus/Kollektivismus und Maskulinität/Femininität betreffen in erster Linie die Belange, die Länder verteidigen werden. Individualismus unterstellt ein Interesse an Menschenrechten, politischer Demokratie und Marktkapitalismus; Kollektivismus impliziert, dass man sich für Gruppeninteressen einsetzt. Maskulinität unterstellt ein besonderes Interesse für Wirtschaftswachstum und Wettbewerb und einen Glauben an die Technik; Femininität unterstellt, dass man sich für die Bedürftigen im Land einsetzt (Fürsorge) und in der Welt (Entwicklungszusammenarbeit) und für den Schutz der globalen Umwelt. Maskulinität im Vergleich zu Femininität bezieht sich auf politische Prozesse, insofern als in maskulinen Kulturen der politische Diskurs eher feindlicher, in femininen Kulturen eher konsensorientiert ist.

Langzeit- im Vergleich zu Kurzzeitorientierung bezieht sich auf Pragmatismus in der Politik im Vergleich zu Fundamentalismus: letzteres bedeutet, dass im Mittelpunkt Prinzipien stehen, auch wirkungslose und erworbene Rechte.

Der Einfluss von Werten und wirtschaftlichem Wohlstand impliziert, dass eine Anzahl westlicher politischer Grundsätze nicht auf nicht-westliche Länder angewendet werden können und als globale Richtlinien nicht sehr hilfreich sind:

(1) Die Lösung dringlicher globaler Probleme setzt nicht weltweite Demokratie voraus. Der Rest der Welt geht nicht westwärts. Autoritäre Regierungen werden weiterhin den größten Teil der Welt beherrschen. Wahlen sind keine universelle

Lösung für politische Probleme. In armen, kollektivistischen Kulturen mit hoher Machtdistanz und starker Unsicherheitsvermeidung mögen Wahlen mehr Probleme hervorrufen als lösen. Ein Beispiel ist Algerien, wo die ersten allgemeinen Wahlen im Jahre 1990 von Fundamentalisten gewonnen wurden, die sich für das Ende politischer Freiheiten einsetzten; danach erklärte das Militär die Ergebnisse für ungültig. Eine Welle der Gewalt setzte ein, die acht Jahre lang anhielt und Zehntausende Opfer kostete. Ein anderes Beispiel ist Russland, wo das Verschwinden des Kommunismus und die Auflösung der Sowjetunion 1991 ein Machtvakuum hinterließen; die Institutionen, die zur Ausführung der demokratisch getroffenen Entscheidungen notwendig waren, gab es nicht mehr. Die einheimische Mafia richtete die Kleptokratie ein (Regierung von Dieben).

(2) Freier Marktwirtschaftskapitalismus kann nicht allgemein gültig sein; er setzt eine individualistische Mentalität voraus, die in vielen Teilen der Welt fehlt. Kapitel 3 zeigte eine statistische Beziehung zwischen Individualismus und nationalem Wohlstand auf, aber mit dem kausalen Pfeil von Wohlstand auf Individualismus: Länder werden individualistischer, nachdem der Wohlstand dort zugenommen hat und haben nicht mehr Wohlstand, dadurch dass sie individualistischer geworden sind. Freier Marktkapitalismus passt zu bereits wohlhabenden Ländern, und es ist unwahrscheinlich, dass arme Länder dadurch zu reicheren werden. Die „Tiger" Volkswirtschaften in Ostasien, die Mitte der 60er Jahre bis Mitte der 90er Jahre sehr schnell wuchsen, erlebten eine Vielzahl ökonomischer Systeme, in denen oft die Regierung das Sagen hatte.

(3) Ein zusätzliches Problem, das Wirtschaftsfachleute selten ansprechen, sind die ökologischen Kosten wirtschaftlicher Entwicklung. Der Standard westlicher Demokratien impliziert ein Ausmaß an Umweltverschmutzung und Erschöpfung von Ressourcen, das die Ausweitung dieses Lebensstandards auf die ganze Weltbevölkerung ausschließt. Wer auch immer nach Entwicklung für jedermann strebt, sollte einen

neuen Weg finden, mit unserem Ökosystem umzugehen: die Lebensqualität der reichen Länder aufrecht zu erhalten, aber ihre ökologischen Kosten drastisch zu senken, mag in dieser Hinsicht schon veraltet sein; ein anderer Maßstab für die Qualität und Überlebensmacht ökonomischer und ökologischer Systeme muss noch gefunden werden.

(4) Die Vorstellungen von Menschenrechten können nicht allgemein gültig sein. Die 1948 verabschiedete „Universal Declaration of Human Rights" basierte auf individualistischen westlichen Werten, die weder von den politischen Führern noch von der Bevölkerung der kollektivistischen Mehrheit der Weltbevölkerung geteilt wurden, und das ist auch heute noch so. Ohne die Vorteile der vorliegenden Deklaration zu verlieren, die auf eine unvollkommene Art und Weise zumindest eine Norm darstellt, gegen grobe Gewalt zu appellieren, sollte die internationale Gemeinschaft die Erklärung überarbeiten und zum Beispiel die Rechte von Gruppen und Minderheiten mit aufnehmen. Auf der Basis einer solchen überarbeiteten Deklaration können die Opfer politischen und religiösen Fundamentalismus geschützt werden; dieser Schutz sollte vor der nationalen Souveränität Vorrang haben.

Öffentliche und Nicht-Regierungsorganisationen, die nationale Grenzen überschreiten, sind in ihrer Arbeitsweise vollständig abhängig von interkultureller Kommunikation und Kooperation. Die meisten internationalen Organisationen haben vermutlich keine einheimische nationale Kultur; wichtige Entscheidungsmacher müssen normalerweise aus verschiedenen Ländern kommen. Beispiele sind die Vereinten Nationen mit ihren Unterorganisationen wie UNESCO und UNIDO, die Europäische Union, die Internationale Arbeitsorganisation oder der Weltkirchenrat. Andere haben eine implizite Heimatkultur, die mit ihrer Vergangenheit zusammenhängt: religiöse Organisationen wie die Römisch-Katholische Kirche (Italien) und die Mormonenkirche (Amerika) sowie humanitäre Organisationen wie das Rote Kreuz (Schweiz) und Amnesty International (Großbritannien).

Staatenbündnisse wie die Vereinten Nationen und die Euro-

päische Union sollten per Definition keine dominante Heimatkultur haben. Das ist weniger ein Problem für den politischen
Teil solcher Organisationen, in denen Menschen wahrscheinlich
als Repräsentanten ihres eigenen Heimatlandes agieren und ihre
Unterschiede durch Verhandlungen beilegen. Es stellt vielmehr
ein beträchtliches Problem in der täglichen Arbeit dar, wo man
von ihnen nicht erwartet, dass sie ihr Heimatland repräsentieren, sondern die Organisation als solche. Organisationen können nur funktionieren, wenn ihre Mitglieder irgendetwas Kulturelles gemeinsam haben – wenn sie zusammen arbeiten, können sie bestimmte Dinge als selbstverständlich voraussetzen. In
der täglichen Arbeit der UN und der EU können wenige Dinge als selbstverständlich angesehen werden. Personalwahlen,
Nominierungen und Beförderungsverfahren müssen eher Argumente berücksichtigen als die Tatsache, ob man für den Job geeignet ist. Wichtige Personen können versetzt werden, bevor sie
ihren neuen Job erlernt haben; die Ziele sind oft unklar und da,
wo sie klar sind, ist das Mittel zum Zweck unklar. Solche Organisationen können der Ineffektivität und Verschwendung nur
durch den Aufbau einer starken Organisationskultur auf dem
Niveau gemeinsamer Praktiken entgehen (siehe Kapitel 8). Ein
gutes System für Leistungsevaluation ist entscheidend. Nationa-
litätsunterschiede innerhalb dieser Organisationen haben wieder einmal Auswirkungen auf den *Prozess* und den *Inhalt* der
Arbeit der Organisation: Die Art und Weise, wie die Bürokratie
der Organisation funktioniert und die Projekte, die die Organisation entscheidet durchzuführen. Wie im Fall nationaler Politik ist der Prozess hauptsächlich mit Machdistanz und Unsicherheitsvermeidung verbunden. Der Inhalt bezieht sich auf Individualismus und Maskulinität.

Internationale Ad-hoc-Aktionen wie gemeinsame militärische
Interventionen und friedenserhaltende Missionen sind überla-
den mit kulturellem Konfliktpotential, nicht nur zwischen ausländischen Streitkräften und einheimischer Bevölkerung, sondern auch zwischen den Nationalitäten innerhalb der ausländischen Streitkräfte. Der Erfolg solcher Aktionen erfordert geübte
Experten im Bereich Kulturmanagement.[31]

Wirtschaftliche Entwicklung, Nicht-Entwicklung und Entwicklungszusammenarbeit

Das 19. Jahrhundert und die erste Hälfte des 20. Jahrhundert sind Europas Zeitalter: Europäer und ihre Nachkommen in Übersee waren die „Lords of Humankind",[32] die den größten Teil der restlichen Welt kolonisierten, während der Reichtum von außen nach innen strömte. Der Zweite Weltkrieg war die Bruchstelle, die die Beziehungen zwischen den Kontinenten und den armen und reichen Ländern komplett veränderte. In den 30 Jahren nach dem Krieg wurden fast alle früheren Kolonien unabhängig. Das Freisein von Not wurde als fundamentales Menschenrecht anerkannt und um 1950 herum liefen nach und nach Entwicklungshilfeprogramme an, die von den reichen Ländern zum Nutzen der armen Länder finanziert wurden. Zwischen 1950 und 2000 wurde der Gegenwert von mehr als einer Billion (10^{12}) US-Dollar öffentlicher Gelder aus den reichen Ländern für die Entwicklung der armen Länder ausgegeben.

In Kapitel 4 wurde dargelegt, dass der Prozentsatz ihres Bruttosozialproduktes, das die Regierungen reicher Länder für Entwicklungszusammenarbeit bereitstellten, beträchtlich variiert. *(Dänemark vergab im Jahre 2000 mehr als zehn Mal soviel wie die USA)*, und dass dieser Prozentsatz in starker Korrelation zu den Punktwerten der reichen Länder bei der Dimension Femininität lag. Entwicklungshilfegelder werden eher entsprechend den (psychologischen) Bedürfnissen der Geberländer gewährt als entsprechend den materiellen Bedürfnissen der Empfängerländer.

Blickt man zurück auf ein halbes Jahrhundert Entwicklungshilfe, so stimmen die meisten Beobachter darin überein, dass die Effektivität der meisten Ausgaben niederdrückend ist. Eine Reihe von Ländern überschritten die Schwelle von arm zu reich, besonders in Ostasien, aber dies lag an eigenen Werten und den Anstrengungen ihrer Bevölkerung und nicht an der Höhe der erhaltenen Gelder. Trotz des Zuflusses von Geldern wurde die Einkommenskluft zwischen armen und reichen Ländern nicht verringert. Die Entwicklung von armen Ländern ist ein mühseliger Kampf, weil das Bevölkerungswachstum oft jede Zunahme an Ressourcen verschlingt. Kulturelle und religiöse Traditionen (in armen und reichen Ländern), die sich der Bevölkerungskontrolle widersetzen, sind, abgesehen von der Bedrohung des regionalen und globalen Friedens, die schlimmsten Feinde der Entwicklung.

Nur die eigene Bevölkerung kann zur Entwicklung eines Landes beitragen. Entwicklung findet in den Köpfen statt, nicht im Materiellen. Ausländisches Geld und Fachwissen sind nur in dem Maße effektiv, wie sie in einheimisches Wissen integriert werden können. Erfolgsgeschichten in der Entwicklungsliteratur betonen immer die Unabhängigkeit der einheimischen Bevölkerung von ausländischem Fachwissen. Die Weltbank hat 1992 ein Forschungsprogramm über „beste Praktiken" in Afrika gestartet, das in einer Reihe von Fallstudien aufzeigt, wie schnell Ergebnisse erzielt werden können, indem man auf einheimische Institutionen baut, die stark an der Verbindlichkeit, dem Engagement, Einsatz und Identitätsgefühl der Menschen festhalten und dabei gleichzeitig notwendige Modernisierungen wie Stärkung der Rechtsstaatlichkeit durchgeführt haben.[33]

Die vorherrschende Philosophie der Entwicklungszusammenarbeit schenkte zu selten diesem Bedürfnis nach einheimischer Integration Beachtung. Ökonomische Modelle diktierten die Politik. Ein Land aufzubauen wurde jahrzehntelang hauptsächlich als ökonomisches und technisches Problem angesehen; es ging darum, Geld und Technologie zu transferieren. Entscheidungen über die Vergabe von Geldern wurden von Politikern getroffen, die von Technokraten auf der Geber- und oft auch auf der Empfängerseite beraten wurden. Dem Vorhandensein kultureller mentaler Programme auf beiden Seiten wurde bestenfalls durch Lippenbekenntnisse Rechnung getragen. Die einzigen mentalen Programme, die bei der Entwicklungsplanung zum Einsatz kamen, waren die der Geber. Die bloße Tatsache der Korruption zum Beispiel wurde kaum jemals in der Literatur angesprochen.[34] Sehr wenig Geld wurde dafür ausgegeben, die gegenseitige Beziehung zwischen Kultur und technologischer Veränderung zu untersuchen, obwohl Anthropologen jahrzehntelang den entscheidenden Einfluss von Kultur auf Ergebnisse aufgezeigt haben.

Interkulturelle Begegnungen im Zusammenhang mit Entwicklungszusammenarbeit haben eine institutionelle und eine zwischenmenschliche Seite. Auf der institutionellen Ebene fehlt es sowohl vielen Geberländern als auch den Empfängerländern an einem organisatorischen Rahmen, damit diese Zusammenarbeit ein Erfolg wird. Normalerweise wird den einfachen, institutionellen Strukturen des Empfängerlandes die Schuld daran gegeben. Auf der Geberseite ist die Situation allerdings nicht immer besser. Viele Entwicklungshilfestellen sind aus dem Auswärtigen Dienst heraus entstanden, dessen Hauptziel die Wahrung der Interessen der Geberländer im Ausland ist. Diplomaten haben weder die Fertigkeiten noch die Organisationskultur, um als erfolgreiche Unternehmer solche Entwicklungsvorhaben beratend zu unterstützen. Die Entwicklungshilfegelder sind oft politisch gebunden: sie müssen auf eine Weise ausgegeben werden, die den Werten, wenn nicht den Interessen der Bürger und Politiker des Geberlandes Rechnung trägt, ungeachtet dessen, ob solche Werte von den Bürgern und Politikern des Empfängerlandes geteilt werden. Projekte, die von *internationalen* Stellen wie der Weltbank finanziert werden, unterliegen in der Theorie diesen Zwängen nicht, aber sie müssen die Ziele des Geberlandes berücksichtigen, die auch häufig mit den Interessen des Empfängerlandes in Konflikt stehen.[35]

Das institutionelle Problem auf der Empfängerseite ist das gravierendste für Länder, in denen traditionelle institutionelle Strukturen die Kolonisation und Dekolonisation nicht überlebten. Die meisten davon liegen in Afrika südlich der Sahara. Selbst wenn lokale Kriege das Werk friedvoller Entwicklung nicht zerstören, so machen gesellschaftliche Kräfte es schwierig, dies zu vollenden. Ohne institutionelle Traditionen können persönliche Interessen unkontrolliert die Oberhand gewinnen. Politiker sind darauf aus, sich und ihre Familien zu bereichern, ohne dabei durch traditionelle Normen kontrolliert zu werden. Institutionen können nicht aus dem Nichts aufgebaut werden; es sind Vereinbarungen, die leben und verwurzelt sind in Werten und in der Geschichte, und die wachsen müssen. Der wirtschaftliche Erfolg einiger Länder in Ostasien ist dem Umstand zu verdanken, dass jahrhundertealte institutionelle Rahmenwerke vorhanden waren, die der modernen Zeit angepasst wurden. Entwicklungskooperation litt unter diesen verschiedenen impliziten Modellen, wie Organisationen zwischen Technikern aus Geber- und Gastland funktionieren sollten (siehe Kapitel 7).

> Nehmen wir einmal die Geschichte der deutschen Ingenieurfirma, die ein Bewässerungssystem in einem afrikanischen Land aufbaute. Weil sie große technische Schwierigkeiten überwinden mussten, bauten die Ingenieure ein effektives und einfach zu handhabendes System. Sie lieferten die ganze notwendige Dokumentation für die spätere Anwendung und für Reparaturen, übersetzten sie ins Englische und in Swahili. Dann verließen sie das Land. Vier Monate später brach das System zusammen und wurde nie repariert. Die einheimische Autoritätsstruktur hatte keine Gelegenheit gehabt, das Projekt als ihr Familieneigentum anzunehmen. Es gab keinen einheimischen „Master".[36]

Eine klassische, von der kanadischen internationalen Entwicklungsgesellschaft gesponserte Studie untersuchte die Faktoren, die entscheidend für die Effizienz von Personal aus Geberstaaten in Übersee waren. 250 entsandte Kanadier in sechs Gastländern sowie 90 von ihren Kollegen aus dem Gastland wurden darin erfasst. Drei Komponenten wurden ausgemacht:

(1) interkulturelle Interaktion und Training in Bezug auf den Kontakt zur einheimischen Kultur und Bevölkerung einschließlich der Vermittlung von Fertigkeiten;

(2) professionelle Effektivität in Bezug auf die Erfüllung der täglichen Arbeit sowie die damit verbundenen Pflichten und Zuständigkeiten im Job;

(3) personelle und familiäre Anpassung und Zufriedenheit in Bezug auf die Möglichkeit, als Individuum und als Familie grundsätzlich während des Auslandeinsatzes zufrieden zu sein.

Die befragten entsandten Mitarbeiter schnitten bei der zweiten und dritten Komponente gut ab, nicht jedoch bei der ersten. Die befragten einheimischen Kollegen unterstrichen, wie wichtig interkulturelle Interaktionen und Training bei der Vermittlung von

Fertigkeiten sind. Ihrer Meinung nach ist das die wichtigste Dimension für den Erfolg von entsandten Mitarbeitern.[37]

Im Zentrum einer Studie, die von Gesellschaften der Entwicklungszusammenarbeit für die vier nordischen Länder Dänemark, Finnland, Norwegen und Schweden durchgeführt wurde, stand die Effektivität von nordischem technischen Personal in Ostafrika. Sie kritisierte die Prioritäten, die von den Gebern festgelegt wurden: von 900 nordischen entsandten Mitarbeitern waren zwei Drittel Techniker (sie führten ihre Projekte selbst aus), während nur ein Fünftel Trainer für einheimisches Personal oder Berater für einheimische Institutionen waren. Den Forschern zufolge hätte das Verhältnis zwischen den beiden Kategorien umgekehrt sein müssen. Dieses hätte die Anzahl von benötigten entsandten Mitarbeitern deutlich verringert und das Profil der Fähigkeiten, die von ihnen verlangt wurden, verändert.[38]

Geht man von einer ausreichenden institutionellen Unterstützung aus, so lässt sich zusammenfassend sagen, dass interkulturelle Begegnungen im Zusammenhang mit einer Entwicklungszusammenarbeit dann produktiv sein werden, wenn das Knowhow in beide Richtungen fließt: das technische Know-how vom Geber zum Empfänger und das kulturelle Know-how über den Kontext, in welchem das technische Know-how angewendet werden soll vom Empfänger zum Geber. Ein technischer Experte trifft auf einen kulturellen Experten und ihr gegenseitiges Fachwissen bildet die Grundlage für ihren gegenseitigen Respekt.

Das Erlernen interkultureller Kommunikation

Das Erlernen interkultureller Kommunikation besteht aus drei Phasen: dem *Bewusstwerden*, dem Wissen und den Fertigkeiten. Es beginnt in jedem Fall mit dem *Bewusstwerden*: das Erkennen, dass ich durch die Umgebung, in der ich aufgewachsen bin, mit einer bestimmten mentalen Software ausgestattet bin, und dass andere, die in einer anderen Umgebung aufgewachsen sind, aus ebenso triftigen Gründen mit einer anderen mentalen Software programmiert sind. Max Pagès, ein französischer Sozialpsychologe, der in den 1950er Jahren in die USA kam, um Untersuchungen über Gruppentraining zu machen, beschrieb eine Situation, wo ein solches Bewusstsein fehlte:

„….[Es] wurde mir sehr klar, dass ich es war, Max, aber nicht meine Kultur, die akzeptiert wurde. Ich wurde einfach wie ein weiterer Amerikaner behandelt, der diese exotische Eigenart hatte, ein Franzose zu sein, was so etwas war wie, sagen wir einmal, ein besonderer Hemdenstil. Im Allgemeinen gab es keine Wissbegierde über die geistige Welt, in der ich lebte, die Art von Büchern, die ich gelesen oder geschrieben habe, die Unterschiede, was gerade in Frankreich oder Europa oder in den Vereinigten Staaten getan wird." [39]

Starkes kulturelles Bewusstsein wurde dem Autor James Morier nachgesagt. Das Zitat über ihn zu Beginn dieses Kapitals beschrieb Morier so:

„… er besaß Humor und Mitgefühl und war so in der Lage, die Beweggründe anderer Menschen, die vollkommen anders als er waren, zu verstehen."

Dann sollte das *Wissen* folgen. Wollen wir mit bestimmten anderen Kulturen umgehen, müssen wir etwas über diese Kulturen lernen. Wir sollten etwas über ihre Symbole, Helden und Rituale lernen. Obwohl wir womöglich nie ihre Werte teilen werden, können wir zumindest versuchen, zu begreifen, inwieweit diese Werte von unseren abweichen.

Fertigkeiten bauen auf Bewusstmachung und Wissen auf und schließen die Praxis mit ein. Wir müssen die Symbole der anderen Kultur erkennen und anwenden, ihre Helden erkennen, ihre Rituale praktizieren und das befriedigende Gefühl erleben, dass wir in unserer neuen Umgebung anfangen, uns zurechtzufinden, wobei wir zunächst die einfachen und später die komplizierteren Probleme des Lebens mitten unter Andersdenkenden lösen können.

Interkulturelle Kommunikation kann erlernt werden. Manche sind darin begabter als andere. Menschen mit einem übermäßig aufgeblasenen Ego, die nicht bereit sind, Ungewissheit in ihrem Leben zu akzeptieren, die emotional labil sind, mit rassistischen oder extremen linken bzw. rechten politischen Gruppen sympathisieren, werden kaum dafür geeignet sein. Ein solches Lernen setzt das Vermögen voraus, seine eigenen in Ehren gehaltenen Überzeugungen aus einer gewissen Distanz zu betrachten. Solche Menschen sind wahrscheinlich ohnehin nicht für einen Auslandseinsatz geeignet. Soll eine Familie ins Ausland geschickt werden, so ist es ratsam, dafür Sorge zu tragen, dass auch der Ehepartner und die Kinder über die nötige emotionale Stabilität verfügen.

Es gibt zwei Typen interkulturellen Kommunikationstrainings. Die eher traditionellen sind darauf ausgerichtet, *spezielles Wissen* über die andere Kultur zu vermitteln. Sie werden manchmal auch „expatriate briefings" genannt. Sie informieren denjenigen, dem ein Auslandsaufenthalt bevorsteht und nach Möglichkeit auch dessen Ehepartner und manchmal die Kinder, über das Land, seine Geographie, Geschichte, Gebräuche, Hygiene, Benimmregeln, was man mitnehmen sollte, kurzum: wie man lebt. Diese Kurse vermitteln aber keinen oder nur geringen Einblick in die eigene Kultur des Menschen, der ins Ausland geht. Sie sind außerordentlich lehrreich, aber jemand, der hochmotiviert für seinen Auslandseinsatz ist, kann sich diese Informationen auch aus Büchern und Videofilmen beschaffen. Die Institutionen, die diese Sorte von Kursen anbieten, verfügen meistens über gutbestückte Bibliotheken und Videotheken für eine individuelle Vorbereitung im Schnellverfahren.

Das Erlernen der einheimischen *Sprache* stellt natürlich eine bessere Vorbereitung für den Aufenthalt in einem fremden Land dar. Es gibt ein großes Angebot an sogenannten Crash-Kursen. Ist der Teilnehmer aber nicht außergewöhnlich begabt, dauert das Erlernen einer fremden Sprache für den geschäftsmäßigen Gebrauch bei einem Vollzeitkurs mehrere Monate; man braucht etwas weniger Zeit, wenn der Kurs im Zielland stattfindet, da der Sprachschüler dort ununterbrochen mit der fremden Sprache und Kultur konfrontiert wird. Die meisten Arbeitgeber setzen aber nicht genügend Zeit für das Erlernen der fremden Sprache für ihren Mitarbeiter an. Dies ist zu ihrem eigenen Schaden. Hat der Mitarbeiter aber die Möglichkeit, so ist es sehr wichtig, auch den Ehepartner an diesem Sprachkurs teilnehmen zu lassen. Frauen lernen im Durchschnitt eine Fremdsprache schneller als Männer. Sie haben auch eine bessere Antenne für nonverbale kulturelle Signale.

Die zweite Art von Kursen über interkulturelle Kommunikation ist auf *Bewusstmachung* und Vermittlung von *allgemeinem Wissen* über kulturelle Unterschiede ausgerichtet. Das Training, das der Bewusstmachung dient, konzentriert sich auf die eigene mentale Software und darauf, wo diese von der anderen abweicht. Dieses Training ist nicht spezifisch für ein bestimmtes Land; das Wissen und die Fertigkeiten, die darin vermittelt werden, können in jeder fremden kulturellen Umgebung angewandt werden. Im Vordergrund steht dabei nicht die Frage, wie man in der fremden Kultur leben soll, sondern eher wie man arbeiten sollte: Wie man mit der Arbeitssituation fertig wird und gute Arbeit leistet. Neben dem für den Auslandseinsatz beauftragten Mitarbeiter sollte auch der Ehepartner an diesem Kurs teilnehmen. Ein verständnisvoller Ehepartner kann in der Phase des kulturellen Schocks wertvolle Hilfe leisten.[40] An diesem Kurs sollten darüber hinaus der Vorgesetzte aus der Firmenzentrale und Fachleute aus dem Stab, mit denen der Mitarbeiter zusammenarbeiten wird, teilnehmen.

Die Erfahrung zeigt, dass das Hauptproblem für den Mitarbeiter darin besteht, Verständnis und Unterstützung von Seiten derjenigen Menschen zu bekommen, die nicht wie er ins Ausland geschickt wurden, sondern in der Organisation seines Heimatlandes seine Ansprechpartner sind. An der Heimatfront sollte man die gleiche kulturelle Sensibilität entwickeln, die man von demjenigen, der ins Ausland geschickt wird, erwartet. Die Bedingungen dafür, dass dieser Kurstyp Erfolg hat, sind das Engagement des Managements, genügend Zeitaufwand für den zu schulenden Mitarbeiter und die Teilnahme einer ausreichenden Anzahl von Angestellten am gleichen Programmtyp.

Bei der Konzipierung von Kursen über interkulturelle Kompetenz, ist der *Kursablauf* genauso wichtig wie der *Kursinhalt*. Der Lernprozess selbst ist kulturell abhängig und Trainer, die sich dessen nicht bewusst sind, kommunizieren etwas anderes, als sie eigentlich zu unterrichten versuchen. Michael Bond, der von seinen ausführlichen Erfahrungen in Hongkong schrieb, hat davor gewarnt, westliche Vorgehensweisen bei asiatischem Publikum einzusetzen.[41] Die Berufskultur des neu entstehenden Berufes des interkulturellen Trainers und Beraters ist aufgebaut auf den Einsatz von westlichen, überwiegend US-amerikanischen Praktiken.

Durch Rückgriff auf Ideen des US-amerikanischen Beratungsexperten Paul Pedersen und auf Geert Hofstedes fünfdimensionales Modell hat Gert Jan Hofstede, indem er die kulturelle Vielfalt untersuchte, eine Methode für Gruppentraining entwickelt, die für eine große Vielfalt von Teilnehmern und für eine gleichermaßen große Vielfalt von praktischen Anwendungen eingesetzt werden kann. Die Teilnehmer werden dabei aufgefordert, sich mit einer Auswahl von zehn *synthetischen Kulturen* zu identifizieren, „puren" Kulturtypen, die von den Extremen der fünf Dimensionen abgeleitet sind. Die Teilnehmer spielen dann ihre Kultur in einer simulierten Problemlösungssituation nach. Sie lernen aus ihrer Erfahrung und entwickeln interkulturelle Fertigkeiten in einer „sicheren" Umgebung.[42]

Selbstunterricht ist auch möglich. Ein klassisches Instrument für diesen Zweck ist der *Kulturassimilator*. Dabei handelt es sich um ein programmiertes Lernprogramm, das aus einer Anzahl von kurzen Fallbeschreibungen besteht. Jeder Fall stellt eine interkulturelle Begegnung dar, bei der sich eine Person aus der fremden Kultur auf eine besondere Art und Weise verhält. Normalerweise werden vier Erklärungen für dieses Verhalten angeboten. Eine davon ist die Insider-Erklärung durch Informanten aus der fremden Kultur. Bei den anderen drei handelt es sich um die unbefangene Auswahl, die Außenstehende getroffen haben. Der Kursteilnehmer nimmt eine Antwort und erhält einen Kommentar mit der Erklärung, warum die ausgewählte Antwort korrekt (nach Ansicht des Insiders) oder falsch (unbefangen) ist. Frühe Kulturassimilatoren waren kulturspezifisch sowohl in Bezug auf die Kultur des Heimatlandes als auch auf die des Gastlandes. Die Herstellung war daher kostspielig und der Vertrieb ziemlich limitiert, aber in einer Evaluierungsstudie wurde nachgewiesen, dass die langfristige Wirkung ziemlich positiv ist. Später wurde ein allgemeiner Kulturassimilator herausgebracht, der die wichtigsten gemeinsamen Themen aus den früheren spezifischen Assimilatoren beinhaltete.[43]

Kulturelles Einfühlungsvermögen ist subtil und von Vorurteilen kann man sich nie ganz frei machen. Als im Jahre 1976 Kinder vietnamesischer Flüchtlinge auf Schulen amerikanischer Kleinstädte verteilt wurden, wurde von dem für das Unterrichtswesen zuständigen amerikanischen Ministerium unter dem Titel „Über das Unterrichten der Vietnamesen" eigens eine Unterweisung für Lehrer herausgegeben. Ein Abschnitt daraus lautet:

> „Die aktive Teilnahme der Schüler am Unterricht wurde an vietnamesischen Schulen durch Schlagen unterdrückt. Die Schüler wurden dazu angehalten, still zu sitzen und durften sich nur dann zu Wort zu melden, wenn sie dazu aufgefordert wurden. Vor diesem Hintergrund … fällt den Vietnamesen das freie Sprechen sehr schwer. Deshalb sollte Schüchternheit nicht als Teilnahmslosigkeit ausgelegt werden."[44]

Für die meisten westeuropäischen und nordamerikanischen Leser scheint diese Unterweisung auf den ersten Blick in Ordnung zu sein, erscheint aber problematischer, wenn wir das Zitat auf all die versteckten Hinweise auf die amerikanische Kultur untersuchen, die ebenso Grundlage für Vorurteile sein können. Das amerikanische Ministerium schreibt den Vietnamesen vielmehr die Motive junger Amerikaner zu – z. B. den unterstellten Wunsch, am Unterricht aktiv teilzunehmen – und erklärt deren Zurückhaltung als Auswirkung körperlichen Bestrafens statt z. B. mit bloßem Respekt. In einem Seminar für Doktoranden, das Geert Hofstede in Schweden abhielt, öffnete einer der Teilnehmer[45] den anderen die Augen, indem er das Zitat einfach umdrehte, wobei er sich vorstellte, wie es lauten müsste, wenn amerikanische Kinder auf vietnamesische Schulen gehen müssten:

> „Der Respekt des Schülers gegenüber dem Lehrer wird unterdrückt, weil keine Ordnung herrscht, und die Schüler zu undiszipliniertem Verhalten aufgefordert werden und die ganze Zeit schwätzen. Mit diesem Hintergrund wird ordentliches und respektvolles Verhalten in der Klasse für einen amerikanischen Schüler fast unmöglich. Deshalb sollte Ungezogenheit nicht als mangelnder Respekt ausgelegt werden."

Anmerkungen

1 Morier, 1923 [1824]. Das Zitat aus dem Text stammt von Seite 434 f.; das Zitat des Herausgebers von S. VI.

2 Dieser Abschnitt wurde inspiriert von Campbell, 1988 (1972), S. 174–206.

3 Van der Veen, 2002.

4 Ein Überblick über Studien zum Thema Kulturschock findet sich bei Ward, Bochner & Furnham, 2001.

5 Harzing, 1995, 2001; Tung, 1982; S. 57–71.

6 US-Professor Howard V. Perlmutter hat die Aufeinanderfolge *ethnozentrisch, polyzentrisch, geozentrisch* als drei Phasen in der Entwicklung eines multinationalen Unternehmens unterteilt. Im Falle der Bevölkerung des Gastlandes gilt es als unwahrscheinlich, dass sie jemals „geozentrisch" werden – was bedeuten würde, dass alle im Land geltenden Normen abgeschafft würden.

7 Hofstede, 1994, Kapitel 15.

8 Peterson & Pike, 2002.

9 In der Kulturanthropologie ist das Phänomen, dass unser Denken durch unsere Sprache beeinflusst wird, bekannt unter der Sapir-Whorf-Hypothese, benannt nach Edward Sapir und Benjamin Lee Whorf, die sie aufstellten.

10 Wird dem US-amerikanischen Kritiker und Satiriker Henry Louis Mencken (1880–1956) zugeschrieben.

11 *Culture's Consequences*, 2001, S. 63–65.

12 Aus einem Vortrag von R. M. Hadjiwibowo, September 1983. Übersetzung aus dem Niederländischen von GH mit Vorschlägen des Autors.

13 In diesem Abschnitt wird ausschnittweise zitiert aus Hofstede, 1986.

14 Bel Ghazi, 1982, S. 82, Übersetzung aus dem Niederländischen von Geert Hofstede.

15 Ein Überblick über die einschlägige Forschung findet sich in *Culture's Consequences*, 2001, S. 430 f. sowie Anmerkungen

16 Viele muslimische Kulturen sind endogam (sie erlauben Eheschließungen zwischen Cousins/Cousinen ersten Grades) und Mädchen werden zweckmäßigerweise mit einem Verwandten in der Heimat verheiratet.

17 Für mehr Beispiele siehe Sebenius, 2002.

18 Moore & Lewis, 1999, S. 278.

19 Saner & Yiu, 2000.

20 Dies führt zu unterschiedlichen Kriterien bei der Auswahl von Kandidaten für einen Auslandseinsatz. Siehe Caligiuri, 2000 und Franke & Nicholson, 2002.

21 World Investment Report, 2000.

22 Schenk, 2001; Apfelthaler, Muller & Rehder, 2002.

23 Sherman, Helmreich & Merritt, 1997.

24 z. B. Lord & Ranft, 2000; Lynch & Beck, 2001; ein Überblick findet sich in *Culture's Consequences*, 2001, S. 448 und Anmerkungen.

25 de Mooij, 1998b, S. 58 f.

26 de Mooij, 1998b, S. 57.

27 Ein anderes Gebiet anhaltender und manchmal wachsender kultureller Differenzierung ist das Design von Verpackungen. Die gleichen Produkte brauchen verschiedene Verpackungen, um in verschiedenen Kulturen verkauft zu werden (van den Berg-Weitzel & van de Laar, 2000.

28 Der Rest dieses Abschnittes ist eine Zusammenfassung einer Forschungsarbeit, über die in *Culture's Consequences*, 2001, S. 450 f. und Anmerkungen, berichtet wird.

29 Fisher, 1998, S. 41. Ohne Kenntnis von Geert Hofstedes Arbeit verwendete Fisher einen sehr ähnlichen Ansatz bei Kultur. Er bediente sich zum Beispiel der gleichen Computeranalogie für den menschlichen Geist.

30 Lammers, 2003.

31 Groterath, 2000; Soeters & Recht, 2001.

32 Dies ist der Titel eines Buches von Kiernan (1969) über das britische imperiale Zeitalter.

33 Dia, 1996

34 Zum Beispiel das 1990 erschienene Buch von Prof. Michael Porter *The Competitive Advantage of Nations*, in dem Korruption nicht erwähnt wird.

35 Die Weltbank wird von vielen wahrgenommen als eine US-amerikanischen Interessen dienende Organisation (Stiglitz, 2002).

36 Eine Gruppe von Autoren, die sich für die Entwicklung Afrikas einsetzen, betont das Erfüllen eher gesellschaftlicher als individueller Leistungsanforderungen (Afro-Centric Alliance, 2001). Siehe auch d'Iribarne, 2002.

37 Hawes & Kealey, 1979.

38 Forss, Carlsen, Frøyland, Sitari & Vilby, 1988. Diese Studie setzte eine Pilotstudie von IRIC (Institute for Research on Intercultural Cooperation) in den Niederlanden fort. In der IRIC-Studie wurden Entwicklungsträgergesellschaften und multinationale Unternehmen in der gleichen Studie hinsichtlich Faktoren kombiniert, die zu mehr Leistungsfähigkeit der ins Ausland versetzten Mitarbeiter führen. Siehe Andersson & Hofstede, 1984. Nachdem die vorgeschlagene öffentliche/private Kooperation fehl schlug, machten die nordischen Entwicklungsträgergesellschaften alleine weiter.

39 Pagès, 1971, S. 281.

40 Professor Nancy Adler aus Kanada konzentrierte sich auf die Rolle des Ehepartners der Führungskraft und nahm Videos mit Interviews der Ehepartner auf. Siehe auch Adler, 1991.

41 Bond, 1992.

42 Hofstede, Pedersen & Hofstede, 2002.

43 Zweite überarbeitete Auflage: Cushner & Brislin, 1996. Die Unterschiede,

die behandelt werden, sind meistens diejenigen zwischen US-amerikanischen und Dritte Welt Kulturen: Bei den meisten geht es um Individualismus-Kollektivismus und Machtdistanz.

44 Aus einem nicht-veröffentlichten Konferenzpapier von Alfred J. Kraemer, München, 1978.

45 Åke Phillips.

10. Kapitel: Überleben in einer multikulturellen Welt

„Von allen Völkern der Welt besitzen die Engländer am wenigsten einen nationalen Charakter; es sei denn, man sieht diese Einzigartigkeit als solchen an."
David Hume, Essay XXI, 1742[1]

„The Germans live in Germany, the Romans live in Rome, the Turkeys live in Turkey; but the English live at home." (Die Deutschen leben in Deutschland, die Römer leben in Rom, die Türken leben in der Türkei, aber die Engländer leben zuhause.)
Aus einem Kinderlied von J. H. Goring, 1909[2]

Die Botschaft dieses Buches

Die Botschaft dieses Buches lautet, um mit den oben aufgeführten Zitaten zu sprechen: Jeder von uns ist so wie die Engländer von Hume oder Goring. Jeder von uns schaut aus dem Fenster seines kulturellen Zuhauses in die Welt hinaus, und jeder verhält sich gerne so, als ob sich die Menschen anderer Länder durch eine landestypische Besonderheit (ein nationaler Charakter) von anderen unterscheiden, das eigene Zuhause aber das Normale ist.

Leider gibt es aber, was kulturelle Angelegenheiten angeht, keine normale Position. Dies ist eine unbequeme Botschaft, die ebenso unbequem ist wie Galileo Galileis Behauptung im siebzehnten Jahrhundert, dass die Erde nicht der Mittelpunkt des Universums ist.

In Kapitel 1 wurde Kultur metaphorisch als „mentale Software" umschrieben, d. h. als ein normalerweise unbewusster Zustand, der dem Individuum ein großes Maß an Freiheit in bezug auf Denken, Fühlen und Handeln einräumt, aber innerhalb der Grenzen dessen, was ihm seine gesellschaftliche Umgebung im Sinne von möglichen Gedanken, Gefühlen und Handlungen anbietet. Diese Grenzen sind in allen Bereichen des Lebens vorhanden und um diese zu verstehen, muss man das menschliche Leben in seiner Gesamtheit betrachten.

Die kulturelle Programmierung nimmt ihren Anfang in der Umgebung, in der ein kleines Kind aufwächst – normalerweise in einer Familie. Sie setzt sich in der Schule fort, und was in der Schule passiert, kann man nur verstehen, wenn man weiß, was vor und nach der Schulzeit geschehen ist bzw. geschehen wird. Sie setzt sich fort am Arbeitsplatz. Das Verhalten von arbeitenden Menschen ist eine Fortsetzung des in Schule und Familie erworbenen Verhaltens. Das Verhalten eines Managers ist die Fortsetzung seiner Erfahrungen, die er während seiner Ausbildung zur Führungskraft und in seiner Familie gemacht hat und ist ein Spiegelbild des Verhaltens seiner Mitarbeiter. Die Politik und das Verhältnis zwischen Bürgern und Staatsgewalt sind eine Fortsetzung von Beziehungen, wie sie in Familie, Schule und am Arbeitsplatz bestehen, und diese haben ihrerseits Berührungspunkte mit anderen Bereichen des Lebens. Religiöse Anschauungen, weltliche Ideologien und wissenschaftliche Theorien passen zu der mentalen Software, mit der man in der Familie, in der Schule, am Arbeitsplatz und in seiner Einstellung zur Staatsgewalt programmiert wird; die vorherrschenden Muster, wie man in den anderen Lebensbereichen denkt, fühlt und handelt, werden hiervon stark geprägt.

Kulturelle Programme sind von einer Gruppe oder einer Kategorie Menschen zur anderen derart verschieden, dass sie selten akzeptiert und oft sogar missverstanden werden. Die kulturelle Kategorie, der der größte Teil dieses Buches gewidmet wurde, ist der nationale Staat. Ein gewisses Maß an Aufmerksamkeit wurde den Unterschieden im Zusammenhang mit gesellschaftlicher Schicht, Geschlecht, Generation, Arbeitsorganisation und Berufstätigkeit geschenkt. Jede Nation besitzt ein ansehnliches ethisches Kapital an seiner eigenen, vorherrschenden mentalen Software; dies erklärt weitgehend das allgemeine Zögern, über kulturelle Unterschiede zu sprechen. Die Ursprünge der Unterschiede von einer Nation zur anderen und manchmal zwischen ethnischen, religiösen oder sprachlich verschiedenen Gruppen innerhalb einer Nation liegen in der Geschichte begründet. In einigen Fällen gibt es kausale Erklärungen; in vielen anderen Fällen muss man davon ausgehen, dass der Unterschied einmal vor Jahrhunderten klein war und dann über Generationen hinweg bis zum heutigen Tag immer größer wurde.

Die hauptsächlichen kulturellen Unterschiede zwischen den Völkern liegen in den Werten. Es gibt systematische Unterschiede (wie in Kapitel 2 bis 6 beschrieben) im Hinblick auf die Werte bezüglich Macht und Ungleichheit, auf das Verhältnis zwischen Individuum und Gruppe, auf erwartetes emotionales und soziales Rollenverhalten von Mann und Frau, im Hinblick darauf, wie man mit Ungewissheit im Leben umgeht und darauf, ob jemand sich überwiegend über die Zukunft, Vergangenheit oder Gegenwart Gedanken macht.

In den Kapiteln 7 und 8 wurden die Konsequenzen nationaler Kulturunterschiede für das Funktionieren eines Unternehmens und das Phänomen „Unternehmenskultur" behandelt: Unterschiede in der mentalen Software zwischen denjenigen, die in verschiedenen Unternehmen oder Einrichtungen arbeiten. Der Einfluss einer nationalen Kultur auf Organisationen ist enorm groß, und sowohl das Unternehmen wie der Staat sind davon betroffen. Die Komponente Organisationskultur fällt sehr viel weniger ins Gewicht als oft behauptet wird; so ist auch die Verwendung des Begriffes „Kultur" sowohl für Nationen als auch für Organisationen leicht irreführend. Die Kultur einer Organisation drückt sich zum größten Teil nicht in den Werten der Menschen aus, die in ihr leben, sondern in ihren eher oberflächlichen Erscheinungsformen wie gemeinsamen Symbolen, Helden und Ritualen.

Die verschiedenen Kapitel, in denen die kulturellen Unterschiede analysiert und beschrieben wurden, versetzen den Leser in die Lage, sein eigenes kulturelles Werteraster solchen anderer Länder und Gruppen gegenüberzustellen. Kapitel 9, das von den *interkulturellen Begegnungen* handelt, kommt mit folgender Frage zur eigentlichen Kernaussage dieser Botschaft: Wenn wir so unterschiedlich denken, fühlen und handeln, wie können wir dann eine Welt zusammenhalten? Ein gesteigertes Bewusstsein für die Grenzen unserer mentalen Programme im Vergleich zu denen anderer Menschen ist lebensnotwendig für unser gemeinsames Überleben. Die Botschaft dieses Buches lautet, dass ein solches Bewusstsein entwickelt werden kann, und dass, auch wenn wir nicht erwarten können, alle gleich zu werden, wir zumindest versuchen können, in unserer Denkweise kosmopolitischer zu werden.

Die moralische Frage

Manche Menschen werden sich fragen, ob das propagierte Bewusstsein über die Grenzen des eigenen Wertesystems nicht zu einer Lockerung der moralischen Einstellung führen muss. In Kapitel 1 wird ein Aufruf zum „kulturellen Relativismus" formuliert: Um mit den Worten eines berühmten französischen Anthropologen zu sprechen, so ist die Erkenntnis, dass „eine Kultur über keine absoluten Kriterien verfügt, um die Handlungen einer anderen kulturellen Gruppe als ‚weniger gut' oder ‚gut' zu beurteilen". Aber dies ist nicht als Aufforderung zu verstehen, alle Werte zu verwerfen.

Eigentlich wird durch das ganze Buch hindurch deutlich gemacht, dass kein Mensch sich davon freimachen kann, fortdauernd seine auf Normen reduzierten Werte anzulegen. Eine erfolgreiche interkulturelle Begegnung setzt voraus, dass die Betreffenden an ihrer eigenen Werthaltung festhalten. Ist dies nicht der Fall, fühlen sie sich entfremdet, und es fehlt ihnen an einem Gefühl für Identität. Dieses Identitätsgefühl aber vermittelt ihnen ein Gefühl von Sicherheit, mit dem man anderen Kulturen offen gegenübertreten kann.

Das Prinzip des Überlebens in einer multikulturellen Welt lautet, nicht auf die gleiche Art und Weise denken, fühlen und handeln zu müssen, um in praktischen Fragen überein zu stimmen und zusammenarbeiten zu können. Die IBM-Studie, auf die in Kapitel 2 bis 5 näher eingegangen wurde, hat dies deutlich gemacht. Die Unterschiede in den Werten zwischen den Mitarbeitern, die in verschiedenen Ländern für dieses multinationale Unternehmen arbeiten, sind erwiesenermaßen beträchtlich. Dennoch verläuft die praktische Zusammenarbeit der Mitarbeiter bei IBM weltweit auf ganz harmonische Art und Weise. Die IBM-Leute bilden hier keine Ausnahme; andere Menschen können auch über nationale Grenzen hinweg zusammenarbeiten. Die Tatsache, dass es sich bei Organisationskulturen um relativ oberflächliche und wertfreie Phänomene handelt, wie uns die IRIC-Forschungsstudie in Kapitel 8 gezeigt hat, ist genau der Grund, weshalb internationale Organisationen existieren können und aus verschiedenen Nationen zusammengesetzt sind. Dabei besitzt jede einzelne ihre eigenen nationalen Werte.

Menschen aus Kulturen, die hinsichtlich der Kulturdimensionen Machtdistanz, Individualismus, Maskulinität, Unsicherheitsvermeidung und langfristiger Orientierung vollkommen unterschiedlich sind, können erfolgreich zusammenarbeiten. Dennoch können Menschen aus einigen Kulturen viel leichter mit Fremden zusammenarbeiten als andere. Am problematischsten sind hier Nationen und Gruppen innerhalb einer Nation, deren Punktwerte bei der Dimension Unsicherheitsvermeidung sehr hoch sind und die das Gefühl haben, dass das, „was anders ist, auch gefährlich ist".

Ebenfalls als problematisch erweist sich die Zusammenarbeit mit Nationen und Gruppen, deren Werte bei der Dimension Machtdistanz sehr hoch sind, weil eine solche Kooperation von den Launen einzelner, einflussreicher Personen abhängt. In einer Welt, die durch interkulturelle Zusammenarbeit zusammengehalten wird, werden solche kulturellen Gruppen bestimmt keine Vorkämpfer sein. Man muss sie eine Zeitlang in Ruhe lassen, bis sie sich darüber klar werden, dass sie keine andere Wahl haben, als mitzumachen.

Kulturelle Annäherung und Abweichung

Forschungsarbeiten über die Entwicklung kultureller Werte haben wiederholt gezeigt, dass es nachweislich kaum Anhaltspunkte dafür gibt, dass sich Kulturen mit der Zeit international einander annähern.

Ausnahme ist hier eine Zunahme des Individualismus in Ländern, die reicher geworden sind. Unterschiede in den Werten bei Ländern, die bereits vor Jahrhunderten von einigen Autoren beschrieben wurden, gibt es bis zum heutigen Tag, trotz fortdauernder intensiver Kontakte zwischen den Ländern. Zumindest in den nächsten hundert Jahren werden die Länder kulturell sehr verschieden bleiben.

Nicht allein die kulturelle Verschiedenartigkeit wird weiterbestehen: Es hat sogar den Anschein, dass die Unterschiede innerhalb eines Landes immer größer werden. Ethnische Gruppen werden sich ihrer Identität erneut bewusst und fordern dafür eine politische Anerkennung.

Natürlich gab es schon immer diese ethnischen Unterschiede; geändert hat sich lediglich der Kontakt der Gruppen untereinander. Er ist intensiver geworden und bestätigt die Mitglieder einer Gruppe in ihrer eigenen Identität. Ferner hat die Verbreitung von Informationen durch internationale Medien über das Leben der Menschen in anderen Teilen der Welt Einfluss auf Minderheiten, die ihre Lebenssituation mit der anderer vergleichen und annehmen, den anderen gehe es besser.

Die Berichterstattung der Medien über menschliches Leid und Überlebenskampf hat noch nie eine so starke Verbreitung erfahren. Pogrome, Aufstände und gewaltsame Unterdrückung sind nicht neu, jedoch haben in der Vergangenheit nur relativ wenige Menschen etwas darüber erfahren, abgesehen von denjenigen, die direkt betroffen waren. Jetzt kann man solche Ereignisse auf der ganzen Welt vor dem Fernseher verfolgen. Dies führt zu zunehmender Beunruhigung, insbesondere in den Unsicherheitsvermeidungskulturen.

Erziehung zu interkulturellem Verständnis: Ratschläge für Eltern

In den folgenden Abschnitten dieses Kapitels werden wir versuchen, die Schlussfolgerungen des Buches in praktische Ratschläge zu übersetzen. Dabei lässt sich eine gewisse Subjektivität nicht vermeiden, wofür wir den Leser um Nachsicht bitten.

Die grundsätzliche Fähigkeit für ein Überleben in einer multikulturellen Welt ist, wie das Buch darlegt, zum einen das Verstehen der eigenen kulturellen Werte (und das ist genau der Punkt, warum jeder eine eigene kulturelle Identität braucht) und zum anderen das Verstehen der kulturellen Werte der anderen, mit denen man zusammenarbeiten muss. Als Eltern haben wir größeren Einfluss als irgendjemand sonst, multikulturelles Verständnis bei den zukünftigen Bürgern dieser Welt zu schaffen. Das Kind eignet sich den größten Teil der Werte während seiner ersten zehn Lebensjahre an. Es filtert diese Werte eher durch Beobachtung und Nachahmung der Erwachsenen und älteren Kinder als durch Indoktrination. Die Art und Weise, wie die Eltern die eigene Kultur vorleben, vermittelt dem Kind seine eigene kulturelle Identität. Die Art und Weise, wie die Eltern über andere Menschen und Gruppen aus anderen Kulturen reden und sich ihnen gegenüber verhalten, stellt die Weichen entweder für eine aufgeschlossene oder für eine voreingenommene interkulturelle Einstellung.

Das Aufwachsen in einem bikulturellen Umfeld kann für ein Kind von Vorteil sein. So können seine Eltern verschiedener Nationalität sein, es kann während seiner Kindheit im Ausland gelebt oder eine ausländische Schule besucht haben. Ob sich nun eine solche Bikulturalität wirklich zum Vorteil für ein Kind oder vielmehr zum Nachteil herausstellt, hängt davon ab, wie die Eltern selbst mit der bikulturellen Situation fertig werden. Ausländische Freunde zu haben, verschiedene Sprachen zu hören, mit seinen Eltern Reisen ins Ausland zu unternehmen und so Interesse an fremden Dingen zu finden – all dies ist auf jeden Fall ein Vorteil.

Das Erlernen mindestens einer Fremdsprache – welcher auch immer – ist für die Erziehung zum interkulturellen Verständnis enorm wichtig. Dies setzt natürlich voraus, dass die fremde Sprache auf eine effektive Art und Weise unterrichtet wird. Sehr häufig ist der Fremdsprachenunterricht in der Schule reine Zeitverschwendung. Man sollte mehr Gewicht darauf legen, dass der Schüler in die fremde Sprache sozusagen „eingetaucht" wird, wobei der Gebrauch der fremden Sprache unvermeidbar für praktische Zwecke wird. Wirklich zwei- oder mehrsprachig zu werden, ist einer der Vorteile, den Kinder haben, die einer Minderheit angehören oder in einem kleinen Staat leben. Kinder, die in einem größeren Staat aufwachsen, haben es hier schwieriger.

Der Umgang mit Kulturunterschieden: Ratschläge für Führungskräfte

In den vorangegangenen Kapiteln wurden viele Beispiele dafür angeführt, wie kulturelle Werte die Praktiken und Theorien von Organisationen beeinflussen. Kulturell gesehen sind Führungskräfte die Gefolgsleute ihrer Gefolgsleute: ihre Aufgabe ist es, ihren Mitarbeitern in deren kulturellen Kontext zu begegnen. Führungskräfte haben bezüglich ihres Führungsstils etwas freie Wahl, allerdings sind die kulturellen Grenzen sehr viel enger gesteckt, als dies in der Managementliteratur zugegeben wird.

Die Arbeitssituation ist grundsätzlich ein vortrefflich geeignetes Übungsfeld für interkulturelle Zusammenarbeit, da die Probleme praktischer Natur sind und die Resultate für jedermann erkennbar sind. Dennoch sind Führungskräfte, Arbeitnehmer und Arbeitnehmervertreter sehr selten an vorderster Front anzutreffen, wenn es darum geht, etwas für das interkulturelle Verständnis zu tun. Kurzsichtige wirtschaftliche Interessen bestimmen meistens die Standpunkte aller Beteiligten. Als eine Ausnahme kann man die zunehmende Popularität von Fortbildungsseminaren für Führungskräfte ansehen, die ins Ausland geschickt werden. In diesem Fall sind die Arbeitgeber mehr und mehr gewillt, die Teilnahme an einem solchen interkulturellen Training oder Briefing anzubieten. Bei Fusionen und Übernahmen werden kulturelle Faktoren von der Führungsebene chronisch übersehen (vgl. Kapitel 9).

Es ist einfacher, Experimente zu interkultureller Vielfalt am Arbeitsplatz in staatlichen als in privaten Organisationen zu starten, da erstere per Definition eine höhere Verantwortung gegenüber der Gesellschaft haben. Man kann sie auch leichter in Dienstleistungsorganisationen als in Fertigungsbetrieben durchführen, besonders in den Dienstleistungsorganisationen, die einen kulturell verschiedenenartigen Kundenstamm haben. Die ideale Organisation aus interkultureller Sicht ist unserer Meinung nach eine, in denen die Mitglieder ihre Fähigkeiten vollständig einsetzen können, auch solche, die aus ihrer kulturellen Identität stammen – seien diese künstlerischer, sozialer, sprachlicher, mentalitätsmäßiger oder anderer Art.

Multikulturelles Verständnis verbreiten: Vorschläge für die Medien

Medienleute wie Journalisten, Reporter, Radio- und Fernsehleute spielen eine besonders wichtige Rolle dabei, Grundlagen für ein multikulturelles Verständnis – oder Missverständnis – zu legen. Der Kampf ums Überleben in einer multikulturellen Welt kann zu einem großen Ausmaß in den Medien ausgetragen werden. Die Medienleute sind auch nur Menschen: sie haben eigene kulturelle Werte. Im Hinblick auf andere Kulturen ist ihre Position nicht eindeutig. Auf der einen Seite wenden sie sich dem Publikum zu, und ihr Erfolg hängt davon ab, in welchem Ausmaß sie über etwas schreiben oder sagen, wovon die Öffentlichkeit etwas hören will. Auf der anderen Seite sind sie in der Lage, die Aufmerksamkeit der Leute zu kanalisieren: nämlich ein Bild von der Realität zu schaffen, das in den Augen vieler Menschen eben erst zur Realität wird. Ein Mitglied der Öffentlichkeit muss ziemlich aufgeschlossen sein, um die Meinungen über andere Kulturen, so wie sie in Fernseh- und Radiosendungen sowie Zeitungen widergespiegelt werden, kritisch betrachten zu können.

Das Bewusstsein, dass das Denken, Fühlen und Handeln von Menschen aus anderen Schichten der eigenen Gesellschaft oder aus anderen Gesellschaften von anderen Werten bestimmt wird, die aber nicht schlechter sein müssen, kann oder kann auch nicht von Medienleuten erkannt und entsprechend in ihren Sendungen reflektiert werden. Ein bloßes Informieren der Öffentlichkeit kann gravierende Missverständnisse verhindern. Es gibt zweifelsohne Reporter, die einfache Schwarzweißmalerei in ihren Berichten zum Ausdruck bringen wollen oder zumindest ein Interesse daran haben, zu zeigen, wer gut und wer böse ist. Für diejenigen, die bessere Absichten haben, gibt es noch viel unberührtes Terrain, um Verständnis für kulturell unterschiedliche Werthaltungen und Praktiken zu wecken. So können zum Beispiel durch das Auge der Fernsehkamera gleichwertige Aspekte des täglichen Verhaltens in verschiedenen Ländern verglichen werden, was sehr überzeugend wirken kann und noch zu selten geschieht.[3]

Ein besonderes Problem kleinerer Länder wie der Niederlande, unser eigenes Land, besteht darin, dass sowohl das Fernsehen wie die Presse ihr Material von größeren Ländern aufkaufen, ohne die verschiedenen kulturellen Zusammenhänge, in denen dieses Material produziert wurde, hervorzuheben. Ein Beispiel sind hier Zeitungsberichte, die über Meinungsumfragen zu den Trends in einer Gesellschaft berichten. Das Material stammt meistens aus den USA, und die offensichtlich implizite Annahme des verantwortlichen Reporters ist, dass die Schlussfolgerungen auch für die Niederlande gelten. Führt man sich die bestehende Kluft zwischen den beiden Gesellschaften bei der Dimension Maskulinität – Femininität vor Augen (siehe Kapitel 4), von der viele soziale Phänomene betroffen sind, so sollte zumindest der niederländische Leser bei der Auswertung von amerikanischem Datenmaterial vorsichtig sein. Das Witzige daran ist, dass es keinem niederländischen Journalisten in den Sinn käme, japanische oder deutsche Statistiken auf die Niederlande zuzuschneiden, obwohl dies in einigen Fällen sehr aufschlussreich sein könnte.

Mentale Programme lesen: Vorschläge für Forscher

„Die Art und Weise, wie Tiere lernen, wurde in den letzten Jahren geduldig beobachtet und mit Experimenten ausgiebig erforscht. Hinsichtlich der untersuchten Problemstellungen gelangte man zwar zu gewissen Ergebnissen, doch herrschen weiterhin sehr unterschiedliche Auffassungen über allgemeine Prinzipien. Es lässt sich in etwa feststellen, dass sich alle eingehend untersuchten Tiere so verhalten haben, dass sich die Theorie bestätigte, an die der Beobachter vor Beginn der Untersuchungen geglaubt hatte. Mehr noch: sie spiegelten alle die nationalen Merkmale des jeweiligen Beobachters wider. Tiere, die von Amerikanern untersucht wurden, rasen herum, gebärden sich wie wild, strotzen vor Energie und erreichen schließlich ganz zufällig das angestrebte Ziel. Tiere, die von Deutschen beobachtet wurden, sitzen ruhig da, überlegen und erarbeiten die Lösung schließlich aus ihrem inneren Bewusstsein heraus. Für einen einfachen Menschen wie den Autor dieses Buches ist dies entmutigend. Ich stelle aber fest, dass die Art von Problemen, die ein Mensch einem Tier ganz selbstverständlich stellt, von seiner eigenen Gedankenwelt abhängt, und dass dies vermutlich der Grund für die unterschiedlichen Ergebnisse ist. Das Tier reagiert auf eine Art von Problemen in einer anderen Weise; daher sind die von unterschiedlichen Wissenschaftlern erzielten Ergebnisse zwar verschieden, aber nicht unmittelbar unvereinbar. Man muss sich jedoch nach wie vor vergegenwärtigen, dass ein einzelner Wissenschaftler keinen zuverlässigen Überblick über das ganze Gebiet geben kann."

Bertrand Russell, *Outline of Philosophy*, 1927, Kapitel 3 [4]

Dieses Zitat eines großen britischen Philosophen, vor drei Generationen geschrieben, weist warnend darauf hin, dass Ergebnisse wissenschaftlicher Forschung auf eine Weise vom Wissenschaftler abhängig ist, die diesem vielleicht nicht einmal bewusst ist. Das gleiche Thema kommt in anderer Form wieder bei dem Amerikaner Thomas Kuhn vor, der im Jahre 1962 ein berühmtes Büchlein mit dem Titel *The Structure of Scientific Revolutions* [5] veröffentlichte, in dem er anhand von Beispielen aus verschiedenen Wissenschaften verdeutlicht, wie wissenschaftliche Innovation erfolgt. Über einen bestimmten Zeitraum hinweg wird eine wissenschaftliche Disziplin von bestimmten allgemein akzeptierten Annahmen beherrscht, die man als „Paradigmen" bezeichnet; diese beherrschen das Denken, der in diesem Bereich tätigen Wissenschaftler. Kuhn bezeichnet die innerhalb dieser Paradigmen geleistete Arbeit als „normale" Wissenschaft. Hin und wieder stößt die normale Wissenschaft an Grenzen: sie ist nicht in der Lage, neue Fakten zu erklären oder neue Herausforderungen zu meistern. In diesem Falle setzt eine Änderung des Paradigmas ein, aber diejenigen, die die Änderung einleiten, werden zunächst von den in der normalen Wissenschaft arbeitenden Personen abgelehnt und verspottet. Das neue Paradigma wird als Bedrohung empfunden. Allmählich wechseln jedoch immer mehr Menschen zum neuen Paradigma über, das somit Teil eines neuen Typs der normalen Wissenschaft wird.

Interkulturelle vergleichende Studien gehören oft zu einer solchen normalen Wissenschaft. Ein gemeinsamer Ansatz für einen Absolventen eines Masterstudienganges oder Doktoranden ist, ein Instrument zu nehmen (meistens ein Fragebogen mit Stift und Papier), der in einem Land entwickelt wurde, üblicherweise in den USA von einem US-amerikanischen Wissenschaftler, der es bei US-Amerikanern testete und ihn dann an befragte Personen in einem oder mehreren Ländern verteilte. Leider erfassen solche Instrumente nur die Punkte, die in der Gesellschaft, in der sie konzipiert wurden, als relevant angesehen werden. Dabei werden Fragestellungen ausgeschlossen, die von dem, der sie ausarbeitete, nicht erkannt wurden, weil sie in seiner/ihrer Gesellschaft nicht vorkommen. Das sind genau die Fragen, die vom kulturellen Standpunkt aus am interessantesten sind. Der bei diesem Typ versteckte Ethnozentrismus führt zu belanglosen Ergebnissen.

Zukünftige Forscher auf dem Gebiet der kulturübergreifenden Forschung, die sich von diesem Buch inspiriert fühlen und die Teile seines Ansatzes in ihrem eigenen Projekt einsetzen wollen, werden auf die Ausgabe 2001 von Geert Hofstedes wissenschaftlichem Buch *Culture's Consequences*, insbesondere Kapitel 10, verwiesen. Dies wird sie vor vielen Fallen warnen, in die Jungforscher und selbst solche mit viel Erfahrung immer wieder hineintappen.

Globale Herausforderungen erfordern eine interkulturelle Zusammenarbeit

Das Wort „Überleben" im Titel dieses Kapitels ist keine Übertreibung. Die Menschheit von heute wird von einer Anzahl von Katastrophen heimgesucht, die allein vom Menschen verursacht werden; denn es handelt sich hierbei eher um kulturelle Katastrophen als um Naturkatastrophen, denen unsere Vorfahren regelmäßig ausgeliefert waren.

Immer ist die Ursache dieser Katastrophen, dass der Mensch zu zahlreich und zu klug für den begrenzten Lebensraum auf unserem Planeten geworden ist. Doch während wir auf dem Gebiet der Technik von Tag zu Tag gescheiter werden, sind wir naiv, was uns selbst betrifft. Unsere mentale Software ist nicht an die Umwelt angepasst, die wir in den letzten Jahrhunderten geschaffen haben. Der einzige Weg zum Überleben ist, uns selbst besser als soziale Wesen zu verstehen, so dass wir unsere Klugheit auf technischem Gebiet steuern können und sie nicht auf zerstörerische Weise benutzen. Dies erfordert eine konzertierte Aktion bei Fragestellungen, bei denen leider unterschiedliche kulturelle Werte Menschen dazu veranlassen, voneinander abzuweichen als überein zu stimmen. Unter diesen Umständen ist interkulturelle Kooperation zu einer wichtigen Voraussetzung für das Überleben der Menschheit geworden.

Von den vielen mit Werten beladenen Problemen auf der Welt sind einige in diesem Buch behandelt worden. Da sind zunächst die wirtschaftlichen Probleme: internationale wirtschaftliche Zusammenarbeit gegenüber Wettbewerb; die Verteilung von Wohlstand und Armut innerhalb der Länder und über die Landesgrenzen hinweg. Dann gibt es Probleme, die Folge der technischen Entwicklungen sind. In der Vergangenheit fand eine neue Technologie immer dann, wenn sie entwickelt wurde, auch Anwendung. Dies ist heute nicht mehr der Fall, und man muss entscheiden, ob einiges von den Dingen, die der Mensch machen kann, tatsächlich gemacht werden sollte und wenn ja, welche Vorsorgemaßnahmen getroffen werden müssen. Derartige Entscheidungen müssen auf weltweiter Ebene getroffen werden, und wenn Länder, Gruppen oder Personen diese Entscheidungen oder die getroffenen Vorsorgemaßnahmen nicht akzeptieren, so sollten sie dazu gezwungen werden. Beispiele sind der Einsatz von Kernenergie sowohl für friedliche als auch für militärische Zwecke, bestimmte chemische Prozesse und Produkte, bestimmte Anwendungsgebiete in der EDV, bestimmte Anwendungen von genetischer Manipulation. Ein Beispiel für letztgenanntes ist, darauf Einfluss zu nehmen, ob ein Kind als Junge oder Mädchen zur Welt kommt. In einigen Kulturen ist der Wunsch sehr groß, einen Jungen statt eines Mädchens zu haben (siehe Kapitel 4). Sollte man angesichts sowohl ethischer als auch demographischer Überlegungen der Verbreitung dieser Technologie Vorschub leisten? Wenn ja, wo und unter welchen Umständen – und wenn nicht, wie kann man dem Einhalt gebieten?

Die wechselseitigen Auswirkungen von Weltbevölkerungswachstum, wirtschaftlicher Entwicklung und technologischer Entwicklungen auf das Ökosystem der Erde sind nur zum Teil bekannt. Unkontrolliertes Abholzen von Bäumen in vielen Teilen der Welt zerstört Wälder; saurer Regen bedroht andere Wälder. Das Problem der immer dünner werdenden Ozonschicht ist zwar bekannt, der Ernst der Lage ist noch nicht bekannt. Langfristige Klimaveränderungen im Zusammenhang mit dem Treibhauseffekt aufgrund zunehmender Emissionen von CO_2 und anderer Gase machen sich bereits bemerkbar. Die Langzeitwirkung beträgt mehrere Jahrzehnte, so dass, selbst wenn wir in der Lage wären, die Emissionen augenblicklich zu stoppen, der Treibhauseffekt noch lange Zeit zunehmen würde. Um diese Probleme in den Griff zu bekommen, sind weltweite Forschung und politische Entscheidungsfindung vonnöten in Bereichen, in denen die wahrgenommenen nationalen Interessen und die kulturellen Werte in Konflikt miteinander stehen. Entscheidungen darüber, Opfer zugunsten der nächsten Generation zu bringen, müssen aber Politiker fällen, deren Hauptsorge darin besteht, ob sie im nächsten Jahr wiedergewählt werden oder wie sie den bevorstehenden Machtkampf am nächsten Tag überstehen. Außerdem kann es sein, dass die Opfer ganz woanders auf der Welt erbracht werden müssen, als dort, wo man nachher den Nutzen daraus zieht. Der Treibhauseffekt kann reduziert werden, wenn die tropischen Länder ihre Regenwälder bewahren. Diese Länder sind überwiegend sehr arm, und die Regierungen wollen über das Einkommen verfügen, das mit dem Verkauf der Tropenhölzer erzielt wird. Können sie dafür entschädigt werden, wenn sie den verbleibenden Bestand an Regenwäldern aufrechterhalten?

Dieses aufgezeigte Szenario bedroht die Menschheit in ihrer Gesamtheit. Es ist der gemeinsame Feind der Zukunft, der alle bedroht. Ein gemeinsamer Feind hat sich zu jeder Zeit als sehr wirkungsvoll erwiesen, wenn es darum ging, Führungspersönlichkeiten und Gruppen mit an sich gegensätzlichen Werten und Interessen zur Zusammenarbeit zu bewegen. Möglicherweise stehen diese Bedrohungen so nahe bevor, dass sie uns zu einer weltweiten, interkulturellen Zusammenarbeit zwingen, die bis dahin noch nie zustande gekommen ist.

Es wird sehr viel davon abhängen, in welchem Ausmaß Politiker interkulturelle Zusammenarbeit als ein Teil ihrer mentalen Software lernen können. Glen Fisher, ein amerikanischer Diplomat im Ruhestand, schrieb ein bemerkenswertes Buch mit dem

Titel „Mindsets" über die Rolle der Kultur in internationalen Beziehungen. Über das Verhältnis zwischen Wirtschaft, Kultur und Politik schreibt er:

> „Es gibt eigentlich kaum einen interdisziplinären Ansatzpunkt in bezug auf internationale ökonomische Prozesse, und noch bedeutender ist, dass routinemäßige Anwendungen konventioneller ökonomischer Analysen „irrationales" Verhalten nicht dulden können. Geht man aber von einem multinationalen und multikulturellen Gesichtspunkt aus, stellt sich die berechtigte Frage, was rational und was irrational ist; beides sind sehr relative Begriffe und sehr stark kulturgebunden. Die Irrationalität des einen kann sich für den anderen als ordnungsgemäßes und vorhersagbares Verhalten herausstellen."

Und weiter:

> „Trotz der häufigen Feststellung, dass Sentimentalität und die Verfolgung wirtschaftlicher Interessen nicht zusammenpassen, sind Wirtschaftssysteme in der Tat ethische Systeme. Einige wirtschaftliche Aktivitäten werden entweder per Gesetz und Verordnungen oder durch Gewohnheit sanktioniert, andere nicht. Und was sanktioniert wird, ist von Kultur zu Kultur verschieden."[6]

Was rational und was irrational ist, hängt von kulturellen Werthaltungen ab. In der Politik werden Werthaltungen weiterhin mit wahrgenommenen Interessen verwechselt. Es bestand eine starke Tendenz in der internationalen Politik, gegenüber anderen Ländern andere ethische Normen anzulegen als gegenüber dem eigenen Land.

Der internationale Drogenhandel kann als Fallstudie dafür angesehen werden, dass in der Politik Mäßigung Vorrang vor der Ethik haben sollte. Die westlichen Länder sind seit Jahrzehnten in einen regelrechten Krieg verwickelt, um die Einfuhr von Drogen zu unterbinden. Es ist noch gar nicht so lange her, da führte ein westliches Land, nämlich Großbritannien, in den Jahren 1839–1842 den sogenannten Opiumkrieg mit China. Der chinesische Kaiser vertrat die Position, die die westlichen Länder heutzutage einnehmen, indem er versuchte, die Drogen aus seinem Land herauszuhalten. Die Briten jedoch verfolgten starke wirtschaftliche Interessen auf dem chinesischen Markt für Opium, das sie aus Indien importierten. Durch eine großangelegte Verkaufsstrategie machten sie große Teile der chinesischen Bevölkerung abhängig. Die Briten gewannen den Krieg. Im Friedensvertrag erhielten sie nicht nur das Recht, weiterhin Opium importieren zu können, sondern es wurde ihnen auch die Insel Hongkong als permanenter Stützpunkt vor dem chinesischen Festland zugeteilt. Die Rückgabe Hongkongs an China im Jahre 1997 kann ironischerweise als verspäteter Sieg der Chinesen in ihrem Krieg gegen Drogen betrachtet werden.[7]

Geht man von den Werten aus, so ist es schwierig, die Position zu vertreten, dass der Handel mit Waffen unmoralischer ist als der Handel mit Drogen. Der Unterschied ist der, dass im Falle des Drogenhandels die armen Länder die Händler sind, beim Waffenhandel sind es die reichen Länder. Letztere verdienten mehr Geld damit, Waffen in die Dritte Welt zu verkaufen, als sie an Entwicklungshilfe für diese Länder ausgaben. Natürlich sind in diesem Falle Käufer wie Verkäufer schuldig, aber die reichen Länder sind einfach in der besseren Position, den Teufelskreis zu durchbrechen.

Gebietet man dem Waffenhandel Einhalt, so vermindert man auch Bürgerkriege, Terrorismus und Mord. Dies würde sich auch positiv für die Achtung der Menschenwürde auswirken, denn die Waffen dienen oft dazu, die Menschenrechte zu verletzen. Es ist zwar unrealistisch zu erwarten, dass in allen Ländern Demokratien westlicher Prägung eingerichtet werden; es ist aber durchaus möglich, sich für mehr Achtung vor den Rechten des Menschen, auch in autokratisch geführten Staaten, einzusetzen.

Wie wir in Kapitel 9 gezeigt haben, gründet sich die Allgemeine Erklärung der Menschenrechte aus dem Jahre 1948 auf universalistische, individualistische westliche Werte, die weder von den führenden Politikern noch von der Bevölkerung in anderen Teilen der Welt geteilt werden. Auf der anderen Seite ist diese Erklärung eine Tatsache, und internationale Organisationen werden zweifelsohne weiterhin auf Verletzungen dieser Rechte aufmerksam machen, unabhängig davon, in welchem Land diese stattfinden. Keine Regierung ist mächtig genug, solche Organisationen, wie z. B. Amnesty International, dazu zu zwingen, den Mund zu halten. Alle Regierungen, außer den rücksichtslosesten, sind auf ihre internationale Achtung bedacht. Die Tatsache, dass die Welt zu einem einzigen Schauplatz geworden ist, hat zur Folge, dass die Öffentlichkeit über viel mehr menschliches Leid als jemals zuvor informiert ist, bietet aber andererseits mehr Möglichkeiten, gegen dieses Leid zu handeln.

Auf der globalen Bühne sehen viele von uns die gleichen Stücke mit Titeln wie Weltnachrichten, Sportereignisse und Marketingbotschaften. Aber wir kommen nicht zusammen, um über das Stück zu sprechen. Wenn wir ein globales Dorf[8] bewohnen, besteht es nur aus einem Theater und einem Marktplatz. Wir brauchen Häuser, Kirchen und Plätze, wo wir uns in unserem globalen Dorf treffen und miteinander reden können.

In London saß Gert Jan Hofstede im Herbst 2003 in einer Kneipe mit vier Studenten aus vier Kontinenten zusammen. Ein Inder und ein Mann aus Ghana diskutierten darüber, ob und wie sie ihren jeweiligen Ländern helfen könnten. Der Inder drängte den anderen zuzugeben, dass wenn er auch nur ein Pfund pro Tag für die Ausbildung von Kindern in seinem Heimatland sparen könnte, dies schon einen Unterschied machen würde. Aber der Ghanaer sagte, dass Geld die Dinge nur noch schlimmer machen würde, und dass seine eigene Ausbildung vorerst das einzige sei, was er tun könne. Sie gerieten in einen Streit und konnten sich nicht einigen, aber sie hörten einander zu und gingen als Freunde auseinander. In einem globalen Dorf brauchen wir viele Kneipen wie diese.

Anmerkungen

1 Hume, 1882 [1742], S. 252.
2 „The Ballad of Lake Laloo and Other Rhymes", zitiert von Renier, 1931.
3 Ein klassisches Beispiel war der Film von Margaret Mead „Four Families", der die Beziehungen zwischen Eltern und kleinen Kindern in Indien, Frankreich, Japan und Kanada zeigte und 1959 vom National Film Board of Canada produziert wurde. Ein jüngeres Beispiel ist das Video, das zusammen mit einem Buch von Tobin, Wu & Danielson (1989) über das Verhalten im Klassenraum von vierjährigen Vorschulkindern in Japan, China und Hawaii produziert wurde.
4 Russell, 1979 [1927], S. 23f.
5 Kuhn, 1970.

6 Fisher, 1988, S. 144 u. S. 153.

7 Der Krieg von 1839–1842 war nur der Erste Opiumkrieg. Nach einem zweiten Opiumkrieg, 1860, bekamen die Briten auch noch Kowloon auf dem chinesischen Festland gegenüber der Insel Hongkong. Und 1898 pachteten sie die „New Territories", die an Kowloon angrenzten. Dieser Pachtvertrag wurde für 99 Jahre geschlossen und lief 1997 aus; dann wurde die gesamte Kolonie an China zurückgegeben.

8 Der Begriff „global village" wurde geprägt von dem kanadischen Medienphilosophen Marshall McLuhan. Siehe de Mooij, 2004, S. 1.

Glossar

Angst: Ein unbestimmtes Gefühl von Unbehagen oder Besorgtheit darüber, was geschehen kann.

Anthropologie: Die Wissenschaft vom Menschen in seiner physischen, sozialen und kulturellen Verschiedenheit. In diesem Buch wird der Begriff immer in der Bedeutung der sozialen oder kulturellen Anthropologie gebraucht, und darunter versteht man die umfassende Forschung über menschliche Gesellschaftsformen, insbesondere – aber nicht ausschließlich – die traditionellen oder schriftlosen Gesellschaften.

Bruttosozialprodukt (BSP), jetzt: Bruttonationaleinkommen (BNE): Das gesamte Ergebnis von Gütern und Dienstleistungen, die von der Wirtschaft eines Landes in einem Jahr erbracht werden, einschließlich der Einkommen inländischer Investoren im Ausland, aber ausschließlich der Einkommen ausländischer Investoren im Inland.

Bürokratie: Eine Form von Organisation mit festen Regeln und strikter Kompetenzverteilung.

Culture Assimilator: Ein Lernprogramm zur Selbstschulung interkultureller Kommunikationsfertigkeiten.

Dimension: Ein messbarer Aspekt eines Phänomens (in Zahlen ausgedrückt).

Dimensionen-Modell: Eine Anzahl von Dimensionen, die miteinander kombiniert werden, um ein Phänomen zu beschreiben.

Ethnozentrismus: Das Übertragen von Normen, die in der eigenen Gesellschaft gelten, auf Menschen außerhalb dieser Gesellschaft.

Faktorenanalyse: Bezeichnung für ein statistisches Verfahren, das dem Wissenschaftler dazu dient, die Vielfalt einer Anzahl beobachteter Phänomene durch eine Mindestanzahl zugrundeliegender gemeinsamer Faktoren zu erklären.

Femininität: Das Gegenteil von Maskulinität; zusammen bilden beide Begriffe eine der Dimensionen nationaler Kulturen. Femininität repräsentiert eine Gesellschaft, in der sich die emotionalen Geschlechterrollen überschneiden: sowohl Männer wie Frauen gelten als bescheiden, sensibel und um Lebensqualität bemüht.

Fundamentalismus: Die Überzeugung, dass es nur eine Wahrheit gibt, und dass die eigene gesellschaftliche Gruppe im Besitz dieser Wahrheit ist, die dann meistens bis ins kleinste Detail definiert wird.

Gesicht: In einer kollektivistischen Gesellschaft versteht man darunter eine Eigenschaft, die jemandem zuerkannt wird, der die wesentlichen Erfordernisse erfüllt, die mit seiner gesellschaftlichen Stellung verbunden sind.

Gestalt: Ein integriertes Ganzes, das als solches erforscht werden sollte und seine Bedeutung verliert, wenn es unterteilt wird.

Großfamilie: Familie einschließlich Verwandte zweiten oder dritten Grades (und mehr) wie Großeltern, Onkel, Tanten, Cousins und Cousinen.

Helden: Personen, lebende oder tote, tatsächliche oder imaginäre, denen Charaktereigenschaften zugeschrieben werden, die in einer Kultur sehr hoch angesehen sind und die somit als Vorbilder für Verhalten gelten.

Homöostase: Die einem Organismus oder sozialen System inne wohnende Tendenz die interne Stabilität aufrecht zu erhalten, indem Änderungen von außen ausgeglichen werden.

Index der Langfristigen Orientierung (LTO): Ein Maß für den Grad an Langfristiger Orientierung in der Kultur eines Landes; er basiert auf dem Forschungsprojekt der Chinesischen Wertestudie, das bei Stichproben von Studenten durchgeführt wurde.

Individualismus: Das Gegenteil von Kollektivismus; zusammen bilden sie eine Dimension nationaler Kulturen. Individualismus repräsentiert eine Gesellschaftsform, in der die sozialen Bindungen zwischen Individuen nicht sehr fest sind. Von jedem wird erwartet, dass er sich nur um sich selbst oder seine eigene, unmittelbare Familie kümmert.

Individualismusindex (IDV): Ein Maß für den Grad an Individualismus in der Kultur eines Landes auf der Grundlage des IBM-Forschungsprojektes.

Kernfamilie: Eine Gruppe von Familienangehörigen, die ausschließlich Verwandte 1. Grades umfasst (Eltern und Kinder).

Kollektivismus: Das Gegenteil von Individualismus: zusammen bilden sie eine Dimension nationaler Kulturen. Kollektivismus repräsentiert eine Gesellschaft, in der die Menschen von Geburt an in Wir-Gruppen leben, d. h. in Gruppen mit einem starken Zusammengehörigkeitsgefühl, die ihnen das ganze Leben lang Schutz für ihre außer Frage stehende Loyalität gewähren.

Konfuzianische Dynamik: Eine Dimension nationaler Kultur, auf die man im Zusammenhang mit einer Untersuchung gestoßen ist, die man bei Studenten unter Verwendung der Chinese Value Study (Chinesische Wertestudie) durchgeführt hat. In diesem Buch wurde sie umbenannt in langfristige gegenüber kurzfristiger Orientierung (siehe auch unter diesen Stichworten).

Korrelation: Ein Begriff aus der mathematischen Statistik, der den Grad der gemeinsamen Abweichung von zwei Variablen ausdrückt. Der Korrelationskoeffizient kann variieren von höchstens 1,00 (maximale Übereinstimmung) und 0 (keine Beziehung) bis hin zu einem Minimum −1,00 (vollkommen negative Übereinstimmung).

Kultur: Mentales Training bzw. mentale Verfeinerung. Zivilisation. Diese Bedeutung wird in diesem Buch als „Kultur Eins" bezeichnet. Die kollektive mentale Programmierung, die die Mitglieder der einen Gruppe oder Kategorie von Menschen von einer anderen unterscheidet. Diese Bedeutung entspricht dem in der Anthropologie verwendeten Begriff von „Kultur" und findet in diesem Buch durchgehend Anwendung.

Kulturschock: Ein Zustand von Unbehagen, der auftritt, wenn sich ein Individuum in einer unbekannten kulturellen Umgebung zurechtfinden muss. Dieser Zustand kann mit physischen Krankheitssymptomen einhergehen.

Kurzzeitorientierung: Das Gegenteil von Langzeitorientierung (siehe dort); zusammen bilden die beiden Begriffe eine Dimension nationaler Kulturen. Kurzzeitorientierung steht für das Hegen von Werten, die auf die Vergangenheit und Gegenwart bezogen sind, insbesondere Respekt für Traditionen, Wahrung des „Gesichts" und Erfüllung sozialer Pflichten.

Langzeitorientierung: Das Gegenteil der Kurzzeitorientierung; zusammen bilden die beiden Begriffe eine Dimension nationaler Kulturen, die ursprünglich als „Konfuzianische Arbeitsdynamik" bezeichnet wurde. Langzeitorientierung steht für das Hegen von Tugenden, die auf künftigen Erfolg hin ausgerichtet sind, insbesondere Sparsamkeit und Beharrlichkeit.

Langzeitorientierungsindex (LZO): Ein Maß für den Grad der Langzeitorientierung in der Kultur eines Landes; basiert auf dem Forschungsprojekt der Chinese Value Survey (Chinesische Wertestudie) aus Stichproben von Studenten.

Machtdistanz: Der Grad, bis zu dem die weniger mächtigen Mitglieder von Institutionen und Organisationen in einem Land die ungleiche Verteilung der Macht erwarten und akzeptieren. Eine der Dimensionen nationaler Kultur (gering bis groß).

Machtdistanzindex (MDI): Ein Maß für den Grad der Machtdistanz in der Kultur eines Landes; basiert auf dem IBM-Forschungsprojekt.

Maskulinität: Das Gegenteil von Femininität; zusammen bilden die beiden Begriffe eine der Dimensionen nationaler Kulturen. Maskulinität steht für eine Gesellschaft, in der die emotionalen Geschlechterrollen klar festgelegt sind: Männer sollen durchsetzungsfähig und hart sein und sich auf materiellen Erfolg konzentrieren; Frauen sollen bescheiden und zärtlich sein und sich mit der Lebensqualität beschäftigen.

Maskulinitätsindex (MAS): Ein Maß für den Grad an Maskulinität in der Kultur eines Landes; geht auf das IBM-Forschungsprojekt zurück.

Matrixorganisation: Eine Organisationsstruktur, in der eine Person unter verschiedenen Gesichtspunkten seiner oder ihrer Arbeit zwei oder mehreren Vorgesetzten unterstehen kann: z. B. einem hinsichtlich der Aufgabe und einem anderen hinsichtlich der fachlichen Aspekte, oder einem bezüglich der Branche und einem anderen bezüglich des Landes.

Motivation: Eine angenommene Kraft, die innerhalb eines Individuums wirkt und ihn oder sie dazu bewegt, eine Handlungsweise einer anderen vorzuziehen.

Nationale Kultur: Die kollektive Programmierung des Geistes, die durch das Aufwachsen in einem bestimmten Land erworben wird.

Nationaler Charakter: Ein früher verwendeter Begriff. der das bezeichnet, was in diesem Buch „nationale Kultur" genannt wird. Ein Nachteil des Begriffs „Charakter" besteht darin, dass er die individuellen Aspekte auf Kosten des sozialen Systems hervorhebt.

Organisationskultur: Die kollektive Programmierung des Geistes, die die Mitglieder einer Organisation von einer anderen unterscheidet.

Paradigma: Eine Reihe allgemeiner Annahmen, die in einer wissenschaftlichen Disziplin vorherrschen und das Denken der Wissenschaftler in diesem Bereich beherrschen.

Partikularismus: Eine Denkweise, die in kollektivistischen Gesellschaften vorherrscht, in denen die Normen für das Verhalten gegenüber einem Menschen davon abhängen, zu welcher Gruppe dieser Mensch gehört.

Relativismus: Eine Bereitschaft, die Theorien und Werte anderer Personen oder Gruppen als genauso vernünftig anzusehen wie die eigenen.

Risiko: Die Wahrscheinlichkeit, dass eine Handlung zu einem zwar bekannten, aber unerwünschten Ergebnis führt.

Rituale: Kollektive Tätigkeiten, die für das Erreichen des gewünschten Ergebnisses praktisch überflüssig sind, in einer Kultur aber als gesellschaftlich wesentlich angesehen werden: sie werden daher um ihrer selbst willen ausgeübt.

Sozialisation: Das Erwerben der zu einer Kultur gehörenden Werte und Praktiken durch Teilnahme an dieser Kultur.

Symbole: Worte, Bilder, Gesten oder Objekte, die eine bestimmte Bedeutung haben, die nur von denjenigen erkannt wird, die der gleichen Kultur angehören.

Typologie: Eine Reihe von Idealtypen, die zur Beschreibung eines Phänomens herangezogen werden.

Übertragung von Verantwortung: Prozess der gesteigerten Einflussnahme von Mitarbeitern auf ihre Situation am Arbeitsplatz.

Universalismus: Eine Denkweise, die in individualistischen Gesellschaften vorherrscht, in denen die Normen für das Verhalten einem Menschen gegenüber für alle Menschen gleich sind.

Unsicherheitsvermeidung: Der Grad, bis zu dem sich die Angehörigen einer Kultur durch uneindeutige oder unbekannte Situationen bedroht fühlen. Eine der Dimensionen nationaler Kulturen (schwach bis stark).

Unsicherheitsvermeidungsindex (UVI): Ein Maß für den Grad an Unsicherheitsvermeidung in der Kultur eines Landes; basiert auf dem IBM-Forschungsprojekt.

Validierung: Überprüfung der aus einer Forschungsarbeit gezogenen Schlussfolgerungen gegenüber Daten aus anderen, unabhängigen Quellen.

Vertretung: Die Art und Weise der Aufgabenerfüllung von Personen, die ermächtigt sind, im Namen einer Organisation zu handeln.

Werte: Allgemeine Tendenzen, bestimmte Umstände anderen vorzuziehen.

Wir-Gruppe (Ingroup): Eine Gruppe, in der das Zusammengehörigkeitsgefühl stark ausgeprägt ist, die den Mitgliedern Schutz für deren Loyalität gewährt und ihnen ein Identitätsgefühl vermittelt.

Xenophilie: Das Gefühl, dass Menschen und Dinge aus anderen Ländern überlegen sein müssen.

Xenophobie: Das Gefühl, dass Menschen oder Dinge aus anderen Ländern gefährlich sind.

Über die Autoren

Geert Hofstede (geboren 1928) schloss die Delft Technical University mit einem Diplom als Maschinenbauingenieur ab und arbeitete zehn Jahre als Ingenieur und im Management in der niederländischen Industrie. Neben dem Beruf studierte er und promovierte in Sozialpsychologie an der Universität in Groeningen. Seine Doktorarbeit hatte den Titel: *The Game of Budget Control.* Anschließend ging er zu IBM Europe, wo er die Abteilung Personalforschung gründete und deren Leitung übernahm.  Seine akademische Laufbahn begann bei IMD (Lausanne) und führte ihn dann zu INSEAD (Fontainebleau), dem European Institute for Advanced Studies in Management (Brüssel), IIASA (Schloss Laxenburg, Österreich) und schließlich an die Universität in Maastricht, wo er bis zu seinem Rückzug aus dem aktiven Universitätsbetrieb im Jahre 1993 Organisationsanthropologie und Internationales Management lehrte. Von 1980 bis 1983 kehrte er noch einmal für kurze Zeit in die Industrie zurück als Leiter der Personalabteilung von Fasson Europe in Leiden. Er war Mitbegründer und erster Leiter des Institute for Research on Intercultural Cooperation (IRIC), dem er immer noch als Senior Fellow zur Verfügung steht; weiterhin ist er Extra-Mural Fellow des Center for Economic Research an der Universität in Tilburg. Von 1993 bis 2000 war er Ehrenprofessor an der Universität in Hongkong.

Geert Hofstede hat Vorlesungen an Universitäten und Institutionen gehalten und Firmen in der ganzen Welt beraten. Seine Bücher sind in 18 Sprachen erschienen und seine Artikel sind weltweit veröffentlicht worden in Fachzeitschriften für Sozialwissenschaft und Management. Seit Jahren wird er unter den 100

meistzitierten Autoren im Social Science Citation Index (Zitier-
häufigkeitsindex für Sozialwissenschaften) geführt und ist dabei
einer der wenigen Nicht-Amerikaner. Er ist volles Mitglied der
Academy of Management in den USA und verfügt über Ehren-
doktortitel von Universitäten in vier europäischen Ländern. Er
hält Vorlesungen in Niederländisch, Englisch, Französisch und
Deutsch an Universitäten, Lehrinstituten und in Firmen auf der
ganzen Welt. Er ist als Berater oder Gastredner für nationale und
internationale Unternehmen und staatliche Organisationen tätig, u. a. für die Weltbank, die Organisation für Zusammenarbeit
und Entwicklung in Europa, die Asian Production Organisation
und die Kommission der Europäischen Union.

Gert Jan Hofstede (geboren 1956), Geert Hofstedes ältester Sohn,
ging in den Niederlanden und der Schweiz zur Schule und eignete
sich Französisch als zweite Sprache an. Er hat ein Diplom in Po-

pulationsbiologie der Universität Wageningen in den Niederlanden. 1984
wurde er Programmierer. Ab 1986 war
er an der Universität Wageningen als
Assistenz-Professor tätig. Im Jahr 1992
promovierte er im Fach Produktions-
planung, ebenfalls an der Universität
Wageningen. Seine Doktorarbeit hatte
den Titel: *Modesty in Modelling*. Zurzeit ist er als außerordentlicher Professor für Informationstechnik am Fach-
bereich Sozialwissenschaft der Universität Wageningen tätig.

In den 1980er und 1990er Jahren unterrichtete und schrieb
Gert Jan Hofstede hauptsächlich im Bereich Data Modeling; außerdem führte er auf diesem Gebiet Beratungen durch. Da das
Internet Computernutzern die Gesellschaft näher brachte, und
gerade in Gert Jan Hofstedes Berufszweig Ideen über das virtu-
elle „Internationale Büro der Zukunft" zirkulierten, bediente er
sich Geert Hofstedes Werk und begann damit, Simulationsspiele über multikulturelle Kommunikation zu kreieren. Das Ender-

gebnis war ein Buch mit dem Titel: *Exploring Culture: Exercises, Stories and Synthetic Cultures (2002)*.

Zurzeit erscheint ein Werk über die Transparenz in internationalen Zuliefererketten und Organisationsnetzwerken. Er beteiligt sich auch an Forschungsarbeiten über Führungsverhalten an multinationalen Schauplätzen und über den Einsatz von Simulationsspielen zur Untersuchung der Kommunikation in Organisationsnetzwerken innerhalb einer Organisation.

Gert Jan Hofstede hält Vorlesungen und führt Simulationsspiele an den unterschiedlichsten Orten und in ganz unterschiedlichen Kontexten durch. Dazu gehören auch das „Afternoon Tea Game" an der London Business School of Economics, Vorträge über das Hauptthema bei Konferenzen und Vorlesungen an Universitäten und für multinationale Unternehmen.

Literaturverzeichnis

Zeitungsausschnitte und unveröffentlichte Dokumente, bei denen es sich nicht um Dissertationen handelt, sind nicht aufgeführt.

Aberbach, J.D. und *R.D. Putnam* (1977) Paths to the Top: The Origins and Careers of Political and Administrative elites. Ann Arbor: University of Michigan Press.

Adebayo, A. (1988) „The masculine side of planned parenthood: An explanatory analysis". Journal of Comparative Family Studies, 19, 55–67.

Adler, N.J. (1991) International Dimensions of Organizational Behavior. Boston MA: Kent Publishing Company, zweite Auflage.

Afro-centered Alliance (2001) „Indigenising organisational change: Localisation in Tanzania and Malawi". Journal of Managerial Psychology, 16, 59–78.

Alitto, G.S. (1986) The Last Confucian: Liang Shu-ming and the Chinese Dilemma of Modernity, zweite Auflage. Berkeley: University of California Press.

Almond, G.A. und *S. Verba* (1963) The Civic Culture: Political Attitudes and Democracy in Five Nations. Princeton NJ: Princeton University Press.

Alvesson, M. (2002) Understanding Organizational Culture. London: Sage.

Andersson. L. und *G. Hofstede* (1984) The Effectiveness of Expatriates: Report on a Feasibility Study. Tilburg Neth: IRIC.

Apfelthaler, G., H.J. Muller und *R.R. Rehder* (2002) „Corporate global culture as competitive advantage: learning from Germany and Japan in Alabama and Austria?" Journal of World Business, 37, 108–18.

Argyle, M., M. Henderson, M. Bond, Y. Iizuka und *A. Contarello* (1986) „Cross-cultural variations in relationship rules". International Journal of Psychology, 21, 287–315.

Baker, C.R. (1976) „An investigation of differences in values: accounting majors versus non-accounting majors". The Accounting Review, 51, 4, 886–893.

Barney, J.B. (2002) „Strategic management: from informed conversation to academic discipline". Academy of Management Executive, 16, 53–57.

Baruch, J. (2001) „Global or North American? A geographical based comparative analysis of publications in top management journals". International Journal of Cross Cultural Management, 1, 109–126.

Bel Ghazi, H. (1982) Over twee culturen: uitbuiting en opportunisme. Rotterdam: Futile.

Bem, S.L. (1975) „Sex role adaptability: one consequence of psychological androgyny". Journal of Personality and Social Psychology, 31, 634–643.

Best, D.L. und *J.E. Williams* (1996) „Anticipation of aging: a cross-cultural examination of young adults' views of growing old". In: Asian Contributions to Cross-Cultural Psychology, J. Pandey, D. Sinha and D.P.S. Bhawuk (eds.), New Delhi: Sage, 274–288.

Biggs, J.B. (1996) „Approaches to learning of Asian students: a multiple paradox". In: Asian Contributions to Cross-Cultural Psychology, J. Pandey, D. Sinha and D.P.S. Bhawuk (eds.), New Delhi: Sage, 180–199.

Blanchflower, D.G. und *A.J. Oswald* (1998) „What makes an entrepreneur?" Journal of Labour Economics, 16, 1, 26–60.

Blake, Robert R. und *J.S. Mouton* (1964) The Managerial Grid. Houston TX: Gulf Publishing Co.

Bond, M.H. (1992) „The process of enhancing cross-cultural competence in Hong-Kong organizations". International Journal of Intercultural Relations, 16, 395–412.

Bond, M.H. und *S.H. Wang* (1983) „Agressive behavior and the problem of maintaining order and harmony". In: Global Perspectives on Agression, A.P. Goldstein and M.H. Segall (eds.), New York NY: Pergamon, 58–73.

Bond, R. und *P.B. Smith* (1996) „Culture and conformity: a meta-analysis of studies using Asch's (1952, 1956) line judgment task". Psychological Bulletin, 119, 111–137.

Bourdieu, P. (1980) Le sens pratique. Paris: Editions de Minuit.

Bourdieu, P. und *L.J.D. Wacquant* (1992) Réponses: pour une anthropologie réflexive. Paris: Seuil.

Broms, H. und *H. Gahmberg* (1983) «Communication to self in organizations and cultures». Administrative Science Quarterly, 28, 482–495.

Broverman, I.K., S.R. Vogel, D.M. Broverman, F.E. Clarkson und

P.S. Rosenkrantz (1972) „Sex-role stereotypes: a current appraisal". Journal of Social Issues, 28, 2, 59–78.

Brunsson, N. (1985) The Irrational Organization. Chichester, UK: Wiley.

Buss, D.M. (1989) „Sex differences in human mate preferences: evolutionary hypotheses tested in 37 cultures". Behavioral and Brain Sciences, 12, 1–49.

Buss, D.M. and 49 others (1990) „International preferences in selecting mates". Journal of Cross-Cultural Psychology, 21, 5–47.

Caligiuri, P.M. (2000) „The Big Five personality characteristics as predictors of expatriate's desire to terminate the assignment and supervisorrated performance". Personnel Psychology, 53, 67–88.

Campbell, J. (1988) Myths to live by. New York NY: Bantam Books [Das Original erschien 1972].

Cao Xueqin (1980) The Story of the Stone, also known as The Dream of the Red Chamber. Band 3: The Warning Voice. Übersetzt von David Hawkes. Harmondsworth, Mddx: Penguin Books [Das chinesische Original erschien 1760].

Carlzon, J. (1987) Moments of Truth. Cambridge MA: Ballinger Publishing Company.

Carr, S.C., D. Munro und *G.D. Bishop* (1996) „Attitude assessment in non-Western countries: critical modifications to Likert scaling". Psychologia, 39, 55–59.

Castells, M. (2001) The Internet Galaxy. Oxford: Oxford University Press.

Cavalli-Sforza, L.L. (2000) Genes, Peoples and Languages. Berkeley CA: University of California Press.

Chandler, T.A., D.D. Shama, F.M. Wolf und *S.K. Planchard* (1981) „Multiattributional causality: a five cross-national samples study". Journal of Cross-Cultural Psychology, 12, 207–221.

Chenery, H.B. und *A.M. Strout* (1966) „Foreign assistance and economic development". American Economic Review, 56, 4, 679–733.

Chew-Lim, F.Y. (1997) Evolution of Organisational Culture: A Singaporean Experience. Unveröffentlichte Dissertation, University of Hong Kong, School of Business.

Chinese Culture Connection (ein Team von 24 Forschern, 1987) „Chinese values and the search for culture-free dimensions of culture". Journal of Cross-Cultural Psychology, 18, 2, 143–164.

Cleverley, G. (1971) Managers and Magic. London: Longman.

Cohen, P. (1973) The Gospel According to the Harvard Business School: The Education of America's Managerial Elite. Garden City NY: Doubleday.

Cooper, R. und *N. Cooper* (1982) Culture Shock! Thailand..., and How to Survive It. Singapore: Times Books International.

Costa, J.T. Jr, A. Terraciano und *R.R. McCrae* (2001) „Gender differences in personality traits across cultures: robust and surprising findings". Journal of Personality and Social Psychology, 81, 322–331.

Crozier, M. (1964) The Bureaucratic Phenomenon. Chicago IL: The University of Chicago Press.

Crozier, M. und *E. Friedberg* (1977) L'acteur et le système: les contraintes de l' action collective. Paris: Seuil.

Cushner, K. und *R.W. Brislin* (1996) Intercultural Interactions: A Practical Guide, zweite Auflage. Thousand Oaks CA: Sage.

Cyert, R.M. und *J.G. March* (1963) A Behavioral Theory of the Firm. Englewood Cliffs NJ: Prentice-Hall.

Davies, H. und *P. Ellis* (2000) „Porter's competitive advantage of nations: time for the final judgement?" Journal of Management Studies, 37, December 8, 1189–1213.

Deal, T.E. und *A.A. Kennedy* (1982) Corporate Cultures: The Rites and Rituals of Corporate Life. Reading MA: Addison-Wesley.

de Mooij, M. (1998a) Global Marketing and Advertising: Understanding Cultural Paradoxes. Thousand Oaks CA: Sage.

de Mooij, M. (1998b) „Masculinity/femininity and consumer behavior". In: G. Hofstede and associates, Masculinity and Femininity: The Taboo Dimension of National Cultures, Thousand Oaks CA: Sage, 55–73.

de Mooij, M. (2004) Consumer Behavior and Culture: Consequences for Global Marketing and Advertising. Thousand Oaks CA: Sage.

de Mooij, M. & G. Hofstede (2002) „Convergence and divergence in consumer behavior: Implications for international retailing". Journal of Retailing, 78, 61–69.

de Tocqueville, A. (1956) Democracy in America. Überarbeitete und gekürzte Ausgabe von R.D. Heffner. New York NY: Mentor Books [Das Original erschien 1835].

de Waal, F. (2001). The Ape and the Sushi Master: Cultural Reflections of a Primatologist. New York: Basic Books.

Dia, M. (1996) Africa's Management in the 1990s and Beyond: Reconciling Indigenous and Transplanted Institutions. Washington DC: World Bank.

Diderot, D. (1982) Voyage en Hollande. Paris: François Maspéro. [Das Original erschien 1780].

Dion, K.K. und *K.L. Dion* (1993) «Individualistic and collectivistic perspectives on gender and the cultural context of love and intimacy». Journal of Social Issues, 49, 3, 53–69.

d'Iribarne, P. (1989) La logique de l' honneur: Gestion des entreprises et traditions nationales. Paris: Seuil, 1989.

d'Iribarne, P. (1998) «Comment s'accorder: Une rencontre franco-suédoise». In: Cultures et mondialisation: gérer par-delà des frontières, P. d'Iribarne, A. Henry, J.P. Segal, S. Chevrier und T. Globokar (Hrsg.). Paris: Seuil, 89–115.

d'Iribarne, P. (2002) «Motivating workers in emerging countries: universal tools and local adaptations». Journal of Organizational Behaviour, 23, 3, 243–256.

Djankov, S., R. La Porta, F. Lopez-de-Silanes & A. Shleifer (2003) The Practice of Justice. Bericht der Weltbank. (www.Worldbank. org/publicsector/legal/index.cfm/).

Douglas, M. (1966) Purity and Danger. London: Routledge and Kegan Paul.

Drucker, P.F. (1955) The Practice of Management. London: Mercury.

Earley, P.C. (1989) „Social loafing and collectivism: a comparison of the United States and the People's Republic of China". Administrative Science Quarterly, 34, 565–581.

Elias, N. (1969) Ueber den Prozess der Zivilisation. Frankfurt (Main): Suhrkamp.

Erasmus, D. (2001) Gesprekken Colloquia. Amsterdam: Athenaeum – Polak & van Gennep.

Eurobarometer (1980). Public opinion in the European Community. Brüssel: Europäische Kommission.

Eurobarometer (1990). The perception of poverty in Europe. Brüssel: Europäische Kommission, März.

Eurobarometer (1994). Trends 1974–1994. Public opinion in the European Union. Brüssel: Europäische Kommission.

Eurobarometer (1997). Racism and xenophobia in Europe. Brüssel: Europäische Kommission.

Fayol, H. (1970) Administration industrielle et générale. Paris: Dunod [Das Original erschien 1916].

Ferguson, I.R.G. (1973) Management by Objectives in Deutschland. Frankfurt: Herder und Herder.

Fisher, G. (1988) Mindsets: The Role of Culture and Perception in International Relations. Yarmouth ME: Intercultural Press.

Fleishman, E.A., E.F. Harris und *H.E. Burtt* (1955) Leadership and Supervision in Industry. Columbus: Ohio State University, Bureau of Educational Research.

Foreign Policy magazine and the Center for Global Development (2003) „Ranking the rich: Which country really helps the poor?" http://www.foreignpolicy.com, May 9.

Forss, K., J. Carlsen, E. Frøyland, T, Sitari und *K. Vilby* (1988) Evaluation of the Effectiveness of Technical Assistance Personnel Financed by the Nordic Countries. Stockholm: Swedish International Development Authority.

Franck, G. (1973) „Épitaphe pour la D.P.O.». Le Management, 3, 8-14.

Franke, J. und *N. Nicholson* (2002) «Who shall we send? Cultural and other influences on the reating of selection criteria for expatriate assignments». International Journal of Cross-Cultural Management, 1, 21–36.

Gambling, T. (1977) „Magic, accounting and morale". Accounting, Organizations and Society, 2, 141–51.

Gao, G., S. Ting-Toomey und *W.B. Gudykunst* (1996) „Chinese communication processes". In: The Handbook of Chinese Psychology, M.H. Bond (Hrsg.). Hong Kong: Oxford University Press, 280–93.

Giddens, A. (2001) Sociology: Fourth Edition. Cambridge, UK: Polity Press.

Gonzalez, A. (1982) „Sex roles of the traditional Mexican family: A comparison of Chicano and Anglo student's attitudes". Journal of Cross-Cultural Psychology, 13, 330–339.

Goodstein, L.D. (1981) „Commentary: Do American theories apply abroad?" Organizational Dynamics, 10, 1, 49–54.

Gould, S.J. (1996) The Mismeasure of Man. New York NY: Norton & Company.

Gray, S.J. (1988) „Towards a theory of cultural influence on the development of accounting systems internationally". Abacus, 24, 1, 1–15.

Gray, J. (1993) Men are from Mars, Women are from Venus. London: Harper Collins.

Groterath, A. (2000) Operatione Babele: La comunicazione interculturale nelle missioni di pace. Doktorarbeit im Rahmen der Veranstaltung Friedenssicherung und Sicherheit, Universität Rom.

Habib, S. (1995) „Concepts fondamentaux et fragments de psychosociologie dans l'oeuvre d'Ibn-Khaldoun: Al-Muqaddima (1375–1377)". Les Cahiers Internationaux de Psychologie Sociale, 27, 101–121.

Haley, K.H.D. (1988) The British and the Dutch: Political and Cultural Relations Through the Ages. London: George Philip.

Hall, E.T. (1976) Beyond Culture. Garden City NY: Doubleday Anchor Books.

Halman, L. (2001) The European Values Study: a Third Wave. Tilburg: ESC, WORC, Tilburg University.

Halman, L. und *T. Petterson* (1996) „The shifting sources of morality: From religion to post-materialism?" In: Political Value Change in Western Democracies: Integration, Values, Identification, and Participation, L. Halman and N. Nevitte (Hrsg.). Tilburg, Neth.: Tilburg University Press, 261–284.

Harding, S. und *D. Phillips, mit M. Fogarty* (1986) Contrasting Values in Western Europe. London: Macmillan.

Harris, M. (1981) America Now: The Anthropology of a Changing Culture. New York: Simon & Schuster.

Harrison, L.E. (1985) Underdevelopment is a State of Mind. Lanham MD: Madison Books.

Harzing, A.W.K. (1995) „The persistent myth of high expatriate failure rates". International Journal of Human Resource Management, 6, 457–474.

Harzing, A. (2001) „Are our referencing errors undermining our scholarship and credibility? The case of expatriate failure rates". Journal of Organizational Behavior, 23, 127–148.

Harzing, A.W. und *A. Sorge* (2003) „The relative impact of country of origin and universal contingencies on internationalization strategies and corporate control in multinational enterprises: worldwide and European perspectives". Organization Studies, 24, 2, 187–214.

Hastings, H.E. und *P.K. Hastings* (1980) Index to International Public Opinion 1979–1980. Oxford: Clio.

Hastings, H.E. und *P.K. Hastings* (1981) Index to International Public Opinion 1980–1981. Oxford: Clio.

Hawes, F. und *D.J. Kealey* (1979) Canadians in Development: An Empirical Study of Adaptation and Effectiveness on Overseas Assignment. Ottawa: Canadian International Development Agency.

Helgesen, G. und *U. Kim* (2002) Good Government: Nordic and East Indian Perspectives. Copenhagen: NIAS Press in Zusammenarbeit mit DUPI (Dansk Udenrigspolitisk Institut – Dänisches Institut für Internationale Angelegenheiten).

Helmreich, R.L. und *A.C. Merritt* (1998) Culture at Work in Aviation and Medicine: National, Organizational and Professional Influences. Aldershot, England: Ashgate.

Herzberg, F. (1966) Work and the Nature of Man. Boston MA: World Publishing Co.

Herzberg, F., B. Mausner und *B.B. Snyderman* (1959) The Motivation to Work. New York NY: John Wiley & Sons.

Hickson, D.J. und *D.S. Pugh* (2001) Management Worldwide: Distinctive Styles Amid Globalization. Neue verbesserte Auflage. Harmondsworth, Mddx: Penguin Books.

Hill, C. und *C.T. Romm* (1996) „The role of mothers as gift givers: A comparison across 3 cultures". Advances in Consumer Research, 23, 21–27.

Ho, D.Y.F. (1976) „On the concept of face". American Journal of Sociology, 81, 867–884.

Hofstede, G. (1967) The Game of Budget Control: How to Live with Budgetary Standards and Yet be Motivated by Them. Assen Neth.: Van Gorcum.

Hofstede, G. (1978) „The poverty of management control philosophy". Academy of Management Review, 3, 450–461.

Hofstede, G. (1980a) Culture's Consequences: International Differences in Work-Related Values. Beverly Hills CA: Sage.

Hofstede, G. (1980b) „Motivation, leadership and organization: Do American theories apply abroad?". Organizational Dynamics, 9, 1, 42–63.

Hofstede,G. (1981a) „Do American theories apply abroad? A reply to Goodstein and Hunt". Organizational Dynamics, 10, 1, 63–68.

Hofstede, G. (1981b) „Management control of public and not-for-profit activities". Accounting, Organizations and Society, 6, 3, 193–221.

Hofstede, G. (1984) Culture's Consequences: International Differences in Work-Related Values, gekürzte Ausgabe. Beverly Hills CA: Sage.

Hofstede, G. (1986) „Cultural differences in teaching and learning". International Journal of Intercultural Relations, 10, 3, 301–320.

Hofstede, G. (1988) „McGregor in Southeast Asia?" In: Social Values and Development: Asian Perspectives, D. Sinha und H.S.R. Kao (Hrsg.). New Delhi: Sage, 304–314.

Hofstede, G. (1994) Uncommon Sense About Organizations: Cases, Studies, and Field Observations. Thousand Oaks, CA: Sage.

Hofstede, G. (1995) „Multilevel research of human systems: Flowers, bouquets, and gardens". Human Systems Research, 14, 207–217.

Hofstede, G. (1996a) „An American in Paris: The influence of nationality on organization theories". Organization Studies, 17, 525–537.

Hofstede, G. (1996b) „Gender stereotypes and partner preferences of Asian women in masculine and feminine cultures". Journal of Cross-Cultural Psychology, 27, 533–46.

Hofstede, G. and associates (1998) Masculinity and Femininity: The Taboo Dimension of National Cultures. Thousand Oaks CA: Sage.

Hofstede, G. (2001a) Culture's Consequences: Comparing Values, Behaviors, Institutions, and Organizations Across Nations. Thousand Oaks CA: Sage.

Hofstede, G. (2001b) „Comparing behaviors across nations: some suggestions to Levine and Norenzayan". Cross Cultural Psychology Bulletin, 35, 3, 27–29.

Hofstede, G. und *M.H. Bond* (1984) „Hofstede's culture dimensions: an independent validation using Rokeach's Value Survey". Journal of Cross-Cultural Psychology, 15, 4, 417–433.

Hofstede, G. und *M.H. Bond* (1988) „The Confucius connection: from cultural roots to economic growth". Organizational Dynamics, 16, 4, 4–21.

Hofstede, G. und *R.R. McCrae* (2004) „Personality and culture revisited: Linking traits and dimensions of culture". Cross-Cultural Research, 38, forthcoming.

Hofstede, G., M.H. Bond und *C.L. Luk* (1993) „Individual perceptions of organizational cultures: A methodological treatise on levels of analysis". Organizational Studies, 14, 483–503.

Hofstede, G., B. Neuijen, D.D. Ohayv und *G. Sanders* (1990) „Measuring organizational cultures". Administrative Science Quarterly, 35, 286–316.

Hofstede, G., C.A. van Deusen, C.B. Mueller, T.A. Charles und *the Business Goals Network* (2002) „What goals do business leaders pursue? A study in fifteen countries". Journal of International Business Studies, 33, 4, 785–803.

Hofstede, G.J. (1995) „Open problems, formal problems". Revue des Systèmes de Décision, 4, 2, 155–165.

Hofstede, G.J., P.B. Pedersen und *G. Hofstede* (2002) Exploring Culture: Exercises, Stories and Synthetic Cultures. Yarmouth ME: Intercultural Press.

Hoppe, M.H. (1990) A Comparative Study of Country Elites: International Differences in Work-related Values and Learning and their Implications for Management Training and Development. Doktorarbeit, University of North Carolina at Chapel Hill.

Hoppe, M.H. (1998) „Validating the masculinity/femininity dimensions on elites from nineteen countries". In: G. Hofstede and associates, Masculinity and Femininity: The Taboo Dimension of National Cultures, Thousand Oaks CA: Sage, 29–43.

Hoppe, M.H. and R. Bhagat (erscheint in Kürze) „Leadership in the U.S.: the leader as a cultural hero". In: Managerial Cultures of the World: A project GLOBE anthology, J. Chhokar, F. Brodbeck, und R.J. House (Hrsg.), Thousand Oaks CA: Sage.

Horovitz, J.H. (1980) Top Management Control in Europe. London: Macmillan.

House, R.J., M. Javidan, P. Hanges, P. Dorfman (2002) „Understanding cultures and implicit leadership theories across the globe: an introduction to project GLOBE". Journal of World Business, 37, 3–10.

Hsu, F.L.K. (1971) „Psychological homeostasis and jen: conceptual tools for advancing psychological anthropology". American Anthropologist, 73, 23–44.

Humana, C. (1992) World Human Rights Guide, dritte Auflage. New York: Oxford University Press.

Human Development Report, 1999. New York: Oxford University Press.

Human Development Report, 2002. New York: Oxford University Press.

Hume, D. (1964) The Philosophical Works, 3, T.H. Green und T.H. Grose (Hrsg.), London; Neuauflage im Scientia Verlag, Aalen [Das Original erschien 1882].

Hunt, J.W. (1981) „Commentary: Do American theories apply abroad?" Organizational Dynamics, 10, 1, 55–62.

Huntington, S.P. (1998) The Clash of Civilizations and the Remaking of the World Order, New York: Simon & Schuster.

Inglehart, R. (1997) Modernization and Postmodernization: Cultural, Economic, and Political Change in 43 Societies. Princeton NJ: Princeton University Press.

Inglehart, R., M. Basañez und *A. Moreno* (1998) Human Values and Beliefs: A Cross-Cultural Sourcebook. Ann Arbor: University of Michigan Press.

Inkeles, A. und *D.J. Levinson* (1969) „National character: the study of modal personality and sociocultural systems". In: The Handbook of Social Psychology, G. Lindzey & E. Aronson (Hrsg.), zweite Auflage, 4, Reading MA: Addison-Wesley [Original erschien 1954].

Jackofsky, E.F. and J.W. Slocum (1988) „CEO roles across cultures". In: The Executive Effect: Concepts and Methods for Studying Top Managers, D.C. Hambrick (Hrsg.). Greenwich, CT: JAI, 76–99.

Javidan, M. und *R.J. House* (2001) „Cultural acumen for the global manager: lessons from Project GLOBE". Organizational Dynamics, 29, 4, 289–305.

Javidan, M. und *R.J. House* (2002) „Leadership and cultures around the world: findings from GLOBE: an introduction to the special issue". Journal of World Business, 37, 1–2.

Jenkins, D. (1973) Blue and White Collar Democracy. Garden City, NY: Doubleday.

Kahn, H. (1979) World Economic Development: 1979 and Beyond. London: Croom Helm.

Kashima, E.S. und *Y. Kashima* (1998) „Culture and language: The case of cultural dimensions and personal pronoun use". Journal of Cross-Cultural Psychology, 29, 461–86.

Kashima, Y. und *E.S. Kashima* (2003) „Individualism, GNP, climate, and pronoun drop: is individualism determined by affluence and climate, or does language use play a role?" Journal of Cross-Cultural Psychology, 34, 1, 125–134.

Kelen, B. (1983) Confucius in Life and Legend. Singapore: Graham Brash (Pte.) Ltd [Das Original erschien 1971].

Kets de Vries, M.F.R. (2001) The leadership mystique: A user's manual for the human enterprise. London: Financial Times/Prentice-Hall.

Khandwalla, P.N. (1985) „Pioneering innovative management: An Indian excellence". Organization Studies, 6, 161–183.

Kiernan, V.G. (1969) The Lords of Humankind: European Attitudes Towards the Outside World in the Imperial Age. Harmondsworth, Mddx: Pelican.

Kieser, A. und *H. Kubicek* (1983) Organisation. Berlin: Walter de Gruyter.

Kim, U. (1995) „Psychology, science, and culture: Cross-cultural analysis of national psychologies„. International Journal of Psychology, 30, 663–679.

Klidas, A.K. (2001) Employee empowerment in the European hotel industry: Meaning, process and cultural relativity. Doktorarbeit, University of Tilburg. Amsterdam: Thela Thesis.

Kluckhohn, F.R. und *F.L. Strodtbeck* (1961) Variations in value orientations. Westport, CT: Greenwood.

Kohn, M.L. (1969) Class and Conformity: A Study in Values. Homewood IL: Dorsey Press.

Kolman, L., N.G. Noorderhaven, G. Hofstede und *E. Dienes* (2003) „Cross-cultural differences in Central Europe". Journal of Managerial Psychology, 18, 76–88.

Kuhn, T.S. (1970) The Structure of Scientific Revolutions. Chicago IL: University of Chicago Press, zweite erweiterte Auflage.

Kühnen, U., B. Hannover, U. Roeder, A.A. Shah, B. Schubert, A. Upmeyer, S. Zakaria (2001) „Cross-cultural variations in identifying embedded figures: comparisons from the United States, Germany, Russia, and Malaysia". Journal of Cross-Cultural Psychology, 32, 3, 365–371.

Laaksonen, O.J. (1977) „The power of Chinese enterprises". International Studies of Management and Organization, 7, 1, 71–90.

Lammers, C.J. (1988) „Transience and persistence of ideal types in organization theory". Research in the Sociology of Organizations, 6, 203–224.

Lammers, A. (1989) Uncle Sam en Jan Salie: Hoe Nederland Amerika ontdekte. Amsterdam: Balans.

Lammers, C.J. (2003) „Occupational regimes alike and unlike". Organization Studies, forthcoming.

Lasch, C. (1980) The Culture of Narcissism: American Life in an Age of Diminishing Expectations. New York: Warner.

Laurent, A. (Winter 1981) „Matrix organizations and Latin culture". International Studies of Management and Organization, 10, 4, 101–114.

Lawrence, P. (1980) Managers and Management in West Germany. London: Croom Helm.

Levine R.V. und A. Norenzayan (1999) „The pace of life in 31 countries". Journal of Cross-Cultural Psychology, 30, 178–205.

Levine R.V., A. Norenzayan und K. Philbrick (2001) „Cross-cultural differences in helping strangers". Journal of Cross-Cultural Psychology, 32, 5, 543–360.

Levine, R., S. Sato, T. Hashimoto und J. Verma (1995) „Love and marriage in 11 cultures". Journal of Cross-Cultural Psychology, 30, 178–205.

Levinson, D. (1977) „What have we learned from cross-cultural surveys?". American Behavioral Scientist, 20, 757–792.

Lévi-Strauss, C. und D. Eribon (1988) De près et de loin. Paris: Editions Odile Jacob.

Lewis, B. (1982) The Muslim Discovery of Europe. London: Weidenfield & Nicholson.

Locke, R.R. (1996) The Collapse of the American Management Mystique. Oxford: Oxford University Press.

Lord, M.D. und A.L. Ranft (2000) „Organizational learning about new international markets: Exploring the internal transfer of local market knowledge". Journal of International Business Studies, 31, 4, 573–589.

Lynch, P.D. und J.C. Beck (2001) „Profiles of internet buyers in 20 countries: evidence for region-specific strategies". Journal of International Business Studies, 32, 4, 725–748.

Lynn, R. (1991) The Secret of the Miracle Economy: Different National Attitudes to Competitiveness and Money. London: Social Affairs Unit.

Machiavelli, N. (1955) The Ruler. Übersetzt von P. Rodd. Los Angeles CA: Gateway Editions [Das Original erschien 1517 in Italien].

Magalhaes, R. (1984) „Organisation development in Latin countries: Fact or fiction". Leadership and Organization Development Journal, 5, 5, 17–21.

Mamman, A. und K. Saffu (1998) „Short-termism, control, quick-fix and bottom line". Journal of Managerial Psychology, 13, 291–308.

March, J.G. und *J.P.Olsen* (1976) Ambiguity and Choice in Organizations. Bergen, Norway: Universitetsforlaget.

Markus, H.R. und *S. Kitayama* (1991) „Culture and the self: Implications for cognition, emotion, and motivation". Psychological Review, 98, 224–253.

Maslow, A.H. (1970) Motivation and Personality. New York NY: Harper & Row, zweite Auflage.

Matsumoto, D. (1989) „Cultural influences on the perception of emotion". Journal of Cross-Cultural Psychology, 20, 92–105.

McClelland, D. (1961) The Achieving Society. Princeton NJ: Van Nostrand.

McCrae, R.R. und *O.P. John* (1992) „An introduction to the five-factor model and its applications". Journal of Personality and Social Psychology, 60, 175–215.

Mead, M. (1962) Male and Female. London: Penguin Books [Das Original erschien 1950].

Merritt, A. (2000) „Culture in the cockpit: do Hofstede's dimensions replicate?" Journal of Cross-Cultural Psychology, 31, 3, 283–301.

Merton, R.K. (1968) Social Theory and Social Structure. Erweiterte Ausgabe. New York NY: Free Press [Originalausgabe 1949].

Metcalf, H.C. und *L. Urwick* (1940) Dynamic Administration: The Collected Papers of Mary Parker Follett. New York NY: Harper & Row.

Michaud, G. (Ed.)(1978) Identités collectives et relations inter-culturelles. Paris: Presses Universitaires de France.

Mintzberg, H. (1983) Structure in Fives: Designing Effective Organizations. Englewood Cliffs NJ: Prentice-Hall.

Mintzberg, H. (1989) Mintzberg on Management: Inside our Strange World of Organizations. New York NY: The Free Press.

Mintzberg, H. (1993) „The pitfalls of strategic planning". California Management Review, 36, 1, 32–47.

Mithen, S. (2003) After the Ice: A Global human history 20,000–5,000 BC. London: Weidenfeld & Nicolson.

Montesquieu (1989) De l'esprit des lois. Vol.1. Paris: GF-Flammarion, [Das Original erschien 1742].

Moore, C.A. (1967) Editor's supplement: „The Enigmatic Japanese

Mind". In: The Japanese Mind: Essentials of Japanese Philosophy and Culture, C.A. Moore (Hrsg.). Tokyo: C.E. Tuttle, 288–313.

Moore, K. und *D. Lewis* (1999) Birth of the Multinational: Two Thousand Years of Ancient Business History, from Ashur to Augustus. Copenhagen: Copenhagen Business School Press.

Morakul, S. und *F.H. Wu* (2001) „Cultural influences on the ABC implementation in Thailand's environment". Journal of Managerial Psychology, 16, 142–158.

Morier, J.J. (1923) The Adventures of Hajji Baba of Ispahan, herausgegeben mit einer Einführung und Anmerkungen von C.W. Stewart. London: Oxford University Press [Das Original erschien 1824].

Mouritzen, P.E. und *J.H. Svara* (2002) Leadership at the Apex: Politicians and Administrators in Western Local Governments. Pittsburgh PA: University of Pittsburgh Press.

Mulder, M. (1976) „Reduction of power differences in practice: the Power Distance reduction theory and its applications". In: European Contributions to Organization Theory, G. Hofstede und M.S. Kassem (eds.), Assen Neth.: Van Gorcum, 79–94.

Mulder, M. (1977) The Daily Power Game. Leiden Neth.: Martinus Nijhoff.

NCES (National Center for Education Statistics, 1999) TIMSS (Third International Mathematics and Science Study). Internetadresse: http://nces.ed.gov/timss/, 1999.

Negandhi, A.R. und *S.B. Prasad* (1971) Comparative Management. New York NY: Appleton-Century-Crofts.

Ng, S.H. and 8 others (1982) „Human Values in Nine Countries". In: Diversity and Unity in Cross-Cultural Psychology, R.Rath et al. (Hrsg.), Lisse Neth.: Swets & Zeitlinger, 196–205.

Noorderhaven, N.G. und *B. Tidjani* (2001) „Culture, governance, and economic performance: An explorative study with a special focus on Africa". International Journal of Cross-Cultural Management, 1, 31–52.

OECD (Organization for Economic Cooperation and Development,1995) Literacy, Economy and Society: Results of the First International Adult Literacy Survey. Paris: OECD and Development Statistics Canada.

Ouchi, W.G. (1980) „Markets, Bureaucracies and Clans". Administrative Science Quarterly, 25, 129–141.

Oyserman, D., H.M. Coon und *M. Kemmelmeier* (2002) „Rethinking individualism and collectivism: Evaluations of theoretical assumptions and meta-analyses". Psychological Bulletin, 128, 3–72.

Page, M. (1972) The Company Savage: Life in the Corporate Jungle. London: Coronet.

Pagès, M. (1971) „Bethel culture, 1969 : Impressions of an immigrant". Journal of Applied Behavioral Science, 7, 267–284.

Pagès, M., M. Bonetti, V. de Gaulejac und *D. Descendre* (1979) l'Emprise de l'organisation. Paris: Presses Universitaires de France.

Pascal, B. (1972) Pensées. Préface et introduction de Léon Brunschvicg. Paris : Le Livre de Poche [Originalausgabe von 1667]

Parsons, T. und *E.A. Shils* (1951) Toward a General Theory of Action. Cambridge MA: Harvard University Press.

Payer, L.(1989) Medicine and Culture: Notions of Health and Sickness in Britain, the U.S., France and West Germany. London: Victor Gollancz.

Pedersen, T. und *S. Thomsen* (1997) „European patterns of corporate ownership: A twelve-country study". Journal of International Business Studies, 28, 759–778.

Peters, T.J. und *R.H. Waterman* (1982) In Search of Excellence: Lessons from America's Best-Run Companies. New York NY: Harper & Row.

Peterson, M.F. und *J.G. Hunt* (1997) „International perspectives on international leadership". Leadership Quaerterly, 8, 3, 203–231

Peterson, M.F. and K.L. Pike (2002) „Emics and ethics for organizational studies: a lesson in contrast from linguistics". In: International Journal of Cross-Cultural Management, 2, 5–19.

Peterson, R.M., C.C. Dibrell und *T.L. Pett* (2002) „Long- vs. short-term performance perspectives of Western European, Japanese, and U.S. countries: where do they lie?" Journal of World Business, 37, 245–255.

Porter, M.E. (1990) „The competitive advantage of nations". Harvard Business Review, 68, 4, 73–93.

Porter, M.E. (1992) „A note on culture and competitive advantage: Response to Van den Bosch and Van Prooijen". European Management Journal, 10, 178.

Pryor, J.B., E.R. DeSouza, J. Fitness, C. Hutz, M. Kumpf, K. Lub-

bert, O. Pesonen, M.W. Erber (1997) «Gender differences in the interpretation of social-sexual behavior: A cross-cultural perspective on sexual harassment». Journal of Cross-Cultural Psychology, 28, 509–534.

Pugh, D.S. und *D.J. Hickson* (1976) Organizational Structure in its Context: The Aston Programme I. Westmead, Farnborough, Hants., UK: Saxon House.

Pugh, D.S. und *D.J. Hickson* (1993) Great Writers on Organizations – The Omnibus Edition. Aldershot: Dartmouth.

Pümpin, C. (1984) „Unternehmenskultur, Unternehmensstrategie und Unternehmenserfolg". GDI Impuls, 2, 19–30, Bern Switz.: Gottlieb Duttweiler Institut.

Pümpin, C., J.M. Kobi and H.A. Wüthrich (1985) La culture de l'entreprise: le profil stratégique qui conduit au succès. Bern Switz.: Banque Populaire Suisse.

Read, R. (1993) Politics and Policies of National Economic Growth. Doktorarbeit, Stanford University.

Redding, S.G. (1980) „Management education for orientals". In Breaking Down Barriers: Practice and Priorities for International Management Education, B. Garratt und J. Stopford (Hrsg.). Westmead, Farnborough, Hants.: Gower, 193–214.

Redding, S.G. (1990) The Spirit of Chinese Capitalism. Berlin: Walter de Gruyter.

Rendell, L. und *H. Whitehead* (2001) „Culture in whales and dolphins". Behavioral and Brain Sciences, 24, 2, 309–330.

Renier, G.J. (1931) The English: Are they Human? London: William & Norgate.

Rose, R. (1955) Twelve Angry Men: A Play in Two Acts. London: Samuel French.

Ross, M.W. (1989) „Gay youth in four cultures: A comparative study". Journal of Homosexuality, 17, 299–314.

Russell, B. (1976) The Impact of Science on Society. London: Unwin Paperbacks [Das Original erschien 1952].

Russell, B. (1979) An Outline of Philosophy. London: Unwin Paperbacks [Das Original erschien 1927].

Ryback, D., A.L. Sanders, J. Lorentz und *M. Koestenblatt* (1980) „Child-rearing practices reported by students in six cultures". Journal of Psychology, 110, 153–162.

Sadler, P.J. und *G. Hofstede* (1976) „Leadership styles: preferences and perceptions of employees of an international company in different countries". International Studies of Management and Organization, 6, 3, 87–113.

Saffold, G.S. (1988) „Culture traits, strength, and organizational performance: Moving beyond 'strong' culture". Academy of Management Review, 13, 546–558.

Sagiv, L. und *S.H. Schwartz* (2000) „A new look at national culture: illustrative applications to role stress and managerial behavior". In: Handbook of Organizational Culture and Climate, N.M. Ashkanasy, C.P.M. Wilderom und M.F. Peterson (eds.), Thousand Oaks: Sage, 417–435.

Sandemose, A. (1938) En flygtling krydser sit spor [Ein Flüchtling kreuzt seine Spur]. Copenhagen: Gyldendals Bogklub. [Dänische Übersetzung; das Original erschien 1933 in Norwegisch].

Sanders, G. und *J. van der Veen* (1998) „Culture in ICUs„. In: Organisation and Management of Intensive Care, D. Reis Miranda, D.W. Ryan, W.B. Schaufeli und V. Fidler (Hrsg.), Berlin: Springer-Verlag, 208–219.

Saner, R. und *L. Yiu* (2000) „Developing sustainable trans-border regions: the need for business diplomats, entrepreneurial politicians and cultural ambassadors". Social Strategies 23, October, 411–428.

Schama, S. (1987) The Embarrassment of Riches: An Interpretation of Dutch Culture in the Golden Age. New York: Alfred A. Knopf.

Schein, E.H. (1985) Organizational Culture and Leadership: A Dynamic View. San Francisco: Jossey-Bass.

Schenk, E.J.J. (2001) Economie en strategie van de megafusie. The Hague: Elsevier Wetenschappelijke Publicaties.

Schildhauer, J. (1985) The Hansa: History and Culture. Leipzig DDR: Edition Leipzig.

Schneider, L. und *S. Lysgaard* (1953) „The deferred gratification pattern: a preliminary study". American Sociological Review, 18, 142–149.

Schramm-Nielsen, J. (2001) „Cultural dimensions of decision making: Denmark and France compared". Journal of Managerial Psychology, 16, 404–423.

Schumacher, E.F. (1973) Small is Beautiful: A Study of Economics as if People Mattered. London: Sphere.

Schwartz, S.H. (1994) „Beyond individualism/collectivism – new cultural dimensions of values". In: Individualism and Collectivism: Theory, Method and Applications, U. Kim, H.C. Triandis, Ç. Kagitçibasi, S.C. Choi und G. Yoon (Hrsg.), Thousand Oaks CA: Sage, 85–119.

Schwartz, S.H. und *A. Bardi* (2001) „Value hierarchies across cultures: taking a similarities perspective". Journal of Cross-Cultural Psychology, 32, 3, 268–290.

Sebenius, J.K. (2002) „The hidden challenge of cross-border negotiations", Harvard Business Review, March, 76–85.

Semenov, R. (2000) Cross-Country Differences in Economic Governance: Culture as a Major Explanatory Factor. Doktorarbeit, Tilburg: Tilburg University.

Shane, S.A. (1993) „Cultural influences on national rates of innovation". Journal of Business Venturing, 8, 59–73.

Shane, S.A. (1995) „Uncertainty avoidance and the preference for innovation championing roles". Journal of International Business Studies, 26, 47–68.

Shane, S.A. und *S. Venkataraman* (1996) „Renegade and rational championing strategies". Organization Studies, 17, 751–772.

Shane, S.A., S. Venkataraman und *I.C. Macmillan* (1995) „Cultural differences in innovation championing strategies". Journal of Management, 21, 931–952.

Sherman, P.J., R.L. Helmreich und *A.C. Merritt* (1997) „National culture and flight deck automation: results of a multination survey". International Journal of Aviation Psychology, 7, 4, 311–329.

Smircich, L. (1983) „Concepts of culture and organizational analysis". Administrative Science Quarterly, 28, 339–358.

Smith, P.B. (2003) „Acquiescent response bias as an aspect of cultural communication style". Journal of Cross-Cultural Psychology, erscheint in Kürze.

Smith, P.B., F. Trompenaars und *S. Dugan* (1995) „The Rotter Locus of Control Scale in 43 Countries: A Test of Cultural Relativity". International Journal of Psychology, 30, 377–400.

Smith, P.B., S. Dugan und *F. Trompenaars* (1996) „National culture and the values of organizational employees: A dimensional analysis across 43 nations". Journal of Cross-Cultural Psychology, 27, 231–264.

Smith, P.B., M.F. Peterson und *S.H. Schwartz* (2002) „Cultural values, sources of guidance, and their relevance to managerial behavior: a 47–nation study". Journal of Cross-Cultural Psychology, 33, 2, 188–208.

Soeters, J.L. (1986) „Excellent companies as social movements". Journal of Management Studies, 23, 299–313.

Soeters, J.L. (2000) „Culture in Uniformed Organizations". In: Handbook of Organizational Culture and Climate, N.M. Ashkanasy, C.P.M. Wilderom und M.F. Peterson (eds.), Thousand Oaks CA: Sage, 465–481.

Soeters, J.L. und *R. Recht* (2001) „Convergence or Divergence in the Multinational Classroom? Experiences from the military". International Journal of Intercultural Relations, 25, 423–40.

Soeters, J. und *H. Schreuder* (1986) „Nationale en organisatieculturen in accountantskantoren". Sociologische Gids, 33, 2, 100–121.

Søndergaard, M. (1994) „Hofstede's consequences: A study of reviews, citations and replications". Organization Studies, 15, 447–456.

Søndergaard, M. (2002) „Values of local government CEOs in job motivation: how do CEOs see the ideal job?" In: Social Bonds to City Hall, P. Dahler-Larsen (Hrsg.), Odense: Odense University Press, 57–75.

Statham, A. (1987) „The gender model revisited: Differences in the management styles of men and women". Sex Roles, 16, 409–429.

Stevens, E.P. (1973) „Marianismo: The other face of machismo in Latin America". In: Female and Male in Latin America, A. Pescatello (Hrsg.). Pittsburgh PA: University of Pittsburgh Press, 90–101.

Stevenson, H.W. und *S.Y. Lee* (1996) „The academic achievement of Chinese students". In: The Handbook of Chinese Psychology, M.H. Bond (Hrsg.). Hong Kong: Oxford University Press.

Stewart, E.C. (1985) „Culture and decision-making". In: Communication, Culture, and Organizational Processes, W.B. Gudykunst, L.P. Stewart und S. Ting-Toomey (Hrsg.). Beverly Hills CA: Sage, 177–211.

Stiglitz, J.E. (2002) Globalization and its Discontents. New York: W.W. Norton & Company.

Stoetzel, J. (1983) Les valeurs du temps présent. Paris: Presses Universitaires de France.

Stroebe, W. (1976) «Is social psychology really that complicated? A review of Martin Irle's Lehrbuch der Sozialpsychologie». European Journal of Social Psychology, 6, 4, 509–511.

Tannen, D. (1992) You Just Don't Understand: Women and Men in Conversation. London: Virago.

Tobin, J.J., D.Y.H. Wu und *D.H. Danielson* (1989) Pre-school in Three Cultures: Japan, China, and the United States. New Haven CT: Yale University Press.

Tollgerdt-Andersson, I. (1996) „Attitudes, values and demands on leadership: A cultural comparison among some European countries". In: Managing Across Cultures: Issues and Perspectives, P. Joynt und M. Warner (Hrsg.). London: Thomson, 166–178.

Triandis, H.C. (1972) The Analysis of Subjective Culture. New York NY: Wiley-Interscience.

Triandis, H.C. (1973) „Culture training, cognitive complexity and interpersonal attitudes". In D.S. Hoopes (Hrsg.), Readings in Intercultural Communication. Pittsburgh PA: Regional Council for International Education, 55–68.

Triandis, H.C. (1995) Individualism and Collectivism. Boulder CO: Westmore.

Trompenaars, F. (1993) Riding the Waves of Culture: Understanding Cultural Diversity in Business. London: Economist Books.

Tung, R.L. (1982) „Selection and training procedures of U.S., European and Japanese multinationals". California Management Review, 25, 1, 57–71.

Tylor, E.B. (1924) Primitive Culture. Gloucester MA: Smith [Das Original erschien 1871].

UNICEF (1995) The State of the World's Children 1995. New York: UNICEF/Oxford University Press.

van den Berg-Weitzel, L. und *G. van de Laar* (2000) „Relation between culture and communication in packaging design". Brand Management, 8, 3, 171–184.

van den Bosch, F.A.J. und *A.A. van Prooyen* (1992) „The competitive advantage of European nations: The impact of national culture, a missing element in Porter's analysis" European Management Journal, 10, 173–178.

van de Vliert, E. (1998) „Gender role gaps, competitiveness, and masculinity". In: G. Hofstede and associates, Masculinity and Femininity: The Taboo Dimension of National Cultures, Thousand Oaks CA: Sage, 117–129.

van der Veen, R. (2002) Afrika: van de Koude Oorlog naar de 21e Eeuw. Amsterdam: KIT Publishers.

van Dijk, T. (Hrsg.)(1997a) Discourse as Structure and Process. London: Sage.

van Dijk, T. (Hrsg.)(1997b) Discourse as Social Interaction. London: Sage.

van Haaf, J., M.C.C. Vonk und *F.J.R. van de Vijver* (2002) „Structural equivalence of the social norms scale of the world values survey". In: New directions in Cross-Cultural Psychology, P. Boski, F.J.R. van de Vijver und A.M. Chodynicka (Hrsg.), Warsaw: Wydawnictwo Instytutu Psychologii PAN, 165–182.

van Nimwegen, T. (2002) Global Banking, Global Values: The In-House Reception of the Corporate Values of ABN AMRO. Doktorarbeit, Nyenrode University, Delft: Eburon.

van Oudenhoven, J.P. (2001) „Do organizations reflect national cultures? A 10–nation study". International Journal of Intercultural Relations, 25, 89–107.

van Rossum, J.H.A. (1998) „Why children play: American versus Dutch boys and girls". In: G. Hofstede and associates, Masculinity and Femininity: The Taboo Dimension of National Cultures, Thousand Oaks CA: Sage, 130–138.

Veenhoven, R. (1993) Happiness in Nations: Subjective Appreciation of Life in 56 Nations, 1946–1992. Rotterdam: Erasmus University, Department of Social Sciences.

Verhulst, F.C., T.M. Achenbach, R.F. Ferdinand und *M.C. Kasius* (1993) „Epidemiological comparisons of American and Dutch adolescents' self-reports". Journal of the American Academy of Child and Adolescent Psychiatry, 32, 1135–1144.

Verweij, J. (1998) „The importance of femininity in explaining cross-national differences in secularization". Published in: Geert Hofstede & Associates, Masculinity and Femininity: The Taboo Dimension of National Cultures, Thousand Oaks CA: Sage, 179–191.

Verweij, J., P. Ester und *R. Nauta* (1997) „Secularization as an economic and cultural phenomenon: A cross-national analysis". Journal for the Scientific Study of Religion, 36, 309–324.

Walter, T. (1990) Why are most churchgoers women?" In: Vox Angelica XX: Biblical and Other Essays from London Bible College, H. Rowdon (ed.). London: Paternoster.

Ward, C., S.Bochner und *A. Furnham* (2001) The Psychology of Culture Shock, zweite Auflage. London: Routledge.

Watts, A. (1979) Tao: The Watercourse Way. Harmondsworth, Mddx: Pelican.

Webber, R.A.(Hrsg.) (1969) Culture and Management. Homewood IL: Irwin.

Weber, M. (1970) Essays in Sociology, H.H. Gerth und C.W. Mills (Hrsg.), London: Routledge & Kegan Paul [Das Original erschien 1948].

Weber, M. (1976) The Protestant Ethic and the Spirit of Capitalism. London: George Allen & Unwin [Das Original erschien 1930].

Weick, K.E. (1985) „The significance of corporate culture". In P.J. Frost, L.F. Moore, M.R. Louis, C.C. Lundberg, und J. Martin (Hrsg.), Organizational Culture. Beverly Hills: Sage, 381–389.

Weimer, J. (1995) Corporate Financial Goals: A Multiple Constituency Approach to a Comparative Study of Dutch, US, and German Firms. Doktorarbeit. Enschede, Neth.: Twente University.

Westbrook, M.T. und *V. Legge* (1993) „Health practitioners' perceptions of family attitudes towards children with disabilities: A comparison of six communities in a multicultural society". Rehabilitation Psychology, 38, 3, 177–185.

Westbrook, M.T., V. Legge und *M. Pennay* (1993) „Men's reactions to becoming disabled: A comparison of six communities in a multicultural society". Journal of Applied Rehabilitation Counseling, 24, 3, 35–41.

Westerlund, G. und *S.E. Sjöstrand* (1975) Organizational Myths. London: Harper & Row.

Wilkins, A.L. und *W.G. Ouchi* (1983) „Efficient cultures: Exploring the relationship between culture and organizational performance." Administrative Science Quarterly, 28, 468–481.

Williamson, O.E. (1975) Markets and Hierarchies: Analysis and Antitrust Implications. New York NY: Free Press.

Wildeman, R.E., G. Hofstede, N.G. Noorderhaven, A.R. Thurik, W.H.J. Verhoeven und *A.R.M. Wennekers* (1999) Culture's Role in Entrepreneurship: Self-Employment out of Dissatisfaction. Rotterdam: Rotterdam Institute for Business Economic Studies.

Wirthlin Worldwide (1996) Asian Values and Commercial Success. Internet: http://www.decima.com/publiens/report/wr9603.htm

Witkin, H.A. (1977) „Theory in cross-cultural research: Its uses and risks". In: Basic Problems in Cross-Cultural Psychology, Y.H. Poortinga (Hrsg.), Amsterdam: Swets & Zeitlinger, 82–91.

Witkin, H.A. und *D.R. Goodenough* (1977) „Field dependence and interpersonal behavior". Psychological Bulletin, 84, 661–689.

Witte, E. (1973) Organisation für Innovationsentscheidungen: Das Promotoren-Modell. Göttingen FRG: Verlag Otto Schwarz & Co.

Witte, E. (1977) „Power and innovation: a two-center theory". International Studies of Management and Organization, 7, 1, 47–70.

World Bank. (1972) World Bank Atlas. Washington DC: World Bank.

World Development Report (2002) Building Institutions for Markets. New York: Oxford University Press.

World Investment Report (2000) Cross-border Mergers and Acquisitions and Development. New York: United Nations.

Worm, V. (1997) Vikings and Mandarins: Sino-Scandanavian Business Cooperation in Cross-Cultural Settings. Copenhagen: Handelshøjskolens Forlag.

Wu, T.Y. (1980) Roots of Chinese Culture. Singapore: Federal Publications.

Yan, W.F. und *E.L. Gaier* (1994) „Causal attributions for college success and failure: An Asian-American comparison". Journal of Cross-Cultural Psychology, 25, 146–158.

Yelsma, P. und *K. Athappilly* (1988) „Marital satisfaction and communication practices: Comparisons among Indian and American couples". Journal of Comparative Family Studies, 19, 37–54.

Yeung, I.Y.M. und *R.L. Tung* (1996) Achieving Business Success in Confucion Societies: The Importance of Guanxi (connections). New York: American Management Association.

Zürcher, E. (1993) Confucianism for Development? Abschiedsvorlesung, Leiden University.

Personenverzeichnis

Buchanzeigen

Management und Marketing

Rittershofer
Wirtschafts-Lexikon

Über 4000 Stichwörter für Studium und Praxis.

3. Aufl. 2005. 1214 S.   €
€ 20,–. dtv 50844
Neu im Oktober 2005

Schneck
Lexikon der Betriebswirtschaft

3500 grundlegende und aktuelle Begriffe für Studium und Beruf.

6. Aufl. 2005. 1200 S.   €
€ 19,50. dtv 5810

Schultz
Basiswissen Betriebswirtschaft

Management, Finanzen, Produktion, Marketing. Das Buch bietet einen Überblick über die gesamte Betriebswirtschaft und ist gleichermaßen Nachschlagewerk wie Handbuch für Studium und Praxis.

2. Aufl. 2006. 335 S.   €
€ 10,–. dtv 50863
Neu im Januar 2006

Pepels
Marketing-Lexikon

Über 3000 grundlegende und aktuelle Begriffe für Studium und Beruf.

2. Aufl. 2002. 969 S.   €
€ 22,–. dtv 5884

Pepels
Praxiswissen Marketing

Märkte, Informationen und das Instrumentarium des Marketing.

1. Aufl. 1996. 349 S.   €
€ 10,17. dtv 5893

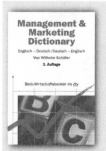

Schäfer
Management & Marketing Dictionary

Englisch – Deutsch / Deutsch – Englisch. Die vollständig überarbeitete Neuauflage enthält in nun einem Band mehr als 26 000 Stichwörter.

3. Aufl. 2004. 768 S.   €
€ 19,50. dtv 50887

Dichtl
Strategische Optionen im Marketing

Durch Kompetenz und Kundennähe zu Konkurrenzvorteilen.

3. Aufl. 1994. 303 S.   €
€ 8,64. dtv 5821

Becker

Das Marketingkonzept

Zielstrebig zum Markterfolg!
Die notwendigen Schritte
für schlüssige Marketing-
konzepte, systematisch
und mit Fallbeispielen.

3. Aufl. 2005. 292 S.　€
€ 10,-. dtv 50806

Becker

**Lexikon des
Personalmanagements**

Über 1000 Begriffe zu
Instrumenten, Methoden
und rechtlichen Grundlagen
betrieblicher Personalarbeit.

2. Aufl. 2002. 677 S.　€
€ 19,-. dtv 5872

Dichtl/Issing

**Vahlens Großes
Wirtschaftslexikon**

4 Bände in Kassette.

2. Aufl. 1994. 2505 S.　€
€ 70,56. dtv 59006

Neumann/Nagel

**Professionelles
Direktmarketing**

Das Praxisbuch mit einem
Angebot zu interaktivem
Training.

1. Aufl. 2001. 316 S.　€
€ 12,50. dtv 5886

*Kleine-Doepke/Standop/
Wirth*

**Management-
Basiswissen**

Konzepte und Methoden
zur Unternehmens-
steuerung.

3. Aufl. 2006. Rd. 350 S.　€
Ca. € 12,50. dtv 5861
In Vorbereitung für
Frühjahr 2006

Hörner

Marketing im Internet

Der neue Band bietet eine
Fülle von Tipps und Anre-
gungen und unterstützt
sowohl Unternehmer und
Marketing-Mitarbeiter wie
auch Freiberufler optimal
im Online-Marketing.

1. Aufl. 2006. 308 S.　€
€ 10,-. dtv 50895
Neu im März 2006

Füser

Modernes Management

Lean Management,
Business Reengineering,
Benchmarking und viele
andere Methoden.

4. Aufl. 2006. Rd. 250 S.　€
Ca. € 10,-. dtv 50809
In Vorbereitung

Diller

**Vahlens Großes
Marketinglexikon**

2 Bände im Schuber.

2. Aufl. 2003. 1966 S.　€
€ 49,-. dtv 50861

Bruhn

Kundenorientierung

Bausteine für ein exzellentes Customer Relationship Management (CRM). Innovationsmanagement, Qualitätsmanagement, Servicemanagement, Kundenbindungsmanagement, Beschwerdemanagement, Integrierte Kommunikation sowie Internes Marketing.

2. Aufl. 2003. 369 S.   €
€ 14,–. dtv 50808

Hoffmann/Schoper/ Fitzsimons

Internationales Projektmanagement

Interkulturelle Zusammenarbeit in der Praxis. Kommunikation und Information, Führung im Projekt, Entscheidungsfindung, Konflikt-, Risiko- und Lieferantenmanagement, Projektorganisation und -steuerung u.v.m.

1. Aufl. 2004. 373 S.   €
€ 14,–. dtv 50883

Hofstede

Lokales Denken, globales Handeln

Interkulturelle Zusammenarbeit und globales Management.
Wer international tätig ist, Verhandlungen führt oder Niederlassungen aufbaut, muss wissen, wie er mit kulturellen Unterschieden umgeht. Wertvolle Hinweise in diesem Standardwerk helfen, andere besser zu verstehen und selbst besser verstanden zu werden.

3. Aufl. 2006. 571 S.   €
€ 19,50. dtv 50807
Neu im März 2006

Schelle

Projekte zum Erfolg führen

Projektmanagement systematisch und kompakt.

4. Aufl. 2004. 329 S.   €
€ 11,–. dtv 5888

Röthlingshöfer

Werbung mit kleinem Budget

Der Ratgeber für Existenzgründer, kleine und mittlere Unternehmen. Ganz ohne Werbedeutsch zeigt der Ratgeber, was man für erfolgreiche Werbung braucht.

1. Aufl. 2004. 255 S.   €
€ 10,–. dtv 50876